CB127926

Caro aluno, seja bem-vindo!

A partir de agora, você tem a oportunidade de estudar com uma coleção didática da SM que integra um conjunto de recursos educacionais impressos e digitais desenhados especialmente para auxiliar os seus estudos.

Para acessar os recursos digitais integrantes deste projeto, cadastre-se no *site* da SM e ative sua conta.

Veja como ativar sua conta SM:

1. Acesse o *site* <www.edicoessm.com.br>.
2. Se você não possui um cadastro, basta clicar em "Login/Cadastre-se" e, depois, clicar em "Quero me cadastrar" e seguir as instruções.
3. Se você já possui um cadastro, digite seu *e-mail* e sua senha para acessar.
4. Após acessar o *site* da SM, entre na área "Ativar recursos digitais" e insira o código indicado abaixo:

AJMAT-A2PKT-4N7WT-BNNG4

Você terá acesso aos recursos digitais por 12 meses, a partir da data de ativação desse código.

Ressaltamos que o código de ativação somente poderá ser utilizado uma vez, conforme descrito no "Termo de Responsabilidade do Usuário dos Recursos Digitais SM", localizado na área de ativação do código no *site* da SM.

Em caso de dúvida, entre em contato com nosso **Atendimento**, pelo telefone **0800 72 54876** ou pelo *e-mail* **atendimento@grupo-sm.com** ou pela internet <**www.edicoessm.com.br**>.

Desejamos muito sucesso nos seus estudos!

AJ-Matematica-2-LA

Requisitos mínimos recomendados para uso dos conteúdos digitais SM

Computador

PC Windows
- Windows XP ou superior
- Processador dual-core
- 1 GB de memória RAM

PC Linux
- Ubuntu 9.x, Fedora Core 12 ou OpenSUSE 11.x
- 1 GB de memória RAM

Macintosh
- MAC OS 10.x
- Processador dual-core
- 1 GB de memória RAM

Tablet

Tablet IPAD IOS
- IOS versão 7.x ou mais recente
- Armazenamento mínimo: 8GB
- Tela com tamanho de 10"

Outros fabricantes
- Sistema operacional Android versão 3.0 (Honeycomb) ou mais recente
- Armazenamento mínimo: 8GB
- 512 MB de memória RAM
- Processador dual-core

Navegador

Internet Explorer 10

Google Chrome 20 ou mais recente

Mozilla Firefox 20 ou mais recente

Recomendado o uso do Google Chrome

Você precisará ter o programa Adobe Acrobat instalado, *kit* multimídia e conexão à internet com, no mínimo, 1Mb

5237_5303839

Aprender juntos

1 DESTAQUE o seu *toy* do encarte.

2 DOBRE todas as abas com vincos.

Siga o modelo para montar o seu *toy*.

3 ENCAIXE as partes com números iguais, unindo sempre uma bolinha azul com uma vermelha.

MATEMÁTICA

Aprender juntos

2

ENSINO FUNDAMENTAL
2º ANO

ROBERTA TABOADA

- Licenciada em Matemática pela Universidade de São Paulo (USP).
- Mestra em Educação Matemática pela Universidade Estadual Paulista Júlio de Mesquita Filho (Unesp).
- Coordenadora de área e professora do Ensino Fundamental.

ANGELA LEITE

- Licenciada em Matemática pela USP.
- Mestra em Educação Matemática pela Unesp.
- Professora do Ensino Superior.

São Paulo,
5ª edição
2016

sm

ORGANIZADORA: EDIÇÕES SM

Obra coletiva concebida, desenvolvida e produzida por Edições SM.

***Aprender Juntos* – Matemática – Volume 2**

Direção editorial Juliane Matsubara Barroso
Gerência editorial José Luiz Carvalho da Cruz
Gerência de *design* e produção Marisa Iniesta Martin
Coordenação pedagógica Regina de Mello Mattos Averoldi
Edição executiva Andrezza Guarsoni Rocha
Edição: Andrezza Guarsoni Rocha, Cátia Akisino, Clayton Bazani, Diana Rodrigues dos Santos, Margarete Aparecida de Lima, Patricia Nakata
Apoio editorial: Luciana Pedrosa Bierbauer
Coordenação de controle editorial Flavia Casellato
Suporte editorial: Alzira Bertholim, Camila Cunha, Fernanda D'Angelo, Giselle Marangon, Mônica Rocha, Silvana Siqueira, Talita Vieira
Coordenação de revisão Cláudia Rodrigues do Espírito Santo
Preparação e revisão: Ana Paula Ribeiro Migiyama, Eliana Vila Nova de Souza, Helena Alves Costa, Sâmia Rios, Taciana Vaz, Valéria Cristina Borsanelli
Coordenação de *design* Rafael Vianna Leal
Apoio: Didier Dias de Moraes
***Design*:** Leika Yatsunami, Tiago Stéfano
Coordenação de arte Ulisses Pires
Edição executiva de arte: Melissa Steiner
Edição de arte: Elizabeth Kamazuka Santos, Vitor Trevelin
Diagramador: Selma Barbosa Celestino
Coordenação de iconografia Josiane Laurentino
Pesquisa iconográfica: Bianca Fanelli, Susan Eiko
Tratamento de imagem: Marcelo Casaro
Capa Estúdio Insólito e Rafael Vianna Leal sobre ilustração de Carlo Giovani
Projeto gráfico Estúdio Insólito
Editoração eletrônica JS Design
Ilustrações AMj Studio, Cláudio Chiyo, Danillo Souza, Edde Wagner, Enágio Coelho, Evandro Luiz, Ilustra Cartoon, Imaginario Studio, Jótah Produções/ID/BR, Kanton, Leninha Lacerda, Lettera Studio, Marco A. Cortez, Marina Ueno, Mário C. Pita, Marjorie Aun, Quanta Estúdio, Vanessa Alexandre, Setup Bureau
Fabricação Alexander Maeda
Impressão EGB-Editora Gráfica Bernardi Ltda

Dados Internacionais de Catalogação na Publicação (CIP)
(Câmara Brasileira do Livro, SP, Brasil)

Aprender juntos matemática, 2º ano : ensino fundamental / organizadora Edições SM ; obra coletiva concebida, desenvolvida e produzida por Edições SM ; editora responsável Andrezza Guarsoni Rocha. – 5. ed. – São Paulo : Edições SM, 2016. – (Aprender juntos)

Suplementado pelo Guia Didático.
Vários ilustradores.
Bibliografia.
ISBN 978-85-418-1476-8 (aluno)
ISBN 978-85-418-1478-2 (professor)

1. Matemática (Ensino fundamental) I. Rocha, Andrezza Guarsoni. II. Série.

16-03947 CDD-372.7

Índices para catálogo sistemático:
1. Matemática : Ensino fundamental 372.7

5ª edição, 2016
2ª impressão, 2017

Edições SM Ltda.
Rua Tenente Lycurgo Lopes da Cruz, 55
Água Branca 05036-120 São Paulo SP Brasil
Tel. 11 2111-7400
edicoessm@grupo-sm.com
www.edicoessm.com.br

Apresentação

Caro aluno,

Este livro foi cuidadosamente pensado para ajudá-lo a construir uma aprendizagem sólida e cheia de significados que lhe sejam úteis não somente hoje, mas também no futuro. Nele, você vai encontrar estímulos para criar, expressar ideias e pensamentos, refletir sobre o que aprende, trocar experiências e conhecimentos.

Os temas, os textos, as imagens e as atividades propostos neste livro oferecem oportunidades para que você se desenvolva como estudante e como cidadão, cultivando valores universais como responsabilidade, respeito, solidariedade, liberdade e justiça.

Acreditamos que é por meio de atitudes positivas e construtivas que se conquistam autonomia e capacidade para tomar decisões acertadas, resolver problemas e superar conflitos.

Esperamos que este material didático contribua para o seu desenvolvimento e para a sua formação.

Bons estudos!

Equipe editorial

Danillo Souza/ID/BR

Conheça seu livro

Conhecer seu livro didático vai ajudar você a aproveitar melhor as oportunidades de aprendizagem que ele oferece.

Este volume contém quatro unidades. Veja como cada unidade está organizada.

Abertura da unidade

Neste momento, você fará os primeiros contatos com alguns temas que serão estudados, explorando as grandes ilustrações que dão início às unidades.

Desenvolvimento do conteúdo

Os textos, as imagens e as atividades permitirão que você estude e compreenda os conteúdos apresentados.

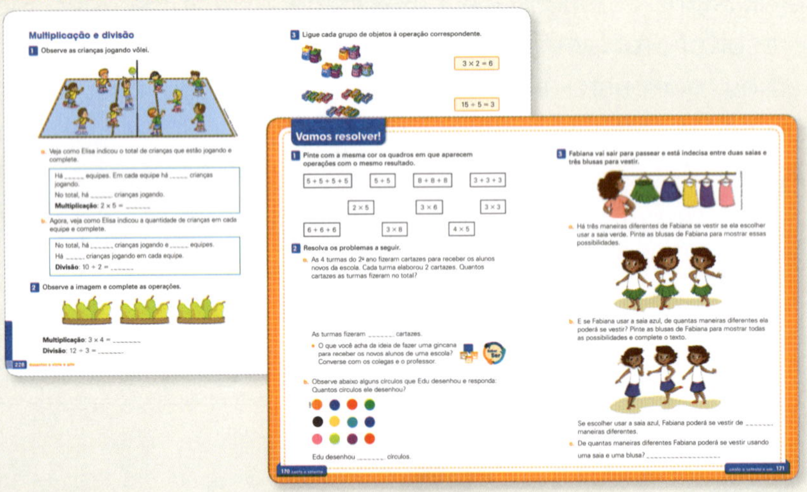

A seção **Vamos resolver!** traz atividades que vão ajudá-lo a tirar dúvidas e reforçar o que já foi estudado.

Finalizando o capítulo

As atividades da seção **Buscando soluções** apresentam os passos para a resolução de alguns problemas.

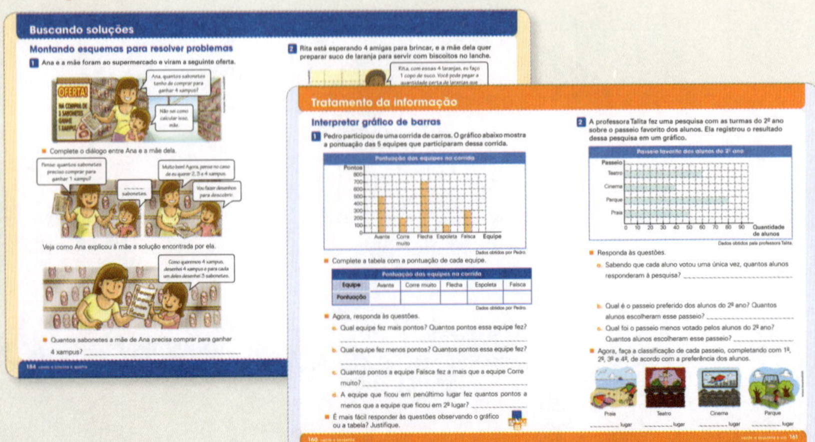

A seção **Tratamento da informação** trabalha a leitura, a interpretação e o registro de dados em tabelas e gráficos.

As atividades da seção **Agora já sei!** são mais uma oportunidade para estudar os conteúdos trabalhados no capítulo.

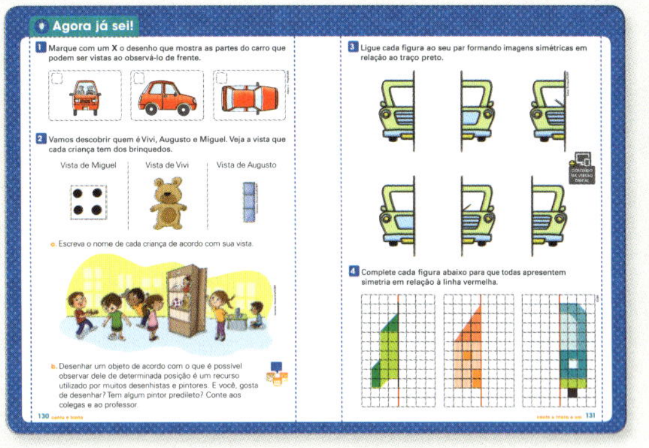

Finalizando a unidade

Na seção **Jogo**, você e os colegas vão aprender e se divertir com jogos e brincadeiras.

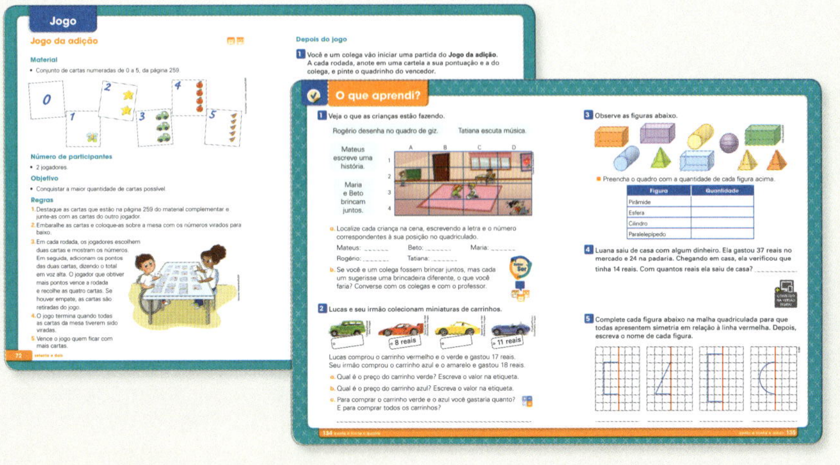

É o momento de verificar o que foi aprendido na unidade. Faça as atividades da seção **O que aprendi?** e, com o professor, avalie sua aprendizagem.

Material complementar

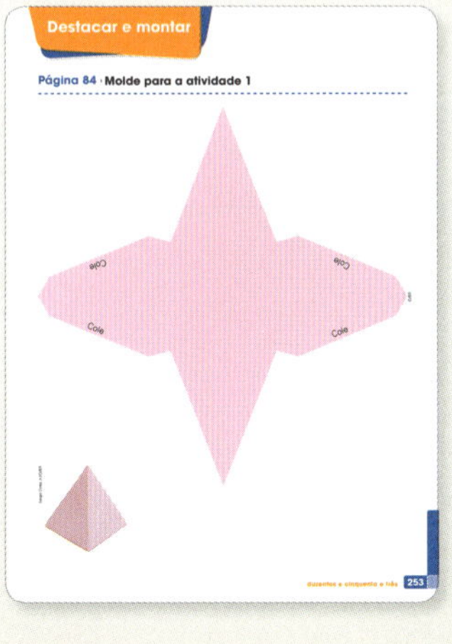

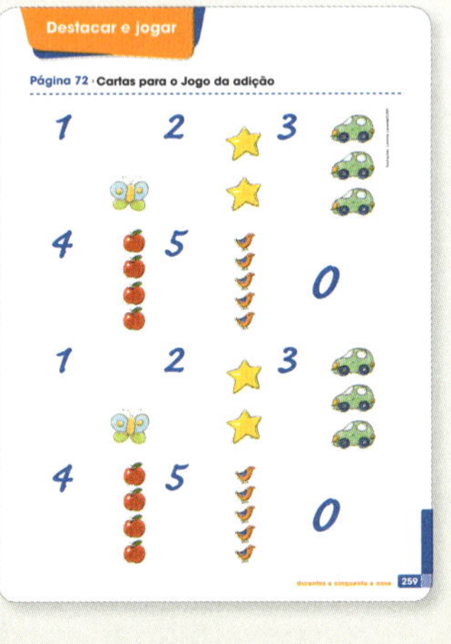

No final do livro, você vai encontrar **material complementar** para usar em algumas atividades.

Ícones usados no livro

Atividade em dupla

Atividade em grupo

Cálculo mental

Atividade oral

Calculadora

Saber ser

Sinaliza momentos propícios para refletir sobre questões relacionadas a valores e ações que nos ajudam a ser cidadãos responsáveis.

OED

Indica que há um Objeto Educacional Digital a ser explorado no livro digital.

Sumário

AMj Studio/ID/BR

UNIDADE

3 Festas, jogos e brincadeiras

Vanessa Alexandre/ID/BR

UNIDADE

4 Tempo de diversão

Cláudio Chiyo/ID/BR

UNIDADE

1 Vivendo e convivendo

Em nosso cotidiano, podemos observar números sendo usados com diferentes propósitos.

- Na cena ao lado há alguns números. Para que eles estão sendo usados?
- Artur quer comprar um picolé. Ele está pagando o vendedor com uma cédula. De qual valor é a cédula que Artur está dando ao vendedor? Com esse dinheiro, Artur pode comprar quantos picolés?
- Destaque e monte o *toy* que está no começo do livro. Depois, encontre na cena as peças que podem ser usadas para montar essa mesma construção e contorne-as.
- Beatriz é cadeirante. Ela e outras crianças estão brincando de pular corda. Encontre Beatriz na cena e responda: Para que outras brincadeiras você convidaria Beatriz?

Saber Ser

AMj Studio/ID/BR

PIZZARIA DO MÁRCIO
TEL: 1234-5678
712H
ZZZ-6789
ABC 9876
1
2
3
4
5
6
7

CAPÍTULO 1 Números

Você já percebeu como os números são usados no dia a dia? Vamos conhecer alguns dos usos dos números.

Números no dia a dia

1 Observe algumas situações em que os números são usados.

Fotomontagem: desy_sevdanova; Theerapol Pongkangsananan/iStock/Getty Images

Ordem

Fotomontagem: Fe Reis/Fotoarena

Código

Rubens Chaves/Folhapress

Medida

Fernando Favoretto/Criar Imagem

Quantidade

- Agora, pense no caminho que você faz todos os dias para ir à escola. Onde você vê números? Faça um desenho para mostrar esses números e onde eles aparecem.

2 Junte-se a três colegas e recortem de jornais ou revistas imagens em que aparecem números. Depois, colem essas imagens nos quadros abaixo de acordo com o que cada número indica.

CONTEÚDO NA VERSÃO DIGITAL

Medida	Quantidade
Código	Ordem

Números de 0 a 9

1 Ao longo da História, algumas civilizações criaram seus próprios símbolos para representar números.

Ilustrações: Edde Wagner/ID/BR

Usamos os símbolos destacados abaixo para representar números.

0 (zero), **1** (um), **2** (dois), **3** (três), **4** (quatro),
5 (cinco), **6** (seis), **7** (sete), **8** (oito), **9** (nove).

Esses símbolos são chamados de **algarismos** (ou **dígitos**).

- Represente a sua idade de duas maneiras diferentes.

2 Escreva quantos apontadores há em cada caso.

Ilustrações: Ilustra Cartoon/ID/BR

Apontadores	Usando algarismos	Por extenso
	0	zero
	1	um
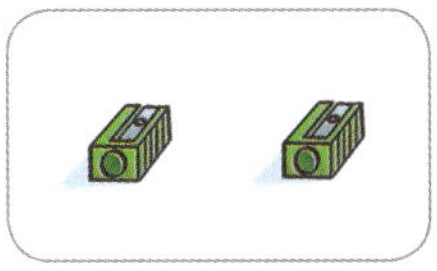	2	dois
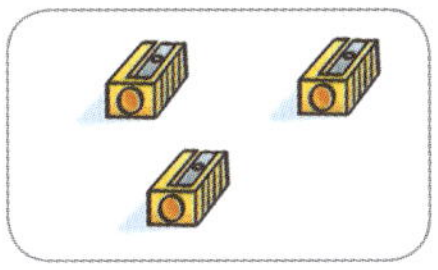	3	três
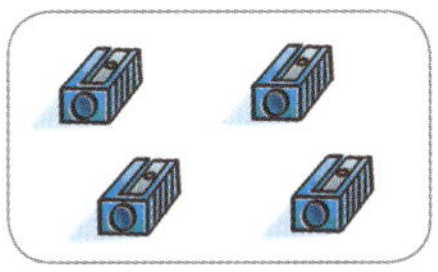	4	quatro
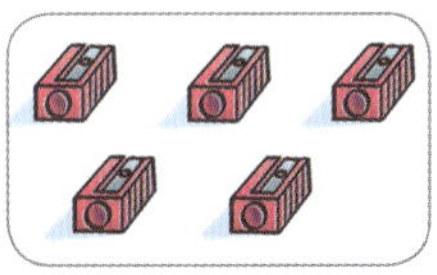	5	cinco
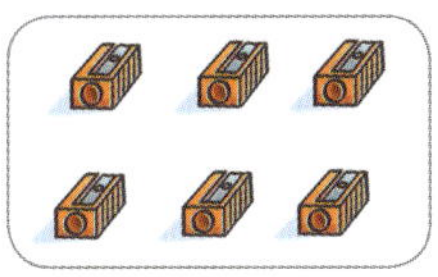	6	seis
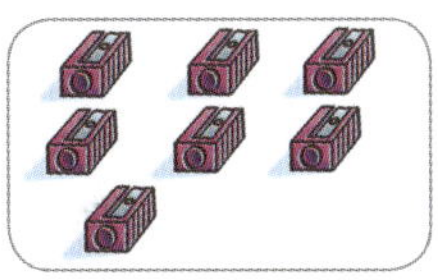	7	sete
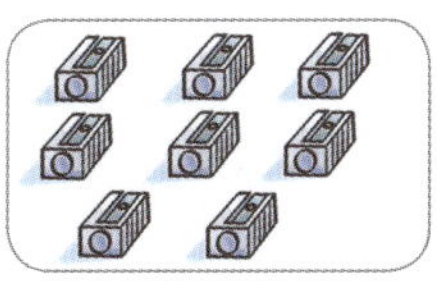	8	oito
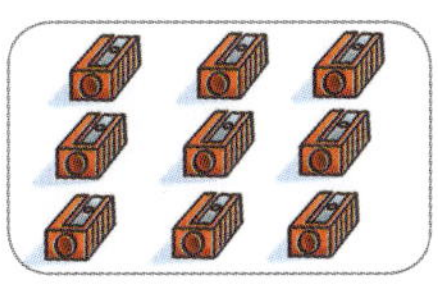	9	nove

Ordem crescente e ordem decrescente

1 A expressão **colocar em ordem** pode ter muitos significados no dia a dia. Colocar algo em ordem equivale a organizar, arrumar, ajeitar. Observe as cenas e responda às questões.

Ilustrações: Vanessa Alexandre/ID/BR

a. Por que a professora Fabiana quer organizar uma fila? Converse com os colegas e o professor.

b. Como a professora organizou as crianças para subirem no ônibus? Marque com um **X** a resposta correta.

- [ ] Ela organizou uma fila, ordenando as crianças da mais baixa para a mais alta.
- [ ] Ela organizou uma fila, ordenando as crianças da mais alta para a mais baixa.
- [ ] Ela organizou uma fila, alternando a altura das crianças.

- A professora poderia ter organizado a fila de outra maneira? Converse com os colegas e o professor.

2 Os números também podem ser colocados em ordem. Observe como Paula e Caio organizaram os números de 1 a 9 em sequências diferentes. Depois, responda às questões.

Paula

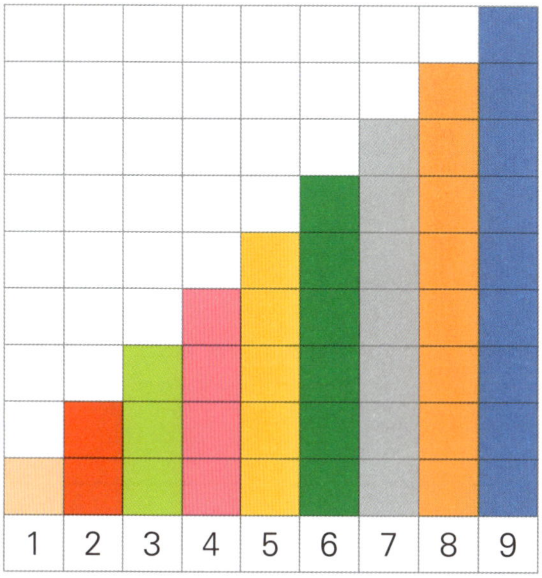

Caio

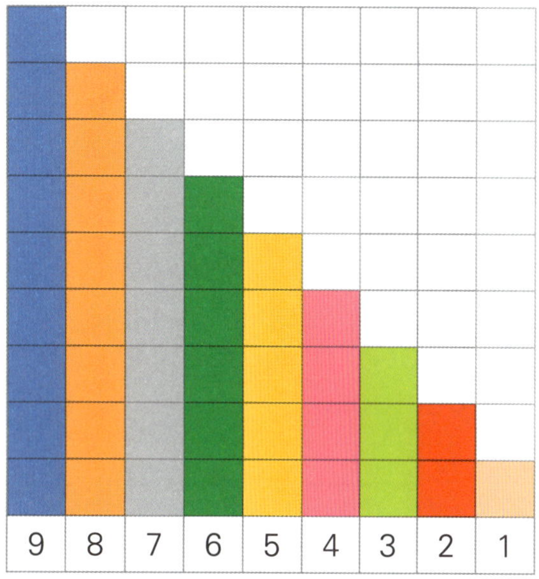

Ilustrações: ID/BR

a. Qual é o maior número: 4 ou 9? _______________

b. Qual é o menor número: 8 ou 3? _______________

c. Quem organizou os números do menor para o maior? __________

d. Quem organizou os números do maior para o menor? __________

> Quando organizamos os números em uma sequência do menor para o maior, dizemos que eles estão em **ordem crescente**.
>
> Quando organizamos os números em uma sequência do maior para o menor, dizemos que eles estão em **ordem decrescente**.

3 Observe os números abaixo.

4	6	3	5

- Anote esses números em:

a. ordem crescente. ☐ ☐ ☐ ☐

b. ordem decrescente. ☐ ☐ ☐ ☐

O que vem antes? O que vem depois?

1 Na sala de aula onde você estuda, as carteiras são organizadas em fileiras? Se sim, responda às questões.

a. Quem se senta logo à sua frente? ______________________

b. Quem se senta logo atrás de você? ______________________

c. Quantos colegas se sentam na mesma fileira que você? ________

d. Quem está duas carteiras à sua frente? ______________________

2 Observe os números de 0 a 9 na reta numerada e responda às questões.

a. Qual é o número que vem imediatamente antes do 8? ________

b. Qual é o número que vem logo depois do 4? ______________

c. Qual é o número que está entre 0 e 2? __________________

■ Agora, complete com as palavras **maior** ou **menor**.

Da esquerda para a direita os números da reta numerada estão organizados do ______________ para o ______________.

3 Descubra a regra e complete as retas numeradas.

a.

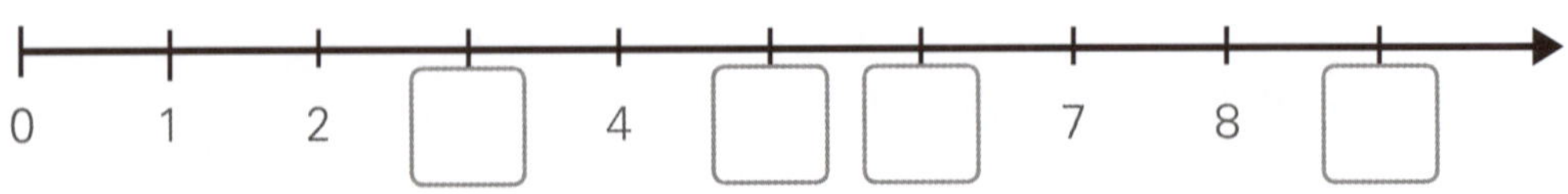

b.

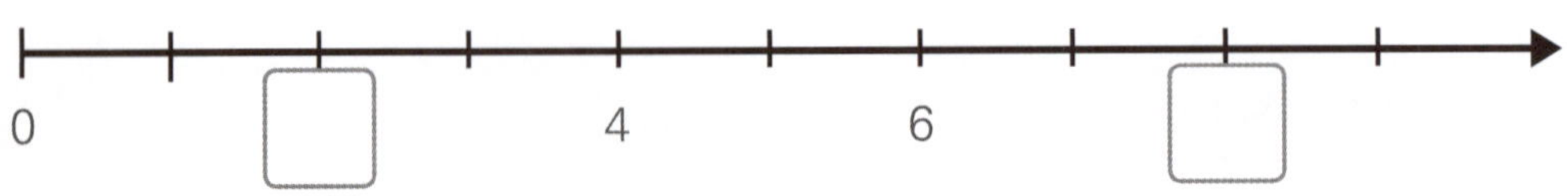

c.

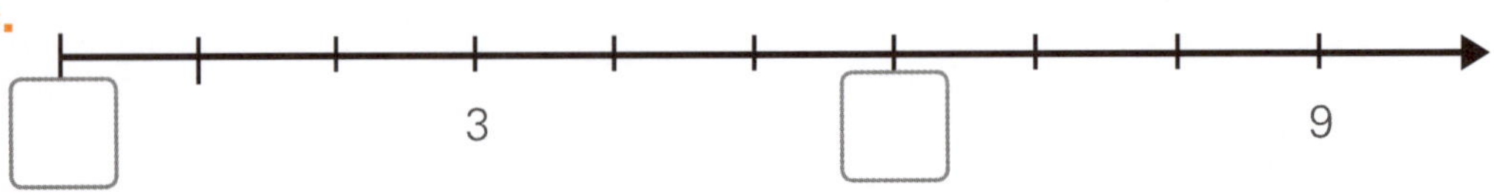

4 Faça desenhos para completar a quantidade de lápis indicada em cada quadro.

3 | 4 | 5 | 6

Ilustra Cartoon/ID/BR

- Agora, complete com as palavras **menos**, **mais**, **antes** e **depois**.

a. No quadro com 4 lápis, há 1 lápis a ______________ do que no quadro com 5 lápis.

b. Na sequência numérica, o número 4 vem imediatamente ______________ do número 5.

c. No quadro com 6 lápis, há 1 lápis a ______________ do que no quadro com 5 lápis.

d. Na sequência numérica, o número 6 vem logo ______________ do número 5.

5 Organize as etiquetas, escrevendo os números em ordem crescente.

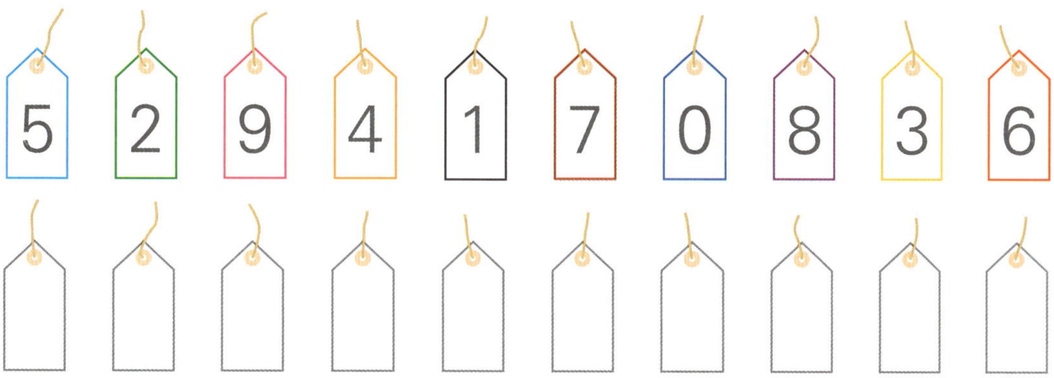

Ilustrações: ID/BR

- Seguindo a ordem crescente, complete as etiquetas com o número que vem **imediatamente antes** e com o número que vem **logo depois** em cada caso.

a.

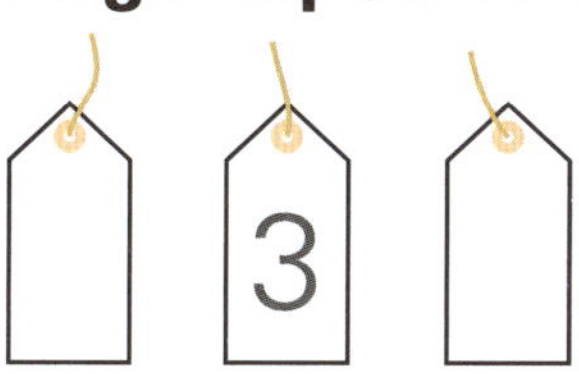

b.

Números ordinais

1 Organize a história abaixo, numerando os quadrinhos na ordem em que as cenas aconteceram.

Jótah Produções/ID/BR

- Em uma das cenas, o pai explicou ao filho que ele não deveria fazer o que fez. Em sua opinião, o que o menino fez de errado?

Saber Ser

2 Paula organizou um a um 9 vasos sobre uma mesa. Observando os vasos da esquerda para a direita, complete as frases abaixo.

Ilustra Cartoon/ID/BR

a. O **primeiro** vaso a ser colocado na mesa foi o ________________.

b. O vaso ________________ foi o **segundo** a ser colocado na mesa.

c. O vaso ________________ foi colocado depois do vaso verde. Ele foi o **terceiro** a ser colocado.

d. O vaso ________________ foi o **quarto** a ser colocado na mesa.

e. O **quinto** vaso a ser colocado foi o ________________.

f. O vaso ________________ foi o **sexto** a ser colocado na mesa.

g. O vaso ________________ foi colocado em seguida. Ele foi o **sétimo**.

h. O vaso ________________ foi o penúltimo a ser colocado na mesa. Ele foi o **oitavo**.

i. O vaso ________________ foi o último a ser colocado na mesa. Ele foi o **nono**.

3 A professora do 2º ano organizou uma fila para levar os alunos para assistir a uma peça de teatro. Na frente de Paulinho estão apenas 3 meninas.

Leninha Lacerda/ID/BR

a. Que lugar Paulinho ocupa na fila? ______

b. Quantas crianças estão na fila? ______

c. O primeiro da fila é menino ou é menina? E o último?

______

Utilizamos os **números ordinais** para indicar a posição que cada elemento ocupa em uma sequência.

Os números ordinais podem ser escritos por extenso ou com símbolos. Veja no quadro a seguir.

Símbolo	Por extenso
1º	primeiro
2º	segundo
3º	terceiro
4º	quarto
5º	quinto
6º	sexto
7º	sétimo
8º	oitavo
9º	nono

Vanessa Alexandre/ID/BR

Vamos resolver!

1 Tiago está telefonando para a escola em que estuda. O que o número em que ele está pensando indica? Marque com um **X** a resposta.

Vanessa Alexandre/ID/BR

- [ ] Quantidade.
- [ ] Ordem.
- [ ] Código.

2 **Responda às questões.**

Como são chamados os símbolos usados para representar números? Quais são eles? ____________________

____

3 **Desenhe as bolinhas que faltam para completar as quantidades indicadas em cada caso.**

Ilustrações: ID/BR

- Agora, complete com **maior do que** ou **menor do que**.

a. 6 é ____________________ 9.

b. 9 é ____________________ 8.

c. 8 é ____________________ 6.

d. 9 é ____________________ 6.

e. 6 é ____________________ 8.

4 Alguns alunos da escola de Marcos estão participando de uma gincana. Veja o nome e a idade de cada um.

Vanessa Alexandre/ID/BR

a. Quem é a criança mais nova? ____________________

b. Quem é a criança mais velha? ____________________

c. Organize e escreva a idade das crianças em ordem crescente.

____

d. Quais crianças são mais novas do que Gabriel?

____

5 **Siga as pistas e descubra quais são os números da cruzadinha. Escreva esses números por extenso para completá-la.**

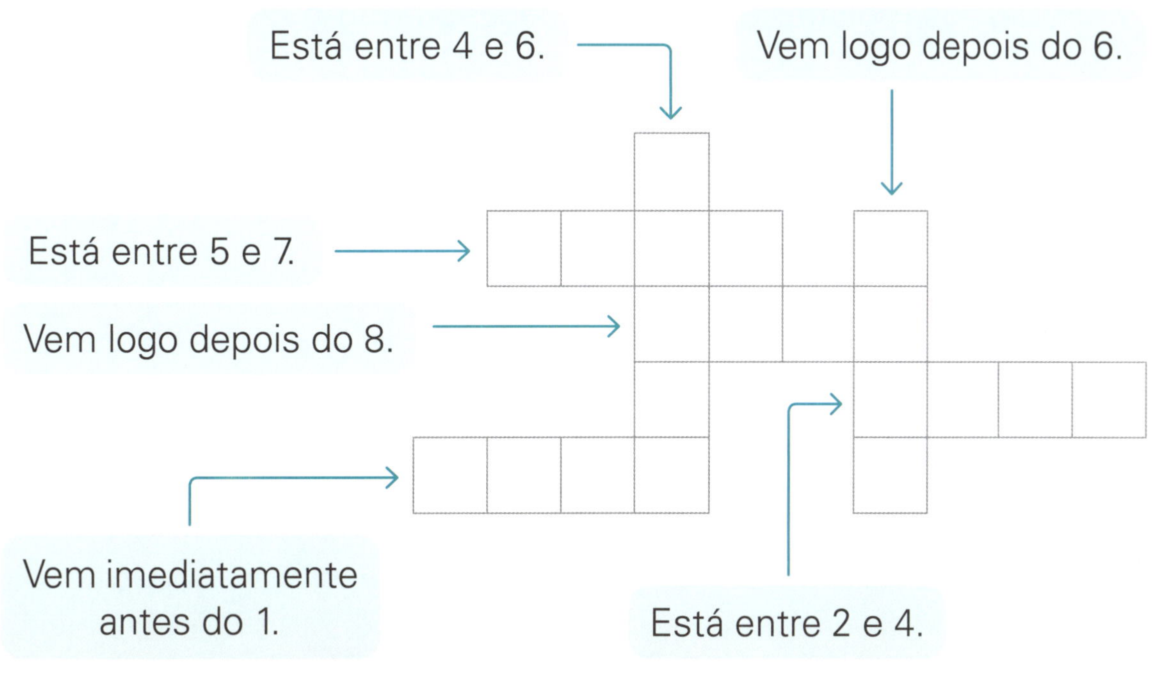

A dezena

1 Observe a torcida esperando o início do jogo.

Ilustrações: Vanessa Alexandre/ID/BR

- Quantos balões aparecem na ilustração acima? ______________

10 balões

formam

1 dezena de balões

Cada balão representa uma **unidade**.

Cada grupo de **10 unidades** equivale a **1 dezena**.

Podemos registrar essas informações em um quadro. Veja.

Grupos de 10 balões → Dezenas

Balões soltos → Unidades

Dezenas	Unidades
1	0

Também podemos registrar essas informações com o Material Dourado.

10 unidades

1 dezena

ID/BR

2 Forme um ou mais grupos de 10 cornetas e responda às questões.

Sonsoles Prada/ID/ES

a. Quantos são os grupos de 10 cornetas? ______________________

b. Quantas cornetas ficaram sem grupo? ______________________

- Agora, complete o quadro.

Grupos de 10 cornetas ↓ Cornetas sem grupo ↓

Dezenas	Unidades

3 Observe o Material Dourado e responda.

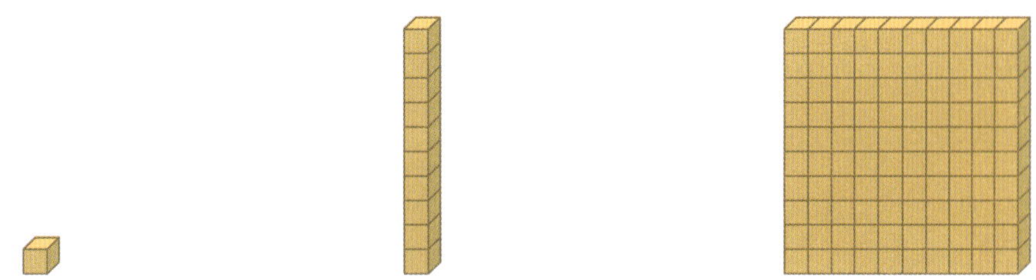

ID/BR

a. Quantos cubinhos há em uma barra? ______________________

b. Cada cubinho representa 1 unidade. Quantas unidades uma barra representa? ______________________

c. Quantas barras há em uma placa? ______________________

Números de 11 a 19

1 Alunos e professores de uma escola organizaram uma feira de livros.

Vanessa Alexandre/ID/BR

- Na cena acima, forme um ou mais grupos de 10 pessoas. Depois, responda às questões a seguir.

  a. Quantos grupos você formou? ______

  b. Quantas pessoas ficaram sem grupo? ______

  c. Quantas pessoas aparecem na cena? ______

Vamos representar essa quantidade com o Material Dourado:

ID/BR

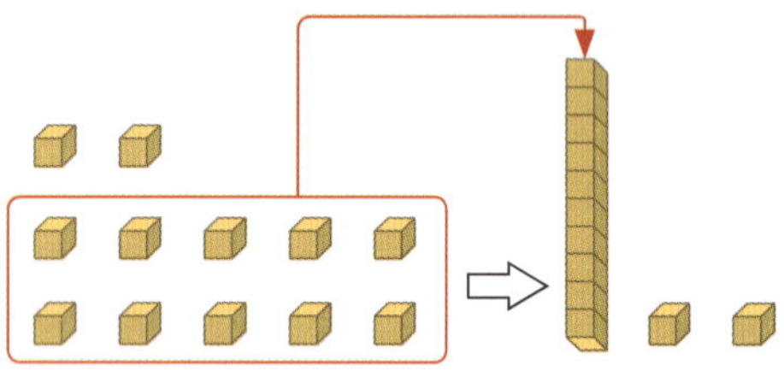

Trocamos **10** cubinhos por **1** barra.
Ficamos com 1 barra e 2 cubinhos.

Como cada cubinho do Material Dourado representa 1 unidade e cada barra representa 1 dezena, podemos escrever o número de barras e de cubinhos desta maneira:

1 dezena e 2 unidades ou 10 unidades mais 2 unidades ou 12 (**doze**).

2 **Complete o quadro e a frase com o número de pessoas que aparecem na cena da atividade 1.**

Anote!
Para facilitar, vamos usar
D para **d**ezenas e
U para **u**nidades.

D	U

______ pessoas aparecem na cena.

3 Em cada caso, observe a quantidade representada e, a seguir, complete com números.

a. 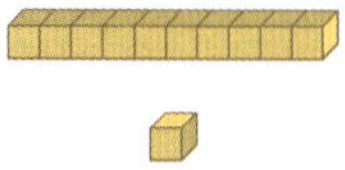

_____ (**onze**) é igual a _____ unidades mais _____ unidade ou _____ dezena e _____ unidade.

b. 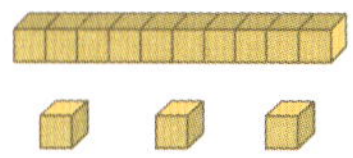

_____ (**treze**) é igual a _____ unidades mais _____ unidades ou _____ dezena e _____ unidades.

c. 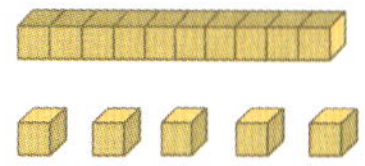

Ilustrações: ID/BR

_____ (**quinze**) é igual a _____ unidades mais _____ unidades ou _____ dezena e _____ unidades.

4 Renato e Alex vão jogar bolinhas de gude.

Bolinhas de gude de Renato

Bolinhas de gude de Alex

Fotografias: Photodisc/ID/BR

a. Quem tem mais bolinhas de gude? _______________

b. Como você pensou para responder à questão acima? Explique aos colegas e ao professor.

c. Confirme sua resposta agrupando as bolinhas de 10 em 10. Depois, complete a frase:

Renato tem _________ bolinhas de gude e Alex tem _________ bolinhas de gude.

5 Observe cada quadro e complete com os números.

a.

D	U
1	6

_______ dezena e _______ unidades ou 10 unidades mais _______ unidades é igual a 16 (**dezesseis**).

b.

D	U
1	9

_______ dezena e _______ unidades ou 10 unidades mais _______ unidades é igual a 19 (**dezenove**).

Dúzia e meia dúzia

1 No dia do aniversário de Paula, ela convidou alguns amigos para almoçar em casa. Sua mãe foi à feira comprar ingredientes para preparar a comida e flores para enfeitar a casa.

Complete as lacunas de acordo com as cenas acima.

a. Na bandeja de ovos que a mãe de Paula comprou há ________ ovos, ou seja, **meia dúzia** de ovos.

b. No buquê que a mãe de Paula comprou há ________ rosas, ou seja, **uma dúzia** de rosas.

Dúzia e **meia dúzia** são agrupamentos comuns em nosso cotidiano.

Uma **dúzia** é um agrupamento de **12 unidades**, e **meia dúzia** é um agrupamento de **6 unidades**.

2 Os produtos abaixo também podem ser comprados por dúzia. Continue desenhando até obter uma dúzia.

a.

Ilustra Cartoon/ID/BR

b.

Leninha Lacerda/ID/BR

- Você conhece outros produtos que podem ser comprados por dúzia? Conte aos colegas e ao professor.

3 O professor Fábio vai comprar ingredientes para preparar uma torta de banana para a festa de início das aulas. Veja a lista de ingredientes da torta e a lista de compras.

Torta de banana

- 2 xícaras de farinha de trigo
- 1 copo de leite
- 10 bananas
- 2 ovos
- 1 colher (sobremesa) de fermento em pó
- 5 colheres (sopa) de margarina
- 2 xícaras de açúcar

ID/BR

Lista de compras
Um pacote de farinha
Uma caixa de leite
Uma lata de fermento em pó
Um pacote de açúcar
Um pote de margarina
Uma dúzia de bananas
Meia dúzia de ovos

Cláudio Chiyo/ID/BR

- Responda às questões.

a. Quantos ovos sobrarão, se Fábio fizer uma receita da torta? E quantas bananas sobrarão? ______________________________

b. É possível fazer mais uma torta de banana sem precisar comprar mais ovos? E sem comprar mais bananas? ______________________

Par ou ímpar?

1 Você já deve ter ouvido a palavra **par** em muitas ocasiões. Algumas peças do vestuário, por exemplo, são compradas aos pares. Contorne os produtos que costumamos comprar aos pares.

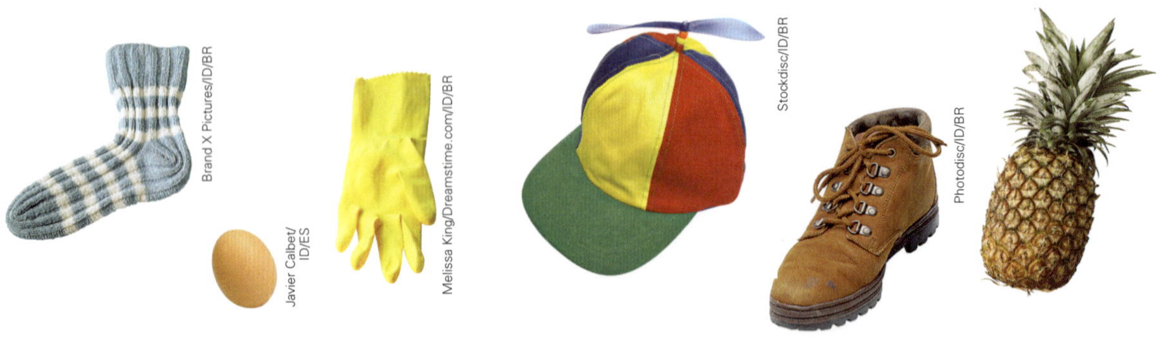

Brand X Pictures/ID/BR; Javier Calbet/ID/ES; Melissa King/Dreamstime.com/ID/BR; Stockdisc/ID/BR; Photodisc/ID/BR; Brand X Pictures/ID/BR

2 Clara quer decorar as mesas de sua festa com flores. Ela vai colocar um par de flores em cada mesa. Contorne pares de flores na figura abaixo e, depois, responda às questões.

Cláudio Chiyo/ID/BR

a. Quantas flores há no total? ____________

b. Como você fez para formar os pares de flores?

c. Quantos pares de flores você formou? ____________

d. Sobrou alguma flor? ____________

e. O número que representa o total de flores é par ou é ímpar? Por quê?

Se agruparmos uma quantidade de 2 em 2 e **não sobrar nada**, então essa quantidade é **par**. Mas se agruparmos uma quantidade de 2 em 2 e **sobrar um**, então essa quantidade é **ímpar**.

3 Renata e Jorge estão brincando de par ou ímpar. Observe e responda às questões.

a. Quantos dedos os dois mostraram juntos? ____________

b. Quantos pares de dedos podemos contar? ____________

c. Algum dedo ficou sozinho? ______

d. Quem ganhou? ____________

4 Rafael e Lena também estão brincando de par ou ímpar.

a. Quem ganhou essa rodada? ____________________

b. E se Rafael continuasse pedindo **ímpar**, e Lena continuasse pedindo **par**, quem ganharia em cada caso a seguir?

____

____

Ilustrações: Leninha Lacerda/ID/BR

c. Você já brincou de par ou ímpar? Em que situação? Conte aos colegas e ao professor.

Dezenas inteiras

1 As peças do Material Dourado abaixo estão representando dezenas inteiras. Continue completando.

	1 grupo de 10 unidades. 1 dezena = 10 unidades 10 (**dez**)
 ____ grupos de 10 unidades. ____ dezenas = 20 unidades 20 (**vinte**)	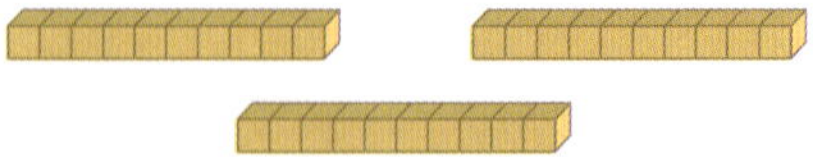 ____ grupos de 10 unidades. ____ dezenas = ____ unidades 30 (**trinta**)
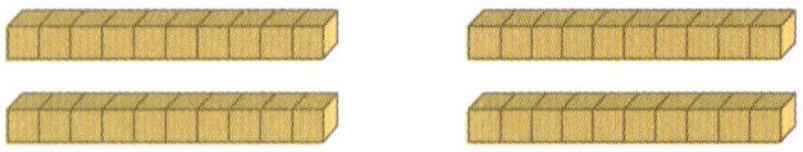 ____ grupos de 10 unidades. ____ dezenas = 40 unidades 40 (**quarenta**)	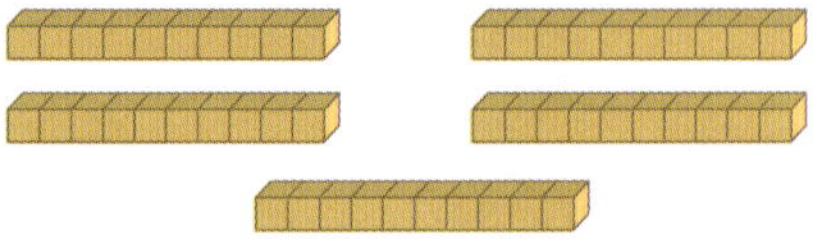 ____ grupos de 10 unidades. ____ dezenas = ____ unidades 50 (**cinquenta**)
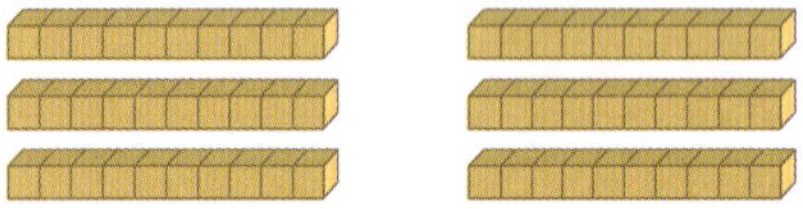 ____ grupos de 10 unidades. ____ dezenas = ____ unidades 60 (**sessenta**)	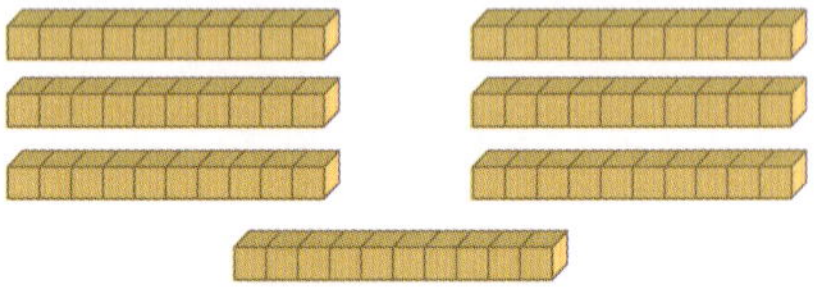 ____ grupos de 10 unidades. ____ dezenas = ____ unidades 70 (**setenta**)
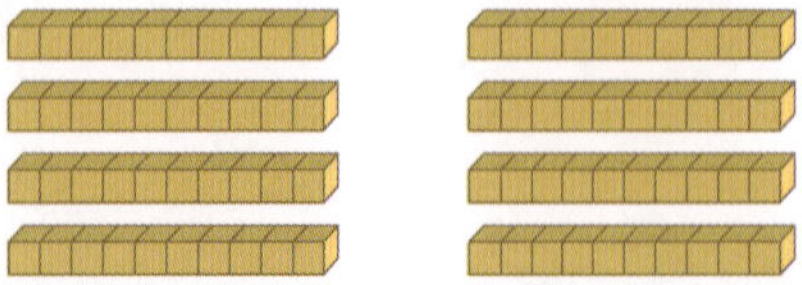 ____ grupos de 10 unidades. ____ dezenas = ____ unidades 80 (**oitenta**)	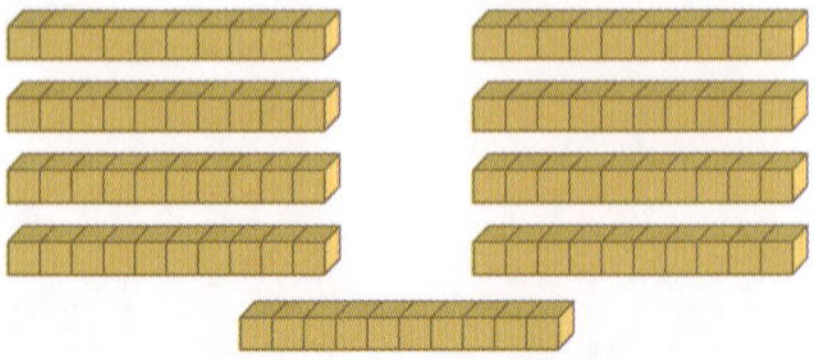 ____ grupos de 10 unidades. ____ dezenas = ____ unidades 90 (**noventa**)

Ilustrações: ID/BR

Os números 10, 20, 30, 40, 50, 60, 70, 80 e 90 são **dezenas inteiras**.

2 Separe os objetos em grupos de 10 e complete as sentenças.

a.

Ablestock/ID/BR

40 unidades = _______ dezenas

4 grupos de 10 unidades

10 + 10 + 10 + _______ = **40** (**quarenta**)

b.

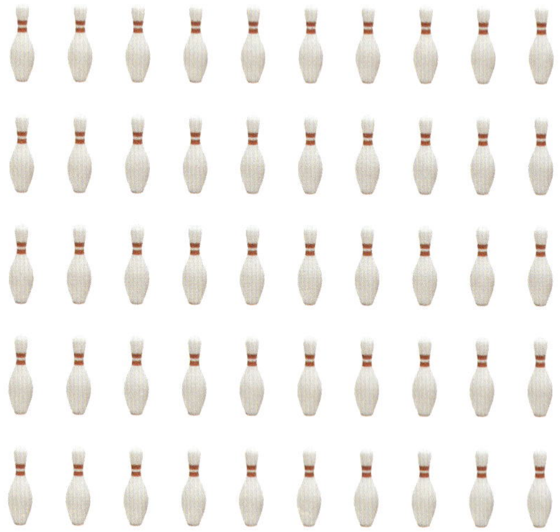

Photodisc/ID/BR

50 unidades = _______ dezenas

_______ grupos de 10 unidades

10 + 10 + _______ + _______ + _______ = **50** (**cinquenta**)

3 Os torcedores estão na quadra esperando pelo início de um jogo de basquete.

Leninha Lacerda/ID/BR

a. Quantos torcedores há na cena? _______

b. Esse número corresponde a quantas dezenas de torcedores?

____

Adição e subtração com dezenas inteiras

1 **Ivana e Aldo guardaram bolas de gude em saquinhos com 10 bolas cada um. Eles montaram 3 saquinhos com bolas azuis e 4 saquinhos com bolas verdes. Quantas bolas de gude eles guardaram ao todo?**

Vanessa Alexandre/ID/BR

a. Como você resolveria esse problema? Conte aos colegas e ao professor.

b. Agora, complete.

Em 3 saquinhos com 10 bolas azuis, há 3 dezenas de bolas azuis.

E em 4 saquinhos com 10 bolas verdes, há ________ dezenas de bolas verdes. Podemos pensar que 3 dezenas mais 4 dezenas é igual a ________ dezenas, porque ________ + ________ = ________.

30 + 40 = ________

3 dezenas	4 dezenas	________ dezenas

Eles guardaram ________ bolas de gude ao todo.

2 **Observe a quantidade de pés de moleque e de balas em cada embalagem e responda às questões.**

Edde Wagner/ID/BR

a. Quantos pés de moleque há em cada embalagem azul? ________

b. Quantas balas há em cada embalagem verde? ________

c. Agora, complete as frases.

Em 2 embalagens com 10 pés de moleque, há ________ dezenas de pés de moleque. Em 5 embalagens com 10 balas, há ________ dezenas de balas.

2 dezenas mais 5 dezenas é igual a ________ dezenas ou 20 + 50 = ________.

Então, no total, há ________ doces.

3 **A mãe de Maria tinha 40 reais e gastou 10 reais na festa da primavera da escola. Com quantos reais ela ficou?**

a. Como você resolveria esse problema? Conte aos colegas e ao professor.

b. Agora, complete.

40 reais são ________ dezenas de reais, e 10 reais é ________ dezena de real.

Podemos pensar que 4 dezenas menos 1 dezena é igual a

________ dezenas, porque ________ − ________ = ________.

40 − 10 = ________

4 dezenas	1 dezena	________ dezenas

A mãe de Maria ficou com ________ reais.

4 **Carina fez 80 brigadeiros para vender na festa da primavera e vendeu apenas 60 brigadeiros. Quantos brigadeiros sobraram?**

Sobraram ____________ brigadeiros.

5 **Calcule e complete com o resultado de cada operação.**

a. 10 + 30 = ____________

b. 20 + 20 = ____________

c. 70 + 10 = ____________

d. 40 + 50 = ____________

e. 50 − 20 = ____________

f. 70 − 30 = ____________

g. 80 − 80 = ____________

h. 90 − 40 = ____________

Números até 99

1 Hoje é o dia da partida final do campeonato de futebol. Quantas pessoas estão no campo?

Cláudio Chiyo/ID/BR

- Forme grupos de 10 para contar quantas pessoas estão no campo e complete.

  ________ dezenas e ________ unidades

  20 + 3 = **23** (**vinte e três**)

  No número 23, o 2 é o algarismo das dezenas e o 3 é o algarismo das unidades.

  Há ________ pessoas no campo.

2 Agrupe os carrinhos de 10 em 10 e complete as sentenças.

Fotografias: Javier Calbet/ID/ES; Ablestock/ID/BR

________ dezenas e ________ unidade

________ + ________ = ________ (**trinta e um**)

Há ________ carrinhos.

3 Contorne grupos de 10 para contar.

Evandro Luiz/ID/BR

- Agora, complete:

  ________ dezenas e ________ unidades

  ou ________ + ________ = ________ (**trinta e cinco**)

  Há ________ bolas de basquete.

4 **Leia o texto e depois complete as sentenças e os quadros.**

Cada vez que juntamos 10  do Material Dourado, podemos trocá-los por 1 .

Cada grupo de **10 unidades** pode ser trocado por **1 dezena**.

a.

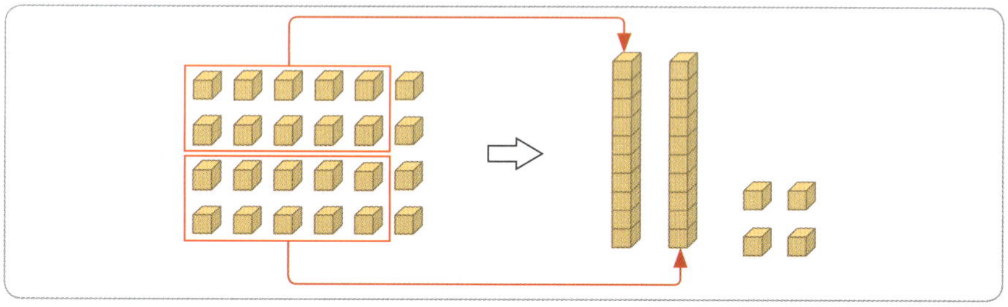

Ilustrações: ID/BR

D	U

________ dezenas e ________ unidades

ou 20 + 4 = ________ (**vinte e quatro**)

b.

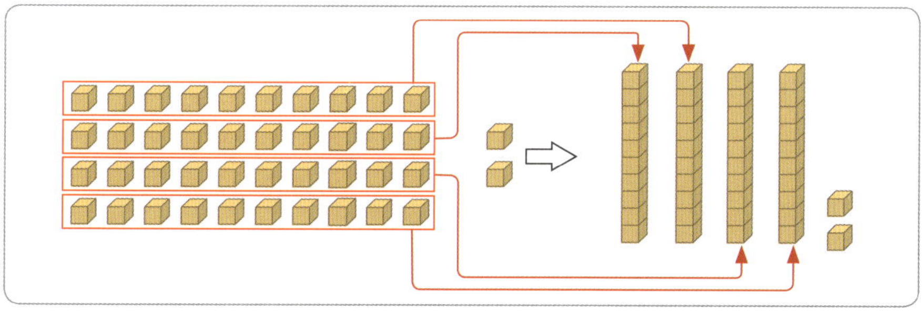

D	U

________ dezenas e ________ unidades

ou 40 + 2 = ________ (**quarenta e dois**)

5 Observe como o professor organizou os números de 0 a 50 no quadro de giz.

Kanton/ID/BR

a. De quanto em quanto os números aumentam:

- em cada linha? ______________________________

- em cada coluna? ______________________________

b. Observe os números no quadro e complete com as palavras **unidade** ou **dezena**.

- Nas linhas, de um número para o outro, varia o algarismo correspondente à ____________________.

- Nas colunas, de um número para o outro, varia o algarismo correspondente à ____________________.

6 **Preencha o quadro com os números de 51 a 98 usando as descobertas que você fez na atividade 5.**

50									59
		62							
						76			
90									99

7 Use as informações do quadro que você preencheu na atividade **6** e responda às questões.

a. Que números estão entre 71 e 82?

____

b. Quantos números são maiores do que 85 e menores do que 99?

____

8 Escreva nos vagões, em **ordem crescente**, os números 18, 34, 15, 89, 56, 98, 5 e 24.

Vanessa Alexandre/ID/BR

9 Escreva nas pedras, em **ordem decrescente**, os números 23, 67, 45, 83, 90, 50, 81 e 7.

CONTEÚDO NA VERSÃO DIGITAL

Vanessa Alexandre/ID/BR

10 Descubra quais são as regras das sequências numéricas abaixo e continue completando cada uma.

a.

b.

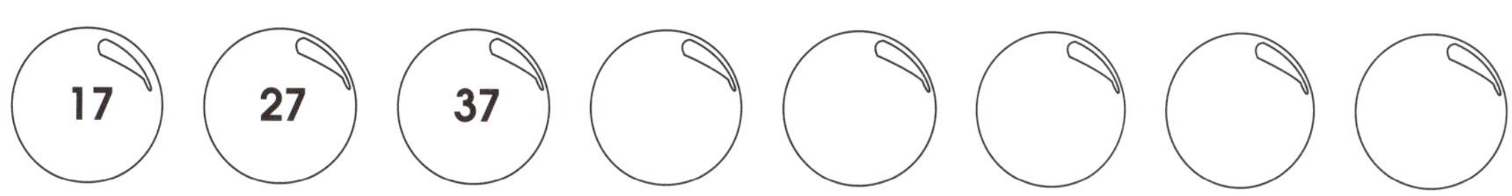

Ilustrações: ID/BR

■ Agora, pinte de amarelo as figuras que contêm números pares e de azul as que contêm números ímpares.

Decomposição de um número

1 Adriana está representando números com o Material Dourado.

Ilustra Cartoon/ID/BR

a. Qual número Adriana representou com o Material Dourado na cena acima? ________________

b. Represente esse número no quadro e complete.

D	U

U → ______ unidades

D → ______ dezenas ou ______ unidades

Podemos fazer uma decomposição do número 25 da seguinte forma: 25 = 20 + 5

2 **Complete com os números que estão faltando.**

a. 5 1

1 → ______ unidade

5 → ______ dezenas ou 50 unidades

51 = ______ + ______

b. 8 9

9 → ______ unidades

8 → ______ dezenas ou 80 unidades

89 = ______ + ______

Representando no ábaco

1 Flávia está aprendendo a representar números usando o ábaco de pinos.

Ilustrações: Mário C. Pita/ID/BR

A letra **U** indica que o pino representa a ordem das **unidades**, e a letra **D** indica que o pino representa a ordem das **dezenas**.

A professora falou que a letra **C** indica a ordem das **centenas** e que vamos aprender mais sobre essa ordem ainda neste ano.

Ela representou um número no ábaco de pinos. Veja.

20 + 5 = 25

Há 2 argolas no pino das dezenas e 5 argolas no pino das unidades. Isso representa 2 dezenas e 5 unidades, ou seja, 25.

- Identifique o número representado no ábaco ao lado e complete.

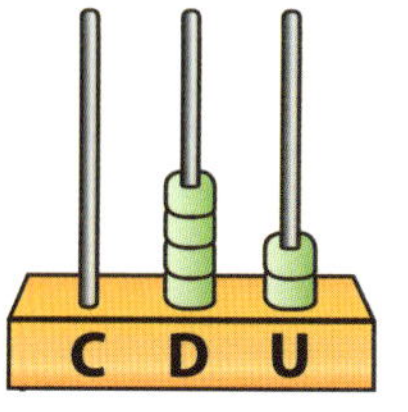

Há ______ argolas no pino das dezenas e ______ argolas no pino das unidades.

40 + ______ = ______

No ábaco, está representado o número ________.

2 Desenhe argolas nos ábacos ilustrados a seguir para representar os números indicados.

a. 60

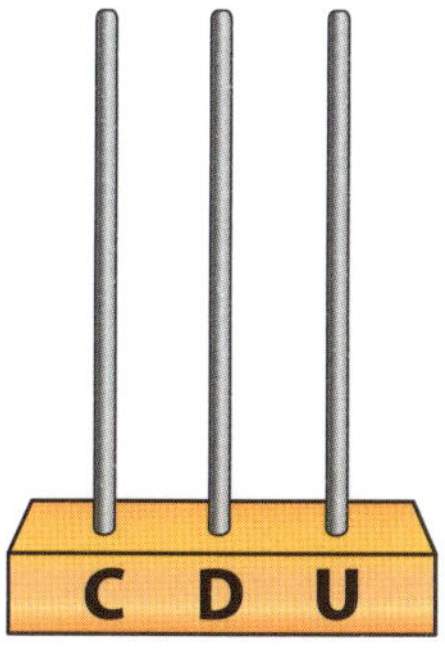

b. 47

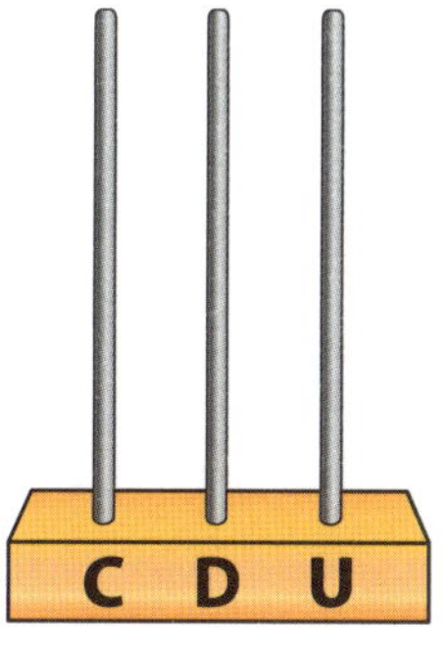

c. 74

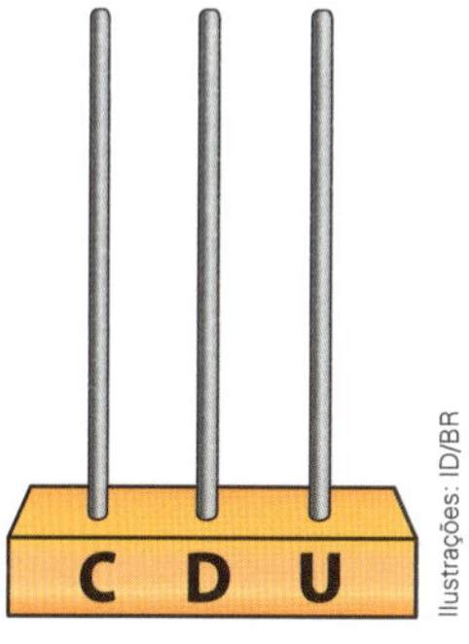

Ilustrações: ID/BR

Organizar e interpretar dados em uma tabela

1 Fernanda tem uma papelaria e está conferindo quantos materiais escolares ela vendeu no dia. Ela vendeu 32 lápis, 53 canetas, 24 lapiseiras e 61 borrachas.

Ilustra Cartoon/ID/BR

- Complete a tabela com as informações do enunciado.

Material escolar vendido

Material	Quantidade
Lápis	
Caneta	
Lapiseira	
Borracha	

Dados obtidos por Fernanda.

- Agora, responda às questões.

a. Qual material escolar Fernanda mais vendeu nesse dia?

____

b. Qual material escolar Fernanda menos vendeu nesse dia?

____

2 Gílson tem uma loja de brinquedos e acabou de receber uma encomenda de bichinhos de pelúcia.

Ilustra Cartoon/ID/BR

- Conte os bichinhos de pelúcia e complete a tabela abaixo.

Bichinhos de pelúcia recebidos				
Animal	Girafa	Leão	Tigre	Jacaré
Quantidade				

- Agora, responda às questões.

a. Qual animal Gílson recebeu em maior quantidade nessa encomenda? ______

b. Qual animal Gílson recebeu em menor quantidade nessa encomenda? ______

c. Quantos tigres ele recebeu a mais do que jacarés? ______

d. Quantas girafas e leões ele recebeu no total? ______

e. Quantos bichinhos de pelúcia Gílson recebeu nessa encomenda? ______

Agora já sei!

1 Escreva os números que estão faltando para completar a sequência de 0 a 9 em ordem crescente.

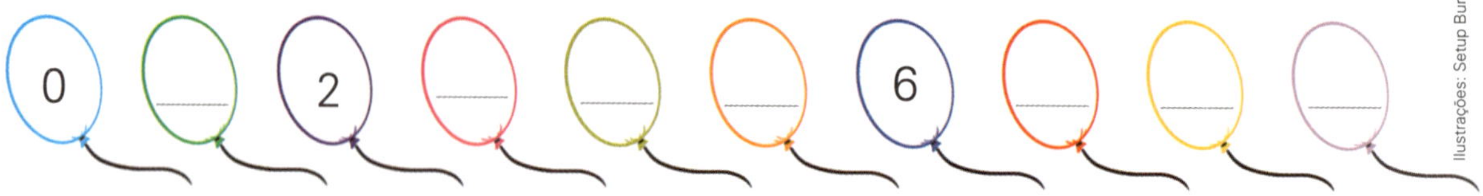

Ilustrações: Setup Bureau/ID/BR

2 Complete a cruzadinha escrevendo os números por extenso.

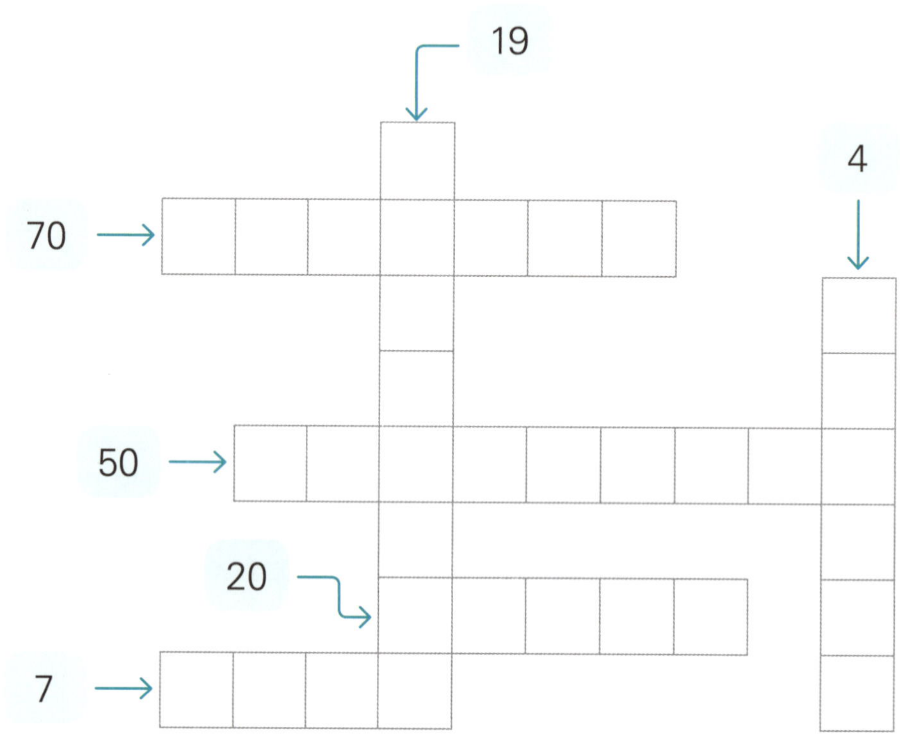

3 Pinte da mesma cor as caixas que contêm quantidades iguais.

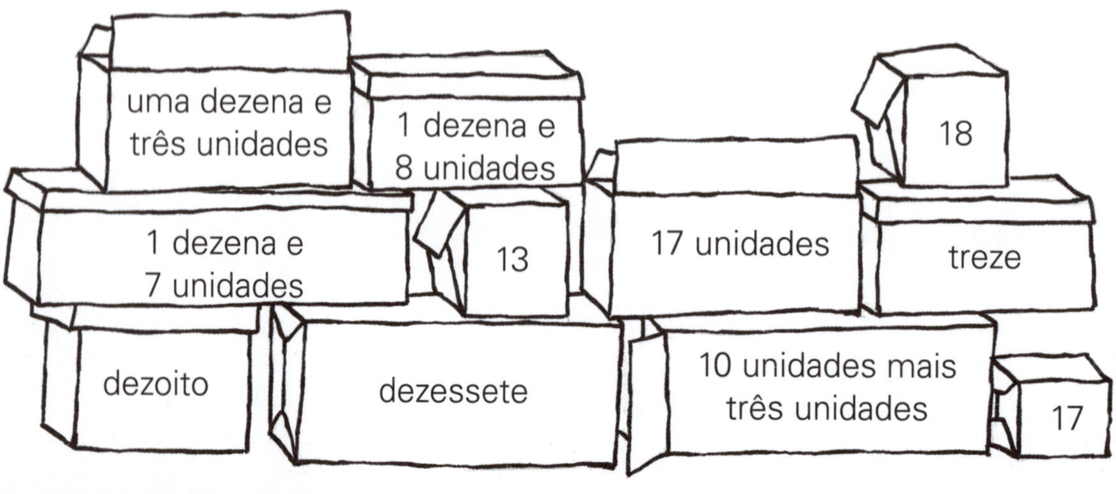

Evandro Luiz/ID/BR

4 Calcule o resultado de cada adição e escreva como no exemplo.

a. 13 + 1 = 14 ou 1 dezena e 4 unidades.

b. 20 + 9 = ______

c. 65 + 3 = ______

d. 90 + 1 = ______

5 Paula e os colegas prepararam um lanche coletivo para a turma. Todos colaboraram trazendo sanduíches, doces e sucos.

Vanessa Alexandre/ID/BR

- Agrupe cada tipo de alimento de 10 em 10 e complete.

  a. Quantidade de sanduíches: 10 + ______ = ______

  b. Quantidade de caixas de suco: 10 + ______ = ______

  c. Quantidade de doces: 10 + ______ = ______

- Que tal a turma toda preparar um lanche coletivo? Com o auxílio do professor, conversem e decidam o que cada um vai trazer, como vocês vão preparar o lanche e em que dia e hora será.

Saber Ser

6 Descubra qual é o número em cada caso e escreva-o.

a. É um número com 8 dezenas e 2 unidades. ______

b. O número tem 1 dezena a mais do que o número 20. ______

c. O número tem 3 dezenas a menos do que o número 50. ______

- Escreva em ordem crescente os números que você descobriu.

______

CAPÍTULO 2

Adição e subtração

Neste capítulo, vamos rever as ideias da adição e da subtração e estudar diferentes maneiras de calcular o resultado de adições e subtrações.

Juntar quantidades

1 A turma do 2º ano vai fazer um café da manhã especial. Luísa trouxe 3 frutas, e Carol trouxe 2 frutas.

Ilustra Cartoon/ID/BR

- Complete com o número de frutas que Luísa e Carol trouxeram.

  _______ frutas **mais** _______ frutas **é igual a** _______ frutas.

  _______ **mais** _______ **é igual a** _______.

Fizemos uma **adição** para descobrir quantas frutas Luísa e Carol trouxeram. Podemos indicar assim: $\mathbf{3 + 2 = 5}$.

O **resultado** dessa adição é **5**. Então, Luísa e Carol trouxeram 5 frutas para o café da manhã.

2 Paulo e Nélson trouxeram pães para o café da manhã. Paulo trouxe 5 pães, e Nélson trouxe 4 pães.

a. Complete com o número de pães que Paulo e Nélson trouxeram.

_______ pães **mais** _______ pães **é igual a** _______ pães.

_______ **mais** _______ **é igual a** _______.

Podemos indicar assim: _______ + _______ = _______.

b. Quantos pães Paulo e Nélson trouxeram para o café da manhã? _______

3 Na hora do recreio, Paula e Alexandre gostam de jogar dardos. Eles marcam pontos de acordo com o local em que acertam os dardos. Nesta rodada, eles marcaram 4 pontos e 2 pontos. Observe ao lado.

Ilustrações: Leninha Lacerda/ID/BR

- Veja algumas maneiras de calcular o total de pontos que Paula e Alexandre marcaram nessa rodada e complete as adições.

a. Podemos usar objetos para fazer a contagem, como canetas, botões e palitos.

Pegamos 4 palitos com uma das mãos e 2 palitos com a outra.

Juntamos todos os palitos na mesma mão.

No total, teremos ________ palitos.

4 + 2 = ________

b. Podemos fazer desenhos, como bolinhas e tracinhos.

Desenhamos 4 tracinhos de uma cor.

Desenhamos 2 tracinhos de outra cor.

Contamos todos os tracinhos juntos.

________ + ________ = ________

c. Podemos contar com os dedos das mãos.

________ + ________ = ________

Levantamos 4 dedos de uma mão e 2 dedos da outra. Ficamos com ________ dedos levantados.

Acrescentar quantidades

1 Rafael tinha 5 carrinhos e ganhou mais 3 carrinhos de aniversário.

Leninha Lacerda/ID/BR

a. Complete.

5 mais 3 é igual a ______ ou ______ + ______ = ______.

b. Com quantos carrinhos Rafael ficou? ______

2 **A família de Leandro vai fazer um almoço, e ele resolveu preparar uma omelete.**

Leandro separou alguns ovos para fazer a omelete.

Sua mãe então avisou que chegariam mais algumas pessoas para o almoço. Ele resolveu usar mais alguns ovos.

Ilustra Cartoon/ID/BR

a. Quantos ovos Leandro ia usar para fazer a omelete? ______

b. Quantos ovos a mais ele resolveu usar? ______

c. Complete.

______ mais ______ é igual a ______

ou ______ + ______ = ______.

d. Quantos ovos ele vai usar para fazer a omelete? ______

3 **Mara adora brincar com bolinhas de gude. Ela tinha 14 bolinhas de gude e comprou mais 3 bolinhas.**

a. Para descobrir com quantas bolinhas Mara ficou, faça um desenho.

b. Agora, complete.

_______ + _______ = _______

Mara ficou com _______ bolinhas de gude.

4 **João já tem 18 cartas no jogo da memória. Se na próxima rodada ele conseguir mais 2 cartas, com quantas cartas ele vai ficar?**

a. Para descobrir com quantas cartas João ficará, faça um desenho.

CONTEÚDO NA VERSÃO DIGITAL

b. Agora, complete.

_______ + _______ = _______

João ficará com _______ cartas.

Tirar uma quantidade da outra

1 Edu e Leo vão doar as figurinhas repetidas das coleções deles à campanha da escola.

a. Observe as figurinhas da coleção de Edu e risque as que são repetidas.

Ilustrações: Vanessa Alexandre/ID/BR

- Agora, complete.

  Havia _______ figurinhas na coleção de Edu, e ele separou _______ para doar.

  Ficaram _______ figurinhas na coleção de Edu.

Para calcular a quantidade de figurinhas com as quais Edu ficou, podemos escrever:

7 figurinhas **menos** 3 figurinhas **é igual a** _______ figurinhas ou 7 **menos** 3 **é igual a** _______.

Fizemos uma **subtração**, que podemos indicar assim: **7 − 3 = 4**.

O **resultado** dessa subtração é **4**.

b. Observe a coleção de figurinhas de Leo e risque as que são repetidas.

- Agora, complete.

  Leo tinha _______ figurinhas e separou _______ para doar.

  Ficaram _______ figurinhas na coleção de Leo.

  Escrevemos: _______ **menos** _______ **é igual a** _______ ou

  _______ − _______ = _______.

c. Com quantas figurinhas Leo ficou? _______________

2 A professora mostrou aos alunos algumas maneiras de calcular o resultado da subtração ao lado. Os alunos entenderam e seguiram as dicas. Observe e complete.

Ilustrações: Vanessa Alexandre/ID/BR

a. Podemos usar alguns objetos para fazer a contagem, como palitos, botões e lápis.

Sobraram _______ lápis na mesa.

b. Podemos fazer desenhos, como bolinhas e tracinhos.

Ficaram _______ tracinhos sem riscar.

c. Podemos contar usando os dedos das mãos.

Ficaram _______ dedos levantados.

Comparar quantidades

1 **Luciana e Marcelo jogaram uma partida de futebol de botão e registraram com uma bolinha cada gol marcado. Observe.**

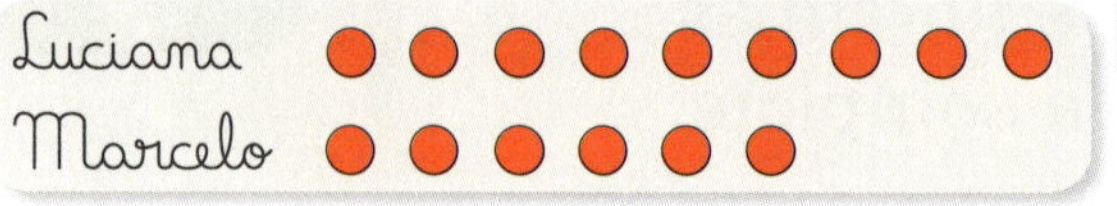

ID/BR

a. Quantos gols Luciana marcou? E Marcelo? ______

b. Quem marcou mais gols? ______

c. Quantos gols Luciana marcou a mais do que Marcelo? ______

d. Complete a subtração: 9 – ______ = ______

2 **Ao final de um jogo de cartas, Júlio e Luiz conferiram com quantas cartas cada um ficou. Observe e responda às questões.**

Setup Bureau/ID/BR

a. Quem ficou com menos cartas? ______

b. Com quantas cartas a menos ele ficou? ______

c. Complete a subtração: 9 – ______ = ______

3 **Veja quantos pinos Jorge e Henrique derrubaram em uma partida de boliche.**

Ilustrações: Kanton/ID/BR

a. Quem derrubou mais pinos? ______

b. Quantos pinos a mais ele derrubou? ______

c. Complete a subtração: ______ – 4 = ______

4 Ao final de um jogo de perguntas e respostas, a professora anotou a pontuação de cada equipe em um cartaz. Veja as pontuações e responda às questões.

EQUIPE			
PONTUAÇÃO	17	15	16

Ilustra Cartoon/ID/BR

a. Qual foi a equipe vencedora? ______________________

b. A equipe amarela obteve quantos pontos a menos do que a equipe vermelha? ______________________

c. A equipe azul obteve quantos pontos a menos do que a equipe vermelha? ______________________

5 Carina e os colegas estavam jogando varetas. Eles registraram no quadro de giz a quantidade de varetas que cada um pegou na primeira rodada do jogo.

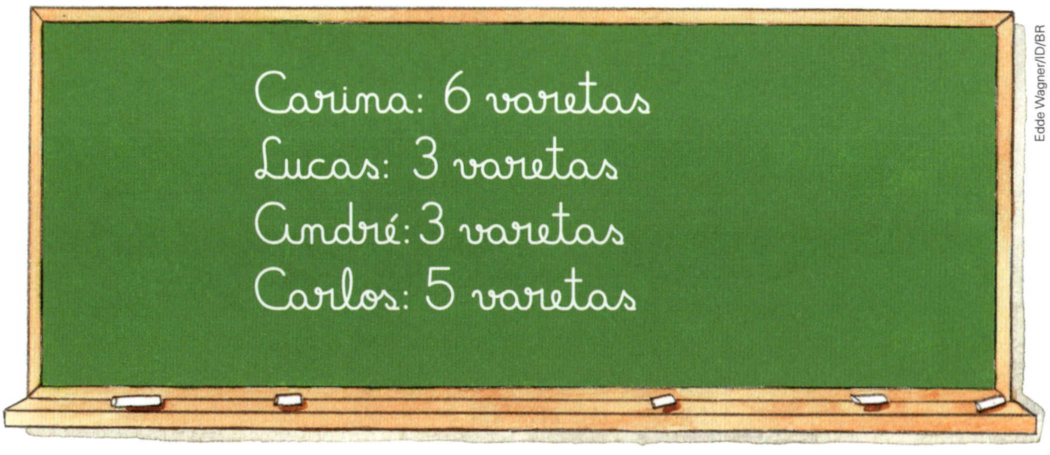

Edde Wagner/ID/BR

- Ligue cada pergunta à subtração correspondente.

Quantas varetas Carina pegou a mais do que Carlos?	3 − 3 = 0
Quantas varetas André pegou a mais do que Lucas?	6 − 5 = 1
Quantas varetas Carina pegou a mais do que André?	6 − 3 = 3

Completar quantidades

1 **As crianças estão brincando com um jogo de tabuleiro. Observe a posição dos peões nas casas e responda às questões.**

Edde Wagner/ID/BR

a. Quantas casas faltam para o peão roxo alcançar o peão verde? ______

b. Quantas casas o peão verde precisa avançar para alcançar a chegada? ______

c. Quantas casas faltam para o peão roxo alcançar a chegada? ______

■ Qual estratégia você utilizou para responder às questões? Conte aos colegas e ao professor e veja quais estratégias foram utilizadas pelos colegas.

2 **Na festa junina da escola de Mauro há uma barraca de jogos. Mauro precisa derrubar 9 latas para ganhar o prêmio que deseja. Ele vai arremessar a sua última bola. Veja quantas latas ele já derrubou.**

Vanessa Alexandre/ID/BR

a. Quantas latas Mauro já derrubou? ______

b. Quantas latas ele tem de derrubar para ganhar o prêmio que ele quer? ______

c. Complete a subtração: ______ − ______ = ______

d. Quantas latas ele ainda precisa derrubar? ______

3 **Mariana quer comprar um bichinho de pelúcia, mas ela só tem 11 reais. Mariana quer saber quantos reais faltam para ela conseguir comprar o bichinho de pelúcia.**

a. Para descobrir quantos reais faltam para Mariana comprar o bichinho, faça um desenho.

b. Agora, complete: ________ – ________ = ________

Mariana precisa de ________ reais para comprar o bichinho.

4 **No estacionamento de um salão de festas há 18 vagas reservadas para idosos, e 6 dessas vagas já estão ocupadas. Quantas vagas ainda podem ser ocupadas até lotar o espaço reservado aos idosos? Calcule e complete.**

Ilustrações: Cláudio Chiyo/ID/BR

Podem ser ocupadas ________ vagas.

- De acordo com o Estatuto do Idoso, algumas vagas em estacionamentos devem ser reservadas para os idosos. Essas vagas devem estar bem posicionadas, próximas à entrada de comércios e outros locais, para garantir maior facilidade de acesso. Você conhece outros direitos dos idosos? Converse com os colegas e o professor.

Maneiras de adicionar e subtrair

1 Hoje é dia da gincana de perguntas e respostas na aula de Matemática. Nessa atividade, os alunos formam duas equipes.

Ilustrações: Leninha Lacerda/ID/BR

- Observe como foi marcada a pontuação da equipe vermelha e responda às questões a seguir.

  Cada | representa um ponto. Cada ⧄ representa 5 pontos.

Equipe vermelha

1º rodada	2º rodada
⧄	⧄ ||||

a. Quantos pontos a equipe vermelha fez na 1ª rodada? ______

b. E na 2ª rodada? ______

- Podemos calcular o número de pontos da equipe vermelha fazendo uma adição. Veja duas maneiras a seguir:

  - agrupar os pontos de 10 em 10.

⧄   ⧄ |||| ⇨   ⧄ ⧄ ||||

$5 + 9 = 5 + 5 + 4$

$10 + 4 = 14$

  - falar um dos números, por exemplo, o 9, e como o outro número é 5, contar nos dedos os próximos 5 números.

2 **Observe como Joana fez para calcular o resultado de uma adição.**

a. Qual é o resultado da adição feita por Joana? ____________

b. Complete a adição: ________ + 8 = 13

c. Você sabe explicar de que maneira Joana calculou o resultado dessa adição?

d. É possível calcular o resultado dessa adição de outra maneira? Como você faria? Converse com os colegas e o professor.

3 **Observe como Fábio fez para calcular o resultado de uma subtração.**

a. Qual é o resultado da subtração feita por Fábio? ____________

b. Complete a subtração: ________ – 3 = 11

c. Você sabe explicar de que maneira Fábio calculou o resultado dessa subtração?

d. É possível calcular o resultado dessa subtração de outra maneira? Como você faria? Converse com os colegas e o professor.

Vamos resolver!

CONTEÚDO NA VERSÃO DIGITAL

1 Leia a fala de cada criança e, depois, ligue a criança à adição correspondente.

$1 + 4 = 5$	$5 + 3 = 8$	$4 + 3 = 7$

2 Pinte os balões de acordo com a legenda.

Resultado igual a 28. Resultado igual a 24.

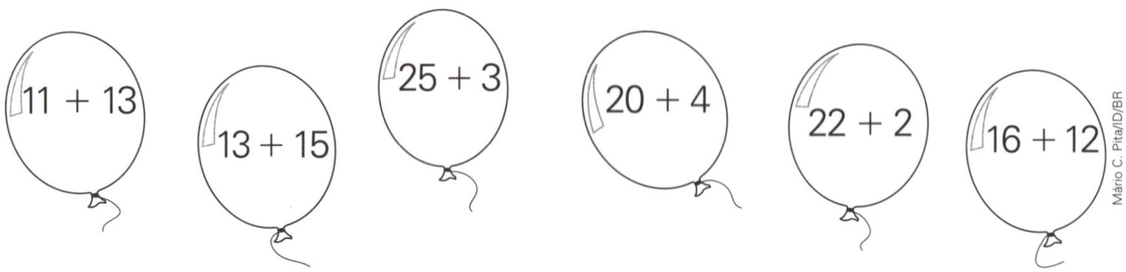

3 Lúcia e Fábio estão jogando cartas. Veja quantas cartas cada um tem e responda às questões.

a. Quem tem mais cartas? ______________________

b. Quantas a mais? ______________________

c. Complete a subtração: ________ – ________ = ________

4 Taís e Samuel estão jogando dados. Vence a rodada quem conseguir a maior quantidade de pontos adicionando os pontos de dois dados. Veja como terminou essa rodada.

Vanessa Alexandre/ID/BR

a. Quantos pontos Taís fez? ______

b. Quantos pontos Samuel fez? ______

c. Quem venceu a rodada? ______

d. Quantos pontos Taís fez a mais do que Samuel? ______

5 Calcule o resultado de cada operação como você preferir.

a. 7 + 8

b. 13 – 4

6 Complete com + ou com –.

a. 6 ______ 5 = 1

b. 5 ______ 2 = 7

c. 8 ______ 4 = 4

d. 5 ______ 2 = 3

e. 8 ______ 8 = 0

f. 7 ______ 0 = 7

Adições e subtrações na reta numerada

1 Sofia tinha 8 reais e ganhou mais 6 reais. Com quantos reais Sofia ficou? Veja ao lado como ela fez o cálculo.

- Escreva a operação feita por Sofia. Depois, complete a frase. ____________

  Sofia ficou com ____________ reais.

Podemos resolver adições e subtrações utilizando uma **reta numerada**.

Na reta numerada, os números são posicionados em ordem crescente, no sentido indicado pela seta.

2 Observe a sequência de números na reta numerada e complete.

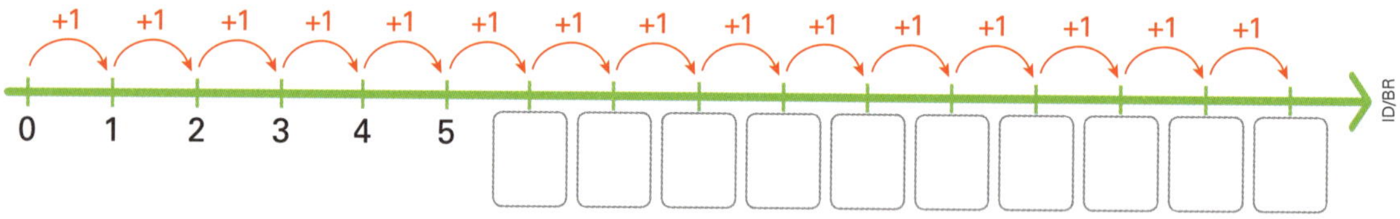

- Na reta numerada, para calcular o resultado de 8 + 6, podemos sair do número 8 e contar 6 unidades no sentido indicado pela seta.

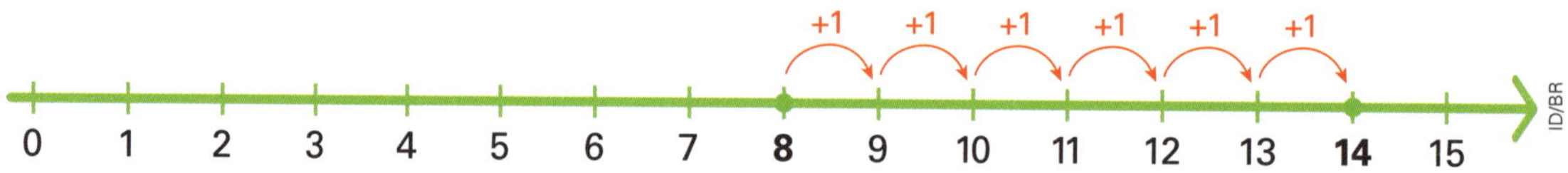

Chegamos ao número ______. Ele é o resultado de ______ + ______.

3 Veja as marcações que Sofia fez na reta numerada e complete.

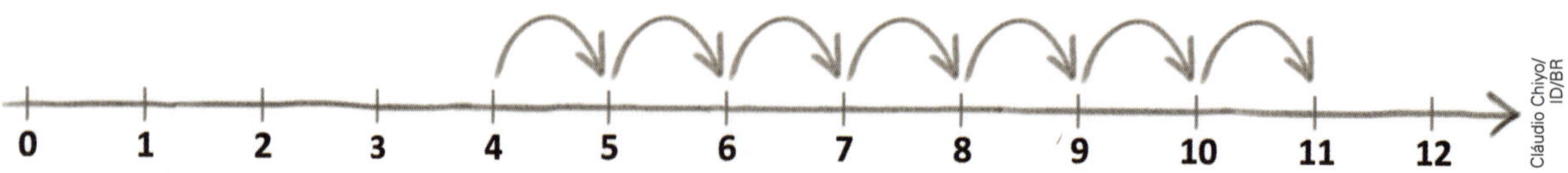

As marcações começaram no número ______, e contamos ______ unidades no sentido indicado pela seta até chegar ao número ______.

Essa situação pode ser representada pela adição ____________.

4 **Observe como Ângela calculou o resultado de 15 − 7 e complete.**

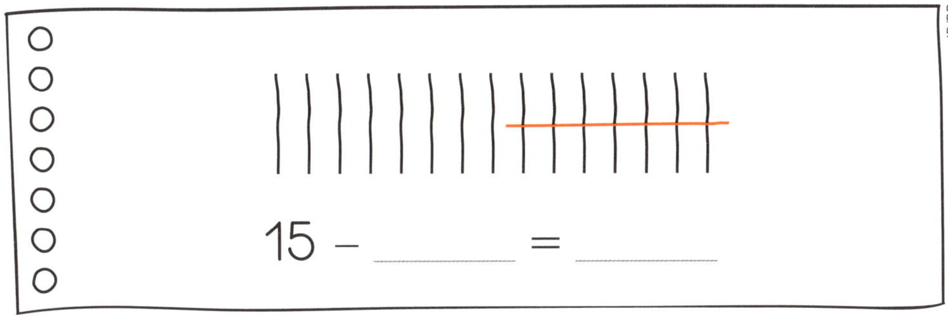

ID/BR

- Agora, vamos calcular 15 − 7 usando a reta numerada.

  Saímos do número 15 e contamos 7 unidades no sentido contrário ao indicado pela seta da reta numerada.

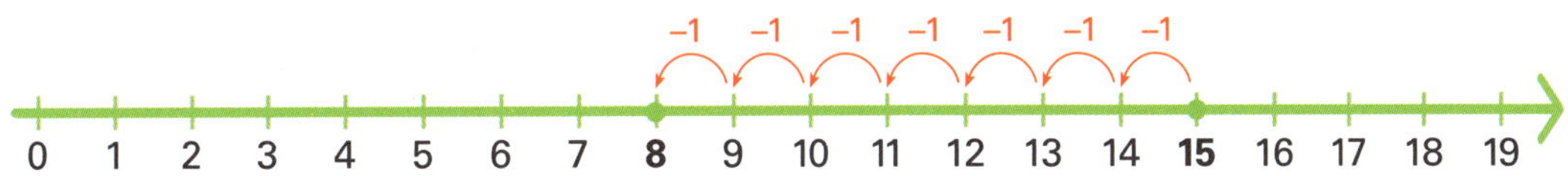

ID/BR

Chegamos ao número ______, que é o resultado de ______ − ______.

5 **Ângela fez outro cálculo usando a reta numerada. Observe e complete.**

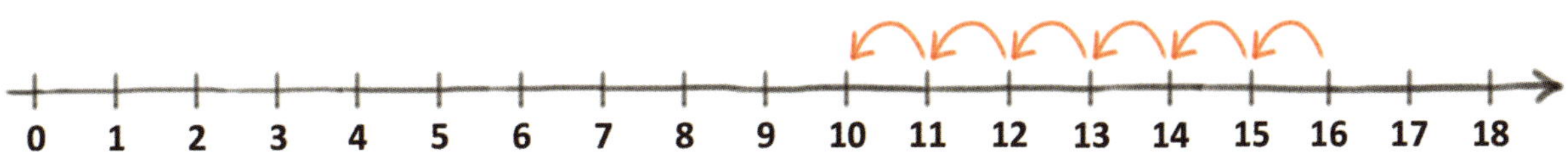

Cláudio Chiyo/ID/BR

As marcações começaram no número ______, e contamos ______ unidades no sentido contrário ao da seta até chegar ao número ______.

Essa situação pode ser representada pela subtração ______________.

6 **Calcule o resultado usando a reta numerada.**

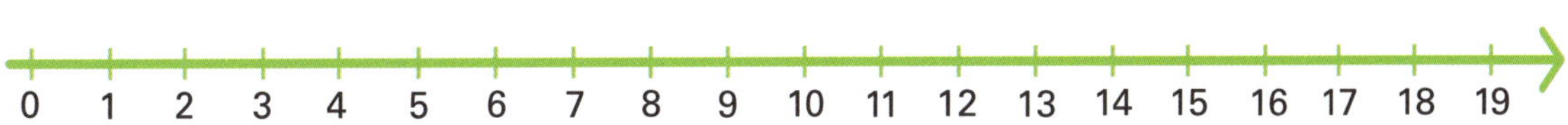

ID/BR

a. 6 + 7 = ______________

b. 13 + 6 = ______________

c. 19 – 7 = ______________

d. 17 – 9 = ______________

Adição de três números

1 Em uma barraca de doces, Lia comprou 4 quindins, Jane comprou 3 pés de moleque e Laura comprou 2 paçocas. Como você faria para descobrir quantos doces as três meninas compraram? Conte aos colegas e ao professor.

2 Para calcular o total de doces comprados pelas meninas na atividade **1**, podemos resolver a adição **4 + 3 + 2** de vários modos. Observe e complete.

- Usando o papel quadriculado:

  Pintamos com cores diferentes o número de doces comprados pelas meninas.

Lia
4 quindins

Jane
3 pés de moleque

Laura
2 paçocas

Agora, é só contar o total de quadradinhos pintados.

Assim, 4 + 3 + 2 = ________.

- Usando a reta numerada:

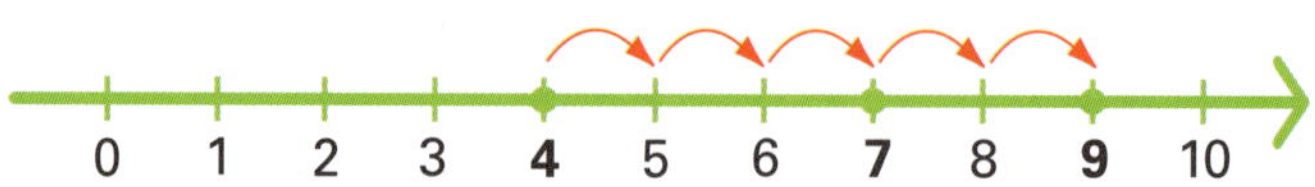

Saindo do número 4, contamos 3 unidades no sentido da seta da reta numerada e chegamos ao número ________.

Daí, contamos mais ________ unidades e chegamos ao número ________ como resultado final.

- Calculando primeiro o resultado da adição de dois números e, depois, adicionando o outro número ao resultado obtido.

4 + 3 + 2 = **ou** 4 + 3 + 2 = **ou** 4 + 3 + 2 =

= ______ + 2 = ______ = 4 + ______ = ______ = ______ + 3 = ______

- De qual modo você mais gostou? Converse com os colegas e o professor sobre os modos apresentados.

3 Helena, Bruno e Marcelo brincaram de pescaria. Registre nos quadrinhos a quantidade de peixes que cada um pescou.

Mário C. Pita/ID/BR

- Agora, calcule do modo como preferir a quantidade de peixes que os três pescaram ao todo.

Ao todo, os três pescaram ________ peixes.

4 No **Jogo da adição** que Júlio e Ana estão jogando, vence a rodada quem conseguir a maior pontuação com as três cartas sorteadas. Observe as cartas que eles sortearam nesta rodada.

Júlio: 10 | 2 | 6

Ana: 1 | 6 | 12

- Escreva uma adição para calcular a pontuação de cada um.

a. Pontuação de Júlio: ________________

b. Pontuação de Ana: ________________

- Quem venceu a rodada? ________________

Adições e subtrações com ábaco

1 Na biblioteca da escola, há uma estante com livros de aventura e de contos de fadas. Observe a ilustração ao lado e complete o texto.

Na estante, há ________ livros de aventura e ________ livros de contos de fadas.

São ________ livros no total.

- Como você fez para descobrir o total de livros? Conte aos colegas e ao professor.

Podemos calcular o total de livros adicionando o número de livros de aventura e os de contos de fadas, isto é, calculando 13 + 11. Veja como Caio fez esse cálculo usando um ábaco.

2 Beatriz fez uma adição usando o ábaco. Observe e complete.

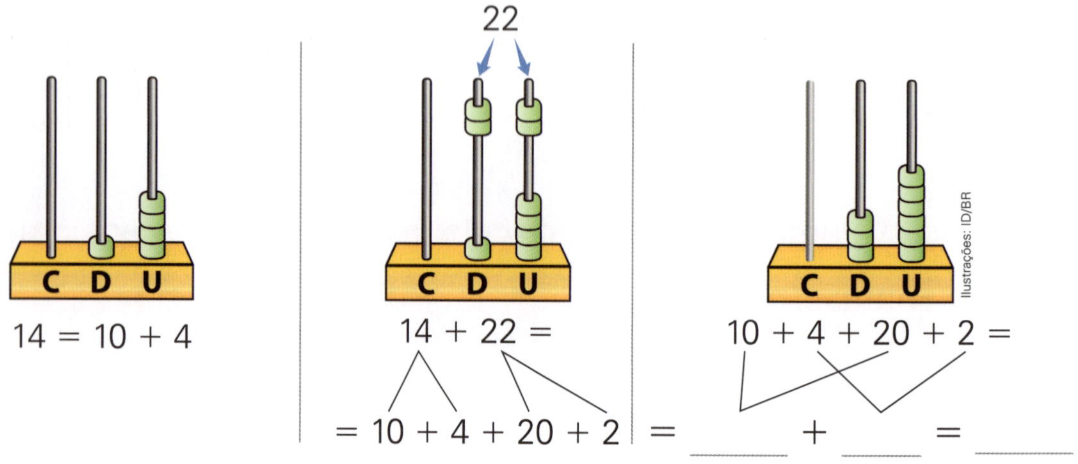

3 Para calcular o resultado de 38 − 13, Aline usou um ábaco. Veja como ela fez.

Mário C. Pita/ID/BR

- Agora, veja como Aline calculou o resultado de outra subtração usando o ábaco e complete as sentenças.

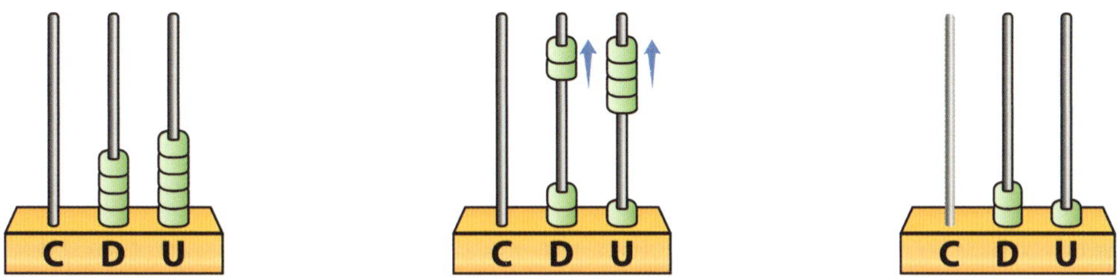

Ilustrações: ID/BR

Primeiro, representei no ábaco o número ________. Depois, tirei 24 de ________, ou seja, ________ argolas do pino das unidades e ________ argolas do pino das dezenas.

Fiquei com ________ argolas no pino das dezenas e ________ argola no pino das unidades. Então, ________ − ________ = ________.

4 Observe os ábacos e escreva a operação realizada.

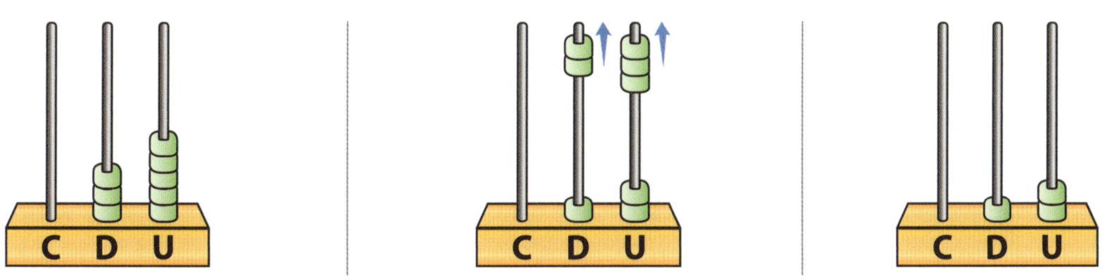

Ilustrações: ID/BR

____

Algoritmos para a adição

1 O tio de Osvaldo tem uma criação de cachorros. Ele tinha 23 cachorros e chegaram mais 15 cachorros. Veja como Osvaldo calculou o total de cachorros que o tio dele tem agora usando o algoritmo da decomposição.

Ilustra Cartoon/ID/BR

- Faça como Osvaldo e resolva as adições a seguir usando o algoritmo da decomposição.

a. 32 ⇨ [+]
\+
27 ⇨ [+]
[+] ⇨ [ ]

b. 46 ⇨ [+]
\+
51 ⇨ [+]
[+] ⇨ [ ]

2 Veja como Gabriela fez para calcular o total de livros de ficção da biblioteca da escola em que estuda com o algoritmo usual.

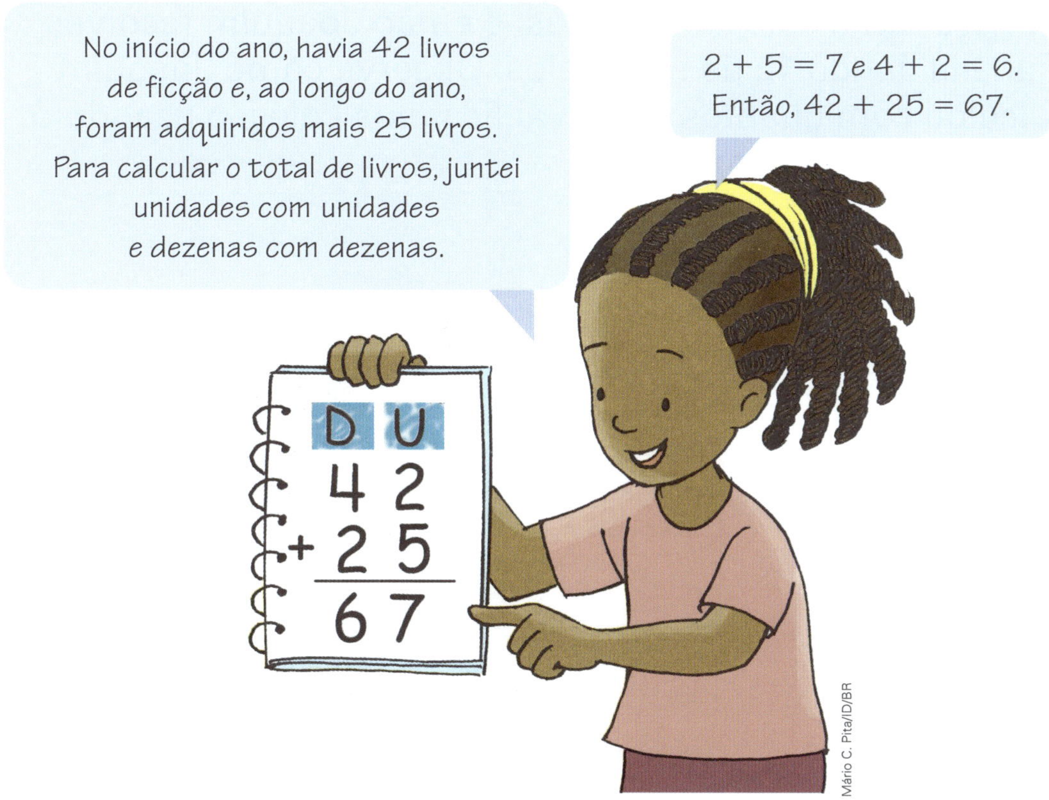

■ Faça como Gabriela e resolva as adições a seguir com o algoritmo usual.

a. 13 + 12 = ______

D	U
1	3
+ 1	2
___	___

b. 12 + 36 = ______

D	U
1	2
+ 3	6
___	___

c. 33 + 43 = ______

D	U
3	3
+ 4	3
___	___

d. 25 + 11 = ______

D	U
2	5
+ 1	1
___	___

e. 43 + 22 = ______

D	U
4	3
+ 2	2
___	___

f. 36 + 52 = ______

D	U
3	6
+ 5	2
___	___

Algoritmos para a subtração

1 Joaquim tem 38 selos em sua coleção. Sua irmã Natália quer começar uma coleção de selos, e então Joaquim resolveu ajudá-la dando 12 de seus selos. Observe como Joaquim calculou com quantos selos vai ficar sua coleção usando o algoritmo da decomposição.

- Faça como Joaquim e resolva as adições a seguir usando o algoritmo da decomposição.

a. 49 ⇨ [+]
−
32 ⇨ [+]
———
[+] ⇨ [ ]

b. 68 ⇨ [+]
−
24 ⇨ [+]
———
[+] ⇨ [ ]

2 Quantos anos o pai de Vitória tem a mais do que ela? Leia o que Vitória diz e veja como ela usou o algoritmo usual para fazer esse cálculo.

Eu sou a Vitória e tenho 11 anos. Meu pai se chama Ivan e tem 47 anos.

Ilustrações: Mário C. Pita/ID/BR

Para saber quantos anos meu pai tem a mais do que eu, tirei unidades de unidades e dezenas de dezenas: 7 − 1 = 6 e 4 − 1 = 3. Então, 47 − 11 = 36. Meu pai tem 36 anos a mais do que eu.

Escrevemos primeiro o maior número.

Depois, escrevemos o menor número.

E, então, calculamos o resultado.

■ Faça como Vitória, calcule o resultado das subtrações a seguir com o algoritmo usual.

a. 86 − 32 = ____

D	U
8	6
− 3	2
___	___

b. 68 − 47 = ____

D	U
6	8
− ___	___
___	___

c. 99 − 27 = ____

D	U
___	___
− ___	___
___	___

Calculadora

1 Você já usou uma calculadora? Sabe para que serve esse instrumento? Conte aos colegas e ao professor.

2 Dos símbolos que estão indicados nas teclas da calculadora abaixo, quais você conhece? ______

GSK Photo/iStock/Getty Images

Veja como funciona uma calculadora.

Quando ligamos a calculadora, aparece no visor o número 0 (zero).

Para fazer 8 + 7, digitamos:

[8] [+] [7] [=] Aparecerá no visor: [15]

Para fazer 13 − 8, teclamos:

[1] [3] [−] [8] [=] Aparecerá no visor: [5]

Para fazer 3 + 11 + 4, digitamos:

[3] [+] [1] [1] [+] [4] [=] Aparecerá: [18]

3 Calcule o resultado das operações usando uma calculadora.

a. 4 + 8 = ______

b. 9 + 6 + 3 = ______

c. 19 − 13 = ______

d. 17 − 13 = ______

4 Joana efetuou algumas operações em uma calculadora. Escreva o número que apareceu no visor.

a. [1] [4] [−] [6] [=] [ ]

b. [5] [+] [3] [+] [1] [1] [=] [ ]

5 Marcos colou adesivos brancos sobre as teclas de uma calculadora e efetuou algumas operações. Descubra as teclas que Marcos escondeu.

a. [2] [+] [ ] [=] 5

b. [6] [ ] [4] [=] 2

c. [6] [ ] [4] [=] 10

d. [1] [ ] [−] [1] [=] 10

e. [ ] [2] [+] [2] [=] 14

6 A calculadora de Maria está com defeito. De vez em quando, algumas teclas não funcionam. Certo dia, a tecla [3] não funcionava, e Maria fez o número 3 aparecer no visor digitando:

[1] [+] [2] [=] 3

Hoje, as teclas [+] e [0] não estão funcionando. Desenhe as teclas que você digitaria para fazer aparecer o número 10 no visor dessa calculadora.

Agora já sei!

1 No final da aula, Carol e Lia recolheram os lápis de cor que usaram na aula de Arte. Carol recolheu 7 lápis, e Lia recolheu 4 lápis a mais do que Carol. Observe e responda às questões.

Ilustrações: Vanessa Alexandre/ID/BR

a. Quantos lápis Lia recolheu? ______

b. Quantos lápis Carol e Lia recolheram ao todo? ______

■ Você acha importante recolher o material ao terminar as tarefas? Por quê? Converse com os colegas e o professor.

Saber Ser

2 Observe a quantidade de crianças na cena abaixo. Depois, complete o problema e escreva uma pergunta em que apareçam as palavras "quantas" e "ficaram". O problema deve ser resolvido pela adição 6 + 3 = 9.

Problema:

No pátio da escola, ______ crianças brincavam com bola quando mais ______ crianças chegaram para participar da brincadeira.

______

■ Agora, peça a um colega que responda à pergunta que você elaborou.

3 Em cada caso, observe o movimento do peão no tabuleiro e complete os textos.

a.

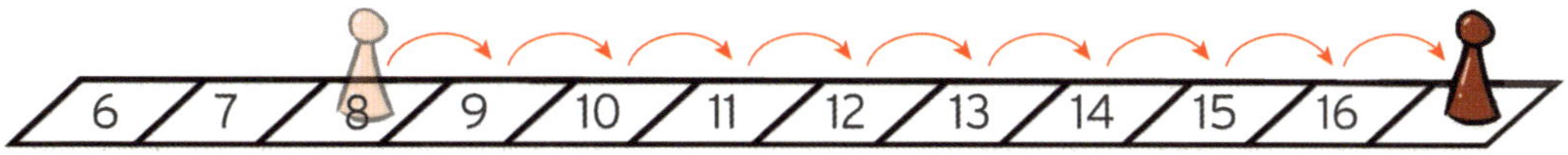

Setup Bureau/ID/BR

O peão saiu da casa de número ________, avançou ________ casas e chegou à casa de número ________. A situação pode ser representada pela ________________: ________ + ________ = ________

b.

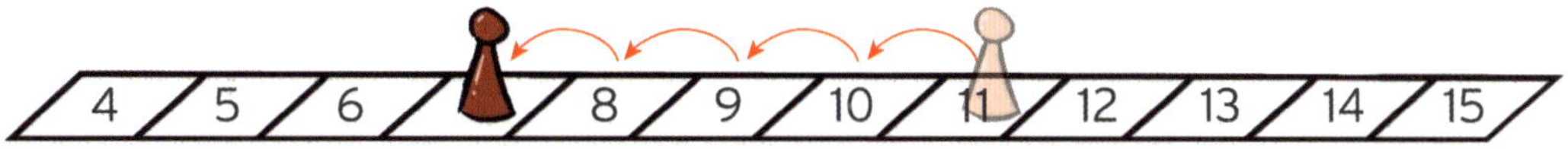

Setup Bureau/ID/BR

O peão saiu da casa de número ________, voltou ________ casas e chegou à casa de número ________. A situação pode ser representada pela ________________: ________ − ________ = ________

4 Pinte a cesta que contém a operação indicada para resolver cada situação.

a. Ana Maria tinha uma dúzia de maçãs em sua fruteira. Ela usou 5 maçãs para fazer uma torta. Quantas maçãs sobraram?

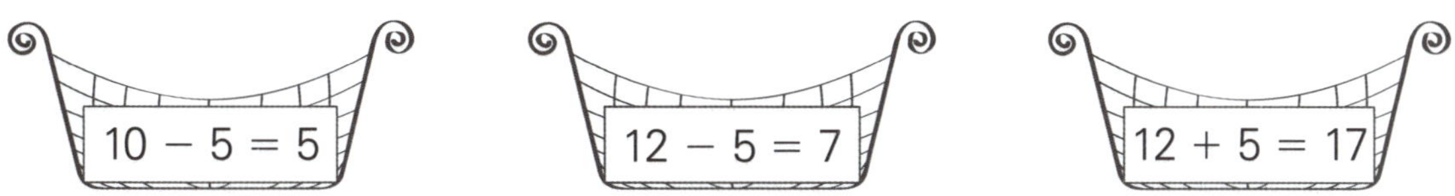

Ilustrações: ID/BR

b. Davi usou uma dúzia de bananas para fazer a massa de uma torta e 5 bananas para cobri-la. Quantas bananas ele usou?

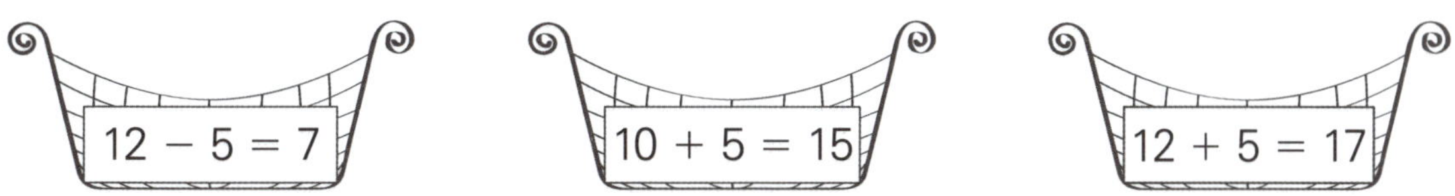

c. Andréa precisa de uma dúzia de laranjas para fazer uma jarra de suco. Na cozinha, há somente cinco laranjas. Quantas laranjas faltam?

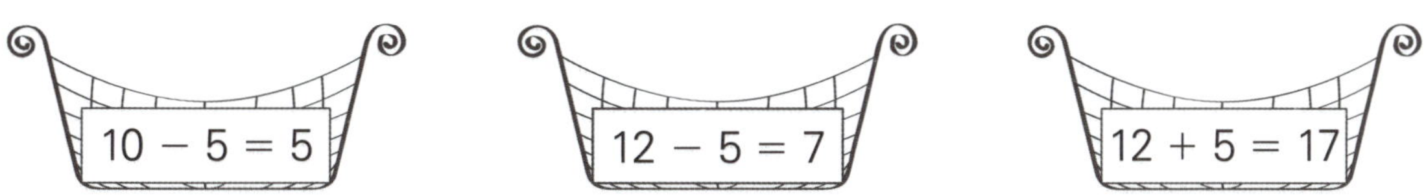

Jogo

Jogo da adição

Material

- Conjunto de cartas numeradas de 0 a 5, da página 259.

Ilustrações: Leninha Lacerda/ID/BR

Número de participantes

- 2 jogadores.

Objetivo

- Conquistar a maior quantidade de cartas possível.

Regras

1. Destaque as cartas que estão na página 259 do material complementar e junte-as com as cartas do outro jogador.
2. Embaralhe as cartas e coloque-as sobre a mesa com os números virados para baixo.
3. Em cada rodada, os jogadores escolhem duas cartas e mostram os números. Em seguida, adicionam os pontos das duas cartas, dizendo o total em voz alta. O jogador que obtiver mais pontos vence a rodada e recolhe as quatro cartas. Se houver empate, as cartas são retiradas do jogo.
4. O jogo termina quando todas as cartas da mesa tiverem sido viradas.
5. Vence o jogo quem ficar com mais cartas.

Vanessa Alexandre/ID/BR

Depois do jogo

1 Você e um colega vão iniciar uma partida do **Jogo da adição**. A cada rodada, anote em uma cartela a sua pontuação e a do colega, e pinte o quadrinho do vencedor.

Meus pontos

	Rodada 1	Rodada 2	Rodada 3	Rodada 4	Rodada 5	Rodada 6
Pontos →	____	____	____	____	____	____
Vencedor →	☐	☐	☐	☐	☐	☐

Pontos do colega

	Rodada 1	Rodada 2	Rodada 3	Rodada 4	Rodada 5	Rodada 6
Pontos →	____	____	____	____	____	____
Vencedor →	☐	☐	☐	☐	☐	☐

Ilustrações: Mário C. Pita/ID/BR

- Agora, responda às questões.

  a. Quantas rodadas você ganhou? ______

  b. Quantas rodadas o colega ganhou? ______

  c. Quem foi o vencedor dessa partida do **Jogo da adição**?

  ______

  d. Em qual das rodadas você obteve o maior número de pontos? E o menor número de pontos?

  ______

2 Se desejarem, você e o colega podem jogar novamente, usando outra regra: em vez de adicionar, subtraiam os pontos da carta menor dos pontos da carta maior. Caso tirem duas cartas com pontos iguais, subtraiam os pontos de uma carta pelos pontos da outra carta. Quem fizer menos pontos ganha a rodada e recolhe as quatro cartas.

O que aprendi?

1 **Luana escreveu duas sequências numéricas em ordem crescente, uma só com números ímpares e outra só com pares.**

a. Complete cada sequência com os números que estão faltando.

1	3		7					17

2				10	12		16	

b. Marque com um **X** o quadro que tem apenas números pares.

c. Agora, reescreva a sequência de números ímpares em ordem decrescente. ______________________________

2 **Complete as adições e as subtrações de modo que o resultado seja sempre o número que está no quadro azul.**

a.

60

- _____ + _____
- _____ – _____
- _____ – _____
- _____ + _____

b.

16

- _____ + _____
- _____ – 3
- _____ – _____
- _____ + _____
- 4 + _____ + _____
- 5 + _____ + _____

3 Lucas, Clêiton, Zezé e Marina organizaram os livros da biblioteca da escola no sábado.

Ilustrações: Mário C. Pita/ID/BR

- Veja abaixo a tabela feita por Zezé e responda às questões.

Livros organizados no sábado na biblioteca da escola	
Tipo de livro	**Quantidade de livros**
Aventura	24
Fábulas	22
Contos de fadas	13

Dados obtidos por Zezé.

a. Observe como Clêiton e Marina fizeram para calcular o total de livros organizados no sábado.

	D	U
	2	4
	2	2
+	1	3
	5	9

	D	U
	2	4
	2	2
+	3	
	7	6

- Um dos dois se enganou. Você sabe quem foi? Por quê? Converse com os colegas e o professor.

b. Quantos livros de aventura foram organizados a mais do que livros de contos de fadas?

CONTEÚDO NA VERSÃO DIGITAL

Foram organizados ________ livros de aventura a mais do que livros de contos de fadas.

UNIDADE

2 Passeios e visitas

Imaginario Studio/ID/BR

A Matemática ajuda na organização de bibliotecas, na localização de um objeto ou de uma pessoa e em muitas outras coisas.

- Converse com os colegas e o professor sobre estas questões. Saber Ser
  - a. Para que as pessoas procuram uma biblioteca?
  - b. Por que é importante falar baixo em uma biblioteca?
  - c. Você já foi a uma biblioteca? O que fez lá?
- O prédio da biblioteca lembra qual figura geométrica?
- Que outros objetos da cena lembram figuras geométricas?
- Contorne a criança que está mais próxima da lixeira.
- Quantas pessoas visitaram a biblioteca até o momento?
- Se mais cinco pessoas entrarem na biblioteca, quantas pessoas ao todo terão visitado a biblioteca?

Biblioteca
Municipal
LIXO

No dia a dia encontramos diversos objetos que lembram figuras geométricas. Neste capítulo vamos conhecer algumas delas.

Figuras arredondadas ou não arredondadas

1 Pinte com a mesma cor os objetos que lembram a mesma figura geométrica.

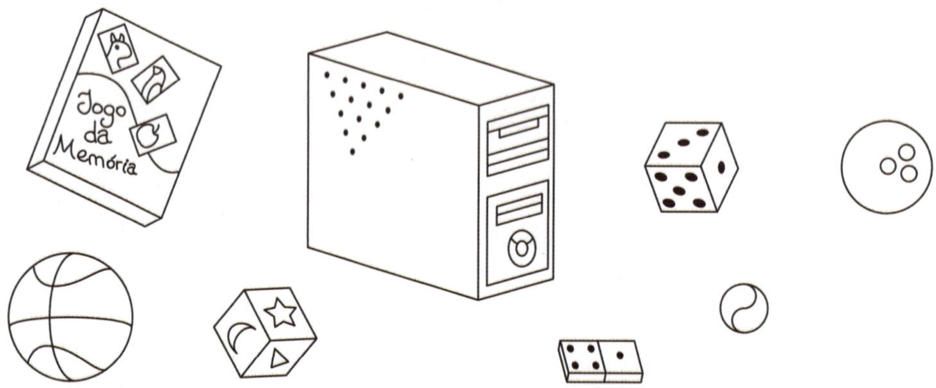

Setup Bureal/ID/BR

2 Diana separou os blocos coloridos dela em duas caixas. Veja como ela fez e complete a frase.

Ilustrações: AMj Studio/ID/BR

- Você organizaria os blocos de maneira diferente? Converse com os colegas e o professor.

3 Luiz e Cátia construíram um castelo cada um com blocos coloridos. Luiz usou blocos com forma arredondada e Cátia usou blocos com forma não arredondada. Ligue cada criança à sua construção.

CONTEÚDO NA VERSÃO DIGITAL

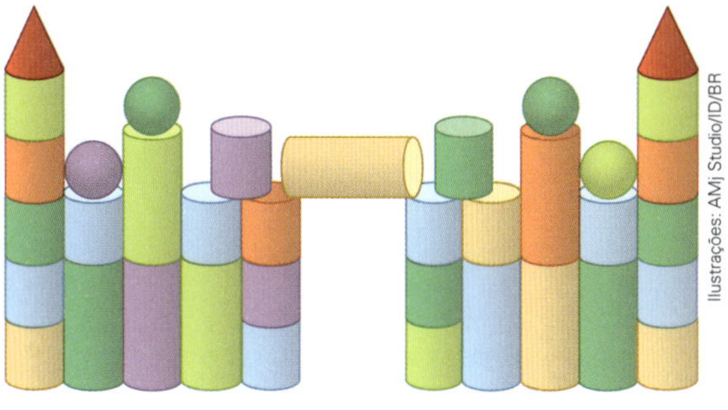

Ilustrações: AMj Studio/ID/BR

4 Descubra qual é o intruso e contorne-o.

Shutterstock. Fotomontagem: ID/BR

Shutterstock. Fotomontagem: ID/BR

mustafa deliormanli/iStock/Getty

Mikhail Kokhanchikov/iStock/Gett

5 Pinte de vermelho as figuras arredondadas e de amarelo as figuras não arredondadas.

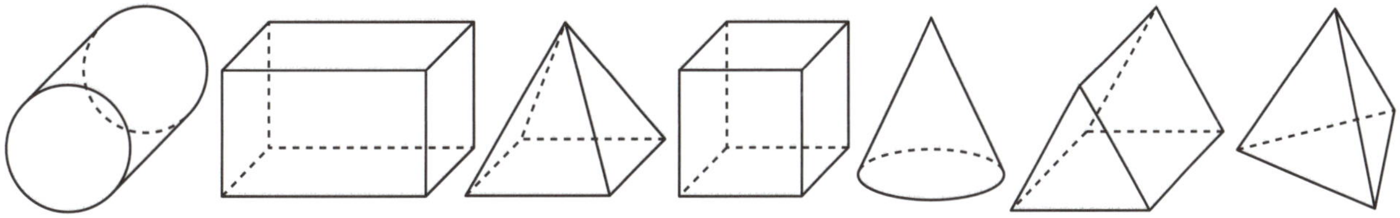

Ilustrações: ID/BR

Figuras planas ou não planas

1 Observe as cenas a seguir.

Vanessa Alexandre/ID/BR

No dia a dia podemos observar que alguns objetos lembram figuras planas e outros lembram figuras não planas.

Figuras planas

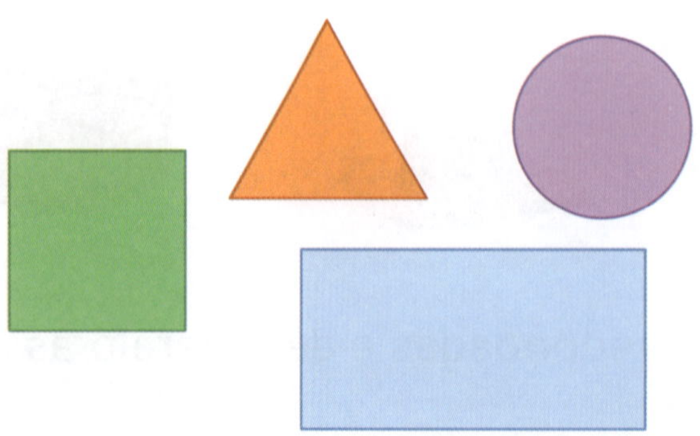

Figuras não planas

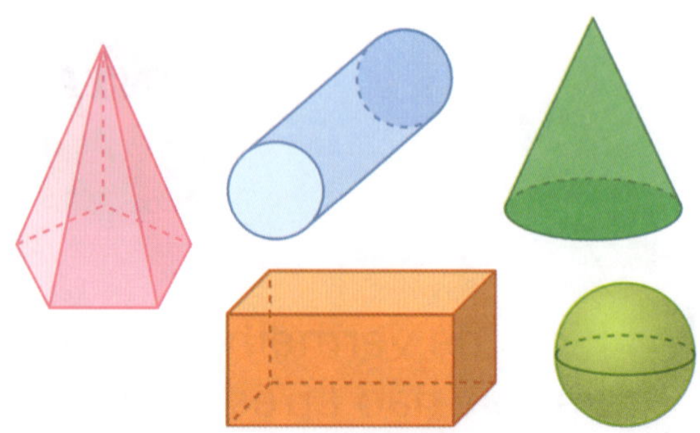

Ilustrações: ID/BR

- Quais dos objetos das cenas acima lembram figuras planas? Quais lembram figuras não planas? Converse com os colegas e o professor.

2 Recorte de jornais ou de revistas imagens de objetos que lembram figuras planas e imagens de objetos que lembram figuras não planas. Cole essas imagens no espaço abaixo.

■ Registre quantas imagens você encontrou que lembram:

a. figuras planas. ☐

b. figuras não planas. ☐

Algumas figuras não planas

Algumas figuras não planas recebem nomes especiais. Vamos conhecê-las?

O paralelepípedo e o cubo

1 Observe o bloco de madeira.

Cristi180884/Dreamstime.com/ID/BR

ID/BR

paralelepípedo

AMj Studio/ID/BR

- Agora, você vai montar um modelo de paralelepípedo. Destaque o molde da página 257, dobre-o conforme as indicações e use cola para fechá-lo.

Sérgio Dotta Jr/ID/BR

Dotta/The Next/ID/BR

2 Observando o modelo que você construiu, responda: Quais destes objetos lembram um paralelepípedo? Contorne-os.

Sergiy1975/iStock/Getty Images

Devonnyu/iStock/Getty Images

fotoksa/iStock/Getty Images

OSVALDRU/Shutterstock.com/ID/BR

lucato/iStock/Getty Images

Archeophoto/Shutterstock.com/ID/BR

3 Observe a caixa de presente.

AMj Studio/ID/BR

Azure-Dragon/iStock/Getty Images

ID/BR

cubo

- Agora, você vai montar um modelo de cubo. Destaque o molde da página 255, dobre-o conforme as indicações e use cola para fechá-lo.

Fotografias: Sérgio Dotta Jr/The Next/ID/BR

4 Dos objetos que você usa no dia a dia, quais têm a forma de um paralelepípedo? E quais têm a forma de um cubo? Conte aos colegas e ao professor.

5 Observe as figuras a seguir e responda às questões.

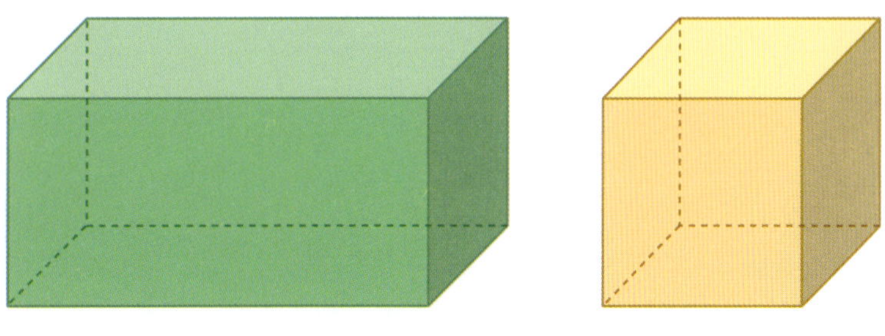

ID/BR

a. O que as figuras têm de parecido?

b. O que elas têm de diferente?

A pirâmide

1 Você já ouviu falar sobre as famosas construções do Egito que lembram pirâmides?

Com certeza você já ouviu falar das pirâmides do Egito. Elas são construções muito antigas, datadas de mais de 4 500 anos. [...]

As pirâmides foram construídas na antiguidade para guardar as riquezas dos faraós, que eram os soberanos do Egito, equivalentes aos reis, e seus corpos mumificados. [...]

Entre as inúmeras riquezas do povo egípcio, uma que até hoje deixa a todos perplexos são justamente as construções das pirâmides. Construir obras tão grandiosas e complexas envolve um alto conhecimento de engenharia e matemática, que até hoje, com toda a nossa tecnologia, seria algo difícil de realizar.

[...]

De Agostini/Getty Images

Pirâmides de Guizé, no Egito. Foto de 2016.

Christiane Angelotti. Você sabia? – As pirâmides do Egito. Disponível em: <http://linkte.me/j9u67>. Acesso em: 16 jun. 2016.

As pirâmides do Egito lembram uma figura geométrica chamada **pirâmide**.

- Vamos montar um modelo de pirâmide? Destaque o molde da página 253, dobre-o conforme as indicações e use cola para fechá-lo.

Fotografias: Sérgio Dotta Jr./The Next/ID/BR

2 Pesquise em jornais, revistas ou na internet outras construções ou objetos que lembram uma pirâmide. Depois, mostre-os aos colegas e ao professor.

O cone, o cilindro e a esfera

1 Observe as construções a seguir.

José Patrício/Estadão Conteúdo

Casa bola em São Paulo, projetada pelo arquiteto Eduardo Longo. Foto de 2013.

America Studio/Shutterstock.com/ID/BR

Prédios em Munique, na Alemanha. Foto de 2011.

Gerson Sobreira/Terrastock

Catedral Basílica Menor Nossa Senhora da Glória, no Paraná. Foto de 2014.

Cada uma dessas construções lembra uma figura geométrica. Essas figuras são chamadas de **esfera**, de **cilindro** e de **cone**.

ID/BR

- Dos objetos que você vê em casa, na escola ou na rua, quais deles se parecem com:

  a. o cone? ______________________________

  ____

  b. o cilindro? ______________________________

  ____

  c. a esfera? ______________________________

2 Continue pintando a sequência de acordo com o padrão.

ID/BR

Algumas figuras planas

Assim como nas figuras não planas, existem figuras planas que recebem nomes especiais. Vamos conhecer algumas delas.

O retângulo e o quadrado

1 Na atividade **1** da página 82, você montou um modelo de paralelepípedo. Agora, você deve desmontá-lo, separando suas partes.

Modelo de paralelepípedo

Dotta/The Next/ID/BR

Partes do modelo de paralelepípedo

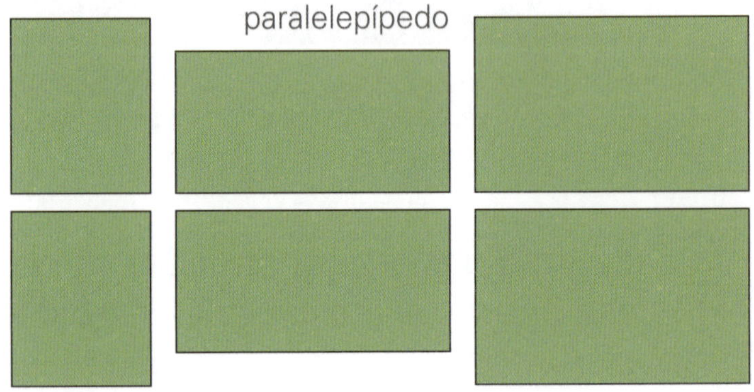

Ilustrações: ID/BR

- Responda às questões e faça o que se pede.

  a. Quantas partes do modelo você obteve? ______

  b. Todas as partes são iguais? ______

  c. Cole uma das partes no espaço abaixo.

A parte que você colou e todas as outras têm a forma de uma figura geométrica chamada **retângulo**.

retângulo

2 Para representar as partes de um modelo de cubo, Pablo contornou cada uma dessas partes no papel e depois recortou as figuras obtidas. Observe.

Pablo contornando as partes do modelo de cubo.

Pablo recortando as figuras obtidas.

Fotografias: Sérgio Dotta Jr./ID/BR

- Usando o modelo de cubo que você montou na página 83, faça como Pablo e depois responda às questões.

  a. Quantas figuras você obteve? ______

  b. Todas essas figuras têm a mesma forma? ______

  c. Cole uma das figuras no espaço abaixo.

A figura que você colou tem a forma de uma figura geométrica chamada **quadrado**.

ID/BR

quadrado

O triângulo

1 Luana pintou uma das partes de um modelo de pirâmide e depois carimbou uma folha de papel. Observe.

Fotografias: Sérgio Dotta Jr./ID/BR

Em seguida, ela fez isso com todas as outras partes do modelo de pirâmide, obtendo as seguintes figuras:

- Complete a frase: Com esse modelo de pirâmide, Luana obteve uma figura que tem a forma de um ______________ e quatro figuras que lembram uma figura geométrica chamada **triângulo**.

2 Observe as figuras geométricas representadas a seguir e contorne apenas os triângulos.

ID/BR

- Quantos lados tem um triângulo? ______________________

O círculo

1 Uma das partes deste objeto que lembra um cone foi coberta com tinta e depois uma folha de papel foi carimbada com ela. Observe.

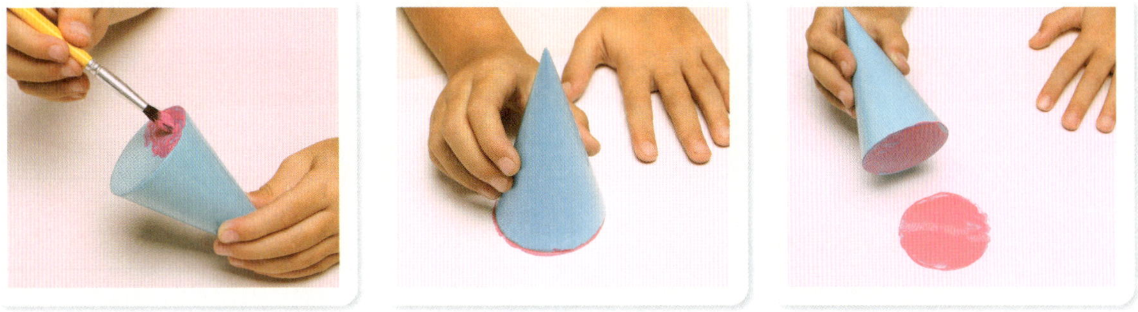

Fotografias: Sérgio Dotta Jr./ID/BR

A figura que apareceu no papel lembra um **círculo**.

- Você conhece outras maneiras de obter um círculo? Converse com os colegas e o professor.

2 Juliana fez um carimbo usando um objeto que se parece com um cilindro. Observe.

Mário C. Pita/ID/BR

- Que figura Juliana obteve?

____

3 Para desenhar um círculo, você pode pegar uma moeda, colocá-la sobre uma folha de papel, contorná-la com o lápis e, depois, pintar o desenho.

Sérgio Dotta Jr./ID/BR

- Agora, o artista é você! Use moedas de diferentes tamanhos para criar um desenho só com círculos. No final, dê um título à sua obra.

Construir gráficos de barras

1 Os funcionários de uma loja de brinquedos registraram em uma tabela a quantidade de brinquedos vendidos em um dia. Veja.

Brinquedos vendidos em um dia						
Tipo de brinquedo	Carrinho	Pião	Jogos	Bicicleta	Boneca	Bola
Quantidade de brinquedos vendidos	8	13	5	1	7	10

Dados fornecidos pelos funcionários.

a. Quais tipos de brinquedos foram vendidos nesse dia?

____

____

b. Complete o gráfico de acordo com os dados da tabela. Para isso, você deve pintar as barras do gráfico. Atenção, cada quadradinho da malha indica um brinquedo vendido. Observe o exemplo do carrinho.

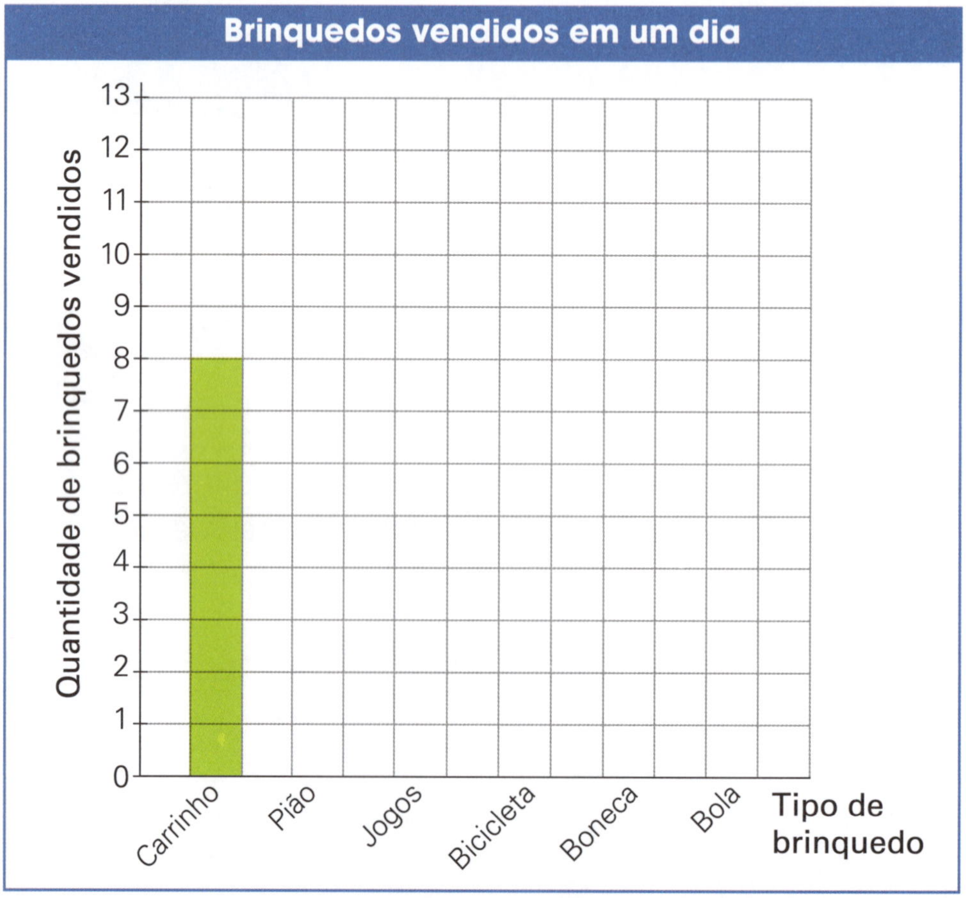

Dados fornecidos pelos funcionários.

2 Observe o gráfico que você completou na atividade **1** e responda às questões.

a. Qual brinquedo foi o mais vendido nesse dia? ______________

b. Quantos carrinhos foram vendidos a menos do que bolas? ________

c. Quantas bolas foram vendidas a mais do que bicicletas? ________

3 **Na tabela abaixo está a quantidade de bolas de cada tipo que estão em um depósito de materiais esportivos.**

Quantidade de bolas no depósito				
Futebol 	Basquete 	Vôlei 	Tênis 	Handebol 
13	9	10	16	10

Ilustrações: Setup Bureau/ID/BR

Dados fornecidos pelo dono do depósito.

- Observe a quantidade de cada tipo de bola no depósito e depois complete o gráfico de acordo com esses dados.

Quantidade de bolas no depósito

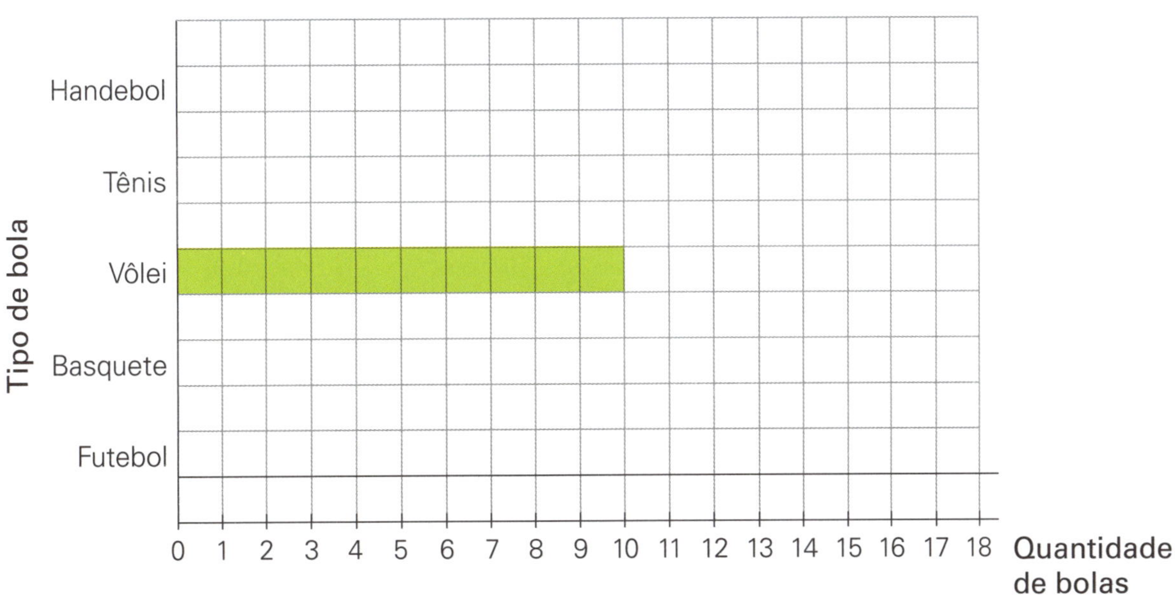

Dados fornecidos pelo dono do depósito.

Agora já sei!

1 Ligue cada objeto à figura geométrica com que ele se parece.

acilo/iStock/Getty Images
malerapaso/iStock/Getty Images
DNY59/iStock/Getty Images
Gewoldi/iStock/Getty Images
Barcin/iStock/Getty Images

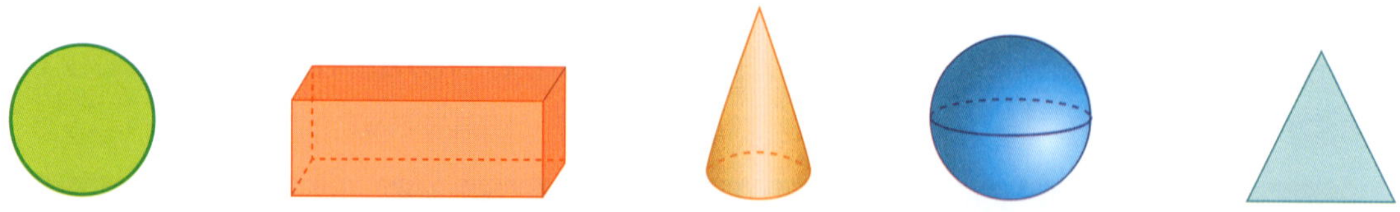

Ilustrações: ID/BR

2 Complete com o nome de cada figura.

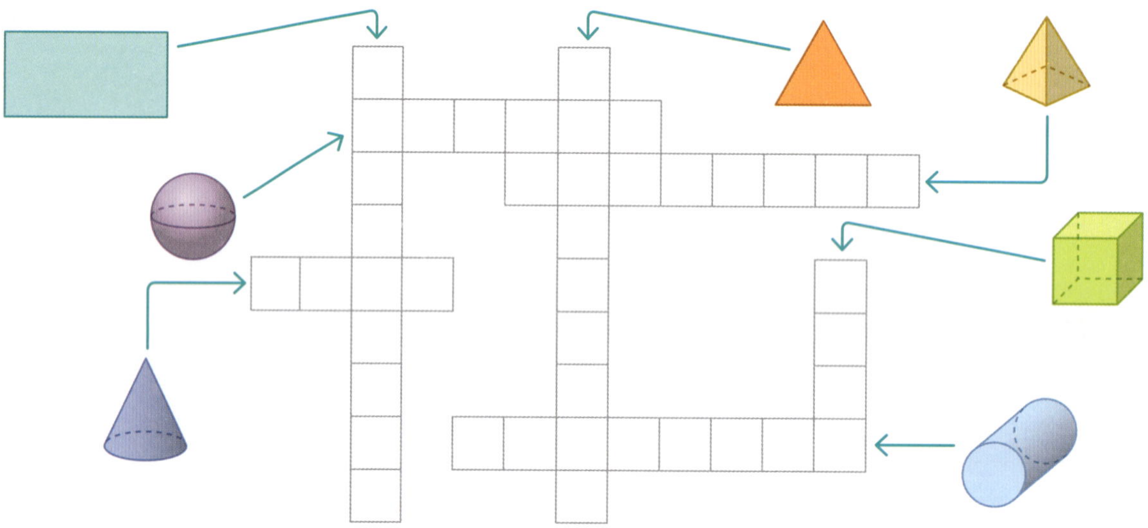

3 Em cada caso, use uma régua e ligue os pontos seguindo a ordem crescente dos números. Pinte as figuras e, depois, escreva o nome de cada uma delas.

a.

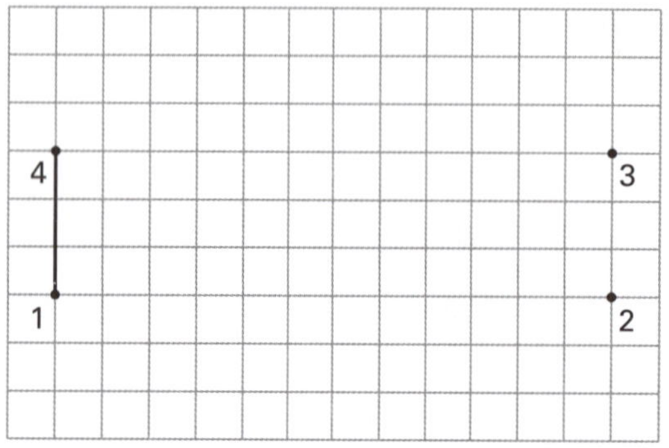

b.

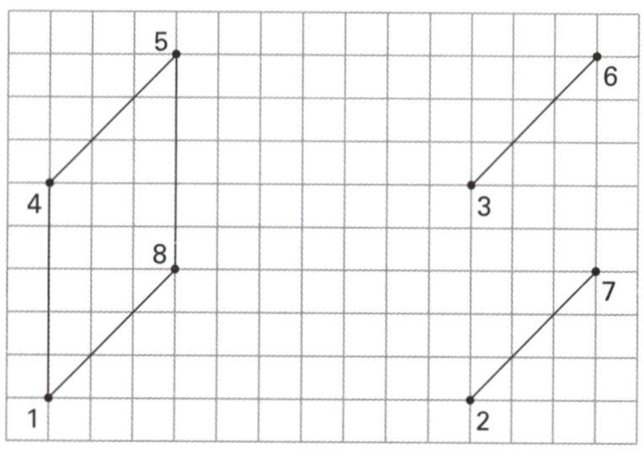

ID/BR

4 Maria desmontou um modelo de paralelepípedo e recortou todas as suas partes. Contorne as partes que Maria recortou.

Ilustrações: ID/BR

5 Em cada caso, pinte de azul as partes do desenho que são retangulares e de marrom as partes triangulares. Depois, pinte as outras partes como desejar.

a.

Setup Bureau/ID/BR

b.

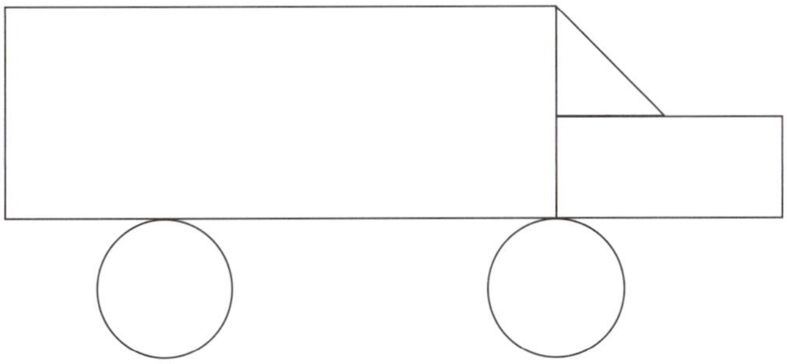

■ Crie uma história baseando-se em cada imagem e conte aos colegas e ao professor.

CAPÍTULO 2

Mais adição e subtração

Neste capítulo vamos estudar adições e subtrações com trocas.

Adição com trocas

Leninha Lacerda/ID/BR

1 Em um final de semana, Lucas e Caio foram pescar com o pai à beira do lago. Lucas pescou 16 peixes, e Caio pescou 25. Quantos peixes os irmãos pescaram ao todo?

Para responder a essa questão, podemos juntar a quantidade de peixes que cada um pescou, ou seja, calcular o resultado de 16 + 25. Podemos fazer esse cálculo usando o Material Dourado:

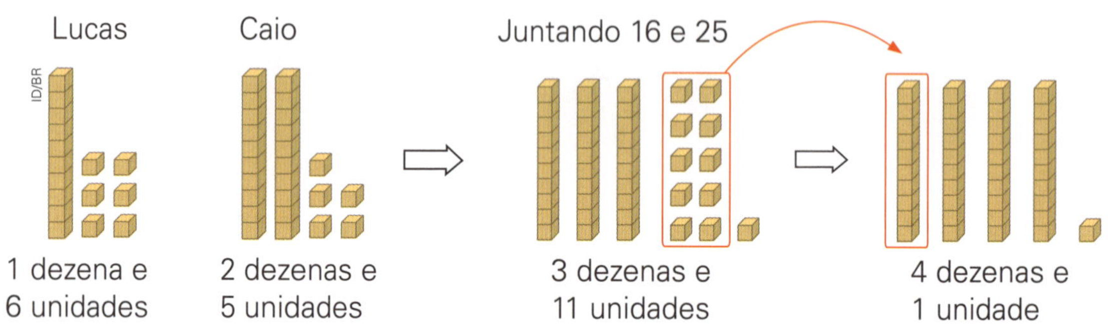

ID/BR

- Alguns cubinhos foram trocados por uma barra. De acordo com o que você observou no esquema acima, complete o texto abaixo.

  Ao trocar _______ cubinhos por _______ barra, substituímos _______ unidades por _______ dezena. Ficamos com 4 barras e 1 cubinho ou _______ dezenas e _______ unidade.

  Assim, 1 dezena e 6 unidades mais 2 dezenas e 5 unidades é igual a _______ dezenas e _______ unidade.

  Ou seja: _______ mais _______ é igual a _______.

  Indicamos: _______ + _______ = _______

2 Mariana e Beto foram colher algumas frutas no pomar de sua avó. Mariana colheu 18 maçãs, e Beto colheu 17 maçãs. Quantas maçãs eles colheram juntos? Desenhe as peças do Material Dourado e complete as frases para descobrir.

18

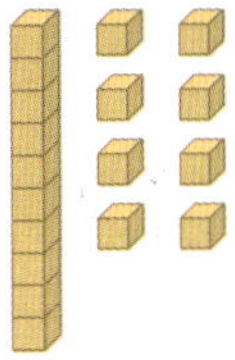

_____ dezena e

_____ unidades.

17

_____ dezena e

_____ unidades.

⇨

18 + 17

_____ dezenas e

_____ unidades.

⇨

Trocando 10 cubinhos por 1 barra

_____ dezenas e

_____ unidades.

Juntos, eles colheram _____ maçãs.

3 Ana juntou 35 com 27 usando o Material Dourado. Veja como ela fez.

ID/BR

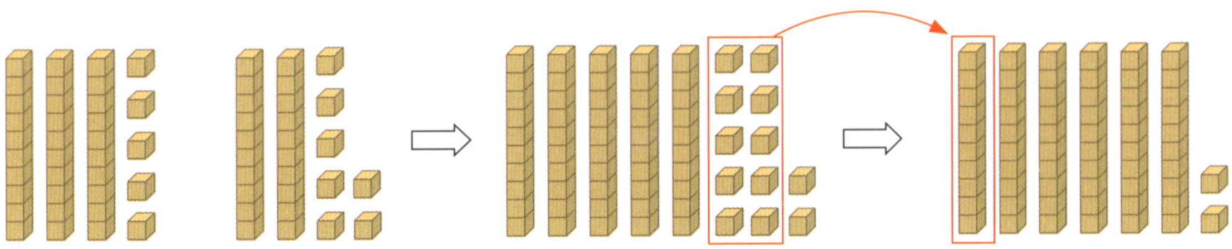

a. No caderno, elabore um problema que pode ser resolvido com o cálculo que Ana fez. Junte-se a um colega e conte a ele o problema que você criou. Depois, é a vez de o colega contar a você o problema criado por ele.

b. Indique a adição feita por Ana, que é a solução para seu problema.

____

Adição com ábaco e algoritmo usual

1 Em uma barca que faz o trajeto da cidade do Rio de Janeiro a Niterói, 58 passageiros viajavam sentados e 24 passageiros viajavam em pé. Quantos passageiros estavam nessa barca?

Paulo Nicolella/Agência O Globo

Barca que faz o trajeto Rio-Niterói, Rio de Janeiro. Foto de 2015.

- Para responder à questão acima, podemos calcular o resultado de 58 + 24 usando o ábaco.

Observe e complete.

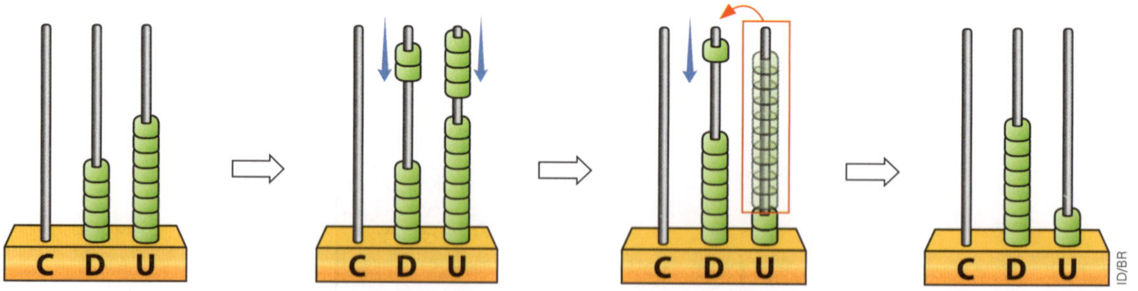

58 ⇨ Juntamos 58 com ______. ⇨ Trocamos 10 unidades por 1 dezena, que será adicionada às outras dezenas. ⇨ 58 + 24 = ______

- Também podemos resolver a adição 58 + 24 com o algoritmo usual. Observe e complete a frase.

	D	U
	5	8
+	2	4
		12

⇨

	D	U
	$\overset{1}{5}$	8
+	2	4
		12

⇨

	D	U
	$\overset{1}{5}$	8
+	2	4
	8	2

Este número 1 equivale a 1 dezena. Registramos esse número na ordem das dezenas e o adicionamos às outras dezenas.

Estavam na barca ______ passageiros.

2 **Leia o problema, observe a representação do cálculo no ábaco e complete.**

Durante a viagem de volta para a cidade do Rio de Janeiro, 47 passageiros viajavam sentados na barca e 16 passageiros viajavam em pé. Quantos passageiros estavam na barca?

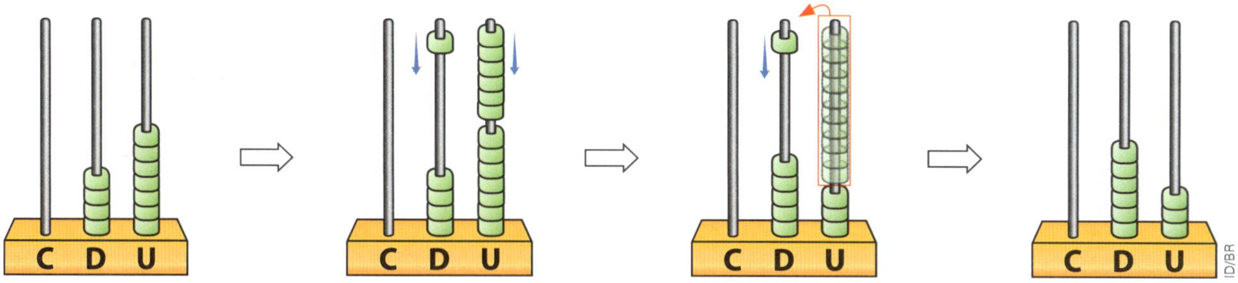

_____ | Juntamos _____ com _____. | Trocamos _____ unidades por _____ dezena, que será adicionada às outras dezenas. | _____ + _____ = _____

- Agora, calcule 47 + 16 com o algoritmo usual e complete a resposta do problema.

  Estavam na barca _____ passageiros.

D	U
___	___
+ ___	___
___	___

3 **Três turmas do 2º ano foram ao Horto Florestal. Ao fazer a chamada, as professoras contaram apenas 46 alunos. Depois de algum tempo, chegaram os 38 alunos que faltavam. Quantos alunos foram a esse passeio?**

Foram ao passeio _____ alunos.

Mário C. Pita/ID/BR

D	U
___	___
+ ___	___
___	___

Subtração com trocas

1 **Veja como Carina calculou 82 – 57 usando o Material Dourado.**

Ela representou o número 82 com 8 barras e 2 cubinhos e **tirou** 57, isto é, 5 barras e 7 cubinhos. Observe e complete.

Como não dá para tirar 7 cubinhos de 2 cubinhos, troquei 1 barra por 10 cubinhos. Depois, tirando 5 barras e 7 cubinhos, fiquei com 2 barras e 5 cubinhos.

Mário C. Pita/ID/BR

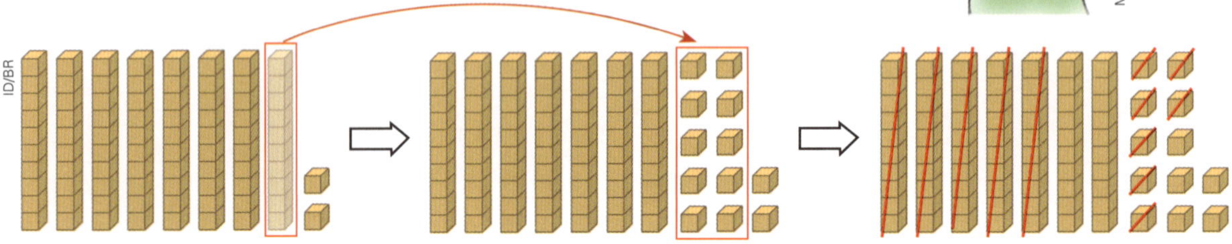
ID/BR

82 – 57 = _____

2 **Rafael calculou 92 – 65 usando o Material Dourado. Observe a representação e complete.**

1 barra foi trocada por 10 cubinhos.

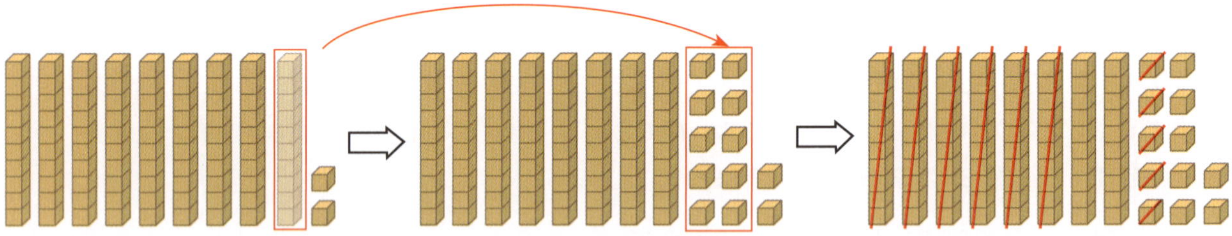
ID/BR

Rafael representou o número 92 com _____ barras e _____ cubinhos.

Como não é possível tirar _____ cubinhos de _____ cubinhos, ele trocou _____ barra por _____ cubinhos e obteve _____ cubinhos ao todo.

Para tirar 65 de 92, Rafael tirou _____ barras e _____ cubinhos e ficou com _____ barras e _____ cubinhos.

92 – 65 = _____

3 **Durante um campeonato de basquete, Mário marcou 28 pontos, e Fernando, 41 pontos. Quantos pontos Fernando marcou a mais do que Mário?**

- Para responder à questão acima, Fernando calculou 41 − 28 usando o ábaco. Observe e complete.

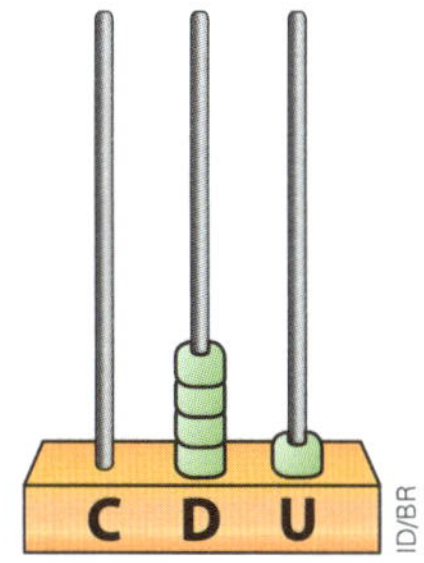

Primeiro, Fernando representou o número 41 no ábaco. Em seguida, ele precisava tirar ______ argolas do pino das dezenas e ______ argolas do pino das ______________.

41 − 28 = ______

Fernando marcou ______ pontos a mais do que Mário.

4 **Com um colega, analisem a sequência de imagens abaixo e façam o que se pede.**

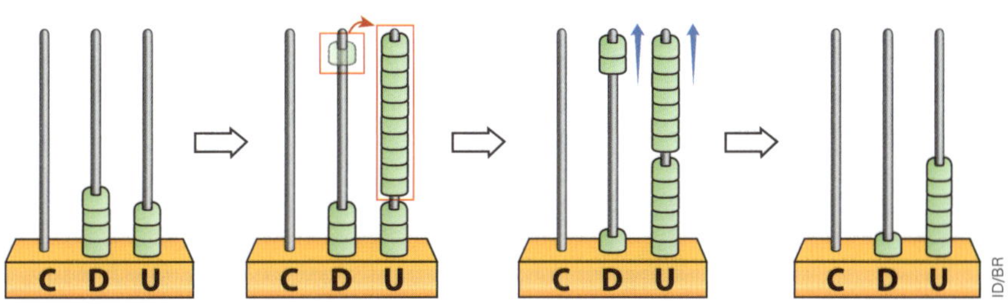

a. Descreva ao colega o passo a passo dessa subtração.

b. Complete: A subtração realizada foi ______ − ______ = ______.

Subtração com algoritmo usual

1 Na primeira semana da oficina de brinquedos com material reciclável que a escola organizou, 74 alunos participaram. Já na segunda semana 91 alunos participaram. Leia ao lado a pergunta de Pedro.

Quantos alunos participaram da oficina de brinquedos na segunda semana a mais do que na primeira semana?

Ilustra Cartoon/ID/BR

Para responder à pergunta de Pedro, temos de calcular o resultado de 91 − 74. Observe abaixo como fazer essa subtração com o algoritmo usual e complete.

	D	U
	~~9~~ (8)	¹1
−	7	4
		7

Como não é possível tirar 4 unidades de 1 unidade, trocamos 1 dezena por 10 unidades e ficamos com 8 dezenas e 11 unidades (10 + 1 = 11).

11 unidades menos 4 unidades é igual a 7 unidades.

	D	U
	~~9~~ (8)	¹1
−	7	4
	____	7

____ dezenas menos ____ dezenas é igual a ____ dezena.

Na segunda semana da oficina de brinquedos, participaram ____ alunos a mais do que na primeira semana.

2 **Observe a subtração realizada com o algoritmo usual e complete com os números que estão faltando.**

	D	U
	~~6~~ (5)	¹7
−	2	8
		9

Como não é possível tirar 8 unidades de 7 unidades, trocamos ____ dezena por ____ unidades e ficamos com 5 dezenas e 17 unidades (10 + ____ = ____).

17 unidades menos ____ unidades é igual a ____ unidades.

	D	U
	~~6~~ (5)	¹7
−	2	8
	____	9

____ dezenas menos ____ dezenas é igual a ____ dezenas.

3 Calcule o resultado das subtrações.

a. 61 − 19 = ____

D	U
6	1
− 1	9

b. 60 − 48 = ____

D	U
6	0
−	

c. 74 − 45 = ____

d. 83 − 55 = ____

4 Resolva os problemas a seguir.

a. Em uma partida de um jogo de dardos, Rafael fez 65 pontos e Ricardo fez 29 pontos. Quantos pontos Rafael fez a mais do que Ricardo?

Rafael fez ____ pontos a mais do que Ricardo.

b. Em outra partida do jogo de dardos, Ricardo fez 70 pontos e Rafael fez 13 pontos a menos do que Ricardo. Quantos pontos Rafael fez nessa partida?

Rafael fez ____ pontos.

Vamos resolver!

1 Registre a operação feita com o Material Dourado em cada caso.

a.

Ilustrações: ID/BR

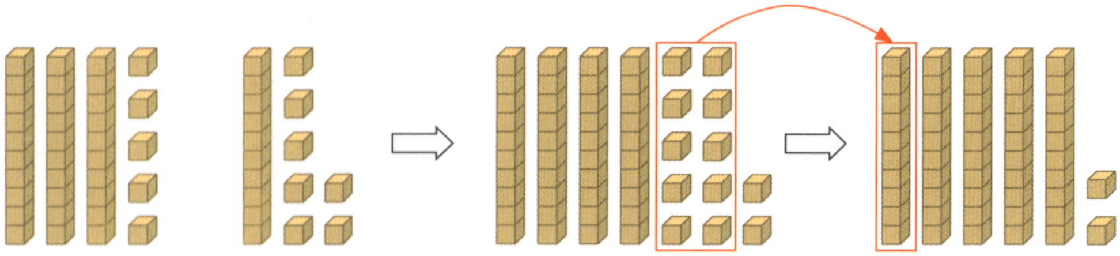

______ + ______ = ______

b.

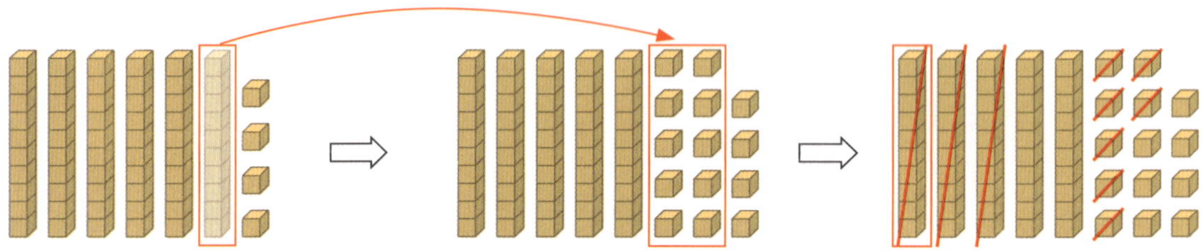

______ – ______ = ______

2 Observe os ábacos e descubra as operações representadas.

a.

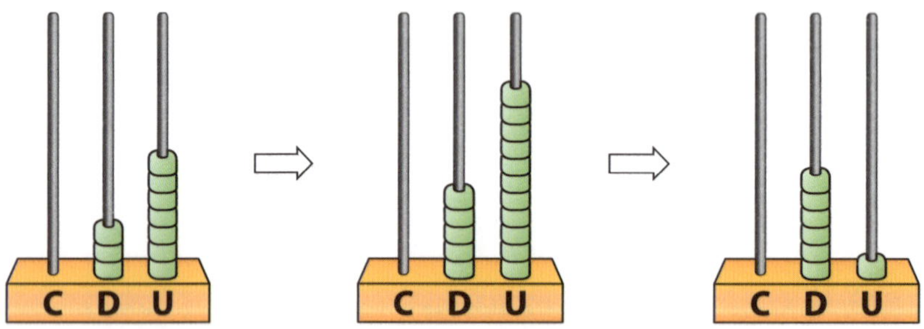

______ + 24 = ______

b.

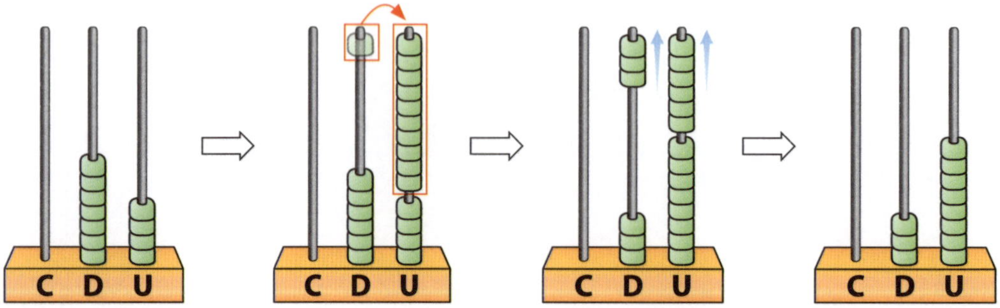

______ – ______ = ______

3 Calcule o resultado das operações a seguir.

a. 43 + 17 = ______

b. 19 + 22 = ______

c. 56 − 29 = ______

4 Resolva os problemas a seguir da maneira que preferir.

a. Quando o sinal do recreio tocou, 37 crianças desceram para brincar no pátio da escola. Alguns minutos depois, desceram mais 26 crianças. Quantas crianças desceram para brincar no pátio?

Desceram ______ crianças para brincar no pátio.

b. Um carteiro saiu com 93 cartas para entregar em um dia. Até o meio-dia, ele já tinha entregado 57 cartas. Quantas cartas ele ainda tem de entregar até o final do dia?

Ele ainda tem de entregar ______ cartas até o final do dia.

Problemas com adição e subtração

1 Um trem saiu da estação transportando 22 passageiros. Na primeira parada, embarcaram mais 19 passageiros e não desceu ninguém. Na segunda parada, desceram 13 passageiros e não subiu ninguém. Com quantos passageiros o trem chegou à terceira parada?

Danillo Souza/ID/BR

- Para responder à pergunta acima, temos primeiro de descobrir com quantos passageiros o trem ficou após passar na primeira parada. Para isso, fazemos a adição 22 + 19. Complete o cálculo com o algoritmo usual abaixo.

	D	U
	2	2
+	1	9
	___	___

O trem ficou com ______ passageiros após passar pela primeira parada.

- Para descobrir com quantos passageiros o trem chegou à terceira parada, subtraímos o número de passageiros que desceram na segunda parada do número de passageiros que estavam no trem após ele passar pela primeira parada. Complete o cálculo com o algoritmo usual abaixo.

	D	U
	___	___
−	1	3
	___	___

O trem chegou à terceira parada com ______ passageiros.

2 Lúcia e Marcelo estão brincando com um jogo de tabuleiro. Nesse jogo, ganha quem tiver mais pontos depois de 4 rodadas. Observe a pontuação deles em cada rodada.

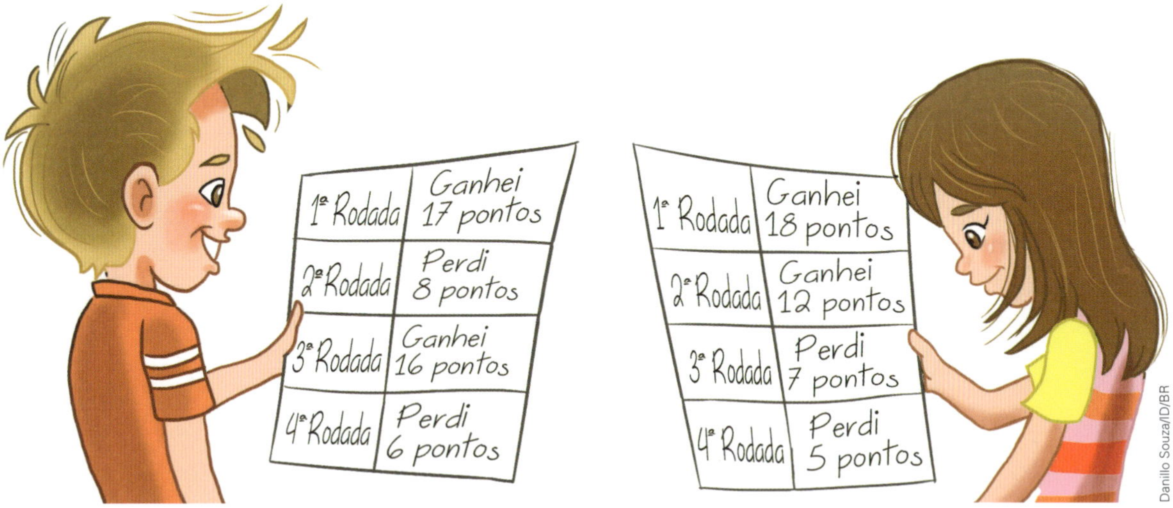

Danillo Souza/ID/BR

- Agora, responda às questões.

a. Com quantos pontos Marcelo ficou no final do jogo?

Marcelo ficou com ________ pontos no final do jogo.

b. Com quantos pontos Lúcia ficou no final do jogo?

Lúcia ficou com ________ pontos no final do jogo.

c. Quem ganhou o jogo? ______________________________

Cálculo mental

1 A professora de Bia e Roberta pediu que os alunos calculassem o resultado da adição 15 + 7 mentalmente. Observe como cada uma pensou e complete.

15 mais 5 é igual a _____.
Como eu já adicionei 5, falta
adicionar _____ para completar 7.
20 + _____ = _____
Então, 15 + 7 = _____.

15 mais 10 é igual a _____.
Como eu adicionei _____ a mais
do que 7, preciso tirar _____.
25 − _____ = _____
Então, 15 + 7 = _____.

Ilustrações: Danillo Souza/ID/BR

2 A professora dessa vez pediu que os alunos calculassem mentalmente o resultado da subtração 15 − 7. Observe como Bia e Roberta pensaram e complete.

15 menos 5 é igual a _____.
Como eu já tirei 5,
falta tirar _____ para completar 7.
10 − _____ = _____
Então, 15 − 7 = _____.

15 menos 10 é igual a _____.
Como eu tirei _____ a mais
do que 7, preciso adicionar _____.
5 + _____ = _____
Então, 15 − 7 = _____.

3 Calcule mentalmente e registre o resultado de cada operação.

a. 15 + 8 = ______ d. 26 − 9 = ______ g. 4 + 38 = ______

b. 5 + 27 = ______ e. 16 + 6 = ______ h. 35 − 15 = ______

c. 12 − 7 = ______ f. 13 − 5 = ______ i. 11 + 18 = ______

4 Resolva os problemas mentalmente.

a. Larissa quer fazer um lanche para seus amigos e foi ao mercado comprar o que precisava para preparar os sanduíches. O total da compra de Larissa foi de 16 reais, e ela pagou com uma cédula de 50 reais. Quantos reais ela vai receber de troco?

Ilustrações: Danilo Souza/ID/BR

Ela vai receber ______ reais de troco.

b. Oscar começou a ler um livro que tem 54 páginas. No fim de semana ele conseguiu ler 29 páginas. Quantas páginas ele ainda precisa ler para terminar o livro?

Ele ainda precisa ler ______ páginas para terminar o livro.

5 Calcule mentalmente o resultado de cada operação e ligue cada cachorro ao seu potinho.

Arredondamento e resultado aproximado

1 Mário vai comprar alguns brinquedos para seus filhos. Ele decidiu comprar uma boneca e um trenzinho.

Para obter o valor aproximado dessa compra, podemos arredondar o valor de cada brinquedo para a dezena inteira mais próxima e, depois, adicionar esses valores.

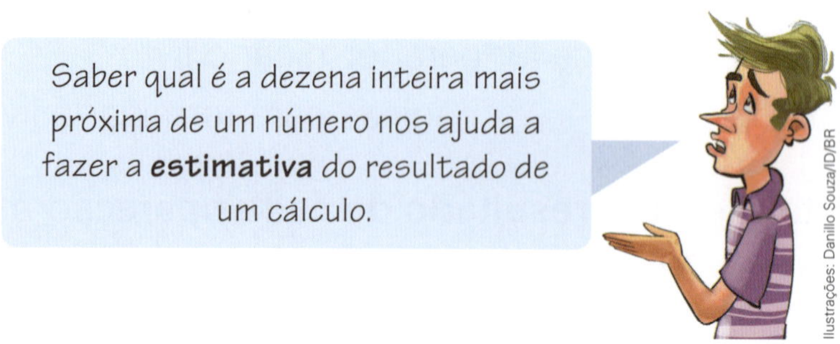

Ilustrações: Danillo Souza/ID/BR

- Observe a localização dos números 32 e 38 na reta numerada a seguir.

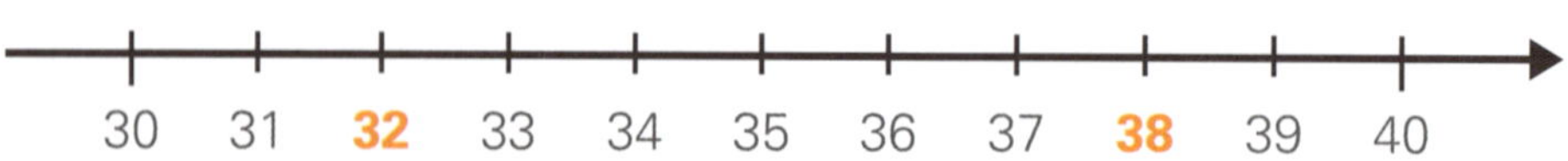

Esses números estão entre 30 e 40 na reta numerada. Complete.

a. 32 está mais próximo de 30 do que de ______.

b. 38 está mais próximo de ______ do que de ______.

c. Para descobrir quantos reais Mário vai gastar aproximadamente basta adicionar ______ com ______ .

- Quantos reais Mário vai gastar aproximadamente para comprar a boneca e o trenzinho? ____________________

2 Arredonde os números para a dezena inteira mais próxima.

a. 34 → ______ c. 67 → ______ e. 43 → ______

b. 51 → ______ d. 82 → ______ f. 89 → ______

3 Faça estimativas para encontrar o resultado dos cálculos a seguir.

13 + 46	62 − 19
31 + 57	78 − 54

■ Agora, com uma calculadora, encontre o resultado exato de cada cálculo. Compare suas estimativas com os resultados exatos. Eles foram próximos?

4 No primeiro dia de uma campanha de arrecadação de cobertores, foram arrecadados 17 cobertores. No segundo dia, foram arrecadados 31 cobertores, e no terceiro dia, foram arrecadados 43 cobertores. Quantos cobertores foram arrecadados nesses 3 dias, aproximadamente? ______

■ Você acha importante doar cobertores para aqueles que não têm? Converse com os colegas e o professor.

Transpor dados de um gráfico para uma tabela

1 A equipe de Samanta participou de um campeonato de futebol infantil. Observe no gráfico abaixo a pontuação de cada equipe nesse campeonato.

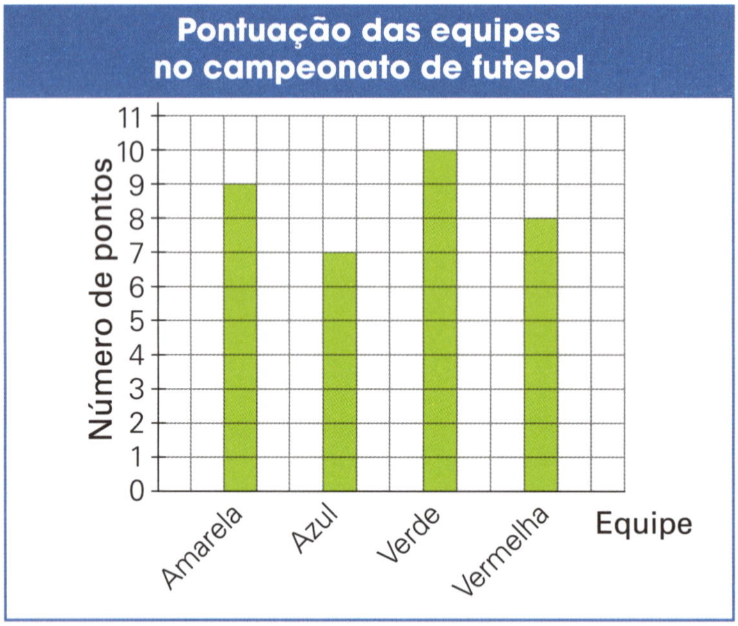

Dados fornecidos pela organização do campeonato.

- Registre na tabela abaixo a pontuação de cada equipe nessa competição.

Pontuação das equipes no campeonato de futebol

Equipe	Número de pontos
Amarela	9
Azul	
Verde	
Vermelha	

Dados fornecidos pela organização do campeonato.

- Agora, responda às questões.

a. Qual equipe fez mais pontos? ________________

b. Quantos pontos a equipe Amarela fez a mais do que a equipe Azul? ________________

c. Você acha mais fácil responder à pergunta do item **a** observando a tabela ou o gráfico? E à pergunta do item **b**?

2 Janaína trabalha em uma loja que vende instrumentos musicais. Observe no gráfico quantos instrumentos foram vendidos durante a última semana.

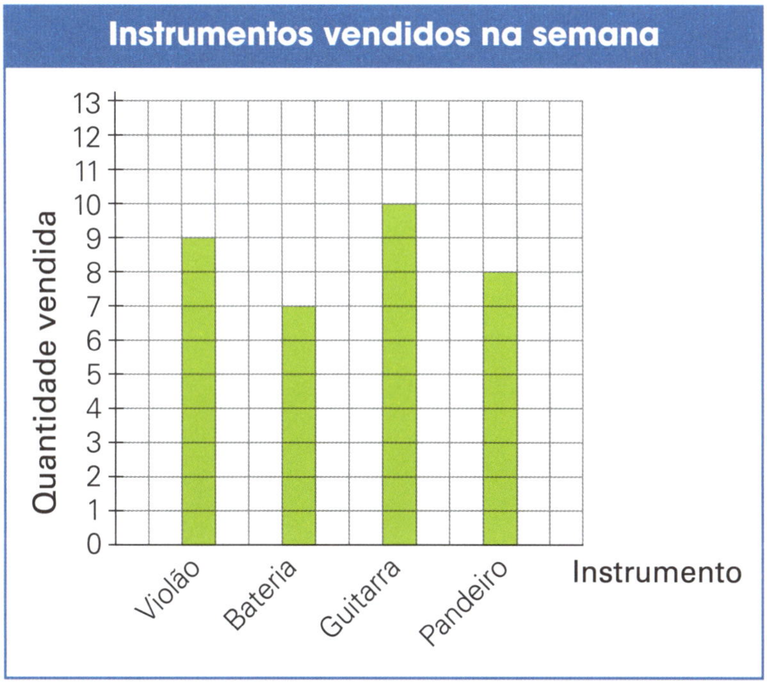

Dados fornecidos pela loja.

- Complete a tabela abaixo de acordo com os dados do gráfico.

Instrumentos vendidos na semana	
Instrumento	**Quantidade vendida**
Violão	
Bateria	
Guitarra	
Pandeiro	

Dados fornecidos pela loja.

- Agora, responda às questões.

a. Qual instrumento musical foi o mais vendido? ______

b. Juntando a quantidade de violões e de guitarras, quantas unidades desses dois instrumentos foram vendidas? ______

c. Quantos violões foram vendidos a mais do que pandeiros? ______

Agora já sei!

1 Calcule o resultado de cada operação.

a. 45 + 29 = ______

c. 34 + 58 = ______

e. 27 + 33 = ______

b. 62 − 37 = ______

d. 71 − 16 = ______

f. 84 − 79 = ______

2 Rodrigo e seus filhos colheram algumas frutas do pomar. Eles colheram 34 mangas, 27 peras e 32 laranjas. Quantas frutas eles colheram ao todo?

Danillo Souza/ID/BR

Eles colheram ao todo ______ frutas.

3 Daniela quer comprar uma caneca e uma xícara. Arredonde os valores para a dezena inteira mais próxima e faça uma estimativa em cada caso.

Ilustrações: Danillo Souza/ID/BR

a. Se ela comprar a xícara e a caneca azul, quantos reais ela gastará, aproximadamente? ______

b. Se ela comprar a xícara e a caneca vermelha, quantos reais ela gastará, aproximadamente? ______

4 Vítor começou uma brincadeira com 34 figurinhas. Observe o que aconteceu com as figurinhas dele ao longo da brincadeira.

1ª rodada	Ganhou mais 3 figurinhas.
2ª rodada	Perdeu 2 figurinhas.
3ª rodada	Ganhou mais 6 figurinhas.
4ª rodada	Ganhou mais 4 figurinhas.
5ª rodada	Perdeu 3 figurinhas.

- Agora, responda às questões.

a. Com quantas figurinhas Vítor ficou no fim do jogo?

Vítor ficou com ______ figurinhas no fim do jogo.

b. Ele terminou com mais ou com menos figurinhas do que tinha no começo do jogo? Quantas a mais ou a menos?

Vítor ficou com ______ figurinhas a ______ do que tinha no começo do jogo.

CAPÍTULO 3 Movimentação, localização e simetria

Saber indicar sua movimentação ou localização em uma região ou um espaço é importante. Vamos ver algumas maneiras de fazer isso?

Movimentação

1 **Os alunos do 2º ano desenharam um esquema do bairro onde fica a escola. Observe o esquema e complete o quadro.**

No esquema ao lado, indicamos o caminho que fizemos para ir da escola até a biblioteca e registramos em um quadro esse caminho.

Mário C. Pita/ID/BR

Caminho da escola à biblioteca

↓	2
→	
↓	

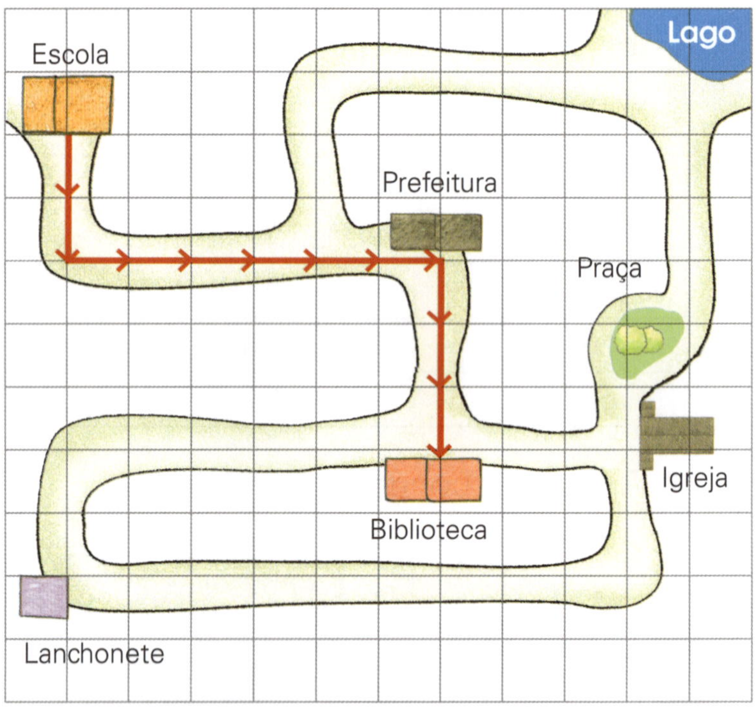

Ilustra Cartoon/ID/BR

a. Que lugares os alunos representaram no esquema? Converse com os colegas e o professor.

b. Carlos saiu da prefeitura e fez o caminho indicado no quadro a seguir.

↓	→	↓	←
3	3	2	9

- Aonde Carlos foi?

2 Observe outro caminho que os alunos indicaram no esquema. Eles saíram da biblioteca e foram até a escola.

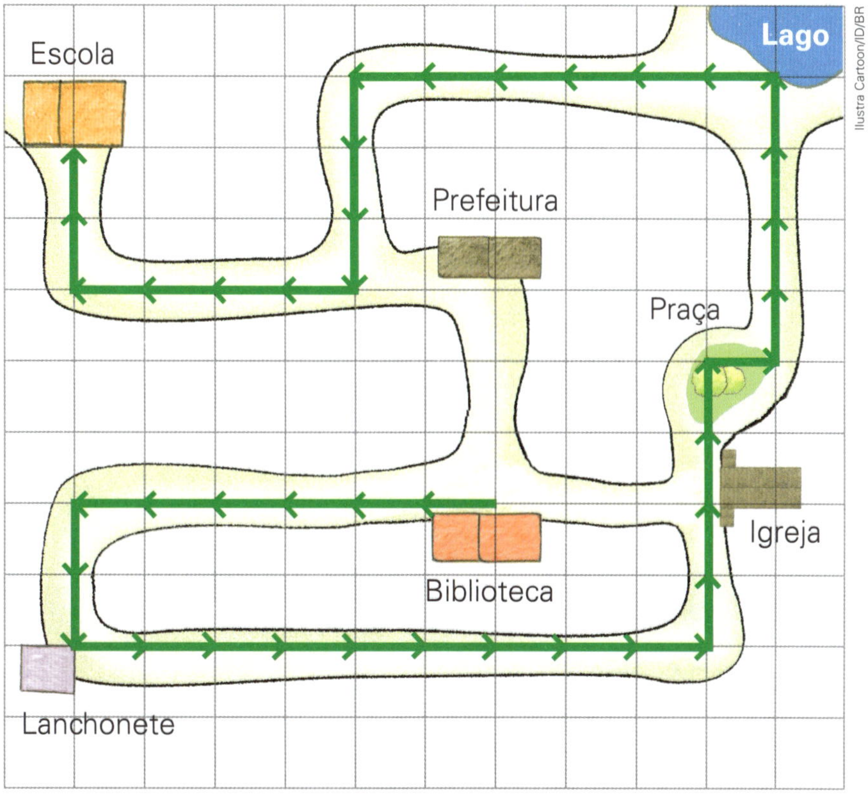

a. Preencha o quadro que indica o caminho que os alunos traçaram.

←	↓								
6	2								

b. Se os alunos não passassem pela lanchonete, o caminho ficaria mais curto? Por quê?

____

____

c. Trace na figura acima outro caminho que os alunos poderiam fazer para ir da biblioteca à escola. Depois, dê para um colega observar o caminho que você traçou e peça a ele que preencha o quadro abaixo com indicações desse caminho.

Localização na malha quadriculada

1 Felipe mandou um *e-mail* para Pedro convidando-o para passar alguns dias com ele. Na mensagem, Felipe colocou um esquema para que Pedro possa localizar sua casa quando chegar à cidade.

***E-mail*:** endereço eletrônico que permite às pessoas se comunicar por mensagens por meio de uma rede de computadores, a internet.

ID/BR

De: felipe@abc.com.br
Para: pedro@abc.com.br
Assunto: Esquema
Enviar

Pedro, moro perto da rodoviária. Este esquema vai ajudar você a chegar na minha casa. Veja o quadrinho **D5**.

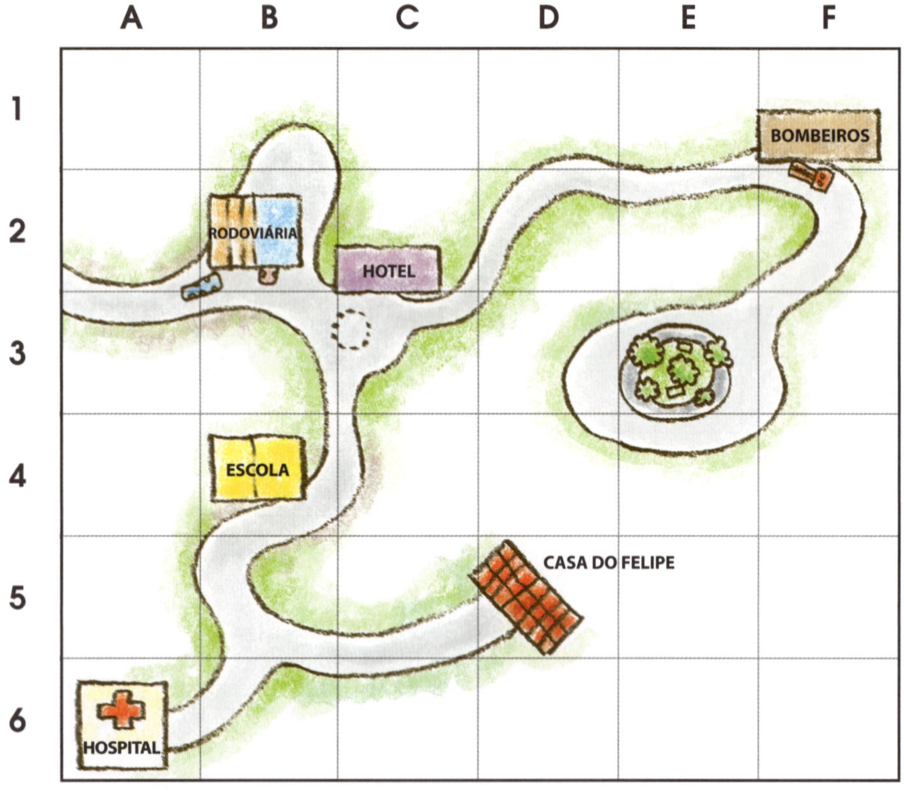

Ilustra Cartoon/ID/BR

Felipe usou uma letra (**D**) e um número (**5**) para localizar sua casa no esquema.

- Agora faça como Felipe: usando uma letra e um número, localize no esquema a rodoviária. ________

2 Usando uma letra e um número, localize no esquema da atividade **1**:

a. o corpo de bombeiros. ______

b. o hospital. ______

c. a escola. ______

d. o hotel. ______

3 Desenhe no esquema da atividade **1**:

a. um carro em D1.

b. uma árvore em F6.

c. um ônibus em A3.

d. uma bicicleta em E5.

4 Observe que o mesmo modo de localizar, usando uma letra e um número, pode ser utilizado para reproduzir um desenho na malha quadriculada.

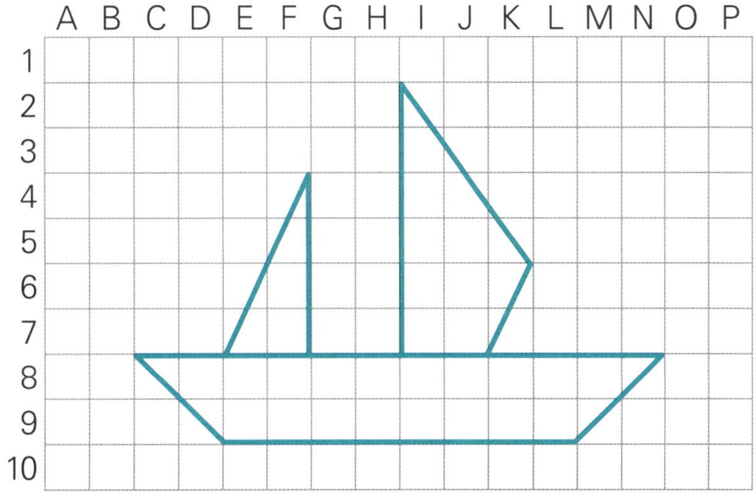

Ilustrações: ID/BR

- Copie o desenho na malha quadriculada abaixo. Use as indicações de letras e números para fazer o seu desenho na mesma posição do original acima.

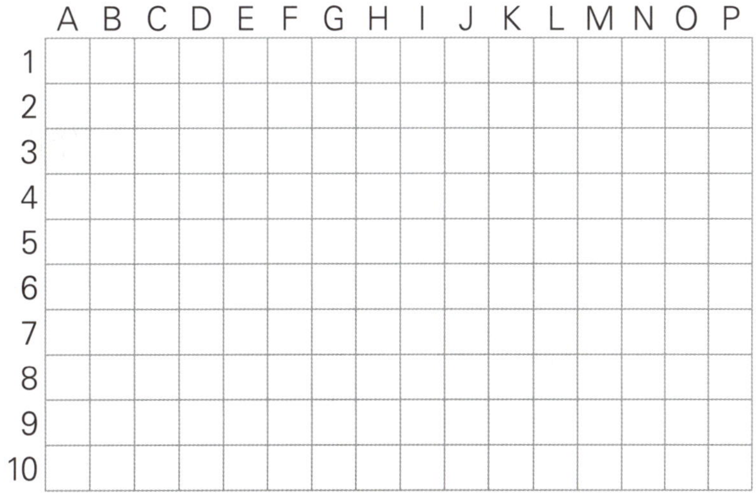

CONTEÚDO NA VERSÃO DIGITAL

Trajetos orientados

1 Veja o caminho que Bruna fez com seu pai para ir à escola.

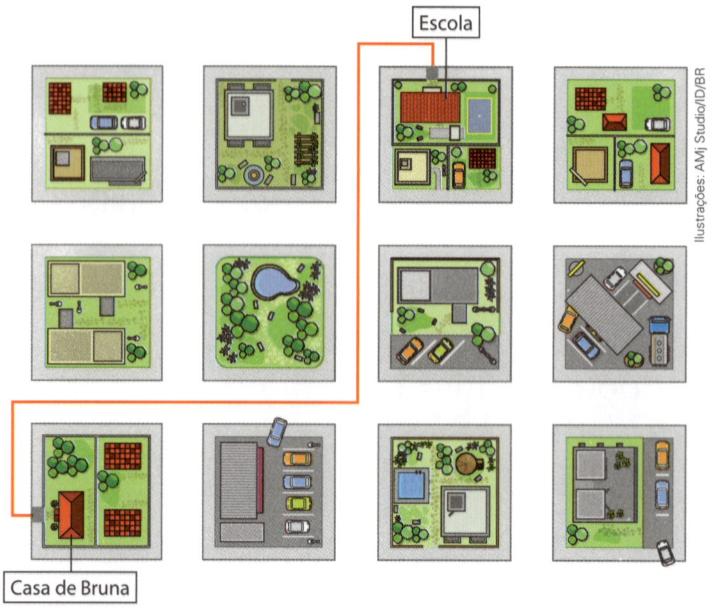

- Complete a descrição do caminho que Bruna fez para ir à escola.

Bruna sai de sua casa, vira à direita e segue em frente. Em seguida, vira na 1ª rua à ______________, segue em frente e vira na 2ª rua à ________________, depois segue em frente e vira na ________ rua à direita e chega à escola.

2 Trace o trajeto que Pedro faz para ir da farmácia ao supermercado.

3 **Ana está no veterinário com seu cachorro. Ela irá para casa, mas antes precisa comprar um remédio na farmácia.**

Ilustrações: AMj Studio/ID/BR

a. Trace um caminho que Ana poderá fazer do veterinário até sua casa. Lembre-se: ela precisa ir à farmácia antes de chegar à sua casa.

b. Agora, compare o caminho que você fez com o de um colega e responda: Vocês fizeram o mesmo caminho?

4 **Veja o trajeto que Roberto fez da casa dele até a empresa em que trabalha.**

- Descreva o trajeto que Roberto fez.

____

____

____

____

____

____

Vamos resolver!

1 Com um lápis, comece do ponto **A** e trace o caminho indicado no quadro abaixo para fazer um desenho na malha quadriculada ao lado.

→	↓	←	↓	←	↑
3	1	1	1	2	2

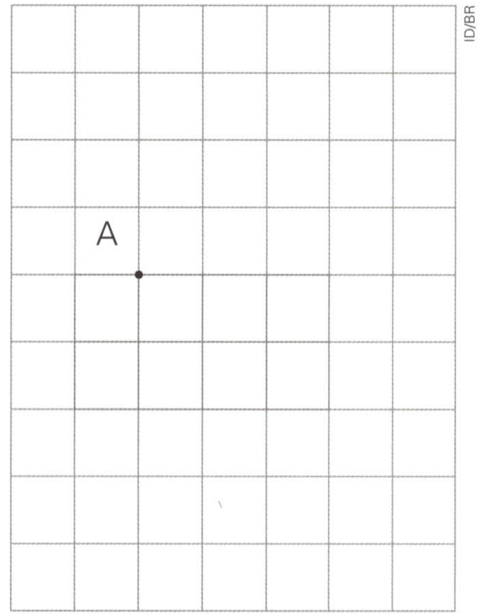

- Compare seu desenho com o de um colega. Vocês obtiveram a mesma figura?

2 O robô vai sair de onde está e seguir o caminho pintado de azul. Veja.

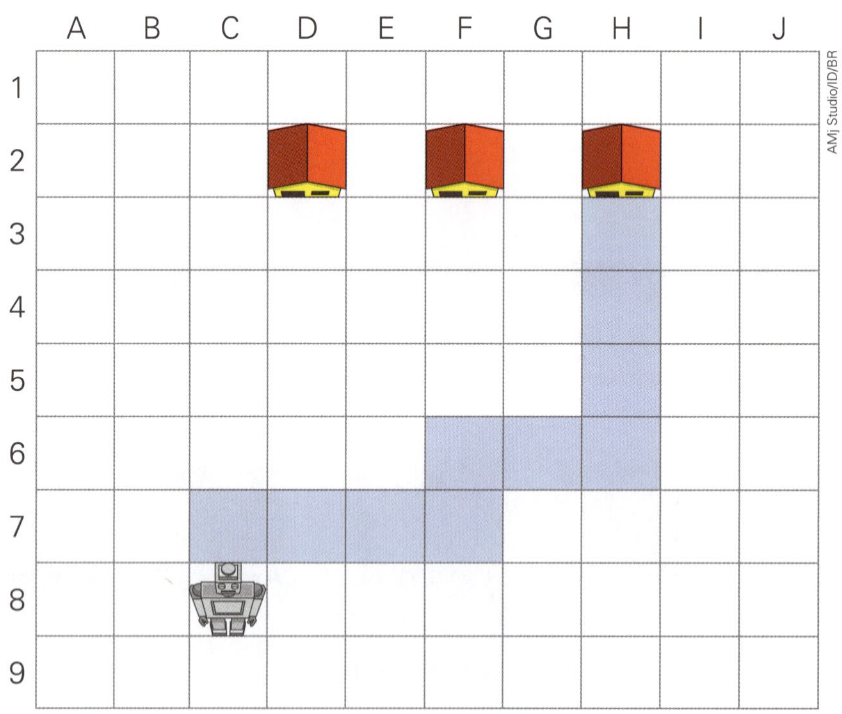

a. Localize com uma letra e um número onde está:

- o robô inicialmente. ______________________________
- a casa onde o robô chegará após percorrer o caminho. ________

b. Agora, pinte na malha quadriculada acima um caminho para o robô chegar até a casa em D2.

3 Veja o caminho indicado no quadro.

→	↓	←	↑	→
2	2	3	1	2

- Em qual destas malhas o traçado corresponde a esse caminho, partindo do ponto verde? Marque com um **X** a resposta correta.

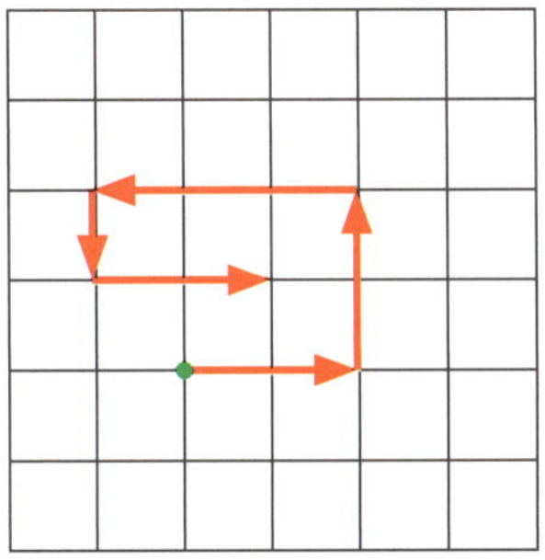

☐

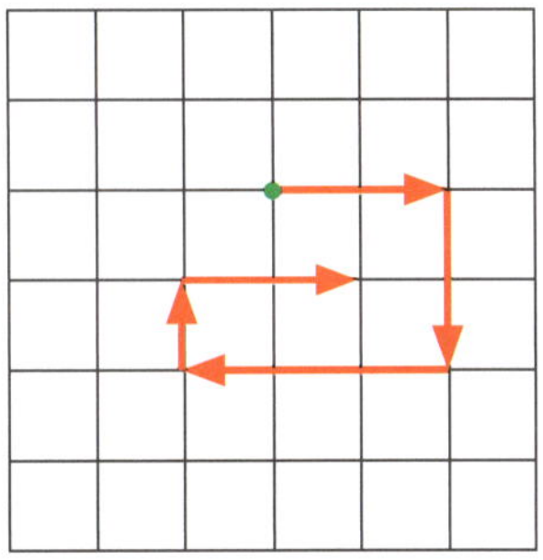

☐

ID/BR

4 Edu vai para a escola de bicicleta. Veja dois caminhos possíveis para ele fazer.

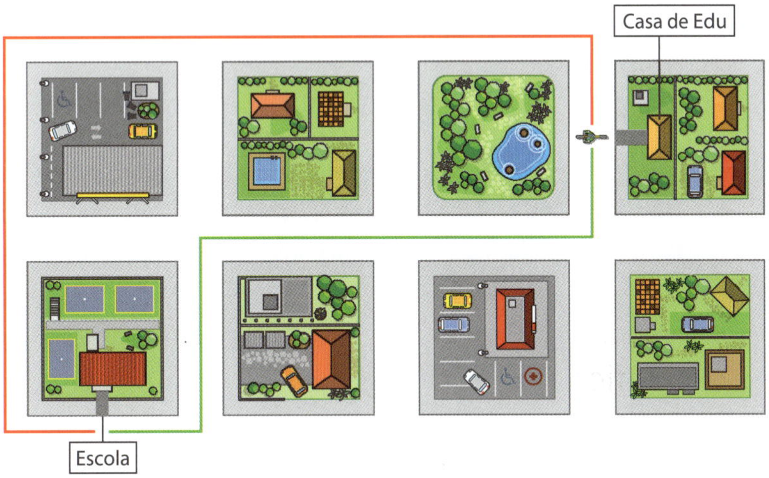

AMj Studio/ID/BR

a. Qual é a cor do caminho mais curto que Edu faz de bicicleta?

____

b. Agora, descreva esse caminho.

____

____

____

____

Simetria

1 Utilizando caneta hidrográfica, Kátia fez um desenho e depois recortou esse desenho com a tesoura. Observe como ela fez.

Primeiro, ela dobrou uma folha de papel ao meio, para depois fazer o desenho.

Em seguida, recortou o desenho com a folha dobrada.

Kátia abriu a folha e viu que o seu desenho ficou simétrico em relação à dobra que ela fez na folha.

Fotografias: Fernando Favoretto/ID/BR

Kátia observou que o desenho ficou simétrico em relação à linha de dobra porque, ao dobrar a figura ao meio, percebeu que as partes das figuras coincidem.

- Você também pode construir figuras simétricas usando lápis ou caneta hidrográfica, papel e tesoura.

a. Pegue uma folha de papel e dobre-a ao meio.

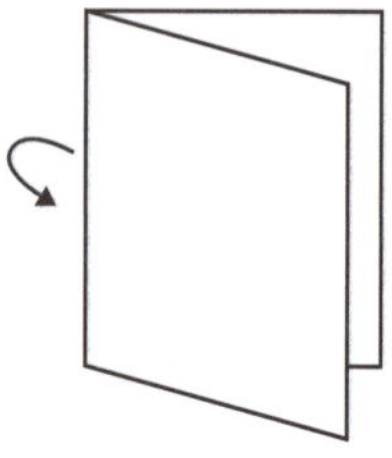

b. Desenhe com lápis ou caneta hidrográfica esta figura.

c. Recorte o desenho e abra a folha para ver a figura formada.

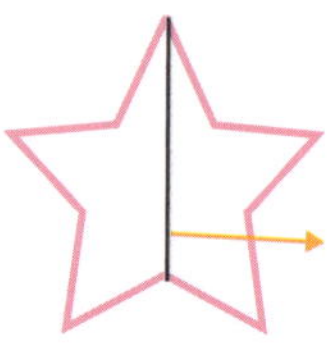

Ilustrações: Setup Bureau/ID/BR

2 Lucas dobrou a folha de papel ao meio e fez um desenho. Pinte o desenho que completa a figura que ele vai obter quando recortar e abrir o papel.

Ilustrações: Setup Bureau/ID/BR

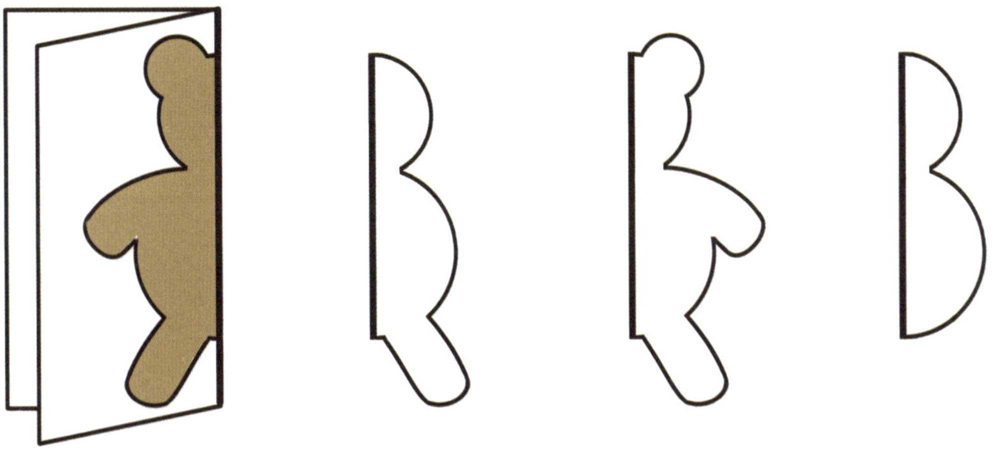

3 Kátia resolveu fazer outros desenhos para recortar. Veja as figuras que ela recortou usando papel colorido.

Ilustrações: ID/BR

a. Contorne, em cada caso, a figura cuja linha preta indica a linha da dobra que fica no papel após ele ser aberto.

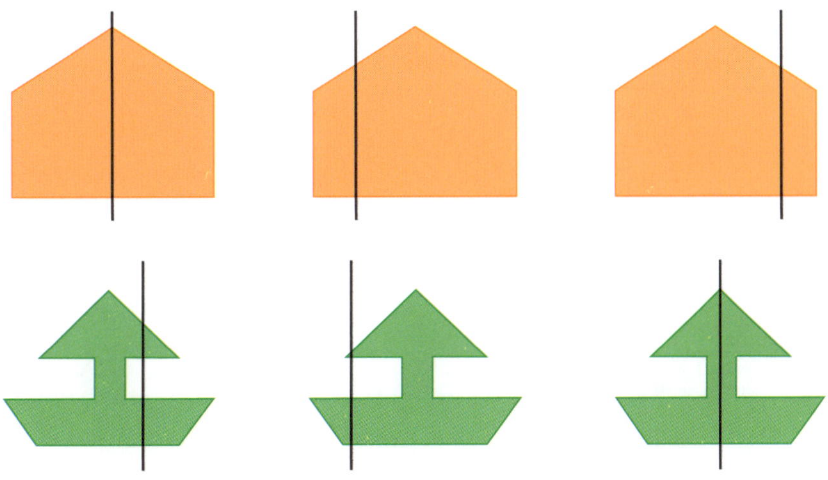

b. Cada figura que Kátia recortou apresenta simetria? Por quê? Conte aos colegas e ao professor.

Simetria na malha quadriculada

1 Observe o desenho que Amanda fez na malha quadriculada.

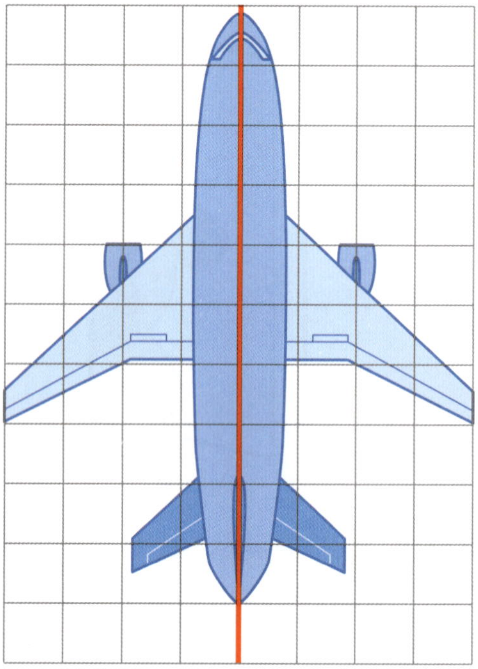

Ilustrações: AMj Studio/ID/BR

- Agora, faça como Amanda e trace o eixo de simetria nas figuras abaixo.

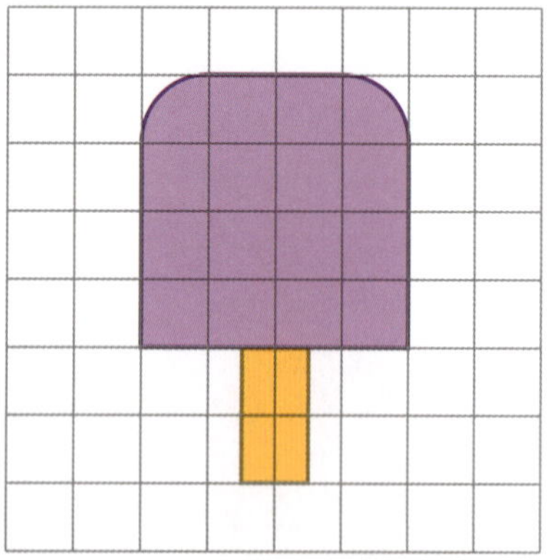

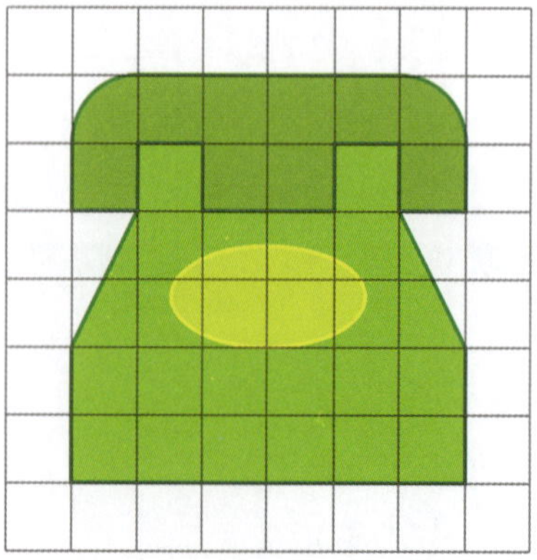

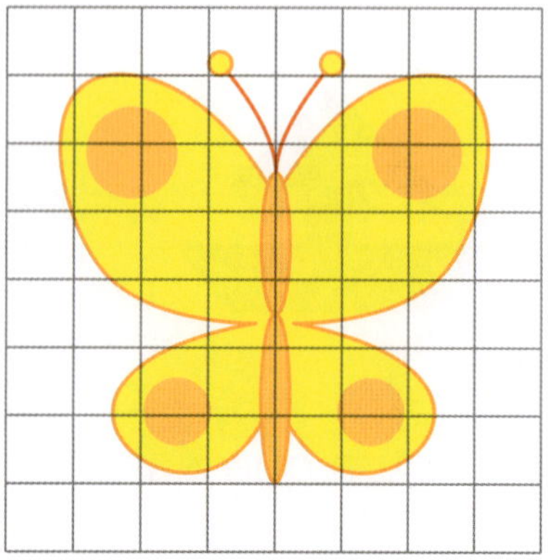

2 Marque com um **X** o desenho que **não** apresenta simetria em relação à linha vermelha.

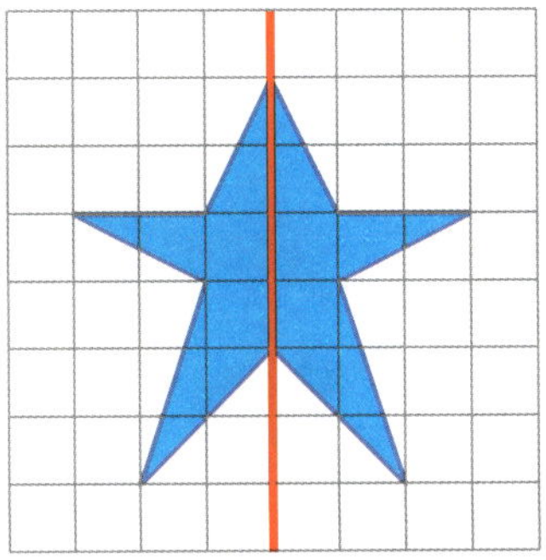

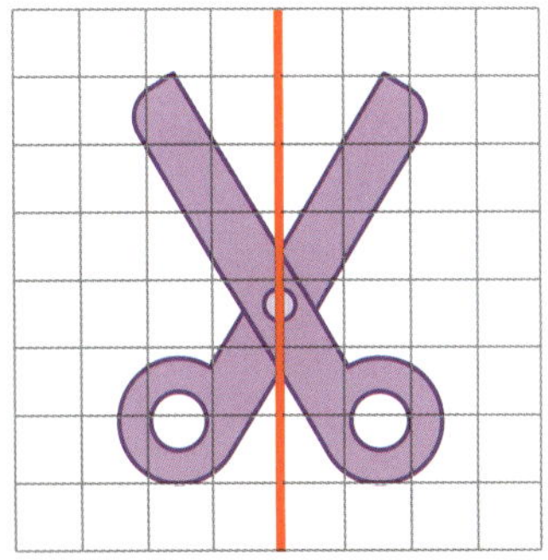

Ilustrações: AMj Studio/ID/BR

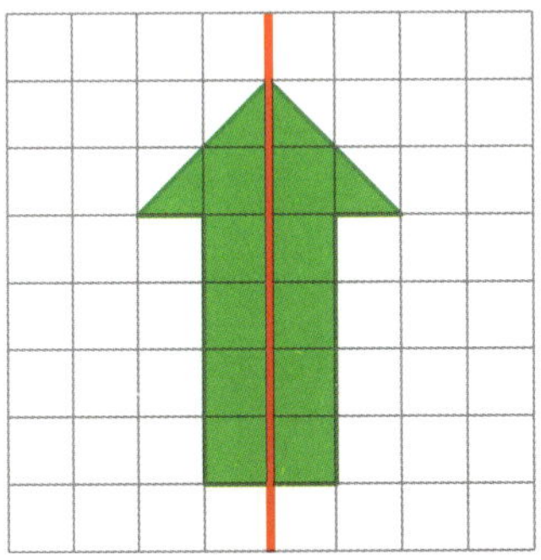

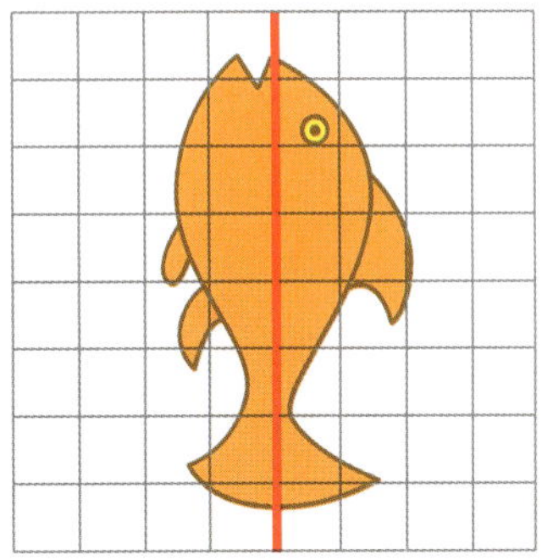

3 Faça na malha quadriculada abaixo um desenho que apresente simetria. Lembre-se de destacar o eixo de simetria.

Vistas

1 Alê e Júlia ficaram encantados ao ver uma casinha construída com peças de montar. Observe.

Ilustrações: Ilustra Cartoon/ID/BR

- Alê está sentado de frente para a casinha. Da posição em que Alê está, que parte da casinha ele vê? Marque com um **X**.

 ☐

 ☐

2 Agora, Vitória se juntou a Alê e Júlia para observar a casinha. Vitória está vendo a casinha de cima. Observe.

- Faça um desenho da parte da casinha que Vitória consegue ver.

3 Ligue os desenhos que representam os mesmos objetos.

Ilustrações: Lettera Studio/ID/BR

4 Com um colega, resolva este problema.

AMj Studio/ID/BR

Lia, Fabi e Ana estavam observando um triciclo. Descubra quem é cada menina, de acordo com a fala.

Fala de Lia: Eu consigo ver 3 rodas do triciclo e não estou sentada no chão.

Fala de Fabi: Eu só consigo ver 2 rodas do triciclo.

Fala de Ana: Eu vejo 3 rodas do triciclo.

- Marque com um **X** o nome da menina e o desenho que representa as partes que ela consegue ver do triciclo.

Ilustrações: AMj Studio/ID/BR

Buscando soluções

Pensando em possibilidades

1 Tânia tem de distribuir essas 6 cartas em um jogo de tabuleiro.

Ilustrações: Edde Wagner/ID/BR

a. Ela já colocou uma carta no tabuleiro. Desenhe as cartas que faltam para completá-lo.

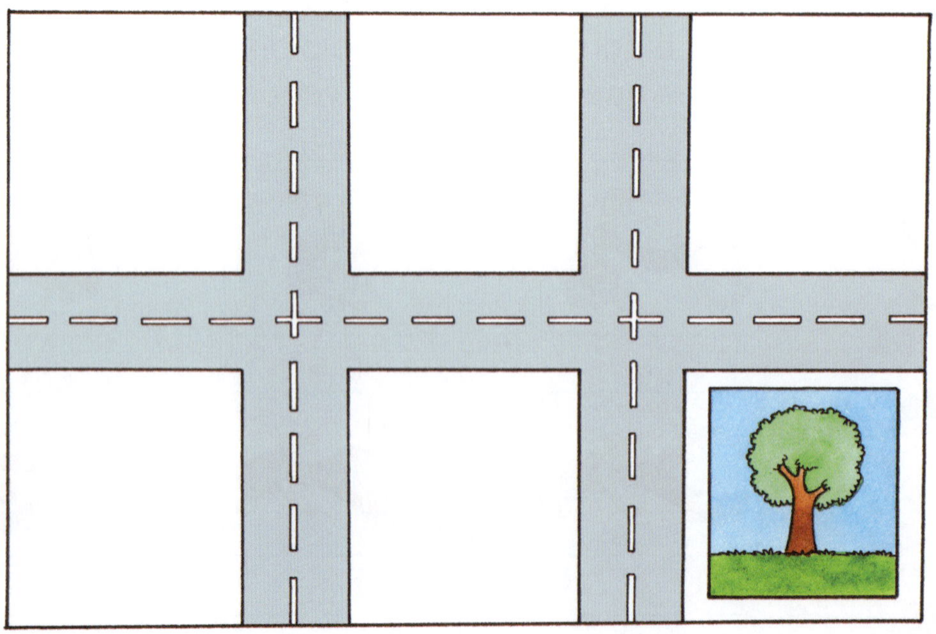

b. Compare a distribuição de cartas que você fez com a dos colegas. Todos distribuíram as cartas da mesma maneira?

2 Ao colocar as cartas no tabuleiro, Tânia deixou três cartas viradas para baixo. Compare o tabuleiro que Tânia montou, representado ao lado, com as cartas da página anterior e responda às questões a seguir.

Ilustrações: Edde Wagner/ID/BR

a. Quais são as figuras das três cartas viradas para baixo no tabuleiro de Tânia? Marque com um **X** a resposta correta.

- ☐ Um prédio e duas árvores.
- ☐ Uma árvore, um prédio e uma casa.
- ☐ Duas casas e um prédio.
- ☐ Uma casa e dois prédios.

- Você consegue afirmar qual das cartas viradas para baixo é a do prédio? Por quê? Explique aos colegas e ao professor.

b. Tânia virou uma das cartas e mostrou onde ela colocou a do prédio. Veja como ficou o tabuleiro com apenas duas cartas viradas para baixo.

- Você consegue afirmar qual das cartas viradas é a da casa? Por quê? Explique aos colegas e ao professor.

c. Tânia **não** colocou a carta da árvore na mesma linha em que ficaram as cartas dos prédios. Desenhe, ao lado, as cartas que faltam para completar o tabuleiro que Tânia montou.

Agora já sei!

1 Marque com um **X** o desenho que mostra as partes do carro que podem ser vistas ao observá-lo de frente.

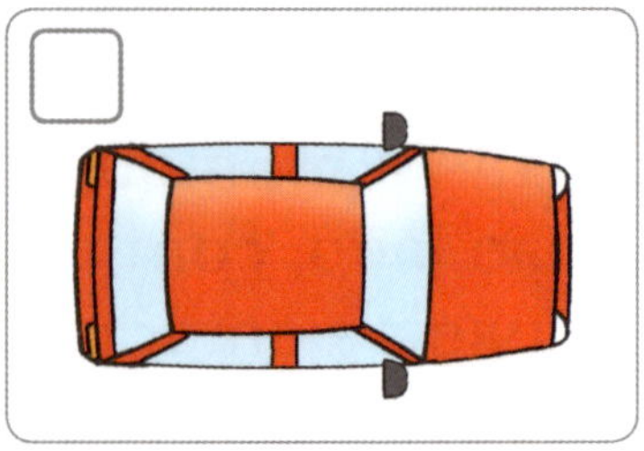

Mário C. Pita/ID/BR

2 Vamos descobrir quem é Vivi, Augusto e Miguel. Veja a vista que cada criança tem dos brinquedos.

Vista de Miguel	Vista de Vivi	Vista de Augusto
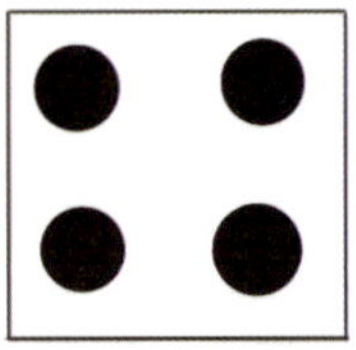		

Vanessa Alexandre/ID/BR

a. Escreva o nome de cada criança de acordo com sua vista.

Vanessa Alexandre/ID/BR

b. Desenhar um objeto de acordo com o que é possível observar dele de determinada posição é um recurso utilizado por muitos desenhistas e pintores. E você, gosta de desenhar? Tem algum pintor predileto? Conte aos colegas e ao professor.

3 Ligue cada figura ao seu par formando imagens simétricas em relação ao traço preto.

CONTEÚDO NA VERSÃO DIGITAL

4 Complete cada figura abaixo para que todas apresentem simetria em relação à linha vermelha.

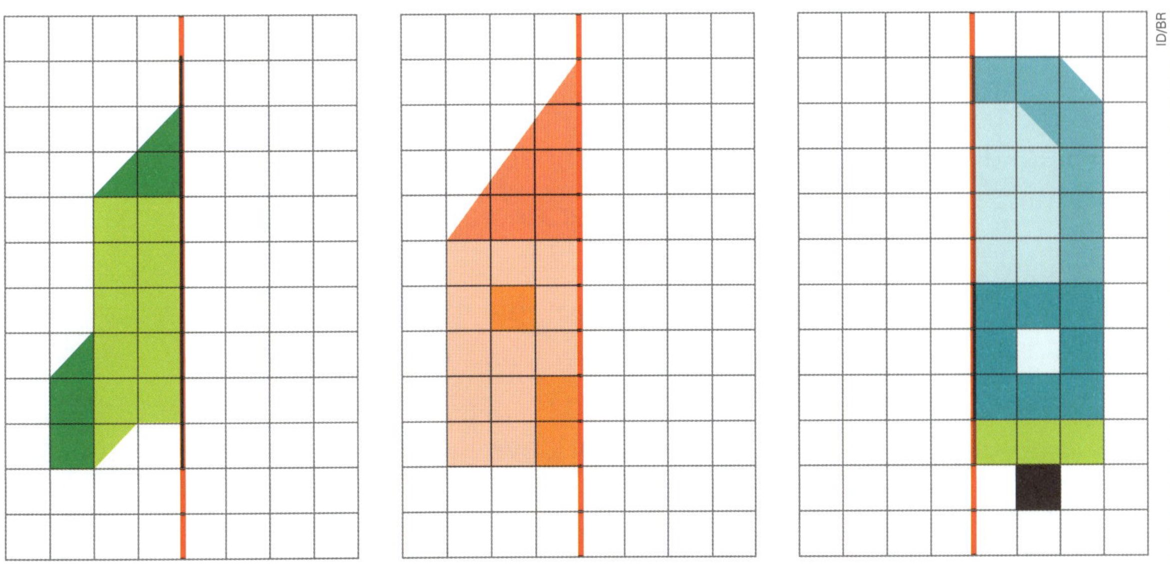

Jogo

Jogo da batalha-naval

Material

- Diagramas e embarcações da página 251 e lápis.

Número de participantes

- Dois jogadores.

Objetivo

- Afundar todas as embarcações do adversário.

Regras

1. Cada jogador vai usar as embarcações destacadas da página 251, colocando-as no diagrama, sem deixar o adversário ver.

   As embarcações são:

   porta-aviões

   submarino

   navio

   bote

   Ilustrações: Lettera Studio/ID/BR

   Você poderá colocá-las na horizontal  ou na vertical .

   Atenção: Uma embarcação **não** pode encostar na outra.
2. Cada jogador, na sua vez, "dá um tiro", dizendo uma letra e um número (por exemplo, **B4**).
3. Se o tiro acertar uma embarcação ou parte dela, o jogador que receber o tiro deverá dizer "Acertou!", e o atirador poderá jogar novamente.
4. Se o tiro não acertar nenhuma, o adversário diz "Água!", e o atirador passa a vez.
5. Quando acertar o tiro, o jogador deve pintar o quadradinho de seu diagrama. Quando errar, deve fazer um **X**. Assim, ele sabe em que letras e números já deu palpite.
6. Uma embarcação afunda quando todas as suas partes são atingidas. Ao ter sua embarcação afundada, o jogador deve informar o tipo de embarcação atingida.
7. Vence quem afundar primeiro todas as embarcações do adversário.

Depois do jogo

1 Gabriela e Henrique estão jogando batalha-naval.

Vanessa Alexandre/ID/BR

Gabriela

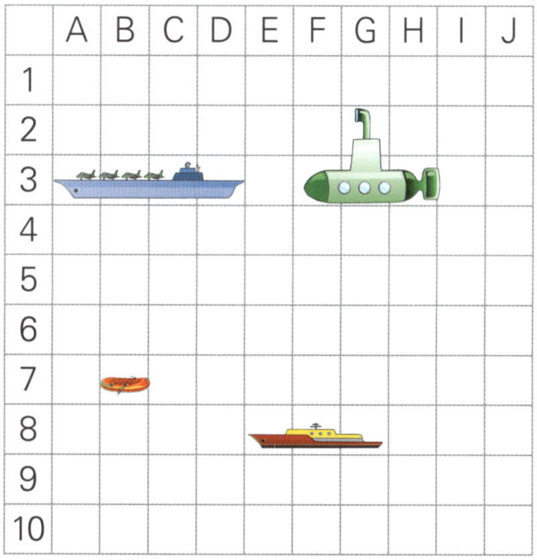

Henrique

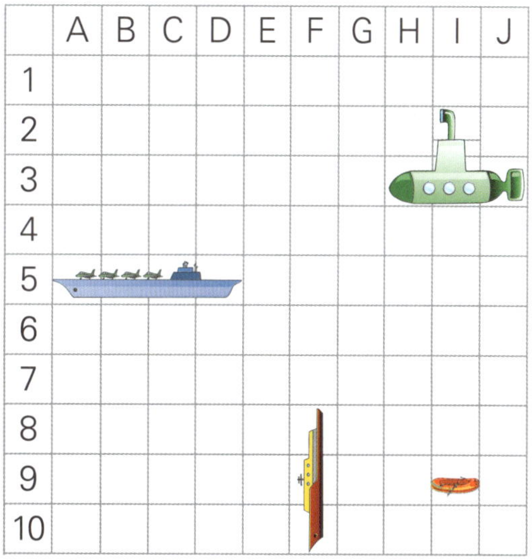

ID/BR

Veja os diagramas com as embarcações e responda às questões.

a. Que tiros Gabriela deve dar para afundar o submarino de Henrique?

____

b. Que tiros Henrique deve dar para afundar o navio de Gabriela?

____

c. Marque com um **X** o tiro que Gabriela deve dar para afundar o bote de Henrique.

☐ A5 ☐ I4 ☐ I9 ☐ E6 ☐ J5

O que aprendi?

1 **Veja o que as crianças estão fazendo.**

Rogério desenha no quadro de giz.

Tatiana escuta música.

Mateus escreve uma história.

Maria e Beto brincam juntos.

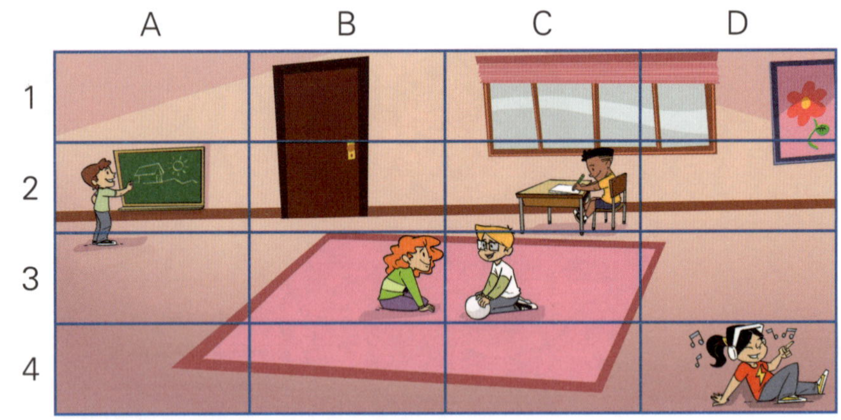

Quanta Estúdio/ID/BR

a. Localize cada criança na cena, escrevendo a letra e o número correspondentes à sua posição no quadriculado.

Mateus: ________ Beto: ________ Maria: ________

Rogério: ________ Tatiana: ________

Saber Ser

b. Se você e um colega fossem brincar juntos, mas cada um sugerisse uma brincadeira diferente, o que você faria? Converse com os colegas e com o professor.

2 **Lucas e seu irmão colecionam miniaturas de carrinhos.**

123ducu/iStock/Getty Images; Sjoerd van der Wal/iStock/Getty Images; Sjoerd van der Wal/iStock/Getty Images; -PureEyePhoto-/iStock/Getty Images

Lucas comprou o carrinho vermelho e o verde e gastou 17 reais. Seu irmão comprou o carrinho azul e o amarelo e gastou 18 reais.

a. Qual é o preço do carrinho verde? Escreva o valor na etiqueta.

b. Qual é o preço do carrinho azul? Escreva o valor na etiqueta.

c. Para comprar o carrinho verde e o azul você gastaria quanto? E para comprar todos os carrinhos?

____

3 Observe as figuras abaixo.

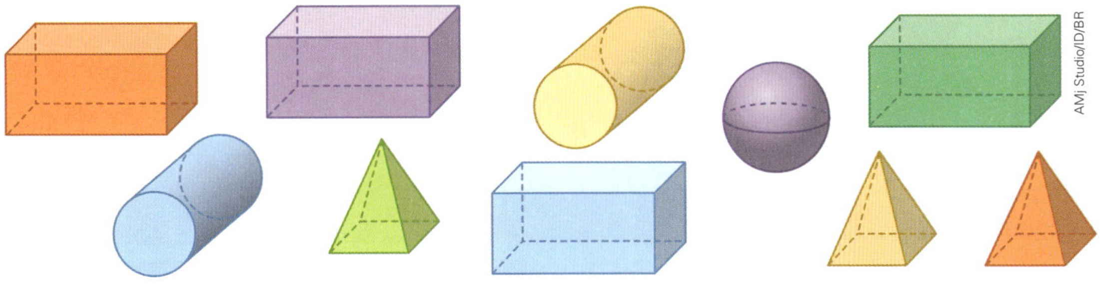

- Preencha o quadro com a quantidade de cada figura acima.

Figura	Quantidade
Pirâmide	
Esfera	
Cilindro	
Paralelepípedo	

4 Luana saiu de casa com algum dinheiro. Ela gastou 37 reais no mercado e 24 na padaria. Chegando em casa, ela verificou que tinha 14 reais. Com quantos reais ela saiu de casa? ____________

CONTEÚDO NA VERSÃO DIGITAL

5 Complete cada figura abaixo na malha quadriculada para que todas apresentem simetria em relação à linha vermelha. Depois, escreva o nome de cada figura.

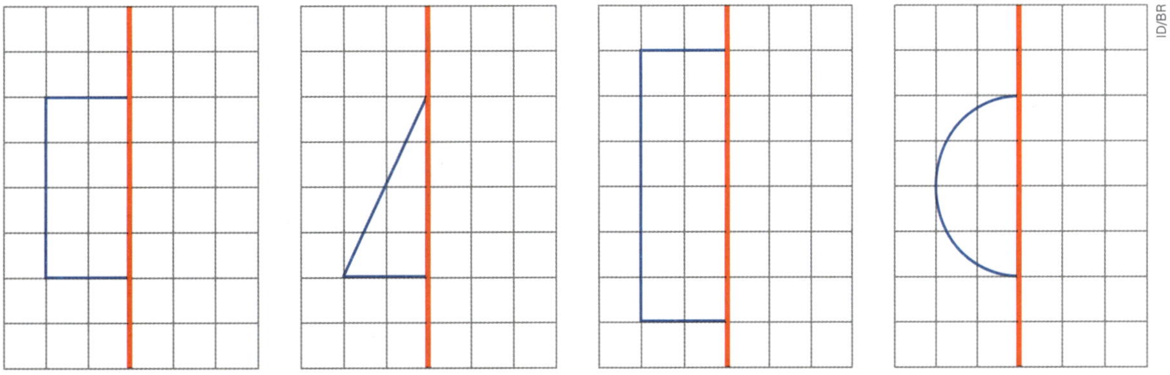

____________ ____________ ____________ ____________

UNIDADE

3 Festas, jogos e brincadeiras

A Matemática faz parte de nossa vida. Enquanto jogamos, brincamos e nos divertimos, também contamos e fazemos cálculos.

- Juca está no caixa da Festa do Milho e vai comprar um bolo de fubá, uma ficha de jogos e um milho-verde. Ele vai pagar tudo com uma única cédula. Desenhe o valor da cédula que ele está usando para pagar sua compra.

- Quantas pipocas estão no balcão da barraca de pipoca? Você consegue descobrir sem contar as pipocas uma a uma?

- Observe as pessoas que estão no palco. O dobro de pessoas participará da próxima apresentação. Quantas pessoas farão parte da próxima apresentação?

- Quantas pessoas compareceram à Festa do Milho este ano? Como você fez para descobrir?

AMj Studio/ID/BR

FESTA DO MILHO
JOGO DE ARGOLAS
PESCARIA
PIPOCA
Ano passado 68 pessoas participaram da festa do milho. Esse ano, vieram 32 pessoas a mais do que no ano passado!

CAPÍTULO 1

Mais números

Neste capítulo, vamos conhecer os números maiores do que 99.

A centena

1 **Laura está contando e guardando suas figurinhas em pacotes com 10 figurinhas cada. Veja quantos pacotes Laura montou e responda às questões.**

a. Escreva uma adição para representar quantas figurinhas Laura já guardou. ______

b. Quantas figurinhas estão soltas? ______

c. Quantas figurinhas Laura tem no total? ______

2 **Quando se levantou, Laura encontrou mais uma figurinha.**

a. Com essa figurinha, Laura consegue formar outro pacote? ______

b. Quantos pacotes Laura tem agora? ______

Com essa última figurinha, Laura conseguiu formar mais um pacote e ficou com **100** (**cem**) figurinhas.

3 Observe as figurinhas e complete.

1 figurinha
1 unidade

1 pacote com
10 figurinhas

_____ unidades

ou _____ dezena

Evandro Luiz/ID/BR

10 pacotes com
10 figurinhas

100 unidades ou
10 dezenas ou 1 centena

■ Agora, veja estas representações de uma centena.

Material Dourado

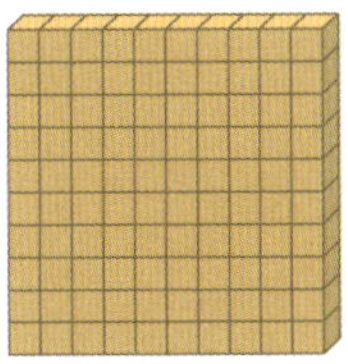

Ilustrações: ID/BR

1 placa
1 centena

Ábaco

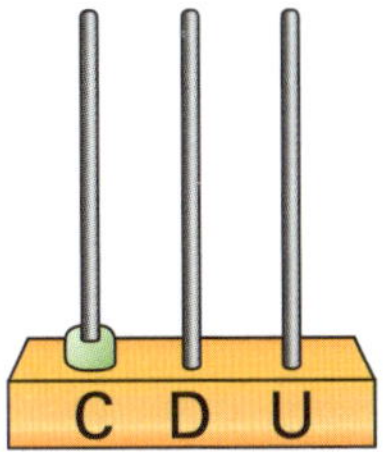

Quadro

C	D	U
1	0	0

4 Complete a reta numerada com as dezenas inteiras do 0 ao 100.

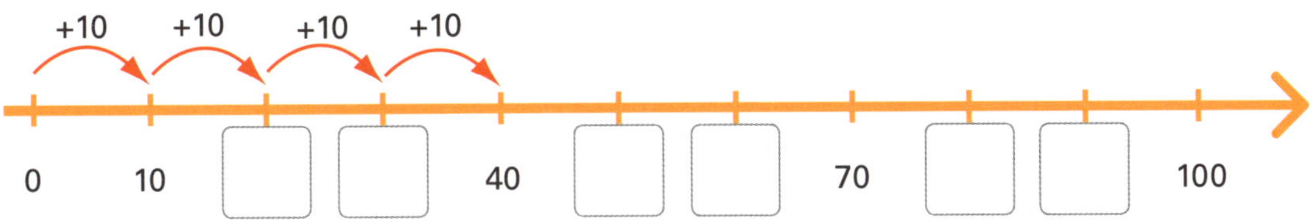

5 Quanto devemos adicionar a cada número para que o resultado seja 100? Complete.

a. 0 + _____ = 100

b. 10 + _____ = 100

c. 20 + _____ = 100

d. 30 + _____ = 100

e. 40 + _____ = 100

f. 50 + _____ = 100

g. 60 + _____ = 100

h. 70 + _____ = 100

i. 80 + _____ = 100

j. 90 + _____ = 100

k. 100 + _____ = 100

Conhecendo o dinheiro brasileiro

1 O dinheiro que usamos atualmente no Brasil chama-se **real**. Você conhece as cédulas e moedas do real?

- Observe as cédulas reproduzidas a seguir e escreva o valor de cada uma delas como no exemplo.

2 reais

____

____

____

____

____

2 Responda às questões.

a. Quantas cédulas de 2 reais são necessárias para trocar por uma cédula de 10 reais? _______________

b. Quantas cédulas de 2 reais são necessárias para trocar por uma cédula de 20 reais? _______________

3 Ligue os grupos de cédulas que representam o mesmo valor.

Banco Central do Brasil. Fotografia: Karina Tengan/ID/BR

4 Escreva o valor de cada moeda como no exemplo.

1 centavo

______

______

______

______

______

Banco Central do Brasil. Fotografia: Karina Tengan/ID/BR

5 Você já ajudou algum adulto a fazer compras? Conte aos colegas e ao professor.

- Nessas compras vocês receberam troco? Explique com suas palavras o que é troco.
- Agora, contorne as cédulas e moedas necessárias para comprar cada brinquedo, sem receber troco.

a.

Stockdisc/ID/BR

______

b.

Photodisc/ID/BR

______

c.

Stockdisc/ID/BR

A cédula de cem reais

1 Lívia foi ao mercado ajudar o pai com as compras. Observe.

Quanta Estúdio/ID/BR

a. Qual é o valor da cédula que o pai de Lívia está usando para pagar a compra? ______________________

b. Vai sobrar ou faltar dinheiro? ______________________

2 Em cada caso, contorne as cédulas necessárias para fazer a troca por uma cédula de 100 reais.

a.

Banco Central do Brasil. Fotografia: Karina Tengan/ID/BR

b.

3 Imagine que o pai de Lívia tenha estas cédulas na carteira.

■ Escreva duas maneiras de formar 100 reais usando essas cédulas.

____

____

4 Observe a seguir alguns produtos que estavam à venda no mercado.

- Em cada caso, o cliente vai pagar suas compras com uma cédula de 100 reais. Verifique se sobrará troco e marque com um **X** a resposta correta.

a.

☐ Sobrará troco.
☐ Não sobrará troco.

b.

☐ Sobrará troco.
☐ Não sobrará troco.

Ilustrações: Vanessa Alexandre/ID/BR

c.

☐ Sobrará troco.
☐ Não sobrará troco.

d.

☐ Sobrará troco.
☐ Não sobrará troco.

Números até 199

1 O professor Leonardo organizou uma gincana com os alunos do 2º ano. Na tabela abaixo ele anotou a pontuação de alguns participantes.

Pontuação dos participantes da gincana

Participante	Letícia	Rafael	Rodrigo	Vanessa	Mariano
Total de pontos	134	128	152	118	137

Dados fornecidos pelo professor Leonardo.

Observe como podemos representar a pontuação de Letícia de diferentes maneiras.

Ilustrações: ID/BR

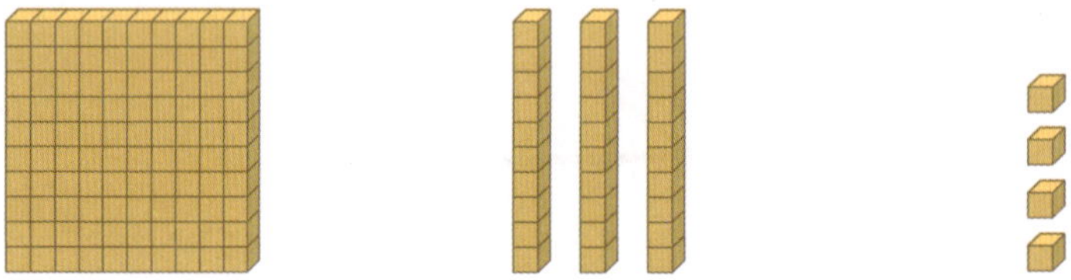

134 é igual a 1 centena, 3 dezenas e 4 unidades.

↓ ↓ ↓

134 = 100 + 30 + 4

■ Complete conforme o exemplo acima.

Rafael tem ______ pontos.

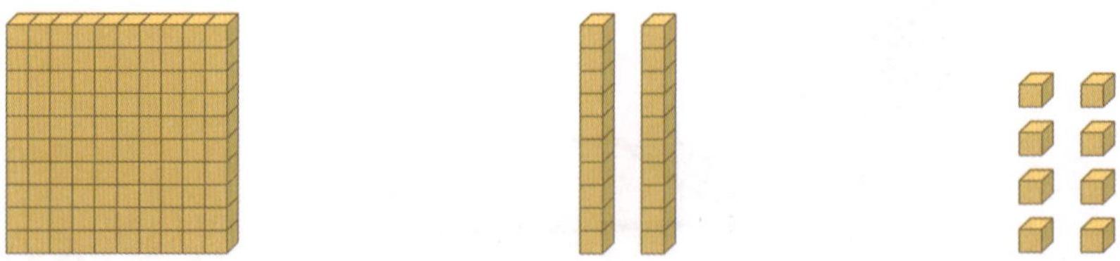

______ é igual a ____ centena, ____ dezenas e ____ unidades.

↓ ↓ ↓

______ = ______ + ______ + ______

■ Agora, utilizando as peças do Material Dourado das páginas 261 e 263, represente, como no exemplo, os pontos de Rodrigo, Vanessa e Mariano. Depois, escreva as decomposições desses números no caderno.

2 Observe abaixo a quantidade representada com peças do Material Dourado e complete o quadro.

ID/BR

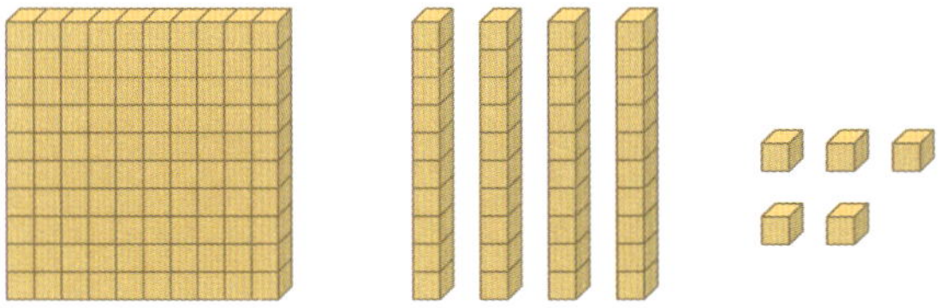

C	D	U

3 Pinte com a mesma cor os quadros que apresentam a mesma quantidade.

cento e dezoito	1 centena, 3 dezenas e 7 unidades	137
1 centena, 1 dezena e 8 unidades	cento e trinta e sete	
100 + 10 + 8	100 + 30 + 7	118

4 Ligue cada número à sua forma decomposta.

185	1 centena e 20 unidades
174	1 centena, 6 dezenas e 3 unidades
120	1 centena, 9 dezenas e 1 unidade
163	1 centena e 6 unidades
191	1 centena, 8 dezenas e 5 unidades
106	1 centena, 7 dezenas e 4 unidades

Leninha Lacerda/ID/BR

Comparando números

1 Pedro e Henrique acabaram de jogar um jogo no *videogame*.

Ilustra Cartoon/ID/BR

- As pontuações finais de Pedro e Henrique estão representadas abaixo. Identifique a quem corresponde cada representação.

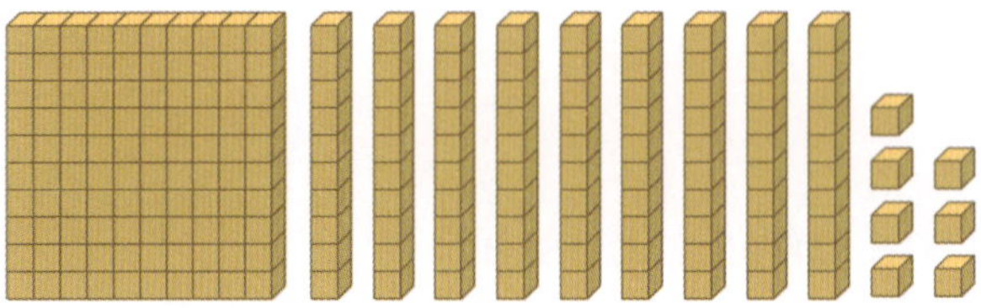

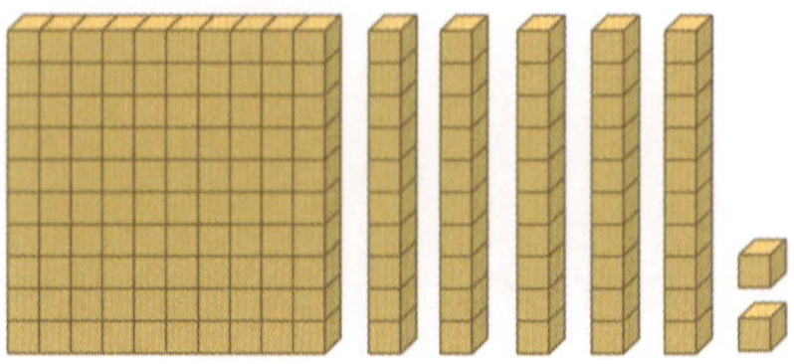

Ilustrações: ID/BR

______________________ ______________________

2 Nesse jogo, vence quem faz mais pontos. Sabendo disso, responda: Quem venceu o jogo? Por quê?

3 Complete as afirmações com **menor do que** ou **maior do que**.

O número de pontos de Henrique é ______________________ o número de pontos de Pedro.

O número 152 é ______________________ o número 197.

Ao comparar dois números, podemos usar os termos **menor do que**, **maior do que** e **igual a** ou os símbolos <, > e =.

O símbolo < significa **menor do que**, o símbolo > significa **maior do que** e o símbolo = significa **igual a**.

4 Complete a sequência de números no quadro.

101	102	103							
					116	117			120
	122	123							130
131			134						
141	142								150

a. Compare os números a seguir usando os símbolos **<** (menor do que) ou **>** (maior do que).

150 ______ 105   134 ______ 140   139 ______ 149

105 ______ 150   140 ______ 104   149 ______ 139

138 ______ 122   144 ______ 141   113 ______ 123

b. Responda às questões.

Que número vem **imediatamente antes** do número 123? ______

Que número vem **logo depois** do número 134? ______

O número 122 tem uma **unidade a menos** do que o número 123. Dizemos que 122 é o **antecessor** de 123.

O número 135 tem **uma unidade a mais** do que 134. Dizemos que 135 é o **sucessor** de 134.

5 Complete os espaços com o antecessor e o sucessor de cada um dos números abaixo.

a. ______ 189 ______

b. ______ 172 ______

c. ______ 145 ______

d. ______ 100 ______

e. ______ 130 ______

f. ______ 197 ______

Vamos resolver!

1 Ligue os grupos de moedas que têm o mesmo valor.

Banco Central do Brasil. Fotografia: Karina Tengan/ID/BR

2 Complete as adições de modo a obter sempre 100.

50 + ______

1 + ______

______ + 60

80 + ______

______ + 30

3 Complete as sequências de acordo com a regra de cada item.

a. Acrescente sempre 10.

0										

b. Acrescente sempre 2.

80										

c. Acrescente sempre 5.

50										

4 Complete com < (menor do que) ou > (maior do que).

a. 102 ______ 120

b. 425 ______ 710

c. 912 ______ 910

d. 820 ______ 920

5 Mostre com desenhos de cédulas do real duas possibilidades de juntar 50 reais.

■ Compare suas soluções com as de um colega. Vocês desenharam as mesmas cédulas?

6 Decomponha os números a seguir conforme o exemplo.

582: 5 centenas, 8 dezenas e 2 unidades

a. 475: ______________________________

b. 683: ______________________________

c. 708: ______________________________

d. 910: ______________________________

7 Observe as quantias em destaque. Escreva o valor de somente duas cédulas de real para formar essas quantias.

a. **7 reais**: uma cédula de ______ reais e uma cédula de ______ reais.

b. **12 reais**: uma cédula de ______ reais e uma cédula de ______ reais.

c. **60 reais**: uma cédula de ______ reais e uma cédula de ______ reais.

Centenas inteiras

1 Observe as representações com o Material Dourado e complete.

Ilustrações: ID/BR

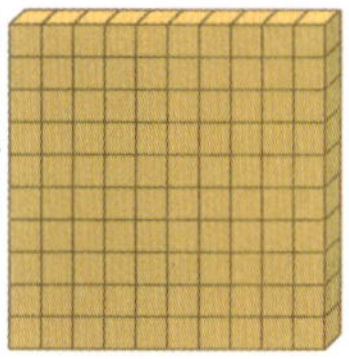

1 centena ou 100 unidades

100 (**cem**)

C	D	U
1	0	0

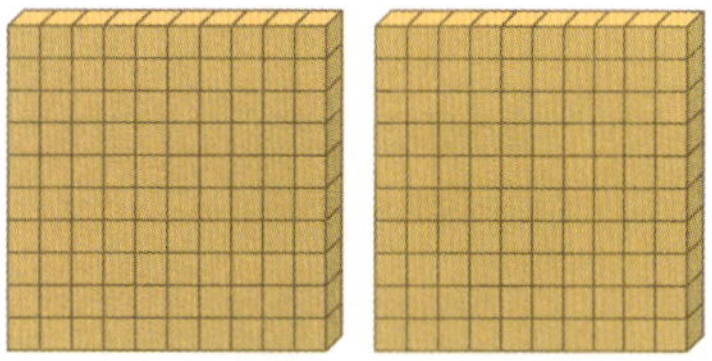

2 centenas ou ______ unidades

200 (**duzentos**)

C	D	U

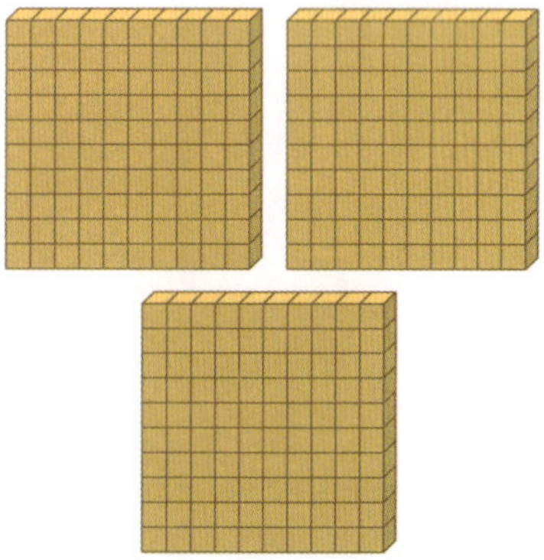

3 centenas ou ______ unidades

300 (**trezentos**)

C	D	U

2 Complete.

a. 4 grupos de 100 equivalem a ________ centenas ou ________ unidades (**quatrocentos**).

b. 5 grupos de 100 equivalem a ________ centenas ou ________ unidades (**quinhentos**).

c. 6 grupos de 100 equivalem a ________ centenas ou ________ unidades (**seiscentos**).

d. 7 grupos de 100 equivalem a ________ centenas ou ________ unidades (**setecentos**).

e. 8 grupos de 100 equivalem a ________ centenas ou ________ unidades (**oitocentos**).

f. 9 grupos de 100 equivalem a ________ centenas ou ________ unidades (**novecentos**).

3 Complete a reta numerada com centenas inteiras.

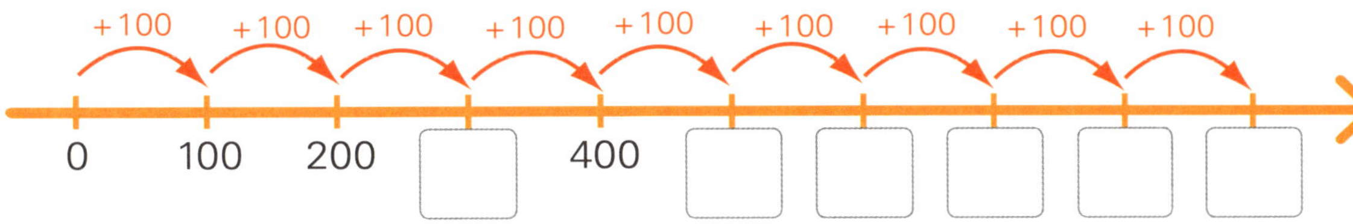

ID/BR

4 Continue as sequências.

a. Cem, duzentos, trezentos, ______________________,

______________________, ______________________,

______________________, ______________________,

____

b. 900, 800, 700, ________, ________, ________, ________, ________, ________

5 Ligue os grupos que correspondem ao mesmo valor.

Banco Central do Brasil. Fotografia: Karina Tengan/ID/BR

Adição e subtração com centenas inteiras

1 Artur trabalha em uma loja que vende bolinhas de tênis de mesa em embalagens com 100 unidades cada uma. Observe a cena e complete os textos para responder às questões.

Ilustra Cartoon/ID/BR

a. Ontem, Artur recebeu a encomenda de quantas bolinhas?

No período da manhã foram encomendadas 5 embalagens de bolinhas ou ________ centenas de bolinhas ou 500 bolinhas.

No período da tarde foram encomendadas 3 embalagens de bolinhas ou ________ centenas de bolinhas ou ________ bolinhas.

Podemos dizer que 5 centenas mais 3 centenas é igual a ________ centenas, porque 5 + 3 = 8.

Assim, 500 + 300 = ________.

Ontem, Artur recebeu a encomenda de ________ bolinhas.

b. Quantas bolinhas foram encomendadas a mais pela manhã do que à tarde?

Podemos dizer que 5 centenas menos 3 centenas é igual a ________ centenas, porque 5 − 3 = 2.

Assim, 500 − 300 = ________.

Foram encomendadas ________ bolinhas a mais pela manhã.

2 Calcule mentalmente as operações abaixo.

a. 100 + 300 = ______

b. 200 + 600 = ______

c. 200 + 200 = ______

d. 700 − 600 = ______

e. 300 + 200 + 100 = ______

f. 500 − 100 = ______

3 Complete as operações com centenas inteiras, de forma que o resultado seja sempre o número que está no círculo.

a. **500**

______ + 200

900 − ______

______ − 100

400 + ______

b. **700**

______ + 200

900 − ______

______ − 100

400 + ______

c. **300**

______ + 200

900 − ______

______ − 100

200 + ______

Números até 999

1 Viviane comprou alguns bombons em uma doceria. Observe como os bombons são vendidos nessa doceria.

Ilustra Cartoon/ID/BR

a. Viviane comprou 3 caixas grandes, 2 pequenas e 5 bombons avulsos. Quantos bombons ela comprou ao todo?

3 caixas grandes de bombons: 100 + ______ + ______ = ______

2 caixas pequenas de bombons: 10 + ______ = ______

5 bombons avulsos: 1 + _____ + _____ + _____ + _____ = _____

Total de bombons: 300 + ______ + ______ = ______

Portanto, Viviane comprou ______ bombons.

b. Veja como podemos representar a quantidade de bombons que Viviane comprou e complete.

Material Dourado:

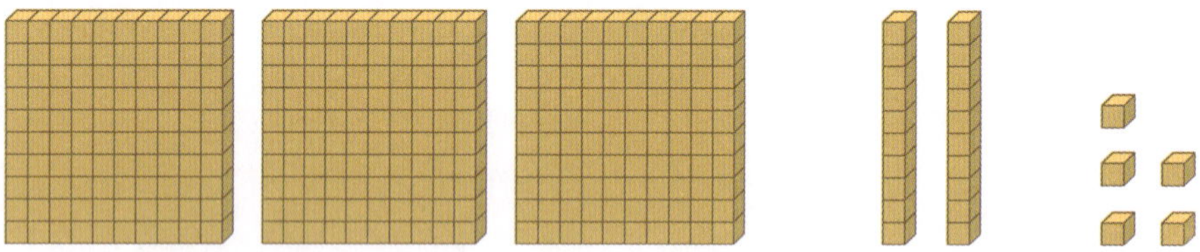

Ilustrações: ID/BR

Quadro:

C	D	U
3	2	5

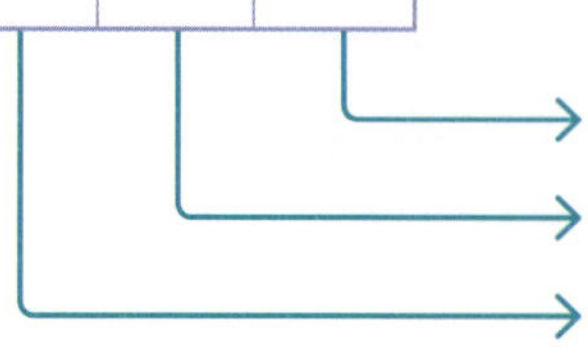

Ábaco:

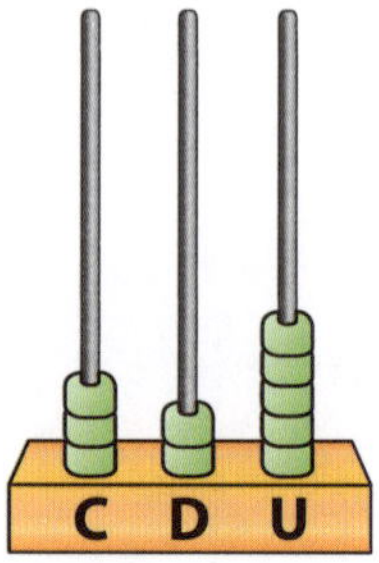

325 = 300 + 20 + 5

Lemos: ____

2 Alan comprou nessa mesma doceria 4 caixas grandes, 5 caixas pequenas e 3 bombons avulsos.

a. Quantos bombons ele comprou ao todo? ______

b. Decomponha o número de bombons que Alan comprou.

______

c. Represente no ábaco o número de bombons que Alan comprou.

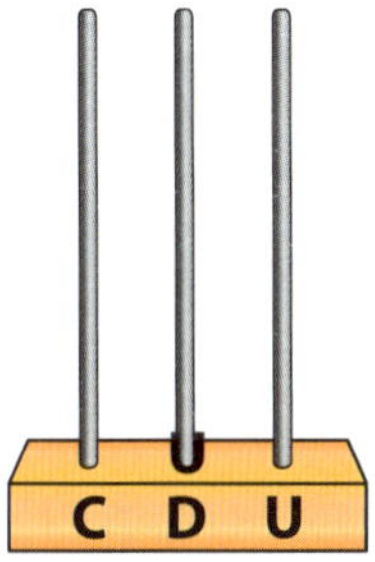

ID/BR

3 Descubra o segredo e complete cada sequência.

a. 325, 330, 335, ___, ___, ___, ___, ___

b. 512, 522, 532, ___, ___, ___, ___, ___

c. 171, 271, 371, ___, ___, ___, ___, ___

Ilustrações: Vanessa Alexandre/ID/BR

4 Pinte de amarelo o pote que contém o maior número em cada caso.

a. 560 | 506 | 335 | 353

b. 232 | 322 | 223 | 222

c. 841 | 856 | 818 | 894

5 Observe os números nos quadros.

425	216	577	395	194

- Coloque esses números em ordem crescente.

______

6 Adriana e Marcos vão ganhar bicicletas de presente de aniversário. Eles até ajudaram os pais a pesquisar os preços.

Ilustrações: Marina Ueno/ID/BR

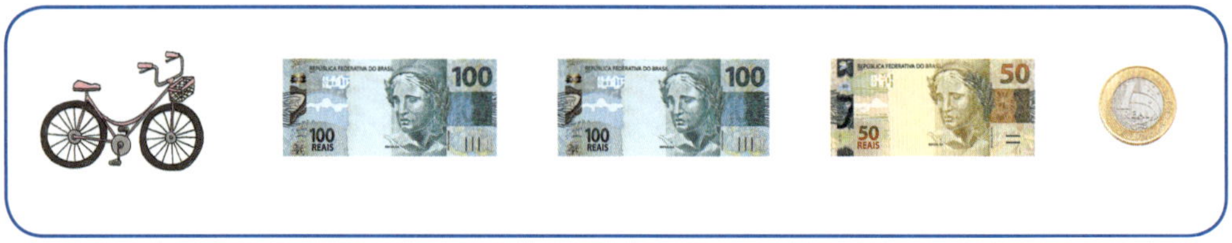

- Em sua opinião, é importante pesquisar preços antes de comprar alguma coisa? Por quê? Converse com os colegas e o professor.

Saber Ser

7 Vamos descobrir quanto custa a bicicleta que Adriana vai ganhar de presente? Para isso, complete.

 100 + 100 = ______ ______ reais	 ______ reais	 ______ real

Banco Central do Brasil. Fotografia: Karina Tengan/ID/BR

200 + 50 + 1 = ______

______ e ______ e ______ reais.

O número 251 tem três algarismos.

2 5 1

- O algarismo 1 representa 1 unidade.
- O algarismo 5 representa 5 dezenas ou 50 unidades.
- O algarismo 2 representa 2 centenas ou 20 dezenas ou 200 unidades.

8 Quanto custa a bicicleta que Marcos vai ganhar? Complete e calcule.

100 + ________ + ________ = ________

________ reais

________ reais

________ reais

Banco Central do Brasil. Fotografia: Karina Tengan/ID/BR

300 + ________ + ________ = ________

________________ e ________________ reais.

9 Quanto representa cada algarismo no número 862? Complete.

8 6 2

O algarismo 2 representa ________ unidades.

O algarismo 6 representa ________ dezenas ou ________ unidades.

O algarismo 8 representa ________ centenas ou ________ dezenas ou ________ unidades.

10 Qual das duas bicicletas custa mais: a que Marcos vai ganhar ou a que Adriana vai ganhar? Por quê?

____

11 Escreva o valor do algarismo 7 em cada um dos números.

a. 8 1 7
↳ ____ unidades

b. 8 7 1
↳ ____ dezenas ou ____ unidades

c. 7 1 8
↳ ____ centenas ou ____ dezenas ou ____ unidades

Vamos resolver!

1 Você lembra o que é número par e o que é número ímpar? Converse com os colegas e o professor.

- Agora, classifique os números em par ou ímpar.

157 ______ 386 ______ 574 ______ 721 ______ 932 ______

2 Complete o quadro.

Número	Decomposição	Leitura
397		Trezentos e noventa e sete
528	500 + 20 + 8	
601		
		Oitocentos e trinta
	900 + 90 + 9	

3 Observe o dinheiro que André, Beatriz e Laura têm.

André

Beatriz

Laura

Banco Central do Brasil. Fotografia: Karina Tengan/ID/BR

- Escreva no quadro abaixo o nome e a quantia que cada um tem. Mas atenção! Escreva as quantias em ordem crescente.

Nome	Quantia em reais

4 Escreva o valor de cada algarismo nos números abaixo e represente-os no ábaco.

6 5 2

- 2 → ______ unidades
- 5 → ______ dezenas
- 6 → ______ centenas

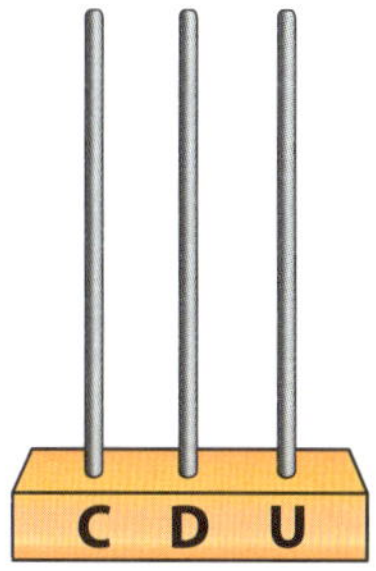

ID/BR

4 8 9

- 9 → ______ unidades
- 8 → ______ dezenas
- 4 → ______ centenas

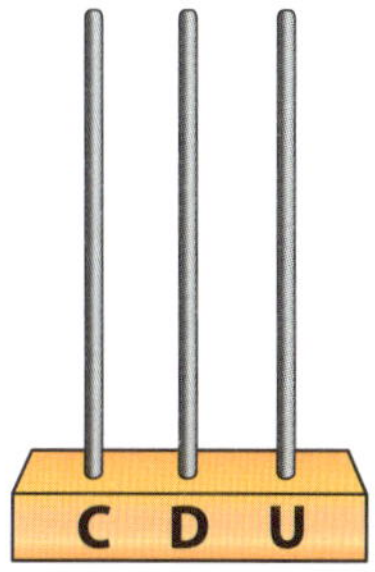

5 Escreva como se lê cada um dos números.

a. 468: ______

b. 726: ______

c. 615: ______

- O algarismo 6 tem o mesmo valor em cada número acima? Por quê?

6 Observe os números das fichas que a professora Tatiana colou no quadro.

Vanessa Alexandre/ID/BR

- Agora, responda.

a. Qual é o maior número? E o menor? ______

b. Em qual número o algarismo 3 vale 30 unidades? ______

c. Em qual número o algarismo 6 vale 60 dezenas? ______

Tratamento da informação

Interpretar gráfico de barras

1 Pedro participou de uma corrida de carros. O gráfico abaixo mostra a pontuação das 5 equipes que participaram dessa corrida.

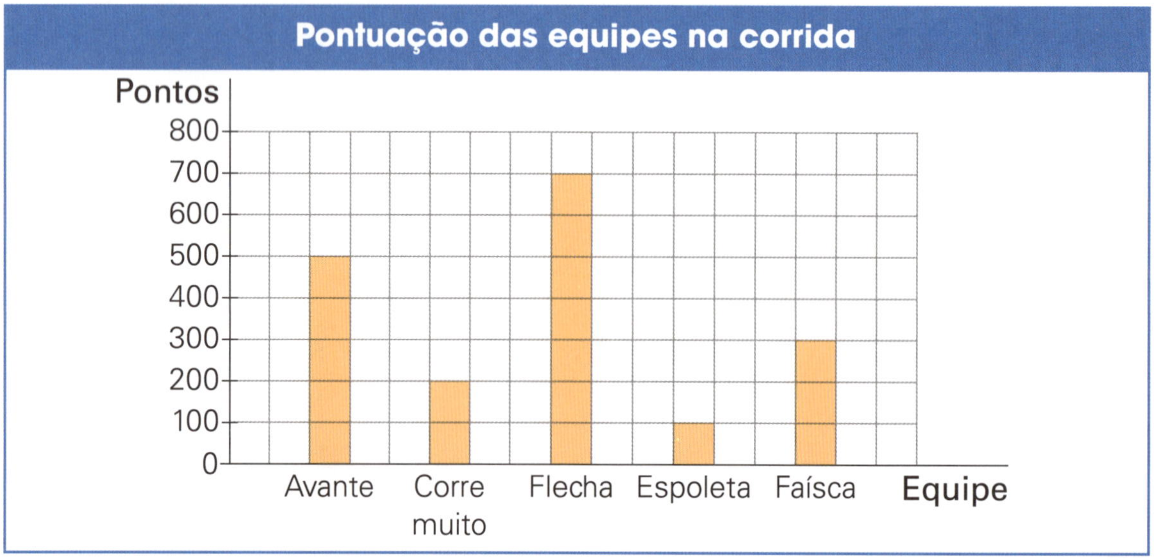

Dados obtidos por Pedro.

- Complete a tabela com a pontuação de cada equipe.

Pontuação das equipes na corrida					
Equipe	Avante	Corre muito	Flecha	Espoleta	Faísca
Pontuação					

Dados obtidos por Pedro.

- Agora, responda às questões.

a. Qual equipe fez mais pontos? Quantos pontos essa equipe fez?

____

b. Qual equipe fez menos pontos? Quantos pontos essa equipe fez?

____

c. Quantos pontos a equipe Faísca fez a mais que a equipe Corre muito? ______________________________

d. A equipe que ficou em penúltimo lugar fez quantos pontos a menos que a equipe que ficou em 2º lugar? ______________________________

- É mais fácil responder às questões observando o gráfico ou a tabela? Justifique.

2 A professora Talita fez uma pesquisa com as turmas do 2º ano sobre o passeio favorito dos alunos. Ela registrou o resultado dessa pesquisa em um gráfico.

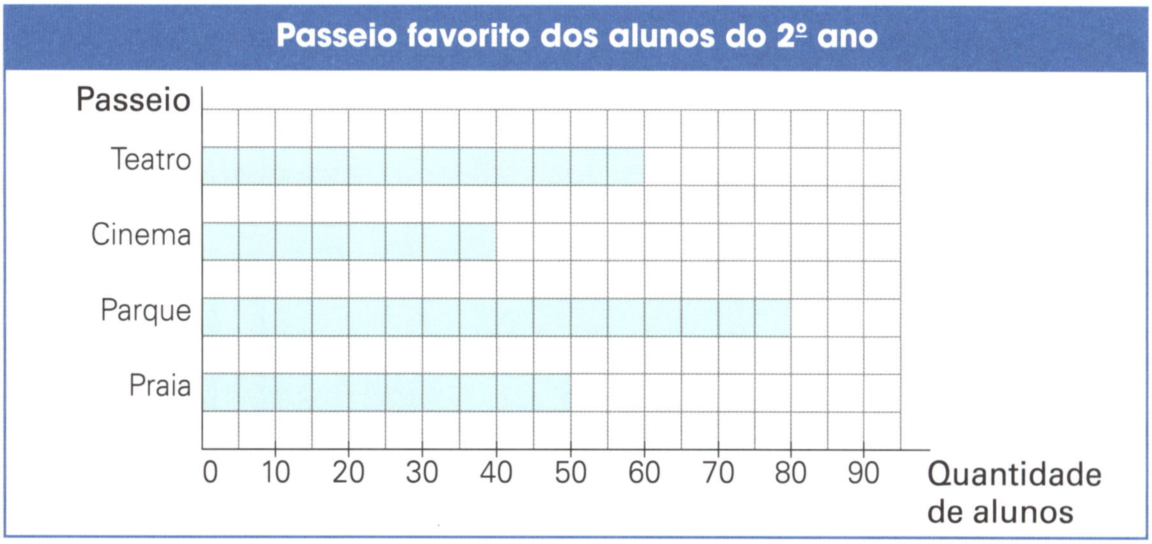

Dados obtidos pela professora Talita.

- Responda às questões.

  a. Sabendo que cada aluno votou uma única vez, quantos alunos responderam à pesquisa? ______________________

  b. Qual é o passeio preferido dos alunos do 2º ano? Quantos alunos escolheram esse passeio? ______________________

  c. Qual foi o passeio menos votado pelos alunos do 2º ano? Quantos alunos escolheram esse passeio? ______________________

- Agora, faça a classificação de cada passeio, completando com 1º, 2º, 3º e 4º, de acordo com a preferência dos alunos.

Praia

__________ lugar

Teatro

__________ lugar

Cinema

__________ lugar

Parque

__________ lugar

Vanessa Alexandre/ID/BR

Agora já sei!

1 Represente nos ábacos o **antecessor** e o **sucessor** de cada um dos números.

a.

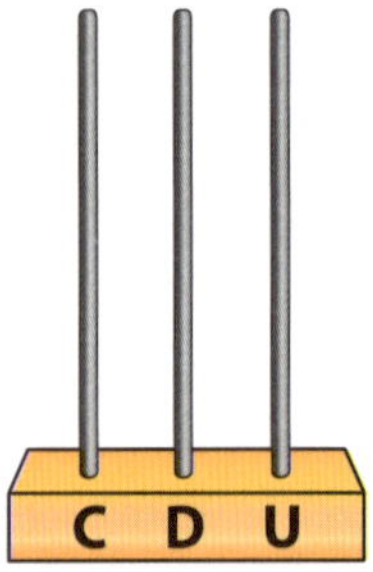

235

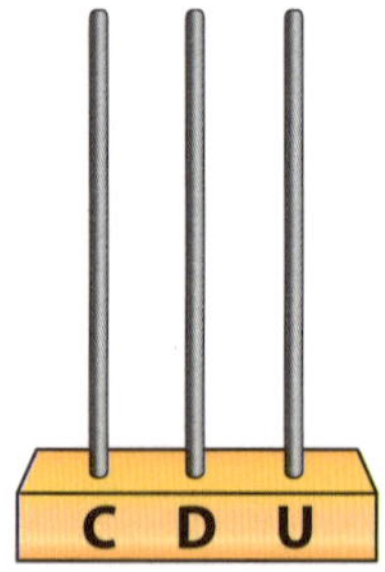

Ilustrações: ID/BR

b.

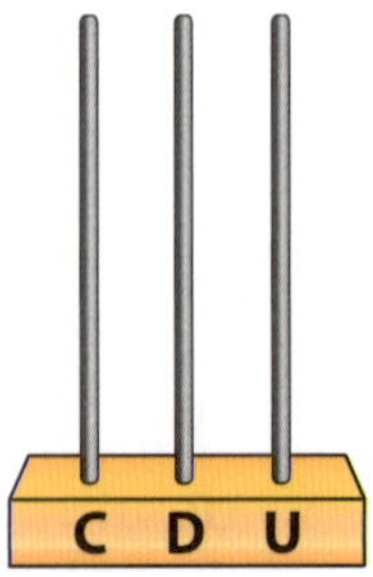

599

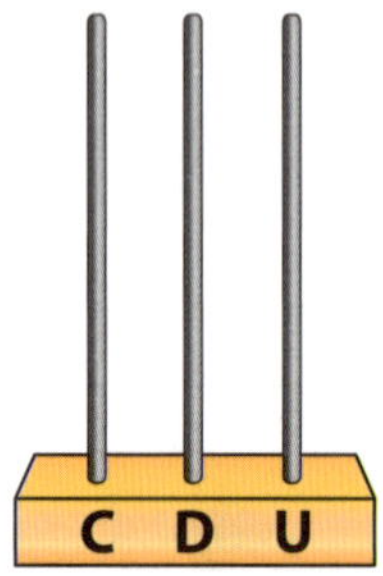

c.

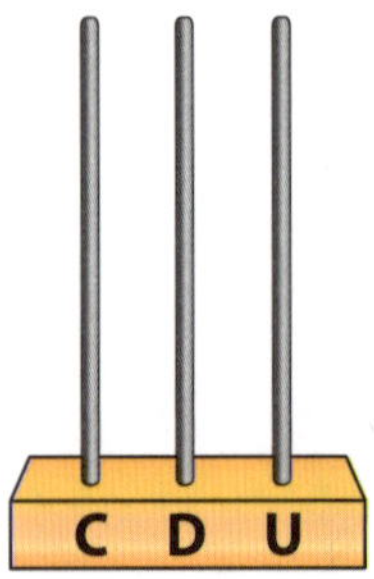

900

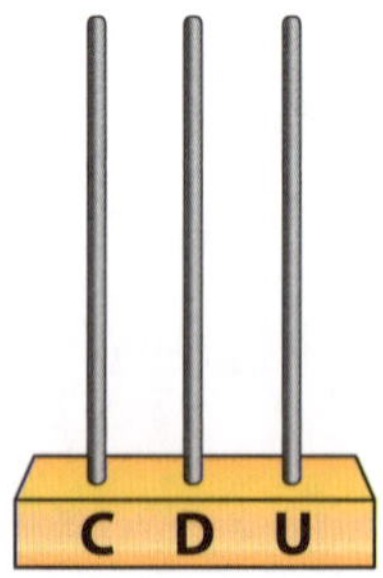

2 Complete a cruzadinha com os números indicados.

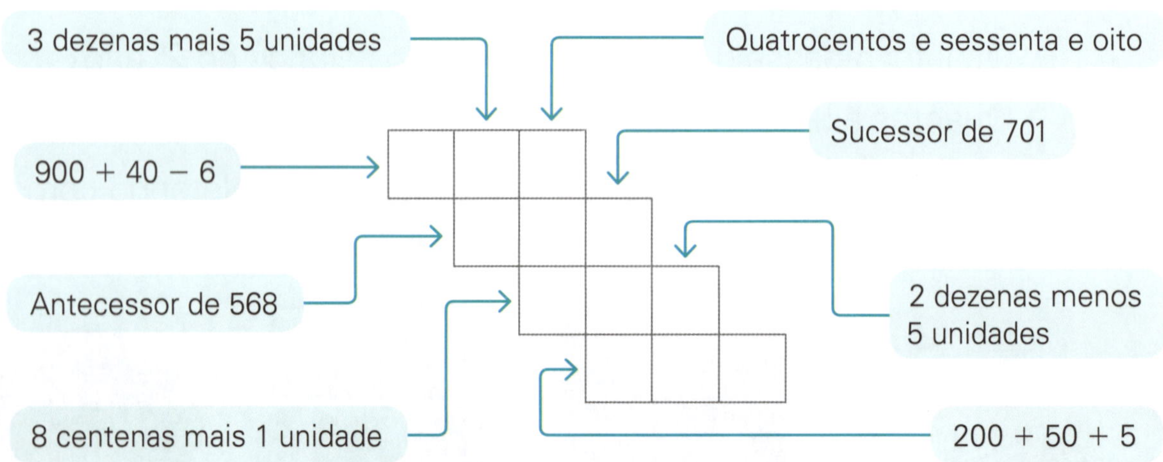

- Agora, escreva os números em ordem crescente.

____

3 **Escreva o número indicado em cada quadro vermelho.**

a. Antecessor de 305 ______ ☐ 5 centenas e 3 dezenas ______

b. 1 centena e 3 dezenas ______ ☐ Sucessor de 129 ______

c. 8 centenas, 2 dezenas e 1 unidade ______ ☐ 8 centenas, 1 dezena e 4 unidades ______

- Agora, compare os números de cada item completando o quadro azul com um dos símbolos a seguir: **<** (menor do que), **>** (maior do que) ou **=** (igual a).

4 **Observe o diálogo entre Pedro e Flávia.**

- Agora, complete:

999 + 1 = 1000, então o sucessor de 999 é ______.

5 **Desenhe as cédulas e descubra quantos reais cada pessoa tem.**

a. Letícia tem 4 cédulas de 100 reais, 2 cédulas de 10 reais e 8 moedas de 1 real.

Letícia tem ______ reais.

b. Júlio tem 3 cédulas de 100 reais, 8 cédulas de 10 reais e 3 moedas de 1 real.

Júlio tem ______ reais.

Multiplicação

Neste capítulo vamos trabalhar com as ideias da multiplicação.

Adição de quantidades iguais

1 **Os avós de Vitória moram em um sítio e começaram uma criação de coelhos. Eles compraram 4 coelhas, e cada coelha teve uma cria de 5 filhotes. Observe e responda às questões.**

Fotografias: Photodisc/ID/BR

a. Quantas coelhas deram cria? ______

b. Quantos filhotes nasceram de cada coelha? ______

c. No total, quantos filhotes nasceram? ______

- Como você fez para calcular o total de filhotes? Conte aos colegas e ao professor.

2 **Vitória representou a quantidade total de filhotes com uma adição. Observe.**

$$5 + 5 + 5 + 5 = 20$$

a. Quantas vezes o número 5 aparece na adição feita por Vitória? ______

b. Em vez de usar a adição, poderíamos ter usado outra operação. Você sabe qual é essa operação?

Observe como poderíamos ter feito os cálculos:

4 vezes 5 é igual a 20 ou $4 \times 5 = 20$

Essa operação é uma **multiplicação**. O resultado dessa multiplicação é 20.

3 **Desenhe dois limões em cada cesta.**

Mário C. Pita/ID/BR

■ Agora, complete.

Você desenhou _______ vezes 2 limões.

Podemos escrever: $2 + 2 + 2 =$ _______ ou $3 \times 2 = 6$

Você desenhou _______ limões.

4 **Observe os quadrinhos e suas cores. Depois, complete.**

a. Foram pintadas _______ tiras de 7 quadrinhos cada uma.

$7 + 7 =$ _______ ou 2 vezes 7 é igual a _______ ou

_______ $\times$ _______ $=$ _______.

b. Foram pintadas _______ tiras de 2 quadrinhos cada uma.

$2 +$ _______ $+$ _______ $+$ _______ $+$ _______ $+$ _______ $+$ _______ $=$ _______

ou 7 vezes 2 é igual a _______ ou _______ $\times$ _______ $=$ _______.

■ Nessas duas multiplicações, quais números foram multiplicados? Qual é o resultado da multiplicação desses números?

____

____

____

Disposição retangular

1 Veja como estava a quadra de um estacionamento. Sem contar um a um, responda: Você acha que há mais ou menos do que 10 carros estacionados? ________________

Ilustrações: Marco A. Cortez/ID/BR

- Como você pensou para responder? Conte aos colegas e ao professor.

2 Vamos contar o número de carros do estacionamento? Para isso, pense nesse local dividido em linhas e colunas.

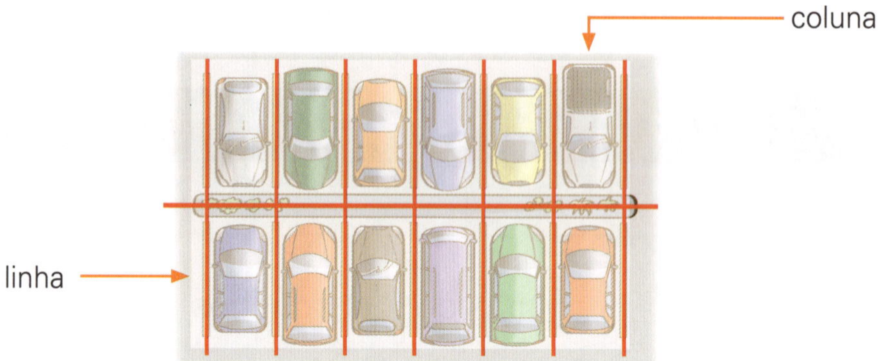

a. Complete.

- O estacionamento ficou dividido em ______ linhas e ______ colunas.
- Há 2 linhas com 6 carros em cada uma:

  ______ + ______ = ______ × ______ = ______

- Há 6 colunas com 2 carros em cada uma:

  ______ + ______ + ______ + ______ + ______ + ______ = ______

  ______ × ______ = ______

b. Escreva as duas multiplicações que representam o número de carros no estacionamento: ________________

3 Complete com o número de linhas e colunas e escreva duas multiplicações para cada situação.

a. Na figura ao lado, há quantas coleiras?

As coleiras estão organizadas em

_____ linhas e _____ colunas.

_____ × _____ = _____

ou _____ × _____ = _____

Ilustrações: ID/BR

b. Na figura ao lado, há quantos ossos?

Os ossos estão organizados em

_____ linhas e _____ colunas.

_____ × _____ = _____

ou _____ × _____ = _____

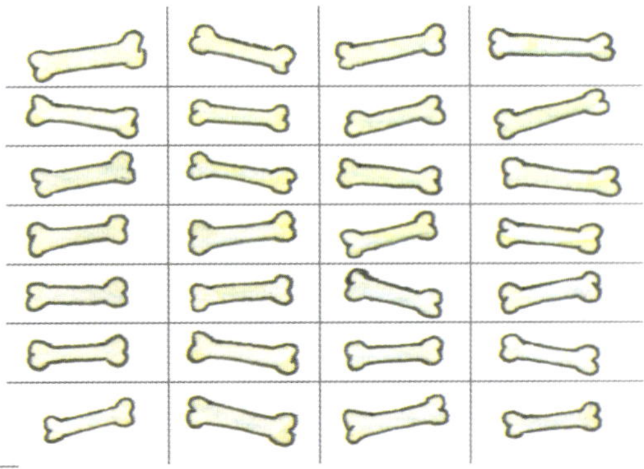

c. Na figura ao lado, há quantas tigelas?

As tigelas estão organizadas em

_____ linhas e _____ colunas.

_____ × _____ = _____

ou _____ × _____ = _____

4 Escreva duas multiplicações para indicar o total de quadrinhos de cada figura.

a.

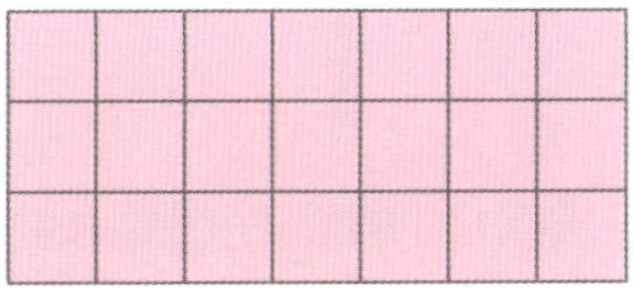

_____ × _____ = _____

_____ × _____ = _____

b.

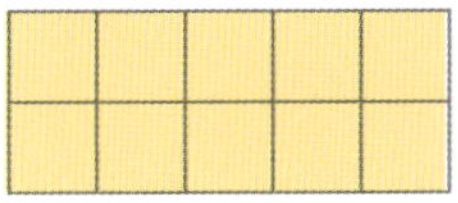

_____ × _____ = _____

_____ × _____ = _____

Combinando possibilidades

1 Fernando e Marcos pararam para tomar sorvete na Ki-Gelo.

Ilustra Cartoon/ID/BR

a. Veja abaixo quantos tipos e sabores de sorvete há para escolher na sorveteria e, conforme o exemplo, pinte as diferentes opções oferecidas.

	Morango	Limão	Chocolate	Maracujá

Mário C. Pita/ID/BR

b. Complete o texto.

A sorveteria oferece ________ sabores de sorvete (morango, limão, chocolate e maracujá) e ________ tipos de sorvete (palito e casquinha). Então, Fernando e Marcos podem escolher uma das ________ opções oferecidas.

2 **Aos sábados, a Ki-Gelo serve um sabor extra: pitanga. Nesse dia, o número de opções aumenta ou diminui? Por quê?**

- Como você faria para descobrir quantas são, no total, as opções de sorvete que podem ser servidas aos sábados?

3 Complete e descubra como Marcos calculou a quantidade de opções de sorvete para cada sabor.

a.

Ilustrações: Mário C. Pita/ID/BR

1 sabor e 2 tipos de sorvete.
1 × 2 = ________ ou
2 × 1 = ________
Há ________ opções de sorvete.

CONTEÚDO NA VERSÃO DIGITAL

b.

2 sabores e 2 tipos de sorvete.
________ × ________ = ________
Há ________ opções de sorvete.

c.

3 sabores e 2 tipos de sorvete.
3 × 2 = ________ ou
________ × ________ = ________
Há ________ opções de sorvete.

- Qual foi a operação que Marcos fez para calcular as opções de sorvete em cada caso? ________________________________

4 Nos feriados, os clientes da sorveteria Ki-Gelo podem escolher 2 tipos de sorvete, casquinha ou palito, e 7 sabores diferentes. Faça como Marcos e descubra quantas opções diferentes de sorvete são oferecidas nos feriados.

Os frequentadores da sorveteria podem escolher entre ________ tipos de sorvete e ________ sabores.
Podemos escrever: ________ × ________ = ________ ou
________ × ________ = ________
São oferecidas ________ opções diferentes de sorvete nos feriados.

Vamos resolver!

1 Pinte com a mesma cor os quadros em que aparecem operações com o mesmo resultado.

5 + 5 + 5 + 5	5 + 5	8 + 8 + 8	3 + 3 + 3
2 × 5	3 × 6	3 × 3	
6 + 6 + 6	3 × 8	4 × 5	

2 Resolva os problemas a seguir.

a. As 4 turmas do 2º ano fizeram cartazes para receber os alunos novos da escola. Cada turma elaborou 2 cartazes. Quantos cartazes as turmas fizeram no total?

As turmas fizeram _________ cartazes.

- O que você acha da ideia de fazer uma gincana para receber os novos alunos de uma escola? Converse com os colegas e o professor.

Saber Ser

b. Observe abaixo alguns círculos que Edu desenhou e responda: Quantos círculos ele desenhou?

ID/BR

Edu desenhou _________ círculos.

3 Fabiana vai sair para passear e está indecisa entre duas saias e três blusas para vestir.

Ilustrações: Vanessa Alexandre/ID/BR

a. Há três maneiras diferentes de Fabiana se vestir se ela escolher usar a saia verde. Pinte as blusas de Fabiana para mostrar essas possibilidades.

b. E se Fabiana usar a saia azul, de quantas maneiras diferentes ela poderá se vestir? Pinte as blusas de Fabiana para mostrar todas as possibilidades e complete o texto.

Se escolher usar a saia azul, Fabiana poderá se vestir de ______ maneiras diferentes.

c. De quantas maneiras diferentes Fabiana poderá se vestir usando uma saia e uma blusa? ______________

Vezes 2

1 Leia e complete.

Lucas quer comprar balas na lanchonete do parque. As balas são vendidas em pacotes com 2 unidades cada um. Quantas balas Lucas terá se:

a. não comprar nenhum pacote de bala?

$0 \times 2 =$ ______. Lucas terá comprado ______ bala.

b. comprar 1 pacote de balas? 

$1 \times 2 =$ ______. Lucas terá comprado ______ balas.

c. comprar 2 pacotes de balas? 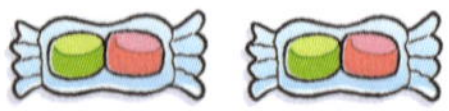

______ + ______ = ______ ou $2 \times 2 =$ ______

Lucas terá comprado ______ balas.

d. comprar 3 pacotes de balas? 

$3 \times 2 =$ ______

Lucas terá comprado ______ balas.

e. comprar 4 pacotes de balas? 

$4 \times 2 =$ ______

Lucas terá comprado ______ balas.

f. comprar 5 pacotes de balas? 

$5 \times 2 =$ ______

Lucas terá comprado ______ balas.

Ilustrações: Ilustra Cartoon/ID/BR

2 **Observe os cálculos que você fez na atividade 1 e troque ideias com um colega sobre as questões a seguir.**

a. Quando a quantidade de pacotes de balas aumenta em 1 unidade, a quantidade de balas aumenta em quantas unidades?

b. Como você faria para calcular a quantidade de balas, se Lucas comprasse 6 pacotes?

3 Complete o quadro usando a estratégia que preferir.

$1 \times 2 =$
$2 \times 2 =$
$3 \times 2 =$
$4 \times 2 =$
$5 \times 2 =$
$6 \times 2 =$
$7 \times 2 =$
$8 \times 2 =$
$9 \times 2 =$
$10 \times 2 =$

4 **Leonardo foi com seus amigos a um parque de diversões. Ele andou 3 vezes na montanha-russa e 2 vezes na roda-gigante. Se as entradas dos brinquedos custam 2 reais cada uma, quantos reais Leonardo gastou para andar nesses brinquedos?**

Leonardo gastou ______________ reais para andar na montanha-russa e na roda-gigante.

- Como você fez para resolver esse problema? Conte aos colegas e ao professor.

Vezes 3

1 **Leia e complete.**

Três amigos se encontraram no parque de diversões e foram passear de trem.
Em cada vagão do trem desse parque cabem até 3 pessoas.
Quantas pessoas estariam nesse trem se:

a. nenhum vagão estivesse ocupado?

$0 \times 3 =$ ______

Estaria ______ pessoa no trem.

Ilustrações: Marco A. Cortez/ID/BR

b. apenas 1 vagão estivesse lotado?

$1 \times 3 =$ ______

Estariam ______ pessoas no trem.

c. 2 vagões estivessem lotados?

______ $\times 3 =$ ______

Estariam ______ pessoas no trem.

d. 4 vagões estivessem lotados?

______ $\times$ ______ $=$ ______

Estariam ______ pessoas no trem.

2 **Observe os cálculos que você fez na atividade 1 e responda.**

a. Quando a quantidade de vagões lotados aumentou de 1 para 2, quantas pessoas havia a mais nos vagões? ______

b. Quando a quantidade de vagões lotados aumentou de 2 para 4, por quanto multiplicamos a quantidade de vagões que estavam lotados? ______

c. Quando a quantidade de vagões lotados aumentou de 2 para 4, por quanto multiplicamos a quantidade de pessoas que estavam no trem? ______

3 Veja o que Gabriela está falando.

Vanessa Alexandre/ID/BR

- Você concorda com Gabriela? Por quê? Converse com os colegas e o professor.

4 Complete as multiplicações a seguir.

a. $0 \times 3 =$ ______

b. $1 \times 3 =$ ______

c. $2 \times 3 =$ ______

d. $3 \times 3 =$ ______

e. $4 \times 3 =$ ______

f. $5 \times 3 =$ ______

g. $6 \times 3 =$ ______

h. $7 \times 3 =$ ______

i. $8 \times 3 =$ ______

j. $9 \times 3 =$ ______

k. $10 \times 3 =$ ______

5 Viviane vai fazer uma festa e comprou 7 pacotes de suco. Em cada pacote vem 3 caixas de suco. Quantas caixas de suco Viviane comprou no total?

Viviane comprou ______ caixas de suco.

Dobro e triplo

1 Observe os animais abaixo e responda às questões a seguir.

Fotografias: Photodisc/ID/BR

a. Há quantos cachorrinhos? ______

b. Há quantos gatinhos? ______

O número de gatinhos é igual a **duas vezes** o número de cachorrinhos.

$$8 = 2 \times 4 \text{ ou } 8 = 4 + 4$$

Podemos dizer que o número de gatinhos é o **dobro** do número de cachorrinhos. Então, o dobro de 4 é 8.
Dobro significa duas vezes.

2 Beatriz, Tiago e Natália foram ao cinema. Beatriz levou 5 reais. Tiago levou o dobro do dinheiro que Beatriz levou. Natália levou o dobro do dinheiro que Tiago levou. Ligue o nome da criança à cédula correspondente à quantia que ela levou.

Beatriz

Tiago

Natália

Banco Central do Brasil. Fotografia: Karina Tengan/ID/BR

- Quanto dinheiro os três amigos levaram juntos?

______

3 No jogo de latas, Maria Luísa conseguiu derrubar o triplo da quantidade de latas que Carolina derrubou. Observe as cenas abaixo e responda às questões.

Vanessa Alexandre/ID/BR

a. Quantas latas Carolina derrubou? ______________________

b. Quantas latas Maria Luísa derrubou? ______________________

O **triplo** de 2 é igual a **três vezes** 2 ou 3×2, que é igual a 6.
Triplo significa três vezes.

4 Calcule o resultado e complete.

a. O triplo de 4 é igual a três vezes 4 ou $3 \times 4 =$ ________.

b. O triplo de 6 é igual a ________ vezes 6 ou $3 \times 6 =$ ________.

5 Com uma régua, meça o comprimento da linha verde e complete.

A linha verde mede ________ centímetros.

a. Agora, use a régua para desenhar uma linha:

- vermelha com o dobro da medida do comprimento da linha verde.
- preta com o triplo da medida do comprimento da linha verde.

b. Qual linha é mais comprida: a vermelha ou a preta?

____

Vamos resolver!

1 Cada par de tiras representa duas adições de quantidades iguais. Também podemos escrever multiplicações para indicar essas adições. Conte quantos quadrinhos de cores diferentes há em cada caso e complete as adições e as multiplicações.

Ilustrações: ID/BR

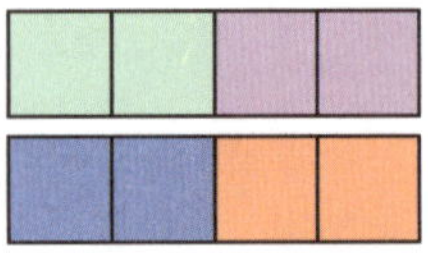

$2 + 2 =$ _____ ou $2 \times 2 =$ _____

$2 + 2 =$ _____ ou $2 \times 2 =$ _____

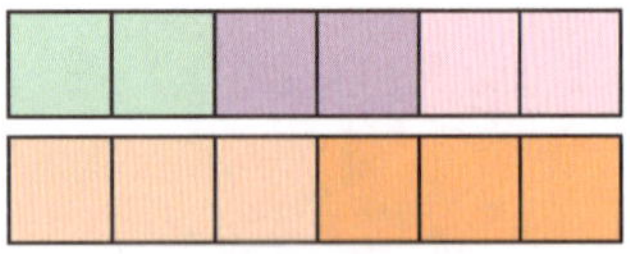

$2 + 2 + 2 =$ _____ ou $3 \times 2 =$ _____

$3 + 3 =$ _____ ou $2 \times 3 =$ _____

$2 + 2 + 2 + 2 =$ _____ ou $4 \times 2 =$ _____

$4 + 4 =$ _____ ou $2 \times 4 =$ _____

- Observe os números multiplicados e o resultado das multiplicações que você completou para cada par de tiras. O que é possível perceber? Converse com os colegas e o professor.

2 Desenhe no vaso à direita o dobro da quantidade de flores do vaso à esquerda.

Vanessa Alexandre/ID/BR

3 Leia a receita para fazer um copo de vitamina de banana.

Ingredientes

- 1 copo de leite
- 2 colheres de sopa de aveia
- 1 colher de sopa de mel
- 1 banana

Vanessa Alexandre/ID/BR

Modo de preparo

Coloque todos os ingredientes no liquidificador, coloque a tampa e bata até ficar cremoso. Se necessário, peça a ajuda de um adulto para usar o liquidificador.

- Agora, imagine que você quer fazer um copo dessa vitamina para você e outro para um amigo. A quantidade de ingredientes terá de ser dobrada, não é mesmo? Escreva novamente a receita com o dobro de ingredientes.

4 Preencha os quadros com o dobro ou o triplo de cada número.

Número	Dobro do número
8	
5	
1	
10	

Número	Triplo do número
7	
10	
8	
0	

Vezes 4

1 Leia e complete.

a. 1 carro tem 4 rodas: 1 × 4 = ______.

Ilustrações: Marco A. Cortez/ID/BR

b. O total de rodas de 2 carros é 8: 4 + 4 = ______ × 4 = ______.

c. O total de rodas de 3 carros é ______: ______ + ______ + ______ =

= ______ × ______ = ______.

2 Continue completando.

a. 4 × 4 = ______ + ______ + ______ + ______ = ______

b. 5 × 4 = ______ + ______ + ______ + ______ + ______ = ______

c. 6 × 4 = ______ + ______ + ______ + ______ + ______ + ______ =

= ______

d. 7 × 4 = ______ + ______ + ______ + ______ + ______ + ______ + ______ =

= ______

e. 8 × 4 = ______ + ______ + ______ + ______ + ______ + ______ + ______ +

+ ______ = ______

f. 9 × 4 = ______ + ______ + ______ + ______ + ______ + ______ +

+ ______ + ______ + ______ = ______

g. 10 × 4 = ______ + ______ + ______ + ______ + ______ + ______ +

+ ______ + ______ + ______ + ______ = ______

3 Observe o resultado das operações que você fez nas atividades **1** e **2** e complete as multiplicações a seguir.

a. $0 \times 4 =$ ______

b. $1 \times 4 =$ ______

c. $2 \times 4 =$ ______

d. $3 \times 4 =$ ______

e. $4 \times 4 =$ ______

f. $5 \times 4 =$ ______

g. $6 \times 4 =$ ______

h. $7 \times 4 =$ ______

i. $8 \times 4 =$ ______

j. $9 \times 4 =$ ______

k. $10 \times 4 =$ ______

- Agora, escreva em ordem crescente esses resultados.

______

______

4 Observe a sequência que você escreveu na atividade **3** e responda às questões.

a. A sequência de números aumenta de quanto em quanto?

______

b. Os números dessa sequência são pares ou ímpares?

______

5 O canguru completou a trilha saltando de 4 em 4. Continue marcando com um **X** as casas em que ele parou após cada salto.

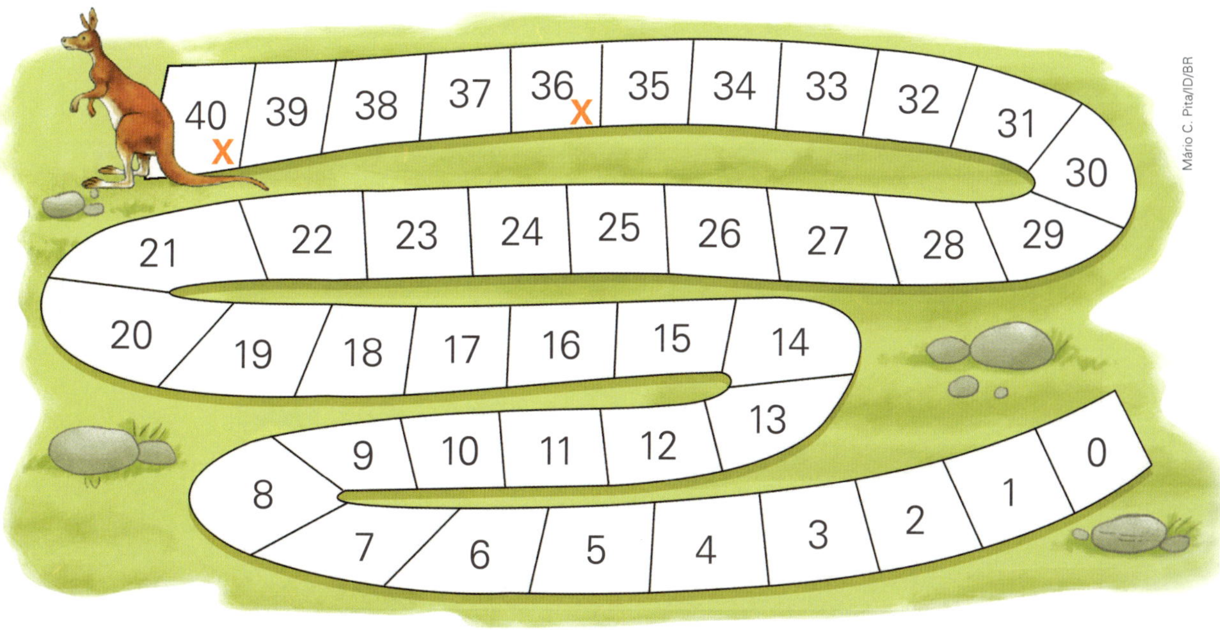

Mário C. Pita/ID/BR

Vezes 5

1 Observe as imagens e complete.

1 grupo de 5 sanduíches

$1 \times 5 =$ _____

5 sanduíches.

2 grupos de _____ sanduíches cada um.

_____ + _____ = _____ ou $2 \times 5 =$ _____

_____ sanduíches.

3 grupos de _____ copos cada um.

_____ + _____ + _____ = _____ ou

_____ × _____ = _____

_____ copos.

4 grupos de _____ copos cada um.

_____ + _____ + _____ + _____ = _____ ou

_____ × _____ = _____

_____ copos.

5 grupos de _____ copos cada um.

_____ + _____ + _____ + _____ + _____ = _____

ou _____ × _____ = _____

_____ copos.

Ilustrações: Leninha Lacerda/ID/BR

2 Continue completando.

a. $6 \times 5 =$ ___ + ___ + ___ + ___ + ___ + ___ = ___

b. $7 \times 5 =$ ___ + ___ + ___ + ___ + ___ + ___ + ___ = ___

c. $8 \times 5 =$ ___ + ___ + ___ + ___ + ___ + ___ + ___ + ___ = ___

d. $9 \times 5 =$ ___ + ___ + ___ + ___ + ___ + ___ + ___ + ___ + ___ = ___

e. $10 \times 5 =$ ___ + ___ + ___ + ___ + ___ + ___ + ___ + ___ + ___ + ___ = ___

3 Observe o resultado das operações que você fez nas atividades **1** e **2** e complete as multiplicações.

a. $0 \times 5 =$ ___

b. $1 \times 5 =$ ___

c. $2 \times 5 =$ ___

d. $3 \times 5 =$ ___

e. $4 \times 5 =$ ___

f. $5 \times 5 =$ ___

g. $6 \times 5 =$ ___

h. $7 \times 5 =$ ___

i. $8 \times 5 =$ ___

j. $9 \times 5 =$ ___

k. $10 \times 5 =$ ___

- O que é possível perceber observando o algarismo das unidades nos resultados dessas multiplicações? Converse com os colegas e o professor. Depois, escreva uma conclusão.

___

___

___

4 Observe o preço do chapéu e complete o quadro. Depois, explique aos colegas como você fez para calcular os valores.

Leninha Lacerda/ID/BR

Quantidade	1	2	3	4	5
Valor (em real)					

Buscando soluções

Montando esquemas para resolver problemas

1 Ana e a mãe foram ao supermercado e viram a seguinte oferta.

- Complete o diálogo entre Ana e a mãe dela.

Veja como Ana explicou à mãe a solução encontrada por ela.

- Quantos sabonetes a mãe de Ana precisa comprar para ganhar 4 xampus? _______________

2 Rita está esperando 4 amigas para brincar, e a mãe dela quer preparar suco de laranja para servir com biscoitos no lanche.

Marco A. Cortez/ID/BR

- Marque com um **X** as afirmações verdadeiras.

☐ A mãe de Rita quer a quantidade de laranjas que faltam para ela fazer 5 copos de suco.

☐ Para fazer 1 copo de suco, a mãe de Rita precisa de 6 laranjas.

☐ Com as laranjas que estão na fruteira, a mãe de Rita faz 1 copo de suco.

- Rita começou a fazer um esquema para saber quantas laranjas ela precisa pegar para sua mãe. Complete o esquema de Rita e responda às questões a seguir.

Edde Wagner/ID/BR

a. Quantas laranjas são necessárias para que a mãe de Rita faça 5 copos de suco? __________

b. Quantas laranjas Rita tem de pegar para sua mãe? __________

Agora já sei!

1 Representa com uma multiplicação a quantidade de poltronas do teatro e depois complete a frase.

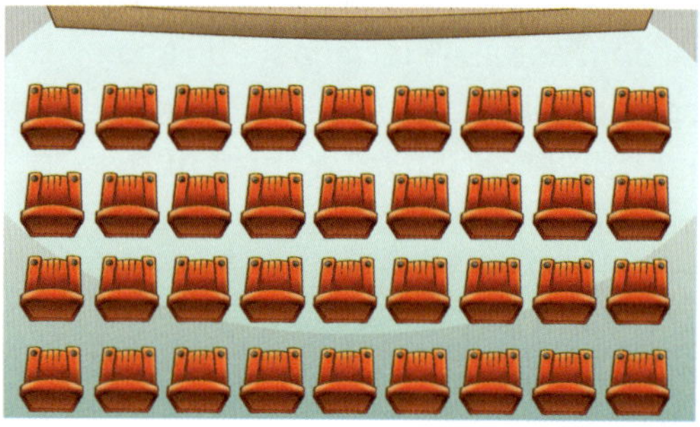

Marco A. Cortez/ID/BR

No teatro há ________ poltronas.

2 Leia as frases e complete.

a. Em uma gangorra, podem brincar 2 crianças.

Leninha Lacerda/ID/BR

Quantas crianças podem brincar em 4 gangorras? ____ × ____ = ____

b. Em um gira-gira, podem brincar 4 crianças.

Leninha Lacerda/ID/BR

Quantas crianças podem brincar em 3 gira-giras? ____ × ____ = ____

- Como você se diverte no fim de semana? Converse com os colegas e o professor.

3 Observe o exemplo e complete os esquemas a seguir.

6 × 4 — 24 — 4 × 6

5 × ____ — 45 — 9 × ____

7 × ____ — 28 — 4 × ____

____ × 4 — 32 — 4 × ____

____ × 10 — 50 — 10 × ____

4 Complete o quadro de acordo com cada situação.

Ilustrações: Edde Wagner/ID/BR

Situação	Adição	Multiplicação
	3 + 3 = 6	

5 Complete o quadro de multiplicação e responda às questões.

×	1	2	3	4	5	6	7	8	9	10
2		4								20
3	3			12						
4							28			
5										

a. Compare os resultados das multiplicações por 2 e por 4. O que é possível concluir? Conte aos colegas e ao professor.

b. 12 é o dobro de que número? ______________________

12 é o triplo de que número? ______________________

Jogo da multiplicação

Material

- 2 cartelas da página 249.
- 1 dado.
- 26 fichas coloridas da página 249, sendo 13 da cor azul e 13 da cor verde.

AMj Studio/ID/BR

Número de participantes

- 2 jogadores.

Objetivo

- Preencher a cartela antes do adversário.

Regras

1. Cada jogador pega uma cartela e 13 fichas de uma cor da página 249. Os jogadores jogam alternadamente.
2. Na sua vez, o jogador lança o dado e escolhe se vai fazer o número obtido no dado vezes 2, vezes 3 ou vezes 4.
3. Em seguida, ele fala o resultado da multiplicação em voz alta e coloca uma ficha em sua cartela, no número que representa o resultado obtido. Se esse resultado já estiver coberto por uma ficha, o jogador passa a vez.
4. Se um dos jogadores errar o cálculo de algum resultado e o adversário apontar o erro antes da sua própria jogada, aquele que apontou o erro tem direito a tirar uma ficha da cartela do adversário.
5. Ganha aquele que preencher a cartela primeiro.

Vanessa Alexandre/ID/BR

Depois do jogo

1 Complete os quadros escrevendo as multiplicações que podem ser feitas para obter cada resultado da cartela.

2	3	4	6

8	9	10	12

15	16	18	20	24

2 Qual número é mais fácil de ser coberto na cartela do jogo? Por quê?

____

____

3 Imagine que seu adversário erre um cálculo e você tenha que decidir qual das fichas retirar da cartela dele. Qual ficha você retiraria? Por quê?

O que aprendi?

1 Escreva duas adições e duas subtrações de centenas inteiras que tenham 700 como resultado.

_____ + _____

_____ − _____

700

_____ − _____

_____ + _____

2 Marcelo vai ganhar um brinquedo do avô. Ele pode escolher o modelo e a cor de acordo com as indicações do quadro abaixo. Pinte todas as possibilidades de modelo e cor que Marcelo tem para escolher e responda às questões.

Vanessa Alexandre/ID/BR

a. Quantos brinquedos na cor laranja Marcelo tem para escolher? Quais são? ______________________

b. Quantas opções de ônibus Marcelo tem para escolher? De que cores? ______________________

c. Quantas opções diferentes de modelo e cor Marcelo tem para escolher? ______________________

d. Indique o total de opções usando uma multiplicação.

____

3 Neide estava fazendo algumas multiplicações em sua calculadora. Usando uma calculadora, aperte as teclas em cada caso e depois escreva o resultado que apareceu no visor.

a. [3] [×] [2] [=] ______

b. [6] [×] [5] [=] ______

c. [7] [×] [3] [=] ______

d. [9] [×] [4] [=] ______

4 Neide continuou fazendo algumas multiplicações com sua calculadora. Depois de um tempo, a tecla [×] parou de funcionar! Desenhe as teclas que Neide pode apertar para calcular o resultado da multiplicação 4×5 com a sua calculadora quebrada sem usar a tecla quebrada.

CONTEÚDO NA VERSÃO DIGITAL

5 Considere o número 541 e responda às questões.

a. Qual é o algarismo das centenas desse número? ______

b. Qual é o algarismo das dezenas desse número? ______

c. Qual é o algarismo das unidades desse número? ______

d. Se você trocar a posição dos algarismos desse número, quais serão os novos números formados? ______

UNIDADE

4 Tempo de diversão

A Matemática também está presente nas horas de lazer, por exemplo, quando planejamos e organizamos passeios e viagens.

- Converse com os colegas e o professor sobre estas questões.
  - **a.** O que as pessoas da cena estão fazendo?
  - **b.** Na cena, há números? O que eles indicam?
- Descubra a que hora do dia se passa a cena. Para isso, converse com os colegas e o professor.
- Marcela e Caio trouxeram alguns moldes para brincar na areia. Divida os moldes entre eles para que cada uma das crianças fique com a mesma quantidade de moldes. Para isso, ligue os moldes a cada criança.
- A praia é um local público. O que as pessoas podem fazer para garantir um convívio agradável nesse local?

Saber Ser

Imaginario Studio/ID/BR

SORVETE
Picolé - 2 reais
Copinho - 4 reais
LIXO

CAPÍTULO 1

Grandezas e medidas

Neste capítulo, vamos estudar algumas unidades de medida de comprimento, de tempo, de massa e de capacidade. Vamos lá?

Medindo comprimentos

1 **Dora está na escola e quer ir à livraria. Ela pode escolher entre três caminhos diferentes. Observe-os.**

Marjorie Aun/ID/BR

a. Qual a cor do caminho que parece ser o mais curto?

☐ Verde. ☐ Azul. ☐ Vermelho.

b. Para descobrir qual é o caminho mais curto, Dora pegou um pedaço de barbante e colocou-o sobre cada um dos caminhos.

Depois, ela esticou os pedaços um por um, obtendo o comprimento de cada caminho:

- Observando a representação dos três caminhos, complete:

O caminho mais curto é o de cor ______________.

2 Agora é com você. Pegue dois pedaços de barbante e meça os dois caminhos que vão da farmácia até a padaria.

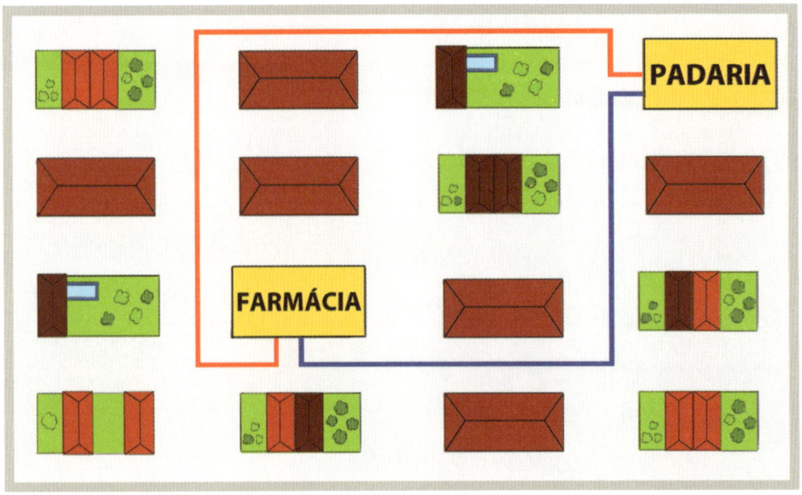

Vanessa Alexandre/ID/BR

- O caminho mais curto é o de cor ______________________.

3 Podemos utilizar partes do corpo para medir comprimentos. Observe.

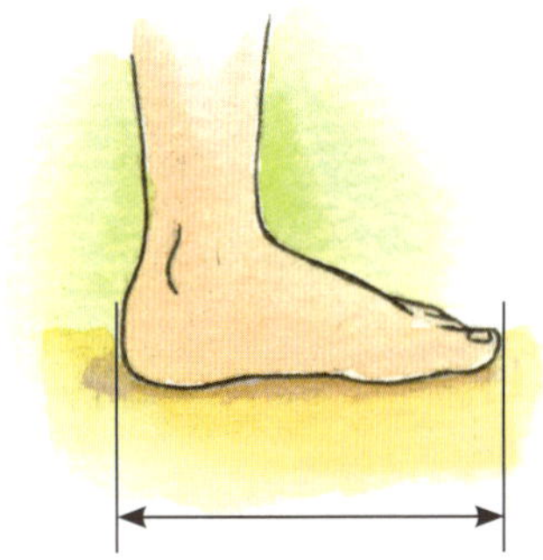

1 pé

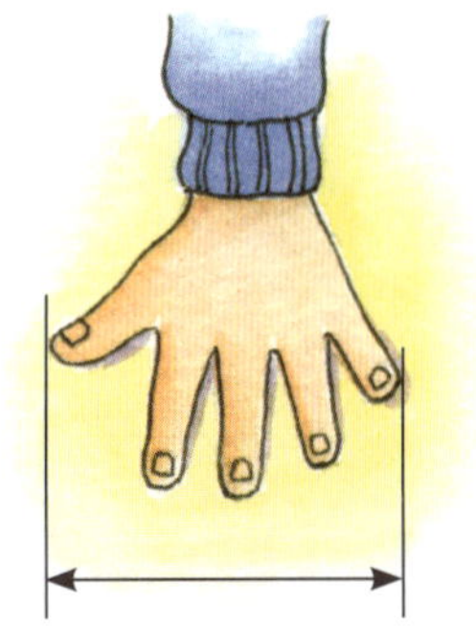

1 palmo

1 passo

Ilustrações: Marjorie Aun/ID/BR

a. Qual é a medida da largura da porta da sala de aula em que você estuda? Meça em pés.

____

b. Qual é a medida do comprimento do maior lado do tampo da sua carteira? Meça em palmos.

____

c. Qual é a medida do comprimento do maior lado do quadro de giz? Meça em passos. ______________________________

d. Compare as medidas registradas por você com as medidas registradas por um colega. O que você percebeu?

Medindo comprimentos: o metro

1 Ao chegar da escola, Rafaela e Renato encontraram este bilhete.

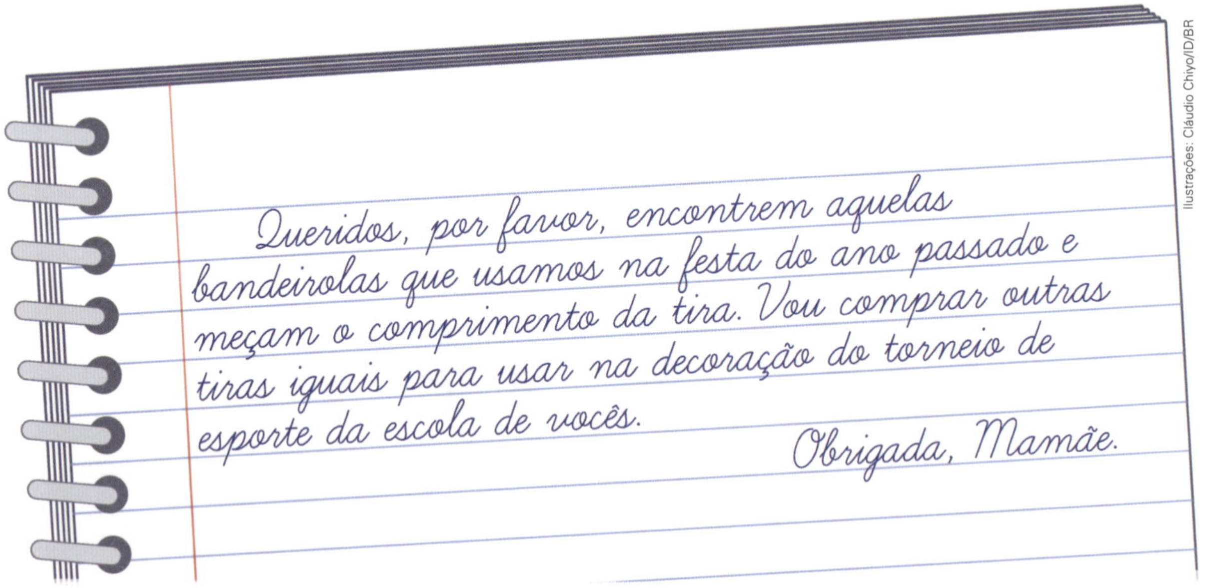

Ilustrações: Cláudio Chiyo/ID/BR

Cada irmão mediu o comprimento da tira usando o próprio palmo como unidade de medida de comprimento. Veja o que eles dizem.

- Complete o texto.

  a. Para Rafaela, a tira tem _______ palmos de comprimento.

  b. Para Renato, a tira tem _______ palmos de comprimento.

- Como você faria para medir o comprimento da tira de bandeirolas? Conte aos colegas e ao professor.

2 **Responda às questões de acordo com a atividade 1.**

a. Por que a quantidade de palmos encontrada por Rafaela é diferente da encontrada por Renato?

b. Por que a quantidade de palmos encontrada por Rafaela foi maior do que a encontrada por Renato?

c. Você acha que a mãe das crianças conseguiria comprar a tira com as medições feitas por eles? Por quê? Converse com os colegas e o professor.

Para evitar confusões como essa, podemos utilizar uma unidade-padrão de medida.

> O **metro**, cujo símbolo é **m**, é a **unidade-padrão** de medida de comprimento.

3 **Qual é o comprimento que equivale à medida de 1 metro? Faça esta atividade para descobrir.**

a. Cubra com um barbante a linha traçada na página 243. Corte o que sobrar. O barbante terá medida de 1 metro (ou 1 m) de comprimento.

b. Com o barbante que você cortou, meça a altura de um colega, a largura da porta da sala, o comprimento do tampo da mesa do professor e a altura da sua carteira. Depois, anote seus resultados abaixo, nas colunas correspondentes.

Mede menos do que 1 m	Mede exatamente 1 m	Mede mais do que 1 m

c. Compare os resultados que você obteve com os dos colegas. Eles são iguais ou diferentes? Conte aos colegas e ao professor.

Medindo comprimentos: o centímetro

1 No fim de semana, Felipe e o pai dele decidiram construir uma casinha para o cachorro da família. O pai de Felipe está medindo o comprimento de uma ripa de madeira que será usada na construção da casinha. Observe.

Ilustra Cartoon/ID/BR

- Você sabe o nome do instrumento que está sendo usado para medir o comprimento da ripa de madeira? ______________________

2 Para medir comprimentos, podemos usar diferentes tipos de instrumentos. Observe.

A **fita métrica** é bastante usada pelas costureiras.

A **trena** é o instrumento que o pai de Felipe usou para medir o comprimento da ripa de madeira.

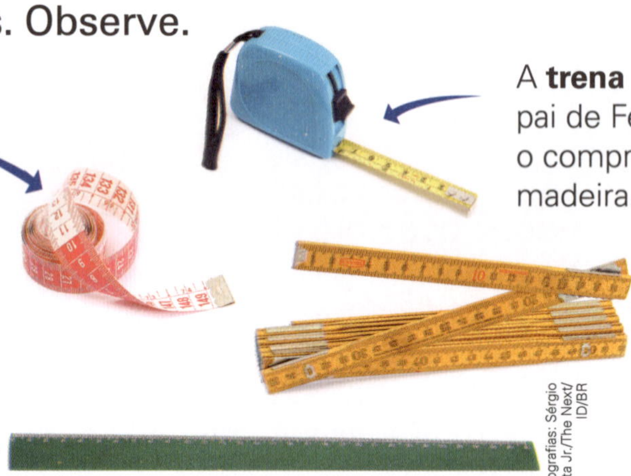

Assim como a trena, o **metro de carpinteiro** é muito utilizado em construções.

A **régua** faz parte do material escolar.

Fotografias: Sérgio Dotta Jr./The Next/ID/BR

- Você já conhecia todos esses instrumentos? Qual deles você escolheria para medir:

a. a sua altura? ______________________

b. a altura de uma caixa de sapatos? ______________________

c. o comprimento do seu lápis? ______________________

d. o contorno da sua cintura? ______________________

e. o comprimento de uma cédula de dinheiro? ______________________

f. a altura de um muro? ______________________

3 **Leia o texto e complete.**

Podemos usar a régua para medir alguns comprimentos. Com a régua podemos fazer medidas em **centímetro**, cujo símbolo é **cm**.

Setup Bureau/ ID/BR

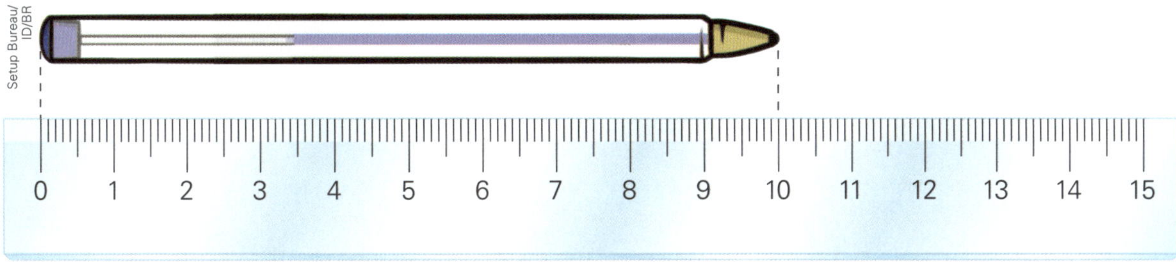

A régua acima está graduada até 15 centímetros (15 cm). A medida do comprimento do desenho da caneta é ________ centímetros (________ cm).

4 **A medida do comprimento da linha preta é 5 cm. Sem usar a régua, quanto você acha que mede cada uma destas linhas coloridas? Marque com um X o quadrinho correspondente a cada estimativa feita.**

Ilustrações: ID/BR

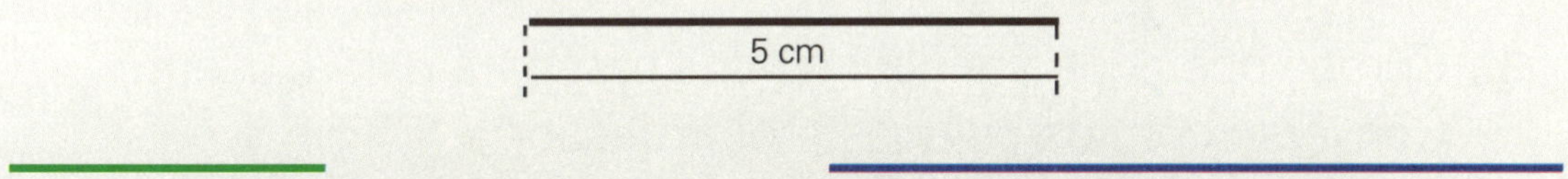

Linha verde	Linha azul
☐ Mais do que 5 cm.	☐ Mais do que 5 cm.
☐ Menos do que 5 cm.	☐ Menos do que 5 cm.

a. Agora, use uma régua para medir o comprimento de cada linha e anote no quadro abaixo.

Linha verde	Linha azul

b. Suas estimativas estão de acordo com as medições que você fez? Compare-as e depois converse sobre suas conclusões com os colegas e o professor.

Vamos resolver!

1 **Observe esta linha verde.**

a. Trace uma linha azul mais comprida do que a linha verde.

b. Trace uma linha vermelha mais curta do que a linha verde.

2 **Observe e compare estas duas linhas.**

Ilustrações: ID/BR

a. Qual delas é a mais comprida? ______________________

b. Como você pode verificar se sua resposta está correta? Converse com os colegas e o professor.

3 **Vamos medir o comprimento do tampo da sua carteira escolar usando objetos do seu material? Você pode usar um lápis ou uma borracha, por exemplo. Meça usando um objeto de cada vez e anote, no quadro abaixo, o objeto que você usou e a medida obtida.**

Material usado	Medida obtida

■ Agora compare as suas respostas com as de um colega. Vocês obtiveram as mesmas medidas? Por quê?

4 Use uma régua para obter as medidas indicadas nas figuras e anote-as.

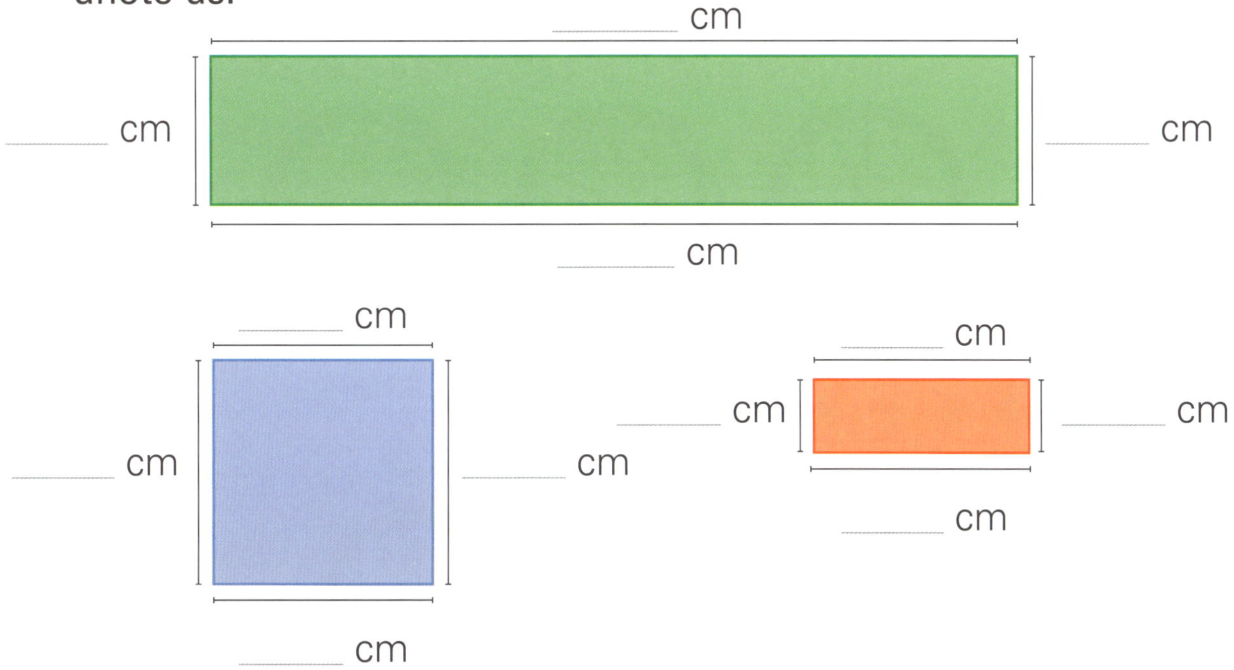

5 Gabriela tem um espaço de 1 metro em seu quarto e colocou um armário e um criado-mudo nesse espaço.

Danillo Souza

Quantos centímetros de comprimento o armário e o criado-mudo têm juntos?

____

____

O relógio e as horas

1 Para medir o tempo, podemos usar o relógio. Observe os relógios e complete os espaços com os horários marcados.

0 hora ou meia-noite

1 hora

2 horas

3 horas

______

Ilustrações: Cláudio Chiyo/ID/BR

______

______

______

8 horas

9 horas

______

______

12 horas ou meio-dia

Depois do meio-dia, podemos ler as horas assim:

13 horas

14 horas

15 horas

16 horas

17 horas

18 horas

19 horas

20 horas

21 horas

22 horas

23 horas

0 hora ou meia-noite

Um dia tem **24 horas**.

Quando o ponteiro maior está apontando para o número 12, o ponteiro menor indica a hora exata.

2 **Veja como Sofia lê as horas no relógio digital.**

Ilustrações: Cláudio Chiyo/ID/BR

- Escreva o horário que cada relógio está marcando.

a.

____

b.

____

O calendário

Vamos ver como os dias da semana e os meses do ano estão organizados em um calendário.

Os dias da semana e os meses do ano

1 **Beto e Mariana marcaram em um calendário os dias dos jogos de um campeonato da escola onde estudam. Os jogos aconteceram nos dias marcados com um X.**

Cláudio Chiyo/ID/BR

- Responda às questões de acordo com o calendário acima.

a. O que significam as letras **D**, **S**, **T**, **Q**, **Q**, **S** e **S** no topo do calendário? ______________________

____

b. Em que mês aconteceram os jogos do campeonato da escola onde estudam Beto e Mariana? ______________________

- Quantos dias esse mês tem? ______________________

c. Uma semana completa tem 7 dias. Quantas semanas completas há nesse mês? ______________________

- E quantas semanas incompletas? ______________________

d. Em que dia da semana aconteceram os jogos? ______________________

e. Há um feriado nacional nesse mês. Em que dia? O que se comemora nesse dia? ______________________

____

2 No início do ano, algumas atividades especiais foram feitas na escola. Veja o calendário a seguir e responda às questões.

Cláudio Chiyo/ID/BR

Gincana.

Passeio.

Lanche especial.

Encontro de pais.

a. Escreva os dias em que houve atividades especiais, na ordem em que elas ocorreram.

____

b. Complete as frases.

- O encontro de pais foi __________ dias **depois** da gincana.
- O lanche especial foi __________ dias **depois** do passeio.
- A gincana aconteceu __________ dias **antes** do lanche especial.

3 Responda às questões.

a. Em que mês estamos? ____________________________

b. Quantos dias este mês tem? ______ E quantas semanas? ______

c. Na sua escola, em que mês começaram as aulas? ______________

d. Qual é o mês do seu aniversário? ________________________

4 Você sabe quantos meses há no ano? Quais são eles? Conte aos colegas e ao professor.

O ano

> A gente não vê o tempo, mas sabe, sente que ele passa. A gente sabe que ele passa porque as coisas mudam. É com o passar do tempo que as coisas e as pessoas vão ficando diferentes: o dia vira noite, a noite vira dia; [...] a Lua é cheia e depois minguante; [...] a sola do sapato vai gastando; [...] crianças crescem, outras nascem.
>
> O tempo passa: o que começa termina. O que terminou pode começar de novo, mas nunca é igualzinho. [...]

Mauricio de Sousa e Marina Ferreira. *O Aurélio com a turma da Mônica*: dicionário temático. Rio de Janeiro: Nova Fronteira, 2003. p. 134.

Para registrar a passagem do tempo, os povos antigos criaram os **calendários**. Atualmente, em nosso país, seguimos o calendário gregoriano. Ele tem esse nome em homenagem ao papa Gregório XIII, que o estabeleceu em 1582. Mas há povos que seguem calendários diferentes: o judaico, o muçulmano, o chinês e outros.

No calendário gregoriano, ou cristão, o tempo é contado em dias, semanas, meses e anos. O tempo de **1 ano** é dividido em **12 meses**. Este é um calendário anual, dividido em meses.

CONTEÚDO NA VERSÃO DIGITAL

2017

Janeiro

D	S	T	Q	Q	S	S
1	2	3	4	5	6	7
8	9	10	11	12	13	14
15	16	17	18	19	20	21
22	23	24	25	26	27	28
29	30	31				

Fevereiro

D	S	T	Q	Q	S	S
			1	2	3	4
5	6	7	8	9	10	11
12	13	14	15	16	17	18
19	20	21	22	23	24	25
26	27	28				

Março

D	S	T	Q	Q	S	S
			1	2	3	4
5	6	7	8	9	10	11
12	13	14	15	16	17	18
19	20	21	22	23	24	25
26	27	28	29	30	31	

Abril

D	S	T	Q	Q	S	S
						1
2	3	4	5	6	7	8
9	10	11	12	13	14	15
16	17	18	19	20	21	22
23	24	25	26	27	28	29
30						

Maio

D	S	T	Q	Q	S	S
	1	2	3	4	5	6
7	8	9	10	11	12	13
14	15	16	17	18	19	20
21	22	23	24	25	26	27
28	29	30	31			

Junho

D	S	T	Q	Q	S	S
				1	2	3
4	5	6	7	8	9	10
11	12	13	14	15	16	17
18	19	20	21	22	23	24
25	26	27	28	29	30	

Julho

D	S	T	Q	Q	S	S
						1
2	3	4	5	6	7	8
9	10	11	12	13	14	15
16	17	18	19	20	21	22
23	24	25	26	27	28	29
30	31					

Agosto

D	S	T	Q	Q	S	S
		1	2	3	4	5
6	7	8	9	10	11	12
13	14	15	16	17	18	19
20	21	22	23	24	25	26
27	28	29	30	31		

Setembro

D	S	T	Q	Q	S	S
					1	2
3	4	5	6	7	8	9
10	11	12	13	14	15	16
17	18	19	20	21	22	23
24	25	26	27	28	29	30

Outubro

D	S	T	Q	Q	S	S
1	2	3	4	5	6	7
8	9	10	11	12	13	14
15	16	17	18	19	20	21
22	23	24	25	26	27	28
29	30	31				

Novembro

D	S	T	Q	Q	S	S
			1	2	3	4
5	6	7	8	9	10	11
12	13	14	15	16	17	18
19	20	21	22	23	24	25
26	27	28	29	30		

Dezembro

D	S	T	Q	Q	S	S
					1	2
3	4	5	6	7	8	9
10	11	12	13	14	15	16
17	18	19	20	21	22	23
24	25	26	27	28	29	30
31						

Mãe Joana House/ID/BR

1 Observe o calendário da página anterior e responda às questões.

a. De que ano ele é? ______

b. Qual é o 1º mês do ano? ______

c. Qual é o 5º mês do ano? ______

d. Qual é o último mês do ano? ______

2 Os meses do ano também podem ser representados por números. Complete os quadros com os números que faltam.

1	**janeiro**
2	**fevereiro**
3	**março**
	abril
5	**maio**
	junho

7	**julho**
	agosto
9	**setembro**
	outubro
	novembro
12	**dezembro**

3 Quem nasceu em 14 de outubro de 2009 pode escrever essa data assim:

14/10/2009

dia — número do mês — ano

Ilustra Cartoon/ID/BR

Escreva o que se pede.

a. O dia de hoje: ____/____/____

b. A data do seu nascimento: ____/____/____

c. Uma data especial para você: ____/____/____

- O que aconteceu nesse dia? ______

d. Consulte um calendário e escreva em que dia da semana foi (ou será) o seu aniversário este ano. ______

Vamos resolver!

1 Observe os relógios e escreva o horário que cada um marca.

Fotografias: Arxiu Cruïlla/ID/ES

_______________ _______________

- Esses relógios estão marcando horas exatas? _______________

2 Veja como Laura divide seu tempo nas manhãs de segunda-feira a sexta-feira. Desenhe os ponteiros de cada relógio, conforme o horário indicado no texto.

Ilustrações: Vanessa Alexandre/ID/BR; Relógios: Arxiu Cruïlla/ID/ES

Laura acorda todos os dias às 6 horas para ir à escola.

As aulas de Laura começam às 7 horas.

Laura sai da escola às 12 horas.

- Ser organizado ajuda a realizar as tarefas durante o dia. Você acha importante determinar horários para as suas tarefas? Por quê?

Saber Ser

3 A última edição do campeonato escolar aconteceu no mês de maio de 2016. As partidas de queimada ocorreram nos dias 10 (dez), 20 (vinte) e 30 (trinta). Observe o calendário a seguir.

MAIO 2016

DOMINGO	SEGUNDA-FEIRA	TERÇA-FEIRA	QUARTA-FEIRA	QUINTA-FEIRA	SEXTA-FEIRA	SÁBADO
1	2	3	4	5	6	7
8	9	10	11	12	13	14
15	16	17	18	19	20	21
22	23	24	25	26	27	28
29	30	31				

Edde Wagner/ID/BR

a. Marque com um **X** os dias em que aconteceram as partidas de queimada.

b. Cada partida de peteca foi realizada 4 dias antes de cada partida de queimada. Desenhe uma peteca nos dias em que ocorreram as partidas de peteca.

c. Em que dia da semana caiu:

- o dia 6 de maio de 2016? ______________________
- o dia 16 de maio de 2016? ______________________
- o dia 26 de maio de 2016? ______________________
- O que estes dias têm em comum? ______________________

____

d. Você sabia que o dia 1º de maio é feriado nacional? Nesse dia é comemorado o Dia do Trabalho. Em que dia da semana caiu o Dia do Trabalho nesse calendário? ______________________

e. Quais são os dias da semana em que você **não** vai à escola? Converse com os colegas e o professor.

Medindo a massa

1 Para **medir a massa**, geralmente usamos uma balança. Existem diferentes tipos de balança. Observe.

Balança digital.

Balança de pratos, que pode ser usada para comparar massas.

Balança usada para medir a massa de alimentos na cozinha.

- Você já viu ou usou balanças como essas? Onde? Conte aos colegas e ao professor.

2 **Veja o que Gabriela diz e responda à questão.**

- Que produtos costumamos comprar em quilograma?

____

____

____

3 Marcela levou seus cães Apolo e Danca ao veterinário para tomar vacina e aproveitou para medir a massa de cada um. Observe.

Marco A. Cortez/ID/BR

CONTEÚDO NA VERSÃO DIGITAL

- Agora, responda às questões.

a. Que instrumento o veterinário usou para medir a massa de cada animal? ______

b. Qual dos dois cachorros tem maior massa: o são-bernardo Apolo ou a buldogue Danca? ______

c. Apolo tem 71 quilogramas, e Danca tem 28 quilogramas. Quantos quilogramas eles têm juntos?

______

d. Quantos quilogramas Apolo tem a mais do que Danca?

______

e. Quando foi a última vez que você subiu em uma balança?

______

4 **Sal, feijão e arroz são produtos geralmente vendidos em quilograma. Observe estas fotografias e responda às questões.**

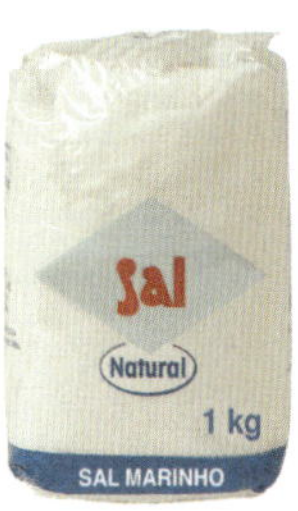

Javier Calbet/ID/ES

Sergio Dotta Jr./ID/BR

Sergio Dotta Jr./ID/BR

a. Qual desses pacotes tem menor massa? ______

b. Qual pacote tem maior massa? ______

c. Qual é a massa dos três pacotes juntos? ______

Medindo a capacidade

1 Juliana estava passeando pelo zoológico desde cedo e ficou com sede.

Vanessa Alexandre/ID/BR

- Em sua opinião, em qual embalagem cabe mais água: no copo ou na garrafa? Converse com os colegas e o professor.

> Para medir a quantidade de líquido que cabe em um **recipiente**, podemos usar uma unidade de medida chamada **litro** (**L**).
>
> O litro é uma unidade de medida de **capacidade**.

Recipiente: utensílio em que se armazena algo.

2 Estes são alguns produtos que compramos em litro.

Brand x Pictures/ID/BR

Almudena Esteban/ID/ES

Kurt/Dreamstime.com/ID/BR

- Você conhece outros produtos que compramos em litro? Converse com os colegas e o professor.

3 Pense em alguns objetos em que costumamos armazenar líquidos. Desenhe abaixo pelo menos um objeto em que você acha que cabe mais de um litro e pelo menos um objeto em que você acha que cabe menos de um litro. Mostre aos colegas os seus desenhos.

4 Observe a ilustração ao lado. Gustavo colocou 1 copo de água na jarra. Quantos copos de água iguais a esse são necessários para encher a jarra até a boca? Marque a resposta com um **X**.

- [ ] 5 copos.
- [ ] 6 copos.
- [ ] 4 copos.

Mário C. Pita/ID/BR

5 Sandra preparou 1 litro de suco e encheu 4 copos. Use essa informação para completar o quadro a seguir.

Marco A. Cortez/ID/BR

Suco	Quantidade de copos
1 litro	4
2 litros	
3 litros	
4 litros	
5 litros	

Vamos resolver!

1 No último domingo, Sirlei foi ao zoológico com os pais dela. Um dos animais que Sirlei conheceu foi o tamanduá-bandeira. Chegando em casa, ela procurou na internet algumas informações sobre esse animal. Observe.

Vanessa Alexandre/ID/BR

Fonte de pesquisa: Zoológico de São Paulo. Disponível em: <http://linkte.me/u1l28>. Acesso em: 8 jul. 2016.

a. De acordo com as informações acima, até quanto chega a massa do tamanduá-bandeira quando adulto?

____

b. Ainda conforme as informações acima, um tamanduá-bandeira adulto pode chegar a qual comprimento, aproximadamente?

____

c. Em sua opinião, seu estojo é mais leve ou mais pesado do que um tamanduá-bandeira ao nascer? E a mesa do professor?

____

d. O tamanduá-bandeira corre risco de extinção, ou seja, ele pode desaparecer do nosso planeta. Você acha importante proteger os animais da extinção? Por quê?

Saber Ser

2 Pesquise em folhetos e jornais quais produtos são vendidos por litro. Depois, recorte imagens desses produtos que são vendidos por litro e cole no espaço abaixo.

3 Vera precisa colocar 10 litros de água em um balde. Como ela poderia encher o balde se só tem uma jarra de 1 litro e uma jarra de 3 litros de capacidade? Pense nas jarras cheias e faça o que se pede.

Mário C. Pita/ID/BR

- Escreva nos quadrinhos **V** para as afirmações verdadeiras e **F** para as falsas.

☐ Vera poderia usar 10 vezes a jarra de 1 litro.

☐ Vera poderia usar 2 vezes a jarra de 1 litro e 2 vezes a jarra de 3 litros.

☐ Vera poderia usar 1 vez a jarra de 1 litro e 3 vezes a jarra de 3 litros.

☐ Vera poderia usar 4 vezes a jarra de 1 litro e 1 vez a jarra de 3 litros.

Ler e interpretar dados em tabela de dupla entrada

1 Ricardo, o professor de Educação Física, pediu aos alunos do 2º ano que dissessem qual esporte eles preferem praticar: futebol ou vôlei.

Marco A. Cortez/ID/BR

O professor fez uma contagem e registrou os números em uma tabela.

	Preferência dos alunos do 2º ano	
	Futebol	Vôlei
Meninos	7	3
Meninas	4	8

Dados obtidos pelo professor Ricardo.

- Observe a tabela acima e faça o que se pede.
  - **a.** Contorne, na tabela, o número de meninos que preferem jogar futebol.
  - **b.** Na tabela, marque com um **X** o número de meninas que preferem jogar vôlei.
- Agora, complete as sentenças a seguir.
  - **a.** O número 3 na tabela representa o número de ________________ que preferem jogar ________________.
  - **b.** O número 4 na tabela representa o número de ________________ que preferem jogar ________________.

2 Os alunos do 2º ano foram visitar uma exposição. Esta tabela mostra a quantidade de alunos que foram a essa exposição.

	Número de alunos na exposição sobre a história do jornal	
	Meninos	**Meninas**
2º A	11	13
2º B	13	14
2º C	12	12

Dados fornecidos pela escola.

■ Responda às questões.

a. Quantos meninos do 2º A foram à exposição? ____________

b. Quantas meninas do 2º B foram à exposição? ____________

c. Quantos alunos do 2º C foram à exposição?

____

d. Ao todo, quantas meninas foram à exposição? Veja como Marina e Paula resolveram esse problema.

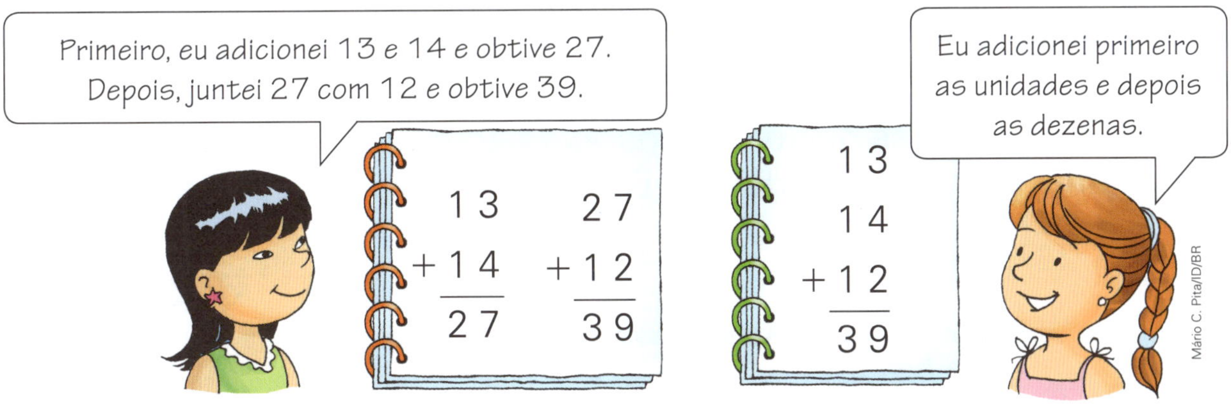

Foram à exposição ____________ meninas ao todo.

e. Ao todo, quantos meninos foram à exposição? ____________

Agora já sei!

1 Vamos medir? Use uma régua para medir o comprimento da figura abaixo.

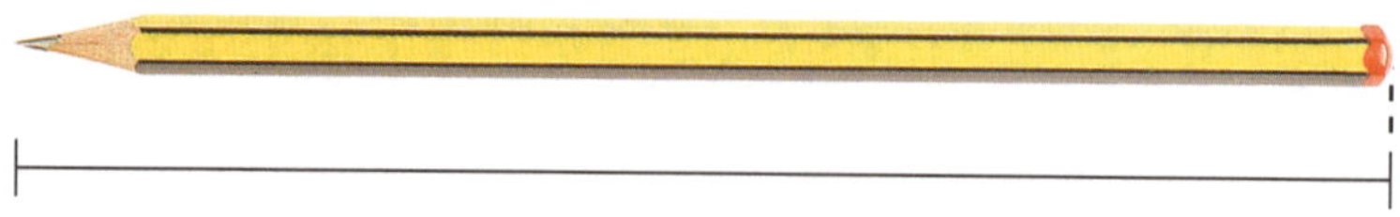

Ilustra Cartoon/ID/BR

Medida: ______

2 Ligue os relógios que estão marcando a mesma hora.

Quanta Estúdio/ID/BR

3 Algumas folhas deste calendário se soltaram. Coloque-as em ordem crescente de data e responda às questões a seguir.

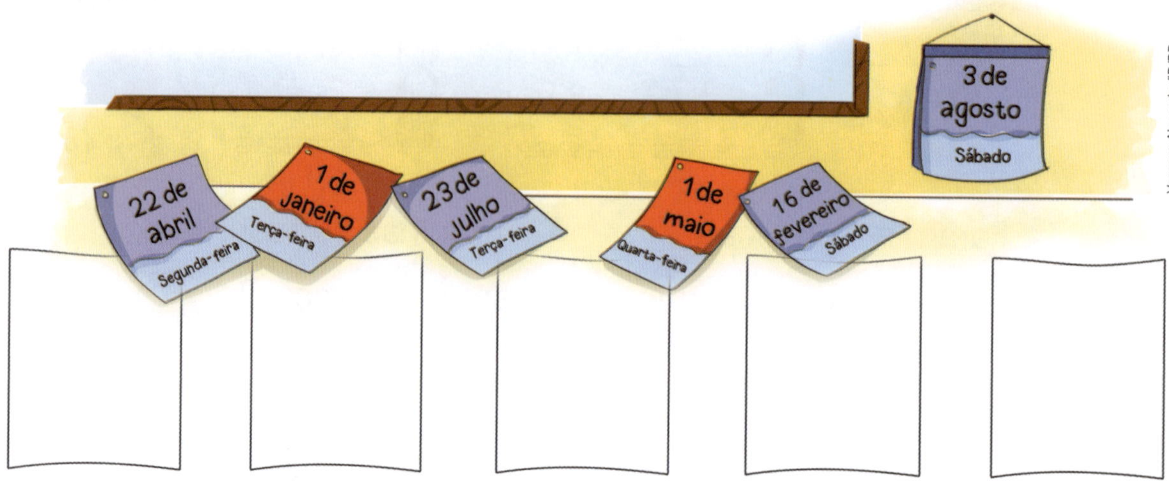

Vanessa Alexandre/ID/BR

a. Em que dia da semana caiu o dia 15 de fevereiro? ______

b. E o dia 24 de julho? ______

4 Observe a massa de cada embalagem e descubra a massa dos produtos em cada cesta.

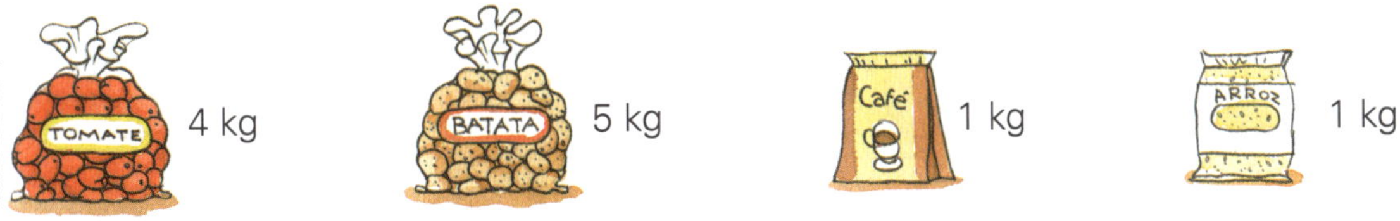

Leninha Lacerda/ID/BR

a.

_______ kg

b.

_______ kg

5 A água que consumimos diariamente é muito importante e valiosa. Você sabia que, se escovar os dentes com a torneira aberta em casa, você gasta 12 litros de água? Se você mora em apartamento é pior ainda: são usados 80 litros!

Vanessa Alexandre/ID/BR

- Pense em um balde em que cabem 5 litros de água. Você acha que precisa de mais ou de menos água do que o que cabe nesse balde para escovar seus dentes? Marque com um **X** a resposta.

☐ mais ☐ menos

- Em sua opinião, por que é importante economizar água? Converse com os colegas e o professor.

Saber Ser

CAPÍTULO 2

Divisão

Neste capítulo, vamos trabalhar com as ideias da divisão.

Repartir igualmente

1 Consuelo, a avó de Fernando e Beto, fez alguns biscoitos para o lanche. As crianças e os avós comeram 20 biscoitos juntos.

Ilustrações: Vanessa Alexandre/ID/BR

a. Sabendo que Manoel, avô das crianças, comeu 5 biscoitos, indique a quantidade de biscoitos que cada um pode ter comido.

_____ biscoitos _____ biscoitos _____ biscoitos _____ biscoitos

b. Se eles tivessem **repartido igualmente** os biscoitos, quanto cada um teria comido?

Quando repartimos igualmente uma quantidade, fazemos uma **divisão**. Indicamos essa operação pelo símbolo ÷.

Assim, para saber quanto cada um teria comido, devemos fazer:

$$20 \div 4 = 5$$

20 é o número de biscoitos.

4 é o número de pessoas.

5 é o número de biscoitos que cada um teria comido.

Nesse caso, dizemos que 20 **dividido por** _____ **é igual a** _____.

Então, podemos dizer que, ao dividir igualmente os biscoitos, cada um teria comido _____ biscoitos.

2 Divida igualmente os alimentos entre os animais.

a.

Fotografias: Photodisc/ID/BR

Há quantos biscoitos? ______

Há quantos cães? ______

Há quantos biscoitos para cada cão? ______

10 dividido por ______ é igual a ______.

______ ÷ ______ = ______

CONTEÚDO NA VERSÃO DIGITAL

b.

Há quantos peixes? ______

Há quantos gatos? ______

Há quantos peixes para cada gato? ______

______ dividido por ______ é igual a ______.

______ ÷ ______ = ______

3 Como você repartiria igualmente os 14 pães entre estes 4 pratos? Faça um desenho.

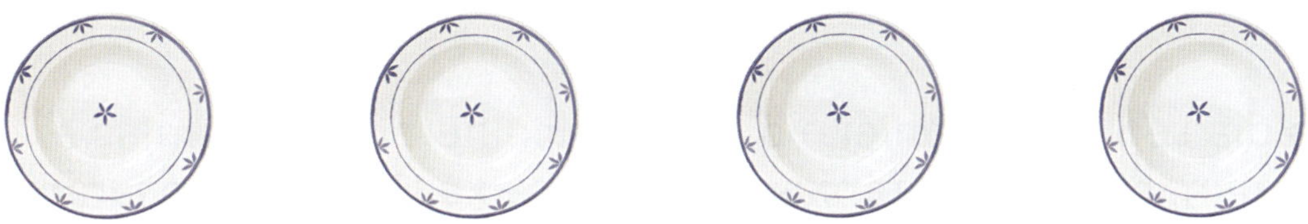

Ablestock/ID/BR

Irochka/Dreamstime.com/ID/BR

a. Foi possível repartir igualmente esses pães entre os pratos, sem sobrar pães? ______

b. Sobraram pães fora dos pratos? Em caso afirmativo, quantos?

______

Quantos cabem?

1 Daniel e o pai dele colheram algumas maçãs. Observe a cena abaixo.

a. Quantas maçãs Daniel e o pai dele colheram? ______

b. Forme grupos de 5 maçãs e descubra quantas caixas Daniel e o pai dele vão precisar para colocar as maçãs que colheram. Depois, complete a frase:

Daniel e o pai dele vão precisar de ______ caixas.

Ilustrações: Leninha Lacerda/ID/BR

$15 \div 5 = 3$

2 No dia seguinte, Daniel e o pai dele colheram 24 laranjas e queriam colocar 6 laranjas em cada caixa. Observe as laranjas e complete.

Para distribuir 24 laranjas em caixas em que cabem 6 laranjas, eles precisam de ______ caixas.

Podemos escrever:

24 ÷ ______ = ______

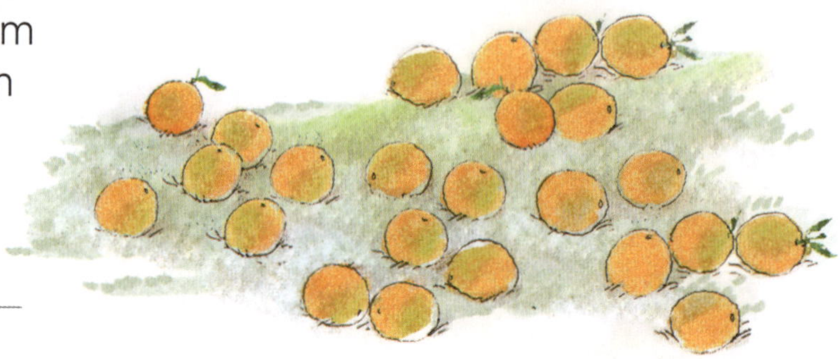

3 **Descubra quantos grupos de 3 soldadinhos é possível formar. Para isso, contorne os soldadinhos.**

Há quantos soldadinhos? ________

Quantos grupos foram formados? ______

________ ÷ ________ = ________

É possível formar ________ grupos de 3 soldadinhos.

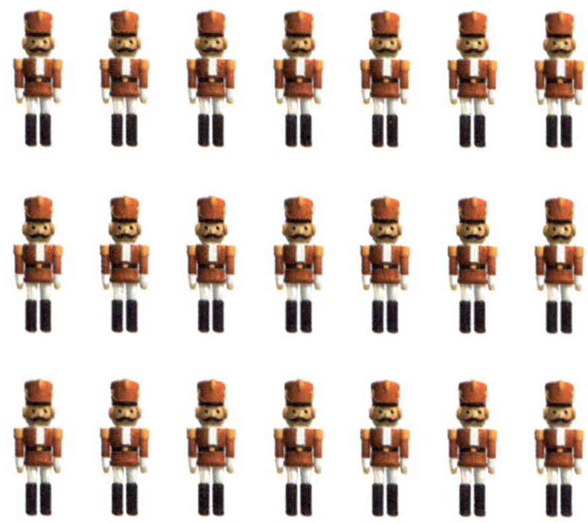

Bob Orsillo/Shutterstock.com/ID/BR

4 **Fabíola faz velas para vender. Ela separa as velas em grupos de 4 velas por pacote.**

a. Veja como Fabíola pensou para calcular quantos pacotes vai precisar para embalar 24 velas e complete.

Danillo Souza/ID/BR

Fabíola vai precisar de ________ pacotes para embalar as velas.

b. Agora, descubra quantos pacotes Fabíola vai precisar para embalar 32 velas em grupos de 4.

Fabíola vai precisar de ________ pacotes para embalar as velas.

Vamos resolver!

1 Renato colheu figos e vai guardá-los em caixas. Observe a cena e responda às questões a seguir.

a. Quantos figos Renato colheu? ____________________

b. Quantas caixas ele tem para guardar os figos? ____________

c. Quantos figos ele guardará em cada caixa, para que todas as caixas fiquem com a mesma quantidade de figos e não sobrem figos? ____________

- Complete: ________ ÷ ________ = ________

2 Em uma floricultura, as mudas de uma flor serão colocadas nestes vasos. Veja as imagens abaixo e responda às questões.

a. Quantas mudas há no total? ____________________

b. Quantos vasos há no total? ____________________

c. Quantas mudas devem ser colocadas em cada vaso para que todos os vasos fiquem com a mesma quantidade de mudas e não sobrem mudas? ____________

- Complete: ________ ÷ ________ = ________

3 Separe os pacotes de sementes igualmente em:

a. grupos de 4.

Ilustrações: Vanessa Alexandre/ID/BR

20 ÷ 4 = ______

______ grupos de ______.

b. grupos de 2.

______ ÷ ______ = ______

______ grupos de ______.

4 Represente com desenhos e complete as divisões abaixo.

a. 15 ÷ 5 = ______

b. 12 ÷ 3 = ______

5 Juliana e os primos plantaram 28 mudas de alface na horta dos avós. Eles distribuíram igualmente as mudas em 7 fileiras. Quantas mudas foram plantadas em cada fileira?

Foram plantadas ______ mudas em cada fileira.

Dividir por 2: a ideia de metade

1 Para alimentar as galinhas, Regiane e Juçara as dividiram em 2 grupos de mesma quantidade. Observe e responda às questões.

Leninha Lacerda/ID/BR

a. Quantas galinhas Regiane e Juçara estão alimentando? ________

b. Quantas galinhas são alimentadas por Juçara dentro do galinheiro? ________

c. Quantas galinhas são alimentadas por Regiane fora do galinheiro? ________

Podemos dizer que **metade** das galinhas foi alimentada do lado de dentro do galinheiro, e a outra **metade** foi alimentada do lado de fora do galinheiro.

Para calcular a **metade** de um número, **dividimos esse número por 2**.

2 Divida as flores entre os dois vasos, ligando metade delas a cada um. Depois, complete.

Vanessa Alexandre/ID/BR

________ ÷ 2 = ________. A metade de 6 é igual a ________.

3 Ligue cada caixa à metade das frutas colhidas pelas crianças. Depois, complete.

_______ ÷ 2 = _______. A metade de 8 é igual a _______.

4 Em cada caso, divida os elementos igualmente em dois grupos e pinte cada metade com uma cor. Depois, complete.

a.

A metade de _______ é _______.

_______ ÷ _______ = _______

b.

A metade de _______ é _______.

_______ ÷ _______ = _______

c.

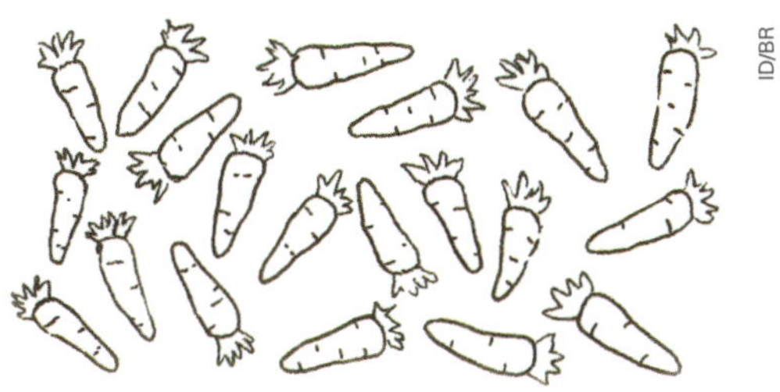

A metade de _______ é _______.

_______ ÷ _______ = _______

Multiplicação e divisão

1 Observe as crianças jogando vôlei.

Ilustrações: AM| Studio/ID/BR

a. Veja como Elisa indicou o total de crianças que estão jogando e complete.

Há _______ equipes. Em cada equipe há _______ crianças jogando.

No total, há ________ crianças jogando.

Multiplicação: $2 \times 5 =$ ________

b. Agora, veja como Elisa indicou a quantidade de crianças em cada equipe e complete.

No total, há ________ crianças jogando e _______ equipes.

Há _______ crianças jogando em cada equipe.

Divisão: $10 \div 2 =$ ________

2 Observe a imagem e complete as operações.

Multiplicação: $3 \times 4 =$ ________

Divisão: $12 \div 3 =$ ________

3 Ligue cada grupo de objetos à operação correspondente.

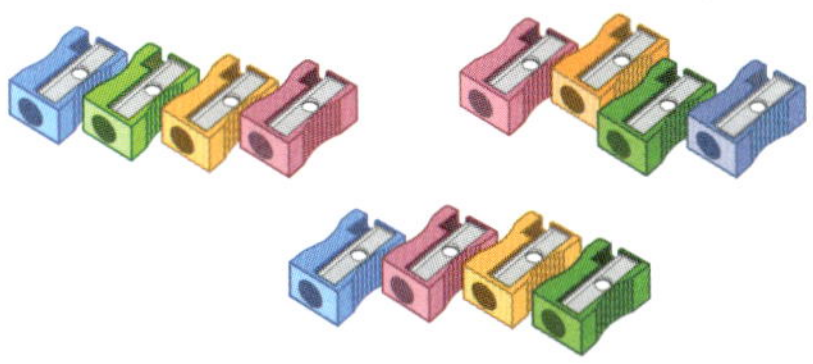

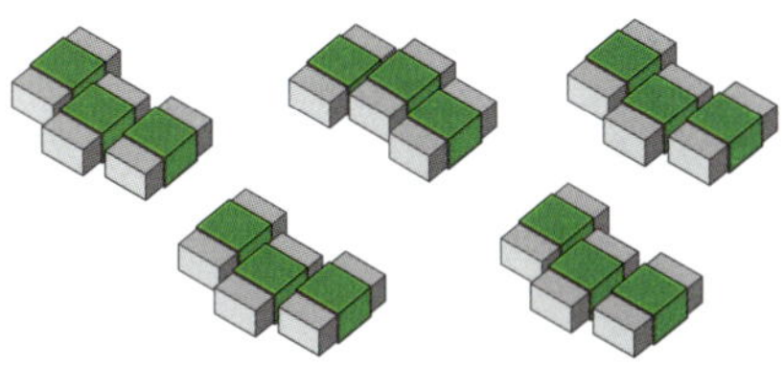

$3 \times 2 = 6$

$15 \div 5 = 3$

$8 \div 4 = 2$

$3 \times 4 = 12$

4 Observe a ilustração e responda às questões.

a. Há quantas bandejas? ______________________

b. Quantos sanduíches há em cada bandeja? ______________________

c. Quantos sanduíches há ao todo? ______________________

■ Complete.

Multiplicação: ________ × ________ = ________

Divisão: ________ ÷ ________ = ________

Fazendo tentativas

1 **Júlio precisa resolver o problema abaixo.**

- Leia novamente o problema e complete as anotações de Júlio.

> As irmãs Aline e Rafaela têm ________ pulseiras ao todo.
>
> Aline tem ________ pulseiras a mais do que Rafaela.

2 **Para resolver o problema, Júlio fez algumas tentativas. Observe cada tentativa e marque com um X as afirmações verdadeiras.**

- Na primeira tentativa:
  Aline tem 8 pulseiras e Rafaela tem 7.

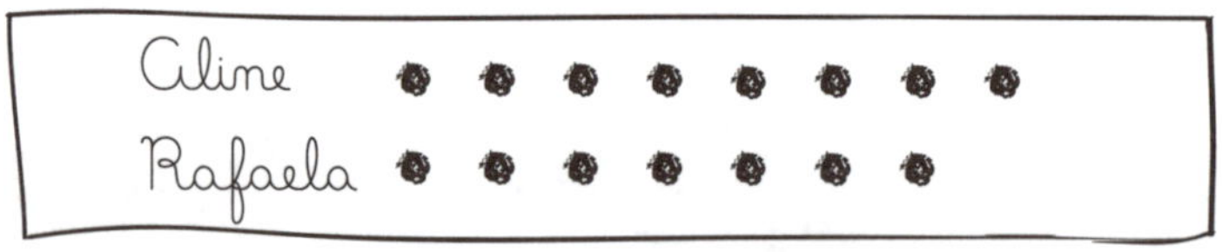

☐ Juntas, Aline e Rafaela têm 15 pulseiras.

☐ Aline tem 3 pulseiras a mais do que Rafaela.

- Na segunda tentativa:
  Júlio apagou 2 pulseiras de Rafaela e desenhou-as para Aline.

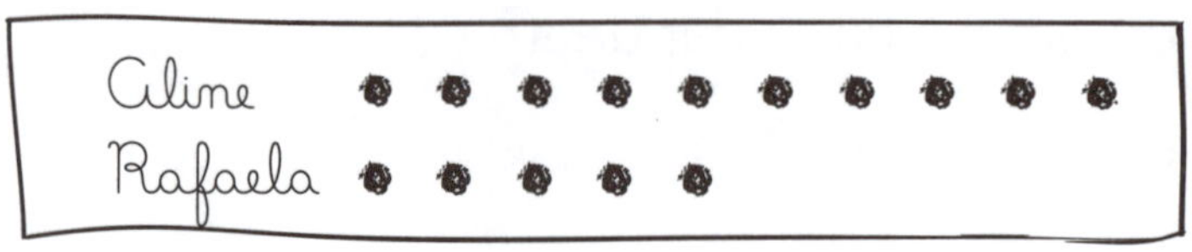

☐ Juntas, Aline e Rafaela têm 15 pulseiras.

☐ Aline tem 3 pulseiras a mais do que Rafaela.

- Na terceira tentativa:
  Júlio apagou 1 pulseira de Aline e desenhou-a para Rafaela.

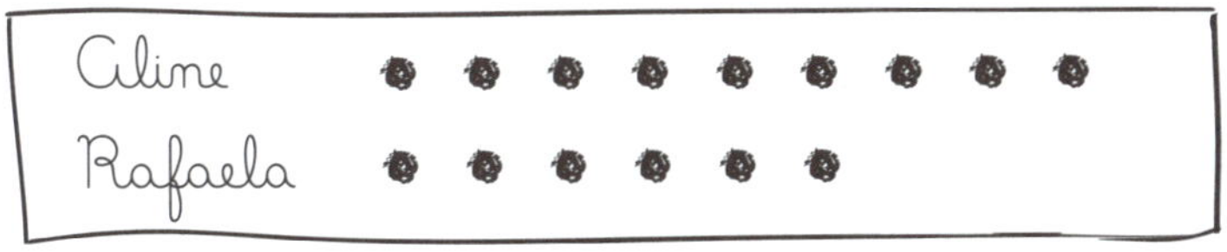

☐ Juntas, Aline e Rafaela têm 15 pulseiras.

☐ Aline tem 3 pulseiras a mais do que Rafaela.

3 **Responda às questões.**

a. Quantas são as pulseiras de Aline? ______________________

b. Quantas são as pulseiras de Rafaela? ______________________

4 **A professora de Augusto passou o problema a seguir.**

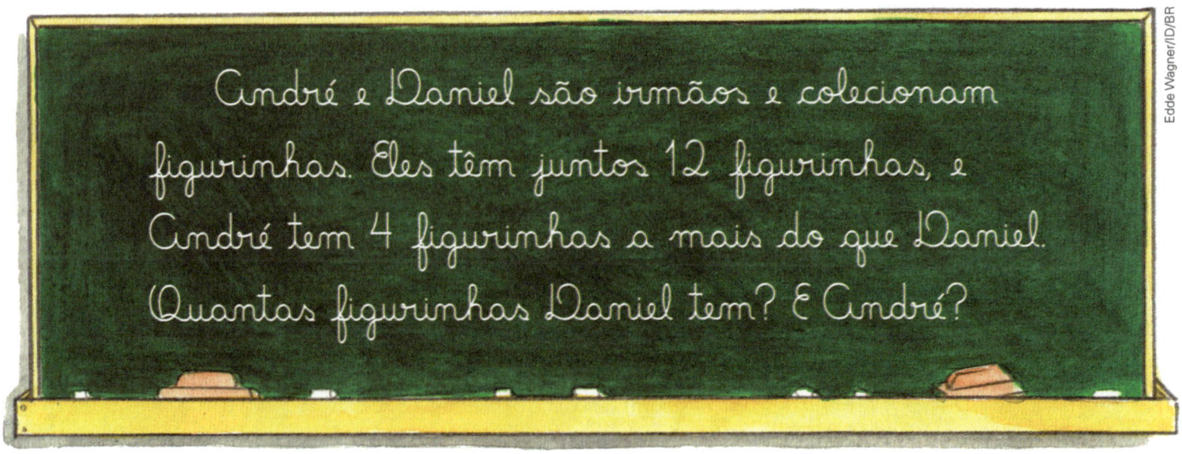

Edde Wagner/ID/BR

a. Complete as informações abaixo.

André e Daniel têm juntos ____________ figurinhas.
André tem ____________ figurinhas a mais do que Daniel.

b. Faça tentativas no caderno para descobrir quantas figurinhas cada irmão tem e responda às questões.

- Quantas figurinhas André tem? ______________________
- Quantas figurinhas Daniel tem? ______________________

Agora já sei!

1 Selma fez pães de queijo. Ela vai separar metade dos pães para sua vizinha e a outra metade ela vai dividir igualmente entre os 4 membros da família. Observe a cena.

Ilustrações: Quanta Estúdio/ID/BR

a. Quantos pães de queijo há na bandeja? ______________________

b. Desenhe dentro do saco os pães de queijo que Selma vai separar para a vizinha e sobre a bandeja os pães que ela vai dividir entre os membros da família.

c. Quantos pães de queijo Selma vai separar para a vizinha? __________

d. Quantos pães de queijo Selma vai dividir entre os membros da família? ______________________

- Entre quantas pessoas eles serão divididos? __________
- Escreva a divisão correspondente. __________
- Quantos pães de queijo cada pessoa receberá? __________

2 Observe o que João diz para suas 4 irmãs.

Leninha Lacerda/ID/BR

a. Quantas laranjas cada uma das irmãs de João vai ganhar? ____________

b. Vão sobrar laranjas? Se sim, quantas? ____________

3 Pinte os balões de acordo com a legenda.

- (azul) Resultado igual a 4.
- (amarelo) Resultado igual a 3.
- (laranja) Resultado igual a 8.
- (verde) Resultado igual a 6.

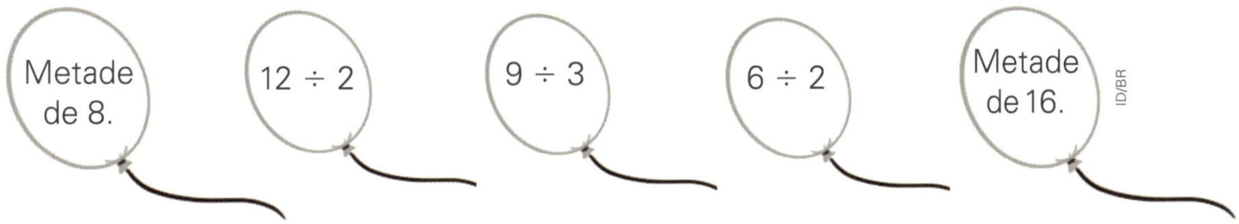

ID/BR

4 Luís, Pedro e João são irmãos e ganharam algumas figurinhas.

Danillo Souza/ID/BR

Luís ficou com metade dessas figurinhas, e Pedro e João ficaram cada um com metade das figurinhas que sobraram.

a. Complete com a quantidade de figurinhas que cada irmão ficou.

Luís: ________ João: ________ Pedro: ________

b. Você considera justa a forma como essas figurinhas foram divididas? Por quê? Converse com os colegas e o professor.

Saber Ser

Jogo do caçador de números

Material

- 2 dados.
- tabuleiro que está na página 241.
- 2 conjuntos com 10 peças de um mesmo tipo de objeto (podem ser feijões, pedrinhas, botões, tampinhas, etc.) para servir de marcador (cada jogador fica com um conjunto).

0	3	7	4	8	1	5
1	15	16	30	18	0	18
20	4	1	6	10	24	30
8	2	8	25	1	15	3
10	1	6	36	7	6	10
2	5	4	25	0	3	12
1	30	5	24	12	9	11
36	0	3	1	11	2	30

Número de participantes

- 2 jogadores.

Objetivo

- Colocar os marcadores em quatro casas seguidas, em uma mesma linha ou coluna.

Regras

1. Cada jogador escolhe um conjunto de marcadores.
2. Na sua vez, o jogador lança os dados e escolhe uma operação para ser realizada com os números sorteados: adição, subtração, multiplicação ou divisão. Ele então informa em voz alta essa operação e calcula o resultado.

3. O jogador procura no tabuleiro o número correspondente ao resultado da operação e usa um dos marcadores para selecionar esse número.

4. Se o jogador errar o cálculo, perde a vez de jogar e o adversário terá a chance de ficar com o número, desde que acerte o cálculo.

Vanessa Alexandre/ID/BR

5. Vence o jogo o primeiro que conseguir colocar seus marcadores em quatro casas seguidas, em uma mesma linha ou coluna.

Depois do jogo

1 Jogue com um colega e registre suas jogadas no quadro abaixo.

	Quanto tirou em cada dado	Operação feita	Resultado marcado
1ª jogada			
2ª jogada			
3ª jogada			
4ª jogada			
5ª jogada			
6ª jogada			
7ª jogada			
8ª jogada			
9ª jogada			
10ª jogada			

O que aprendi?

1 Responda.

a. Luana faz aniversário no terceiro mês do ano. Em que mês Luana faz aniversário? ______

b. Caio fará uma viagem no último mês do ano. Em que mês Caio fará essa viagem? ______

2 Contorne a estimativa correta do comprimento de cada animal.

a.

Stanko Mravljak/iStock/Getty Images

1 cm   1 m

b.

WillieErasmus/iStock/Getty Images

6 cm   6 m

3 Bianca e Rubens acabaram de fazer a lição de casa.

Ilustrações: AMj Studio/ID/BR

a. Quanto tempo Bianca levou para fazer a lição? ______

b. Quanto tempo Rubens levou para fazer a lição? ______

c. Quem levou mais tempo para fazer a lição? ______

4 Margarida dividiu igualmente 15 reais entre seus 3 netos. Quantos reais cada um dos netos de Margarida recebeu?

CONTEÚDO NA VERSÃO DIGITAL

Cada um dos netos de Margarida recebeu ________ reais.

5 Ligue cada pessoa ao saco de laranjas que ela comprou.

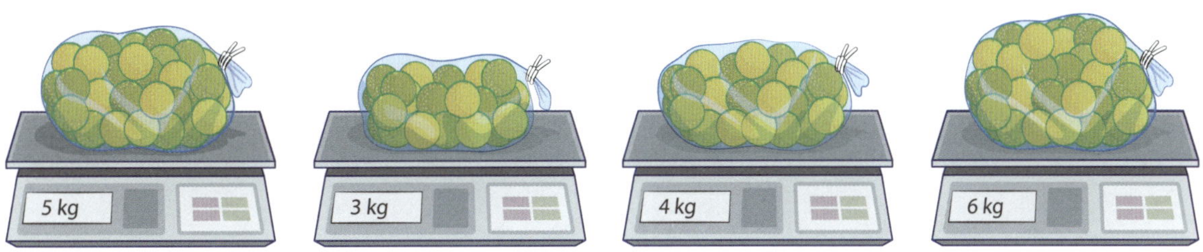

6 Represente a situação a seguir por meio de uma multiplicação e de uma divisão.

Ilustrações: AMj Studio/ID/BR

Multiplicação: ________ × ________ = ________

Divisão: ________ ÷ ________ = ________

Sugestões de leitura

Edições SM/Arquivo da editora

Olimpíada animal,
de Virginie Morgand. Edições SM.
Nesse livro, você vai contar quantidades com os bichos que estão participando de uma olimpíada animal.

Par ou ímpar, ímpar ou par?, de Debora Cristina Grosko. Editora Cuore.
De forma divertida, esse livro vai ensinar a você os números pares e ímpares.

Cuore/Arquivo da editora

Ática/Arquivo da editora

... E eles queriam contar,
de Luzia Faraco Ramos e Faifi.
Editora Ática.
Esse livro conta a história de Caio e Adelaide, que viviam em uma época em que os números não tinham sido inventados. Descubra com eles um jeito de contar as cabras do rebanho por meio da construção da noção de dezena.

As três partes, de Edson L. Kozminski. Editora Ática.

O que fazer quando uma casa quer ser tudo – peixe, pássaro, flor –, menos uma casa? Nesse livro, você vai conhecer a história de três partes que se cansaram de formar uma casa e decidiram procurar novas formas e cores.

Ática/Arquivo da editora

Ática/Arquivo da editora

Onde estão as multiplicações?, de Luzia Faraco Ramos e Faifi. Editora Ática.

Nesse livro, Caio e Adelaide percebem que a multiplicação está presente em diversas situações. Carrinhos, chaves, flores, aranhas, baratas e muito mais são usados para encontrar quantidades que se repetem várias vezes.

Minha mão é uma régua, de Kim Seong-Eun e Oh Seung-Min. Editora Callis.

Nesse livro, uma menina mostra que é possível usar o próprio corpo para medir comprimentos. Ela descobre, por exemplo, que as mãos podem ser usadas para medir suas roupas e os pés, para medir o comprimento dos cômodos de sua casa.

Callis/Arquivo da editora

Bibliografia

BAQUÉS, M. *600 juegos para educación infantil*. Barcelona: CEAC, 2007.

BELTRÁN, J. M. M. *La mediación en el proceso de aprendizaje*. Madrid: Bruño, 1994.

BORIN, J. *Jogos e resolução de problemas*: uma estratégia para as aulas de matemática. São Paulo: CAEM/IME/USP, 2007.

BOYER, C. B. *História da Matemática*. São Paulo: Edgar Blücher, 1974.

BRANDÃO, H.; FROESELER, M. das G. V. G. *O livro dos jogos e das brincadeiras para todas as idades*. Belo Horizonte: Leitura, 1998.

BRASIL. Ministério da Educação. Instituto Nacional de Estudos e Pesquisas Educacionais. *Exame Nacional do Ensino Médio – Enem*: documento básico. Brasília: MEC/Inep, 2002.

______. Ministério da Educação. Secretaria de Educação Fundamental. *Ensino Fundamental de nove anos*: orientações para a inclusão da criança de seis anos de idade. Brasília: MEC/SEF, 2007.

______. Ministério da Educação e Cultura. Instituto Nacional de Estudos e Pesquisas Educacionais. *Sistema de Avaliação de Educação Básica*: matrizes curriculares de referência. Brasília: MEC/Inep/Saeb, 1999.

______. Ministério da Educação e Cultura. Secretaria de Educação Básica. *Pacto Nacional pela Alfabetização na Idade Certa*: organização do trabalho pedagógico; construção do sistema de numeração decimal; geometria; saberes matemáticos e outros campos do saber. Brasília: MEC/SEB, 2014.

______. Ministério da Educação e do Desporto. Secretaria de Educação Fundamental. *Referencial curricular nacional para Educação Infantil*. Brasília: MEC/SEF, 1998.

BUSHAW, D. et al. *Aplicações da matemática escolar*. São Paulo: Atual, 1997.

CARDOSO, V. C. *Materiais didáticos para as quatro operações*. 3. ed. São Paulo: CAEM/IME/USP, 1996.

CENTURIÓN, M. *Números e operações*. São Paulo: Scipione, 1993.

CERQUETTI-ABERKANE, F.; BERDONNEAU, C. *O ensino da Matemática na Educação Infantil*. Porto Alegre: Artmed, 1997.

COLL, C. et al. *O construtivismo na sala de aula*. São Paulo: Ática, 2006.

D'AMBROSIO, U. *Da realidade à ação*: reflexões sobre educação e Matemática. Campinas: Ed. da Unicamp, 1986.

DANYLUK, O. S. *Alfabetização matemática*: as primeiras manifestações da escrita infantil. 5. ed. Porto Alegre: Sulina; Passo Fundo: UPF Editora, 2015.

DELORS, J. *Educação*: um tesouro a descobrir. São Paulo: Cortez-Unesco, 2003.

FREIRE, M. et al. *Observação, registro e reflexão*. São Paulo: Espaço Pedagógico, 1997.

IFRAH, G. *Os números*: história de uma grande invenção. 11. ed. São Paulo: Globo, 2005.

KAMII, C.; DEVRIES, R. *Jogos em grupo na Educação Infantil*: implicações da teoria de Piaget. Porto Alegre: Artmed, 1998.

______; HOUSMAN, L. B. *Crianças pequenas reinventam a aritmética*: implicações da teoria de Piaget. 2. ed. Porto Alegre: Artmed, 2002.

KISHIMOTO, T. M. *O jogo e a Educação Infantil*. São Paulo: Pioneira, 1994.

KRULIK, S.; Reys, R. *A resolução de problemas na matemática escolar*. São Paulo: Atual, 1997.

LEITE, A. C. M. *A lógica como articuladora entre a língua materna e a linguagem matemática*. 2000. Dissertação (Mestrado em Educação Matemática) – Instituto de Geociências e Ciências Exatas, Unesp, Rio Claro.

LINDQUIST, M. M.; SHULTE, A. P. (Org.). *Aprendendo e ensinando geometria*. São Paulo: Atual, 1994.

MACEDO, L. Competências e habilidades: elementos para uma reflexão pedagógica. In: *Eixos teóricos que estruturam o Enem*. Brasília: Inep/MEC, 1999.

MACHADO, N. J. *Matemática e língua materna*: análise de uma impregnação mútua. São Paulo: Cortez, 1993.

______. *Matemática e realidade*: análise dos pressupostos filosóficos que fundamentam o ensino da matemática. São Paulo: Cortez, 1994.

OCHI, F. H. et al. *O uso de quadriculados no ensino de geometria*. 4. ed. São Paulo: CAEM/IME/USP, 2003.

OPIE, I.; OPIE, P. *Children's games in street and playground*. Oxford: Clarendon Press, 1969.

PARRA, C.; SAIZ, I. (Org.). *Didática da Matemática*: reflexões psicopedagógicas. Porto Alegre: Artmed, 1996.

PERRENOUD, P. *Construir as competências desde a escola*. Porto Alegre: Artmed, 1999.

______ et al. *As competências para ensinar no século XXI*. Porto Alegre: Artmed, 2002.

PIAGET, J. *Os estágios do desenvolvimento intelectual da criança e do adolescente*. Rio de Janeiro: Forense, 1972.

POLYA, G. *A arte de resolver problemas*. São Paulo: Interciência, 1978.

SMOLE, K. C. S. et al. *Era uma vez na Matemática*: uma conexão com a literatura infantil. 3. ed. São Paulo: IME/USP, 1996.

______; DINIZ, M. I. *O conceito de ângulo e o ensino de geometria*. São Paulo: CAEM/IME/USP, 1993.

______; ______ (Org.). *Ler, escrever e resolver problemas*: habilidades básicas para aprender Matemática. Porto Alegre: Artmed, 2001.

______; ______; CÂNDIDO, Patrícia. *Matemática de 0 a 6*, v. 1: brincadeiras infantis nas aulas de Matemática; v. 2: resolução de problemas; v. 3: figuras e formas. Porto Alegre: Artmed, 2000.

______; ______; ______. *Resolução de problemas*. Porto Alegre: Artmed, 2000.

Sociedade Brasileira de Educação Matemática. *Educação Matemática em Revista*, n. 1-15, 1993-2003.

Sociedade Brasileira de Matemática. *Revista do Professor de Matemática*.

SOUZA, E. R. de et al. *A matemática das sete peças do* tangram. São Paulo: CAEM/IME/USP, 2006.

TEBEROSKY, A.; TOLCHINSKY, L. (Org.). *Além da alfabetização*: a aprendizagem fonológica, ortográfica, textual e matemática. São Paulo: Ática, 1996.

VIGOTSKI, L. S. et al. *Linguagem, desenvolvimento e aprendizagem*. 14. ed. São Paulo: Ícone, 2016.

______. *Pensamento e linguagem*. 4. ed. São Paulo: Martins Fontes, 2008.

ZABALA, A. *A prática educativa*. Porto Alegre: Artmed, 1998.

Destacar e jogar

Página 234 › Tabuleiro para o Jogo do caçador de números

0	3	7	4	8	1	5
1	15	16	30	18	0	18
20	4	1	6	10	24	30
8	2	8	25	1	15	3
10	1	6	36	7	6	10
2	5	4	25	0	3	12
1	30	5	24	12	9	11
36	0	3	1	11	2	30

ID/BR

Destacar

Página 197 › Comprimento de um metro para a atividade 3

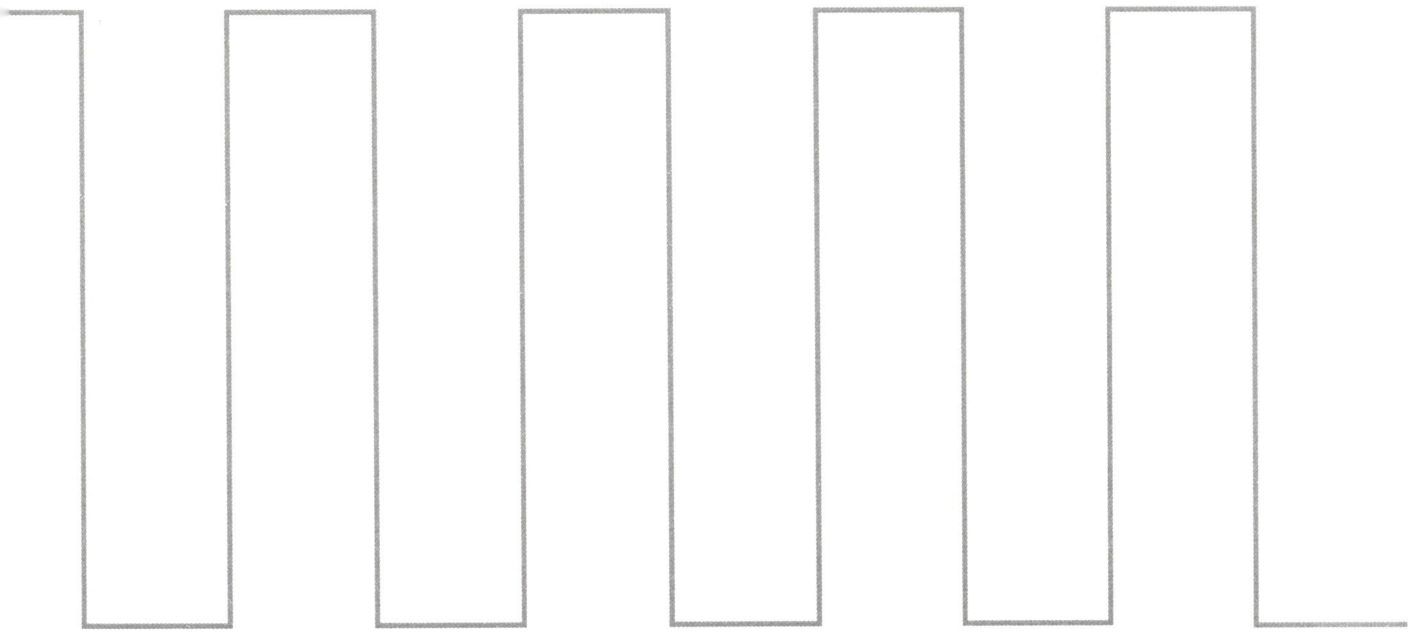

Moedas

Banco Central do Brasil. Fotografia: Karina Tengan/ID/BR

Cédulas

Banco Central do Brasil. Fotografia: Karina Tengan/ID/BR

BANCO CENTRAL DO BRASIL
100
GAROUPA
A A 015638919
100
CEM REAIS
BANCO CENTRAL DO BRASIL
50
A A 035352414
50
CINQUENTA REAIS
BANCO CENTRAL DO BRASIL
20
MICO-LEÃO-DOURADO
A A 009095243
20
VINTE REAIS

Destacar

Cédulas

Banco Central do Brasil. Fotografia: Karina Tengan/ID/BR

BANCO CENTRAL DO BRASIL
A F 048300035
10
A F 048300035
DEZ REAIS
BANCO CENTRAL DO BRASIL
A G 033347004
2
A G 033347004
DOIS REAIS
BANCO CENTRAL DO BRASIL
A F 048300035
10
A F 048300035
DEZ REAIS
BANCO CENTRAL DO BRASIL
A G 033347004
2
A G 033347004
DOIS REAIS
BANCO CENTRAL DO BRASIL
A F 048300035
10
A F 048300035
DEZ REAIS
BANCO CENTRAL DO BRASIL
A G 033347004
2
A G 033347004
DOIS REAIS
BANCO CENTRAL DO BRASIL
A F 048300035
10
A F 048300035
DEZ REAIS
BANCO CENTRAL DO BRASIL
A G 033347004
2
A G 033347004
DOIS REAIS
BANCO CENTRAL DO BRASIL
A H 033343047
5
A H 033343047
CINCO REAIS
BANCO CENTRAL DO BRASIL
A H 033343047
5
A H 033343047
CINCO REAIS
BANCO CENTRAL DO BRASIL
A H 033343047
5
A H 033343047
CINCO REAIS
BANCO CENTRAL DO BRASIL
A H 033343047
5
A H 033343047
CINCO REAIS

Destacar e jogar

Página 188 › Cartelas e fichas para o Jogo da multiplicação

AMj Studio/ID/BR

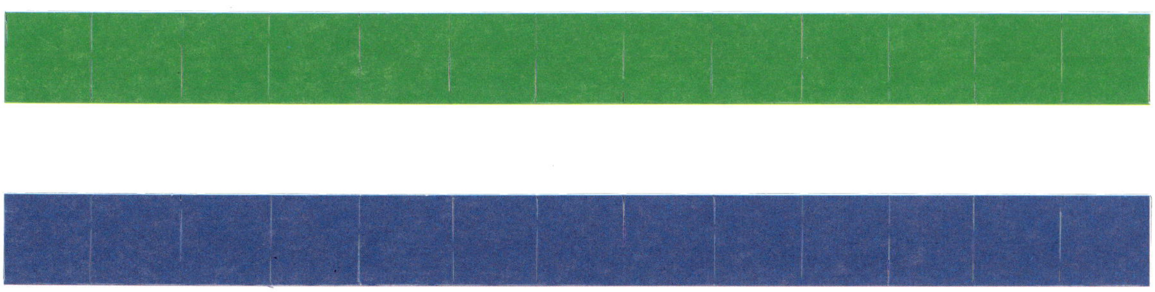

Página 132 › Diagramas e embarcações para o Jogo da batalha-naval

	A	B	C	D	E	F	G	H	I	J
1										
2										
3										
4										
5										
6										
7										
8										
9										
10										

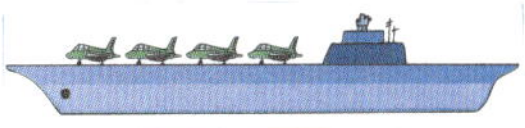

Ilustrações: Lettera Studio/ID/BR

	A	B	C	D	E	F	G	H	I	J
1										
2										
3										
4										
5										
6										
7										
8										
9										
10										

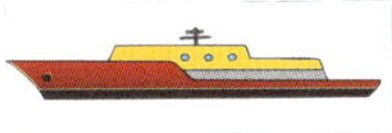

Destacar e montar

Página 84 › Molde para a atividade 1

ID/BR

Sérgio Dotta Jr./ID/BR

Aprender juntos
sm

Página 83 › Molde para a atividade 3

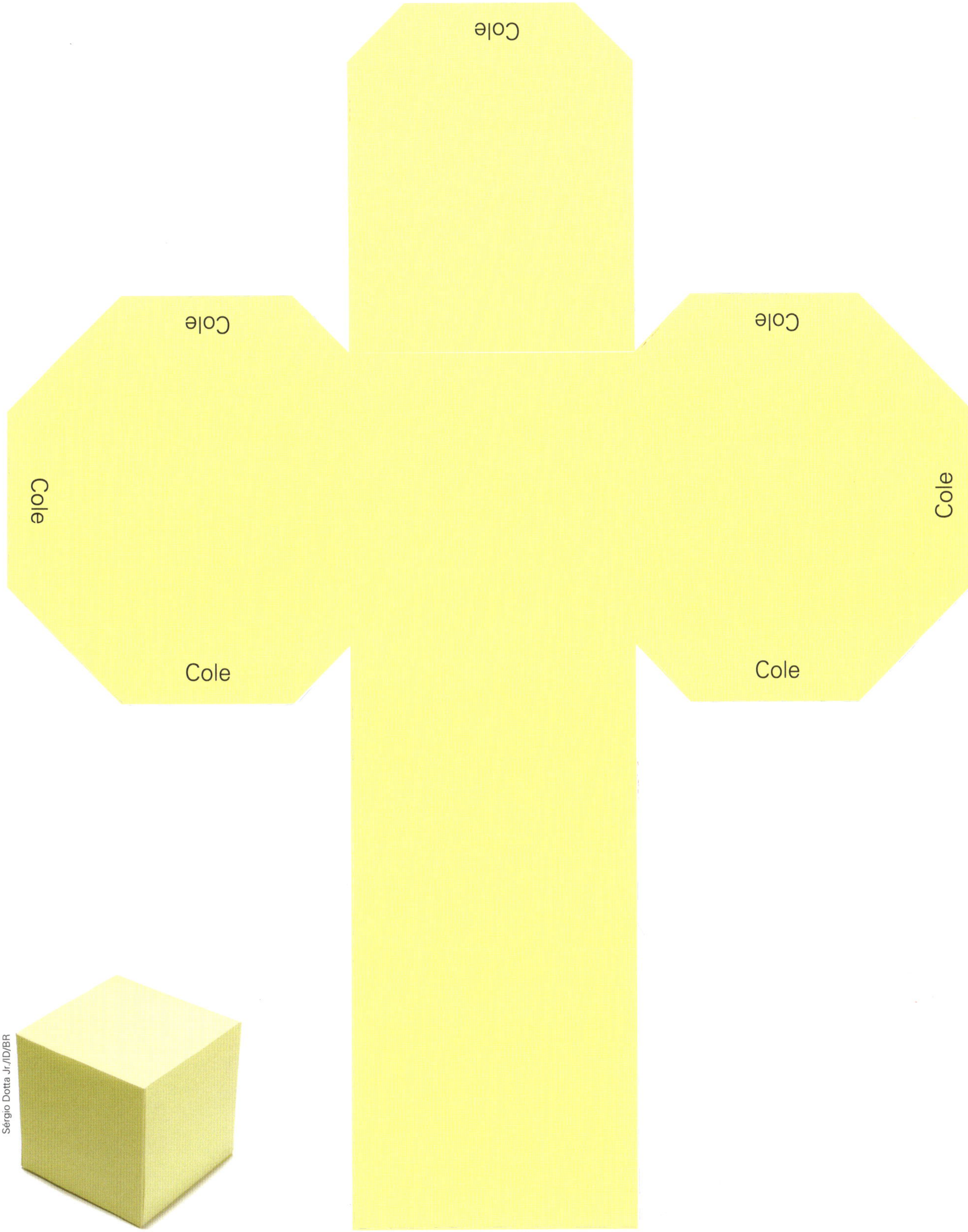

ID/BR

Sérgio Dotta Jr./ID/BR

Destacar e montar

Página 82 › Molde para a atividade 1

ID/BR

Sérgio Dotta Jr./ID/BR

Destacar e jogar

Página 72 › Cartas para o Jogo da adição

Ilustrações: Leninha Lacerda/ID/BR

Material Dourado

Ilustrações: ID/BR

Destacar

Material Dourado

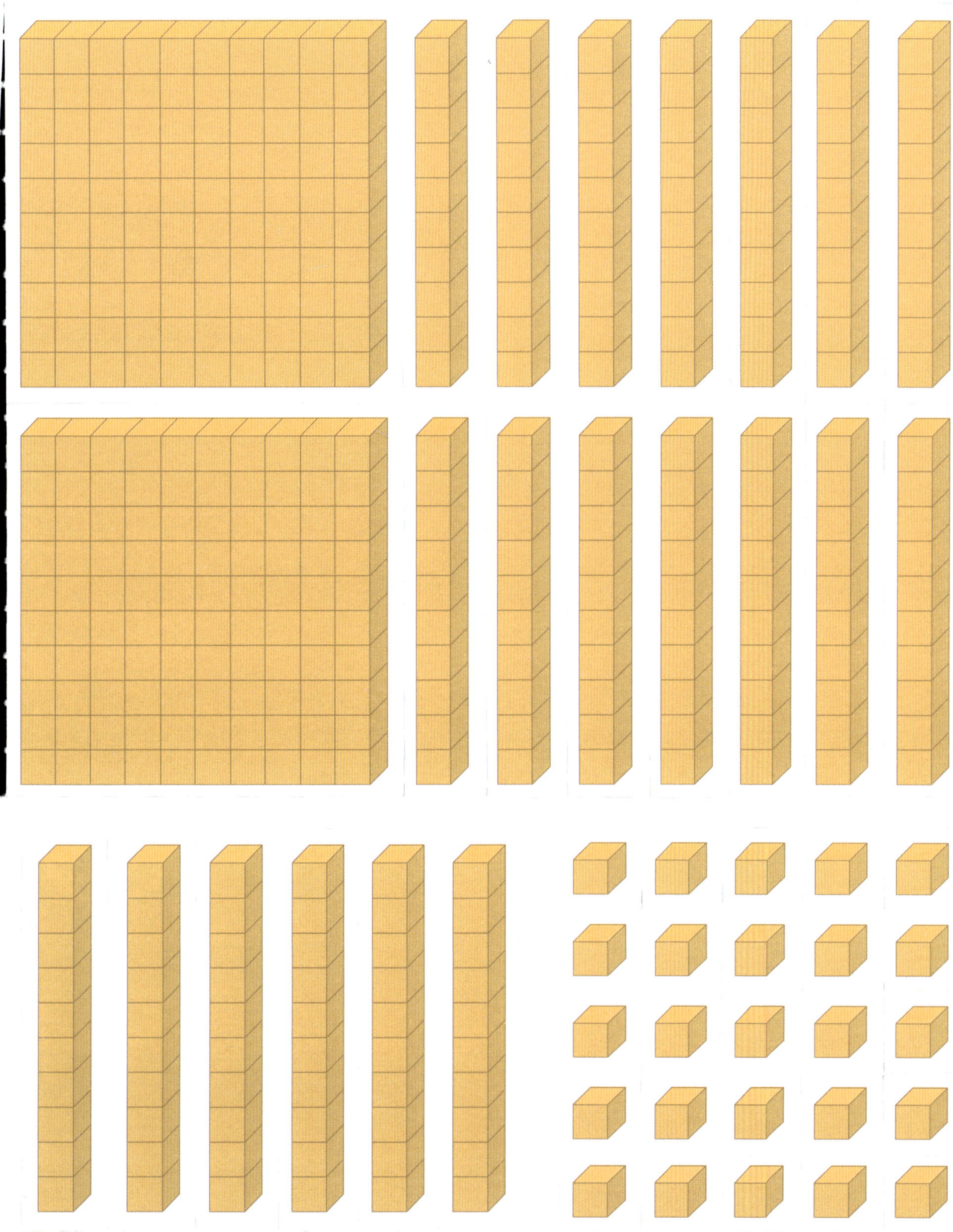

Ilustrações: ID/BR

Give Me Five!

TEACHER'S BOOK 4

Syllabus

Unit	Key Competences and Key Learning Outcomes	Contents Lexis
Starter Unit **Welcome back, Luke!**	• Ask for and give information about other people (Lesson 1) • Use adjectives to describe physical appearance (Lesson 2) • Review the numbers 1–100 (Lesson 4) • Identify and say letters and numbers 100–1000 (Lesson 4) • Use a code to read a message (Lesson 4) • Use the Pupil's App on Navio • Review level 3 vocabulary (Lesson 1) • Listen for specific information (Lesson 2) • Use 'must' and 'going to' to talk about obligations and responsibilities in the classroom (Lesson 4) • Get to know the course characters (Lesson 1) • Read and write a class contract (Lesson 4) • Work with a Talk Partner to practise and reinforce learning (all lessons) • Sing a song (Lesson 1) • Read, listen and understand a story about Lily, Ravi, Josh and Luke (Lesson 3) • Complete a story summary (Lesson 3)	**Core vocabulary** • *beard, blonde hair, brown hair, curly hair, freckles, long / short hair, moustache, ponytail, straight hair, wavy hair* • Numbers: 100–1000 **Other vocabulary** • *cabin, contract, drums, excited, mast* **Recycled vocabulary** • Actions: *climbing a tree, doing puzzles, making things, painting a picture, phoning a friend, planting seeds, playing cards, sailing boats, shopping, singing songs, skipping, swimming, taking photos, walking a dog, washing a car, watering plants* • Food: *cheese, chilli, olives, onions, peppers, pineapple, prawns, sweetcorn, tomato sauce* • Numbers: 1–100 • Sea creatures: *dolphin, octopus, seahorse, shark, squid, whale* • Sports equipment: *flippers, helmet, kayak, life jacket, mask, paddle, snorkel, surfboard, wetsuit* • Water sports: *kayaking, surfing, water-skiing, windsurfing; treasure hunt*
Unit 1 **Let's eat!**	• Identify and say ingredients (Lesson 1) • Say the vocabulary chant (Lesson 1) • Listen, repeat and act out a conversation (Lesson 2) • Follow, complete and correct the grammar tables (Lessons 2 and 4) • Ask questions using 'How much' and 'How many' (Lesson 2) • Identify and say verbs for cooking (Lesson 4) • Read and understand an instructional text (Lesson 6) • Know and use time sequencers (Lesson 7) • Watch and understand a video (Video and 21st Century Skills) • Identify and use countable and uncountable nouns • Use a code to read a message (Lesson 3) • Identify steps in a process (Lesson 6) • Identify the correct ingredients and equipment needed for a recipe (Video and 21st Century Skills) • Use the Pupil's App on Navio • Say a tongue twister and practise alternative spellings for the 'ie' sound (Lesson 5) • Review your own learning (Review) • Practise activity types found in the Cambridge Exams: A1 Movers • Understand the importance of paying attention (Lesson 3) • Work with a Talk Partner to practise and reinforce learning (all lessons) • Play a communication game using 'How much' / 'How many' and 'need to' (Lesson 5) • Sing two songs (Lessons 1 and 4) • Read, listen, understand and act out a story about a Burfi cake (Lesson 3) • Prepare and write a recipe (Lesson 7) • Think about and research New York (Lesson 8) • Think about your own culture (Lesson 8)	**Core vocabulary** • *biscuits, butter, chocolate chips, coconut, cream, flour, jam, nuts, oil, raisins, salt, sugar* • *add, chop, heat, mix, pour, stir* **Extension vocabulary** • *blueberries, coffee, honey, marshmallows, raspberries, vanilla; boil, cook, peel, slice* **Other vocabulary** • *a piece, cart, tin* • *chickpeas, falafel, pretzel, raspberry sauce, smoothies, sundae, waffles* • *bowl, dish, knife, oven, pan, scoop, spoon* • *break, sprinkle* **Recycled vocabulary** • *cake, carrots, cheese, chocolate, dessert, green beans, ice cream, mushrooms, olives, onions, peppers, pizza base, salad, soup, strawberries, sweetcorn, tomatoes, tomato sauce, tuna, water* • *amazing, finally, first, salty*

Competence in linguistic communication | Competence in mathematics, science and technology | Digital competence
Learning to learn | Social and civic competences | Sense of initiative and entrepreneurship | Cultural awareness and expression

Contents					Cross-curricular links
Structures	**Phonics**	**Sociocultural aspects**	**Culture around the world and Literacy**	**21st Century Skills**	
Core structures • *What does (your brother / sister) look like? He's got (short, blonde) hair and (brown) eyes. She's got (short, wavy) hair and (freckles).* **Other structures** • *We're waiting for (our brother). You look different. You're taller.* **Recycled structures** • *How old is he / she? She's (nine) years old. What does he / she do? He's (a scientist). What does he / she like doing? He / She likes / loves (swimming). What are your names? What's his / her name? His name's (Luke). Who's this? This is (Lily). Ravi likes (doing puzzles). I love (going snorkelling). I love (playing the drums). We must speak English in class / put our hands up to speak / take turns and listen to each other. We're going to work together / share our things.*		**Cooperative learning Skills** • Collaborating (Lesson 3) • Sharing information (Lesson 4)		**Thinking skills** • Categorising (Lesson 1); the Magic number (Lesson 4); Mathematical thinking (Lesson 4)	
Core structures • *How much (sugar) do we need? How many (nuts) do we need?* • *We need a lot of / some / a little (sugar). We need a lot of / some / a few (nuts).* • *What do I / you / we / they need to do?* • *What does he / she need to do?* • *First / Next / Then / After that / Finally, I / you / he / she / we / they need / needs to (chop the carrots).* **Other structures** • *Let me see. I don't know! It's going to be delicious!* **Recycled structures** • *Are there any (nuts) in the cupboard? Yes, there are. / No, there aren't.* • *Is there any (cream) in the fridge? Yes, there is. / No, there isn't.* • *Let's (go shopping). You can add chopped onions.* • *What's the name of (the famous statue) in New York? What time is it in New York? How many people live in New York?* • *I'd like a salad. Would you like to order a dessert / anything else? What would you like to drink?*	• The 'ie' sound (**Spike likes rice Mike pies tie**) • **Recycled**: 'igh' and 'y' spellings	**Cooperative learning Skills** • Listening to each other (Lesson 1) • Collaborating (Lesson 3) • Three-minute review (Lesson 4) • Practise spelling (Lesson 5) • Work together to cross the river (Lesson 5) • Information sharing (Lesson 5) • Collaborating (Lesson 7) • Peer evaluation and feedback (Lesson 7) • Collaborating (Review) **Values** • Understanding the importance of paying attention	**Culture around the world** • Street food in New York City **Literacy** **Text type** • A recipe (instructional text) **Reading skills** • Predicting • Scanning • Sequencing **Writing skills** • Sequencers	**21st Century Skills** • **Ways of working:** collaboration and teamwork **Thinking skills** • Categorising (Lesson 1); Applying rules (Lesson 2); Predicting (Lesson 3); Applying rules (Lesson 4); Predicting content from photos (Lesson 6); Sequencing (Lesson 6); Predicting (Lesson 8)	**Link to Science** **Food and nutrition** • Classifying food items and discussing nutrients and what makes a healthy, balanced diet **Arts and Crafts** • Observing patterns, including polka dots, stripes and checks, and creating a patterned still life

Syllabus

Unit	Key Competences and Key Learning Outcomes	Contents Lexis
Unit 2 What are you like?	• Identify and say adjectives of character (Lesson 1) • Say the vocabulary chant (Lesson 1) • Listen, repeat and act out a conversation (Lesson 2) • Follow, complete and correct the grammar tables (Lessons 2 and 4) • Use the past simple of 'be' and adjectives of character to talk about what people were like when they were young (Lesson 2) • Identify and say past activities (Lesson 4) • Use past simple verbs to ask and answer about past activities (Lesson 4) • Use inverted commas (Lesson 7) • Watch and understand a video (Video and 21st Century Skills) • Use a code to read a message (Lesson 3) • Use the Pupil's App on Navio • Say a tongue twister and practise alternative spellings for the 'ey' sound (Lesson 5) • Review your own learning (Review) • Practise activity types found in the Cambridge Exams: A1 Movers • Understand the importance of considering your friends' feelings before playing tricks (Lesson 3) • Work with a Talk Partner to practise and reinforce learning (all lessons) • Play a communication game using the past simple (Lesson 5) • Sing two songs (Lessons 1 and 4) • Read, listen, understand and act out a story (Lesson 3) • Read and understand a chronological account (Lesson 6) • Prepare and write your autobiography (Lesson 7) • Think about and research Hawaii (Lesson 8) • Think about your own culture (Lesson 8)	**Core vocabulary** • *active, confident, friendly, kind, lazy, noisy, quiet, shy, tidy, unfriendly, unkind, untidy* • *get a pet, go on a plane, learn to walk, move house, start nursery school, write a story* **Extension vocabulary** • *helpful, polite, rude, sociable, unhelpful, unsociable; draw (drew) a picture, read (read) a book, ride (rode) a bike, sing (sang) a song* **Other vocabulary** • *adventurous, famous, scared* • *ten months old* • *astronomy, marching band, telescope, wax museum* • *play a trick* • *astronaut, explorer, king, museum attendant, president, writer* **Recycled vocabulary** • *brother, cousin, dad, grandparents, mum, sister, uncle* • *play the guitar / piano / drums, slide, songs*
Unit 3 A long time ago	• Identify and say prehistoric times vocabulary (Lesson 1) • Say the vocabulary chant (Lesson 1) • Listen, repeat and act out a conversation (Lesson 2) • Follow, complete and correct the grammar tables (Lessons 2 and 4) • Use the past simple to ask and answer questions (Lesson 2) • Identify and say animals from the past (Lesson 4) • Use 'could' to talk about ability in the past (Lesson 4) • Read and understand an information text (Lesson 6) • Use extreme adjectives (Lesson 7) • Watch and understand a video (Video and 21st Century Skills) • Use a code to read a message (Lesson 3) • Prepare and write an encyclopaedia entry (Lesson 7) • Use the Pupil's App on Navio • Say a tongue twister and practise alternative spellings for the 'aw' sound (Lesson 5) • Review your own learning (Review) • Practise activity types found in the Cambridge Exams: A1 Movers • Understand the importance of not dropping litter (Lesson 3) • Work with a Talk Partner to practise and reinforce learning (all lessons) • Play a communication game using 'could' (Lesson 5) • Sing two songs (Lessons 1 and 4) • Read, listen, understand and act out a story about an important discovery (Lesson 3) • Think about and research Canada (Lesson 8) • Think about your own culture (Lesson 8)	**Core vocabulary** • *axe, basket, bones, bowl, cave, fire, fossil, fur, hammer, knife, spear, tools* • *dodo, giant ground sloth, prehistoric armadillo, sabre-toothed squirrel, sabre-toothed tiger, woolly mammoth* **Extension vocabulary** • *arrow, bow, club, flint, jug, spoon; elephant bird, giant beaver, giant dragonfly, short-faced bear, Tasmanian wolf* **Other vocabulary** • *a long time ago, prehistoric times* • *Earth, waterfall* • *carnivore, herbivore* • *million* • *beak, frill, horns, neck, tail, teeth, tusks* • *diplodocus, pteranodon, stegosaurus, triceratops, tyrannosaurus* • *palaeontologist* **Recycled vocabulary** • *go camping / hiking, helmet, life jackets, meat, museum, plants, river, rocks* • *discoveries*

Competence in linguistic communication · Competence in mathematics, science and technology · Digital competence · Learning to learn · Social and civic competences · Sense of initiative and entrepreneurship · Cultural awareness and expression

Contents					Cross-curricular links
Structures	**Phonics**	**Sociocultural aspects**	**Culture around the world and Literacy**	**21st Century Skills**	
Core structures • *I / He / She was / wasn't (active). You / We / They were / weren't (lazy). Was I / he / she (shy)? Yes I / he / she was. / No, I / he / she wasn't. Were you / we / they (confident)? Yes, you / we / they were. / No, you / we / they weren't.* • *I (started nursery school) when I was (three). Did you (learn to walk) when you were (one)? Yes, I did. / No, I didn't.* **Other structures** • *Are you ready to go? Wait a minute! I visited the wax museum when I was seven. Here's Christopher Columbus. I'm coming to get you! When did you (learn to walk)?* **Recycled structures** • *What are you like? I'm (confident and kind). He's / She's (active and kind). Are you (lazy)? Yes, I am. / No, I'm not.*	• The 'ey' sound (ver**y** nois**y** monk**ey** laz**y** donk**ey** k**ey** lorr**y** chimn**ey**) • **Recycled**: 'ea' and 'ee' spellings	**Cooperative learning Skills** • Team building (Lesson 1) • Collaborating (Lesson 3) • Passing on a message (Lesson 4) • Work together to cross the river (Lesson 5) • Peer evaluation and feedback (Lesson 7) • Collaborating (Lesson 7) • Collaborating (Review) **Values** • Understanding the importance of considering your friends' feelings before playing tricks	**Culture around the world** • Famous Hawaiian people **Literacy** **Text type** • A biography / an autobiography (chronological account) **Reading skills** • Predicting content from an image **Writing skills** • Inverted commas	**21st Century Skills** • **Ways of working:** researching information and planning a presentation **Thinking skills** • Categorising (Lesson 1); Applying rules (Lesson 2); Predicting (Lesson 3); Applying rules (Lesson 4); Predicting (Lesson 6)	**Link to Science** **Our body** • Identifying the different stages of life and growing up **Arts and Crafts** • Exploring proportion and expression in art, and creating an expressive portrait
Core structures • *What did they wear? What did they eat? How did they cook their food? They wore / ate / drank / lived / had / made / hunted / cooked …* • *What / When / Where / Who / How did (I, you, he, she, we, they) eat / live / cook?* • *It could (run), but it couldn't (fly). Could they (jump)? Yes, they could. / No, they couldn't.* **Other structures** • *Don't forget your helmet. I dropped it. Can you get it? Well done!* **Recycled structures** • *Were there (fossils) in prehistoric times? Yes, there were. / No, there weren't. There were (caves).*	• The 'aw' sound (**Paul draw claws Saul sauce paws**) • **Recycled**: 'or' and 'al' spellings	**Cooperative learning Skills** • Collaborating (Lesson 1) • Memory game (Lesson 1) • Information sharing (Lesson 2) • Collaborating (Lesson 3) • Work together to cross the river (Lesson 5) • Information sharing (Lesson 5) • Peer evaluation and feedback (Lesson 7) • Collaborating (Lesson 7) • Collaborating (Review) **Values** • Understanding the importance of not dropping litter	**Culture around the world** • Dinosaur fossils and cave paintings in Canada **Literacy** **Text type** • An encyclopaedia entry (information text) **Reading skills** • Awakening interest by writing questions (predicting) **Writing skills** • Extreme adjectives	**21st Century Skills** • **Digital skills:** exploring virtual museums **Thinking skills** • Applying rules (Lesson 2); Predicting (Lesson 3); Applying rules (Lesson 4); Predicting (Lesson 7)	**Links to Science** **Animals** • Identifying animal groups and discussing reptiles **Arts and Crafts** • Exploring complementary colours and symbols, and constructing a boomerang

Syllabus

Unit	Key Competences and Key Learning Outcomes	Contents: Lexis
My project 1: The minibeast exhibition	• Learn about exhibitions in your town museum (Lesson 1) • Present the exhibition to the class (Lesson 2) • Identify and name different habitats for minibeasts (Lesson 1) • Review how insects help with pollination (optional) (Lesson 1) • Investigate different minibeasts (Lesson 1) • Reflect on what you've learnt and how well you've worked together (Lesson 2) • Share information with your group (Lesson 1) • Work in a group to create a minibeast exhibition (Lesson 2)	**Key vocabulary** • *beetle, butterfly, centipede, dragonfly, grasshopper, ladybird, millipede, moth, slug, snail, spider, worm* • *grass, plant, pond, rock, tree, twigs*
Unit 4 Lost in space	• Identify and say objects in space (Lesson 1) • Say the vocabulary chant (Lesson 1) • Listen, repeat and act out a conversation (Lesson 2) • Follow, complete and correct the grammar tables (Lessons 2 and 4) • Use superlative adjectives (Lessons 2 and 4) • Learn adjectives to describe objects (Lesson 4) • Use subheadings (Lesson 7) • Watch and understand a video (Video and 21st Century Skills) • Use a code to read a message (Lesson 3) • Read and understand an information text (Lesson 6) • Prepare and write a fact file (Lesson 7) • Use the Pupil's App on Navio • Say a tongue twister and practise alternative spellings for the 'a_e' sound (Lesson 5) • Review your own learning (Review) • Practise activity types found in the Cambridge Exams: A2 Flyers • Understand the importance of not taking living things out of their habitats (Lesson 3) • Work with a Talk Partner to practise and reinforce learning (all lessons) • Play a communication game using superlative adjectives (Lesson 5) • Sing two songs (Lessons 1 and 4) • Read, listen, understand and act out a story about a meteorite (Lesson 3) • Think about and research Australia (Lesson 8) • Think about your own culture (Lesson 8)	**Core vocabulary** • *asteroid belt, astronaut, comet, Jupiter, Mercury, meteorite, Neptune, planets, rings, rocket, satellite, Venus* • *expensive, heavy, interesting, modern, powerful, shiny* **Extension vocabulary** • *alien, Earth, Mars, Saturn, space station, Uranus; cheap, dull, large, tiny* **Other vocabulary** • *brightest, coldest, furthest, greatest, heaviest, longest, shiniest, windiest* • *amazing, dry, rocky* • *dust, gas giants, ice caps, nebulas, north, price, solar system, south pole, stargazing, surface, telescope, temperature, volcano* **Recycled vocabulary** • *day, moon, the Sun* • *first, second, third, fourth, fifth, sixth, seventh, eighth* • *ice, mirror, mountain, starfish, water*

Competence in linguistic communication | Competence in mathematics, science and technology | Digital competence
Learning to learn | Social and civic competences | Sense of initiative and entrepreneurship | Cultural awareness and expression

Contents					Cross-curricular links
Structures	**Phonics**	**Sociocultural aspects**	**Culture around the world and Literacy**	**21st Century Skills**	
Key structures • *It's a (dragonfly).* • *It's got (four transparent wings and big eyes).* • *It can (fly) very fast. It lives in (a warm place).* • *What does it eat? It eats (mosquitoes).* • *The exhibition is called (World of Minibeasts).* • *There are some (dragonflies).* • *The (dragonflies) need (a pond).* • *I'm going to put all the minibeasts that can (fly) next to each other.*		**Cooperative learning Skills** • Listen to and respect everyone's opinion (Lesson 2)			**Link to Science** **Plants** • Reviewing how insects help with pollination
Core structures • *(Jupiter) is the (biggest) planet. (Mercury) is the (closest) planet to the Sun. The (red) rocket is the (heaviest) rocket.* **Other structures** • *You need clear skies and a high position. The largest telescope is the Anglo-Australian telescope. These are clouds of dust and gas where new stars are born.* **Recycled structures** • *(Earth) is the (third) planet. It's (next to Earth). It's got at least (16 moons). That wasn't a (shooting star). It was a (meteorite).*	• The 'a_e' sound (**snake race space came eighth neigh sleigh**) • **Recycled**: 'ai' and 'ay' spellings	**Cooperative learning Skills** • Collaborating (Lesson 1) • Collaborating (Lesson 3) • Collaborating (Lesson 4) • Information sharing (Lesson 5) • Collaborating (Lesson 7) • Peer evaluation and feedback (Lesson 7) • Collaborating (Review) **Values** • Understanding the importance of not taking living things out of their habitats	**Culture around the world** • An observatory in Australia **Literacy** **Text type** • A fact file (information text) **Reading skills** • Reading for specific information **Writing skills** • Using subheadings	**21st Century Skills** • **Ways of thinking:** grading things / putting things on a cline **Thinking skills** • Applying rules (Lesson 2); Remembering (Lesson 2); Predicting (Lesson 3); Applying rules (Lesson 4); Classifying (Lesson 6); Predicting (Lesson 8)	**Links to Science** **Our planet** • Classifying celestial bodies, reviewing the position of planets in the solar system and sharing information about our planet **Arts and Crafts** • Observing the use of swirls, spirals, curved, wavy and continuous lines and creating a skyscape

Syllabus

Unit	Key Competences and Key Learning Outcomes	Contents Lexis
Unit 5 **Let's have fun!**	• Identify and say free-time activities (Lesson 1) • Say the vocabulary chant (Lesson 1) • Listen, repeat and act out a conversation (Lesson 2) • Follow, complete and correct the grammar tables (Lessons 2 and 4) • Use conditional sentences with 'can' (Lesson 2) • Identify and say musical instruments (Lesson 4) • Use 'I'd rather' to talk about preferences (Lesson 4) • Use apostrophes (Lesson 7) • Watch and understand a video (Video and 21st Century Skills) • Use a code to read a message (Lesson 3) • Use the Pupil's App on Navio • Say a tongue twister and practise alternative spellings for the 'ue' sound (Lesson 5) • Review your own learning (Review) • Practise activity types found in the Cambridge Exams: A2 Flyers • Understand the importance of being creative with your time (Lesson 3) • Work with a Talk Partner to practise and reinforce learning (all lessons) • Play a communication game using 'would rather' (Lesson 5) • Sing two songs (Lessons 1 and 4) • Read, listen, understand and act out a story about a rainy day (Lesson 3) • Read and understand a text to entertain (Lesson 6) • Prepare and write a text about a mythical creature (Lesson 7) • Think about and research New Zealand (Lesson 8) • Think about your own culture (Lesson 8)	**Core vocabulary** • *go bowling, go hiking, go horse riding, go sailing, go shopping, go windsurfing, have a barbecue, have an ice lolly, have a picnic, make a cake, play table tennis, ride a mountain bike* • *cymbals, drums, electric guitar, keyboard, tambourine, xylophone* **Extension vocabulary** • *do a jigsaw, do a quiz, do an experiment, fly a kite, go snorkelling, go surfing; flute, recorder, saxophone, triangle* **Other vocabulary** • *crashed* • *bagpipes, didgeridoo, musical instruments, sitar, steel drum, strings* • *Hydra, myth, mythical creatures, Sirens* • *bottom, branch, noise, poisonous, ship's mast, top, war, wax* **Recycled vocabulary** • *beak, claws, eyes, heads, legs, tail, wings* • *dragon, enormous, glasses, hero, monster* • *after school, at the weekend, in the summer, tomorrow*
Unit 6 **Marvellous machines**	• Identify and say machines in our houses (Lesson 1) • Say the vocabulary chant (Lesson 1) • Listen, repeat and act out a conversation (Lesson 2) • Follow, complete and correct the grammar tables (Lessons 2 and 4) • Use 'is / are used for' to talk about machines in our houses (Lesson 2) • Identify and say materials (Lesson 4) • Use 'It's' and 'They're' to talk about what materials things are made of (Lesson 4) • Use 'wow' words (Lesson 7) • Watch and understand a video (Video and 21st Century Skills) • Use a code to read a message (Lesson 3) • Learn how to make a battery (Lesson 3) • Use the Pupil's App on Navio • Say a tongue twister and practise alternative spellings for the 'o_e' sound (Lesson 5) • Review your own learning (Review) • Practise activity types found in the Cambridge Exams: A2 Flyers • Understand the importance of recycling batteries (Lesson 3) • Work with a Talk Partner to practice and reinforce learning (all lessons) • Play a communication game using 'It's made of' and 'They're made of' (Lesson 5) • Sing two songs (Lessons 1 and 4) • Read, listen, understand and act out a story about a boat race (Lesson 3) • Read and understand a text to persuade (Lesson 6) • Prepare and write an advert (Lesson 7) • Think about and research the USA (Lesson 8) • Think about your own culture (Lesson 8)	**Core vocabulary** • *blender, cooker, dishwasher, DVD player, fridge, hairdryer, hoover, microwave, printer, tablet, toaster, washing machine* • *cotton, gold, leather, plastic, silver, wool* **Extension vocabulary** • *electric toothbrush, hair straighteners, juicer, phone charger, smart phone, tumble dryer; card, glass, metal, wood* **Other vocabulary** • *batteries, coin, solar power, wires* • *amazing, delicious, fantastic, special* • *opinion, price, product name, slogan, true statement* • *breakdancing, humans, kung fu, somersaults* **Recycled vocabulary** • *bedroom, kitchen, living room* • *every day, once / twice / three times a week, this morning* • *hockey, lemons, mast, sail, wind* • *boots, bracelet, earrings, sweater*

Competence in linguistic communication | Competence in mathematics, science and technology | Digital competence
Learning to learn | Social and civic competences | Sense of initiative and entrepreneurship | Cultural awareness and expression

Contents					Cross-curricular links
Structures	**Phonics**	**Sociocultural aspects**	**Culture around the world and Literacy**	**21st Century Skills**	
Core structures • *If it's (sunny), we can (have a picnic). If it's (raining), we can't (have a barbecue).* • *I'd rather (play the drums) than (sing). Would you rather (eat a cake) or (eat an ice lolly)?* **Other structures** • *What shall we do today? Hurry up. The pipes are made from wood. The didgeridoo comes from Australia.* **Recycled structures** • *What do you do in your free time? What's your favourite activity? What did you do at the weekend? Let's (go hiking). Do you (play table tennis)? Yes, I do. / No, I don't. What does it look like? What does it eat? Where does it live? How big is it? Does it have (a tail)?*	• The 'ue' sound (h**u**g**e** m**u**l**e** t**u**n**e** barbec**ue** stat**ue**) • **Recycled**: 'ui' and 'oo' spellings	**Cooperative learning Skills** • Listening to each other (Lesson 1) • Checking learning (Lesson 1) • Activities race (Lesson 1) • Collaborating (Lesson 3) • Collaborating (Lesson 4) • Checking learning (Lesson 5) • Peer evaluation and feedback (Lesson 7) • Collaborating (Lesson 7) • Collaborating (Review) **Values** • Understanding the importance of being creative with your time	**Culture around the world** • A music festival in New Zealand **Literacy** **Text type** • A myth / a mythical creature (text to entertain) **Reading skills** • Predicting content **Writing skills** • Use of apostrophe for possession	**21st Century Skills** • **Living in the world:** making your own fun **Thinking skills** • Classifying (Lesson 1); Applying rules (Lesson 2); Predicting (Lesson 3); Applying rules (Lesson 4); Predicting (Lesson 8)	**Links to Science** **Energy** • Identifying forms of energy and reviewing sound **Arts and Crafts** • Exploring reflection, horizontal and vertical symmetry and creating a reflection rubbing
Core structures • *A (hairdryer) is used for (drying your hair). (Microwaves) are used for (heating food).* • *What's it used for? It's used for (washing your clothes). What are they used for? They're used for (making toast).* • *A (sweater) is made of (wool). (Boots) are made of (leather). What's it made of? What are they made of? They're made of (leather).* **Other structures** • *What's wrong with the boat? It's working!* **Recycled structures** • *We've got (machines in the kitchen). There's a (cooker) in the kitchen. Have you got a (dishwasher)? Yes, I have. Where is it? It's in the (kitchen). How often do you use it? I use it every day. (Ravi) is brilliant at (making machines). Is it (big or small)?*	• The 'o_e' sound (r**o**b**o**t r**o**lls h**o**m**e** r**o**s**e** n**o**s**e** ph**o**n**e**) • **Recycled**: 'ow' and 'oa' spellings	**Cooperative learning Skills** • Brainstorming (Lesson 1) • Listening (Lesson 2) • Collaborating (Lesson 3) • Collaborating (Lesson 4) • Checking learning (Lesson 5) • Collaborating (Lesson 7) • Peer evaluation and feedback (Lesson 7) • Collaborating (Review) **Values** • Understanding the importance of recycling batteries	**Culture around the world** • Robot competitions in the USA **Literacy** **Text type** • An advert (text to persuade) **Reading skills** • Completing a text **Writing skills** • Using 'wow' words (*amazing, fantastic, delicious*)	**21st Century Skills** • **Digital skills:** creating adverts **Thinking skills** • Applying rules (Lesson 2); Predicting (Lesson 3); Applying rules (Lesson 4); Predicting (Lesson 8)	**Links to Science** **Machines** • Identifying machines that use electricity and reviewing how a complex machine works **Arts and Crafts** • Exploring geometric and organic forms and constructing a recycled musical bird

Syllabus

Unit	Key Competences and Key Learning Outcomes	Contents: Lexis
My project 2: The green school project	• Learn about ways of saving energy (Lesson 1) • Present the action plan to the class (Lesson 2) • Identify and name different ways to recycle / save energy (Lesson 1) • Review the three Rs (Reduce, Reuse and Recycle) (optional) (Lesson 1) • Investigate the recycling programme in your school (Lesson 1) • Reflect on what you've learnt and how well you've worked together (Lesson 2) • Share information with your group (Lesson 1) • Work in a group to create an action plan for making the school green (Lesson 2)	**Key vocabulary** • *batteries, bottles, cardboard boxes, computer, glass jars, lights, paper, plastic bags, taps, tins* • *canteen, classroom, computer room, office, playground, school, school garden, teachers' room, toilets* • *have a meeting, make signs / posters, plant trees, recycle, reuse, save electricity / water, turn off (the lights), write letters* • *expensive, pollution*
Unit 7 In the city	• Identify and say places in a city (Lesson 1) • Say the vocabulary chant (Lesson 1) • Listen, repeat and act out a conversation (Lesson 2) • Follow, complete and correct the grammar tables (Lessons 2 and 4) • Use 'will' / 'won't' to make future predictions (Lessons 2 and 4) • Identify and say vocabulary about transport (Lesson 4) • Make a list or draw a mind map to brainstorm vocabulary (Lesson 7) • Watch and understand a video (Video and 21st Century Skills) • Use a code to read a message (Lesson 3) • Make predictions about how technology will change in the future (Video and 21st Century Skills) • Use the Pupil's App on Navio • Say a tongue twister and practise alternative spellings for the 'oi' sound (Lesson 5) • Review your own learning (Review) • Practise activity types found in the Cambridge Exams: A2 Flyers • Understand the importance of getting enough sleep (Lesson 3) • Work with a Talk Partner to practise and reinforce learning (all lessons) • Play a communication game using 'will / won't' (Lesson 5) • Think critically and creatively while making predictions about the future (Video and 21st Century Skills) • Sing two songs (Lessons 1 and 4) • Read, listen, understand and act out a story about a sci-fi city (Lesson 3) • Read and understand a poem (Lesson 6) • Prepare and write an acrostic poem (Lesson 7) • Think about and research Hong Kong (Lesson 8) • Think about your own culture (Lesson 8)	**Core vocabulary** • *adventure playground, airport, art gallery, bowling alley, cinema, football stadium, hotel, ice rink, library, market, shopping centre, university* • *helicopter, hot-air balloon, motorbike, submarine, tram, underground* **Extension vocabulary** • *campsite, college, factory, office, service station, town hall; ambulance, bicycle, engine, taxi* **Other vocabulary** • *double-decker, junk boat, funicular railway, harbour, houseboat, sampan, science fiction, spaceship* **Recycled vocabulary** • *ants, cars, chores, city, computer, dinosaurs, ground, high, moon, mountains, people, robot, school, sea, television, time, towns, trains, weekend, wheels, window, wings* • *caves, sky, trees* • *blue, green, red, yellow* • *washing machine* • *drive, fly, live, talk, travel*

Competence in linguistic communication | Competence in mathematics, science and technology | Digital competence
Learning to learn | Social and civic competences | Sense of initiative and entrepreneurship | Cultural awareness and expression

Contents					Cross-curricular links
Structures	Phonics	Sociocultural aspects	Culture around the world and Literacy	21st Century Skills	
Key structures • *The most important way to make our school green is … because …* • *We should (save electricity). We are going to (make signs).*		**Cooperative learning Skills** • Listen carefully to the speaker (Lesson 2)			**Link to Science** **Matter** • Reviewing the three Rs (Reduce, Reuse and Recycle)
Core structures • *Will there be (libraries) in the future? Yes, there will. / No, there won't. (Cars) will / won't (have wings). I think that (robots) will (drive).* **Other structures** • *I go to the city at the weekend and have lots of fun. I don't think so. What's happening? How does it work? It's time to go back to the present. I went to the future. Don't forget to lock the door.* **Recycled structures** • *What do you do there? I (watch a football match). Where do you go (at the weekend)? I usually go to (the art gallery).*	• The 'oi' sound (**Joy oi**ls **joi**nts **Roy toy**) • **Recycled**: 'j' and 'g' spellings	**Cooperative learning Skills** • Checking learning (Lesson 1) • Collaborating (Lesson 3) • Collaborating (Lesson 4) • Checking learning (Lesson 5) • Work together to cross the river (Lesson 5) • Information sharing (Lesson 7) • Collaborating (Lesson 7) • Peer evaluation and feedback (Lesson 7) • Collaborating (Review) **Values** • Understanding the importance of getting enough sleep	**Culture around the world** • Transport in Hong Kong **Literacy** **Text type** • An acrostic poem (poetry) **Reading skills** • Predicting content **Writing skills** • Brainstorming words / ideas	**21st Century Skills** • **Ways of thinking:** making predictions based on existing knowledge **Thinking skills** • Applying rules (Lesson 2); Predicting (Lesson 3); Applying rules (Lesson 4); Sequencing (Lesson 6); Predicting (Lesson 8)	**Link to Science** **Living together** • Discussing the area where you live **Arts and Crafts** • Exploring space in art and using perspective lines to create a landscape with depth

Syllabus

Unit	Key Competences and Key Learning Outcomes	Contents
		Lexis
Unit 8 Jobs we do	• Identify and say jobs (Lesson 1) • Say the vocabulary chant (Lesson 1) • Listen, repeat and act out a conversation (Lesson 2) • Follow, complete and correct the grammar tables (Lessons 2 and 4) • Use 'have to' in present simple questions (Lesson 2) • Identify and say places of work (Lesson 4) • Use 'who' and 'where' in relative clauses (Lesson 4) • Use 'for' to talk about a period of time (Lesson 7) • Watch and understand a video (Video and 21st Century Skills) • Use a code to read a message (Lesson 3) • Use the Pupil's App on Navio • Say a tongue twister and practise alternative spellings for the 'er' sound (Lesson 5) • Review your own learning (Review) • Practise activity types found in the Cambridge Exams: A2 Flyers • Understand the importance of saying sorry if you're late (Lesson 3) • Work with a Talk Partner to practise and reinforce learning (all lessons) • Play a communication game using relative clauses (Lesson 5) • Sing two songs (Lessons 1 and 4) • Read, listen, understand and act out a story about a school day (Lesson 3) • Read and understand a non-chronological report (Lesson 6) • Prepare and write a non-chronological report (Lesson 7) • Think about and research Tasmania (Lesson 8) • Think about your own culture (Lesson 8)	**Core vocabulary** • *artist, carpenter, chef, dentist, driver, hairdresser, lawyer, mechanic, nurse, photographer, vet, waiter* • *clinic, factory, garage, office, salon, workshop* **Extension vocabulary** • *actor, baker, reporter, sailor, secretary, singer; gallery, police station, studio, surgery* **Other vocabulary** • *island, lighthouse keeper, relative* • *fix, oil (v), warn (v)* • *flashes, fresh food, hot water, muscles, news, sequence, space* **Recycled vocabulary** • *animals, aquarium, brush, car, cartoon, check, crossword, dolphin, lamps, lighthouse, solar power, university, weather* • *cut (v), dry (v), exercise (v), fly (v)* • *dad, mum* • *astronaut*
Unit 9 All around the world	• Identify and say countries (Lesson 1) • Say the vocabulary chant (Lesson 1) • Listen, repeat and act out a conversation (Lesson 2) • Follow, complete and correct the grammar tables (Lessons 2 and 4) • Use the present perfect to talk about countries and experiences (Lessons 2 and 4) • Identify and say holiday activities (Lesson 4) • Use rhetorical questions (Lesson 7) • Watch and understand a video (Video and 21st Century Skills) • Use a code to read a message (Lesson 3) • Use the Pupil's App on Navio • Say a tongue twister and practise alternative spellings for the 'ea' sound (Lesson 5) • Review the alternative 'f' spellings (Lesson 5) • Review your own learning (Review) • Practise activity types found in the Cambridge Exams: A2 Flyers • Understand the importance of trying new things when you go to a different country (Lesson 3) • Work with a Talk Partner to practise and reinforce learning (all lessons) • Play a communication game using 'Has she / he ever …?' (Lesson 5) • Sing two songs (Lessons 1 and 4) • Read, listen, understand and act out a story about a Moroccan adventure (Lesson 3) • Read and understand a text to persuade (Lesson 6) • Prepare and write a travel brochure (Lesson 7) • Think about and research England (Lesson 8) • Think about your own culture (Lesson 8)	**Core vocabulary** • *Brazil, China, France, Germany, India, Italy, Japan, Mexico, Morocco, Portugal, Romania, Russia* • *buy a souvenir, eat sushi, play cricket, see a whale, take a photo, visit a monument* **Extension vocabulary** • *Argentina, Belgium, Ecuador, Poland, Switzerland, Thailand; climb a mountain, go skiing, ride a camel, sleep in a tent* **Other vocabulary** • *ancient history, comfortable, dates, double-decker bus, gondola, herbs and spices, jigsaws, Mariachi band, models, oasis, ocean, rugby, snoring, sun cream, tennis, tournament* • *afternoon tea, burritos, guacamole, Japanese restaurant, scones, tacos* **Recycled vocabulary** • *beaches, camel, camera, car, fun, go hiking / skiing, grandad, market, mountains* • *delicious, friendly, noisy* • *cake, cream, flavour, fruit, ice cream, jam, pasta, pizza, sandwich* • *ball, football, teddy bear, toys*

Competence in linguistic communication | Competence in mathematics, science and technology | Digital competence
Learning to learn | Social and civic competences | Sense of initiative and entrepreneurship | Cultural awareness and expression

Contents					Cross-curricular links
Structures	**Phonics**	**Sociocultural aspects**	**Culture around the world and Literacy**	**21st Century Skills**	
Core structures • *Do I / you / we / they have to (wear a uniform)? Yes, I / you / we / they do. No, I / you / we / they don't.* • *Does he / she / it have to (work very hard)? Yes, he / she / it does. No, he / she / it doesn't. I / You / We / They have to (work at night).* • *He / She / It has to (like animals).* • *(A hairdresser) is a person who works in (a salon). (A salon) is a place where (a hairdresser) works.* **Other structures** • *Who cooks food in a restaurant?* **Recycled structures** • *Is it (a chef)? Yes, it is. / No, it isn't. It's your turn. What do you want to be when you're older? I want to be (an artist).*	• The 'er' sound (driv**er** act**or** sail**or** bak**er**) • **Recycled**: 'ur' and 'ir' spellings	**Cooperative learning Skills** • Checking learning (Lesson 1) • Listening to each other (Lesson 1) • Collaborating (Lesson 3) • Collaborating (Lesson 4) • Checking learning (Lesson 5) • Work together to cross the river (Lesson 5) • Sharing information (Lesson 7) • Collaborating (Lesson 7) • Peer evaluation and feedback (Lesson 7) • Collaborating (Review) **Values** • Understanding the importance of saying sorry if you're late	**Culture around the world** • Lighthouse keepers in Tasmania **Literacy** **Text type** • A newspaper article / an interview (non-chronological report) **Reading skills** • Scanning for specific information **Writing skills** • Using 'for' to talk about periods of time	**21st Century Skills** • **Living in the world:** health and safety **Thinking skills** • Applying rules (Lesson 2); Predicting (Lesson 3); Applying rules (Lesson 4); Predicting (Lesson 8); Forming conceptual links (Cambridge Exams Practice)	**Link to Science** **Population** • Discussing the active population **Arts and Crafts** • Identifying how depth, overlap and size are used in art and creating a tissue paper seascape.
Core structures • *Have you / they ever been to (China)? Yes, I / they have. No, I / they haven't. Has he / she ever been to (Morocco)? Yes, he / she has. No, he / she hasn't. She's / He's been to (Italy). She / He hasn't been to (Italy). I've / They've been to (Portugal). I / They haven't been to (Portugal). Have you ever (eaten sushi)? Yes, I have. / No, I haven't.* **Other structures** • *Where do you go on holiday? Do you go to other countries?* **Recycled structures** • *It's got a blue, white and red flag. Is it (France)? Yes, it is. / No, it isn't. Would you like to go to (France)? Yes, I would. / No, I wouldn't.*	• The 'e' sound (S**e**ven h**ea**vy M**e**xican **e**lephants f**ea**ther b**e**d) • **Recycled**: 'f' and 'ph' spellings	**Cooperative learning Skills** • Teambuilding (Lesson 1) • Collaborating (Lesson 3) • Listening (Lesson 4) • Checking learning (Lesson 4) • Checking learning (Lesson 5) • Work together to cross the river (Lesson 5) • Sharing information (Lesson 7) • Collaborating (Lesson 7) • Peer evaluation and feedback (Lesson 7) • Collaborating (Review) **Values** • Understanding the importance of trying new things when you go to a different country	**Culture around the world** • England **Literacy** **Text type** • A travel brochure (text to persuade) **Reading skills** • Predicting content by writing questions **Writing skills** • Rhetorical questions	**21st Century Skills** • **Digital skills:** getting information from different sources **Thinking skills** • Applying rules (Lesson 2); Predicting (Lesson 3); Applying rules (Lesson 4); Predicting (Lesson 8)	**Link to Science** **Population** • Discussing the population of different countries **Arts and Crafts** • Exploring the use of positive and negative space and creating a 'mould of a family' sculpture

Syllabus

Unit	Key Competences and Key Learning Outcomes	Contents
		Lexis
My project 3: The medieval festival	• Learn the names of activities in a medieval festival (Lesson 1) • Present the poster to the class (Lesson 2) • Discuss people who lived in the Middle Ages (optional) (Lesson 1) • Investigate a medieval festival (Lesson 1) • Reflect on what you've learnt and how well you've worked together (Lesson 2) • Share information with your group (Lesson 1) • Work in a group to create a poster (Lesson 2)	**Key vocabulary** • *archery, arts and crafts, face painting, jousting, juggling, knight's shield, mask, medieval castle / crown / dancing, parade, pony rides, stilt walking, tug-of-war* • *beads, bracelets, chicken, sandwich, stilts, stilt walking*
Festivals: World Water Day	• Review the present simple • Think about why it's important to save water • Find out ways you can save water • Find out when the first World Water Day was • Learn about World Water Day • Design a World Water Day poster	**Key vocabulary** • *brush my teeth, cleaning, cooking, drinking, full, have a bath, have a shower, plants, tap, turn off, washing, washing machine, water (n), water (v), watering can, World Water Day*
Festivals: International Peace Day	• Make a list of words about peace with a partner • Find out about the first International Peace Day • Learn about International Peace Day • Read and enjoy a poem • Make a peace display	**Key vocabulary** • *dove, everyone, family, friends, happiness, hug, kindness, love, peace, smile, sorry*

Competence in linguistic communication | Competence in mathematics, science and technology | Digital competence | Learning to learn | Social and civic competences | Sense of initiative and entrepreneurship | Cultural awareness and expression

Contents					Cross-curricular links
Structures	Phonics	Sociocultural aspects	Culture around the world and Literacy	21st Century Skills	
Key structures • *What equipment do you need?* • *We're going to have (a chicken sandwich stall). We need (a pair of stilts). Why don't we have (stilt walking)? We could sell (bracelets).*		**Cooperative learning Skills** • Listen to and respect everyone's opinion (Lesson 2)			**Link to Science History** • Discussing the Middle Ages
Key structures • *I can (turn off the tap when I brush my teeth).* • *I can (use the washing machine when it's full).*					
Key structures • *Peace is (happiness).*					

Introduction to *Give Me Five!*

Give Me Five! is a six-level course for pupils who have an extended English timetable and are being taught at a faster pace. It is designed to develop pupils' communicative competences in a systematic and comprehensive manner.

With *Give Me Five! 4*, pupils ...

- **identify language patterns** and use them to personalise and be creative with new language.
- **use new technologies and multimedia** as tools for learning.
- **develop their social and civic competences** through a hands-on cooperative project each term and the integration of collaborative tasks and strategies.
- **develop literacy skills** through a range of enjoyable and motivating real-world texts and a focus on the key reading and writing skills.
- **communicate confidently and fluently** through well-supported speaking tasks.
- **participate fully** in fun and engaging activities such as songs, stories, games and chants.
- **prepare for Cambridge Exams** through the systematic integration of exam practice material and a dedicated Exams Practice lesson in each unit.
- **develop their 21st century skills** through real-life videos and interesting tasks to practise and perfect the skills needed in the 21st century.
- **develop their thinking skills and multiple intelligences** through a variety of stimulating and challenging activities.
- **become independent and reflective learners** through the integration of learning-to-learn strategies and activities.
- **develop reading, writing, listening and speaking** in a balanced and integrative manner.
- **learn about life in English-speaking countries around the world** and think about their own culture.
- **develop a clear and natural pronunciation** through the systematic practice of tricky sounds.
- **link their learning to other areas in the curriculum** such as Science and Arts and Crafts.

Meet the characters in *Give Me Five! 4*

Josh and his sister **Lily** are ten and nine years old respectively. They live in a lighthouse.

Together with their friend **Ravi**, they have exciting adventures by the sea.

Luke is Josh and Lily's big brother. He's a scientist and a fan of codes and secret messages. The children love reading about the amazing things he sees and does on his trip around the world.

Cooperative learning

Give Me Five! 4 incorporates a variety of **cooperative learning tasks and strategies** which require the pupils to work together in a structured way. Working in pairs and small groups has many benefits. The pupils are prepared to spend more time on the tasks, are motivated to produce more language and are more likely to use creative and logical thinking. Cooperative learning also helps develop a positive classroom environment as the pupils have a greater sense of belonging and learn to understand and value all the members of the group. Finally, cooperative tasks require the pupils to be active and more independent learners, building their self-confidence and their ability to cope with uncertainty and unpredictability.

Give Me Five! 4 makes use of common and well-researched cooperative learning strategies. One of these is **Think-Pair-Share**, where learners listen to a question, think about it individually, discuss the answer with a partner and then share their ideas with the rest of the class. Others include **Talk Partners**, where the pupils test and prompt each other in pairs, and **Writing Partners**, where the pupils work together to plan, write and evaluate a piece of written work. There is also a simple, clearly staged **cooperative project** at the end of each term which provides the pupils with the opportunity to learn and develop **interpersonal skills** such as turn taking, listening to others and dealing with conflict.

In order to support and reinforce these different ways of working, the teacher is provided with a set of **Talk cards**. The cards can be displayed in the classroom and include a **Talk Partners card**, where the pupils work with the person sitting next to them to complete a task, a **Talk in small groups card**, where the pupils work in groups of three or four, and an **Own work, but can help a partner card** where the pupils are encouraged to support and help each other with a reading or writing task.

Cooperative learning activities and strategies bank

1 Three-step interview
The pupils work with a partner to ask and answer questions, e.g. about their preferences or their routines. Once they have completed the task, they turn to a new partner and report what their first partner has told them, e.g. *Peter loves skating*. This strategy can be used for personal questions, for example in some **Talk Partner** activities.

2 Think – write – pair – compare
Ask the pupils a question, e.g. **What water sports do you know?** Each pupil should think and write down their ideas. The pupils then share and compare their ideas with a partner or in a small group. Asking pupils to write down their ideas helps them to organise their thoughts and ensures full participation. This strategy can be used for brainstorming, for example in Lesson 1, Activity 1.

3 Numbered heads
When the class is working in small groups, give each pupil a number (1–3). At the end of the task, ask a question and say one of the numbers. The pupil with that number in each group should answer the question. Repeat the process with other questions, choosing a different number to answer each time. This strategy can be used when the pupils are planning and creating projects in small groups or when they are doing the review quiz in pairs at the end of the unit.

4 Round robin
Organise the class into small groups. Then ask an open-ended question. Each pupil should take turns to share their answer with their group. To prevent interruptions, give pupils a *talk token*, e.g. a rubber, to place on the table when they speak. Once they have done this, they cannot speak again until all their group's tokens are on the table. This strategy can be used, for example, when talking about values in Lesson 3 or the children's culture in Lesson 8.

5 Board sharing
When pupils have discussed a question in small groups, ask them to choose their best answer. One pupil from each group should then write the information on the board. The class can then compare and discuss the different answers. This strategy can be used for brainstorming ideas or for making predictions, for example before reading the story in Lesson 3.

6 Reading partners
Organise the class into pairs to read a text. The two pupils should take it in turns to read a section of the text, e.g. a paragraph, to each other. At the end of each section they should check each other's understanding. This strategy can be used, for example, after a class reading of the literacy texts in Lessons 6 and 7.

21st Century learning

Give Me Five! and 21st Century learning

Today's learners are growing up in a complex, changing world where an enormous amount of information is available at the touch of a button and where social media allows them to communicate with people all around the world. Technology is transforming the way we live and the way we learn. A key objective of *Give Me Five!* is to support learners in developing the necessary skills for this inter-connected, digital age. These include using a range of digital technology, communicating and collaborating with others, thinking creatively and critically, and working to become a caring global citizen.

Give Me Five! 4 takes an integrated approach to the use of digital technology and the teaching of **digital skills**. In each unit there is a comprehensive set of digital practice material for the learner, helping them to become autonomous and digitally confident. Pupils are also supported in developing specific ICT skills. There are tips on how to use the Internet to find, select and present information, and there is a selection of projects with digital outcomes. Guided web quests also support pupils in using the Internet to explore new places around the world.

There are multiple opportunities for **communication** and **collaboration** in *Give Me Five! 4*. Learners are encouraged to work together to discover and build knowledge through quizzes and questionnaires, whole-class discussions and a wide range of *Talk Partner* activities. Pupils also work with *Writing Partners* to plan, write and evaluate pieces of written work, and are encouraged to work cooperatively to review learning and reflect on progress at the end of each unit. Finally, there is a structured cooperative project at the end of each term which provides opportunities for authentic communication, develops key interpersonal skills and enables learners to celebrate achievement.

In each unit of *Give Me Five! 4*, learners are provided with a range of tasks to build their **critical and creative thinking skills**. These include problem-solving, evaluating information, and using imaginative thinking. The Video and 21st Century Skills lessons also focus on a selection of discrete thinking skills. They provide practical tips and thinking strategies and engage learners in tasks where the skills are naturally employed.

The interconnectivity of the 21st Century and the increasing diversity of our communities mean that pupils need to learn how to respect and value other cultures. *Give Me Five! 4* provides learners with historical, geographical and cultural information about nine different places in the world. This rich content provides opportunities for **intercultural learning**, where learners identify cultural differences and similarities and build a positive attitude toward their own and other cultures. Finally, a dedicated *Values* section in each unit supports learners in developing their **social and civic competencies** and helps them to make a positive difference in the world.

Video and 21st Century Skills lessons

Video generates interest and supports learners' listening by providing a clear visual context. It is also a flexible tool, allowing teachers to pause the recording or turn off the sound, and can be used as a stimulus for thinking, language practice and communication.

Each unit in *Give Me Five! 4* concludes with a Video and 21st Century Skills lesson. These video lessons help to build key 21st Century Skills, develop visual literacy and provide a springboard for authentic communication.

The stars of the videos are Chloe and Mark, the two children presenters of *Channel 21*. The children begin each programme by introducing a new topic and then share a selection of related video clips that they have gathered. These are visually rich videos, bringing images of the world into the classroom and offering insights into British culture. The children then discuss the clips and highlight a 21st Century Skill in the material. This serves to contextualise the 21st Century Skill and show the learner how it is relevant in their learning and in their lives.

The 21st Century Skills selected for this level are the following:

Ways of working: these skills focus on collaboration and communication and include collaboration and teamwork (Unit 1) and researching information and planning a presentation (Unit 2).

Digital skills: these skills focus on researching, evaluating information and using digital technology and include exploring virtual museums (Unit 3), creating adverts (Unit 6) and getting information from different sources (Unit 9).

Ways of thinking: these skills focus on critical and creative thinking and include grading things / putting things on a cline (Unit 4) and making predictions based on existing knowledge (Unit 7).

Living in the world: these skills focus on values, responsibility and cultural awareness and include making your own fun (Unit 5) and health and safety (Unit 8).

Multiple Intelligences

According to the theory of **multiple intelligences**, each human being possesses a set of intelligences. As a consequence, learners have different needs, strengths and abilities in the classroom. In *Give Me Five!*, seven key intelligences are highlighted:

Linguistic intelligence

The pupils are supported on their journey to becoming **confident and accurate speakers**, listeners, readers and writers of the English language through a wide variety of activities. The pupils are given opportunities to use this language in a **range of social and cultural contexts**.

Bodily-kinaesthetic intelligence

Physical expression is an important part of communication and the pupils are encouraged to use **mime and gesture to support meaning**. The pupils are also given the opportunity to develop their fine motor skills.

Logical-mathematical intelligence

Integrated activities that require the pupils to use mathematical and logical **thinking skills**. These include **code breaking**, **problem solving**, **hypothesising** and **recording and presenting data**.

Visual-spatial intelligence

The engaging artwork in *Give Me Five!* is used to support meaning and help the pupils to **visualise contexts for language. Graphic organisers** help the pupils form their own conceptual links and order new information.

Interpersonal intelligence

A **values** section in each unit provides an opportunity for the pupils to develop the ability to empathise and respond appropriately to other people and draws their attention to key **social and civic values** and **codes of conduct**.

Intrapersonal intelligence

The pupils are encouraged to think about their **inner feelings**, **values** and **beliefs** through questionnaires and discussion questions. They also carry out several self-evaluation tasks.

Musical intelligence

The pupils are exposed to **songs**, **chants**, **tongue twisters**, **rhymes**, **riddles** and **poems**. These help them to produce natural-sounding rhythm, stress and intonation.

Tips for teaching pupils with Special Educational Needs

Setting up the class and Working together

- Change the groupings regularly to make sure the SEN pupils have an opportunity to work with all their classmates.
- Keeping routines is highly important for SEN pupils. Use visuals to reinforce rules and routines.
- Make instructions clear and on a step-by-step basis. Check understanding by giving an example and getting an example from the pupils.
- Use positive classroom language. Say what you want pupils to do, not what you don't want them to do. For example say ***Look at the board*** not ***Don't keep turning round***.
- Develop a peer mentoring system to encourage pupils to help each other and share skills.

Hearing Impaired (HI) pupils

- Write instructions on the board or highlight them on the IWB. Make sure you have your pupil's attention before you read out the instructions or speak.
- Seat your hearing impaired (HI) pupil facing and close to you to make lip reading and following instruction gestures easier.
- Assign or ask for a volunteer helper or note-taker depending on the level. The helper can point out the instructions in the Pupil's Book and a note-taker can take note of the key ideas of a listening to support the hearing impaired pupil.

Visually Impaired (VI) learners

- Say every word you write on the board and use realia to teach vocabulary. Realia allows the visually impaired pupils to use all their senses.
- *Give Me Five! 4* offers plenty of songs, stories and dialogues with lesson tips on how to include total physical response (TPR) activities.
- Encourage other pupils to describe experiences to give plenty of exposure to personal and shared interests.

Dyslexic learners

- For brainstorming activities, do the first few examples with the class. Ask the pupils to do the first part of an activity and check their answers before moving on to the next part. For writing activities at sentence level, provide the pupils with a model which can be done as a whole class first.
- If pupils can't write in their books, provide photocopies to allow pupils with dyslexia to mark the text or cut it and move it around. This allows for information to be processed in manageable chunks.

Key Competences and Key Learning Outcomes

The **Key Competences and Key Learning Outcomes** outline the **knowledge**, **skills** and **behaviour** that the pupils need to develop in order to achieve their full personal potential, participate in an effective and constructive way in society and become responsible and autonomous life-long learners.

Competence in linguistic communication: the ability to use language as an instrument to express and interpret concepts, facts, feelings and ideas in an appropriate and creative way.

Cultural awareness and expression: the ability to understand and appreciate different art and cultural forms.

Competence in mathematics, science and technology: the ability to develop and apply mathematical thinking to solve everyday problems and to use scientific knowledge to explain the natural world and understand the consequences of human action.

Sense of initiative and entrepreneurship: the ability to apply qualities and skills such as creativity, critical thinking and perseverance, and to plan and manage projects.

Digital competence: the ability to use digital technology confidently, critically and responsibly.

Social and civic competences: the ability to understand and appreciate diversity in society and to develop personal and interpersonal competences.

Learning to learn: the ability to organise one's own learning and work efficiently and autonomously as an individual or in a group.

How *Give Me Five! 4* develops the Key Learning Outcomes

Competence in linguistic communication

Give Me Five! 4 develops the pupils' linguistic skills in a systematic and integrative manner. The pupils learn to identify the meaning, sounds and rhythms of words and phrases through **songs**, **chants** and **stories**. The use of short **listening texts** helps them develop the ability to understand simple communicative messages in everyday contexts.

There is systematic practice of **tricky sounds** which helps the pupils develop clear and natural pronunciation. In addition, the structured use of **games**, **personalisation activities** and simple **conversations** provide the pupils with the opportunity to practise real-world exchanges in the classroom and express their feelings and opinions in English. A **cooperative project** each term also helps the pupils develop social competences and introduces language and strategies for working successfully in small groups.

Each unit of *Give Me Five! 4* has a **double-page literacy spread** which introduces the pupils to a variety of engaging real-world texts. **Reading strategies** are systematically introduced to support readers in understanding, responding to and reflecting on these texts, whilst an analysis of features such as the writer's purpose, audience and the informational content of a text help prepare the pupils for writing. Discrete **writing skills** such as the use of subheadings or 'wow' words are also highlighted in the literacy lessons and the pupils learn and practise **alternative spellings** of long vowel sounds in the Lesson 5 **phonics** section. Previously learnt graphemes are highlighted in a Remember! box.

Competence in mathematics, science and technology

In *Give Me Five! 4*, mathematical competence is developed in a number of ways. The pupils' understanding of **numbers, space, measures and time** is reinforced and **language patterns** are highlighted. The pupils also have the opportunity to work with **number codes, charts and diagrams**, and to do activities which require them to recognise and **solve problems**. Each unit of *Give Me Five! 4* is also **linked to an area of learning in the Science curriculum**, reinforcing key concepts and language across the curriculum.

Digital competence

Give Me Five! 4 uses **digital resources** as tools to support learning, familiarising the pupils with computer technology and showing them how technology can be used for learning purposes. The **Pupil's App on Navio** serves to consolidate class work and allows the pupils to work independently outside the classroom.

Learning to learn

Give Me Five! 4 introduces a variety of **learning strategies** to help the pupils become more independent and reflective learners. Learning outcomes are set at the beginning and reviewed at the end of each lesson to check that the objectives have been met. The pupils are also encouraged to reflect on their learning and progress at the end of each unit through the use of a **self-evaluation task**. A dedicated learning-to-learn section in each unit encourages the pupils to think about how they like to learn and introduces simple strategies which can be used independently, outside the classroom.

Finally, throughout *Give Me Five! 4* there is an emphasis on good learning habits and the importance of making an effort and being responsible for your work. Personal qualities such as self-confidence, initiative, curiosity, interest and creativity are also explicitly promoted, preparing the pupils for life-long learning.

Social and civic competences

Developing the ability to understand how somebody else is feeling and knowing how to respond appropriately is an important objective of *Give Me Five! 4*, and emphasis is placed on **positive classroom behaviour**. **Cooperative projects** provide the pupils with the language needed to engage effectively with others and solve problems, whilst the integration of **collaborative activities and strategies** reinforces the importance of active participation, cooperation and respect and support for others.

A **values** section in each unit encourages the pupils to reflect on their natural, social and cultural environment, integrating real-world topics such as protecting living things in their natural environments, paying attention and trying new things when visiting a new country.

Sense of initiative and entrepreneurship

Give Me Five! 4 develops a sense of initiative and entrepreneurship through the inclusion of a **cooperative project** in each term. These require the pupils to work in groups to successfully plan and complete a task, such as making an action plan or organising a medieval festival. Working together to complete a task helps the pupils to take responsibility for their work and gain confidence in their abilities. Initiative is also encouraged through personalisation activities, problem-solving tasks, creative activities and the opportunity to work independently in pairs and small groups.

Cultural awareness and expression

In *Give Me Five! 4* the pupils are introduced to the real-world culture of different **English-speaking countries around the world**. The content of these lessons has been selected to be of **intrinsic interest** to the pupils and to help them understand and respect different customs. A **Think about your culture** section encourages the pupils to reflect on their own culture and have a clearer idea of their own **cultural identity**.

Give Me Five! 4 also provides the opportunity to experience and appreciate a **range of art forms** such as poems, songs, literature, drawing, mime and performance, and encourages the pupils to express their ideas, experiences and emotions through these mediums.

Give Me Five! 4 Pupil's components

Pupil's Book

This is a 128-page, full-colour book that contains a Starter Unit and nine thematic units. It also comprises three fun and easy-to-use cooperative projects and material for two festivals. Each unit is divided into eight lessons and provides vocabulary input and practice, a song and a chant, a short conversation to contextualise and practise a language structure, an interactive grammar table and a double-page story for language input and consolidation. It also contains a humorous tongue twister to practise a tricky vowel sound, an engaging two-page literacy spread and a photographic world-culture lesson. At the end of each unit there is a video which helps to exploit 21st Century Skills, and at the back of the book, there is practice material for the Cambridge English Young Learners exams and a vocabulary and grammar review section.

Activity Book

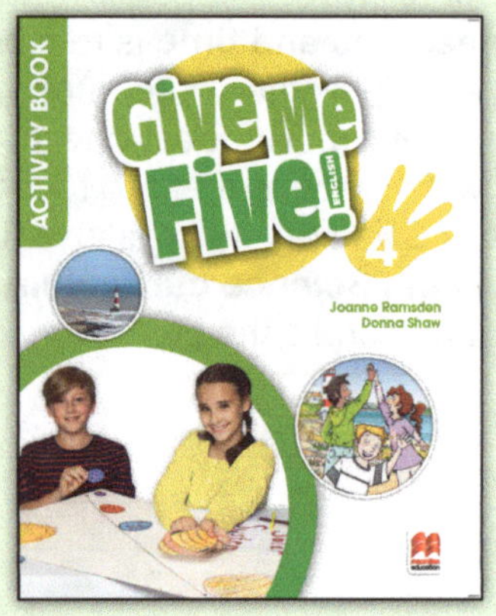

This 120-page, write-in book works in tandem with the Pupil's Book to reinforce and extend language learning, support and develop reading and writing and provide further practice of the listening and speaking skills. Each unit comprises a variety of activities which are devised to engage and challenge the pupils, activate different intelligences, encourage creativity and allow the pupils to use language in a personal and meaningful way. At the end of each unit there is a full-page unit review and a page of video and 21st Century Skills practice. At the back of the book there is practice material for the Cambridge English Young Learners exams and a vocabulary and grammar practice section.

Pupil's App on Navio

Powered By NAVIO

The Pupil's App on Navio is designed to accompany the course and provide extra practice in class or at home. Pupils can create avatars and then explore Navio's immersive worlds. Pupils complete game-based activities designed to practise and review the language and content learnt in class. As they do so, they earn rewards, points and badges. The App tracks pupils' progress so the teacher can see how they are doing and provide extra support where it is needed. The App also includes all the songs, stories and animations from the course so that pupils can review them at home and share them with their family.

The access code for the Pupil's App can be found inside the front cover of the Pupil's Book.

PERFECT PARTNERS WITH

BY ME

Social Science Primary 4 **Natural Science Primary 4**

Arts and Crafts Primary 4

Grammar Goals 4

Give Me Five! 4 Teacher's components

Teacher's Book

This user-friendly, spiral-bound book provides teachers with as much or as little support as they need. The At a Glance Lesson Plans, illustrated with images of the Pupil's Book and Activity Book, clearly highlight the learning aims, key language, materials required, learning routines, key activities and a range of optional extra activities, including cross-curricular links. These are accompanied by Detailed Lesson Plans which provide complete and concise teaching notes for each activity and answer keys. Full audioscripts can be found at the back of the book. In addition, there is a Reflective Teacher page for each unit for documenting learning, noting ideas and planning actions.

Teacher's App on Navio

Powered By NAVIO

The Teacher's App on Navio offers one-stop access to all the many resources which accompany the course. **Tap and Teach Lessons** with **integrated audio and video** ensure that everything you need to teach each lesson is in one place. You can use the **Classroom Management tool** to award points for good behaviour or success in class, and track your pupils' marks and progress using the **Progress Tracker**. You'll find additional photocopiable resources in the **Teacher's Resource Bank** (see opposite) and **Test Generator**.

Class CDs

Four class CDs provide all the recorded material for the Pupil's Book and Activity Book: songs, chants, conversations, listening tasks, stories, games, tongue twisters, culture lessons, literacy texts, review material, 21st Century Skills lessons and Cambridge English Young Learners Exams Practice material. They also include a karaoke version of one song in each unit.

Flashcards

A set of 118 full-colour flashcards with photographic images of the key vocabulary from Lesson 1 of each unit. Suggestions for using the flashcards are given in the Detailed Lesson Plans and in the Flashcards games bank on page 27.

Teacher's Resource Bank: course resources

The **Teacher's Resource Bank** located within the Teacher's App on Navio, contains a wealth of resources that complement *Give Me Five!* In addition to providing downloads for all class audio and video, the resource bank contains:

- **Letters to parents:** an introductory letter, followed by a letter to present each unit.

- **Talk cards:** a set of six cards to support the pupils' understanding of the interaction required at different stages of the lesson.
- **Vocabulary and Grammar worksheets:** to reinforce and extend the vocabulary and grammar syllabus.
- **Evaluation Rubrics:** one grid per unit to evaluate pupils' level of achievement of the Key learning outcomes and Key Competences as well as their cooperative learning skills.

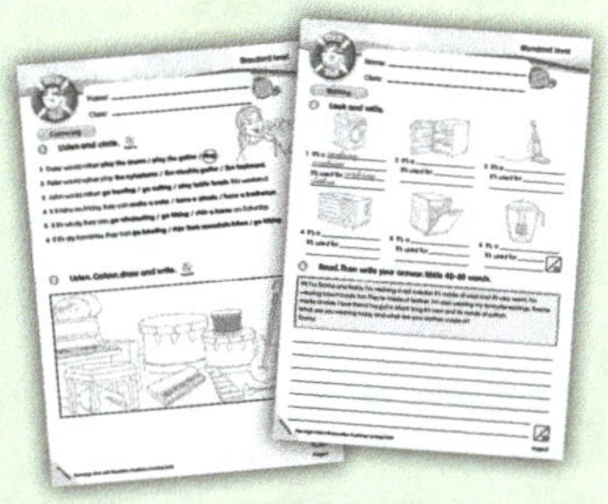

- **Tests:** a Diagnostic Test, Unit Tests, Term Tests and an End-of-Year Test with audio and Teacher's Notes. Each test has a standard and a higher level version.

- **Word cards:** a set of 118 word cards. Suggestions for using the word cards can be found in the Detailed Lesson Plans and in the Word cards games bank on page 27.

Teacher's Resource Bank: External Exams Resources

This component supports teachers who are preparing their pupils for either one of the ***Trinity Graded Exams in Spoken English*** (Elementary Stage, Grades 4 and 5) or the ***Cambridge English Young Learners Movers and Flyers Tests***.

The pack contains the following:

- **Videos** of children doing speaking practice.
- **Teacher's Notes** on how to exploit these videos in the classroom and tips for teachers preparing pupils for the exams.
- Extra **External Exams Practice material** and **practice tests**.
- A set of **Trinity Exams Practice cards** for optional Trinity-type speaking practice at the start of each lesson.

Teacher's and Pupil's Apps on Navio

The Navio app which accompanies this course offers one-stop access to the huge range of resources that come with *Give Me Five! 4*. **Tap and Teach Lessons** enable you to move seamlessly between the book and digital components, and you can track your pupils' marks and review their progress using the **Progress Tracker**, and find additional resources in the **Resource Bank** and **Test Generator**.

Accessing the app

To access Navio:

1. Go to www.MacmillanNavio.com/givemefive
2. Follow the onscreen instructions

If you haven't got a Macmillan Education account, you need to create a profile. Then you can enter your access code and download the app for your device (see System Requirements: www.macmillannavio.com/system-requirements).

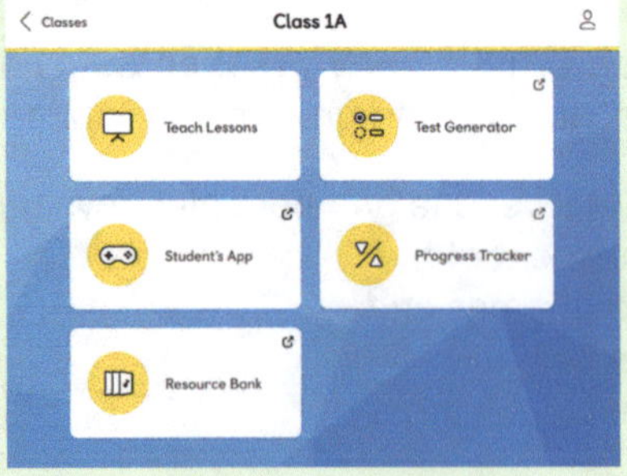

Setting up a class

You, or your school administrator, will need to set up a class and register pupils with their names and the email address of their parents or guardians. Once the class is created, login details can be given to parents. Parents can then log in to the Pupil's App and enter the access code from the inside cover of the Pupil's Book to access the 3D worlds and practice content.

Managing your downloads

Navio makes it easy to manage the storage space on your device, as you can control how much material you download at one time. Navio makes it clear how much storage space your chosen content will need. You can download the complete Teacher's and Pupil's Apps at once, or, if your device has limited storage capacity, you can choose to download only one or two units. And after you finish a unit, you can safely delete the content from your device. You won't lose your pupils' data, as this information is stored online.

Using the Progress Tracker

All the work your pupils complete in the app is recorded in the **Progress Tracker**. You can monitor the progress of a whole class or any individual pupil. Every activity in the app is mapped against the course Learning Outcomes and Skills, so you can easily identify where your pupils need extra support.

Teaching a lesson

Navio makes it easy to plan and teach your lessons with fully interactive **Tap and Teach Lessons** for every lesson in *Give Me Five! 4*. Go to your Class Dashboard and choose Teach Lessons. Find the lesson you want to teach and click to open it. Click on the Toolbar along the bottom of the screen to expand it to Thumbnail view. The Toolbar also contains the Tap and Teach tools you need to teach heads-up, whole-class activities, including a Timer, Pen tool and Mask tool.

Lessons follow the lesson plans in the Teacher's Book, and provide everything you need to teach from your device in one place. They include digital versions of all the activities in the Pupil's Book and Activity Book with their answer keys. They also include all the audio and video you need for the lesson, as well as some extra tools such as digital Flashcards. All relevant pages from the two books are also provided so that you can project them in class, to help your pupils and to encourage heads-up participation.

When you teach, move through the lesson slide by slide using the arrows, or double click on a thumbnail to jump straight to a particular activity. If you prefer, you can **Filter activities** to customise the lesson so it includes only the content you want to teach.

Using the Rewards tool

Navio's new **Rewards tool** is a great way to keep your pupils engaged in class. Much more than just a record of attendance, you can also use it to award points for good behaviour or success in activities. You can even organise your class into teams, and you can award points to individuals, groups or the whole class at any time. When pupils earn points, they appear in the Pupil's App next time they log in, so parents can see their performance.

Pupil's App

As a teacher you can also access a version of the Pupil's App from the Class Dashboard. This has all the same content that your pupils can access at home, but your version is set in **Teacher Mode**. This means that all the activities and worlds are already unlocked, and the app does not record any marks to the Progress Tracker.

We recommend using Teacher Mode when pupils share devices to avoid mixing up pupils' grades and progress. However, if pupils have individual devices or are using the app at home, they should always log in with their own username and password. In this way they can earn points and badges, set up and customise their avatar and build a record of their progress in the Progress Tracker.

Flashcards and Word cards games bank

Flashcard games

1 *What is it?*
Hold up a flashcard so that the pupils can't see the picture and describe what you can see, the colour, shape and texture. You can also state where it's found and what it's used for. Ask **What is it?** The pupils try to guess, for example *Is it (sugar)?* When the class successfully guesses the picture, show it to them and ask them to repeat the word. Repeat the procedure with all the flashcards in the lexical set.

2 *What's missing?*
Stick eight flashcards in a row on the board and quickly review the vocabulary items. Then say the items in order, deliberately missing one of them out. The pupils should identify the missing word. Repeat the procedure several times, missing out a different item each time. When the pupils are confident, remove the cards and repeat the activity. The pupils should try to identify the missing item, but this time from memory. The pupils can repeat the activity with their Talk Partners.

3 *Disappearing flashcards*
Stick a set of flashcards in a row or in a grid on the board. Point to each card and elicit the word. Repeat until the pupils are saying the words in a fluent and rhythmical manner. Then remove one of the cards. Point to the remaining cards and the empty space in order and prompt the class to say all the words in order once again. Continue removing the cards until there are no cards on the board and the class is chanting all the words in order from memory.

4 *Flashcard chain*
Quickly review vocabulary with the unit flashcards. Start a vocabulary chain by holding up one of the flashcards and say, for example **In the sky, I can see (a comet).** Invite a pupil to take a second card. The pupils continue the chain, e.g. *In the sky, I can see (a comet) and (Mercury).* Repeat the procedure several times more, inviting a new pupil to the front of the class each time.
Organise the class into groups of four and challenge them to make a sentence chain from memory with as many vocabulary items as possible. The pupils take it in turn to add objects to their sentence.

5 *Flashcard elimination*
Stick a set of flashcards on the board, prompting the class to say each word. Explain to the class that you are thinking of one of the words and challenge them to discover it in five questions. However, you will only answer **yes** or **no**.
If necessary, provide a set of closed question prompts, e.g. **Is it ...? Has it got ...? Do you need ...?** Invite a pupil to ask you a question, e.g. *Is the food sweet?* If your answer is **No, it isn't**, the pupil should remove all the flashcards that have sweet foods on them. Repeat the procedure until the pupils have either guessed the word or run out of questions.

6 *Living graph*
Quickly review vocabulary with the unit flashcards. For example, with jobs, ask the class about the job they want to do when they are older. Ask **Do you want to be a (carpenter)?**
Stick the flashcard on the board. The pupils that raise their hands stand up and form a line in front of the flashcard. Repeat for other jobs. Encourage the pupils to analyse the living graph to see which is the most popular job.

Word card games

1 *Word dictation*
Choose a word card from the lexical set you want to practise and spell out the word on it. The pupils should listen and raise their hands when they recognise the word. Ask a pupil to say the word. Repeat the procedure with different words, saying the letters at a faster pace as the pupils become more confident. You can also invite different pupils to come to the front of the class and take your role.

2 *Board pelmanism*
Stick a set of flashcards and the corresponding word cards face down on the board in a random order. Number all the cards. Then divide the class into two teams. Each team takes turns to choose two cards to turn over. If the cards match, remove the cards from the board and award the team a point. If the cards do not match, return them face down to their original positions. The team with the most points at the end is the winner.

3 *Careful copying*
Organise the class into small groups and place a selection of word cards face down on the table in front of each group. A pupil in each group should turn over one of the cards and show it to the rest of the group for a few seconds. The card is then replaced and everyone in the group writes the word in their notebooks from memory. Afterwards, the pupils should look at the card again to check their spelling.
If everyone has spelt the word correctly, the card stays face up on the table and another card is chosen. However, if anyone in the group has spelt the word incorrectly, the card should be replaced and the group has another go. The group can help each other at this stage. The activity continues until all the cards are face up on the table.

4 *Word detectives*
Stick a set of word cards on the board, prompting the class to read and say each word. Then organise the class into pairs and explain that they are word detectives. Give the first clue and ask the pairs to discuss which of the words on the board it could be. After the class has listened to all five clues, ask different pairs to guess the word. Possible clues include: *1 It's got ... letters. 2 It's got ... vowels. 3 It rhymes with the word ... 4 It finishes with the letter ... 5 It begins with the letter ...*

5 *Word card classification*
Use the word cards to organise and classify vocabulary items. Write the topic in the centre of the board and ask the class to organise the word cards into sub-topics around the topic. You can also create Venn diagrams, for example classifying food into groups according to whether it is eaten hot or cold, or organising activities on a line according to how boring or exciting they are.

Using the Pupil's Book and Activity Book

Lessons 1 and 2

The pupils **activate their existing knowledge** by working in small groups to brainstorm words they already know.

Twelve items of vocabulary are introduced and practised using **photographic and picture flashcards**.

Real-world photographic images provide the pupils with a record of new vocabulary. The pupils point to each image and say a **vocabulary chant**.

A short conversation places **grammar in a fun and familiar context**.

Attractive artwork engages the pupils and helps contextualise language.

The **grammar table** highlights and practises language patterns. The pupils listen to an audio and point to the different parts of the sentence in the table, before repeating the sentences.

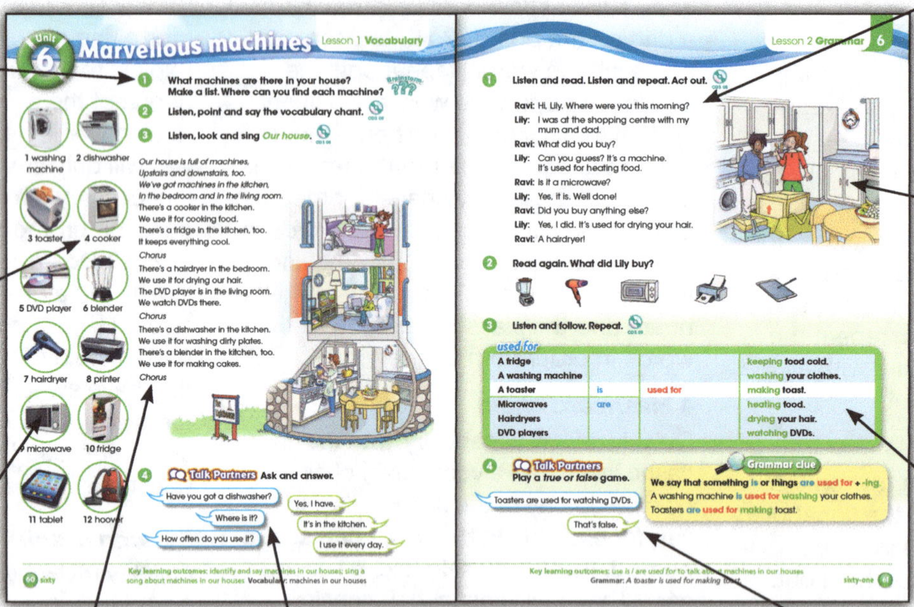

A **fun and easy-to-sing song** builds fluency and makes language more memorable.

The pupils work in pairs to play a **game** using the new vocabulary items.

Pupils make their own sentences using the new grammar to play a game with their partner.

Fun, game-like activities motivate the pupils to write the new vocabulary items.

The pupils **practise writing** the new vocabulary in a sentence using a recycled structure.

The pupils use a code-breaking activity to **review and recycle** an item of vocabulary from the previous unit at the bottom of each Activity Book page.

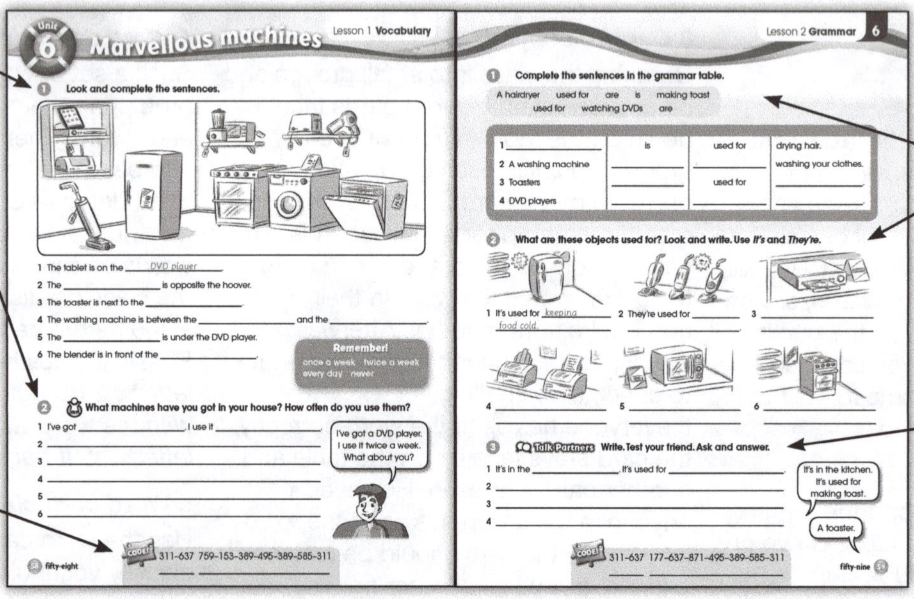

A range of activities give the pupils practice in manipulating the form of the new grammar.

A selection of **thinking skills** such as problem-solving and spatial thinking are developed in each unit.

Digital resources

Teacher's Digital: Don't forget you can teach these lessons using the Teacher's App on Navio.

Pupil's Digital: Encourage your pupils to use the Pupil's App on Navio to practise the vocabulary from these lessons.

Powered By NAVIO

Lesson 3

A pre-reading task helps prepare the pupils to read and listen to the story. These include a code-breaking task and predictions about the story content.

In each unit, the pupils enjoy an **exciting adventure** with Lily, Josh and Ravi. A list of frame-by-frame comprehension questions for each story is provided in the Detailed Lesson Plan in the Teacher's Book.

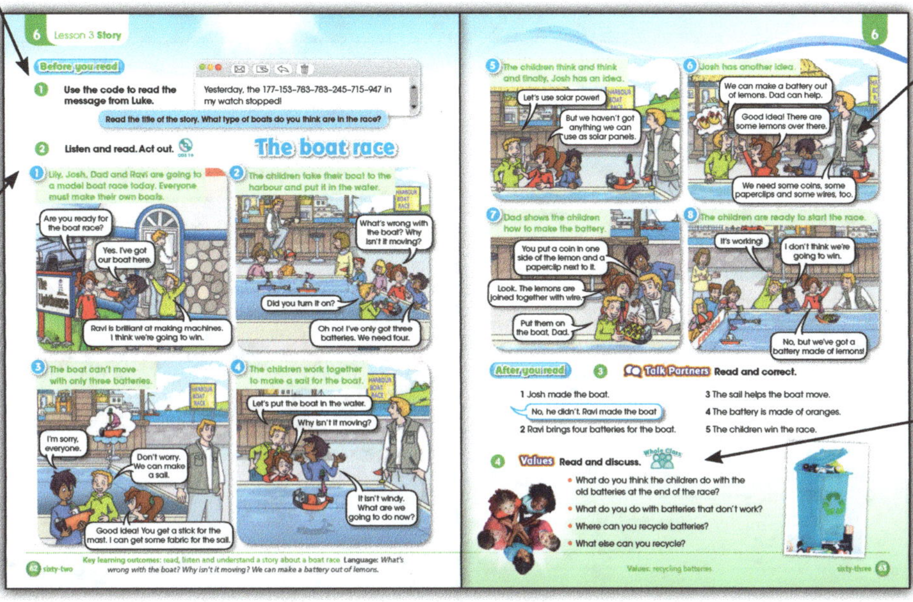

Attractive and humorous pictures and an **exciting audio recording** support the pupils' understanding of the narrative.

The **Values** section encourages the pupils to reflect on the story and relate a personal, social or civic value to their own lives.

The story reinforces language introduced in Lessons 1 and 2 and previews language from Lesson 4.

A range of activities check the pupils' understanding of the story.

Comprehension is reinforced through a **listening activity**.

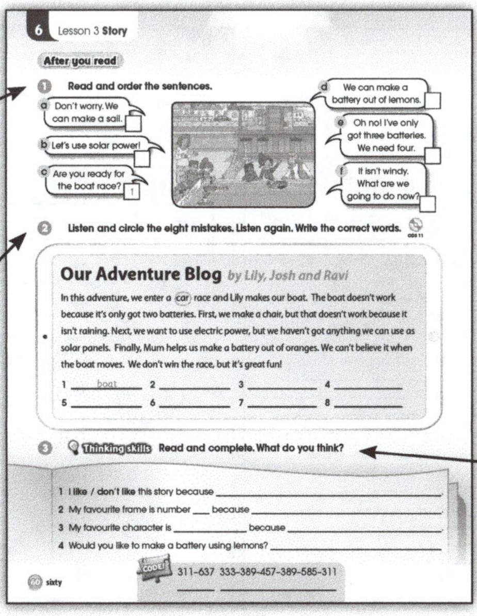

The pupils are encouraged to give a **personal response** to the story as well as being given an opportunity to practise thinking skills.

Digital resources

Teacher's Digital: Don't forget you can teach this lesson using the Teacher's App on Navio.

Pupil's Digital: Encourage your pupils to use the Pupil's App on Navio to practise the vocabulary from these lessons.

Powered By NAVIO

Using the Pupil's Book and Activity Book

Lessons 4 and 5

Six new items of vocabulary are introduced and practised, using **pictures** and **photos**.

The **Speak and spell** section uses a humorous tongue twister to give the pupils practice in producing **long vowel sounds**. It introduces pupils to further **alternative spelling** patterns for these sounds.

A listening task prepares the pupils for a communicative game. The pupils listen to children using the unit language to play the game.

A **lively song, chant or rap** gives further practice of the vocabulary and introduces additional grammar.

Grammar clues encourage the pupils to think analytically about new language.

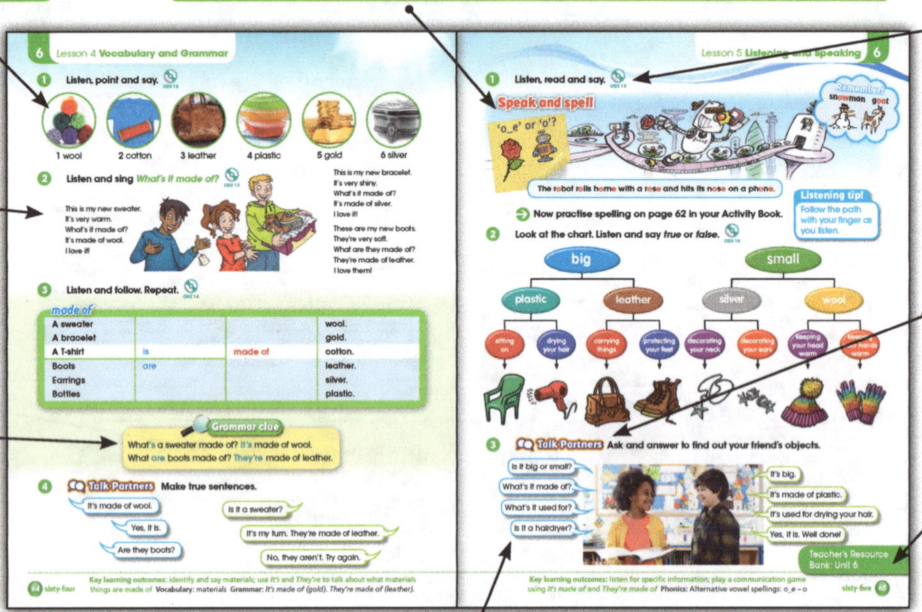

Talk Partners icons indicate when the pupils have the opportunity to practise speaking in pairs. These activities build confidence and ensure full participation.

In the Teacher's Resource Bank you can find activities to consolidate learning.

The pupils play a **communicative game** in pairs. The Teacher's Notes give clear, precise instructions on how to set up and scaffold the communication game.

Activities encourage the pupils to recognise and practise the Lesson 4 vocabulary.

Reading and writing activities are carefully staged **to build the pupils' confidence and ensure success**.

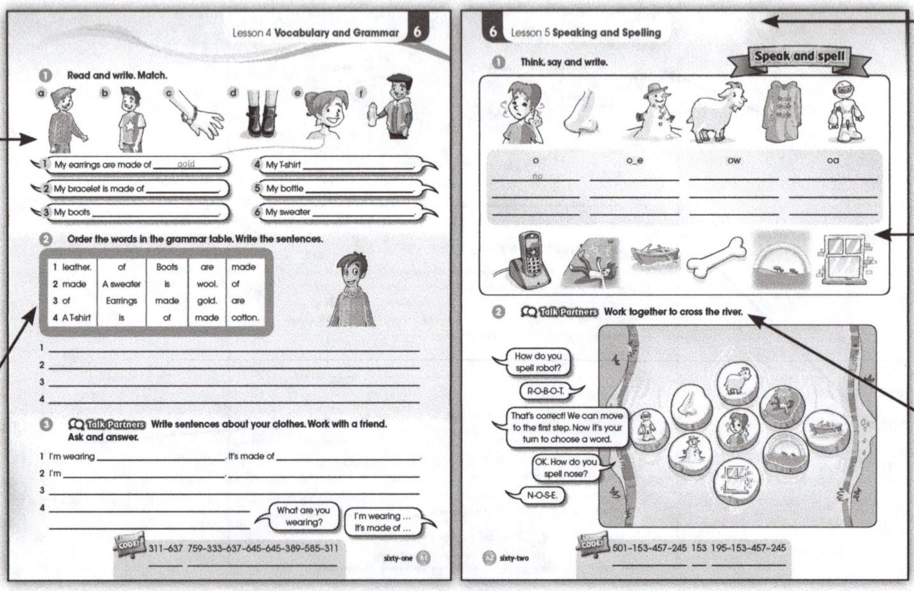

The pupils enjoy a full page of activities to practise new and recycled graphemes in each unit.

The pupils classify recycled words according to spelling patterns allowing them to link new information to existing knowledge.

The pupils work with their **Talk Partners** to test and prompt each other on the spelling of words that contain the key letter sound.

Digital resources

Teacher's Digital: Don't forget you can teach these lessons using the Teacher's App on Navio.

Pupil's Digital: Encourage your pupils to use the Pupil's App on Navio to practise the vocabulary from these lessons.

Powered By NAVIO

Lessons 6 and 7

The pupils are introduced to a **wide range of reading text types**. These are selected to reflect the interests and experiences of the age group and have an **authentic appearance** that will appeal to learners.

A variety of tasks help the pupils to understand the purpose of a text, the intended audience or what is appropriate content. This helps to develop **literacy** and reading skills.

The **Before you read activities** help prepare the pupils to read. These include activating the pupils' existing knowledge, exploiting visuals, asking questions to raise interest and making predictions.

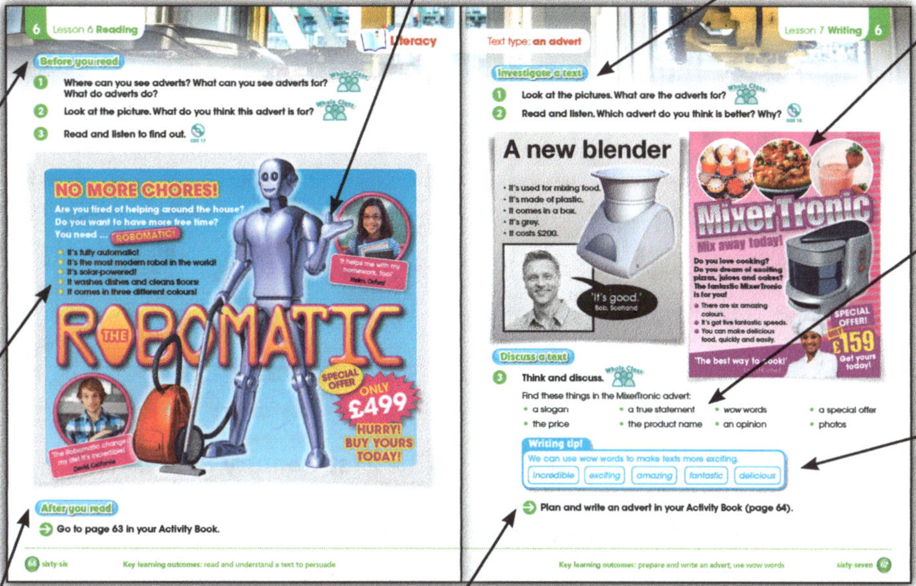

6 Lesson 6 **Reading**

Literacy

Before you read

1 Where can you see adverts? What can you see adverts for? What do adverts do?

2 Look at the picture. What do you think this advert is for?

3 Read and listen to find out.

After you read

Go to page 63 in your Activity Book.

66 sixty-six Key learning outcomes: read and understand a text to persuade

Text type: **an advert** Lesson 7 **Writing** 6

Investigate a text

1 Look at the pictures. What are the adverts for?

2 Read and listen. Which advert do you think is better? Why?

Discuss a text

3 Think and discuss.

Find these things in the MixerTronic advert:

- a slogan
- the price
- a true statement
- the product name
- wow words
- an opinion
- a special offer
- photos

Writing tip!

We can use wow words to make texts more exciting.

incredible · exciting · amazing · fantastic · delicious

Plan and write an advert in your Activity Book (page 64).

Key learning outcomes: prepare and write an advert; use wow words sixty-seven 67

A shorter text provides a **writing model** for the pupils to follow.

Guided questions help the pupils identify key text features such as content, order and layout.

All texts are supported by an audio recording and attractive visuals.

The **Writing tip** highlights a discrete writing skill such as the use of subheadings or 'wow' words.

The pupils are directed to the **After you read activities** in the Activity Book.

The pupils are directed to the Activity Book to prepare their piece of writing.

A range of **After you read activities** reinforce and check the pupils' understanding of the literacy text.

Reading skills such as skimming and scanning are actively developed.

The pupils work with **charts, graphs** and other **graphic organisers** to categorise and order information.

A variety of **enjoyable activities** allow the pupils to respond to the text in a personal and creative way.

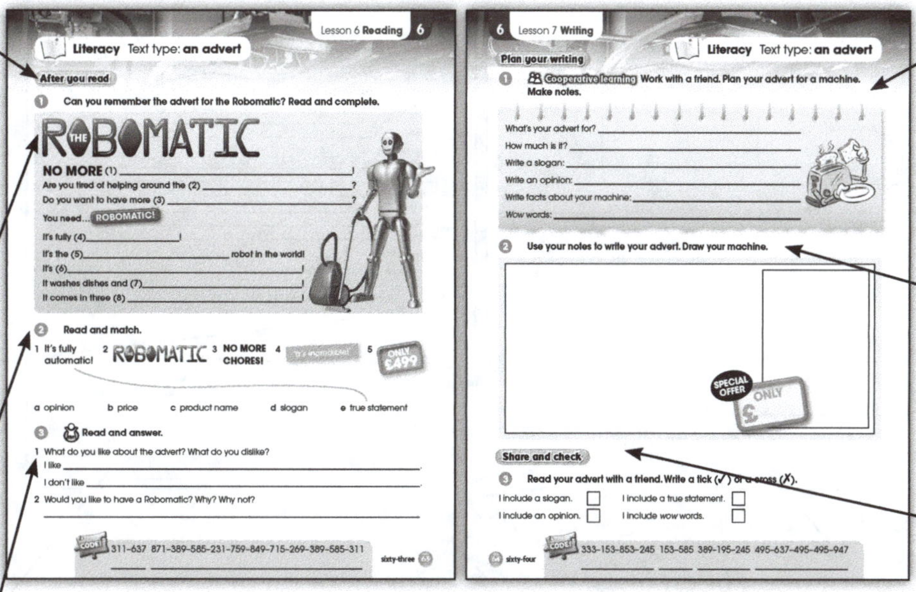

Lesson 6 **Reading** 6

Literacy Text type: **an advert**

After you read

1 Can you remember the advert for the Robomatic? Read and complete.

THE ROBOMATIC

NO MORE (1) ______!
Are you tired of helping around the (2) ______?
Do you want to have more (3) ______?
You need... ROBOMATIC!
It's fully (4) ______!
It's the (5) ______ robot in the world!
It's (6) ______!
It washes dishes and (7) ______!
It comes in three (8) ______!

2 Read and match.

1 It's fully automatic! 2 ROBOMATIC 3 NO MORE CHORES! 4 It's incredible! 5 ONLY £499

a opinion b price c product name d slogan e true statement

3 Read and answer.

1 What do you like about the advert? What do you dislike?
I like ______.
I don't like ______.

2 Would you like to have a Robomatic? Why? Why not?

CODE! 311-637 871-389-585-231-759-849-715-269-389-585-311

sixty-three 63

6 Lesson 7 **Writing**

Literacy Text type: **an advert**

Plan your writing

1 Cooperative learning Work with a friend. Plan your advert for a machine. Make notes.

What's your advert for? ______
How much is it? ______
Write a slogan: ______
Write an opinion: ______
Write facts about your machine: ______
Wow words: ______

2 Use your notes to write your advert. Draw your machine.

Share and check

3 Read your advert with a friend. Write a tick (✓) or a cross (✗).

I include a slogan. ☐ I include a true statement. ☐
I include an opinion. ☐ I include wow words. ☐

CODE! 333-153-853-245 153-585 389-195-245 495-637-495-495-947

64 sixty-four

The pupils work with a partner to plan, draft and revise their writing.

Step-by-step instructions and a writing framework provide the pupils with plenty of support in the planning stage and scaffold learning as they write their text.

The pupils **share their work** with another student and use **self-assessment criteria** to check their work.

Digital resources

Teacher's Digital: Don't forget you can teach these lessons using the Teacher's App on Navio.

Pupil's Digital: Encourage your pupils to use the Pupil's App on Navio to practise the vocabulary from these lessons.

Powered By NAVIO

Using the Pupil's Book and Activity Book

Lesson 8, Review and 21st Century Skills

The pupils are introduced to **age-appropriate cultural content** from English-speaking countries around the world.

Josh and Lily's brother Luke introduces the new destination and sets an investigation task.

A webpage showing people in different countries brings the culture to life. This helps foster a positive attitude towards English-speaking countries and English language learning.

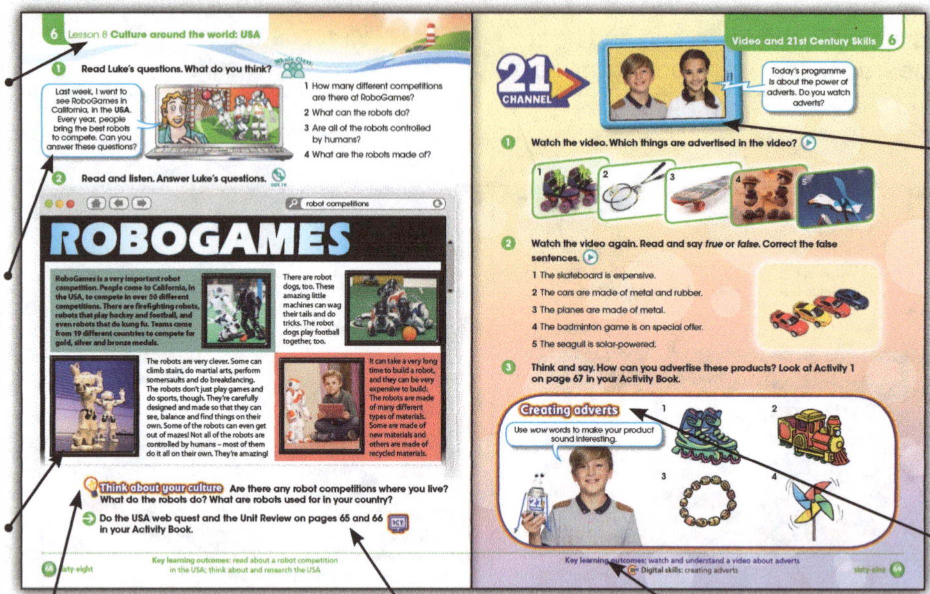

The pupils make predictions about the content, before moving onto watching the video in full. In each unit, the purpose of the video is to contextualise a **21st Century Skill** in a visually entertaining and authentic way.

Pupils are encouraged to personalise and put into practise the **21st Century Skill** focus of the lesson by thinking about how it is relevant in their own lives.

The pupils are directed to the Activity Book to do a **web quest** and the **Unit Review**.

The **21st Century Skill** is highlighted at the bottom of the page.

Think about your culture encourages the pupils to identify similarities and differences between the two cultures and to begin to form their own cultural identity.

Understanding of the **cultural content** is consolidated through a listening activity.

The pupils do a simple class **web quest**.

An additional task is provided for **independent Internet research**.

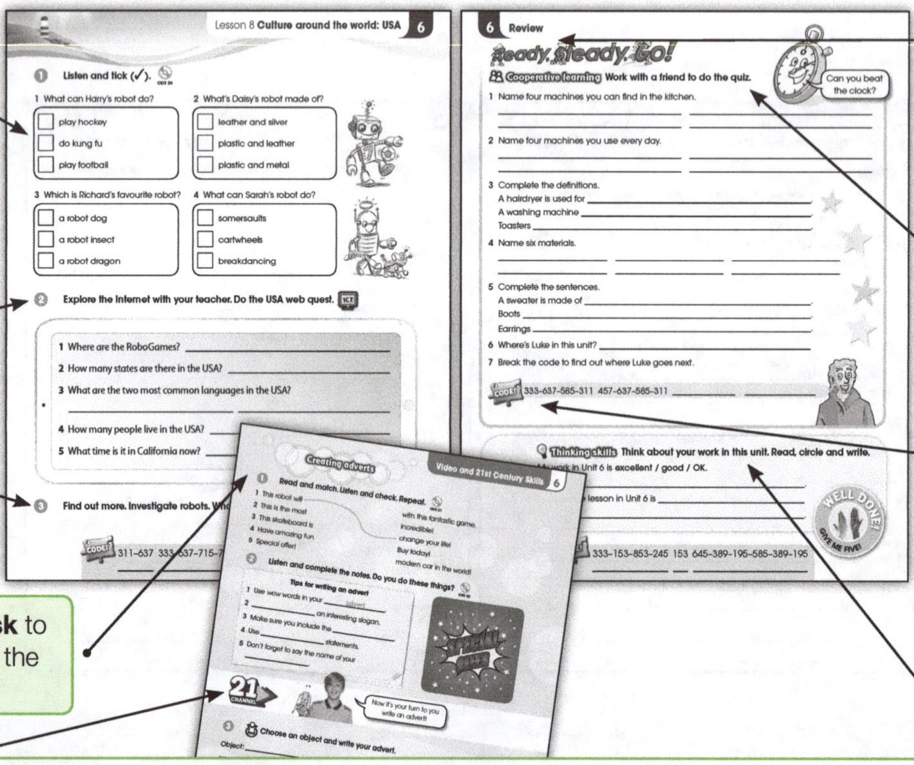

A full-page **Review** checks and reinforces all of the unit vocabulary and grammar.

The pupils **work cooperatively** to check their learning, complete the review and beat the clock.

The pupils do a **code-breaking activity** to find out where Luke travels to in the next unit.

The pupils **reflect on and assess their learning** in the unit.

The pupils do a **listening task** to further their understanding of the **21st Century Skills**.

The pupils do a **21st Century Skills** task.

Digital resources

Teacher's Digital: Don't forget you can teach these lessons using the Teacher's App on Navio.

Pupil's Digital: Encourage your pupils to use the Pupil's App on Navio to practise the vocabulary from these lessons.

Powered By NAVIO

Using the projects

Give Me Five! 4 provides three fun and highly doable **projects**: The minibeast exhibition (Term 1), The green school project (Term 2) and The medieval festival (Term 3). These provide an opportunity for the pupils to **work cooperatively** in a structured way, building autonomy and promoting creativity.

The pupils have the opportunity to **share existing knowledge** about the topic.

The listening activity gives the pupils the opportunity to check their word lists and to practise saying them correctly.

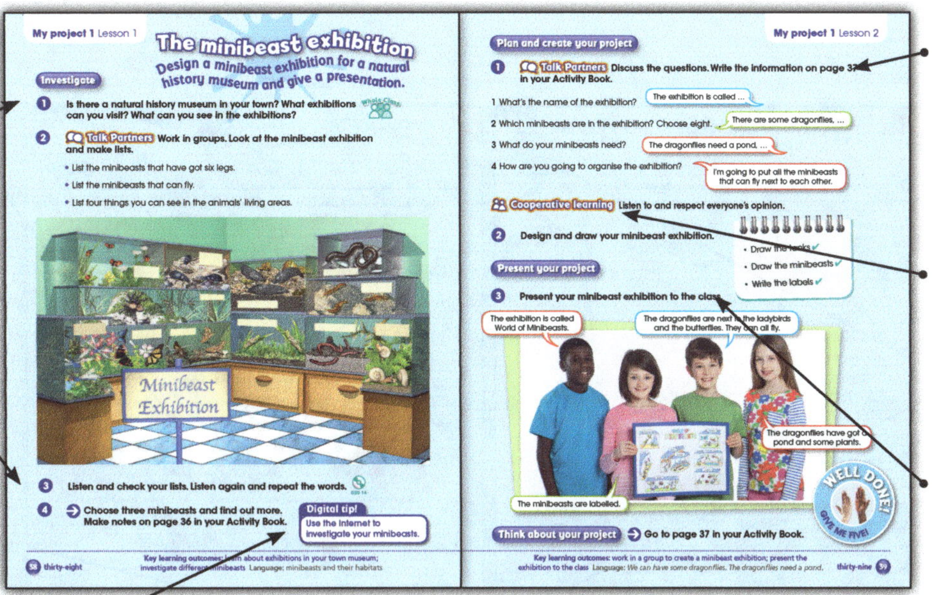

The pupils work in small groups, encouraging them to **talk meaningfully** about the task.

Tasks create **positive interdependence**. Each member's contribution is essential in order to complete the group's task.

A positive **final outcome** creates a sense of achievement and builds class cohesion.

Digital tips provide suggestions of ways to easily incorporate digital technology into the pupils' projects.

The pupils go to the Activity Book to record their findings in the individual **investigation task**. Step-by-step instructions and a **writing framework** provide the pupils with plenty of support at this stage.

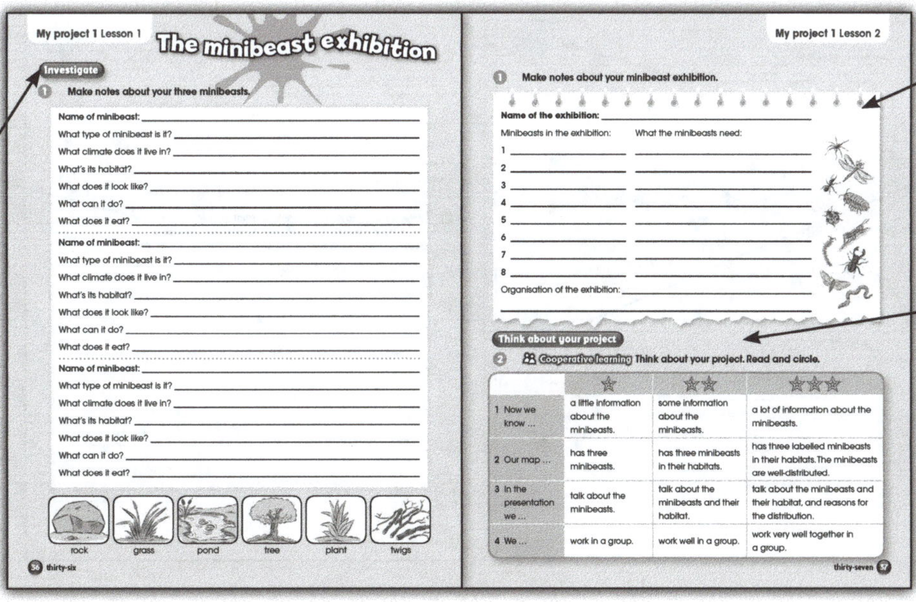

The pupils record their decisions for the group task.

The pupils have the opportunity to **reflect on what they have learnt** and their final piece of work, plus **how they have worked as a group**.

Digital resources

Teacher's Digital: Don't forget you can teach these lessons using the Teacher's App on Navio.

Pupil's Digital: Encourage your pupils to use the Pupil's App on Navio to practise the vocabulary from these lessons.

Powered By NAVIO

Using the Exams Practice

The **Cambridge Exams Practice** section at the end of both the Pupil's Book and Activity Book introduces the pupils to the activity types found in the different parts of the three papers of the Cambridge English Young Learners Movers and Flyers Tests: Listening, Reading and Writing and Speaking.

The twelve Cambridge Exams Practice pages at the back of the Pupil's Book will help the pupils to **develop the necessary skills** to do the Reading and Writing and Speaking papers.

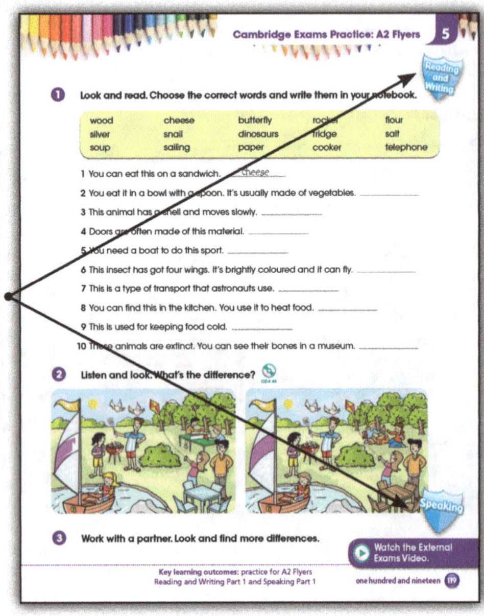

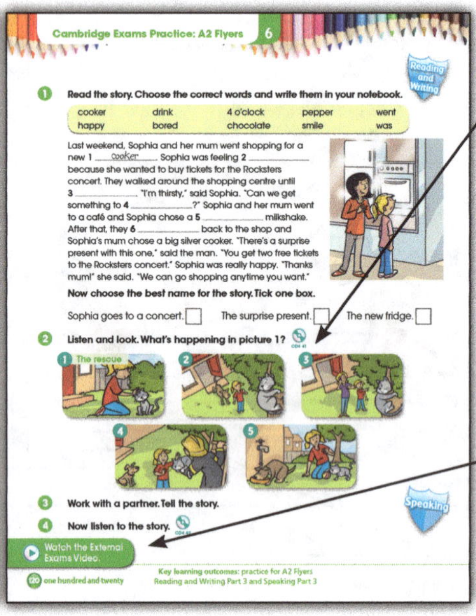

Listening activities provide a realistic model for the pupils to follow before doing **Speaking tasks.**

For further practice, watch the **External Exams Video** which you can find in the **Teacher's Resource Bank.**

The nine Cambridge Exams Practice pages at the back of the Activity Book will help the pupils to **develop the necessary skills** to do the Listening and Reading and Writing papers.

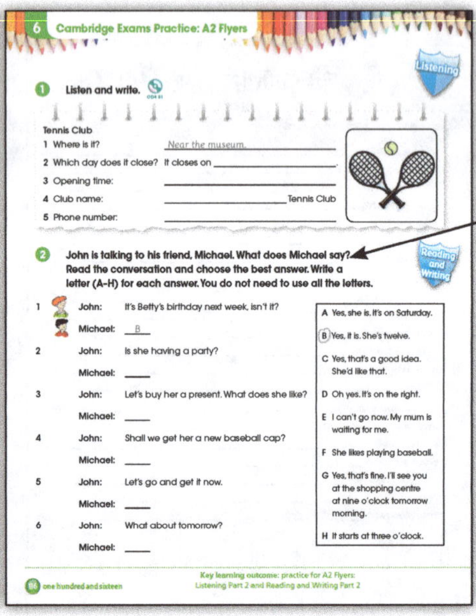

Pupils are encouraged to develop their reading and writing skills by practising activities found in the Reading and Writing papers.

Digital resources

Teacher's Digital: Don't forget you can teach this lesson using the Teacher's App on Navio.

Pupil's Digital: Encourage your pupils to use the Pupil's App on Navio to practise the vocabulary from these lessons.

Powered By NAVIO

Exams Practice

Give Me Five! 4 and the external exams

Give Me Five! 3 and 4 provide a wide range of materials to support teachers who are preparing their pupils for the ***Cambridge English Young Learners Movers and Flyers Test***. Reading, writing and listening activity types found in the ***Cambridge English Young Learners Movers and Flyers Test*** are integrated into the material and each book ends with **Cambridge Exams Practice lessons** in the Pupil's Book and Activity Book. This material is adapted to match the linguistic and cognitive level of the pupils, and language is systematically extended as the course progresses.

There is also the **External Exams Resources** which contain videos of children doing speaking exams, and provides Teacher's Notes on how to exploit these videos in the classroom. The pack, which is part of the **Teacher's Resource Bank**, also includes additional External Exams material and practice tests for both the ***Cambridge English Young Learners Movers and Flyers*** and the ***Trinity Graded Exam in Spoken English*** (Elementary Stage, Grades 4 and 5), material focused on developing specific exam related skills and a set of Trinity Exams Practice cards.

Trinity Exams Practice cards

The **Trinity Exams Practice cards** are a set of downloadable and photocopiable cards. They can be used to build the pupils' confidence in asking and answering questions. On each card is a question based on the ***Trinity Graded Exam in Spoken English*** syllabus. These recycle questions from the Initial Stage (Grades 2 and 3) and introduce questions from the Elementary Stage (Grades 4 and 5). These cards should be printed out, laminated if possible and filed by unit. They can then be used during the Starting the lesson stage, which systematically recycles language, transferring it to the pupils' long-term memory. For the Trinity Exams Practice cards routine, the teacher selects several cards from previous units. The teacher should choose a different set of cards for each lesson, and tricky questions and recent topics should be revisited more frequently. The teacher then uses the cards to practise asking and answering questions by doing one of the following suggested activities:

Trinity Exams Practice cards activity bank

1 *Ask and answer in Talk Partners*

Point to the Talk Partners Talk card and ask the class to get into pairs. Then hold up one of the selected Trinity Exams Practice cards and ask the class the question. Invite a pupil to answer and repeat their answer for the class. The pupils then ask and answer the same question with their Talk Partner. Repeat the procedure with other cards.

2 *Three-step interview*

Follow the procedure for activity 1. When the pupils have asked and answered all the questions on the Trinity Exams Practice cards, ask them to get into different pairs. They should then share information about their first partner's responses.

3 *Question bounce*

Select a Trinity Exams Practice card, read out the question and ask the class to think of an answer. Then point around the room, finally choosing one pupil. This pupil should answer the question. If the pupil answers correctly, they should take another card and ask the question to the class. Once again, the class should think of the answer and then the pupil with the card selects another pupil to answer. Repeat the procedure as many times as you wish, ensuring that the questions are 'bounced' to a range of pupils in the class.

4 *Walking questions*

Select six to eight Trinity Exams Practice cards. Drill each question as a class and invite a different pupil to answer each time. Hand out the cards to different pupils. These pupils must move around the class and ask their question to five other pupils. They should then return to their seats. Hand out the cards to six different pupils and repeat the procedure.

5 *Moving questions*

Select eight Trinity Exams Practice cards and stick them on the board, writing a number (one to eight) above each one. Organise the class into small groups of three or four. One pupil from each group should come to the board and read and memorise the first question. They should then return to the group and ask the question. Once everyone in the group has answered, a second pupil should repeat the procedure, reading and memorising the second question. Continue until all eight questions have been asked and answered.

6 *Mix Pair Share*

The pupils should move silently around the room. When you call out the word **pair**, they should form a pair with the person closest to them. Students who haven't found a partner should raise their hands to find each other. Read out a question on one of the Trinity Exams Practice cards. The pupils then tell each other their answers. Encourage the pupils to keep talking as long as possible. When all the pupils have finished, repeat the procedure with other cards.

7 *Snakes and ladders*

Draw a simple snakes and ladders board on the board and draw a question mark in eight to ten of the squares. Divide the class into two teams and ask each team to throw the dice. The team with the highest number should begin. The teams take turns to throw the dice and move along the board. When a team lands on a question mark, read out one of the Trinity Exams Practice cards. The team has to answer correctly to stay on the square. If they don't answer correctly, they move back to their last square. The game continues until a team reaches the 'finish' square.

8 *Class question box*

Make extra copies of the Trinity Exams Practice cards that you have practised in class. Laminate these, if possible, and store them in a class question box. Fast finishers can use these cards to review and practise language, working individually to write the answers in their notebooks or asking and answering the questions with a Talk Partner.

Using the Teacher's Book

The Teacher's Notes have a clear, user-friendly design, offering both an **At a Glance Lesson Plan** and a **Detailed Lesson Plan**. These mirror each other, enabling teachers to move between the two lesson plans with ease.

This box clearly shows the learning outcomes, key active language and materials required for the lesson. The lesson objectives are mapped to the **Key Competences and Key Learning Outcomes**.

The **At a Glance Lesson Plan** provides a brief overview of all the activities in the lesson, including **Starting** and **Ending the lesson activities**, and **Extra activities**. Class audio references are also provided.

Fast Forward icons indicate the **fast route** through the lesson for teachers who have shorter lessons or fewer hours of English.

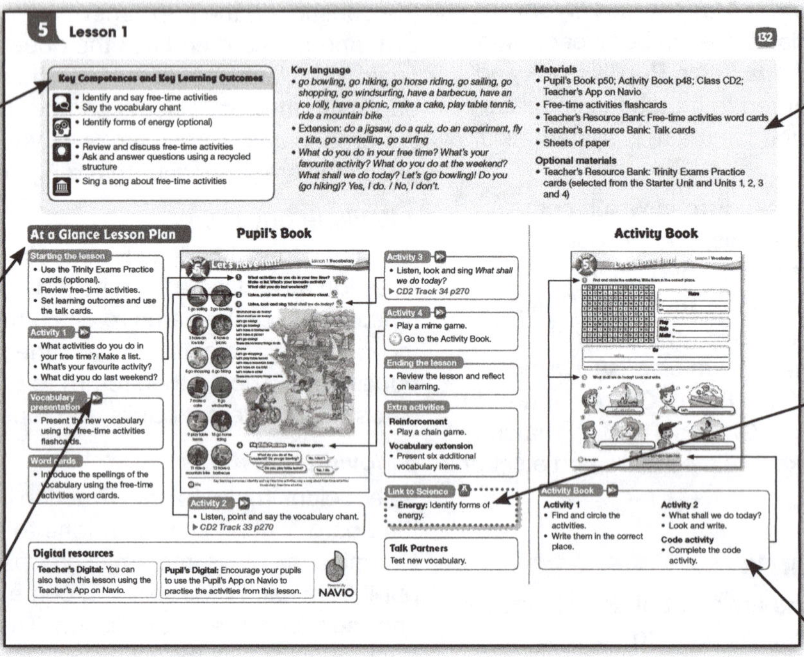

The required and optional materials for each lesson are included in the panel.

Optional **Link to Science** activities in each unit review and reinforce learning from the Science curriculum.

There is also a brief overview of the Activity Book activities.

The **Detailed Lesson Plan** provides more detailed **step-by-step instructions** for each activity.

The activities for **Starting the lesson** include optional use of the **Trinity Exams Practice cards** (see page 35 of the Teacher's Book) and the **Talk cards** to give the pupils a clear idea of what they are going to do in the lesson.

A clear layout and clear stages make the plan very easy to follow.

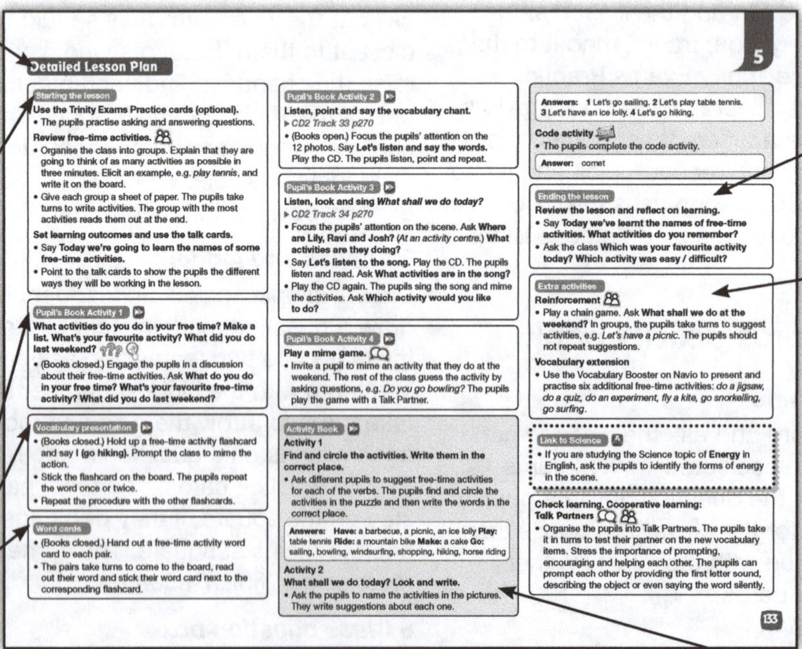

The activities for **Ending the lesson** include reviewing the lesson and reflecting on learning.

Each lesson includes optional **Extra activities** to reinforce and extend learning.

Activity Book teaching notes always appear in a shaded box so they can be easily identified. The answers are also provided.

Starter Unit

Welcome back, Luke!

Unit overview

Key Competences and Key Learning Outcomes

- Ask for and give information about other people (Lesson 1)
- Use adjectives to describe physical appearance (Lesson 2)

- Review the numbers 1–100 (Lesson 4)
- Identify and say letters and numbers 100–1000 (Lesson 4)
- Use a code to read a message (Lesson 4)

- Use the Pupil's App on Navio

- Review level 3 vocabulary (Lesson 1)
- Listen for specific information (Lesson 2)
- Use 'must' and 'going to' to talk about obligations and responsibilities in the classroom (Lesson 4)

- Get to know the course characters (Lesson 1)
- Read and write a class contract (Lesson 4)

- Work with a Talk Partner to practise and reinforce learning (all lessons)

- Sing a song (Lesson 1)
- Read, listen and understand a story about Lily, Ravi, Josh and Luke (Lesson 3)
- Complete a story summary (Lesson 3)

Vocabulary

Core vocabulary

beard, blonde hair, brown eyes, curly hair, freckles, long / short hair, moustache, ponytail, straight hair, wavy hair; numbers 100–1000

Other vocabulary

cabin, contract, drums, excited, mast

Recycled vocabulary

actions: *climbing a tree, doing puzzles, making things, painting a picture, phoning a friend, planting seeds, playing cards, sailing boats, shopping, singing songs, skipping, swimming, taking photos, walking a dog, washing a car, watering plants;* food: *cheese, chilli, olives, onions, peppers, pineapple, prawns, sweetcorn, tomato sauce;* numbers 1–100; sea creatures: *dolphin, octopus, seahorse, shark, squid, whale;* sports equipment: *flippers, helmet, kayak, life jacket, mask, paddle, snorkel, surfboard, wetsuit;* water sports: *kayaking, surfing, water-skiing, windsurfing; treasure hunt*

Structures

Core structures

What does (your brother / sister) look like? He's got (short, blonde) hair and (brown) eyes. She's got (short, wavy) hair and (freckles).

Other structures

We're waiting for (our brother). You look different. You're taller.

Recycled structures

How old is he / she? She's (nine) years old. What does he / she do? He's (a scientist). What does he / she like doing? He / She likes / loves (swimming). What are your names? What's his / her name? His name's (Luke). Who's this? This is (Lily). Ravi likes (doing puzzles). I love (going snorkelling). I love (playing the drums). We must speak English in class / put our hands up to speak / take turns and listen to each other. We're going to work together / share our things.

Thinking skills

Categorising (Lesson 1); the Magic number (Lesson 4); Mathematical thinking (Lesson 4)

Cooperative learning

Collaborating (Lesson 3); Sharing information (Lesson 4)

Key Competences and Key Learning Outcomes

- Ask for and give information about other people
- Review level 3 vocabulary
- Get to know the course characters
- Sing a song

Key language

- actions: *climbing a tree, doing puzzles, making things, painting a picture, phoning a friend, planting seeds, playing cards, sailing boats, shopping, singing songs, skipping, swimming, taking photos, walking a dog, washing a car, watering plants*; food: *cheese, chilli, olives, onions, peppers, pineapple, prawns, sweetcorn, tomato sauce*; numbers 1–100; sea creatures: *dolphin, octopus, seahorse, shark, squid, whale*; sports equipment: *flippers, helmet, kayak, life jacket, mask, paddle, snorkel, surfboard, wetsuit*; water sports: *kayaking, surfing, water-skiing, windsurfing; treasure hunt*
- *What are your names? My name's Josh. This is my sister, Lily. What's his / her name? His name's (Luke). How old is he / she? She's (nine years old). What does he / she like doing? He / She likes (swimming). What does he / she do? He's (a scientist).*

Materials

- Pupil's Book pp4–5; Activity Book p2; Class CD1; Teacher's App on Navio
- Teacher's Resource Bank: *Josh*, *Lily* and *Ravi* and *lighthouse* word cards
- *Josh*, *Lily* and *Ravi* and *lighthouse* flashcards
- Teacher's Resource Bank: Talk cards

At a Glance Lesson Plan

Pupil's Book

Starting the lesson
- Greet the class.
- Set learning outcomes and use the talk cards.

Activity 1
- Find and say.

Activity 2
- Listen and read.
- ▶ ***CD1 Track 01 p260***
- Act out.

Activity 3
- Listen and sing *This is my best friend*.
- ▶ ***CD1 Track 02 p260***

Activity 4
- Ask and answer about someone in your family.
- Go to the Activity Book.

Ending the lesson
- Review the lesson and reflect on learning.

Extra activities

Reinforcement
- Play *Odd one out*.

Extension
- Make a class calendar.

Activity Book

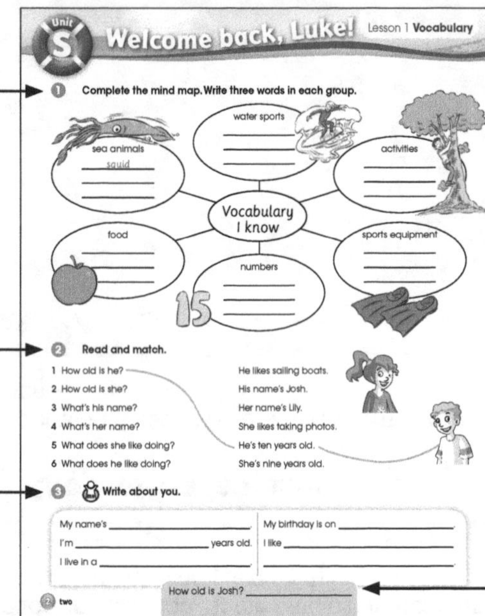

Activity Book

Activity 1
- Complete the mind map.
- Write three words in each group.

Activity 2
- Read and match.

Activity 3
- Write about you.

Footer activity
- Complete the footer activity.

Digital resources

Teacher's Digital: You can also teach this lesson using the Teacher's App on Navio.

Pupil's Digital: Encourage your pupils to use the Pupil's App on Navio to practise the activities from this lesson.

Powered By NAVIO

Detailed Lesson Plan

Starting the lesson

Greet the class.

- Introduce yourself and ask the class to tell you their names.

Set learning outcomes and use the talk cards.

- Say **Today we're going to remember words we know in English. We're also going to practise giving information about other people and sing a song.**
- Point to the talk cards to show the pupils the different ways they will be working in the lesson.

Pupil's Book Activity 1

Find and say.

- (Books closed.) Hold up the character flashcards in turn to remind the pupils of their names (Josh, Lily and Ravi). Say **Who's this?** Hold up the lighthouse flashcard and ask **What's this?**
- (Books open.) Ask **What can you see in the scene?** The pupils describe what they can see. Prompt the class to tell you that the children are at the port waiting for their brother to return from his travels.
- Focus the class on the first activity. Invite a pupil to read out the instructions.
- The pupils work with a Talk Partner to find and name the different things they can see in the picture that belong to the seven categories.
- Check the activity as a class and encourage the pupils to add more words to each category.

Pupil's Book Activity 2

Listen and read. Act out.

▶ *CD1 Track 01 p260*

- Focus the class on the children in the scene. Prompt them to describe the appearance of the three characters.
- Play the CD. The pupils listen and read the conversation.
- Point to a character and ask **What's his / her name?** Repeat the procedure with the other two characters.
- Play the CD again, pausing after each sentence for the pupils to repeat.
- The pupils practise the conversation in groups of four.

Pupil's Book Activity 3

Listen and sing *This is my best friend.*

▶ *CD1 Track 02 p260*

- Say **Let's listen to a song about best friends.** Play the CD. The pupils listen and read.
- Play the CD again. The pupils join in singing the song.
- Ask the pupils to tell you the name of their best friend.

Pupil's Book Activity 4

Ask and answer about someone in your family.

- Focus the class on the activity. Read out the questions and ask different pupils to answer about someone in their family.
- The pupils practise the questions and answers with a Talk Partner.

Activity Book

Activity 1

Complete the mind map. Write three words in each group.

- Prompt a pupil to read out the six categories of words. Then invite different pupils to name the pictures.
- The pupils work on their own or with a Talk Partner to add three more words to each section of the mind map.
- Check the activity by drawing the mind map on the board.

Suggested answers: **sea animals:** squid, shark, octopus **water sports:** surfing, snorkelling, water-skiing **activities:** climb a tree, plant seeds, paint a picture **sports equipment:** flippers, kayak, life jacket **numbers:** fifteen, sixty-four, seventy-one **food:** an apple, sweetcorn, pineapple

Activity 2

Read and match.

- Ask a pupil to read out the first question and the correct answer. Prompt them to say if it corresponds to Josh or Lily.
- The pupils work on their own or with a Talk Partner to match the questions and answers.

Answers: **1** He's ten years old. **2** She's nine years old. **3** His name's Josh. **4** Her name's Lily. **5** She likes taking photos. **6** He likes sailing boats.

Activity 3

Write about you.

- Read out the incomplete sentences.
- The pupils work alone to complete the sentences about themselves.
- The pupils share their sentences with a Talk Partner.

Footer activity

- The pupils complete the footer activity.

Answer: He's ten years old.

Ending the lesson

Review the lesson and reflect on learning.

- (Books closed.) Say **Today we've remembered different topic words in English. Did you remember lots of words? We also described our best friend.**
- Ask the class **Which was your favourite activity today? Which activity was easy / difficult?**

Extra activities

Reinforcement

- Play *Odd one out.* Choose three objects that appear in the scene. Two should be from one group and the other should be from a different group, e.g. *crab*, *shark*, *flippers*. Ask **Which is the odd one out?**
- The pupils play the game with a Talk Partner, taking it in turns to choose items from the opening scene.

Extension

- Make a class calendar with the pupils. Use the calendar to revise ordinal numbers from first to thirty-first and the phrase 'When's your birthday?'
- Ask a pupil to come to the front of the class. Point to the calendar and ask **When's your birthday?** The pupil points to the date. Say **Your birthday's on the (second) of (September).** Ask the pupil to repeat the date saying *My birthday's …* Repeat the procedure with other pupils.

Key Competences and Key Learning Outcomes

- Use adjectives to describe physical appearances
- Listen for specific information

Key language

- *beard, blonde hair, brown eyes, curly hair, freckles, long / short hair, moustache, ponytail, straight hair, wavy hair*
- *What does (your brother / sister) look like? He's got (short, blonde hair and brown eyes). She's got (short, wavy hair and freckles).*

Materials

- Pupil's Book pp4–5; Activity Book p3; Class CD1; Teacher's App on Navio
- Physical descriptions flashcards
- Teacher's Resource Bank: Talk cards

Optional materials

- Magazine photos

At a Glance Lesson Plan

Pupil's Book

Starting the lesson

- **Think-Pair-Share.** Review vocabulary from Lesson 1.
- Review the *This is my best friend* song.
- ▶ ***CD1 Track 02 p260***
- ▶ ***CD1 Track 03 p260 (optional karaoke version)***
- Set learning outcomes and use the talk cards.

Activity 1

- Listen and read.
- ▶ ***CD1 Track 04 p260***
- Act out.

Activity 2

- Listen and repeat.
- ▶ ***CD1 Track 05 p260***

Activity 3

- Ask and answer about a friend.
- Go to the Activity Book.

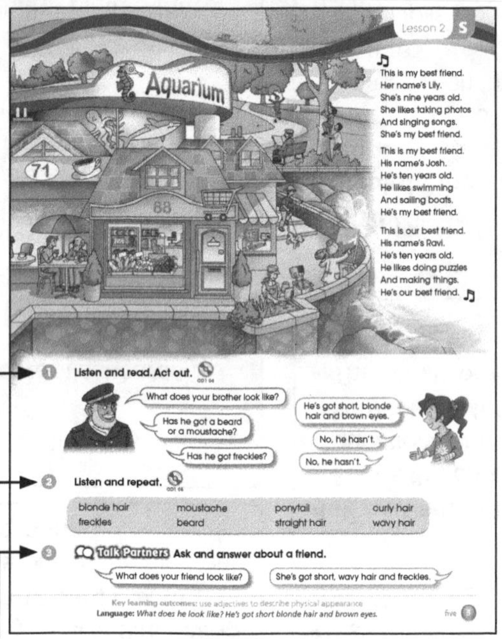
Lesson 2 S

This is my best friend.
Her name's Lily.
She's nine years old.
She likes taking photos
And singing songs.
She's my best friend.
This is my best friend.
His name's Josh.
He's ten years old.
He likes swimming
And sailing boats.
He's my best friend.
This is our best friend.
His name's Ravi.
He's ten years old.
He likes doing puzzles
And making things.
He's our best friend.

1 Listen and read. Act out.
What does your brother look like?
He's got short, blonde hair and brown eyes.
Has he got a beard or a moustache?
No, he hasn't.
Has he got freckles?
No, he hasn't.

2 Listen and repeat.
blonde hair, moustache, ponytail, curly hair, freckles, beard, straight hair, wavy hair

3 Talk Partners Ask and answer about a friend.
What does your friend look like?
She's got short, wavy hair and freckles.

Language: What does he look like? He's got short blonde hair and brown eyes.
five

Ending the lesson

- Review the lesson and reflect on learning.

Extra activity

Reinforcement

- Play *Descriptions*.

Digital resources

Teacher's Digital: You can also teach this lesson using the Teacher's App on Navio.

Pupil's Digital: Encourage your pupils to use the Pupil's App on Navio to practise the activities from this lesson.

Powered By NAVIO

Activity Book

Lesson 2 Grammar S

1 Read and match.
1 He's got short, straight hair.
2 She's got a ponytail and freckles.
3 She's got curly hair.
4 He's got a beard and a moustache.
5 She's got long, straight hair.
6 He's got wavy hair and freckles.

2 Look at the pictures and write a description.
1 She's got short hair and freckles.
2 He's got ______ hair and a ______
3 ______
4 ______

Remember!
He's got She's got

3 Write about your friend. Draw and colour.
My friend has got ______

Who's got long hair and a ponytail? ______
three

Activity Book

Activity 1

- Read and match.

Activity 2

- Look at the pictures and write a description.

Activity 3

- Write about your friend. Draw and colour.

Footer activity

- Complete the footer activity.

Starting the lesson

Think-Pair-Share. Review vocabulary from Lesson 1.

- (Books closed.) Ask **How many things can you remember from the last lesson?** The class thinks silently for one minute.
- Organise the class into Talk Partners to share their information.
- Then ask the whole class to list the items they remember. Finally, the pupils open their Pupil's Book and look at the scene on pages 4–5.

Review the *This is my best friend* song.

▶ *CD1 Track 02 p260*

▶ *CD1 Track 03 p260 (optional karaoke version)*

- Play the CD (or use the karaoke version). The pupils sing along and do the actions.

Set learning outcomes and use the talk cards.

- Say **Today we're going to talk about describing what people look like.**
- Point to the talk cards to show the pupils the different ways they will be working in the lesson.

Pupil's Book Activity 1

Listen and read. Act out.

▶ *CD1 Track 04 p260*

- (Books closed.) Hold up the physical descriptions flashcards in turn to present the vocabulary.
- (Books open.) The pupils look at the picture. Ask **Who are they talking about?**
- Play the CD. The pupils listen and read the conversation. Ask **What does Luke look like?**
- Play the CD again, pausing after each sentence for the pupils to repeat.
- The pupils practise the conversation with a Talk Partner.

Pupil's Book Activity 2

Listen and repeat.

▶ *CD1 Track 05 p260*

- Read out the descriptions. Check understanding by asking the class to point to a child with each feature.
- Play the CD. The pupils repeat the physical descriptions and point.

Pupil's Book Activity 3

Ask and answer about a friend.

- Ask two pupils to read out the exchange on the page.
- Practise the activity as a class. Ask different pupils the question and prompt them to answer.
- The pupils practise with a Talk Partner.

Activity Book

Activity 1

Read and match.

- Read out the descriptions as a class.
- The pupils work on their own to match each description with a picture.

Answers: **1** c **2** e **3** a **4** d **5** b **6** f

Activity 2

Look at the pictures and write a description.

- Focus the class on the first picture. Ask a pupil to read the description.
- The pupils work on their own to complete each description.

Answers: **1** short hair, freckles **2** curly, moustache **3** He's got wavy hair and a beard. **4** She's got a ponytail and freckles.

Activity 3 (me)

Write about your friend. Draw and colour.

- Invite different pupils to describe their friend. Write any new vocabulary on the board.
- The pupils work on their own to write their description and draw a picture.
- The pupils read out their description with a Talk Partner.

Footer activity

- The pupils complete the footer activity.

Answer: Lily

Ending the lesson

Review the lesson and reflect on learning.

- (Books closed.) Say **Today we've talked about descriptions. Can you describe your friend?** Elicit descriptions from the pupils.
- Ask the class **Which was your favourite activity today? Which activity was easy / difficult?**

Extra activity

Reinforcement

- Play *Descriptions*. Organise the class into groups of six. Give each pupil a small piece of paper and ask them to write a short description of another member of their group.
- Redistribute the descriptions among the groups. The pupils read the description and try to guess the pupil.
- Alternatively, cut out some photos of famous people from magazines and stick them on the board. The pupils write the descriptions and guess as above.

Key Competences and Key Learning Outcomes

- Read, listen and understand a story about Lily, Ravi, Josh and Luke
- Complete a story summary

Key language

- *beard, blonde hair, freckles, moustache, ponytail, curly / straight / wavy hair*
- *You look different. He's got (a beard). You're taller. Ravi likes doing puzzles. I love going snorkelling. I love playing the drums.*

Materials

- Pupil's Book p6; Activity Book p4; Class CD1; Teacher's App on Navio
- Teacher's Resource Bank: Talk cards
- Small pieces of paper

At a Glance Lesson Plan

Pupil's Book

Starting the lesson

- Review physical descriptions.
- Review the *This is my best friend* song.
- ▶ ***CD1 Track 02 p260***
- ▶ ***CD1 Track 03 p260 (optional karaoke version)***
- Set learning outcomes and use the talk cards.

Before you read

- Read the title and predict the content of the story.

Activity 1

- Listen and read.
- ▶ ***CD1 Track 06 p260***
- Act out.
- Go to the Activity Book.

Ending the lesson

- Review the lesson and reflect on learning.

Extra activity

Reinforcement

- Retell the story as a class.

Activity Book

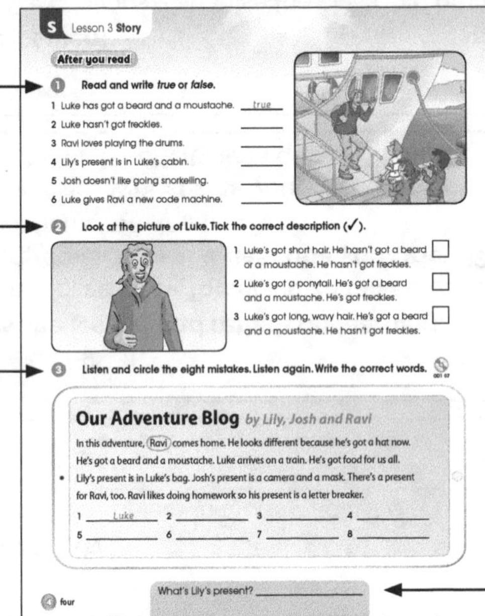

After you read: Activity Book

Activity 1

- Read and write *true* or *false*.

Activity 2

- Look at the picture of Luke. Tick the correct description (✓).

Activity 3

- Listen and circle the eight mistakes.
- ▶ ***CD1 Track 07 p260***
- Listen again. Write the correct words.

Footer activity

- Complete the footer activity.

Digital resources

Teacher's Digital: You can also teach this lesson using the Teacher's App on Navio.

Pupil's Digital: Encourage your pupils to use the Pupil's App on Navio to practise the activities from this lesson.

Powered By NAVIO

Starting the lesson

Review physical descriptions.

- Play *Guess who?* Write the names of five or six pupils on small pieces of paper. Choose a name and describe the pupil. Have the rest of the class guess who you are describing.
- Invite a pupil to do the same. The pupil chooses one of the names and describes the person.

Review the *This is my best friend* song.

▶ *CD1 Track 02 p260*

▶ *CD1 Track 03 p260 (optional karaoke version)*

- Play the CD (or use the karaoke version). The pupils sing and do the actions.

Set learning outcomes and use the talk cards.

- Say **Today we're going to read and listen to a story in English.**
- Point to the talk cards to show the pupils the different ways they will be working in the lesson.

Before you read

- (Books closed.) Read the title of the story. Explain that in the story Ravi, Josh and Lily are waiting for Luke. Ask **What does Luke look like? What presents does he give them?**

Pupil's Book Activity 1

Listen and read.

▶ *CD1 Track 06 p260*

- (Books closed.) Explain that in the story Luke comes home from his travels. Ask **Do you think Luke looks the same?** Encourage the class to make predictions about his appearance after a year away.
- (Books open.) Say **Now listen to the story and find out.**
- Play the CD. The pupils follow in their books.
- Confirm that Luke looks different now. He's got a beard and a moustache, a ponytail and freckles.
- Ask questions to check understanding.

Suggested comprehension questions

- Frame 1: **What does Josh say Luke looks like?** (*He's got short, blonde hair.*)
- Frame 2: **Does Josh look the same?** (*No, he looks different.*)
- Frame 3: **Does Lily look the same?** (*No, she doesn't, she's taller.*) **What has Luke got for the children?** (*He's got presents.*)
- Frames 4–6: **What's (Lily's / Josh's / Ravi's) present?** (*Lily has got drums, Josh has got a new mask and a snorkel and Ravi has got a new code machine.*) **Do the children like their presents?** (*Yes, they do.*)

Act out.

- Organise the class into four groups (Lily, Ravi, Josh and Luke) and play the CD. Each group joins in when their character speaks. If pupils need extra support, pause the CD after each utterance and ask them to repeat it instead.
- Repeat with groups swapping roles.

After you read: Activity Book

Activity 1

Read and write *true* or *false*.

- Ask different pupils to read out the sentences. The pupils answer *true* or *false* each time.

Answers: **1** true **2** false **3** false **4** true **5** false **6** true

Activity 2

Look at the picture of Luke. Tick the correct description (✓).

- The pupils work on their own or with a Talk Partner to decide which picture best fits the description.

Answer: 2

Activity 3

Listen and circle the eight mistakes. Listen again. Write the correct words.

▶ *CD1 Track 07 p260*

- Play the CD. The pupils listen and circle the eight mistakes.
- Play the CD again. The pupils listen and write the correct words.

Answers: **1** ~~Ravi~~ Luke **2** ~~hat~~ ponytail **3** ~~train~~ ship **4** ~~food~~ presents **5** ~~bag~~ cabin **6** ~~camera~~ snorkel **7** ~~homework~~ puzzles **8** ~~letter~~ code

Footer activity

- The pupils complete the footer activity.

Answer: drums

Ending the lesson

Review the lesson and reflect on learning.

- Say **Today we've listened to a story about Luke coming home.** Ask **Did you like the story?**
- Ask the class **Which was your favourite activity today? Which activity was easy / difficult?**

Extra activity

Reinforcement

- Say **Let's tell the story together.** Prompt the class by saying **Lily, Ravi and Josh are waiting impatiently for ...** (*Luke*). **He looks ...** (*different*) **because ...** (*he's got a beard and a moustache*). Use mime, gesture and drawings to support the class if necessary.

Key Competences and Key Learning Outcomes

- Review the numbers 1–100
- Identify and say letters and numbers 100–1000
- Use a code to read a message
- Use 'must' and 'going to' to talk about obligations and responsibilities in the classroom
- Read and write a class contract

Key language

- numbers 1–1000
- *We must speak English in class / put our hands up to speak / take turns and listen to each other. We're going to work together / share our things.*

Materials

- Pupil's Book p7; Activity Book p5; Class CD1; Teacher's App on Navio
- Teacher's Resource Bank: Talk cards

At a Glance Lesson Plan

Pupil's Book

Starting the lesson

- Review the numbers 1–100.
- Set learning outcomes and use the talk cards.

Activity 1

- Ask and answer.

Activity 2

- Read and listen.
- ▶ *CD1 Track 08 p260*
- Go to the Activity Book.

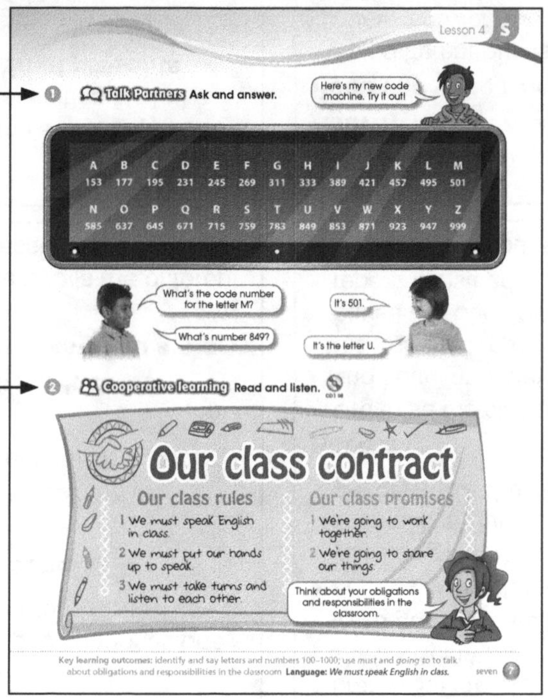

Ending the lesson

- Review the lesson and reflect on learning.

Extra activities

Reinforcement

- Use the code to write a secret message to a friend.

Extension

- Extend the class contract.

Activity Book

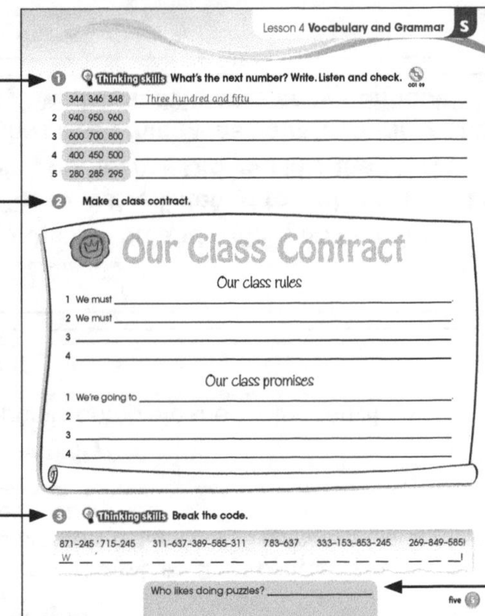

Activity Book

Activity 1

- What's the next number?
- Write.
- Listen and check.
- ▶ *CD1 Track 09 p260*

Activity 2

- Make a class contract.

Activity 3

- Break the code.

Footer activity

- Complete the footer activity.

Digital resources

Teacher's Digital: You can also teach this lesson using the Teacher's App on Navio.

Pupil's Digital: Encourage your pupils to use the Pupil's App on Navio to practise the activities from this lesson.

Powered By NAVIO

Starting the lesson

Review the numbers 1–100.

- Quickly review the numbers 1–100 by asking pupils to count around the class in different multiples: 5s, 10s, 2s, 3s, etc.
- Play the *Magic number* game. Write a number between 1–100 on the board, e.g. *50*. Explain to the class that they have to think of as many mathematical equations as possible to represent the number, e.g. 45 + 5, 5 x 10. Explain that they can use the four mathematical symbols. Encourage the pupils to tell you different ways and write them on the board.

Set learning outcomes and use the talk cards.

- Say **Today we're going to learn a new secret code. We're going to learn more numbers and we're going to read and write a class contract.**
- Point to the talk cards to show the pupils the different ways they will be working in the lesson.

Pupil's Book Activity 1

Ask and answer.

- Write the number 100 on the board and ask **What number is this? What number is next?** Explain to the children that we say 'a hundred **and** one', 'a hundred **and** two', etc.
- Write the numbers *200*, *300*, *400*, *500*, *600*, *700*, *800*, *900* and *1000* on the board and introduce the vocabulary.
- Ask different pupils to come to the board and write the numbers you say (100–1000).
- Then write random numbers on the board (100–1000) and ask the class to say the numbers.
- Focus the class on the new code. Invite two pupils to read out the speech bubbles. Then ask **What's the code number for the letter (M)?** The pupils say the corresponding number (*501*). Repeat the procedure several times.
- The pupils do the activity with a Talk Partner. They take turns to ask and answer the questions.

Pupil's Book Activity 2

Read and listen.

▶ *CD1 Track 08 p260*

- Explain to the class that they are going to read a class contract. Invite a pupil to read out the speech bubble.
- Before they read, elicit rules that the pupils think might appear in the contract. Write their ideas on the board.
- Play the CD. Ask the pupils to follow the text in their books.
- Check their predictions to see if their ideas appeared in the contract.
- Ask the pupils to list rules for the contract in their notebooks before sharing them with the class.

Activity Book

Activity 1

What's the next number? Write. Listen and check.

▶ *CD1 Track 09 p260*

- Ask a pupil to read out the first numbers in the series. Encourage the class to say the following number and write it down. Have the pupils complete the series individually.
- Play the CD. The pupils listen and check their answers.

Answers: **1** Three hundred and fifty **2** Nine hundred and seventy **3** Nine hundred **4** Five hundred and fifty **5** Three hundred and ten

Activity 2

Make a class contract.

- Copy the class contract frame onto the board. Ask the class to suggest rules.
- Allow the class to choose the most important rules.
- Ask the class to suggest ideas for the class promise.
- Allow them to choose the most relevant.
- The pupils complete the class contract individually.

Activity 3

Break the code.

- The pupils use the number code on Pupil's Book page 7 to discover the secret sentence.

Answer: We're going to have fun!

Footer activity

- The pupils complete the footer activity.

Answer: Ravi

Ending the lesson

Review the lesson and reflect on learning.

- Say **Today we've learnt more numbers. Can you count from 100–1000? We've also learnt how to make a class contract.**
- Ask the class **Which was your favourite activity today? Which activity was easy / difficult?**

Extra activities

Reinforcement

- The pupils use the code to write a secret message to a friend in English.

Extension

- The pupils make poster-sized versions of the class contract to display in the classroom.

Date: ____________ Unit: ____________

1 **What did my pupils learn in this unit?**

____
____
____
____

2 **How did my pupils work? (✓)**

individually ☐ in pairs ☐ in small groups ☐
in large groups ☐ as a class ☐

3 **Which key competences did my pupils develop?**

Competence in linguistic communication ☐
Competence in mathematics, science and technology ☐
Digital competence ☐
Learning to learn ☐
Social and civic competences ☐
Sense of initiative and entrepreneurship ☐
Cultural awareness and expression ☐

4 **Which lessons / activities were the most successful and why?**

____
____
____
____

5 **Which lessons / activities did my pupils find the most difficult and why?**

____
____
____
____

6 **What did I try in the classroom for the first time? How did it go?**

____
____
____
____

7 **Which resources did I find most useful? (including webpages)**

____
____
____
____
____

8 **What could I do differently next time I teach this unit?**

____
____
____
____

Unit 1 Let's eat!

Unit overview

Key Competences and Key Learning Outcomes

- Identify and say ingredients (Lesson 1)
- Say the vocabulary chant (Lesson 1)
- Listen, repeat and act out a conversation (Lesson 2)
- Follow, complete and correct the grammar tables (Lessons 2 and 4)
- Ask questions using *'How much'* and *'How many'* (Lesson 2)
- Identify and say verbs for cooking (Lesson 4)
- Read and understand an instructional text (Lesson 6)
- Know and use time sequencers (Lesson 7)
- Watch and understand a video (Video and 21st Century Skills)

- Identify and use countable and uncountable nouns (Lesson 2)
- Use a code to read a message (Lesson 3)
- Identify steps in a process (Lesson 6)

- Use the Pupil's App on Navio
- Investigate New York (Lesson 8)

LEARN

- Say a tongue twister and practise alternative spellings for the 'ie' sound (Lesson 5)
- Practise activity types found in the Cambridge Exams: A1 Movers

- Understand the importance of paying attention (Lesson 3)

- Play a communication game using 'How much' / 'How many' and 'need to' (Lesson 5)

- Sing two songs (Lessons 1 and 4)
- Read, listen, understand and act out a story about a Burfi cake (Lesson 3)
- Prepare and write a recipe (Lesson 7)
- Learn about New York City (Lesson 8)
- Think about your own culture (Lesson 8)

Vocabulary

Core vocabulary
biscuits, butter, chocolate chips, coconut, cream, flour, jam, nuts, oil, raisins, salt, sugar; add, chop, heat, mix, pour, stir

Extension vocabulary (optional)
blueberries, coffee, honey, marshmallows, raspberries, vanilla; boil, cook, peel, slice

Other vocabulary
a piece, cart, tin; chickpeas, falafel, pretzel, raspberry sauce, smoothies, sundae, waffles; bowl, dish, knife, oven, pan, scoop, spoon; break, sprinkle

Recycled vocabulary
cake, carrots, cheese, chocolate, dessert, green beans, ice cream, mushrooms, olives, onions, peppers, pizza base, salad, soup, strawberries, sweetcorn, tomatoes, tomato sauce, tuna, water; amazing, finally, first, salty

Structures

Core structures
How much (sugar) do we need? How many (nuts) do we need? We need a lot of / some / a little (sugar). We need a lot of / some / a few (nuts). What do I / you / we / they need to do? What does he / she need to do? First / Next / Then / After that / Finally, I / you / he / she / we / you / they need / needs to (chop the carrots).

Other structures
Let me see. I don't know! It's going to be delicious!

Recycled structures
Are there any (nuts) in the cupboard? Yes, there are. / No, there aren't. Is there any (cream) in the fridge? Yes, there is. / No, there isn't. Let's (go shopping). You can add (chopped onions). What's the name of (the famous statue) in New York? What time is it in New York? How many people live in New York? I'd like a salad. Would you like to order a dessert / anything else? What would you like to drink?

Phonics

The 'ie' sound (*Spike likes rice Mike pies tie*)
Recycled: 'igh' and 'y' spellings

Literacy

Text type: a recipe (instructional text)
Reading skills: predicting; scanning; sequencing
Writing skills: sequencers

Culture ... around the world

Street food in New York City

21st Century Skills

Collaboration and teamwork

Thinking skills

Categorising (Lesson 1); Applying rules (Lessons 2 and 4); Predicting (Lessons 3 and 8); Predicting content from photos (Lesson 6); Sequencing (Lesson 6)

Cooperative learning

Listening to each other (Lesson 1); Collaborating (Lessons 3, 7 and Review); Three-minute review (Lesson 4); Practise spelling (Lesson 5); Work together to cross the river (Lesson 5); Information sharing (Lesson 5); Peer evaluation and feedback (Lesson 7)

Values

Understanding the importance of paying attention

Cross-curricular links

Link to Science
Food and nutrition: Classifying food items and discussing nutrients and what makes a healthy, balanced diet

Suggested Arts and Crafts concepts
Observing patterns, including polka dots, stripes and checks, and creating a patterned still life

Key Competences and Key Learning Outcomes

- Identify and say ingredients
- Say the vocabulary chant
- Classify food items (optional)
- Review and discuss cakes and ingredients
- Play a memory game with a partner
- Sing a song about going shopping

Key language

- *biscuits, butter, chocolate chips, coconut, cream, flour, jam, nuts, oil, raisins, salt, sugar*
- Extension: *blueberries, coffee, honey, marshmallows, raspberries, vanilla*
- *Is there any (cream) in the fridge? Are there any (nuts) in the cupboard? Yes, there is / are. No, there isn't / aren't.*

Materials

- Pupil's Book p8; Activity Book p6; Class CD1; Teacher's App on Navio
- Ingredients flashcards
- Teacher's Resource Bank: Ingredients word cards
- Teacher's Resource Bank: Talk cards

Optional materials

- Teacher's Resource Bank: Trinity Exams Practice cards (selected from the Starter Unit)

At a Glance Lesson Plan

Pupil's Book

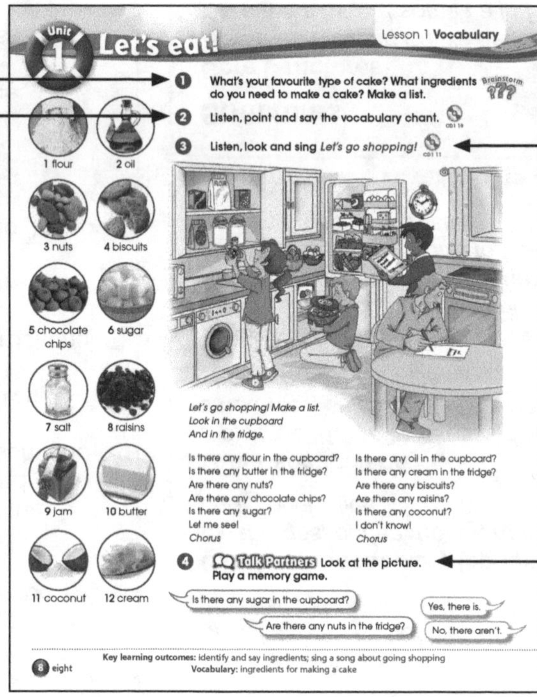

Starting the lesson

- Use the Trinity Exams Practice cards (optional).
- Review food items.
- Set learning outcomes and use the talk cards.

Activity 1

- What's your favourite type of cake?
- What ingredients do you need to make a cake? Make a list.

Vocabulary presentation

- Present the new vocabulary using the ingredients flashcards.

Word cards

- Introduce the spellings of the vocabulary using the ingredients word cards.

Activity 2

- Listen, point and say the vocabulary chant.
▶ *CD1 Track 10 p260*

Activity 3

- Listen, look and sing *Let's go shopping!*
▶ *CD1 Track 11 p261*

Activity 4

- Look at the picture. Play a memory game.
Go to the Activity Book.

Cooperative learning

- Listening to each other.

Ending the lesson

- Review the lesson and reflect on learning.

Extra activities

Reinforcement

- Play a guessing game.

Vocabulary extension

- Present six additional vocabulary items.

Link to Science

- **Food and nutrition:** Classify food items.

Digital resources

Teacher's Digital: You can also teach this lesson using the Teacher's App on Navio.

Pupil's Digital: Encourage your pupils to use the Pupil's App on Navio to practise the activities from this lesson.

Powered By NAVIO

Activity Book

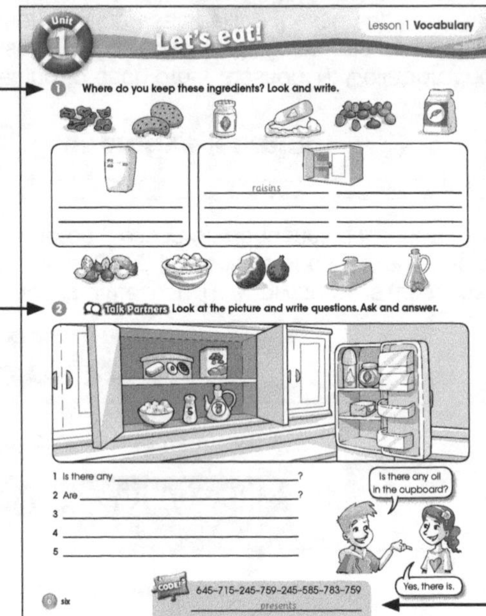

Activity Book

Activity 1

- Where do you keep these ingredients? Look and write.

Activity 2

- Look at the picture and write questions.
- Ask and answer.

Code activity

- Complete the code activity.

Detailed Lesson Plan

Starting the lesson

Use the Trinity Exams Practice cards (optional).
- The pupils practise asking and answering questions.

Review food items.
- Tell the class about your favourite food. Then ask **What's your favourite food?**
- Ask **What can you see in the fridge and the cupboard?** Prompt the class to name the food items in the picture.
- Ask **Where are the lemons? Where's the bread?** The pupils ask and answer about the location of the food items.

Set learning outcomes and use the talk cards.
- Say **Today we're going to learn the names of some ingredients to make a cake.**
- Point to the talk cards to show the pupils the different ways they will be working in the lesson.

Pupil's Book Activity 1

What's your favourite type of cake? What ingredients do you need to make a cake? Make a list.
- (Books closed.) Organise the pupils into groups of three. Ask each group to choose a scribe.
- Set a three-minute time limit. Each group lists the ingredients. The scribe writes these words in English.
- Ask the groups to count the words they have written. Invite different groups to read out their list.

Vocabulary presentation

- (Books closed.) Hold up each ingredients flashcard in turn and elicit / say the word.
- Stick the flashcards on the board. The pupils repeat the words once or twice.

Word cards

- (Books closed.) Hand out an ingredients word card to each pair. They come to the board, read out their word card and stick it next to the corresponding flashcard.

Pupil's Book Activity 2

Listen, point and say the vocabulary chant.
▶ ***CD1 Track 10 p260***
- (Books open.) Focus the class on the 12 photos. Say **Let's listen, point and say the words.** Play the CD. The pupils listen, point and repeat.

Pupil's Book Activity 3

Listen, look and sing *Let's go shopping!*
▶ ***CD1 Track 11 p261***
- Focus the class on the scene. Ask **Where are Lily, Ravi and Josh?** Explain that Luke wants to make a cake.
- Say **Let's listen to the song.** Play the CD. The pupils listen and read. Ask **What ingredients are in the song?**
- Play the CD again. The pupils join in, singing the song and pointing to the ingredients as they hear them.

Pupil's Book Activity 4

Look at the picture. Play a memory game.
- Ask two pupils to read out the speech bubbles. Remind the pupils that we use 'There is / isn't' when we talk about uncountable objects and 'There are / aren't' when we talk about countable objects.
- The pupils ask and answer about the ingredients in the scene above with a Talk Partner.

Cooperative learning

Listening to each other.
- Explain that the pupils will take turns to list the ingredients for making a cake. They shouldn't repeat what their partner has said.
- Confident pairs perform the activity for the class.

Activity Book

Activity 1

Where do you keep these ingredients? Look and write.
- The pupils write the words in the corresponding place: the fridge or the cupboard.

Answers: **cupboard:** raisins, flour, sugar, biscuits, coconut, oil, nuts, chocolate chips **fridge:** jam, cream, butter

Activity 2

Look at the picture and write questions. Ask and answer.
- Focus the class on the picture of the cupboard. Encourage a pupil to complete the first question.
- Repeat the procedure with the fridge. The pupils write the questions and ask and answer with a Talk Partner.

Code activity
- The pupils review the completed code activity.

Answer: presents

Ending the lesson

Review the lesson and reflect on learning.
- (Books closed.) Say **Today we've learnt the ingredients to make a cake. What do you remember?**
- Ask the class **Which was your favourite activity today? Which activity was easy / difficult?**

Extra activities

Reinforcement
- Organise the class into Talk Partners. Ask one of the pupils to choose three ingredients to make a cake. Their partner asks questions to guess the ingredients.

Vocabulary extension
- Use the Vocabulary Booster on Navio to present and practise six additional ingredients for making a cake: *blueberries*, *coffee*, *honey*, *marshmallows*, *raspberries*, *vanilla*.

Link to Science

- If you are studying the Science topic of **Food and nutrition** in English, remind the pupils that food can be classified as food that keeps us healthy / helps us grow / gives us energy. Ask them to classify the ingredients in Lesson 1.

Key Competences and Key Learning Outcomes

- Listen, repeat and act out a conversation
- Listen, follow the grammar table and identify the parts of a sentence
- Ask questions using 'How much' and 'How many'

- Identify and use countable and uncountable nouns
- Discuss nutrients in food (optional)

Key language

- *biscuits, butter, chocolate chips, coconut, cream, flour, jam, nuts, oil, raisins, salt, sugar; ingredients*
- *How much (sugar) do we need? We need a lot of / some / a little (sugar). How many (nuts) do we need? We need a lot of / some / a few (nuts).*

Materials

- Pupil's Book p9; Activity Book p7; Class CD1; Teacher's App on Navio
- Ingredients flashcards
- Teacher's Resource Bank: Talk cards

Optional materials

- Teacher's Resource Bank: Trinity Exams Practice cards (selected from the Starter Unit)

At a Glance Lesson Plan

Pupil's Book

Starting the lesson

- Use the Trinity Exams Practice cards (optional).
- Play *Disappearing flashcards*.
- Review the *Let's go shopping!* song.
- ▶ ***CD1 Track 11 p261***
- ▶ ***CD1 Track 12 p261 (optional karaoke version)***
- Set learning outcomes and use the talk cards.

Activity 1

- Listen and read.
- Listen and repeat.
- ▶ ***CD1 Track 13 p261***
- Act out.

Activity 2

- Read again.
- Which ingredients do Luke and Lily need?

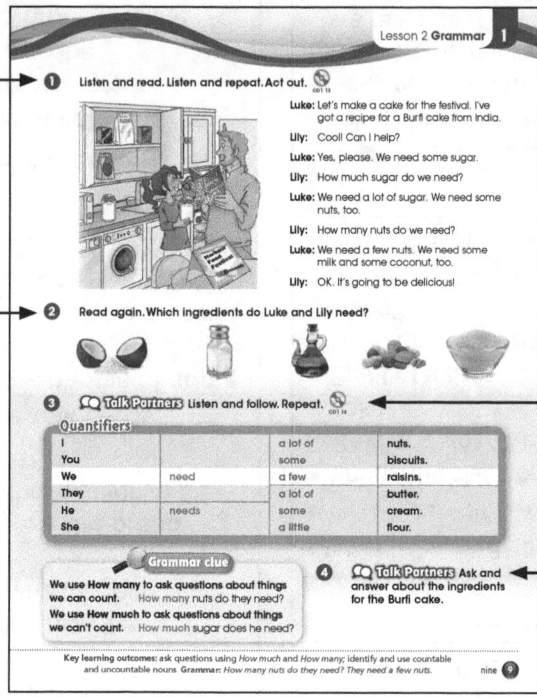

Activity 3

- Listen and follow.
- ▶ ***CD1 Track 14 p261***
- Repeat.
- **Grammar clue:** Read about countable and uncountable nouns.

Activity 4

- Ask and answer about the ingredients for the Burfi cake.

Go to the Activity Book.

Ending the lesson

- Review the lesson and reflect on learning.

Extra activity

Reinforcement

- Extend the *Let's go shopping!* song.
- ▶ ***CD1 Track 12 p261 (karaoke version)***

Link to Science

- **Food and nutrition:** Discuss nutrients in food.

Activity Book

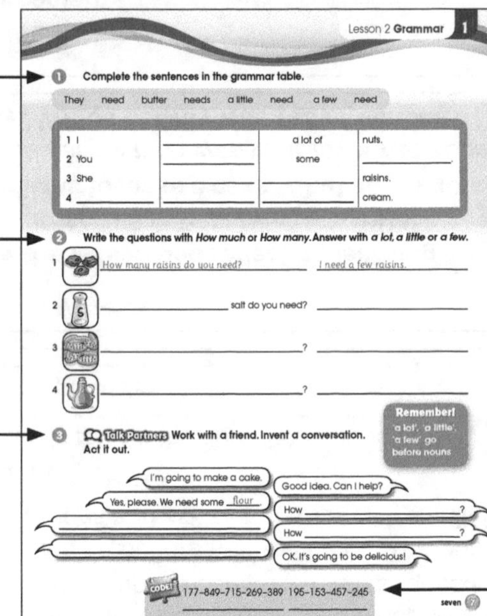

Activity Book

Activity 1

- Complete the sentences in the grammar table.

Activity 2

- Write the questions with *How much* or *How many.*
- Answer with *a lot*, *a little* or *a few*.

Activity 3

- Work with a friend. Invent a conversation.
- Act it out.

Code activity

Complete the code activity.

Digital resources

Teacher's Digital: You can also teach this lesson using the Teacher's App on Navio.

Pupil's Digital: Encourage your pupils to use the Pupil's App on Navio to practise the activities from this lesson.

Powered By NAVIO

Detailed Lesson Plan

Starting the lesson

Use the Trinity Exams Practice cards (optional).

- The pupils practise asking and answering questions.

Play *Disappearing flashcards.*

- Play *Disappearing flashcards* (see p27) with the ingredients flashcards.

Review the *Let's go shopping!* song.

▶ *CD1 Track 11 p261*

▶ *CD1 Track 12 p261 (optional karaoke version)*

- Play the CD (or use the karaoke version). The pupils sing along.

Set learning outcomes and use the talk cards.

- Say **Today we're going to ask and answer questions about the ingredients of a cake.**
- Point to the talk cards to show the pupils the different ways they will be working in the lesson.

Pupil's Book Activity 1

Listen and read. Listen and repeat. Act out.

▶ *CD1 Track 13 p261*

- The pupils look at the picture. Ask **What are Lily and Luke doing?**
- Play the CD. The pupils listen and read the conversation. Confirm Lily and Luke are making a Burfi cake.
- Play the CD again, pausing after each sentence for the pupils to repeat.
- The pupils act out the conversation with a Talk Partner.

Pupil's Book Activity 2

Read again. Which ingredients do Luke and Lily need?

- The pupils read the conversation again and say which of the ingredients shown in the photos Luke and Lily need to make the Burfi cake.

Answer: coconut, nuts, sugar

Pupil's Book Activity 3

Listen and follow. Repeat.

▶ *CD1 Track 14 p261*

- Play the CD. The pupils listen to the first sentence and point to the words they hear. They repeat the complete sentence.
- Repeat the procedure with the other sentences.

Grammar clue

- Read the grammar clue as a class.
- With a Talk Partner, the pupils take it in turns making true sentences about ingredients using 'How many' or 'How much'.

Pupil's Book Activity 4

Ask and answer about the ingredients for the Burfi cake.

- Invite different pairs of Talk Partners to ask and answer questions about the ingredients they need.

Activity Book

Activity 1

Complete the sentences in the grammar table.

- Invite a pupil to read out the words in the word box. The pupils write the words in the grammar table.

Answers: **1** need **2** need, butter **3** needs, a few **4** They, need, a little

Activity 2

Write the questions with *How much* or *How many*. Answer with *a lot*, *a little* or *a few*.

- Invite a pupil to read out the example. If necessary, show the pupils how to refer to the grammar table in Activity 1.
- The pupils write the questions and answers.

Answers: **1** How many raisins do you need? I need a few raisins. **2** How much, I need a little salt. **3** How many biscuits do you need? I need a lot of biscuits. **4** How much oil do you need? I need a lot of oil.

Activity 3

Work with a friend. Invent a conversation. Act it out.

- Explain to the class that they are going to create a conversation. Choose two pupils to read out the first two speech bubbles. The pupils suggest an ingredient for the following speech bubble. Write the suggestion on the board. Continue with the procedure until the conversation is complete.
- The pupils work with a Talk Partner to write their own conversation.
- The pupils practise the conversation and perform it for the class.

Code activity

- The pupils complete the code activity.

Answer: Burfi cake

Ending the lesson

Review the lesson and reflect on learning.

- (Books closed.) Say **Today we've learnt how to ask and answer questions about ingredients.** Invite the class to ask you some of the questions they've learnt.
- Ask the class **Which was your favourite activity today? Which activity was easy / difficult?**

Extra activity

Reinforcement

▶ *CD1 Track 12 p261 (karaoke version)*

- Extend the *Let's go shopping!* song. Encourage the pupils to suggest different ingredients that are in the cupboard and the fridge. Replace items in the verses with the pupils' suggestions.

Link to Science

- If you are studying the Science topic of **Food and nutrition** in English, remind the pupils that nutrients keep us healthy, help us grow and give us energy. Draw the *Eat Well Plate* (see www.nhs.uk/Livewell/Goodfood/Pages/the-eatwell-guide.aspx) on the board. Ask the class to classify the foods from the unit.

Key Competences and Key Learning Outcomes
• Read, listen and understand a story about a Burfi cake
• Use a code to read a message
• Do a pre-reading task
• Understand the importance of paying attention
• Understand, enjoy and act out the story • Give an opinion on the story

Key language

- *butter, cake, coconut, milk, nuts, raisins, salt, sugar; add, chop, mix, stir; a piece; tin; salty; fridge, oven*
- *What do we need to do now? Add the sugar and stir. Let's chop the nuts. How many (nuts) / much (sugar) do we need? We need a few (nuts) / a lot of (sugar).*

Other language

- *Can you pass me the sugar, please? It's delicious! Ugh! It's salty. Let's put it in the oven. Never mind. Put the butter in the pan. This doesn't look right. We've got all of the ingredients. What are you doing?*

Materials

- Pupil's Book pp10–11; Activity Book p8; Class CD1; Teacher's App on Navio
- Ingredients flashcards
- Teacher's Resource Bank: Talk cards

Optional materials

- Teacher's Resource Bank: Trinity Exams Practice cards (selected from the Starter Unit)

At a Glance Lesson Plan

Pupil's Book

Starting the lesson

- Use the Trinity Exams Practice cards (optional).
- Review 'How much' and 'How many'.
- Set learning outcomes and use the talk cards.

Before you read: Activity 1

- Can you remember the ingredients for the Burfi cake?

Activity 2

- Listen and read.
- ▶ *CD1 Track 15 p261*
- Act out.

After you read: Activity 3

- Ask and answer.

Activity 4: Values

- Read and discuss.

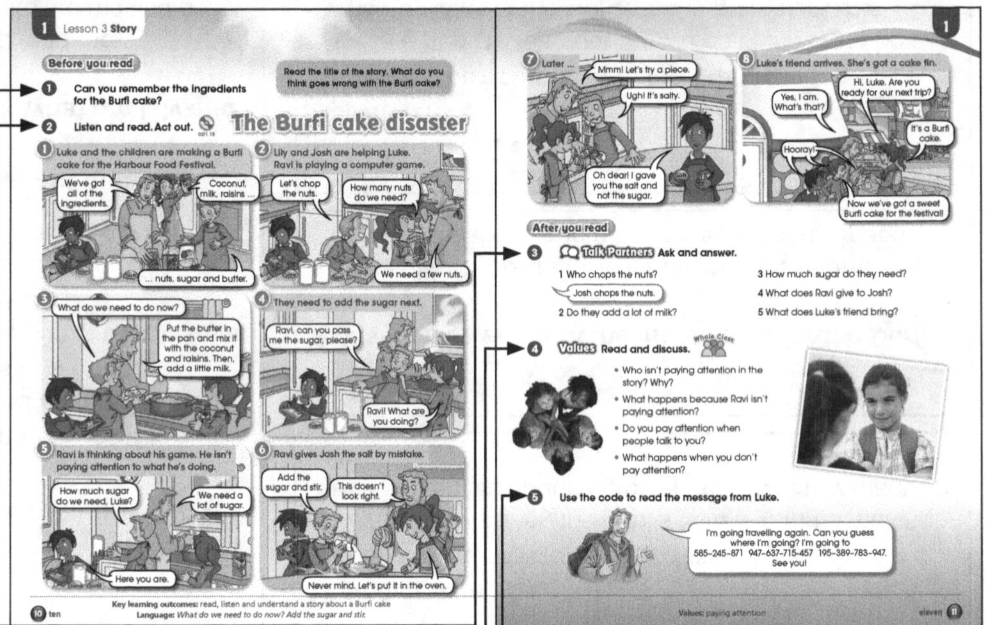

Activity 5

- Use the code to read the message from Luke.
- Go to the Activity Book.

Ending the lesson

- Review the lesson and reflect on learning.

Extra activity

Reinforcement

- Retell the story as a class.

Digital resources

Teacher's Digital: You can also teach this lesson using the Teacher's App on Navio.

Pupil's Digital: Encourage your pupils to use the Pupil's App on Navio to practise the activities from this lesson.

Powered By NAVIO

Activity Book

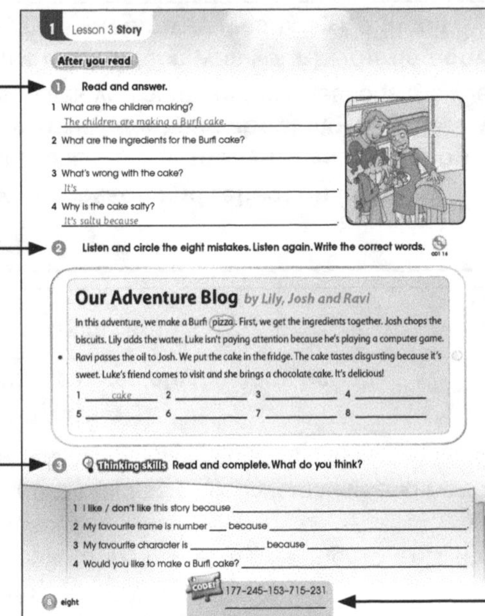

After you read: Activity Book

Activity 1

- Read and answer.

Activity 2

- Listen and circle the eight mistakes.
- ▶ *CD1 Track 16 p261*
- Listen again.
- Write the correct words.

Activity 3

- Read and complete. What do you think?

Code activity

- Complete the code activity.

Starting the lesson

Use the Trinity Exams Practice cards (optional).

- The pupils practise asking and answering questions.

Review 'How much' and 'How many'.

- Draw a two-column chart on the board with the headings 'How much?' and 'How many?'.
- Give out the ingredients flashcards to pairs of pupils. The pupils ask and answer questions using 'How much' and 'How many'. They then stick the flashcard in the correct column on the board. Repeat with all the flashcards.

Set learning outcomes and use the talk cards.

- Say **Today we're going to listen to and read a story.**
- Point to the talk cards to show the pupils the different ways they will be working in the lesson.

Before you read: Pupil's Book Activity 1

Can you remember the ingredients for the Burfi cake?

- Tell the pupils that Josh, Lily and Ravi are going to help Luke make a Burfi cake. Ask the pupils to list the ingredients with a Talk Partner.
- Ask **What do you think will go wrong with the Burfi cake?** List the pupils' suggestions on the board.

Pupil's Book Activity 2

Listen and read.

▶ ***CD1 Track 15 p261***

- Play the CD. The pupils follow in their books.
- Ask questions to check understanding.

Suggested comprehension questions

- Frame 1: **What ingredients has Lily got?** (*Coconut, milk, raisins.*)
- Frame 2: **How many nuts do they need?** (*They need a few nuts.*)
- Frame 3: **What does Josh mix with the butter?** (*Coconut and raisins.*)
- Frame 4: **What's Ravi doing?** (*He's playing a computer game.*)
- Frame 5: **How much sugar do they need?** (*They need a lot of sugar.*)
- Frame 6: **What does Ravi give to Josh?** (*Salt.*)
- Frame 7: **What's wrong with the cake?** (*It's salty.*)
- Frame 8: **What has Anna got?** (*A Burfi cake.*)

Act out.

- Organise the class into five groups (Lily, Ravi, Josh, Luke and Anna). Play the CD. Each group joins in when their character speaks. If pupils need extra support, pause the CD after each utterance and ask them to repeat it instead.

After you read: Pupil's Book Activity 3

Ask and answer.

- Ask a pupil to read out the first question and answer. Ask the class to identify the story frame which has this information. (*Frame 2.*)
- Organise the class into Talk Partners. The pupils find the information in the story and answer each question. They can do this orally or in their notebooks.

Answers: **1** Josh chops the nuts. **2** No, they add a little milk. **3** They need a lot of sugar. **4** He gives him the salt. **5** She brings a Burfi cake.

Pupil's Book Activity 4: Values

Read and discuss.

- Read out each question and discuss it as a class.
- Prompt the class to think of times when it's important to pay attention.

Pupil's Book Activity 5

Use the code to read the message from Luke.

- Remind the children that Luke is a scientist and that he's going travelling again. Ask them to work out his destination using the code on page 7. (*New York City.*)

After you read: Activity Book

Activity 1

Read and answer.

- Ask two pupils to read the question and answer.
- The pupils work on their own to answer the remaining questions.

Answers: **1** The children are making a Burfi cake. **2** butter, coconut, milk, raisins, nuts, sugar **3** salty **4** Ravi gave Josh the salt by mistake.

Activity 2

Listen and circle the eight mistakes. Listen again. Write the correct words.

▶ ***CD1 Track 16 p261***

- Play the CD. The pupils listen and circle the eight mistakes.
- Play the CD again. The pupils listen and write the correct words.

Answers: **1** ~~pizza~~ cake **2** ~~biscuits~~ nuts **3** ~~water~~ milk **4** ~~Luke~~ Ravi **5** ~~oil~~ salt **6** ~~fridge~~ oven **7** ~~sweet~~ salty **8** ~~chocolate~~ Burfi

Activity 3

Read and complete. What do you think?

- Ask a pupil to read out the first statement. The pupils complete the sentence with their own opinion. Repeat the procedure with the other sentences.
- Ask the pupils to share their opinions with a Talk Partner and then with the rest of the class.

Code activity CODE!

- The pupils complete the code activity.

Answer: beard

Ending the lesson

Review the lesson and reflect on learning.

- Say **Today we've listened to a story about a Burfi cake.**
- Ask the class **Which was your favourite activity today? Which activity was easy / difficult?**

Extra activity

Reinforcement

- Retell the story as a class. Say **Let's tell the story together.** Prompt the class by saying **Luke and the children are getting ready to make a …** (*Burfi cake*). **They've got all the ingredients together.** Use mime and drawings to support the class.

Key Competences and Key Learning Outcomes

- Identify and say verbs for cooking
- Follow and correct the grammar tables
- Use 'need to' to talk about requirements
- Identify a healthy, balanced diet (optional)
- Sing a song

Key language
- *add, chop, heat, mix, pour, stir; after that, finally, first, next, then*
- Extension: *boil, cook, peel, slice*
- *What do (we) need to do? First, we need to (chop the carrots).*
- Recycled: *carrots, green beans, onions, soup, tomatoes, water*

Materials
- Pupil's Book p12; Activity Book p9; Class CD1; Teacher's App on Navio
- Teacher's Resource Bank: Talk cards

Optional materials
- Teacher's Resource Bank: Trinity Exams Practice cards (selected from the Starter Unit)

At a Glance Lesson Plan

Pupil's Book

Starting the lesson
- Use the Trinity Exams Practice cards (optional).
- Review the story from Lesson 3.
- Set learning outcomes and use the talk cards.

Activity 1
- Listen, point and say.

▶ *CD1 Track 17 p261*

Activity 2
- Listen and sing *Let's make soup!*

▶ *CD1 Track 18 p261*

Activity 3
- Listen and follow.

▶ *CD1 Track 19 p262*
- Repeat.
- **Grammar clue:** Read about using *do* with *I / you / we / they* and *does* with *he / she*.

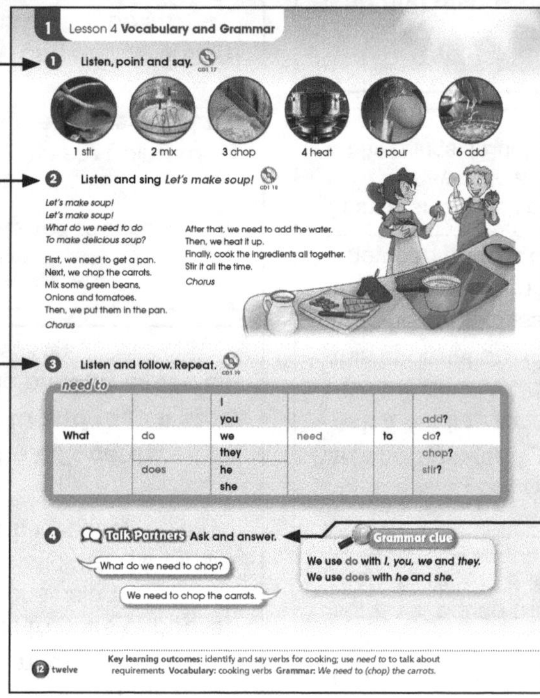
1 Lesson 4 Vocabulary and Grammar

1 Listen, point and say.

1 stir 2 mix 3 chop 4 heat 5 pour 6 add

2 Listen and sing *Let's make soup!*

Let's make soup!
Let's make soup!
What do we need to do
To make delicious soup?

First, we need to get a pan.
Next, we chop the carrots.
Mix some green beans,
Onions and tomatoes.
Then, we put them in the pan.
Chorus

After that, we need to add the water.
Then, we heat it up.
Finally, cook the ingredients all together.
Stir it all the time.
Chorus

3 Listen and follow. Repeat.

need to

What	do	I / you / we / they	need	to	add? / do? / chop? / stir?
	does	he / she			

4 Talk Partners Ask and answer.

What do we need to chop?
We need to chop the carrots.

Grammar clue: We use do with I, you, we and they. We use does with he and she.

12 twelve — Key learning outcomes: identify and say verbs for cooking; use *need to* to talk about requirements. Vocabulary: cooking verbs. Grammar: *We need to (chop) the carrots.*

Activity 4
- Ask and answer.
- Go to the Activity Book.

Ending the lesson
- Review the lesson and reflect on learning.

Extra activities

Reinforcement
- Play the *Mime* game.

Vocabulary extension
- Present four additional vocabulary items.

Link to Science
- **Food and nutrition:** Identify a healthy, balanced diet.

Activity Book

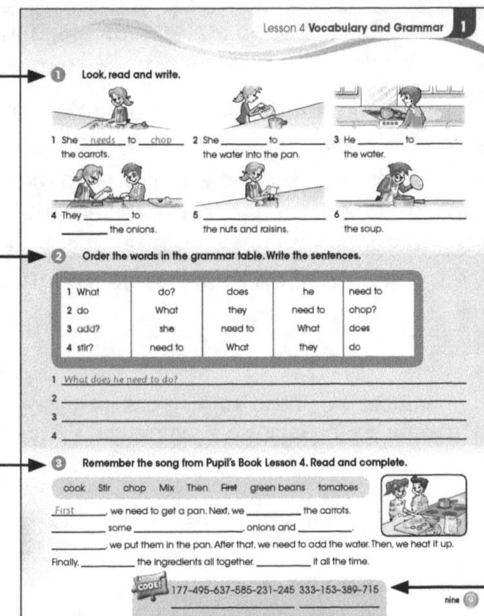
Lesson 4 Vocabulary and Grammar 1

1 Look, read and write.

1 She needs to chop the carrots. 2 She ___ to ___ the water into the pan. 3 He ___ to ___ the water. 4 They ___ to ___ the onions. 5 ___ the nuts and raisins. 6 ___ the soup.

2 Order the words in the grammar table. Write the sentences.

1 What	do?	does	he	need to
2 do	What	they	need to	chop?
3 add?	she	need to	What	does
4 stir?	need to	What	they	do

1 What does he need to do?
2
3
4

3 Remember the song from Pupil's Book Lesson 4. Read and complete.

cook Stir chop Mix Then First green beans tomatoes

First we need to get a pan. Next, we ___ the carrots. ___ some ___ onions and ___. ___ we put them in the pan. After that, we need to add the water. Then, we heat it up. Finally, ___ the ingredients all together. ___ it all the time.

177-495-637-585-231-245 333-153-389-715

nine

Activity Book

Activity 1
- Look, read and write.

Activity 2
- Order the words in the grammar table.
- Write the sentences.

Activity 3
- Remember the song from Pupil's Book Lesson 4. Read and complete.

Code activity
- Complete the code activity.

Digital resources

Teacher's Digital: You can also teach this lesson using the Teacher's App on Navio.

Pupil's Digital: Encourage your pupils to use the Pupil's App on Navio to practise the activities from this lesson.

Powered By NAVIO

Starting the lesson

Use the Trinity Exams Practice cards (optional).
- The pupils practise asking and answering questions.

Review the story from Lesson 3.
- (Books closed.) Ask the class if they remember the story that they read in the last lesson.
- In groups of three, the pupils remember as much information about the story as possible. Give them a three-minute time limit to do this.
- At the end of this period, ask each group a question about the story. The pupils in each group should collaborate before they give the answer.

Set learning outcomes and use the talk cards.
- Say **Today we're going to learn some words for cooking and we're going to talk about them.**
- Point to the talk cards to show the pupils the different ways they will be working in the lesson.

Pupil's Book Activity 1

Listen, point and say.

▶ *CD1 Track 17 p261*
- (Books open.) Point to the first picture and say **Look. When we cook, we stir the food.** The class repeat the verb. **Do you stir food when you cook?** Repeat the procedure for the rest of the verbs.
- Play the CD. The pupils listen, point and repeat each word.

Pupil's Book Activity 2

Listen and sing *Let's make soup!*

▶ *CD1 Track 18 p261*
- Focus the class on the picture. Ask **What are they doing? What are they making? What ingredients do they need?**
- Play the CD. The pupils listen and read. Confirm that they are making soup and that they need carrots, green beans, onions, tomatoes and water.
- Play the CD again. The pupils sing the song and do the cooking actions.

Pupil's Book Activity 3

Listen and follow. Repeat.

▶ *CD1 Track 19 p262*
- Focus the class on the grammar table.
- Play the CD. The pupils listen to the first question and point to the corresponding parts of the question.
- The pupils repeat the complete question. Repeat with the other questions.

Grammar clue
- Read the grammar clue as a class.

Pupil's Book Activity 4

Ask and answer.
- Organise the class into Talk Partners. The pupils take turns to ask and answer questions.

Activity Book

Activity 1

Look, read and write.
- Ask the pupils to read the first sentence. Then ask the pupils to name the actions in each picture. Encourage them to say the complete sentence.
- The pupils work on their own to complete the sentences.

Answers: **1** needs, chop **2** needs, pour **3** needs, boil **4** need, add **5** She needs to mix **6** He needs to stir

Activity 2

Order the words in the grammar table. Write the sentences.
- Explain that the grammar table is mixed up and that the pupils need to reorder the words.
- Invite a pupil to read out the first question.
- The pupils order and write the remaining questions. If the pupils need more support, remind them that a question always begins with a capital letter and finishes with a question mark.

Answers: **1** What does he need to do? **2** What do they need to chop? **3** What does she need to add? **4** What do they need to stir?

Activity 3

Remember the song from Pupil's Book Lesson 4. Read and complete.
- Remind the pupils that we use the time sequencer words to order instructions.
- Ask different pupils to complete the sentences orally.
- The pupils work on their own to complete the instructions.

Answers: First, chop, Mix, green beans, tomatoes, Then, cook, Stir

Code activity
- The pupils complete the code activity.

Answer: blonde hair

Ending the lesson

Review the lesson and reflect on learning.
- Say **Today we've learnt some verbs for cooking. What actions are they?** Elicit the verbs.
- Ask the class **Which was your favourite activity today? Which activity was easy / difficult?**

Extra activities

Reinforcement
- Play the *Mime* game. Establish a different mime for each cooking verb by naming it and doing the mime. Say the verbs and ask the pupils to do the mime. Then, mime the action and ask the pupils to say the word. When the pupils are confident with the language, encourage them to play the game with a Talk Partner.

Vocabulary extension
- Use the Vocabulary Booster on Navio to present and practise four additional cooking verbs: *boil, cook, peel, slice*.

Link to Science
- If you are studying the Science topic of **Food and nutrition** in English, remind the pupils of the importance of a healthy, balanced diet. Point out that the soup from the lesson contains healthy nutrients.

Key Competences and Key Learning Outcomes

- Say a tongue twister with the 'ie' sound
- Learn and practise alternative spellings for the 'ie' sound
- Listen for specific information

- Play a communication game using 'How much' / 'How many' and 'need to'

Key language

- *bike, kite, lie, Mike, pie, rice, Spike, tie, time, write*
- *How many nuts do we need? How much flour do we need? Spike likes rice and Mike likes pies and wearing a tie. We need a few nuts. We need a lot of flour.*
- Recycled: *cry, fly, light, night, right, sky*

Materials

- Pupil's Book p13; Activity Book p10; Class CD1; Teacher's App on Navio
- Teacher's Resource Bank: Talk cards
- Teacher's Resource Bank: Unit 1 Lesson 5 Communication Activity

Optional materials

- Teacher's Resource Bank: Trinity Exams Practice cards (selected from the Starter Unit)
- Teacher's Resource Bank: Ingredients word cards
- Ingredients flashcards

At a Glance Lesson Plan

Pupil's Book

Starting the lesson

- Use the Trinity Exams Practice cards (optional).
- Review the *Let's make soup!* song.
- ▶ *CD1 Track 18 p261*
- Review cooking verbs.
- Set learning outcomes and use the talk cards.

Speak and spell: Activity 1

- Listen, read and say.
- ▶ *CD1 Track 20 p262*
- Go to the Activity Book.

Activity 2

- Read the recipe. Listen and identify five differences.
- ▶ *CD1 Track 21 p262*

Activity 3

- Ask and answer to complete the recipe (Teacher's Resource Bank: Unit 1).

Ending the lesson

- Review the lesson and reflect on learning.

Extra activities

Reinforcement

- Review all known spellings of the target sound: 'y', 'igh', 'ie' and 'i_e'.
- Play *Board pelmanism*.

Activity Book

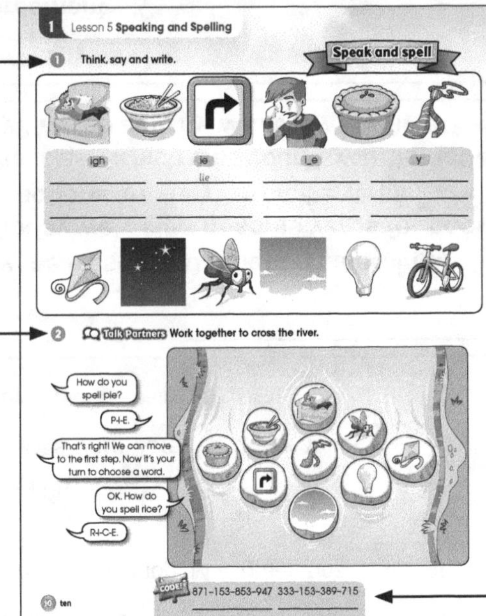

Activity Book

Speak and spell: Activity 1

- Think, say and write.

Activity 2

- Work together to cross the river.

Code activity

- Complete the code activity.

Digital resources

Teacher's Digital: You can also teach this lesson using the Teacher's App on Navio.

Pupil's Digital: Encourage your pupils to use the Pupil's App on Navio to practise the activities from this lesson.

Powered By NAVIO

Starting the lesson

Use the Trinity Exams Practice cards (optional).

- The pupils practise asking and answering questions.

Review the *Let's make soup!* song.

▶ *CD1 Track 18 p261*

- Play the CD. The pupils sing and do the actions.

Review cooking verbs.

- With a Talk Partner, ask the pupils to list other ingredients that can be added to soup. Choose ingredients from these lists to extend the song, e.g. **Next, we chop the mushrooms. Mix some potatoes, peppers and peas.**

Set learning outcomes and use the talk cards.

- Say **Today we're going to say a tongue twister, practise spelling and complete a list of ingredients.**
- Point to the talk cards to show the pupils the different ways they will be working in the lesson.

Pupil's Book Activity 1: Speak and spell

Listen, read and say.

▶ *CD1 Track 20 p262*

- Focus the class on the picture. Ask **What can you see here?** (*Two boys, Mike and Spike.*) Ask **What has Spike got?** (*Rice.*) **What has Mike got?** (*A pie.*)
- Say **Let's listen to a tongue twister.** Play the CD. The pupils follow the text in their books. Play the CD again. The pupils join in with the tongue twister.
- Ask **How do you spell pie? How do you spell rice?** Highlight the two new ways of spelling the 'ie' sound.
- Focus the pupils' attention on the *Remember!* thought bubble. Remind them that 'light' and 'fly' also have the sound 'ie' and that these are all spellings for the same sound.

Activity Book

Activity 1: Speak and spell

Think, say and write.

- The pupils identify the pictures which contain the 'igh', 'ie', 'i–e' or 'y' graphemes.
- The pupils classify and write the words according to whether they are written with 'igh', 'ie', 'i–e' or 'y'.

Answers: **igh:** right, night, light **ie:** lie, tie, pie **i_e:** rice, kite, bike **y:** fly, sky, cry

Activity 2

Talk Partners. Work together to cross the river.

- Explain to the pupils that they have to go across the stepping stones to cross the river. They should choose pictures to spell to get to the other side.
- Invite two pupils to read out the speech bubbles.
- Organise the pupils into Talk Partners. The pupils take it in turns to test their partner on the spelling of the words in the stepping stones. Stress the importance of prompting, encouraging and helping each other.

Code activity CODE!

- The pupils complete the code activity.

Answer: wavy hair

Pupil's Book Activity 2

Read the recipe. Listen and identify five differences.

▶ *CD1 Track 21 p262*

- Focus the class on the recipe. Ask questions to familiarise the pupils with the content. Ask **What ingredients can you see? How much / many is / are there? What do we need to do first?**
- Say **Let's listen to two children talking about the list of ingredients. Listen for the five differences.** Play the CD, pausing after each difference for the pupils to say what it is.

Answers: (any five of the following) **1** banana ~~bread~~ cake **2** ~~some~~ flour a lot of **3** ~~a lot of~~ butter some **4** ~~cut~~ the bananas chop **5** cook for ~~forty~~ minutes thirty-five

Pupil's Book Activity 3

Talk Partners. Ask and answer to complete the recipe (Teacher's Resource Bank: Unit 1).

- Invite two pupils to read out the speech bubbles. Explain that they are going to work together to complete the recipe.
- Organise the class into Talk Partners. Pupil A uses Recipe 1 and Pupil B uses Recipe 2. Invite two pupils to demonstrate the activity. The pupils ask questions about the ingredients to complete the recipe. At the end of the activity they compare and check their completed recipes.

Ending the lesson

Review the lesson and reflect on learning.

- Say **Today we've practised a tongue twister.** Elicit the tongue twister from the pupils.
- Ask the class **Which was your favourite activity today? Which activity was easy / difficult?**

Extra activities

Reinforcement

- Review the alternative spellings of the target sound. Draw a chart on the board with the headings 'y', 'igh', 'ie' and 'i_e'. Elicit words that have each spelling (*y: fly, sky, cry*; *igh: light, night, right*; *ie: pie, tie*; *i_e: bike, rice, nine*). Encourage the pupils to spell out the word and write it in the correct column.
- Play *Board pelmanism* (see p27) with the ingredients flashcards and word cards.

Key Competences and Key Learning Outcomes

- Read and understand an instructional text
- Identify steps in a process
- Do a pre-reading task to predict content and raise interest
- Read the text for general understanding
- Scan the text to find specific information

Key language

- *Knickerbocker glory; biscuits, cherries, chocolate chips, ice cream, nuts, raspberry sauce, vanilla; bowl, dish, scoop, spoon; add, break, mix, pour, put, sprinkle*
- *First, break the biscuits into pieces. Next, add two scoops of ice cream. Then, pour a little raspberry sauce. After that, mix a few chocolate chips with the chopped nuts in a bowl. Finally, add the cherries. Serve straight away.*

Materials

- Pupil's Book p14; Activity Book p11; Class CD1; Teacher's App on Navio
- Teacher's Resource Bank: Talk cards
- Sheets of paper

Optional materials

- Teacher's Resource Bank: Trinity Exams Practice cards (selected from the Starter Unit)

At a Glance Lesson Plan

Pupil's Book

Starting the lesson

- Use the Trinity Exams Practice cards (optional).
- Review the 'ie' sound.
- Set learning outcomes and use the talk cards.

Before you read: Activity 1

- Look at the photo on the recipe.
- What ingredients do you think you need to make a Knickerbocker glory?
- Make a list.

Activity 2

- Read the text quickly.
- Do you think a Knickerbocker glory is healthy?

1 Lesson 6 Reading

Literacy

Before you read

1 Look at the photo on the recipe. What ingredients do you think you need to make a Knickerbocker glory? Make a list.

2 Read the text quickly. Do you think a Knickerbocker glory is healthy?

3 Read and listen. What's the last ingredient you add to a Knickerbocker glory? What's your favourite ingredient?

Knickerbocker glory

Ingredients
- biscuits
- vanilla and chocolate ice cream
- raspberry sauce
- chocolate chips
- chopped nuts
- cream
- cherries

Equipment
a bowl, a spoon, an ice cream scoop, an ice cream dish

Preparation time: 10 minutes

Instructions
1 First, break the biscuits into pieces. Put the biscuit pieces in the dish.
2 Next, add two scoops of chocolate ice cream and one scoop of vanilla ice cream to the dish.
3 Then, pour a little raspberry sauce on the ice cream.
4 After that, mix a few chocolate chips with the chopped nuts in a bowl.
5 Next, sprinkle the nuts and chocolate chips on the ice cream.
6 Then, add the cream.
7 Finally, add the cherries on top.

Serving instructions
Serve straight away.

After you read

Go to page 11 in your Activity Book.

14 fourteen — Key learning outcomes: read and understand an instructional text

Activity 3

- Read and listen.
- ▶ *CD1 Track 22 p262*
- What's the last ingredient you add to a Knickerbocker glory?
- What's your favourite ingredient?
- Go to the Activity Book.

Ending the lesson

- Review the lesson and reflect on learning.

Extra activity

Reinforcement

- Act out the recipe.

Activity Book

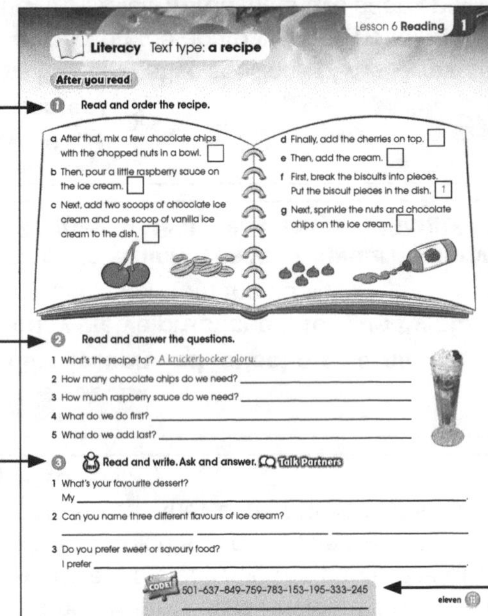

Lesson 6 Reading 1

Literacy Text type: a recipe

After you read

1 Read and order the recipe.

a After that, mix a few chocolate chips with the chopped nuts in a bowl.
b Then, pour a little raspberry sauce on the ice cream.
c Next, add two scoops of chocolate ice cream and one scoop of vanilla ice cream to the dish.
d Finally, add the cherries on top.
e Then, add the cream.
f First, break the biscuits into pieces. Put the biscuit pieces in the dish. 1
g Next, sprinkle the nuts and chocolate chips on the ice cream.

2 Read and answer the questions.

1 What's the recipe for? A knickerbocker glory.
2 How many chocolate chips do we need?
3 How much raspberry sauce do we need?
4 What do we do first?
5 What do we add last?

3 Read and write. Ask and answer. Talk Partners

1 What's your favourite dessert? My
2 Can you name three different flavours of ice cream?
3 Do you prefer sweet or savoury food? I prefer

CODE! 501-637-849-759-783-153-195-333-245

eleven 11

After you read: Activity Book

Activity 1

- Read and order the recipe.

Activity 2

- Read and answer the questions.

Activity 3

- Read and write.
- Ask and answer.

Code activity

- Complete the code activity.

Digital resources

Teacher's Digital: You can also teach this lesson using the Teacher's App on Navio.

Pupil's Digital: Encourage your pupils to use the Pupil's App on Navio to practise the activities from this lesson.

Powered By NAVIO

Detailed Lesson Plan

Starting the lesson

Use the Trinity Exams Practice cards (optional).

- The pupils practise asking and answering questions.

Review the 'ie' sound.

- Ask **What sound did you practise in the tongue twister in Lesson 5?** ('*ie*') **Can you remember the tongue twister?** (*Spike likes rice and Mike likes pies and wearing a tie.*) Practise the tongue twister as a class.
- Remind the pupils that they know four ways of writing this sound ('y', 'igh', 'ie', 'i_e'). Organise the pupils into groups of four. Give each group a sheet of paper. They take turns to write one word at a time. Set a time limit of two minutes for the activity. Compile the words in a chart on the board at the end of the time limit.

Set learning outcomes and use the talk cards.

- Say **Today we're going to read a recipe.** Check that the class know what a recipe is. Ask if they use a recipe to make cakes, pizza or sandwiches.
- Point to the talk cards to show the pupils the different ways they will be working in the lesson.

Before you read: Pupil's Book Activity 1

Look at the photo on the recipe. What ingredients do you think you need to make a Knickerbocker glory? Make a list.

- Invite a pupil to read the question. Encourage the pupils to list the ingredients they think they will need with a Talk Partner. Write the suggestions on the board.

Pupil's Book Activity 2

Read the text quickly. Do you think a Knickerbocker glory is healthy?

- Invite a pupil to read the instructions. Explain to the class that the first time they read they should try to understand the most important information.
- Ask the pupils to compare the ingredients they suggested with the recipe. Ask them to answer the question.

Pupil's Book Activity 3

Read and listen. What's the last ingredient you add to a Knickerbocker glory? What's your favourite ingredient?

▶ *CD1 Track 22 p262*

- If you want the pupils to read the text without the support of the audio, set a time limit for this task. If you use the audio recording, play the CD.
- Confirm that the last ingredient is cherries. Ask different pupils to tell the class which ingredient was their favourite.

After you read: Activity Book

Activity 1

Read and order the recipe.

- The pupils work on their own or with a Talk Partner to sequence the recipe correctly. The pupils refer back to the text in the Pupil's Book when necessary.

Answer: f, c, b, a, g, e, d

Activity 2

Read and answer the questions.

- The pupils work on their own or with a Talk Partner to answer the questions.

Answers: **1** A Knickerbocker glory. **2** a few **3** a little **4** We break the biscuits into pieces. **5** the cherries

Activity 3

Read and write. Ask and answer.

- Read out the questions as a class and encourage different pupils to answer. If necessary, write keywords and new vocabulary on the board.
- The pupils work on their own to answer the questions. They then ask and answer with a Talk Partner.

Code activity

- The pupils complete the code activity.

Answer: moustache

Ending the lesson

Review the lesson and reflect on learning.

- Say **Today we've read a recipe. Would you like to make a Knickerbocker glory? What would you like to add to your Knickerbocker glory?**
- Ask the class **Which was your favourite activity today? Which activity was easy / difficult?**

Extra activity

Reinforcement

- Elicit the stages of the recipe one by one and write keywords on the board, e.g. *break, put, add, pour*. Establish actions for each section of the recipe.
- Play the CD track or read the recipe yourself. Mime each stage of the recipe and encourage the pupils to join in with the instructions, miming the actions as they do so.

Key Competences and Key Learning Outcomes

- Know and use time sequencers
- Identify the informational content of a recipe
- Identify the text features of a recipe
- Use criteria to check your writing
- Share your writing with a partner
- Prepare and write a recipe

Key language

- *cheese, ingredients, mushrooms, oil, olives, onions, peppers, pizza base, sweetcorn, tomato sauce, tuna; chopping board, equipment, knife, pan; add, chop, cook, heat, put, stir*
- *First, chop the mushrooms. Next, heat the oil. Then, add the vegetables. After that, add the cheese. Put the olives on top. Finally, cook the pizza in the oven for 15 minutes.*

Materials

- Pupil's Book p15; Activity Book p12; Class CD1; Teacher's App on Navio
- Teacher's Resource Bank: Talk cards

Optional materials

- Teacher's Resource Bank: Trinity Exams Practice cards (selected from the Starter Unit)

At a Glance Lesson Plan

Pupil's Book

Starting the lesson

- Use the Trinity Exams Practice cards (optional).
- Review the Knickerbocker glory recipe.
- Set learning outcomes and use the talk cards.

Investigate a text: Activity 1

- What ingredients do you think you need to make these pizzas?
- Which pizza do you prefer?

Activity 2

- Read and listen.
- ▶ *CD1 Track 23 p262*
- Which picture in Activity 1 is the pizza for this recipe?
- **Reading tip:** Read about using a photo to help you identify information in a text.

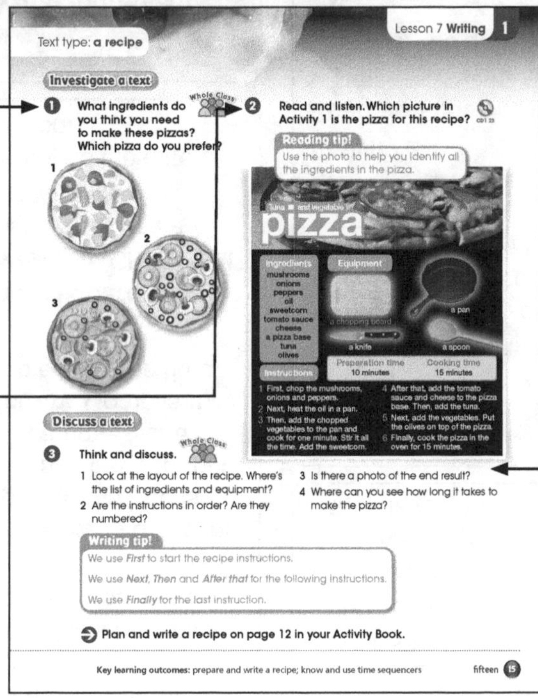

Lesson 7 Writing 1

Text type: a recipe

Investigate a text

1 What ingredients do you think you need to make these pizzas? Which pizza do you prefer?

2 Read and listen. Which picture in Activity 1 is the pizza for this recipe?

Reading tip! Use the photo to help you identify all the ingredients in the pizza.

pizza

Ingredients: mushrooms, onions, peppers, oil, sweetcorn, tomato sauce, cheese, a pizza base, tuna, olives

Equipment: a chopping board, a pan, a knife, a spoon

Preparation time 10 minutes | Cooking time 15 minutes

Instructions

1 First, chop the mushrooms, onions and peppers.
2 Next, heat the oil in a pan.
3 Then, add the chopped vegetables to the pan and cook for one minute. Stir it all the time. Add the sweetcorn.
4 After that, add the tomato sauce and cheese to the pizza base. Then, add the tuna.
5 Next, add the vegetables. Put the olives on top of the pizza.
6 Finally, cook the pizza in the oven for 15 minutes.

Discuss a text

3 Think and discuss.

1 Look at the layout of the recipe. Where's the list of ingredients and equipment?
2 Are the instructions in order? Are they numbered?
3 Is there a photo of the end result?
4 Where can you see how long it takes to make the pizza?

Writing tip!
We use *First* to start the recipe instructions.
We use *Next*, *Then* and *After that* for the following instructions.
We use *Finally* for the last instruction.

Plan and write a recipe on page 12 in your Activity Book.

Key learning outcomes: prepare and write a recipe; know and use time sequencers — fifteen 15

Discuss a text: Activity 3

- Think and discuss.
- **Writing tip:** Read about time sequencers in the text.
- Go to the Activity Book.

Ending the lesson

- Review the lesson and reflect on learning.

Extra activity

Reinforcement

- Act out making a pizza.

Activity Book

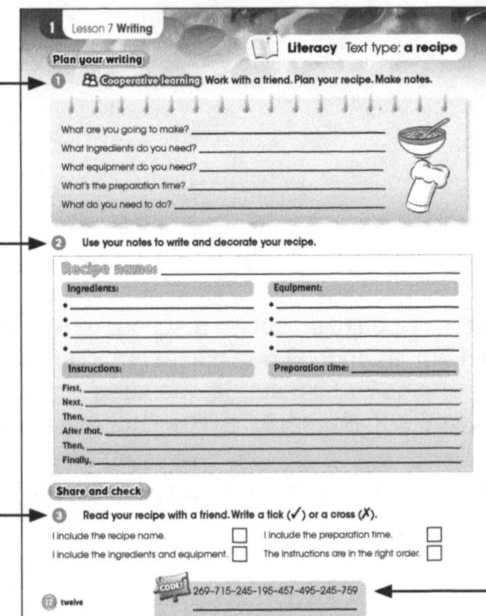

1 Lesson 7 Writing

Literacy Text type: a recipe

Plan your writing

1 Cooperative learning Work with a friend. Plan your recipe. Make notes.

What are you going to make?
What ingredients do you need?
What equipment do you need?
What's the preparation time?
What do you need to do?

2 Use your notes to write and decorate your recipe.

Recipe name:
Ingredients: | Equipment:
Instructions: | Preparation time:
First, / Next, / Then, / After that, / Then, / Finally,

Share and check

3 Read your recipe with a friend. Write a tick (✓) or a cross (✗).

I include the recipe name. / I include the preparation time.
I include the ingredients and equipment. / The instructions are in the right order.

CODE! 269-715-245-195-457-495-245-759

12 twelve

Activity Book

Plan your writing: Activity 1

- Work with a friend. Plan your recipe. Make notes.

Activity 2

- Use your notes to write and decorate your recipe.

Share and check: Activity 3

- Read your recipe with a friend.
- Write a tick (✓) or a cross (✗).

Code activity

- Complete the code activity.

Digital resources

Teacher's Digital: You can also teach this lesson using the Teacher's App on Navio.

Pupil's Digital: Encourage your pupils to use the Pupil's App on Navio to practise the activities from this lesson.

Powered By NAVIO

Detailed Lesson Plan

Starting the lesson

Use the Trinity Exams Practice cards (optional).

- The pupils practise asking and answering questions.

Review the Knickerbocker glory recipe.

- (Books closed.) Ask the class if they remember the stages of the Knickerbocker glory recipe.
- Read the first instruction from the recipe, but miss out one of the keywords. Ask the class to complete the instruction. Repeat for the remaining instructions.

Set learning outcomes and use the talk cards.

- Ask **What did we read in the last lesson?** (*A recipe.*) Say **Today we're going to investigate another recipe. Then we're going to plan and write our own recipe.**
- Point to the talk cards to show the pupils the different ways they will be working in the lesson.

Investigate a text: Pupil's Book Activity 1

What ingredients do you think you need to make these pizzas? Which pizza do you prefer?

- Ask the pupils to look at the pictures of pizzas. They work with a Talk Partner to identify the ingredients needed to make each pizza. They then decide which one they prefer.

Pupil's Book Activity 2

Read and listen. Which picture in Activity 1 is the pizza for this recipe?

▶ *CD1 Track 23 p262*

- Read the question as a class. The pupils read the text to identify the correct picture in Activity 1.
- If you want the pupils to read the text without the support of the CD, set a time limit for this task. Otherwise, play the CD.
- The pupils answer the question. (*Picture 3.*)

Reading tip

- Read the information as a class. Ask the pupils to look at the photo to help identify all the ingredients in the pizza. Remind them to use the photos in a text to help with their reading.

Discuss a text: Pupil's Book Activity 3

Think and discuss.

- Read the first question. Identify the position of the list of ingredients and equipment (i.e. at the top of the recipe).
- Discuss the order and numbering of the instructions.
- Explain that a recipe has a photo to show people what the end result looks like.
- Confirm that the preparation and cooking times appear at the beginning of the recipe, before the instructions.

Writing tip

- Read the information. Ask the pupils to find the examples in the text.

Activity Book

Plan your writing: Activity 1

Writing Partners. Work with a friend.

Plan your recipe. Make notes.

- Focus the class on the activity. Invite a pupil to read out the questions.
- Organise the class into Talk Partners. The pupils choose or invent a recipe and make notes.

Activity 2

Use your notes to write and decorate your recipe.

- Focus the class on the activity. If necessary, model how to complete the framework. Show the class how to: include the ingredients and equipment at the top, number the instructions and give step-by-step instructions that are simple and clear. The pupils work as a class to give you the information and you write the text on the board.
- The pupils then work with a Talk Partner to write their own text.

Share and check: Activity 3

Writing Partners. Read your recipe with a friend. Write a tick (✓) or a cross (✗).

- Read through the questions as a class.
- Organise the class into new Talk Partners. One pupil in each pair should read aloud their text to their partner. The other pupil listens. The pupils work together to decide if the text fulfils all the criteria and tick the corresponding boxes. The pupils can add, improve or correct the text at this stage.
- The pupils swap roles.

Code activity

- The pupils complete the code activity.

Answer: freckles

Ending the lesson

Review the lesson and reflect on learning.

- Say **Today we've written a recipe. Are you happy with your recipe?** Elicit the pupils' opinions.
- Ask the class **Which was your favourite activity today? Which activity was easy / difficult?**

Extra activity

Reinforcement

- Organise the pupils into Talk Partners. Pupil A reads out his / her recipe. Pupil B listens and acts out the stages to make the pizza. The pupils swap roles.

Key Competences and Key Learning Outcomes

- Think about and research New York City
- Read and listen for specific information
- Read about street food in New York City
- Think about your own culture and identity

Key language

- *New York; bread, chickpeas, falafel, melted chocolate, onions, pretzel, salad, strawberries, sugar, vegetables, waffles; cart*
- *There are pretzel stands. You can add chopped onions. What's the name of (the famous statue) in New York? What time is it in New York? How many people live in New York?*

Materials

- Pupil's Book p16; Activity Book p13; Class CD1; Teacher's App on Navio
- Teacher's Resource Bank: Talk cards
- An online world map

Optional materials

- Teacher's Resource Bank: Trinity Exams Practice cards (selected from the Starter Unit)

At a Glance Lesson Plan

Pupil's Book

Starting the lesson

- Use the Trinity Exams Practice cards (optional).
- Review fast food vocabulary.
- Set learning outcomes and use the talk cards.

Activity 1

- Read Luke's questions.
- What do you think?

Activity 2

- Read and listen.

▶ *CD1 Track 24 p262*

- Answer Luke's questions.
- **Think about your culture**
  What types of street food can you eat in your country? Do you like street food? Can you find food from other countries where you live?

Go to the Activity Book.

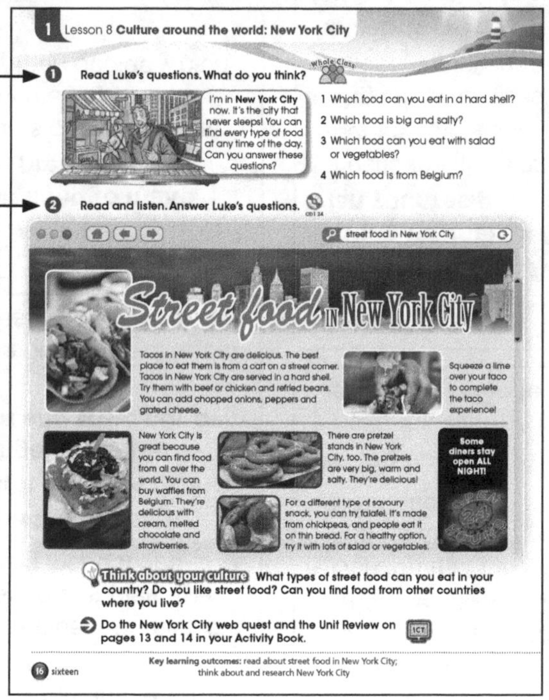

Lesson 8 Culture around the world: New York City

1 Read Luke's questions. What do you think?

I'm in New York City now. It's the city that never sleeps! You can find every type of food at any time of the day. Can you answer these questions?

1 Which food can you eat in a hard shell?
2 Which food is big and salty?
3 Which food can you eat with salad or vegetables?
4 Which food is from Belgium?

2 Read and listen. Answer Luke's questions.

Street food in New York City

Tacos in New York City are delicious. The best place to eat them is from a cart on a street corner. Tacos in New York City are served in a hard shell. Try them with beef or chicken and refried beans. You can add chopped onions, peppers and grated cheese.

Squeeze a lime over your taco to complete the taco experience!

New York City is great because you can find food from all over the world. You can buy waffles from Belgium. They're delicious with cream, melted chocolate and strawberries.

There are pretzel stands in New York City, too. The pretzels are very big, warm and salty. They're delicious!

Some diners stay open ALL NIGHT!

For a different type of savoury snack, you can try falafel. It's made from chickpeas, and people eat it on thin bread. For a healthy option, try it with lots of salad or vegetables.

Think about your culture What types of street food can you eat in your country? Do you like street food? Can you find food from other countries where you live?

Do the New York City web quest and the Unit Review on pages 13 and 14 in your Activity Book.

Key learning outcomes: read about street food in New York City; think about and research New York City

16 sixteen

Ending the lesson

- Review the lesson and reflect on learning.

Extra activity

Reinforcement

- Watch a video on street food.

Activity Book

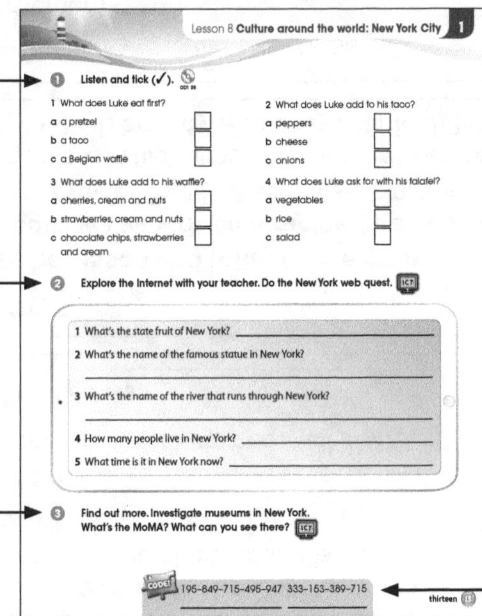

Lesson 8 Culture around the world: New York City

1 Listen and tick (✓).

1 What does Luke eat first?
a a pretzel
b a taco
c a Belgian waffle

2 What does Luke add to his taco?
a peppers
b cheese
c onions

3 What does Luke add to his waffle?
a cherries, cream and nuts
b strawberries, cream and nuts
c chocolate chips, strawberries and cream

4 What does Luke ask for with his falafel?
a vegetables
b rice
c salad

2 Explore the Internet with your teacher. Do the New York web quest.

1 What's the state fruit of New York?
2 What's the name of the famous statue in New York?
3 What's the name of the river that runs through New York?
4 How many people live in New York?
5 What time is it in New York now?

3 Find out more. Investigate museums in New York. What's the MoMA? What can you see there?

CODE! 195-849-715-495-947 333-153-389-715

thirteen 13

Activity Book

Activity 1

- Listen and tick (✓).

▶ *CD1 Track 25 p262*

Activity 2

- Explore the Internet with your teacher. Do the New York web quest.

Activity 3

- Find out more.
- Investigate museums in New York.
- What's the MoMA? What can you see there?

Code activity

- Complete the code activity.

Digital resources

Teacher's Digital: You can also teach this lesson using the Teacher's App on Navio.

Powered By NAVIO

Starting the lesson

Use the Trinity Exams Practice cards (optional).

- The pupils practise asking and answering questions.

Review fast food vocabulary.

- Ask the pupils if they eat fast food. Brainstorm different types of fast food. Make a list on the board. Ask them about their favourite fast food and discuss the pros and cons of fast food. Ask **Is it good for you? Does it take a long time to prepare?**

Set learning outcomes and use the talk cards.

- Say **Today we're going to investigate New York.**
- Point to the talk cards to show the pupils the different ways they will be working in the lesson.

Pupil's Book Activity 1

Read Luke's questions. What do you think?

- Read the speech bubble as a class. Encourage the pupils to tell you what they know about New York.
- Read the questions as a class. Encourage the pupils to predict the answers.

Pupil's Book Activity 2

Read and listen. Answer Luke's questions.

▶ *CD1 Track 24 p262*

- Focus the class on the photos. Ask **What can you see?**
- Play the CD, pausing after each activity to check understanding. The pupils answer the questions.

Answers: **1** tacos **2** pretzels **3** falafel **4** waffles

Think about your culture.

- Read out the questions. Prompt different pupils to tell you about street food in their own country. Ask **What kind of food can you buy in the street here?**

Activity Book

Activity 1

Listen and tick (✓).

▶ *CD1 Track 25 p262*

- Ask the pupils to read out the questions. Play the CD, pausing after the first exchange for the pupils to tick the corresponding answer.
- Repeat the procedure with the other exchanges.

Answers: **1** a **2** c **3** c **4** c

Activity 2

Explore the Internet with your teacher. Do the New York web quest.

- Read out the instructions and connect to a children's website which has geographical information about New York. Read out questions 1–4 and find the information on the webpage. The pupils work as a class to find and write the answers.
- Read out question 5. Connect to a website which shows the time around the world. The pupils complete the information about the time.

Answers: **1** the apple **2** Statue of Liberty **3** Hudson River **4** approx. 8,500 million

Activity 3

Find out more. Investigate museums in New York. What's the MoMA? What can you see there?

- Read out the question.
- Connect to a children's website that has information about the MoMA (Museum of Modern Art) in New York. The pupils work as a class to find out what it is and what things there are to see and do there. They also find out about other museums in New York and what you can see in these.

Suggested websites

- www.moma.org
- www.visitnewyork.co.uk

Code activity

- The pupils complete the code activity.

Answer: curly hair

Ending the lesson

Review the lesson and reflect on learning.

- Say **Today we've learnt about New York. What street food can you buy there?** Elicit the information from the pupils.
- Ask the class **Which was your favourite activity today? Which activity was easy / difficult?**

Extra activity

Reinforcement

- Encourage the class to watch a video on street food (for example, search for 'Zagat New York street food' on the web). Ask the pupils to name the street food they see while they watch.
- After viewing, encourage the pupils to discuss the food they would like to try. With a Talk Partner, pupils choose different food items to create a healthy menu.

Go to the AB Unit Review on page 243.

Key Competences and Key Learning Outcomes

- Watch a video and identify information about street food
- Identify the correct ingredients and equipment needed for a recipe
- Understand the importance of collaboration and teamwork

Key language

- *bananas, breakfast, butter, cherries, chocolate, cold, cream, falafel sandwich, healthy, ice cream, lettuce, nuts, onions, pancake, pretzel, salty, savoury, stall, strawberries, sugar, sundae, sweet, syrup, tacos, tomatoes, waffle, warm*
- *take turns, speak clearly, listen to each other, What equipment do we need? We need an ice cream dish, a scoop and a spoon. What flavour ice cream can we have? We can have lemon ice cream. What fruit can we add? We can add cherries and grapes. Do we need any other ingredients? Yes. Let's add chopped nuts and cream.*

Materials

- Pupil's Book p17; Activity Book p15; Class CD1; Teacher's App on Navio
- Teacher's Resource Bank: Talk cards

Optional materials

- Teacher's Resource Bank: Trinity Exams Practice cards (selected from the Starter Unit)

At a Glance Lesson Plan

Pupil's Book

Starting the lesson

- Use the Trinity Exams Practice cards (optional).
- Review ingredients vocabulary.
- Set learning outcomes and use the talk cards.

Activity 1

- Before you watch
- Watch the video.

Unit 1 video p286

- Which street food isn't in the video?

Activity 2

- Watch the video again.

Unit 1 video

- Read and say *true* or *false*.
- Correct the false sentences.

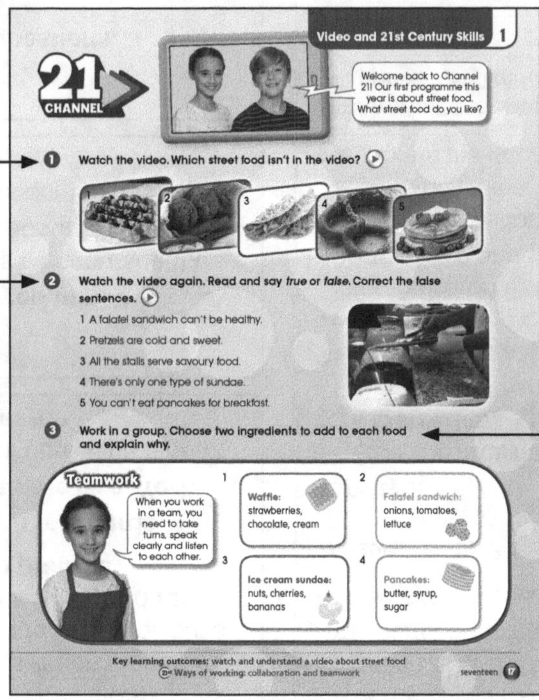

Activity 3

- Work in a group. Choose two ingredients to add to each food and explain why.

Go to the Activity Book.

Ending the lesson

- Review the lesson and reflect on learning.

Extra activity

Reinforcement

- Ask and answer questions about different street food items.

Activity Book

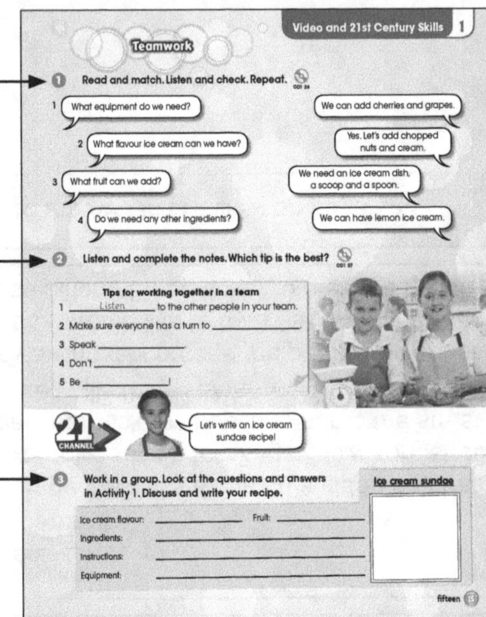

Activity Book

Activity 1

- Read and match.
- Listen and check.

▶ *CD1 Track 26 p263*

- Repeat.

Activity 2

- Listen and complete the notes.

▶ *CD1 Track 27 p263*

- Which tip is the best?

Activity 3

- Work in a group. Look at the questions and answers in Activity 1. Discuss and write your recipe.

Digital resources

Teacher's Digital: You can also teach this lesson using the Teacher's App on Navio.

Pupil's Digital: Encourage your pupils to use the Pupil's App on Navio to practise the activities from this lesson.

Powered By NAVIO

Detailed Lesson Plan

Starting the lesson

Use the Trinity Exams Practice cards (optional).

- The pupils practise asking and answering questions.

Think-Pair-Share. Review ingredients vocabulary.

- Ask **Can you remember the ingredients vocabulary?** The class think silently for a minute.
- Then the pupils work with a Talk Partner to name the ingredients.
- Invite different Talk Partners to say a different word until all the ingredients have been named.

Set learning outcomes and use the talk cards.

- Say **Today we're going to watch a video and then ask and answer questions about street food.**
- Explain to the pupils that in every unit they will watch a TV programme called Channel 21, which is presented by two children called Chloe and Mark.
- Point to the talk cards to show the pupils the different ways they will be working in the lesson.

Pupil's Book Activity 1

Before you watch

- Point to the photo of Chloe and Mark. Ask **Who are these children?** (*The presenters of Channel 21.*)
- Read the speech bubble to pupils. Ask **What street food do you like?** Elicit responses.
- Point to the photos in Activity 1 and elicit the names of the different street foods. Ask the pupils if they have tried any of these street foods.

Watch the video. Which street food isn't in the video? *p286*

- Watch Part 1. Ask pupils **What are you going to see next?** Check that they understand that they will see a video about street food in New York.
- Play Part 2. Ask general questions to check understanding. Focus the pupils on the photos in Activity 1 again. Ask **Which street food isn't in the video?** Elicit ideas.
- Play Part 2 again for the pupils to answer the question. Check the answer as a class.

Answer: 3 (tacos)

Pupil's Book Activity 2

Watch the video again. Read and say *true* or *false*. Correct the false sentences.

- Explain that you are going to do a true / false activity.
- Ask a pupil to read out sentence 1. Ask the class whether they think the sentence is true or false.
- Play Part 2. Pupils decide whether the sentences are true or false. They correct the false sentences.

Answers: 1 F A falafel sandwich can be healthy. **2** F Pretzels are warm and salty. **3** F Not all the stalls serve savoury food. **4** F There are different types of sundae. **5** F You can eat pancakes for breakfast.

Pupil's Book Activity 3

Work in a group. Choose two ingredients to add to each food and explain why.

- Tell pupils that in the last part of the video Chloe and Mark talk about the ingredients they need for making an ice cream sundae. Ask **What does Chloe say is important and why?** (*Working together because it makes things easy.*)
- Ask the pupils to read Chloe's speech bubble. Look at the four different street foods and the lists of possible ingredients with the class and check vocabulary.
- Pupils work in groups to choose two ingredients to add to each food.

Activity Book

Activity 1

Read and match. Listen and check. Repeat.

▸ CD1 Track 26 p263

- Ask the pupils to read out the speech bubbles. The pupils work on their own.
- Play the CD and check answers.
- Play the CD again for the pupils to repeat.

Answers: 1 What equipment do we need? We need an ice cream dish, a scoop and a spoon. **2** What flavour ice cream can we have? We can have lemon ice cream. **3** What fruit can we add? We can add cherries and grapes. **4** Do we need any other ingredients? Yes. Let's add chopped nuts and cream.

Activity 2

Listen and complete the notes. Which tip is the best?

▸ CD1 Track 27 p263

- Explain to the pupils that they are going to listen to two children reading some useful tips on a webpage for working together. Play the CD, pausing to allow the pupils to write the missing information.
- Play the CD again without pausing.

Answers: 1 Listen **2** speak **3** clearly **4** shout **5** positive

Activity 3

Work in a group. Look at the questions and answers in Activity 1. Discuss and write your recipe.

- Read out Chloe's speech bubble and tell pupils that they are going to work in a group to discuss and write an ice cream sundae recipe.
- Refer pupils to the speech bubbles in Activity 1, and remind them to use these when working in their group to make decisions.
- The pupils complete the recipe in their group, drawing a picture of their sundae.
- Invite groups to share their recipes with the class.

Ending the lesson

Review the lesson and reflect on learning.

- Say **Today we've watched a video about street food in New York. What have we learnt about working in a team?** Elicit the information from the pupils.
- Ask **Which was your favourite activity today? Which activity was easy / difficult?**

Extra activity

Reinforcement

- Ask and answer questions about different street food items. Say **Let's make pancakes!** Ask a pupil **What equipment / ingredients do we need?** Encourage the pupil to reply using 'We need …'. Ask other pupils **What (fruit) can we add?** Repeat the procedure with other street food items. Then invite pupils to ask and answer in pairs about a different street food.

Date: ____________ Unit: ____________

1 What did my pupils learn in this unit?

____

____

____

____

2 How did my pupils work? (✓)

individually ☐ in pairs ☐ in small groups ☐

in large groups ☐ as a class ☐

3 Which key competences did my pupils develop?

Competence in linguistic communication ☐

Competence in mathematics, science and technology ☐

Digital competence ☐

Learning to learn ☐

Social and civic competences ☐

Sense of initiative and entrepreneurship ☐

Cultural awareness and expression ☐

4 Which lessons / activities were the most successful and why?

____

____

____

____

5 Which lessons / activities did my pupils find the most difficult and why?

____

____

____

____

6 What did I try in the classroom for the first time? How did it go?

____

____

____

____

7 Which resources did I find most useful? (including webpages)

____

____

____

____

____

____

8 What could I do differently next time I teach this unit?

____

____

____

____

Unit 2 What are you like?

Unit overview

Key Competences and Key Learning Outcomes

- Identify and say adjectives of character (Lesson 1)
- Say the vocabulary chant (Lesson 1)
- Listen, repeat and act out a conversation (Lesson 2)
- Follow, complete and correct the grammar tables (Lessons 2 and 4)
- Use the past simple of 'be' and adjectives of character to talk about what people were like when they were young (Lesson 2)
- Identify and say past activities (Lesson 4)
- Use past simple verbs to ask and answer about past activities (Lesson 4)
- Use inverted commas (Lesson 7)
- Watch and understand a video (Video and 21st Century Skills)

- Use a code to read a message (Lesson 3)

- Use the Pupil's App on Navio
- Investigate Hawaii (Lesson 8)

- Say a tongue twister and practise alternative spellings for the 'ey' sound (Lesson 5)
- Practise activity types found in the Cambridge Exams: A1 Movers

- Understand the importance of considering your friends' feelings before playing tricks (Lesson 3)

- Play a communication game using the past simple (Lesson 5)

- Sing two songs (Lessons 1 and 4)
- Read, listen, understand and act out a story (Lesson 3)
- Read and understand a chronological account (Lesson 6)
- Prepare and write your autobiography (Lesson 7)
- Learn about Hawaii and think about your own culture (Lesson 8)

Vocabulary

Core vocabulary
active, confident, friendly, kind, lazy, noisy, quiet, shy, tidy, unfriendly, unkind, untidy; get a pet, go on a plane, learn to walk, move house, start nursery school, write a story

Extension vocabulary (optional)
helpful, polite, rude, sociable, unhelpful, unsociable; draw (drew) a picture, read (read) a book, ride (rode) a bike, sing (sang) a song

Other vocabulary
adventurous, famous, scared; ten months old; astronomy, marching band, telescope, wax museum; play a trick; astronaut, explorer, king, museum attendant, president, writer

Recycled vocabulary
brother, cousin, dad, grandparents, mum, sister, uncle; play the guitar / piano / drums, slide, songs

Structures

Core structures
I / He / She was / wasn't (active). You / We / They were / weren't (lazy). Was I / he / she (shy)? Yes, I / he / she was. / No, I / he / she wasn't. Were you / we / they (confident)? Yes, you / we / they were. / No, you / we / they weren't. I (started nursery school) when I was (three). Did you (learn to walk) when you were (one)? Yes, I did. / No, I didn't.

Other structures
Are you ready to go? Wait a minute! I visited the wax museum when I was seven. Here's Christopher Columbus. I'm coming to get you! When did you (learn to walk)?

Recycled structures
What are you like? I'm (confident and kind). He's / She's (active and kind). Are you (lazy)? Yes, I am. / No, I'm not.

Phonics

The 'ey' sound (*ver**y** nois**y** monk**ey** laz**y** donk**ey** k**ey** lorr**y** chimn**ey***)
Recycled: 'ea' and 'ee' spellings

Literacy

Text type: a biography / an autobiography (chronological account)
Reading skills: predicting content from an image
Writing skills: inverted commas

Culture ... around the world

Famous Hawaiian people

21st Century Skills

Researching information and planning a presentation

Thinking skills

Categorising (Lesson 1); Applying rules (Lessons 2 and 4); Predicting (Lessons 3 and 6)

Cooperative learning

Team building (Lesson 1); Collaborating (Lessons 3, 7 and Review); Passing on a message (Lesson 4); Work together to cross the river (Lesson 5); Peer evaluation and feedback (Lesson 7)

Values

Understanding the importance of considering your friends' feelings before playing tricks

Cross-curricular links

Link to Science
Our body: Identifying the different stages of life and growing up

Suggested Arts and Crafts concepts
Exploring proportion and expression in art, and creating an expressive portrait

Key Competences and Key Learning Outcomes

- Identify and say adjectives of character
- Say the vocabulary chant
- Review and discuss different families
- Ask and answer questions using a recycled structure
- Sing a song about what people are like

Key language

- *active, confident, friendly, kind, lazy, noisy, quiet, shy, tidy, unfriendly, unkind, untidy*
- Extension: *helpful, polite, rude, sociable, unhelpful, unsociable*
- *What are you like? I'm (confident and kind). Are you (lazy)? Yes, I am. / No, I'm not.*

Materials

- Pupil's Book p18; Activity Book p16; Class CD1; Teacher's App on Navio
- Adjectives of character flashcards
- Teacher's Resource Bank: Adjectives of character word cards
- Teacher's Resource Bank: Talk cards

Optional materials

- Teacher's Resource Bank: Trinity Exams Practice cards (selected from the Starter Unit and Unit 1)

At a Glance Lesson Plan

Pupil's Book

Starting the lesson

- Use the Trinity Exams Practice cards (optional).
- Review family members.
- Set learning outcomes and use the talk cards.

Activity 1

- Think of different family members. What are they like?
- Make a list of words to describe them.

Vocabulary presentation

- Present the new vocabulary using the adjectives of character flashcards.

Word cards

- Introduce the spellings of the vocabulary using the adjectives of character word cards.

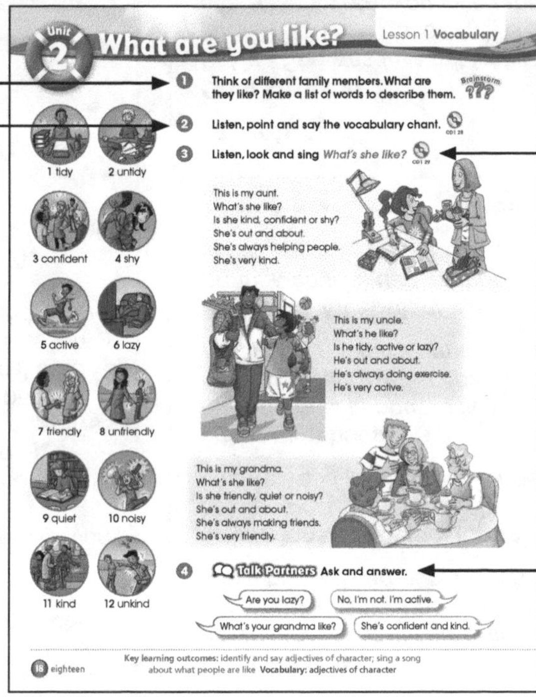

Activity 2

- Listen, point and say the vocabulary chant.

▶ *CD1 Track 28 p263*

Activity 3

- Listen, look and sing *What's she like?*

▶ *CD1 Track 29 p263*

Activity 4

- Ask and answer.
- Go to the Activity Book.

Ending the lesson

- Review the lesson and reflect on learning.

Extra activities

Reinforcement

- Use a Venn diagram to categorise the adjectives of character.

Vocabulary extension

- Present six additional vocabulary items.

Digital resources

Teacher's Digital: You can also teach this lesson using the Teacher's App on Navio.

Pupil's Digital: Encourage your pupils to use the Pupil's App on Navio to practise the activities from this lesson.

Powered By NAVIO

Activity Book

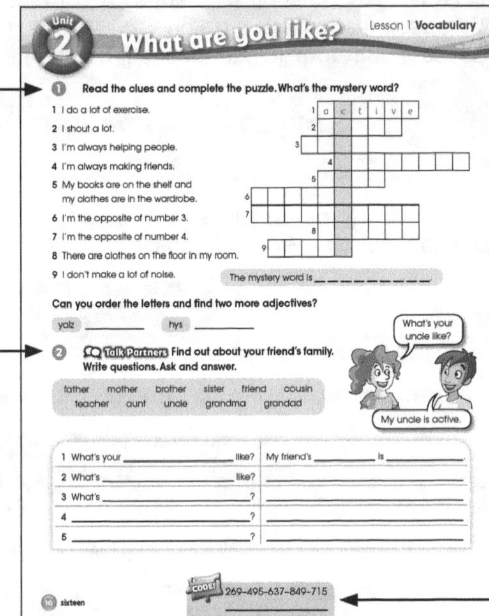

Activity Book

Activity 1

- Read the clues and complete the puzzle. What's the mystery word?

Activity 2

- Find out about your friend's family. Write questions.
- Ask and answer.

Code activity

- Complete the code activity.

Starting the lesson

Use the Trinity Exams Practice cards (optional).

- The pupils practise asking and answering questions.

Review family members.

- Do a family quiz. Quickly elicit all the family words the pupils know and write them on the board. Ask **How many (brothers and sisters) have you got? Have you got a lot of (cousins)?**
- Organise the pupils into small groups. Ask each group to choose a scribe. Explain that the groups should listen and write the family member you are describing.
- Read the first definition: **This is your father's brother.** The pupils identify the family member. Repeat with different family members, e.g. **This is your mother's son. This is your father's daughter.**
- At the end of the quiz, ask groups to read out their answers.

Set learning outcomes and use the talk cards.

- Say **Today we're going to learn adjectives of character.** Explain that adjectives of character are words we use to describe personality.
- Point to the talk cards to show the pupils the different ways they will be working in the lesson.

Pupil's Book Activity 1

Think of different family members. What are they like? Make a list of words to describe them.

- (Books closed.) Ask **Have you got a big family? How many people are there in your family?** Encourage the pupils to describe their family. Ask **What's your family like?**

Vocabulary presentation

- (Books closed.) Hold up an adjectives of character flashcard and ask **Are you (tidy)?** Prompt the class to answer.
- Stick the adjectives of character flashcard on the board. The pupils repeat the adjective.
- Repeat the procedure with the other flashcards.

Word cards

- (Books closed.) Hand out an adjective of character word card to each pair of pupils.
- The pupils take turns to come to the board, read out their word and stick their word card next to the corresponding flashcard.

Pupil's Book Activity 2

Listen, point and say the vocabulary chant.

▶ *CD1 Track 28 p263*

- (Books open.) Focus the pupils' attention on the 12 pictures. Say **Let's listen and say the chant**. Play the CD. The pupils listen, point and repeat.

Pupil's Book Activity 3

Listen, look and sing *What's she like?*

▶ *CD1 Track 29 p263*

- Focus the pupils' attention on the scenes. Ask **Which members of the family can you see? Whose aunt is that?** Repeat the questions with uncle and grandma.
- Say **Let's listen to the song.** Play the CD. The pupils listen and read.
- Play the CD again. The pupils sing the song and point to the character words as they hear them.
- Ask the pupils if their family is like this.

Pupil's Book Activity 4

Ask and answer.

- Ask two pupils to read out the speech bubbles. Prompt them to have a similar exchange using other adjectives of character. Then invite other pairs of pupils to ask and answer similar questions about character.
- Organise the class into Talk Partners. The pupils ask about each of the adjectives of character.

Activity Book

Activity 1

Read the clues and complete the puzzle. What's the mystery word?

- Ask different pupils to read out and answer the clues. The pupils complete the puzzle, write the mystery word and reorder the letters to make words.

Answers: **1** active **2** noisy **3** kind **4** friendly **5** tidy **6** unkind **7** unfriendly **8** untidy **9** quiet
Mystery word: confident; Reorder: lazy, shy

Activity 2

Find out about your friend's family. Write questions. Ask and answer.

- Ask the class to read out the words in the word box. Invite a pupil to choose a family member to complete the first question.
- The pupils write the questions. The pupils then ask and answer each other's questions with a Talk Partner.
- The pupils write their friends' answers in the right-hand column of the table.

Code activity

- The pupils complete the code activity.

Answer: flour

Ending the lesson

Review the lesson and reflect on learning.

- (Books closed.) Say **Today we've learnt the names of adjectives of characters. Which adjectives do you remember?** Elicit the adjectives.
- Ask the class **Which was your favourite activity today? Which activity was easy / difficult?**

Extra activities

Reinforcement

- Draw a Venn diagram on the board. Write 'positive' and 'negative' on each side. Show the class the first adjective of character flashcard. Ask **Is 'tidy' a positive or negative adjective?** Stick the flashcard in the corresponding part of the diagram. Repeat with the other flashcards.

Vocabulary extension

- Use the Vocabulary Booster on Navio to present and practise six additional adjectives of character: *helpful, polite, rude, sociable, unhelpful, unsociable*.

Key Competences and Key Learning Outcomes

- Listen, repeat and act out a conversation
- Listen, follow the grammar table and identify the parts of a sentence
- Use the past simple of 'be' and adjectives of character to talk about what people were like when they were young

Key language

- *active, confident, friendly, kind, lazy, noisy, quiet, shy, tidy, unfriendly, unkind, untidy*
- *I / He / She was / wasn't (active) when I / he / she was young. You / We / They were / weren't (lazy) when you / we / they were young. Was I / he / she (shy)? Yes, I / he / she was. / No, I / he / she wasn't. Were you / we / they (confident)? Yes, you / we / they were. / No, you / we / they weren't.*

Materials

- Pupil's Book p19; Activity Book p17; Class CD1; Teacher's App on Navio
- Adjectives of character flashcards
- Teacher's Resource Bank: Talk cards

Optional materials

- Teacher's Resource Bank: Trinity Exams Practice cards (selected from the Starter Unit and Unit 1)
- Photos of famous people

At a Glance Lesson Plan

Pupil's Book

Starting the lesson

- Use the Trinity Exams Practice cards (optional).
- Review adjectives of character.
- Review the *What's she like?* song.
- ▶ *CD1 Track 29 p263*
- ▶ *CD1 Track 30 p263 (optional karaoke version)*
- Set learning outcomes and use the talk cards.

Activity 1

- Listen and read.
- Listen and repeat.
- ▶ *CD1 Track 31 p263*
- Act out.

Activity 2

- Read again.
- Which was grandma like when she was young?

Activity 3

- Listen and follow.
- ▶ *CD1 Track 32 p263*
- Repeat.
- **Grammar clue:** Read about verbs.

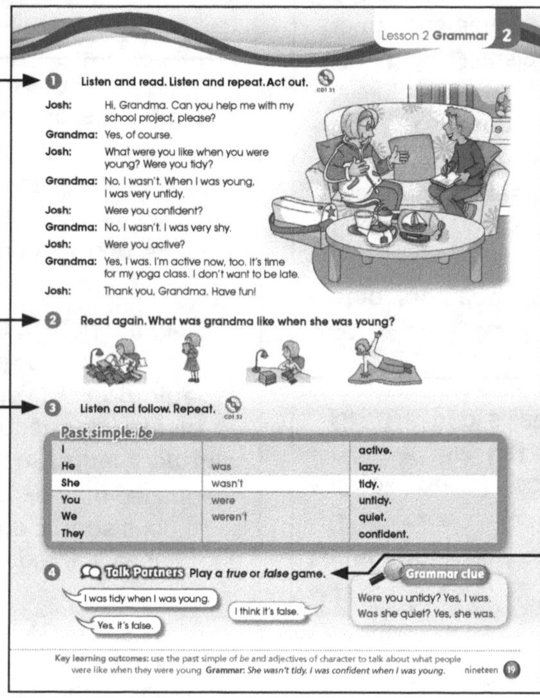
Lesson 2 Grammar 2

1 Listen and read. Listen and repeat. Act out.

Josh: Hi, Grandma. Can you help me with my school project, please?
Grandma: Yes, of course.
Josh: What were you like when you were young? Were you tidy?
Grandma: No, I wasn't. When I was young, I was very untidy.
Josh: Were you confident?
Grandma: No, I wasn't. I was very shy.
Josh: Were you active?
Grandma: Yes, I was. I'm active now, too. It's time for my yoga class. I don't want to be late.
Josh: Thank you, Grandma. Have fun!

2 Read again. What was grandma like when she was young?

3 Listen and follow. Repeat.

Past simple: be

I		active.
He	was	lazy.
She	wasn't	tidy.
You	were	untidy.
We	weren't	quiet.
They		confident.

4 Talk Partners Play a *true* or *false* game.

Key learning outcomes: use the past simple of be and adjectives of character to talk about what people were like when they were young. Grammar: She wasn't tidy. I was confident when I was young. nineteen 19

Activity 4

- Play a *true* or *false* game.
- Go to the Activity Book.

Ending the lesson

- Review the lesson and reflect on learning.

Extra activity

Reinforcement

- Review the adjectives of character by describing famous people.

Digital resources

Teacher's Digital: You can also teach this lesson using the Teacher's App on Navio.

Pupil's Digital: Encourage your pupils to use the Pupil's App on Navio to practise the activities from this lesson.

Powered By NAVIO

Activity Book

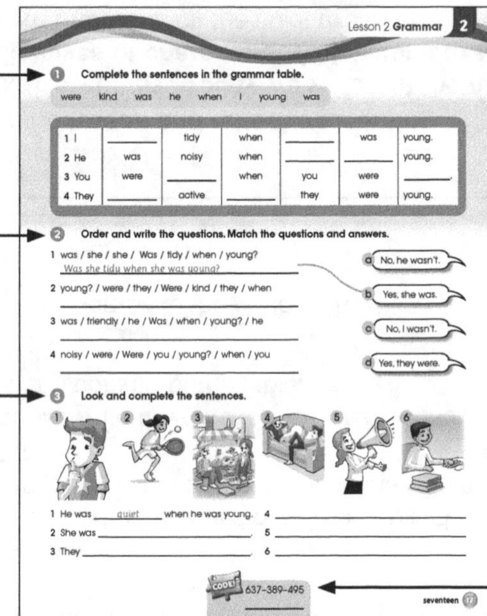
Lesson 2 Grammar 2

1 Complete the sentences in the grammar table.

were kind was he when I young was

1 I		tidy	when		was	young.
2 He	was	noisy	when			young.
3 You	were		when	you	were	
4 They		active		they	were	young.

2 Order and write the questions. Match the questions and answers.

1 was / she / she / Was / tidy / when / young? Was she tidy when she was young?
2 young? / were / they / Were / kind / they / when
3 was / friendly / he / Was / when / young? / he
4 noisy / were / Were / you / young? / when / you

a No, he wasn't.
b Yes, she was.
c No, I wasn't.
d Yes, they were.

3 Look and complete the sentences.

1 He was quiet when he was young.
2 She was
3 They
4
5
6

CODE 637-389-495

seventeen 17

Activity Book

Activity 1

- Complete the sentences in the grammar table.

Activity 2

- Order and write the questions.
- Match the questions and answers.

Activity 3

- Look and complete the sentences.

Code activity

- Complete the code activity.

Starting the lesson

Use the Trinity Exams Practice cards (optional).

- The pupils practise asking and answering questions.

Review adjectives of character.

- Review adjectives of character with the flashcards.
- Ask the pupils to choose three adjectives that describe themselves and write them on a small piece of paper. Collect the pieces of paper and redistribute them. Ask the class to find the person being described. Encourage them to walk around and ask questions, e.g. *Are you shy, quiet and tidy?* until each paper is with its original owner.

Review the *What's she like?* song.

▶ *CD1 Track 29 p263*

▶ *CD1 Track 30 p263 (optional karaoke version)*

- Play the CD (or use the karaoke version). The pupils sing along and do the actions.

Set learning outcomes and use the talk cards.

- Say **Today we're going to talk about what people were like when they were young.**
- Point to the talk cards to show the pupils the different ways they will be working in the lesson.

Pupil's Book Activity 1

Listen and read. Listen and repeat. Act out.

▶ *CD1 Track 31 p263*

- The pupils look at the picture. Ask **Who's Josh talking to?**
- Play the CD. The pupils listen and read the conversation. Ask **Was Josh's grandma tidy when she was young? Was she confident or shy? Was she active? Is she active now?**
- Play the CD again, pausing after each sentence for the pupils to repeat.
- The pupils act out the conversation with a Talk Partner.

Pupil's Book Activity 2

Read again. What was grandma like when she was young?

- The pupils read the conversation again and say which of the pictures show what Grandma was like when she was young.

Answer: untidy, shy, active

Pupil's Book Activity 3

Listen and follow. Repeat.

▶ *CD1 Track 32 p263*

- Play the CD. The pupils listen to the first sentence and point to the words they hear.
- The pupils repeat the complete sentence. Repeat the procedure with the other sentences on the CD.

Grammar clue

- Read the grammar clue as a class. Remind the pupils that we use 'was' with 'I', 'he' and 'she', and 'were' with 'we', 'you' and 'they'. Ask the pupils to take turns making true sentences with a Talk Partner.

Pupil's Book Activity 4

Play a *true* or *false* game.

- The pupils read the speech bubbles.
- Organise the class into Talk Partners. They make true and false sentences about what they were like when they were young for their partner to guess.

Activity Book

Activity 1

Complete the sentences in the grammar table.

- Invite a pupil to read out the words in the word box. The pupils work on their own or with a Talk Partner to write the words in the grammar table.

Answers: **1** was, I **2** he, was **3** kind, young **4** were, when

Activity 2

Order and write the questions. Match the questions and answers.

- Invite a pupil to read out the first question in the correct order. If necessary, show the pupils how to refer to the grammar table in Activity 1 to check the order of words. Then ask the pupil to identify the correct speech bubble.
- The pupils work on their own or with a Talk Partner to write the remaining questions and draw matching lines to the answers.

Answers: **1** Was she tidy when she was young? b **2** Were they kind when they were young? d **3** Was he friendly when he was young? a **4** Were you noisy when you were young? c

Activity 3

Look and complete the sentences.

- Ask a pupil to read out the first sentence.
- The pupils work on their own to complete the sentences in their Activity Books.

Answers: **1** quiet **2** active when she was young **3** were untidy when they were young **4** They were lazy when they were young. **5** She was noisy when she was young. **6** He was tidy when he was young.

Code activity

- The pupils complete the code activity.

Answer: oil

Ending the lesson

Review the lesson and reflect on learning.

- (Books closed.) Say **Today we've learnt how to describe people when they were young.** Invite different pupils in the class to say a sentence about Josh's grandma or one of their own family members.
- Ask **Which was your favourite activity today? Which activity was easy / difficult?**

Extra activity

Reinforcement

- Cut out pictures of famous people (pop stars, athletes, etc.) from magazines or project a selection of photos on the board. Use adjectives of character to describe one of the people. Encourage the pupils to guess the famous person. The pupils play the game with a Talk Partner.

Key Competences and Key Learning Outcomes

- Read, listen and understand a story about a trick that went wrong
- Use a code to read a message
- Do a pre-reading task
- Understand the importance of considering your friends' feelings before playing tricks
- Understand, enjoy and act out the story
- Give an opinion on the story

Key language

- *adventurous, scared; explorer, famous people, museum attendant, tennis player; frighten, play a trick; wax museum, waxworks*
- *He's active and kind. He was adventurous.*

Other language

- *Are you ready to go? Wait a minute! Here's Christopher Columbus. I'm coming to get you.*

Materials

- Pupil's Book pp20–21; Activity Book p18; Class CD1; Teacher's App on Navio
- Teacher's Resource Bank: Talk cards

Optional materials

- Teacher's Resource Bank: Trinity Exams Practice cards (selected from the Starter Unit and Unit 1)

At a Glance Lesson Plan

Pupil's Book

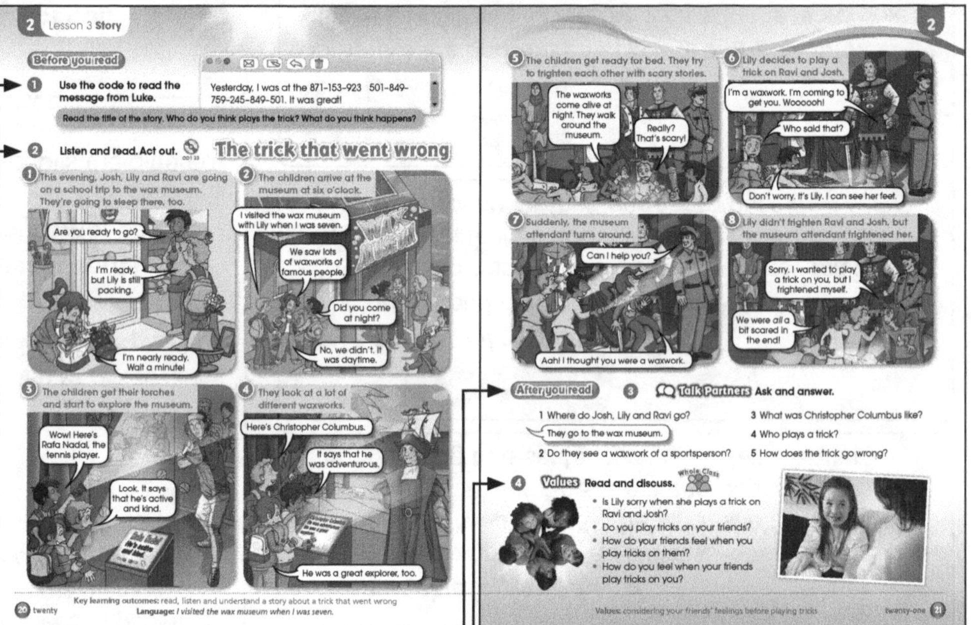

Starting the lesson

- Use the Trinity Exams Practice cards (optional).
- **Think-Pair-Share.** Review adjectives of character.
- Set learning outcomes and use the talk cards.

Before you read: Activity 1

- Use the code to read the message from Luke.

Activity 2

- Listen and read.
- ▶ ***CD1 Track 33 p263***
- Act out.

After you read: Activity 3

- Ask and answer.

Activity 4: Values

- Read and discuss.
- Go to the Activity Book.

Ending the lesson

- Review the lesson and reflect on learning.

Extra activity

Reinforcement

- Retell the story as a class.

Digital resources

Teacher's Digital: You can also teach this lesson using the Teacher's App on Navio.

Pupil's Digital: Encourage your pupils to use the Pupil's App on Navio to practise the activities from this lesson.

Powered By NAVIO

Activity Book

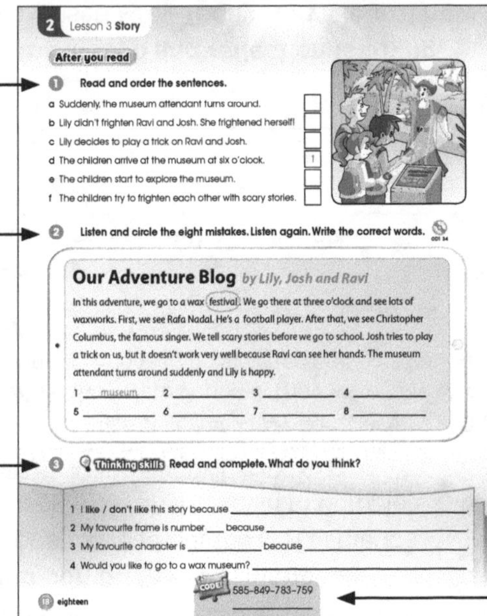

After you read: Activity Book

Activity 1

- Read and order the sentences.

Activity 2

- Listen and circle the eight mistakes.
- ▶ ***CD1 Track 34 p264***
- Listen again.
- Write the correct words.

Activity 3

- Read and complete.
- What do you think?

Code activity

- Complete the code activity.

Starting the lesson

Use the Trinity Exams Practice cards (optional).
- The pupils practise asking and answering questions.

Think-Pair-Share. Review adjectives of character.
- Ask the pupils to list five characteristics for their ideal friend. The class think silently for a minute.
- The pupils write their list individually first then discuss their ideas with a Talk Partner.
- The pupils share their ideas with the class.

Set learning outcomes and use the talk cards.
- Say **Today we're going to listen to and read a story in English.**
- Point to the talk cards to show the pupils the different ways they will be working in the lesson.

Before you read: Pupil's Book Activity 1

Use the code to read the message from Luke.
- Say **Josh and Lily have received a message from Luke.** Ask the pupils to use the story code (Pupil's Book page 7) to discover the mystery words in the message. (*Wax museum.*) Then prompt the class to predict how Lily and Josh will help in the story. Check that the pupils know what a waxwork is.
- Ask the pupils to read the story title. Ask **Who do you think plays the trick in the story?** The pupils predict what is going to happen in the story.

Pupil's Book Activity 2

Listen and read.

▶ *CD1 Track 33 p263*
- Play the CD. The pupils follow in their books.
- Ask questions to check understanding.

Suggested comprehension questions
- Frame 1: **Is Lily ready?** (*No, she isn't.*) **What's she doing?** (*She's packing.*)
- Frame 2: **What did Lily and Josh see in the museum last time?** (*They saw famous people.*)
- Frame 3: **Who do they see first?** (*They see Rafa Nadal.*)
- Frame 4: **Who was Christopher Columbus?** (*He was an explorer.*)
- Frame 5: **What do the children try to do?** (*They try to frighten each other.*)
- Frame 6: **What does Lily do?** (*She plays a trick.*)
- Frame 7: **Who frightens Lily?** (*The museum attendant.*)
- Frame 8: **Was Lily scared?** (*Yes.*)

Act out.
- Organise the class into three groups (Lily, Ravi and Josh). Play the CD. Each group joins in when their character speaks. If pupils need extra support, pause the CD after each utterance and ask them to repeat it instead.
- Repeat with groups swapping roles.

After you read: Pupil's Book Activity 3

Ask and answer.
- Ask a pupil to read out the first question and answer. Then invite other pupils to ask and answer the other questions.
- Organise the class into Talk Partners. The pupils practise asking and answering the questions.
- The pupils write the answers in their notebooks.

Answers: **1** They go to the wax museum. **2** Yes, they do. **3** He was adventurous and a great explorer. **4** Lily. **5** The museum attendant frightened her.

Pupil's Book Activity 4: Values

Read and discuss.
- Read out each question and discuss it as a class.
- Prompt the class to talk about their feelings when people play tricks on them.

After you read: Activity Book

Activity 1

Read and order the sentences.
- Read out the sentences. The pupils follow in their books. Read out sentence 1. Ask the pupils to identify sentence 2.
- The pupils work on their own or with a Talk Partner to number the remaining sentences.

Answers: **a** 5 **b** 6 **c** 4 **d** 1 **e** 2 **f** 3

Activity 2

Listen and circle the eight mistakes. Listen again. Write the correct words.

▶ *CD1 Track 34 p264*
- Play the CD. The pupils listen and circle the eight mistakes.
- Play the CD again. The pupils listen and write the correct words.

Answers: **1** ~~festival~~ museum **2** ~~three~~ six **3** ~~football~~ tennis **4** ~~singer~~ explorer **5** ~~school~~ sleep **6** ~~Josh~~ Lily **7** ~~hands~~ feet **8** ~~happy~~ scared

Activity 3

Read and complete. What do you think?
- Ask a pupil to read out the first statement. The pupils complete the sentence with their own opinion. Repeat the procedure with the other sentences.

Code activity
- The pupils complete the code activity.

Answer: nuts

Ending the lesson

Review the lesson and reflect on learning.
- Say **Today we've listened to a story about a trick that went wrong.**
- Ask **Which was your favourite activity today? Which activity was easy / difficult?**

Extra activity

Reinforcement
- Retell the story as a class. Say **Let's tell the story together.** Prompt the class by saying **Lily, Ravi and Josh are going on a trip to the (wax museum). They arrive at the museum at ...** Use mime for support.

Key Competences and Key Learning Outcomes

- Identify and say past activities
- Follow and correct the grammar tables
- Use past simple verbs to ask and answer about past activities

- Identify different life stages (optional)

- Sing a song

Key language

- *get a pet, go on a plane, learn to walk, move house, start nursery school, write a story; ten months old*
- Extension: *draw (drew) a picture, read (read) a book, ride (rode) a bike, sing (sang) a song*
- *I (started nursery school) when I was (three). Did you learn to walk when you were (one)? Yes, I did. / No, I didn't.*

Materials

- Pupil's Book p22; Activity Book p19; Class CD1; Teacher's App on Navio
- Teacher's Resource Bank: Talk cards

Optional materials

- Teacher's Resource Bank: Trinity Exams Practice cards (selected from the Starter Unit and Unit 1)

At a Glance Lesson Plan

Pupil's Book

Starting the lesson

- Use the Trinity Exams Practice cards (optional).
- Review actions.
- Set learning outcomes and use the talk cards.

Activity 1

- Listen, point and say.
- ▶ *CD1 Track 35 p264*

Activity 2

- Listen and sing *I was a very special person.*
- ▶ *CD1 Track 36 p264*

Activity 3

- Listen and follow.
- ▶ *CD1 Track 37 p264*
- Repeat.
- **Grammar clue:** Read about using 'did' with the past.

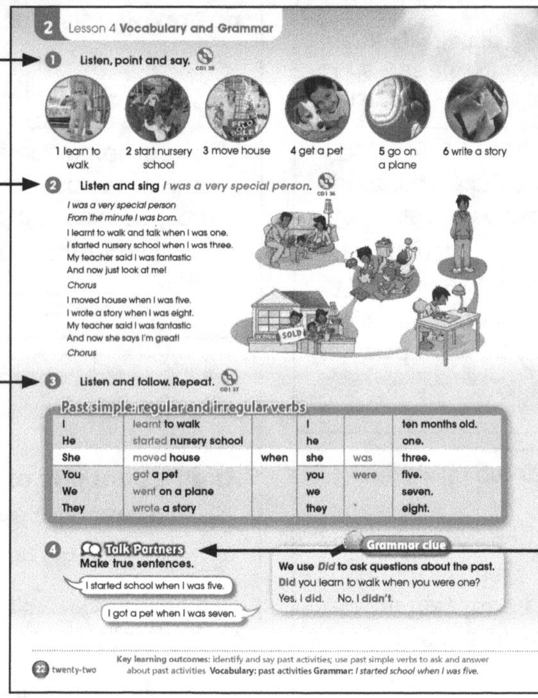

Activity 4

- Make true sentences.
- Go to the Activity Book.

Ending the lesson

- Review the lesson and reflect on learning.

Extra activities

Reinforcement

- Play *Secret message*.

Vocabulary extension

- Present four additional vocabulary items.

Link to Science

- **Our body:** Identify stages of life and growing up.

Activity Book

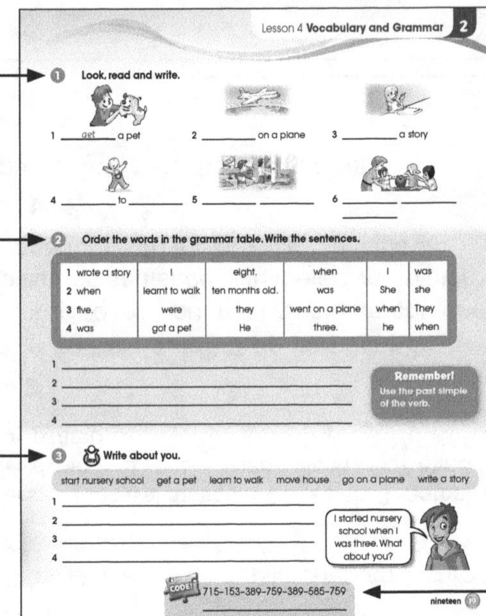

Activity Book

Activity 1

- Look, read and write.

Activity 2

- Order the words in the grammar table.
- Write the sentences.

Activity 3

- Write about you.

Code activity

- Complete the code activity.

Digital resources

Teacher's Digital: You can also teach this lesson using the Teacher's App on Navio.

Pupil's Digital: Encourage your pupils to use the Pupil's App on Navio to practise the activities from this lesson.

Powered By NAVIO

Starting the lesson

Use the Trinity Exams Practice cards (optional).

- The pupils practise asking and answering questions.

Review actions.

- (Books closed.) Say **We're going to talk about actions we did when we were small. Can you guess what I did when I was small?** Review different actions by miming the action. Encourage the pupils to ask **Did you (play football)?**
- Invite different individual pupils to take your role.

Set learning outcomes and use the talk cards.

- Say **Today we're going to learn the names of actions we do when we are growing up.**
- Point to the talk cards to show the pupils the different ways they will be working in the lesson.

Pupil's Book Activity 1

Listen, point and say.

▶ *CD1 Track 35 p264*

- (Books open.) Point to the first picture and say **Learn to walk. I learnt to walk when I was one.** Ask **When did you learn to walk?** Prompt the class to answer. When teaching item 4, 'get a pet', revise different pets with the pupils. Repeat the procedure with the other actions.
- Play the CD. The pupils listen, point and repeat each phrase.

Pupil's Book Activity 2

Listen and sing *I was a very special person*.

▶ *CD1 Track 36 p264*

- (Books open.) Focus the class on the picture. Ask **What can you see?**
- Play the CD. The pupils listen and read.
- Ask **When did he learn to walk?** Say **He learnt to walk when he was one.** Repeat the procedure with the other actions: *start nursery school, move house, write a story*.
- Play the CD again. The pupils join in singing the song and doing the actions.

Pupil's Book Activity 3

Listen and follow. Repeat.

▶ *CD1 Track 37 p264*

- Focus the class on the grammar table. Play the CD. The pupils listen and point to the corresponding parts of the sentence.
- The pupils repeat the complete sentence. They say if it is true or false for them.
- Repeat the procedure with the other sentences.

Grammar clue

- Read the grammar clue as a class.

Pupil's Book Activity 4

Make true sentences.

- Organise the class into Talk Partners. The pupils take turns to make true sentences.

Activity Book

Activity 1

Look, read and write.

- Ask a pupil to read out the first action. Invite different pupils to complete the phrases.
- The pupils work on their own to write the words.

Answers: **1** get **2** go **3** write **4** learn, walk **5** move house **6** start nursery school

Activity 2

Order the words in the grammar table. Write the sentences.

- Explain that the grammar table is mixed up and that they need to reorder the words.
- Invite a pupil to read out the first sentence.
- The pupils work on their own to order and write the sentences. If the pupils need more support, remind them that a sentence always begins with a capital letter and finishes with a full stop.

Answers: **1** I wrote a story when I was eight. **2** She learnt to walk when she was ten months old. **3** They went on a plane when they were five. **4** He got a pet when he was three.

Activity 3

Write about you.

- Prompt a pupil to read the speech bubble. Encourage a different pupil to answer.
- The pupils write true sentences about themselves.

Code activity

- The pupils complete the code activity.

Answer: raisins

Ending the lesson

Review the lesson and reflect on learning.

- Say **Today we've learnt about actions we do when we are growing up. What actions are they?**
- Ask the class **Which was your favourite activity today? Which activity was easy / difficult?**

Extra activities

Reinforcement

- Play *Secret message*. The pupils stand in a large circle. Choose a sentence from the lesson e.g. *I wrote a story when I was eight.* Whisper the sentence to the pupil on your right. The pupil should whisper the message to the pupil on their right and so on. The message travels all the way around the circle. The pupil on your left says the sentence aloud. Compare it with the original.
- The pupils play the game in groups of six or more.

Vocabulary extension

- Use the Vocabulary Booster on Navio to present and practise four additional past activities: *draw (drew) a picture, read (read) a book, ride (rode) a bike, sing (sang) a song*.

Link to Science

- If you are studying the Science topic of **Our body** in English, use the opportunity to talk about the different stages of life and growing up.

Key Competences and Key Learning Outcomes

- Say a tongue twister with the 'ey' sound
- Learn and practise alternative spellings for the 'ey' sound
- Listen for specific information

- Play a communication game using the past simple

Key language

- *bee, chimney, donkey, drop, eat, happy, key, lazy, leaf, lorry, meat, monkey, noisy, queen, sheep, teddy, tree, very; get a pet, go on a plane, learn to walk, move house, start nursery school, write a story; ten months old*
- *I (learnt to walk) when I was (one). Did you (write a story) when you were (eight)? Yes, I did. / No, I didn't. Me too.*

Materials

- Pupil's Book p23; Activity Book p20; Class CD1; Teacher's App on Navio
- Teacher's Resource Bank: Talk cards
- Teacher's Resource Bank: Unit 2 Lesson 5 Communication Activity

Optional materials

- Teacher's Resource Bank: Trinity Exams Practice cards (selected from the Starter Unit and Unit 1)
- Teacher's Resource Bank: Adjectives of character word cards

At a Glance Lesson Plan

Pupil's Book

Starting the lesson

- Use the Trinity Exams Practice cards (optional).
- Review growing up actions.
- Review the *I was a very special person* song.
- ▶ *CD1 Track 36 p264*
- Set learning outcomes and use the talk cards.

Speak and spell: Activity 1

- Listen, read and say.
- ▶ *CD1 Track 38 p264*
- Go to the Activity Book.

Activity 2

- Read the questionnaire. Listen and identify five differences.
- ▶ *CD1 Track 39 p264*

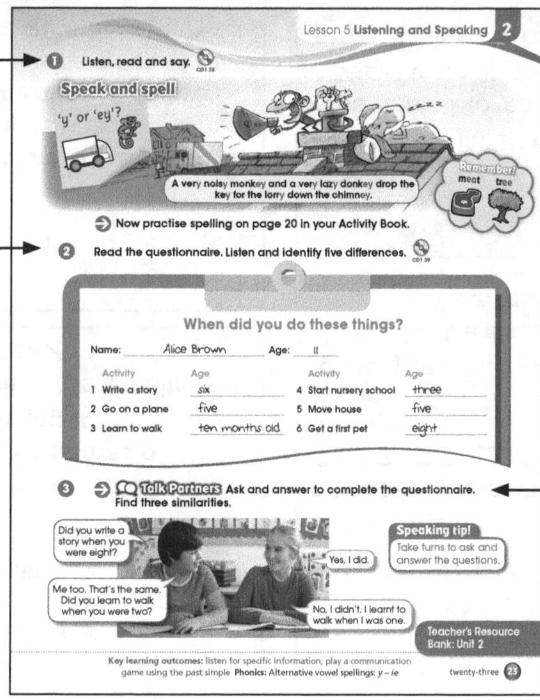

Activity 3

- Ask and answer to complete the questionnaire. Find three similarities (Teacher's Resource Bank: Unit 2).

Ending the lesson

- Review the lesson and reflect on learning.

Extra activities

Reinforcement

- Review all known spellings of the target sound: 'ey', 'y', 'ee' and 'ea'.
- Play *Word dictation*.

Activity Book

Activity Book

Speak and spell: Activity 1

- Think, say and write.

Activity 2

- Work together to cross the river.

Code activity

- Complete the code activity.

Digital resources

Teacher's Digital: You can also teach this lesson using the Teacher's App on Navio.

Pupil's Digital: Encourage your pupils to use the Pupil's App on Navio to practise the activities from this lesson.

Powered By NAVIO

Starting the lesson

Use the Trinity Exams Practice cards (optional).

- The pupils practise asking and answering questions.

Review growing up actions.

- (Books closed.) Ask **What did you do when you were small?** Prompt the class to list the actions they did and, if necessary, write the phrases on the board.
- Play *Two truths and a lie*. Say **Listen to my information. I (learnt to walk) when I was ten months old. I (went on a plane) when I was six. I (wrote a story) when I was two. One sentence is false. Which sentence is false?** Encourage the class to guess the false information. Then tell them which sentence is untrue.
- Ask the pupils to write two true sentences and one false sentence about themselves. Invite different individual pupils to take your role. The pupils can also do the activity with a Talk Partner.

Review the *I was a very special person* song.

▶ *CD1 Track 36 p264*

- Play the CD. The pupils sing and do the actions.

Set learning outcomes and use the talk cards.

- Say **Today we're going to say a tongue twister, practise spelling and do a questionnaire.**
- Point to the talk cards to show the pupils the different ways they will be working in the lesson.

Pupil's Book Activity 1: Speak and spell

Listen, read and say.

▶ *CD1 Track 38 p264*

- (Books open.) Focus the class on the picture. Ask **What can you see here?** Ask **What can you see on the roof of the house?** (*A donkey and a monkey.*) **What is the donkey doing?** (*Sleeping.*) **Why?** (*Because it's lazy.*) **What's on the ground?** (*A lorry.*) **What's the monkey holding in his left hand?** (*Keys.*)
- Say **Let's listen to a tongue twister.** Play the CD. The pupils follow the text in their books. Play the CD again. The pupils join in with the tongue twister.
- Ask **How do you spell lorry? How do you spell monkey?** Highlight the two new ways of spelling the 'ey' sound.

- Focus the pupils' attention on the *Remember!* thought bubble. Remind them that 'tree' and 'meat' also have the sound 'ey' and that these are alternative spellings for the same sound.

Activity Book

Activity 1: Speak and spell

Think, say and write.

- The pupils identify the pictures.
- The pupils classify and write the words according to whether they are written with 'y', 'ey', 'ee' or 'ea'.

Answers: **y:** happy, teddy, lorry **ey:** key, monkey, chimney **ee:** queen, sheep, bee **ea:** eat, leaf, meat

Activity 2

Talk Partners. Work together to cross the river.

- Explain to the pupils that they have to go across the stepping stones to cross the river. They should choose pictures to spell to get to the other side.
- Invite two pupils to read out the speech bubbles.
- Organise the pupils into Talk Partners. The pupils take it in turns to test their partner on the spelling of the words in the stepping stones. Stress the importance of prompting, encouraging and helping each other.

Code activity CODE!

- The pupils complete the code activity.

Answer: sugar

Pupil's Book Activity 2

Read the questionnaire. Listen and identify five differences.

▶ *CD1 Track 39 p264*

- Focus the class on the questionnaire. Ask questions to familiarise the pupils with the content. Ask **How many questions are there in the questionnaire? Did the girl write a story when she was six?**

- Say **Let's listen to the girl answering the questions in the questionnaire. Listen for the differences.** Play the CD, pausing after each difference for the pupils to say what it is.

Answers: Name: ~~Alice~~ Lucy; Write a story: ~~six~~ seven years old; Start nursery school: ~~three~~ four; ~~Move house~~ Learn to read

Pupil's Book Activity 3

Talk Partners. Ask and answer to complete the questionnaire. Find three similarities (Teacher's Resource Bank: Unit 2).

- Invite two pupils to read out the speech bubbles. Explain that they are going to do a questionnaire with their Talk Partners.
- Organise the class into Talk Partners. Pupil A uses Questionnaire 1. Pupil B uses Questionnaire 2. They take turns to ask and answer the questions.
- When the pupils have completed the questionnaires, ask them to compare their answers and find three similarities.

Ending the lesson

Review the lesson and reflect on learning.

- Say **Today we've practised a tongue twister.** Elicit the tongue twister from the pupils.
- Ask the class **Which was your favourite activity today? Which activity was easy / difficult?**

Extra activities

Reinforcement

- Review all the alternative spellings of the target sound. Draw a chart on the board with 'y', 'ee', 'ey', 'ea' as column headings. Elicit words that have each spelling (*y: lorry, teddy, cloudy, happy; ey: money, key, chimney, monkey; ee: sheep, three, tree, bee, green; ea: beans, peaches, meat, leaf*). Encourage the pupils to spell out the word and write it in the correct column.
- Play *Word dictation* (see p27) with the adjectives of character word cards.

Key Competences and Key Learning Outcomes

- Do a pre-reading task to predict content and raise interest
- Read the text for general understanding
- Scan the text to find specific information

- Read and understand a chronological account

Key language

- *listen to stories, read books, start boarding school, tell stories, write a secret diary / story / book; mythical creatures, trolls*
- *He wrote his first children's book in 1943. Roald (started boarding school) when he was (nine). When he was 13, he started a new school.*

Materials

- Pupil's Book p24; Activity Book p21; Class CD1; Teacher's App on Navio
- Teacher's Resource Bank: Talk cards
- Sheets of paper

Optional materials

- Teacher's Resource Bank: Trinity Exams Practice cards (selected from the Starter Unit and Unit 1)

At a Glance Lesson Plan

Pupil's Book

Starting the lesson

- Use the Trinity Exams Practice cards (optional).
- Review the 'ey' sound.
- Set learning outcomes and use the talk cards.

Before you read: Activity 1

- What's the difference between a biography and an autobiography?

Activity 2

- You are going to read a biography about Roald Dahl. Do you know any of his books? Which one is your favourite?

Activity 3

- Read and listen.

▶ *CD1 Track 40 p264*

Go to the Activity Book.

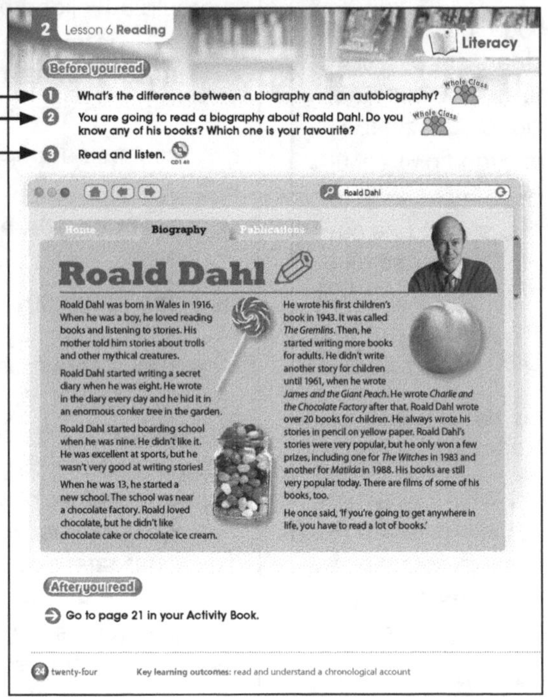

2 Lesson 6 Reading — Literacy

Before you read

1 What's the difference between a biography and an autobiography?

2 You are going to read a biography about Roald Dahl. Do you know any of his books? Which one is your favourite?

3 Read and listen.

Roald Dahl

Roald Dahl was born in Wales in 1916. When he was a boy, he loved reading books and listening to stories. His mother told him stories about trolls and other mythical creatures.

Roald Dahl started writing a secret diary when he was eight. He wrote in the diary every day and he hid it in an enormous conker tree in the garden.

Roald Dahl started boarding school when he was nine. He didn't like it. He was excellent at sports, but he wasn't very good at writing stories!

When he was 13, he started a new school. The school was near a chocolate factory. Roald loved chocolate, but he didn't like chocolate cake or chocolate ice cream.

He wrote his first children's book in 1943. It was called *The Gremlins*. Then, he started writing more books for adults. He didn't write another story for children until 1961, when he wrote *James and the Giant Peach*. He wrote *Charlie and the Chocolate Factory* after that. Roald Dahl wrote over 20 books for children. He always wrote his stories in pencil on yellow paper. Roald Dahl's stories were very popular, but he only won a few prizes, including one for *The Witches* in 1983 and another for *Matilda* in 1988. His books are still very popular today. There are films of some of his books, too.

He once said, 'If you're going to get anywhere in life, you have to read a lot of books.'

After you read

Go to page 21 in your Activity Book.

24 twenty-four — Key learning outcomes: read and understand a chronological account

Ending the lesson

- Review the lesson and reflect on learning.

Extra activity

Extension

- Investigate Roald Dahl.

Digital resources

Teacher's Digital: You can also teach this lesson using the Teacher's App on Navio.

Pupil's Digital: Encourage your pupils to use the Pupil's App on Navio to practise the activities from this lesson.

Powered By NAVIO

Activity Book

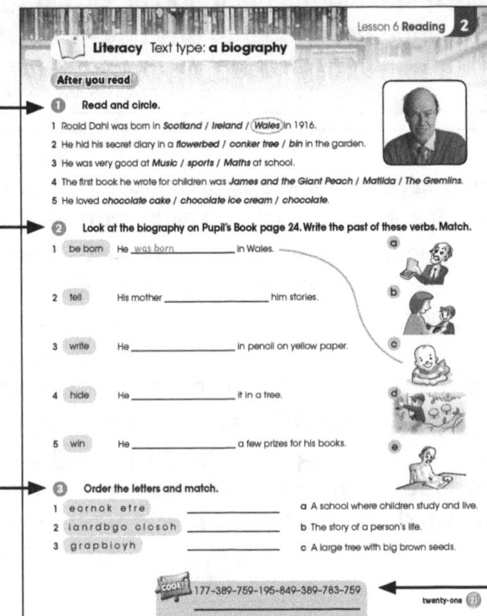

Lesson 6 Reading 2 — Literacy Text type: a biography

After you read

1 Read and circle.

1 Roald Dahl was born in *Scotland / Ireland / Wales* in 1916.
2 He hid his secret diary in a *flowerbed / conker tree / bin* in the garden.
3 He was very good at *Music / sports / Maths* at school.
4 The first book he wrote for children was *James and the Giant Peach / Matilda / The Gremlins*.
5 He loved *chocolate cake / chocolate ice cream / chocolate*.

2 Look at the biography on Pupil's Book page 24. Write the past of these verbs. Match.

1 be born — He was born in Wales.
2 tell — His mother ______ him stories.
3 write — He ______ in pencil on yellow paper.
4 hide — He ______ it in a tree.
5 win — He ______ a few prizes for his books.

3 Order the letters and match.

1 eornok etre — a A school where children study and live.
2 ianrdbgo olosoh — b The story of a person's life.
3 grapbioyh — c A large tree with big brown seeds.

CODE 177-389-759-195-849-389-783-759

twenty-one 21

After you read: Activity Book

Activity 1

- Read and circle.

Activity 2

- Look at the biography on Pupil's Book page 24. Write the past of these verbs.
- Match.

Activity 3

- Order the letters and match.

Code activity

- Complete the code activity.

Starting the lesson

Use the Trinity Exams Practice cards (optional).

- The pupils practise asking and answering questions.

Review the 'ey' sound.

- Ask **What sound did you practise in the tongue twister in Lesson 5?** (*'ey'*) **Can you remember the tongue twister?** (*A very noisy monkey and a very lazy donkey drop the key for the lorry down the chimney.*) Practise the tongue twister as a class.
- Remind the pupils that they know four spellings for this sound (*'ey', 'y', 'ea' and 'ee'*). Organise the children into groups of four. Give each group a sheet of paper. The pupils take turns to write one word at a time with each sound. Set a time limit of two minutes for the activity. Compile the words in a chart on the board.

Set learning outcomes and use the talk cards.

- Say **Today we're going to read a biography.**
- Point to the talk cards to show the pupils the different ways they will be working in the lesson.

Before you read: Pupil's Book Activity 1

What's the difference between a biography and an autobiography?

- Invite a pupil to read the question. Prompt the class to answer.

Pupil's Book Activity 2

You are going to read a biography about Roald Dahl. Do you know any of his books? Which one is your favourite?

- Encourage the pupils to look at the photos in the text.
- Ask **Do you recognise any of these things from Roald Dahl's books?** Encourage the pupils to name their favourite Roald Dahl books.

Pupil's Book Activity 3

Read and listen.

▶ *CD1 Track 40 p264*

- Explain that the first time they read they should try to understand the most important information.
- If you want the pupils to read the text without the Class CD, set a time limit for this task. Otherwise, play the CD.

After you read: Activity Book

Activity 1

Read and circle.

- The pupils work on their own or with a Talk Partner to choose the correct word or phrase in each sentence. The pupils refer back to the text in the Pupil's Book when necessary.

Answers: **1** Wales **2** conker tree **3** sports **4** The Gremlins **5** chocolate

Activity 2

Look at the biography on Pupil's Book page 24. Write the past of these verbs. Match.

- Encourage the class to find each sentence in the biography on Pupil's Book page 24 and write the past simple of each verb in the gap.
- Prompt the pupils to match each completed sentence with the corresponding illustration.

Answers: **1** was born, c **2** told, b **3** wrote, e **4** hid, d **5** won, a

Activity 3

Order the letters and match.

- Encourage the class to find the words in the text by reading the definitions and using the jumbled letters as clues.

Answers: **1** conker tree, c **2** boarding school, a **3** biography, b

Code activity

- The pupils complete the code activity.

Answer: biscuits

Ending the lesson

Review the lesson and reflect on learning.

- Say **Today we've read a biography. Did you enjoy it? Would you like to be a writer?**
- Ask the class **Which was your favourite activity today? Which activity was easy / difficult?**

Extra activity

Extension

- If you have access to the Internet, ask the pupils to find out more information about Roald Dahl.

Key Competences and Key Learning Outcomes

- Use inverted commas
- Predict the order of information in an autobiography
- Identify the text features of an autobiography
- Use criteria to check your writing
- Share your writing with a partner
- Prepare and write your autobiography

Key language

- *brother, dad, mum, sister; active, friendly, shy, tidy, untidy; playing basketball*
- *I was born. I learnt to talk when I was one and a half. I started nursery school. I started primary school. I learnt to read and write. We moved house when I was eight. I got my first pet.*

Materials

- Pupil's Book p25; Activity Book p22; Class CD1; Teacher's App on Navio
- Teacher's Resource Bank: Talk cards
- Coloured paper

Optional materials

- Teacher's Resource Bank: Trinity Exams Practice cards (selected from the Starter Unit and Unit 1)

At a Glance Lesson Plan

Pupil's Book

Starting the lesson

- Use the Trinity Exams Practice cards (optional).
- Review Roald Dahl's biography.
- Set learning outcomes and use the talk cards.

Investigate a text: Activity 1

- In what order do you think this information appears in Ben's autobiography?

Activity 2

- Read and listen to find out.
- ▶ *CD1 Track 41 p264*

Discuss a text: Activity 3

- Think and discuss.
- **Writing tip:** Read about inverted commas.
- Go to the Activity Book.

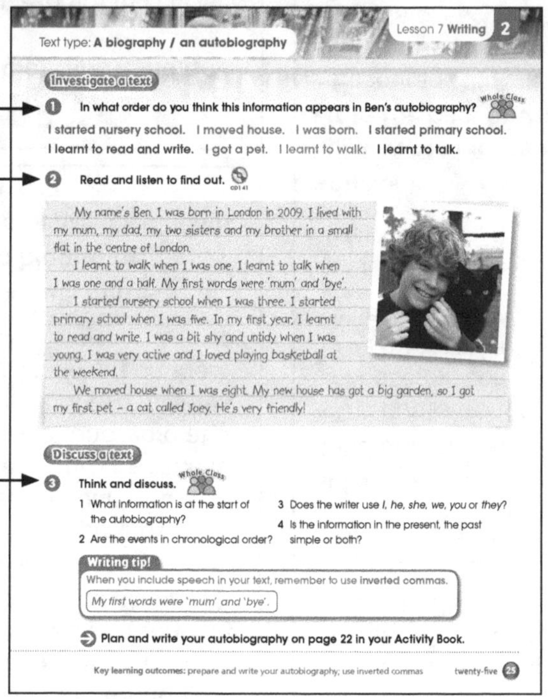
Lesson 7 Writing 2

Text type: A biography / an autobiography

Investigate a text

1 In what order do you think this information appears in Ben's autobiography?

I started nursery school. I moved house. I was born. I started primary school. I learnt to read and write. I got a pet. I learnt to walk. I learnt to talk.

2 Read and listen to find out.

My name's Ben. I was born in London in 2009. I lived with my mum, my dad, my two sisters and my brother in a small flat in the centre of London.

I learnt to walk when I was one. I learnt to talk when I was one and a half. My first words were 'mum' and 'bye'.

I started nursery school when I was three. I started primary school when I was five. In my first year, I learnt to read and write. I was a bit shy and untidy when I was young. I was very active and I loved playing basketball at the weekend.

We moved house when I was eight. My new house has got a big garden, so I got my first pet – a cat called Joey. He's very friendly!

Discuss a text

3 Think and discuss.

1 What information is at the start of the autobiography?
2 Are the events in chronological order?
3 Does the writer use I, he, she, we, you or they?
4 Is the information in the present, the past simple or both?

Writing tip!

When you include speech in your text, remember to use inverted commas.

My first words were 'mum' and 'bye'.

Plan and write your autobiography on page 22 in your Activity Book.

Key learning outcomes: prepare and write your autobiography; use inverted commas

twenty-five 25

Ending the lesson

- Review the lesson and reflect on learning.

Extra activity

Reinforcement

- Make an autobiography display.

Activity Book

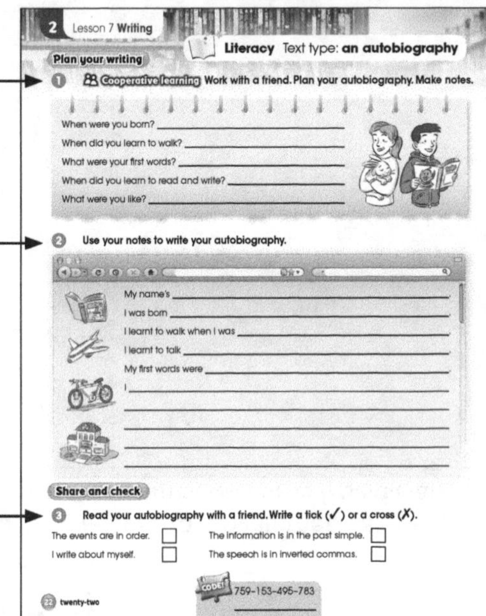
2 Lesson 7 Writing

Literacy Text type: an autobiography

Plan your writing

1 Cooperative learning Work with a friend. Plan your autobiography. Make notes.

When were you born? ______
When did you learn to walk? ______
What were your first words? ______
When did you learn to read and write? ______
What were you like? ______

2 Use your notes to write your autobiography.

My name's ______
I was born ______
I learnt to walk when I was ______
I learnt to talk ______
My first words were ______

Share and check

3 Read your autobiography with a friend. Write a tick (✓) or a cross (✗).

The events are in order. ☐
I write about myself. ☐
The information is in the past simple. ☐
The speech is in inverted commas. ☐

CODE 759-153-495-783

22 twenty-two

Activity Book

Plan your writing: Activity 1

- Work with a friend. Plan your autobiography.
- Make notes.

Activity 2

- Use your notes to write your autobiography.

Share and check: Activity 3

- Read your autobiography with a friend.
- Write a tick (✓) or a cross (✗).

Code activity

- Complete the code activity.

Digital resources

Teacher's Digital: You can also teach this lesson using the Teacher's App on Navio.

Pupil's Digital: Encourage your pupils to use the Pupil's App on Navio to practise the activities from this lesson.

Powered By NAVIO

Starting the lesson

Use the Trinity Exams Practice cards (optional).
- The pupils practise asking and answering questions.

Review Roald Dahl's biography.
- (Books closed.) Encourage the pupils to tell you all that they remember about Roald Dahl from Lesson 6.
- Ask them to read the text again to check their answers.
- Check the pupils understand the difference between a biography and an autobiography.

Set learning outcomes and use the talk cards.
- Ask **What kind of text did we read in the last lesson?** (*A biography.*) Say **Today we're going to investigate an autobiography. Then we're going to plan and write our own autobiography.**
- Point to the talk cards to show the pupils the different ways they will be working in the lesson.

Investigate a text: Pupil's Book Activity 1

In what order do you think this information appears in Ben's autobiography?
- (Books open.) Invite a pupil to read out the information.
- Organise the class into Talk Partners. Ask them to discuss the order the information appears in the text.

Pupil's Book Activity 2

Read and listen to find out.

▶ ***CD1 Track 41 p264***
- Ask the pupils to read the text to confirm the order of the information. If you want the pupils to read the text without the support of the CD, set a time limit for this task. Otherwise, play the CD.
- Listen to the pupils' ideas and confirm that the order of the information is: *I was born. I learnt to walk. I learnt to talk. I started nursery school. I started primary school. I learnt to read and write. I moved house. I got a pet.*

Discuss a text: Pupil's Book Activity 3

Think and discuss.
- Invite a pupil to read out the first question and find how an autobiography starts.
- Repeat the procedure with the other questions.

Answers: **1** My name's Ben. I was born … **2** Yes. **3** The writer uses 'I'. **4** Both.

Writing tip
- Read the information. Ask the class to give you other examples of direct speech, e.g. *This morning, I said 'hello' to the teacher.*

Activity Book

Plan your writing: Activity 1

Writing Partners. Work with a friend. Plan your autobiography. Make notes.
- Focus the class on the activity. Encourage the pupils to ask each other the questions and discuss the answers. The pupils then work individually to complete their notes.

Activity 2

Use your notes to write your autobiography.
- Focus the class on the activity. If necessary, model how to complete the framework using your own information. The pupils then work on their own to write their autobiographies in their Activity Books.

Share and check: Activity 3

Writing Partners. Read your autobiography with a friend. Write a tick (✓) or a cross (✗).
- Read through the sentences as a class.
- Organise the class into Talk Partners. One pupil should read aloud their text to their partner. The other pupil listens. The pupils work together to decide if the text fulfils all the criteria and tick the corresponding boxes. The pupils can add, improve or correct the text at this stage.
- The pupils swap roles.

Code activity
- The pupils complete the code activity.

Answer: salt

Ending the lesson

Review the lesson and reflect on learning.
- Say **Today we've written an autobiography. Are you happy with it?** Elicit the pupils' opinions.
- Ask the class **Which was your favourite activity today? Which activity was easy / difficult?**

Extra activity

Reinforcement
- Make a display using the pupils' autobiographies. Ask them to copy out their texts onto coloured paper. They should illustrate and decorate them. If possible, ask them to bring in photos of some of the events they wrote about. Display the work in a prominent place.

Key Competences and Key Learning Outcomes
• Think about and research Hawaii
• Read and listen for specific information
• Read about famous Hawaiian people • Think about your own culture and identity

Key language

- *active, bright, confident, hard-working, independent; astronaut, grandparents, king, president; Hawaii; astronomy, fishing, marching band, play the guitar / drums / piano, running, sing, telescope, write songs*
- *He was very (confident). He's (active). He was born in Hawaii in 1961. He lived with his grandparents. He studied (Law). He first went into space in 1985.*

Materials

- Pupil's Book p26; Activity Book p23; Class CD1; Teacher's App on Navio
- Teacher's Resource Bank: Talk cards
- An online world map

Optional materials

- Teacher's Resource Bank: Trinity Exams Practice cards (selected from the Starter Unit and Unit 1)

At a Glance Lesson Plan

Pupil's Book

Starting the lesson

- Use the Trinity Exams Practice cards (optional).
- Review describing famous people.
- Set learning outcomes and use the talk cards.

Activity 1

- Read Luke's questions.
- What do you think?

Activity 2

- Read and listen.

▶ *CD1 Track 42 p265*

- Answer Luke's questions.
- **Think about your culture** Can you name some famous people from your country? What are they famous for? Who's your favourite famous person?

Go to the Activity Book.

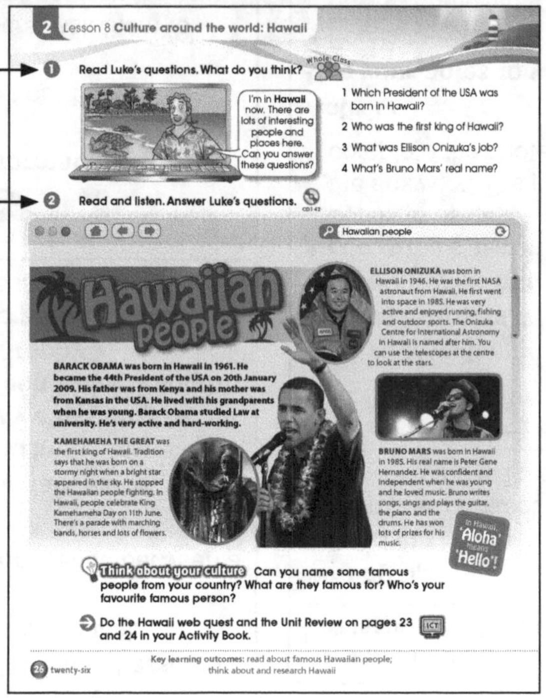

2 Lesson 8 Culture around the world: Hawaii

1 Read Luke's questions. What do you think?

I'm in Hawaii now. There are lots of interesting people and places here. Can you answer these questions?

1 Which President of the USA was born in Hawaii?
2 Who was the first king of Hawaii?
3 What was Ellison Onizuka's job?
4 What's Bruno Mars' real name?

2 Read and listen. Answer Luke's questions.

Hawaiian people

ELLISON ONIZUKA was born in Hawaii in 1946. He was the first NASA astronaut from Hawaii. He first went into space in 1985. He was very active and enjoyed running, fishing and outdoor sports. The Onizuka Centre for International Astronomy in Hawaii is named after him. You can use the telescopes at the centre to look at the stars.

BARACK OBAMA was born in Hawaii in 1961. He became the 44th President of the USA on 20th January 2009. His father was from Kenya and his mother was from Kansas in the USA. He lived with his grandparents when he was young. Barack Obama studied Law at university. He's very active and hard-working.

KAMEHAMEHA THE GREAT was the first king of Hawaii. Tradition says that he was born on a stormy night when a bright star appeared in the sky. He stopped the Hawaiian people fighting. In Hawaii, people celebrate King Kamehameha Day on 11th June. There's a parade with marching bands, horses and lots of flowers.

BRUNO MARS was born in Hawaii in 1985. His real name is Peter Gene Hernandez. He was confident and independent when he was young and he loved music. Bruno writes songs, sings and plays the guitar, the piano and the drums. He has won lots of prizes for his music.

'Aloha' 'Hello'!

Think about your culture Can you name some famous people from your country? What are they famous for? Who's your favourite famous person?

Do the Hawaii web quest and the Unit Review on pages 23 and 24 in your Activity Book.

26 twenty-six Key learning outcomes: read about famous Hawaiian people; think about and research Hawaii

Ending the lesson

- Review the lesson and reflect on learning.

Extra activity

Reinforcement

- Find out more about a famous person from Hawaii.

Activity Book

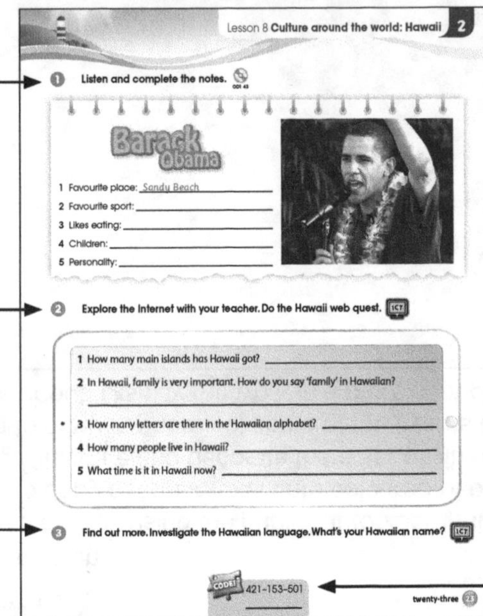

Lesson 8 Culture around the world: Hawaii 2

1 Listen and complete the notes.

Barack Obama

1 Favourite place: Sandy Beach
2 Favourite sport:
3 Likes eating:
4 Children:
5 Personality:

2 Explore the Internet with your teacher. Do the Hawaii web quest.

1 How many main islands has Hawaii got?
2 In Hawaii, family is very important. How do you say 'family' in Hawaiian?
3 How many letters are there in the Hawaiian alphabet?
4 How many people live in Hawaii?
5 What time is it in Hawaii now?

3 Find out more. Investigate the Hawaiian language. What's your Hawaiian name?

CODE 421-153-501

twenty-three 23

Activity Book

Activity 1

- Listen and complete the notes.

▶ *CD1 Track 43 p265*

Activity 2

- Explore the Internet with your teacher. Do the Hawaii web quest.

Activity 3

- Find out more. Investigate the Hawaiian language. What's your Hawaiian name?

Code activity

- Complete the code activity.

Digital resources

Teacher's Digital: You can also teach this lesson using the Teacher's App on Navio.

Powered By NAVIO

Starting the lesson

Use the Trinity Exams Practice cards (optional).

- The pupils practise asking and answering questions.

Review describing famous people.

- Choose a famous person. Describe this person using the adjectives of character from Lesson 1. Encourage the pupils to guess the person.
- Ask one of the pupils to take your role, describing a different famous person. The pupils play the guessing game with a Talk Partner.

Set learning outcomes and use the talk cards.

- Say **Today we're going to investigate famous people from Hawaii.**
- Point to the talk cards to show the pupils the different ways they will be working in the lesson.

Pupil's Book Activity 1

Read Luke's questions. What do you think?

- Read the speech bubble as a class. Encourage the pupils to tell you what they remember about Hawaii from Level 3.
- Read the questions as a class. Encourage the pupils to predict the answers.

Pupil's Book Activity 2

Read and listen. Answer Luke's questions.

▶ *CD1 Track 42 p265*

- Focus the class on the photos. Ask **What can you see?**
- Play the CD, pausing after each activity to check understanding. The pupils answer the questions.

Answers: **1** Barack Obama **2** Kamehameha the Great **3** He was a NASA astronaut. **4** Peter Gene Hernandez

Think about your culture

- Read out the questions. Prompt different pupils to tell you famous people from their country. Ask **Can you name any famous people from your country? What are they famous for? Who's your favourite famous person?**

Activity Book

Activity 1

Listen and complete the notes.

▶ *CD1 Track 43 p265*

- Explain to the pupils that they are going to listen to a conversation about Barack Obama. Read out the categories on the fact card. Then play the CD, pausing to allow the pupils to write the key information.
- Play the CD again without stopping. The pupils listen and check their answers.

Answers: **1** Sandy Beach **2** basketball **3** rice **4** two **5** confident / active

Activity 2

Explore the Internet with your teacher. Do the Hawaii web quest.

- Read out the instructions and connect to a children's website (see suggested links opposite) that has geographical information about Hawaii. Read out questions 1–4. The pupils work as a class to find and write the answers.
- Read out question 5. Connect to a website that shows the time around the world. The pupils complete the information about the time in Hawaii.

Answers: **1** eight main islands **2** ohana **3** thirteen **4** approx. 1.429 million

Activity 3

Find out more. Investigate the Hawaiian language. What's your Hawaiian name?

- Read out the question.
- Connect to a children's website which has information about Hawaiian names (see suggested links below). The pupils try to find their own name in Hawaiian. Give out strips of paper for the children to write their Hawaiian name and decorate it.

Suggested websites

- http://maps.google.es
- www.hawaiikids.net/kids/hawaii_factsnfun.html

Code activity

- The pupils complete the code activity.

Answer: jam

Ending the lesson

Review the lesson and reflect on learning.

- Say **Today we've learnt about famous people in Hawaii. Who are the famous people from Hawaii? Why are they famous?** Elicit the information from the pupils.
- Ask the class **Which was your favourite activity today? Which activity was easy / difficult?**

Extra activity

Reinforcement

- Encourage the class to investigate further. The pupils choose another famous person from Hawaii. They find out three facts about this person, e.g. their birthday, their job and what they did before they were famous. The pupils can access websites such as: www.famousbirthdays.com/birthplace/hawaii.html.

Go to the AB Unit Review on page 245.

Key Competences and Key Learning Outcomes

- Watch a video and answer questions about heroes
- Use the Internet to research information
- Understand the importance of researching information and planning a presentation

Key language

- *actress, alarm, audience, award, doctor, firefighter, fireproof boots, get ready, gold medal, hero, length, notes, rescue, source of information, topic, tournament, trophy*
- *What's special about your hero? How old is your hero? What's your hero like? What was your hero like when he / she was young? Why is he / she your hero? What is the topic? How long is your presentation? Who is the presentation for? How many photos have you got?*

Materials

- Pupil's Book p27; Activity Book p25; Class CD1; Teacher's App on Navio
- Teacher's Resource Bank: Talk cards

Optional materials

- Teacher's Resource Bank: Trinity Exams Practice cards (selected from the Starter Unit and Unit 1)

At a Glance Lesson Plan

Pupil's Book

Starting the lesson

- Use the Trinity Exams Practice cards (optional).
- Review adjectives of character.
- Set learning outcomes and use the talk cards.

Activity 1

- Before you watch
- Watch the video.
- *Unit 2 video p286*
- Why are these people heroes?

Activity 2

- Watch the video again.
- *Unit 2 video*
- Read and answer the questions.

Activity 3

- Choose a hero. Find out information to plan a presentation about your hero.
- Go to the Activity Book.

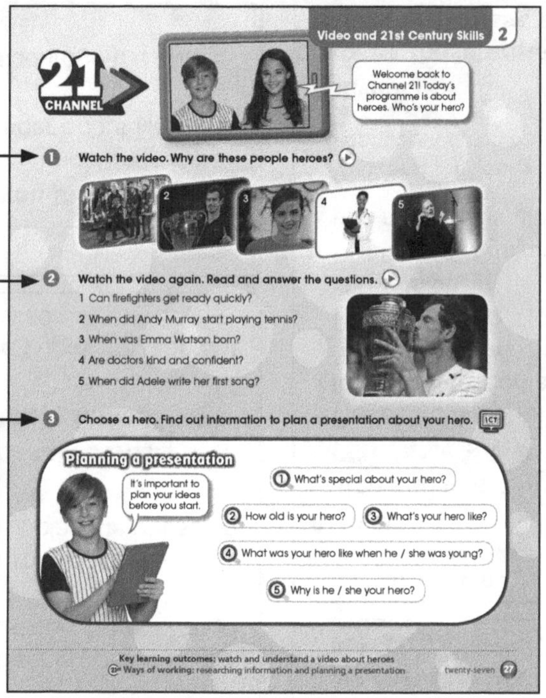

Ending the lesson

- Review the lesson and reflect on learning.

Extra activity

Reinforcement

- Make a video of your presentation.

Digital resources

Teacher's Digital: You can also teach this lesson using the Teacher's App on Navio.

Pupil's Digital: Encourage your pupils to use the Pupil's App on Navio to practise the activities from this lesson.

Powered By NAVIO

Activity Book

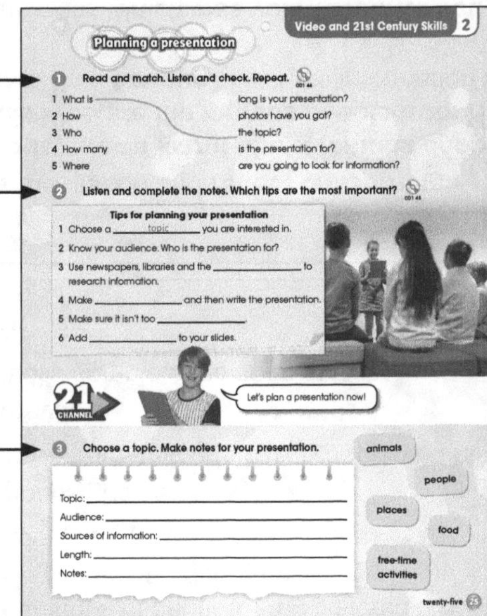

Activity Book

Activity 1

- Read and match.
- Listen and check.
- ▶ *CD1 Track 44 p265*
- Repeat.

Activity 2

- Listen and complete the notes.
- ▶ *CD1 Track 45 p265*
- Which tips are the most important?

Activity 3

- Choose a topic. Make notes for your presentation.

Starting the lesson

Use the Trinity Exams Practice cards (optional).

- The pupils practise asking and answering questions.

Review adjectives of character.

- Divide the board into two halves and write the headings *Positive* and *Negative*. Hand the chalk or board pen to the first pupil who writes an adjective in the correct section on the board. That pupil then passes the pen to the next pupil, whose turn it is to add an adjective. The rest of the class can suggest adjectives or help with spelling, but they cannot repeat an adjective. The activity finishes when each pupil has written an adjective on the board. If you wish to do so, challenge the class by setting a time limit.

Set learning outcomes and use the talk cards.

- Say **Today we're going to watch a video and then ask and answer questions about your heroes.**
- Point to the talk cards to show the pupils the different ways they will be working in the lesson.

Pupil's Book Activity 1

Before you watch

- Read the speech bubble to pupils. Ask **Who's your hero?** Elicit responses from a number of pupils.
- Point to the photos in Activity 1 and elicit ideas about who they each show. Ask the pupils if any of these people are their heroes.

Watch the video. Why are these people heroes?

p286

- Watch Part 1. Ask pupils **What are you going to see next?** Check that they understand that they will see a video about different heroes.
- Play Part 2. Ask questions to check understanding. Focus the pupils on the photos in Activity 1 again. Ask **Why are these people heroes?** Elicit ideas.
- Play the video again for the pupils to answer the question. Check the answers as a class.

Answers: **1** Firefighters are heroes because they work as a team to rescue people and animals. **2** Andy Murray is a hero because he won a gold medal in the 2012 Summer Olympic games. **3** Emma Watson is a hero because when she was 11, she acted in the first Harry Potter film. **4** Doctors are heroes because they help young children in hospital. **5** Adele is a hero because she won an award when she was twenty.

Pupil's Book Activity 2

Watch the video again. Read and answer the questions.

- Ask a pupil to read out question 1. Ask the class what they think the answer is. Repeat with questions 2–5.
- Play Part 2. Pupils work in pairs to answer the questions.

Answers: **1** Yes, they can. **2** When he was three. **3** She was born in 1990. **4** Yes, they are. **5** When she was 16.

Pupil's Book Activity 3

Choose a hero. Find out information to plan a presentation about your hero. ICT

- Tell pupils that in the last part of the video Chloe and Mark decide to make a presentation about their heroes. **What does Mark say is important?** (*You need to plan your ideas first.*)
- Ask the pupils to read Mark's speech bubble. Explain that this activity is all about researching information to help when planning a presentation. Look at the five information-gathering questions and check vocabulary.
- Pupils work in groups to choose a hero and plan a presentation about him / her by finding out the five pieces of information.
- Invite groups to tell the class which hero they have chosen, and some information they have found out about him / her.

Activity Book

Activity 1

Read and match. Listen and check. Repeat.

▶ *CD1 Track 44 p265*

- Pupils work on their own to make useful questions to help plan their presentations.
- Play the CD and check answers.
- Play the CD again for the pupils to repeat the questions.

Answers: **1** What is the topic? **2** How long is your presentation? **3** Who is the presentation for? **4** How many photos have you got? **5** Where are you going to look for information?

Activity 2

Listen and complete the notes. Which tips are the most important?

▶ *CD1 Track 45 p265*

- Explain to the pupils that they are going to listen to a girl and her dad reading some useful tips on a webpage for planning a presentation. Play the CD, pausing to allow the pupils to write the missing information.
- Play the CD again without pausing.
- Ask the pupils **Which tips are the most important?**

Answers: **1** topic **3** Internet **4** notes **5** long **6** photos

Activity 3

Choose a topic. Make notes for your presentation.

- Read out Mark's speech bubble and tell pupils that they are going to work in a group to plan a presentation. Draw their attention to the words to the right of the notes, and tell them their presentation can be about any one of these topics.
- Remind pupils of the questions and tips in Activities 1 and 2, and remind them to use these when working in their group to help plan their presentations.
- The pupils complete the presentation notes in their group.
- Invite groups to give their presentations to the class. They can use the Internet to show photos.

Ending the lesson

Review the lesson and reflect on learning.

- Say **Today we've watched a video about heroes. What have we learnt about researching information and planning a presentation?** Elicit the information from the pupils.
- Ask **Which was your favourite activity today? Which activity was easy / difficult?**

Extra activity

Reinforcement

- Pupils work in their groups to video their presentations.
- Encourage the groups to watch their videos and self-evaluate their presentations. Did they follow the tips in Activity 2 in their Activity Books?

Date: ____________ Unit: ____________

1 What did my pupils learn in this unit?

2 How did my pupils work? (✓)

individually ☐ in pairs ☐ in small groups ☐

in large groups ☐ as a class ☐

3 Which key competences did my pupils develop?

- Competence in linguistic communication ☐
- Competence in mathematics, science and technology ☐
- Digital competence ☐
- Learning to learn ☐
- Social and civic competences ☐
- Sense of initiative and entrepreneurship ☐
- Cultural awareness and expression ☐

4 Which lessons / activities were the most successful and why?

5 Which lessons / activities did my pupils find the most difficult and why?

6 What did I try in the classroom for the first time? How did it go?

7 Which resources did I find most useful? (including webpages)

8 What could I do differently next time I teach this unit?

Unit overview

Key Competences and Key Learning Outcomes

- Identify and say prehistoric times vocabulary (Lesson 1)
- Say the vocabulary chant (Lesson 1)
- Listen, repeat and act out a conversation (Lesson 2)
- Follow, complete and correct the grammar tables (Lessons 2 and 4)
- Use the past simple to ask and answer questions (Lesson 2)
- Identify and say animals from the past (Lesson 4)
- Use 'could' to talk about ability in the past (Lesson 4)
- Read and understand an information text (Lesson 6)
- Use extreme adjectives (Lesson 7)
- Watch and understand a video (Video and 21st Century Skills)

- Use a code to read a message (Lesson 3)
- Prepare and write an encyclopaedia entry (Lesson 7)

- Use the Pupil's App on Navio
- Investigate Canada (Lesson 8)

- Say a tongue twister and practise spellings for the 'aw' sound (Lesson 5)
- Practise activity types found in the Cambridge Exams: A1 Movers

---

- Understand the importance of not dropping litter (Lesson 3)

- Play a communication game using 'could' (Lesson 5)

- Sing two songs (Lessons 1 and 4)
- Read, listen, understand and act out a story about an important discovery (Lesson 3)
- Think about your own culture (Lesson 8)

Vocabulary

Core vocabulary
axe, basket, bones, bowl, cave, fire, fossil, fur, hammer, knife, spear, tools; dodo, giant ground sloth, prehistoric armadillo, sabre-toothed squirrel, sabre-toothed tiger, woolly mammoth

Extension vocabulary (optional)
arrow, bow, club, flint, jug, spoon; elephant bird, giant dragonfly, short-faced bear, Tasmanian wolf

Other vocabulary
a long time ago, prehistoric times; Earth, waterfall; carnivore, herbivore; million; beak, frill, horns, neck, tail, teeth, tusks; diplodocus, pteranodon, stegosaurus, triceratops, tyrannosaurus; palaeontologist

Recycled vocabulary
go camping / hiking, helmet, life jackets, meat, museum, plants, river, rocks; discoveries

Structures

Core structures
What did they wear? What did they eat? How did they cook their food? They wore / ate / drank / lived / had / made / hunted / cooked … What / When / Where / Who / How did (I, you, he, she, we, they) eat / live / cook? It could (run), but it couldn't (fly). Could they (jump)? Yes, they could. / No, they couldn't.

Other structures
Don't forget your helmet. I dropped it. Can you get it? Well done!

Recycled structures
Were there (fossils) in prehistoric times? Yes, there were. / No, there weren't. There were (caves).

Phonics

The 'aw' sound (*P**au**l dr**aw** cl**aw**s S**au**l s**au**ce p**aw**s*)
Recycled: 'or' and 'al' spellings

Literacy

Text type: an encyclopaedia entry (information text)
Reading skills: awakening interest by writing questions (predicting)
Writing skills: extreme adjectives

Culture … around the world

Dinosaur fossils and cave paintings in Canada

21st Century Skills

Exploring virtual museums

Thinking skills

Applying rules (Lessons 2 and 4); Predicting (Lessons 3 and 7)

Cooperative learning

Collaborating (Lessons 1, 3, 7 and Review); Memory game (Lesson 1); Information sharing (Lesson 2); Work together to cross the river (Lesson 5); Information sharing (Lesson 5); Peer evaluation and feedback (Lesson 7)

Values

Understanding the importance of not dropping litter

Cross-curricular links

Link to Science
Animals: Identifying animal groups and discussing reptiles

Suggested Arts and Crafts concepts
Exploring complementary colours and symbols, and constructing a boomerang

Key Competences and Key Learning Outcomes

- Identify and say prehistoric times vocabulary
- Say the vocabulary chant
- Review and discuss prehistoric times
- Ask and answer questions using a recycled structure
- Sing a song about prehistoric times

Key language

- *axe, basket, bones, bowl, cave, fire, fossil, fur, hammer, knife, spear, tools*
- Extension: *arrow, bow, club, flint, jug, spoon*
- *They wore fur. They ate meat and fish. They made fire. They had (tools). Were there (fossils) in prehistoric times? Yes, there were. / No, there weren't. A long time ago.*

Materials

- Pupil's Book p28; Activity Book p26; Class CD1; Teacher's App on Navio
- Prehistoric times flashcards
- Teacher's Resource Bank: Prehistoric times word cards
- Teacher's Resource Bank: Talk cards
- Sheets of A4 paper

Optional materials

- Teacher's Resource Bank: Trinity Exams Practice cards (selected from the Starter Unit and Units 1 and 2)

At a Glance Lesson Plan

Pupil's Book

Starting the lesson

- Use the Trinity Exams Practice cards (optional).
- Review museum items.
- Set learning outcomes and use the talk cards.

Activity 1

- Are there any museums where you live?
- What can you see in museums? Make a list.

Vocabulary presentation

- Present the new vocabulary using the prehistoric times flashcards.

Word cards

- Introduce the spellings of the vocabulary using the prehistoric times word cards.

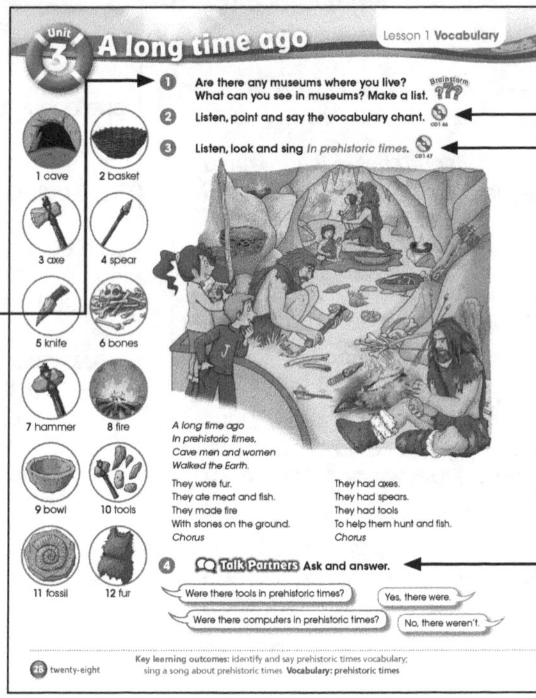

Activity 2

- Listen, point and say the vocabulary chant.

▶ *CD1 Track 46 p265*

Activity 3

- Listen, look and sing *In prehistoric times.*

▶ *CD1 Track 47 p265*

Activity 4

- Ask and answer.

Go to the Activity Book.

Ending the lesson

- Review the lesson and reflect on learning.

Extra activities

Reinforcement

- Play *I went to the museum and I saw …*

Vocabulary extension

- Present six additional vocabulary items.

Activity Book

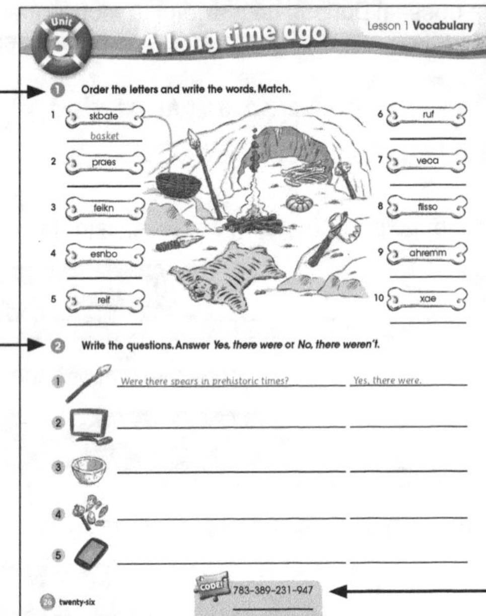

Activity Book

Activity 1

- Order the letters and write the words.
- Match.

Activity 2

- Write the questions.
- Answer *Yes, there were* or *No, there weren't*.

Code activity

- Complete the code activity.

Digital resources

Teacher's Digital: You can also teach this lesson using the Teacher's App on Navio.

Pupil's Digital: Encourage your pupils to use the Pupil's App on Navio to practise the activities from this lesson.

Powered By NAVIO

Starting the lesson

Use the Trinity Exams Practice cards (optional).
- The pupils practise asking and answering questions.

Review museum items.
- Organise the class into small groups. Give each group a sheet of A4 paper. Ask a pupil in each group to write the letters of the alphabet down one side. Ask **What can you see in a museum?** Then give the groups three minutes to write one item per letter.
- Ask the groups to pass their paper to the group on their left. The pupils have two minutes to read the list and add any other words. Repeat the procedure. At the end of the activity, compile a list on the board.

Set learning outcomes and use the talk cards.
- Say **Today we're going to learn about cave people in prehistoric times.**
- Point to the talk cards to show the pupils the different ways they will be working in the lesson.

Pupil's Book Activity 1

Are there any museums where you live? What can you see in museums? Make a list.
- (Books closed.) Ask the class **What do you know about prehistoric times?** Encourage the pupils to suggest different ideas. Ask **Is there a museum near you? What can you see in museums?**

Vocabulary presentation

- (Books closed.) Hold up each prehistoric times flashcard in turn and elicit / say the word.
- Stick the flashcards on the board. The pupils repeat the words once or twice.

Word cards

- (Books closed.) Hand out a prehistoric times word card to each pair. The pupils take turns to come to the board, read out their word and stick their card next to the corresponding flashcard.

Pupil's Book Activity 2

Listen, point and say the vocabulary chant.
▶ ***CD1 Track 46 p265***
- (Books open.) Focus the pupils' attention on the 12 pictures. Say **Let's listen and say the words.** Play the CD. The pupils listen, point and repeat.

Pupil's Book Activity 3

Listen, look and sing *In prehistoric times*.
▶ ***CD1 Track 47 p265***
- Focus the pupils' attention on the scene. Ask **Where are Lily and Josh?** (*A natural history museum.*) **What can you see in the display?** (*A cave, prehistoric people, a spear, a hammer, an axe, a bowl, a knife, a basket, fossils, bones, fur, tools, fire.*)
- Say **Let's listen to the song.** Play the CD. The pupils listen and read.
- Play the CD again. The pupils join in singing the song.

Pupil's Book Activity 4

Ask and answer.
- Ask two pupils to read out the speech bubbles. Encourage them to look at the picture for clues. Repeat the procedure with a different pair.
- Organise the class into Talk Partners. The pupils ask and answer questions about prehistoric times.

Activity Book

Activity 1

Order the letters and write the words. Match.
- Point to the picture. Ask the pupils to name the objects. Prompt a pupil to order the letters in the second bone and point to the corresponding object.
- The pupils work on their own to order the letters and match the words to the prehistoric objects.

Answers: **1** basket **2** spear **3** knife **4** bones **5** fire **6** fur **7** cave **8** fossil **9** hammer **10** axe

Activity 2

Write the questions. Answer *Yes, there were* or *No, there weren't*.
- Ask the pupils to write a question about each item.
- The pupils ask and answer the questions with a Talk Partner.

Answers: **1** Were there spears in prehistoric times? Yes, there were. **2** Were there TVs in prehistoric times? No, there weren't. **3** Were there bowls in prehistoric times? Yes, there were. **4** Were there tools in prehistoric times? Yes, there were. **5** Were there mobile phones in prehistoric times? No, there weren't.

Code activity
- The pupils complete the code activity.

Answer: tidy

Ending the lesson

Review the lesson and reflect on learning.
- Say **Today we've learnt the names of prehistoric objects. What objects do you remember?** Elicit the items from the pupils.
- Ask the class **Which was your favourite activity today? Which activity was easy / difficult?**

Extra activities

Reinforcement
- Play *I went to the museum and I saw …* Start the game with your own suggestion, e.g. **I went to the museum and I saw a fossil.** Ask the pupil to your left to continue the chain, naming your item and adding another. Encourage pupils to prompt each other with any items they may forget as the chain gets longer.
- Organise the pupils to play in small groups.

Vocabulary extension
- Use the Vocabulary Booster on Navio to present and practise six additional prehistoric times words: *arrow, bow, club, flint, jug, spoon*.

Key Competences and Key Learning Outcomes

- Listen, repeat and act out a conversation
- Listen, follow the grammar table and identify the parts of a question
- Use the past simple to ask and answer questions

Key language

- *axe, basket, bones, bowl, cave, fire, fossil, fur, hammer, knife, spear, tools*
- *What did they wear? Where did they live? How did they cook their food? They wore / lived / cooked …*

Materials

- Pupil's Book p29; Activity Book p27; Class CD1; Teacher's App on Navio
- Prehistoric times flashcards
- Teacher's Resource Bank: Talk cards

Optional materials

- Teacher's Resource Bank: Trinity Exams Practice cards (selected from the Starter Unit and Units 1 and 2)

At a Glance Lesson Plan

Pupil's Book

Starting the lesson

- Use the Trinity Exams Practice cards (optional).
- Play *Flashcard elimination*.
- Review the *In prehistoric times* song.

▶ *CD1 Track 47 p265*

▶ *CD1 Track 48 p265 (optional karaoke version)*

- Set learning outcomes and use the talk cards.

Activity 1

- Listen and read.
- Listen and repeat.

▶ *CD1 Track 49 p265*

- Act out.

Activity 2

- Read again.
- What did Lily see in the Natural History Museum?

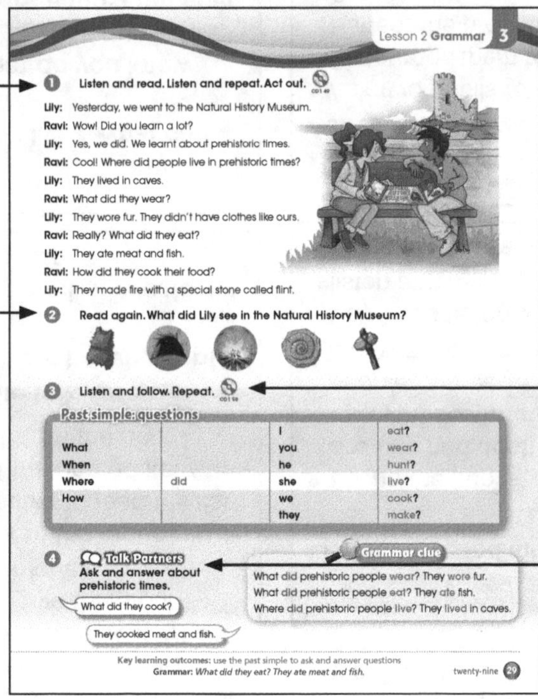

Lesson 2 Grammar 3

1 Listen and read. Listen and repeat. Act out.

Lily: Yesterday, we went to the Natural History Museum.
Ravi: Wow! Did you learn a lot?
Lily: Yes, we did. We learnt about prehistoric times.
Ravi: Cool! Where did people live in prehistoric times?
Lily: They lived in caves.
Ravi: What did they wear?
Lily: They wore fur. They didn't have clothes like ours.
Ravi: Really? What did they eat?
Lily: They ate meat and fish.
Ravi: How did they cook their food?
Lily: They made fire with a special stone called flint.

2 Read again. What did Lily see in the Natural History Museum?

3 Listen and follow. Repeat.

Past simple questions

		I	eat?
What		you	wear?
When		he	hunt?
Where	did	she	live?
How		we	cook?
		they	make?

4 Talk Partners Ask and answer about prehistoric times.

Key learning outcomes: use the past simple to ask and answer questions
Grammar: What did they eat? They ate meat and fish.

twenty-nine 29

Activity 3

- Listen and follow.

▶ *CD1 Track 50 p266*

- Repeat.
- **Grammar clue:** Read about past simple questions and choose the correct words.

Activity 4

- Ask and answer about prehistoric times.
- Go to the Activity Book.

Ending the lesson

- Review the lesson and reflect on learning.

Extra activity

Reinforcement

- Play a cooperative learning game.

Activity Book

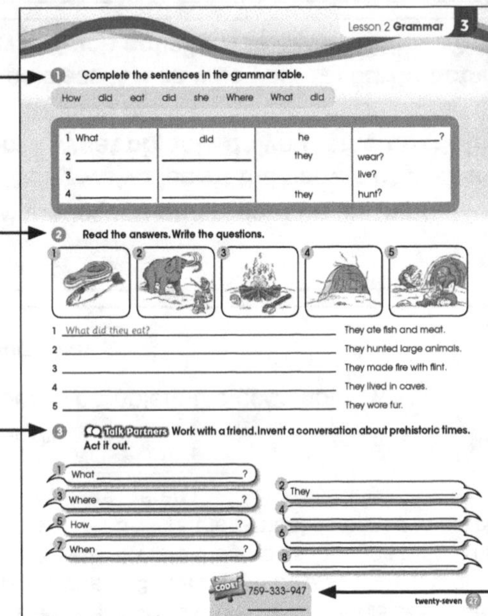

Lesson 2 Grammar 3

1 Complete the sentences in the grammar table.

How did eat did she Where What did

1 What	did	he	____?
2 ____	____	they	wear?
3 ____	____	____	live?
4 ____	____	they	hunt?

2 Read the answers. Write the questions.

1 What did they eat? — They ate fish and meat.
2 ____ — They hunted large animals.
3 ____ — They made fire with flint.
4 ____ — They lived in caves.
5 ____ — They wore fur.

3 Talk Partners Work with a friend. Invent a conversation about prehistoric times. Act it out.

twenty-seven 27

Activity Book

Activity 1

- Complete the sentences in the grammar table.

Activity 2

- Read the answers.
- Write the questions.

Activity 3

- Work with a friend.
- Invent a conversation about prehistoric times.
- Act it out.

Code activity

- Complete the code activity.

Digital resources

Teacher's Digital: You can also teach this lesson using the Teacher's App on Navio.

Pupil's Digital: Encourage your pupils to use the Pupil's App on Navio to practise the activities from this lesson.

Powered By NAVIO

Detailed Lesson Plan

Starting the lesson

Use the Trinity Exams Practice cards (optional).

- The pupils practise asking and answering questions.

Play *Flashcard elimination*.

- Play *Flashcard elimination* (see p27) with the prehistoric times flashcards.

Review the *In prehistoric times* song.

▶ *CD1 Track 47 p265*

▶ *CD1 Track 48 p265 (optional karaoke version)*

- Play the CD (or use the karaoke version). The pupils sing along.

Set learning outcomes and use the talk cards.

- Say **Today we're going to ask and answer questions about prehistoric times.**
- Point to the talk cards to show the pupils the different ways they will be working in the lesson.

Pupil's Book Activity 1

Listen and read. Listen and repeat. Act out.

▶ *CD1 Track 49 p265*

- The pupils look at the picture. Ask **What are Lily and Ravi talking about?**
- Play the CD. The pupils listen and read the conversation. Confirm that they are talking about the trip to the museum.
- Play the CD again, pausing after each sentence for the pupils to repeat.
- The pupils act out the conversation with a Talk Partner.

Pupil's Book Activity 2

Read again. What did Lily see in the Natural History Museum?

- The pupils read the conversation again and say which of the prehistoric times objects shown in the pictures Lily saw at the Natural History Museum.

Answer: fur, cave, fire

Pupil's Book Activity 3

Listen and follow. Repeat.

▶ *CD1 Track 50 p266*

- Play the CD. The pupils listen to the first question and point to the words they hear.
- The pupils repeat the complete question.
- Repeat the procedure with the other questions.

Grammar clue

- Read the grammar clue as a class. Remind the pupils that some verbs are irregular. Point out that not all the question words can be used with all the verbs in the last column.

Pupil's Book Activity 4

Ask and answer about prehistoric times.

- The pupils ask and answer questions with a Talk Partner.

Activity Book

Activity 1

Complete the sentences in the grammar table.

- Invite a pupil to read out the words in the word box. The pupils work on their own or with a Talk Partner to write the words in the grammar table.

Answers: **1** eat **2** What, did **3** Where, did, she **4** How, did

Activity 2

Read the answers. Write the questions.

- Invite two pupils to read out the first question and answer. Read out the following answers and elicit the questions from the class.
- The pupils work on their own or with a Talk Partner to write the questions.
- The pupils check their answers by asking and answering with a Talk Partner.

Answers: **1** What did they eat? **2** What did they hunt? **3** How did they make fire? **4** Where did they live? **5** What did they wear?

Activity 3

Work with a friend. Invent a conversation about prehistoric times. Act it out.

- Explain to the class that they are going to create a conversation. Point to each picture in Activity 2 and elicit the name. Encourage the pupils to use the pictures as prompts for their questions and answers.
- The pupils work individually to write their own conversation.
- Organise the class into Talk Partners. The pupils read their conversation.

Code activity

- The pupils complete the code activity.

Answer: shy

Ending the lesson

Review the lesson and reflect on learning.

- Say **Today we've learnt how to ask questions about prehistoric times.** Invite different pupils in the class to ask a question.
- Ask the class **Which was your favourite activity today? Which activity was easy / difficult?**

Extra activity

Reinforcement

- Play *Tea Party*. Organise the pupils into two concentric circles facing each other. The pupils on the inside should ask the pupil facing them a question about prehistoric times, e.g. *Where did they live?* The pupil opposite answers the question. Once the question has been answered, the pupils on the inside stand up and rotate to the right. They may ask the same question or a different question to the next pupil. After a few turns, the pupils on the outside circle ask questions and the pupils on the inside answer.

Key Competences and Key Learning Outcomes

- Read, listen and understand a story about an important discovery
- Use a code to read a message
- Do a pre-reading task
- Understand the importance of not dropping litter
- Understand, enjoy and act out the story
- Give an opinion on the story

Key language

- *helmet, kayak club, life jackets, paddle (v), river, water bottle, waterfall; axe, cave, rocks, spear; hunting, museum, sabre-toothed tigers, woolly mammoths*
- *Did prehistoric men use spears? Where did you find the prehistoric tools? What did they hunt? We found them in a cave. Sabre-toothed tigers could run very fast.*

Other language

- *Don't forget your helmet. I dropped it. Can you get it? Well done!*

Materials

- Pupil's Book pp30–31; Activity Book p28; Class CD2; Teacher's App on Navio
- Teacher's Resource Bank: Talk cards

Optional materials

- Teacher's Resource Bank: Trinity Exams Practice cards (selected from the Starter Unit and Units 1 and 2)

At a Glance Lesson Plan

Pupil's Book

Starting the lesson

- Use the Trinity Exams Practice cards (optional).
- Review past simple questions.
- Set learning outcomes and use the talk cards.

Before you read: Activity 1

- Use the code to read the message from Luke.

Activity 2

- Listen and read.
- ▶ *CD2 Track 01 p266*
- Act out.

After you read: Activity 3

- Ask and answer.

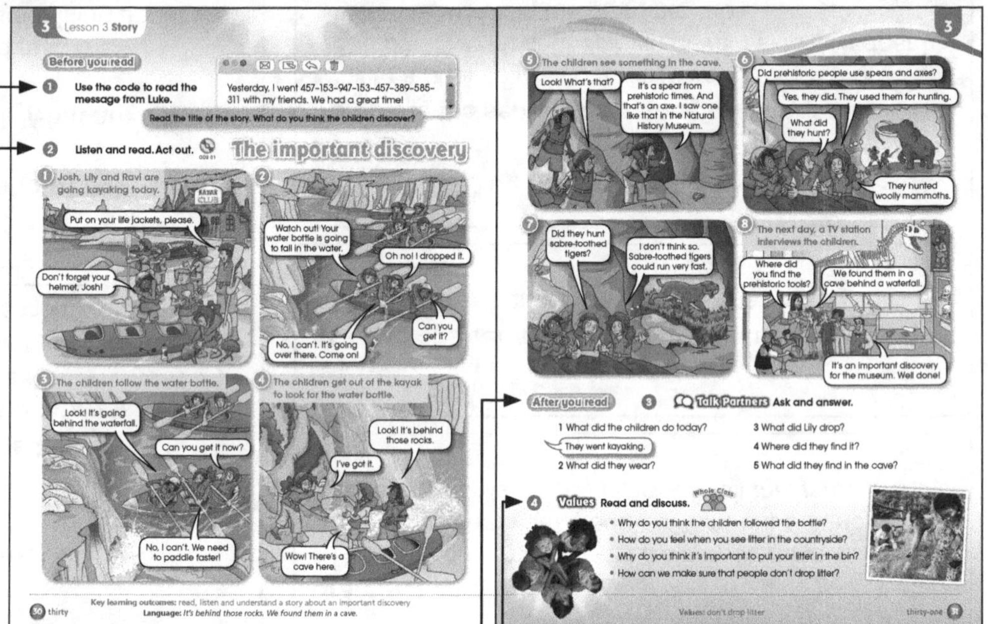

Activity 4: Values

- Read and discuss.
- Go to the Activity Book.

Ending the lesson

- Review the lesson and reflect on learning.

Extra activity

Reinforcement

- Retell the story as a class.

Digital resources

Teacher's Digital: You can also teach this lesson using the Teacher's App on Navio.

Pupil's Digital: Encourage your pupils to use the Pupil's App on Navio to practise the activities from this lesson.

Powered By NAVIO

Activity Book

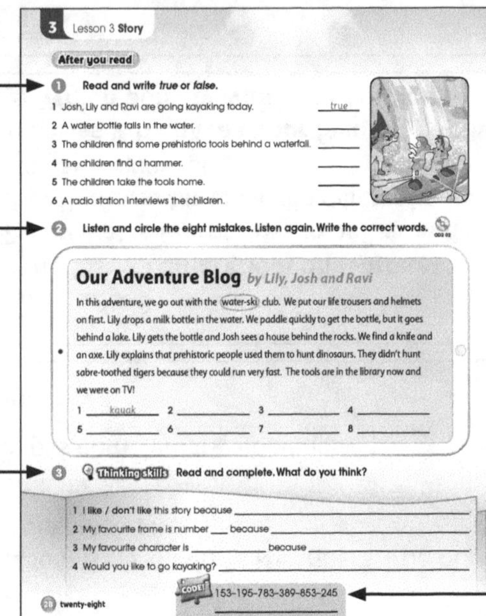

After you read: Activity Book

Activity 1

- Read and write *true* or *false*.

Activity 2

- Listen and circle the eight mistakes.
- ▶ *CD2 Track 02 p266*
- Listen again.
- Write the correct words.

Activity 3

- Read and complete.
- What do you think?

Code activity

- Complete the code activity.

Starting the lesson

Use the Trinity Exams Practice cards (optional).

- The pupils practise asking and answering questions.

Review past simple questions.

- Organise the class into groups of three. One pupil is the designated scribe. Play *What's the question?* Read out statements and have the pupils work as a team to work out the question. They help the scribe to write it down. Once teams finish, they put their hands in the air.
- Sample statements: **They wore fur.** (*What did they wear?*) **They lived in caves.** (*Where did they live?*) **They lived a long time ago.** (*When did they live?*)

Set learning outcomes and use the talk cards.

- Say **Today we're going to listen to and read a story in English.**
- Point to the talk cards to show the pupils the different ways they will be working in the lesson.

Before you read: Pupil's Book Activity 1

Use the code to read the message from Luke.

- Say **Josh and Lily have received a message from Luke.** Ask the pupils to use the story code (Pupil's Book page 7) to discover the mystery word in the message (*kayaking*). Then prompt the class to read the title of the story and predict what the important discovery will be.

Pupil's Book Activity 2

Listen and read.

▶ *CD2 Track 01 p266*

- Play the CD. The pupils follow in their books.
- Ask questions to check understanding.

Suggested comprehension questions

- Frame 1: **What are they wearing?** (*Life jackets and helmets.*)
- Frame 2: **What falls into the water?** (*A water bottle.*)
- Frame 3: **Where does the water bottle go?** (*Behind the waterfall.*)
- Frame 4: **What do the children see?** (*A cave.*)
- Frame 5: **Who sees the spear?** (*Josh.*) **Who finds the axe?** (*Lily.*)
- Frame 6: **What did prehistoric men do with spears and axes?** (*They hunted.*)
- Frame 7: **What could sabre-toothed tigers do?** (*Run very fast.*)
- Frame 8: **Who interviews the children?** (*A TV station.*)

Act out.

- Organise the class into three groups (Lily, Ravi and Josh). Play the CD. Each group joins in when their character speaks. If pupils need extra support, pause the CD after each utterance and ask them to repeat it.
- Repeat with groups swapping roles.

After you read: Pupil's Book Activity 3

Ask and answer.

- Ask a pupil to read out the first question and answer. Ask the class to identify the story frame which has this information (*Frame 1*). Invite other pupils to ask and answer the other questions.
- Organise the class into Talk Partners. The pupils practise asking and answering the questions. The pupils can do this orally or in their notebooks.

Answers: **1** They went kayaking. **2** They wore life jackets and helmets. **3** Lily dropped her wattle bottle. **4** They found it behind the waterfall / the rocks. **5** They found a spear and an axe.

Pupil's Book Activity 4: Values

Read and discuss.

- Read out each question and discuss it as a class.
- Encourage the pupils to make suggestions about how to avoid dropping litter.

After you read: Activity Book

Activity 1

Read and write *true or false*.

- Read out the first sentence. Ask the pupils to say whether it is true or false.
- The pupils work on their own or with a Talk Partner to decide if the remaining sentences are true or false.

Answers: **1** true **2** true **3** true **4** false **5** false **6** false

Activity 2

Listen and circle the eight mistakes. Listen again. Write the correct words.

▶ *CD2 Track 02 p266*

- Play the CD. The pupils listen and circle the eight mistakes.
- Play the CD again. The pupils listen and write the correct words.

Answers: **1** ~~water-ski~~ kayak **2** ~~trousers~~ jackets **3** ~~milk~~ water **4** ~~lake~~ waterfall **5** ~~house~~ cave **6** ~~knife~~ spear **7** ~~dinosaurs~~ woolly mammoths **8** ~~library~~ museum

Activity 3

Read and complete. What do you think?

- Ask a pupil to read out the first statement. The pupils complete the sentence with their own opinion. Repeat the procedure with the other sentences.
- Ask the pupils to share their opinions with a Talk Partner and then with the rest of the class.

Code activity

- The pupils complete the code activity.

Answer: active

Ending the lesson

Review the lesson and reflect on learning.

- Say **Today we've listened to a story about an important discovery.**
- Ask the class **Which was your favourite activity today? Which activity was easy / difficult?**

Extra activity

Reinforcement

- Retell the story as a class. Say **Let's tell the story together.** Prompt the class by saying **Josh, Lily and Ravi are going out with the …** (*kayak club*). **The children paddle their kayaks down …** (*the river*). Use mime, gesture and drawings to support the class.

Key Competences and Key Learning Outcomes

- Identify and say animals from the past
- Follow and correct the grammar tables
- Use 'could' to talk about ability in the past

- Identify different animal groups (optional)

- Sing a song

Key language

- *dodo, giant ground sloth, prehistoric armadillo, sabre-toothed squirrel, sabre-toothed tiger, woolly mammoth*
- Extension: *elephant bird, giant dragonfly, short-faced bear, Tasmanian wolf*
- *It could (run), but it couldn't (fly).*

Materials

- Pupil's Book p32; Activity Book p29; Class CD2; Teacher's App on Navio
- Teacher's Resource Bank: Talk cards

Optional materials

- Teacher's Resource Bank: Trinity Exams Practice cards (selected from the Starter Unit and Units 1 and 2)

At a Glance Lesson Plan

Pupil's Book

Starting the lesson

- Use the Trinity Exams Practice cards (optional).
- Review the story from Lesson 3.
- Set learning outcomes and use the talk cards.

Activity 1

- Listen, point and say.
- ▶ *CD2 Track 03 p266*

Activity 2

- Listen and sing *A long, long time ago.*
- ▶ *CD2 Track 04 p266*

Activity 3

- Listen and follow.
- ▶ *CD2 Track 05 p266*
- Repeat.
- **Grammar clue:** Read about *could* for past ability.

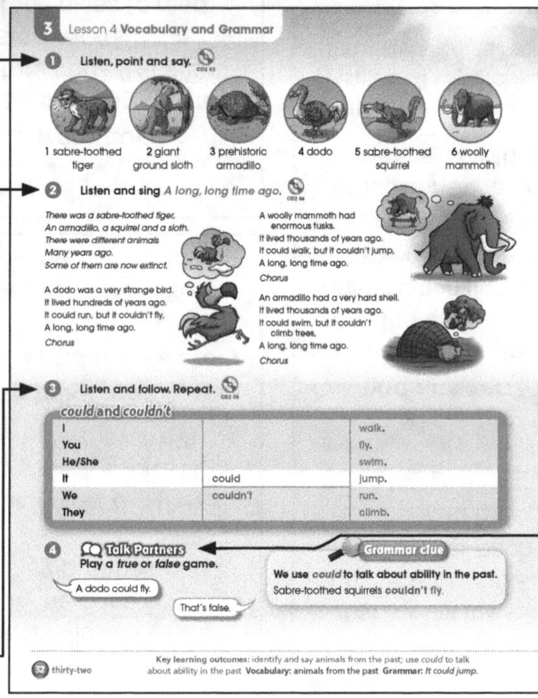

3 Lesson 4 Vocabulary and Grammar

1 Listen, point and say.

1 sabre-toothed tiger 2 giant ground sloth 3 prehistoric armadillo 4 dodo 5 sabre-toothed squirrel 6 woolly mammoth

2 Listen and sing *A long, long time ago.*

There was a sabre-toothed tiger, An armadillo, a squirrel and a sloth. There were different animals Many years ago. Some of them are now extinct.

A dodo was a very strange bird. It lived hundreds of years ago. It could run, but it couldn't fly. A long, long time ago. Chorus

A woolly mammoth had enormous tusks. It lived thousands of years ago. It could walk, but it couldn't jump. A long, long time ago. Chorus

An armadillo had a very hard shell. It lived thousands of years ago. It could swim, but it couldn't climb trees. A long, long time ago. Chorus

3 Listen and follow. Repeat.

could and couldn't

I		walk.
You		fly.
He/She		swim.
It	could	jump.
We	couldn't	run.
They		climb.

4 Talk Partners Play a *true* or *false* game.

A dodo could fly. That's false.

Grammar clue: We use *could* to talk about ability in the past. Sabre-toothed squirrels couldn't fly.

32 thirty-two

Key learning outcomes: identify and say animals from the past; use *could* to talk about ability in the past. Vocabulary: animals from the past. Grammar: It could jump.

Activity 4

- Play a *true* or *false* game.
- Go to the Activity Book.

Ending the lesson

- Review the lesson and reflect on learning.

Extra activities

Reinforcement

- Play a guessing game.

Vocabulary extension

- Present four additional vocabulary items.

Link to Science

- **Animals:** Identify different animal groups.

Activity Book

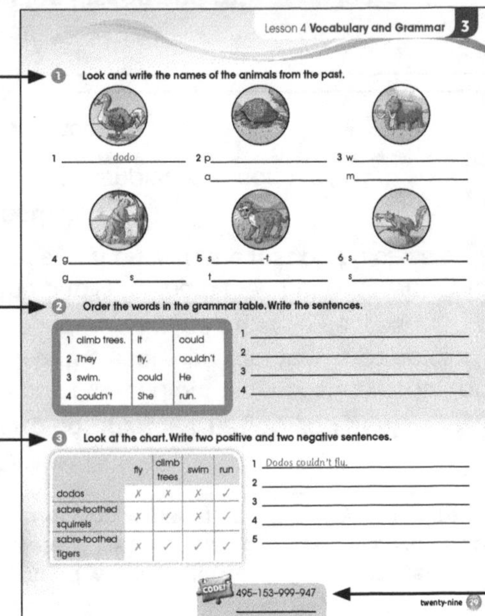

Lesson 4 Vocabulary and Grammar 3

1 Look and write the names of the animals from the past.

1 dodo 2 p___ a___ 3 w___ m___ 4 g___ g___ s___ 5 s___-t___ s___ 6 s___-t___ t___

2 Order the words in the grammar table. Write the sentences.

1 climb trees.	It	could
2 They	fly.	couldn't
3 swim.	could	He
4 couldn't	She	run.

3 Look at the chart. Write two positive and two negative sentences.

	fly	climb trees	swim	run
dodos	✗	✗	✗	✓
sabre-toothed squirrels	✗	✓	✗	✓
sabre-toothed tigers	✗	✓	✓	✓

1 Dodos couldn't fly.

CODE 495-153-999-947

twenty-nine 29

Activity Book

Activity 1

- Look and write the names of the animals from the past.

Activity 2

- Order the words in the grammar table.
- Write the sentences.

Activity 3

- Look at the chart. Write two positive and two negative sentences.

Code activity

- Complete the code activity.

Digital resources

Teacher's Digital: You can also teach this lesson using the Teacher's App on Navio.

Pupil's Digital: Encourage your pupils to use the Pupil's App on Navio to practise the activities from this lesson.

Powered By NAVIO

Detailed Lesson Plan

Starting the lesson

Use the Trinity Exams Practice cards (optional).

- The pupils practise asking and answering questions.

Review the story from Lesson 3.

- (Books closed.) Ask the class if they remember the story that they read in the last lesson.
- Organise the class into small groups. Ask each group in turn a question about the story. The pupils collaborate before they give the answer.

Set learning outcomes and use the talk cards.

- Say **Today we're going to learn the names of some prehistoric animals.**
- Point to the talk cards to show the pupils the different ways they will be working in the lesson.

Pupil's Book Activity 1

Listen, point and say.

▶ *CD2 Track 03 p266*

- (Books closed.) Ask the class **Do you know the names of any prehistoric animals?** Encourage the pupils to name any animals they already know.
- (Books open.) Point to the first picture and name the animal. Say **This is a sabre-toothed tiger. It lived thousands of years ago.** Prompt the pupils to repeat after you. Repeat the procedure with the other animals.
- Play the CD. The pupils listen, point to the picture and repeat each word.

Pupil's Book Activity 2

Listen and sing *A long, long time ago*.

▶ *CD2 Track 04 p266*

- Focus the class on the pictures. Ask **What animals can you see? What are they doing?**
- Play the CD. The pupils listen and read.
- Play the CD again. The pupils join in singing the song and doing the actions.

Pupil's Book Activity 3

Listen and follow. Repeat.

▶ *CD2 Track 05 p266*

- Focus the class on the grammar table.
- Play the CD. The pupils listen to the first sentence. They point to the corresponding parts of the sentence. The pupils repeat the complete sentence.
- Repeat the procedure with the other sentences.

Grammar clue

- Read about the use of 'could' for past ability. Explain to the class that they can use this to talk about what they could and couldn't do when they were younger.
- The pupils make true sentences with a Talk Partner.

Pupil's Book Activity 4

Play a *true* or *false* game.

- (Books closed.) Say **Is this true or false? A (woolly mammoth could jump)**. Then repeat with a true statement for the class to respond.
- Organise the class into Talk Partners. The pupils play the game.

Activity Book

Activity 1

Look and write the names of the animals from the past.

- Point to each picture in turn. Ask the pupils to name the animals.
- The pupils work on their own to complete the names.

Answers: **1** dodo **2** prehistoric armadillo **3** woolly mammoth **4** giant ground sloth **5** sabre-toothed tiger **6** sabre-toothed squirrel

Activity 2

Order the words in the grammar table. Write the sentences.

- Explain that the grammar table is mixed up and that the pupils need to reorder the words.
- The pupils work on their own to do the activity.

Answers: **1** It could climb trees. **2** They couldn't fly. **3** He could swim. **4** She couldn't run.

Activity 3

Look at the chart. Write two positive and two negative sentences.

- Invite a pupil to look at the chart and make a sentence orally. The pupils make sentences orally with a Talk Partner. They then complete the activity individually.

Suggested answers: **1** Dodos couldn't fly. **2** Sabre-toothed tigers could swim. **3** Sabre-toothed squirrels couldn't swim. **4** Sabre-toothed tigers could climb trees. **5** Dodos couldn't climb trees.

Code activity

- The pupils complete the code activity.

Answer: lazy

Ending the lesson

Review the lesson and reflect on learning.

- Say **Today we've learnt the names of prehistoric animals. Can you name them? What could they do?**
- Ask the class **Which was your favourite activity today? Which activity was easy / difficult?**

Extra activities

Reinforcement

- Play a guessing game. Choose an animal from the past and describe it using the target grammar, e.g. **It could run, but it couldn't fly**. Encourage the pupils to ask questions, e.g. *Was it a dodo?*

Vocabulary extension

- Use the Vocabulary Booster on Navio to present and practise four additional animals from the past: *elephant bird, giant dragonfly, short-faced bear, Tasmanian wolf*.

Link to Science

- If you are studying the Science topic of **Animals** in English, talk about the different animal groups. Ask the pupils to classify all the prehistoric animals in the lesson. (*They are all mammals except for the dodo, which was a bird.*) Elicit features of mammals and discuss the fact that the armadillo has a shell.

Key Competences and Key Learning Outcomes

- Say a tongue twister with the 'aw' sound
- Learn and practise alternative spellings for the 'aw' sound
- Listen for specific information

- Play a communication game using 'could'

Key language
- *dodo, giant ground sloth, prehistoric armadillo, sabre-toothed squirrel, sabre-toothed tiger, woolly mammoth; astronaut, August, chalk, claw, draw, horse, parrot, paw, sauce, shorts, storm, straw, talk, walk*
- *Could (dodos) walk? Yes, they could. / No, they couldn't.*

Materials
- Pupil's Book p33; Activity Book p30; Class CD2; Teacher's App on Navio
- Teacher's Resource Bank: Talk cards
- Teacher's Resource Bank: Unit 3 Lesson 5 Communication Activity
- Sheets of paper

Optional materials
- Teacher's Resource Bank: Trinity Exams Practice cards (selected from the Starter Unit and Units 1 and 2)
- Teacher's Resource Bank: Prehistoric times word cards

At a Glance Lesson Plan

Pupil's Book

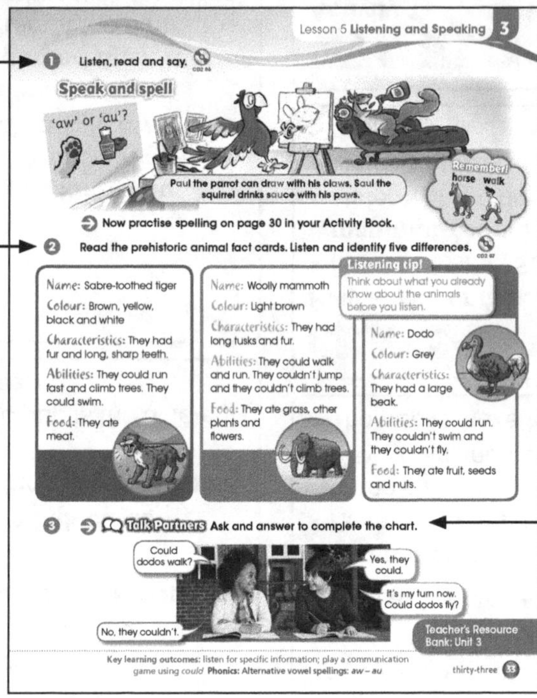

Starting the lesson
- Use the Trinity Exams Practice cards (optional).
- Review what prehistoric animals could and couldn't do.
- Review the *A long, long time ago* song.
- ▶ *CD2 Track 04 p266*
- Set learning outcomes and use the talk cards.

Speak and spell: Activity 1
- Listen, read and say.
- ▶ *CD2 Track 06 p266*
- Go to the Activity Book.

Activity 2
- Read the prehistoric animal fact cards.
- Listen and identify five differences.
- ▶ *CD2 Track 07 p266*

Activity 3
- Ask and answer to complete the chart (Teacher's Resource Bank: Unit 3).

Ending the lesson
- Review the lesson and reflect on learning.

Extra activities

Reinforcement
- Review all known spellings of the target sound: 'aw', 'au', 'or' and 'al'.
- Play *Careful copying*.

Digital resources

Teacher's Digital: You can also teach this lesson using the Teacher's App on Navio.

Pupil's Digital: Encourage your pupils to use the Pupil's App on Navio to practise the activities from this lesson.

Powered By NAVIO

Activity Book

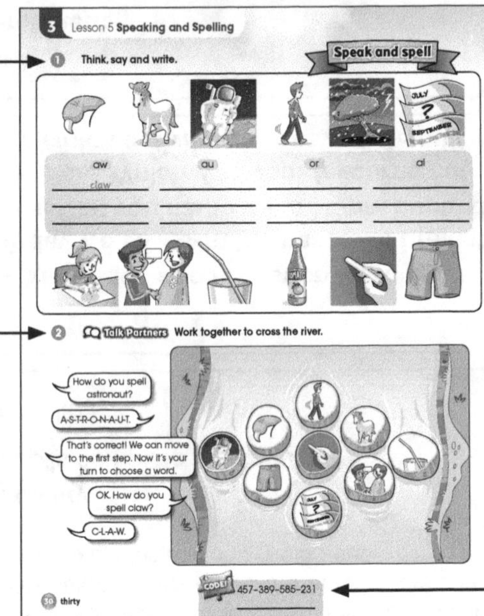

Activity Book

Speak and spell: Activity 1
- Think, say and write.

Activity 2
- Work together to cross the river.

Code activity
- Complete the code activity.

Starting the lesson

Use the Trinity Exams Practice cards (optional).

- The pupils practise asking and answering questions.

Review what prehistoric animals could and couldn't do.

- (Books closed.) Play *Roundtable*. Organise the pupils into groups of four. Give out a sheet of paper to each group. Name one of the prehistoric animals. The pupils take turns to write what the prehistoric animal could and couldn't do. Set a time limit for each animal. At the end of the time limit, name a new animal. Compare results at the end of the task.

Review the *A long, long time ago* song.

▶ *CD2 Track 04 p266*

- Play the CD. The pupils sing and do the actions.

Set learning outcomes and use the talk cards.

- Say **Today we're going to say a tongue twister, practise spelling and play a game.**
- Point to the talk cards to show the pupils the different ways they will be working in the lesson.

Pupil's Book Activity 1: Speak and spell

Listen, read and say.

▶ *CD2 Track 06 p266*

- (Books open.) Focus the class on the picture. Ask **What can you see here? What is the parrot doing? What is the squirrel doing? What is the squirrel drinking?** (*Sauce.*) **What part of its body is it using?** (*Its paws.*) **What part of its body is the parrot using?** (*Its claws.*)
- Say **Let's listen to a tongue twister.** Play the CD. The pupils follow the text in their books.
- Play the CD again. The pupils join in with the tongue twister.
- Focus the class on the sign. Ask **How do you spell sauce? How do you spell paw?** Highlight the two new ways of spelling the 'aw' sound.
- Focus the pupils' attention on the *Remember!* thought bubble. Remind them that 'horse' and 'walk' also have the sound 'aw' and that these are all alternative spellings for the same sound.

Activity Book

Activity 1: Speak and spell

Think, say and write.

- The pupils identify the pictures which contain the 'aw', 'au', 'or' and 'al' sounds.
- The pupils classify and write the words according to whether they are written with 'aw', 'au', 'or' or 'al'.

Answers: **aw:** claw, draw, straw **au:** astronaut, August, sauce **or:** horse, storm, shorts **al:** walk, talk, chalk

Activity 2

Talk Partners. Work together to cross the river.

- Explain to the pupils that they have to go across the stepping stones to cross the river. They should choose pictures to spell to get to the other side.
- Invite two pupils to read out the speech bubbles.
- Organise the pupils into Talk Partners. The pupils take it in turns to test their partner on the spelling of the words in the stepping stones. Stress the importance of prompting, encouraging and helping each other.

Code activity

- The pupils complete the code activity.

Answer: kind

Pupil's Book Activity 2

Read the prehistoric animal fact cards. Listen and identify five differences.

▶ *CD2 Track 07 p266*

- Focus the pupils on the activity. Ask **What animals can you see?** Explain that they are going to listen to two children asking each other questions about the animals. Prompt the pupils to read the Listening tip.
- Play the CD, pausing after the first part of the exchange. Prompt the pupils to listen out for five differences between the fact cards and what they hear.
- Play the CD, pausing after the first difference. Prompt the pupils to repeat the difference (*yellow – grey*). Then play the rest of the exchange. The pupils identify the differences. Repeat the procedure with the other differences.

Answers: **1** ~~yellow~~ grey **2** They ~~could~~ climb trees, couldn't **3** They ~~couldn't~~ jump, could **4** ~~flowers~~ seeds **5** They ~~couldn't~~ swim, could

Pupil's Book Activity 3

Talk Partners. Ask and answer to complete the chart (Teacher's Resource Bank: Unit 3).

- Invite two pupils to read out the speech bubbles. Explain to the class that they are going to complete the same chart.
- Organise the class into Talk Partners. Pupil A uses Chart 1 and Pupil B uses Chart 2. Invite two pupils to demonstrate the activity. The pupils then work to complete the chart.
- After a few minutes, ask the pupils to swap roles.

Ending the lesson

Review the lesson and reflect on learning.

- Say **Today we've practised a tongue twister.** Elicit the tongue twister from the pupils.
- Ask the class **Which was your favourite activity today? Which activity was easy / difficult?**

Extra activities

Reinforcement

- Review all the alternative spellings of the target sound. Draw a chart on the board with the headings 'aw', 'au', 'or' and 'al' and elicit words that have each spelling (*aw: claw, paw, straw, draw; au: astronaut, sauce, August; or: horse, shorts, storm; al: walk, talk, chalk*). Encourage the pupils to spell out the word and write it in the correct column.
- Play *Careful copying* (see p27) with the prehistoric times word cards.

Key Competences and Key Learning Outcomes

- Read and understand an information text
- Do a pre-reading task to predict content and raise interest
- Read the text for general understanding
- Scan the text to find specific information

Key language

- *dinosaurs, Earth; carnivore, herbivore; million; beak, frill, horns, neck, tail, teeth, tusks; diplodocus, pteranodon, triceratops, tyrannosaurus; extinct, hard, huge, sharp*
- *Dinosaurs were reptiles. Some dinosaurs could run very fast. It had a very long neck. What did a diplodocus have?*

Materials

- Pupil's Book p34; Activity Book p31; Class CD2; Teacher's App on Navio
- Teacher's Resource Bank: Talk cards
- Sheets of paper

Optional materials

- Teacher's Resource Bank: Trinity Exams Practice cards (selected from the Starter Unit and Units 1 and 2)

At a Glance Lesson Plan

Pupil's Book

Starting the lesson

- Use the Trinity Exams Practice cards (optional).
- Review the 'aw' sound.
- Set learning outcomes and use the talk cards.

Before you read: Activity 1

- You are going to read an encyclopaedia entry about dinosaurs. What do you want to know?
- Make a list of questions.
- Use these words.

Activity 2

- Read and listen.
- ▶ *CD2 Track 08 p267*
- Does the encyclopaedia entry answer your questions?
- Go to the Activity Book.

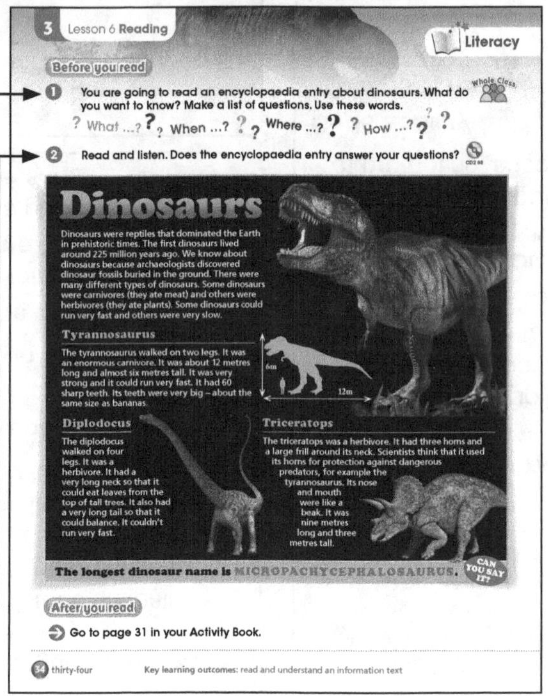

Ending the lesson

- Review the lesson and reflect on learning.

Extra activity

Reinforcement

- Do an Internet investigation.

Activity Book

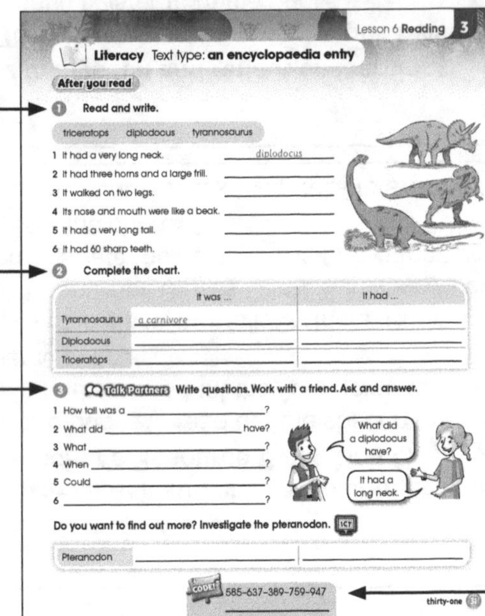

After you read: Activity Book

Activity 1

- Read and write.

Activity 2

- Complete the chart.

Activity 3

- Write questions.
- Work with a friend.
- Ask and answer.
- Do you want to find out more? Investigate the pteranodon.

Code activity

- Complete the code activity.

Digital resources

Teacher's Digital: You can also teach this lesson using the Teacher's App on Navio.

Pupil's Digital: Encourage your pupils to use the Pupil's App on Navio to practise the activities from this lesson.

Powered By NAVIO

Starting the lesson

Use the Trinity Exams Practice cards (optional).

- The pupils practise asking and answering questions.

Review the 'aw' sound.

- Ask **What sound did you practise in the tongue twister in Lesson 5?** (*'aw'*) **Can you remember the tongue twister?** (*Paul the parrot can draw with his claws. Saul the squirrel drinks sauce with his paws.*) Practise the tongue twister as a class.
- Remind the pupils that they know four ways of writing this sound: 'aw', 'au', 'or' and 'al'. Organise the pupils into groups of four and give each group a sheet of paper. The pupils take turns to write one word at a time. Set a time limit of two minutes for the activity. Compile the words in a chart on the board at the end of the time limit.

Set learning outcomes and use the talk cards.

- Say **Today we're going to read an encyclopaedia entry.** Check that the class know what an encyclopaedia is. (*It gives us factual information about things.*)
- Point to the talk cards to show the pupils the different ways they will be working in the lesson.

Before you read: Pupil's Book Activity 1

You are going to read an encyclopaedia entry about dinosaurs. What do you want to know? Make a list of questions. Use these words.

- Read the title. Ask the pupils to think of questions they would like to know about dinosaurs. They discuss the questions with a Talk Partner and write them down in their notebooks.
- Tell the class that they are going to read the text to see if it answers their questions.

Pupil's Book Activity 2

Read and listen. Does the encyclopaedia entry answer your questions?

▶ *CD2 Track 08 p267*

- Explain to the class that they should read the text to see if it answers any of the questions they wrote.
- If you want the pupils to read the text without the support of the audio, set a time limit for this task. Otherwise, play the CD.
- The pupils share the answers to their questions as a class.

After you read: Activity Book

Activity 1

Read and write.

- The pupils work on their own or with a Talk Partner to read the description and decide which is the corresponding dinosaur. At the end of the activity, the pupils check in their Pupil's Book.

Answers: **1** diplodocus **2** triceratops **3** tyrannosaurus **4** triceratops **5** diplodocus **6** tyrannosaurus

Activity 2

Complete the chart.

- The pupils work on their own or with a Talk Partner to find the information in the text about each of the dinosaurs.

Answers: **Tyrannosaurus:** a carnivore, 60 sharp teeth; **Diplodocus:** a herbivore, a long neck, a long tail; **Triceratops:** a herbivore, three horns, a frill, a beak

Activity 3

Write questions. Work with a friend. Ask and answer.

- Invite a confident pupil to ask you a question about one of the dinosaurs.
- The pupils work with a Talk Partner to ask and answer about the dinosaurs.

Do you want to find out more? Investigate the pteranodon. ICT

- If you have access to the Internet, encourage the pupils to extend their chart to find information about a pteranodon as well.

Code activity CODE!

- The pupils complete the code activity.

Answer: noisy

Ending the lesson

Review the lesson and reflect on learning.

- Say **Today we've read an encyclopaedia entry. What did you learn about?**
- Ask the class **Which was your favourite activity today? Which activity was easy / difficult?**

Extra activity

Reinforcement

- If you have access to the Internet, encourage the pupils to find out about other dinosaurs on websites such as www.kidsdinos.com.

Key Competences and Key Learning Outcomes

- Use extreme adjectives
- Prepare and write an encyclopaedia entry
- Identify and discuss reptiles (optional)
- Identify the text features of an encyclopaedia entry
- Use criteria to check your writing
- Share your writing with a partner

Key language

- *stegosaurus; enormous, fast, friendly, shiny, slow, tiny; carnivore, herbivore; brain, plates, spikes, tail*
- *The stegosaurus had a tiny head. It was an enormous herbivore. It walked on four legs.*

Materials

- Pupil's Book p35; Activity Book p32; Class CD2; Teacher's App on Navio
- Teacher's Resource Bank: Talk cards
- Coloured pencils

Optional materials

- Teacher's Resource Bank: Trinity Exams Practice cards (selected from the Starter Unit and Units 1 and 2)

At a Glance Lesson Plan

Pupil's Book

Starting the lesson

- Use the Trinity Exams Practice cards (optional).
- **Think-Pair-Share.** Review dinosaurs.
- Set learning outcomes and use the talk cards.

Investigate a text: Activity 1

- Look at the picture.
- Which words do you think describe a stegosaurus?

Activity 2

- Read and listen to find out.

▶ *CD2 Track 09 p267*

- **Reading tip:** Read about using a diagram to help you understand new words in a text.

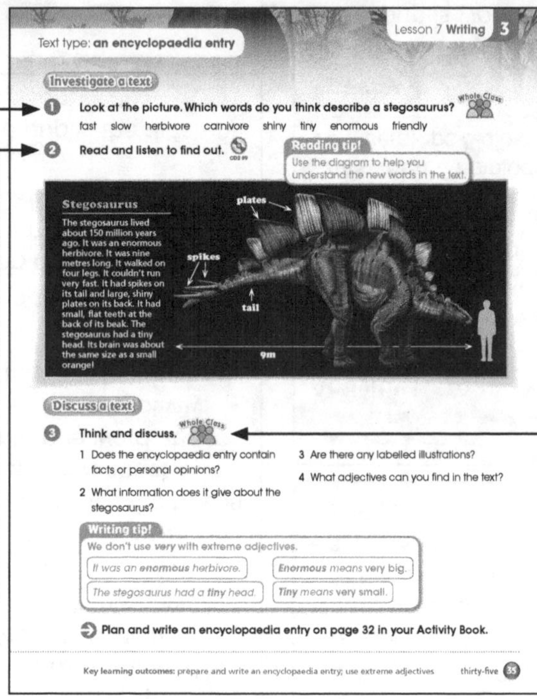

Discuss a text: Activity 3

- Think and discuss.
- **Writing tip:** Read about the use of 'very' with extreme adjectives.

Go to the Activity Book.

Ending the lesson

- Review the lesson and reflect on learning.

Extra activities

Reinforcement

- Write about another dinosaur.
- What's the difference between a dictionary and an encyclopaedia?

Link to Science

- **Reptiles:** Identify characteristics of reptiles.

Activity Book

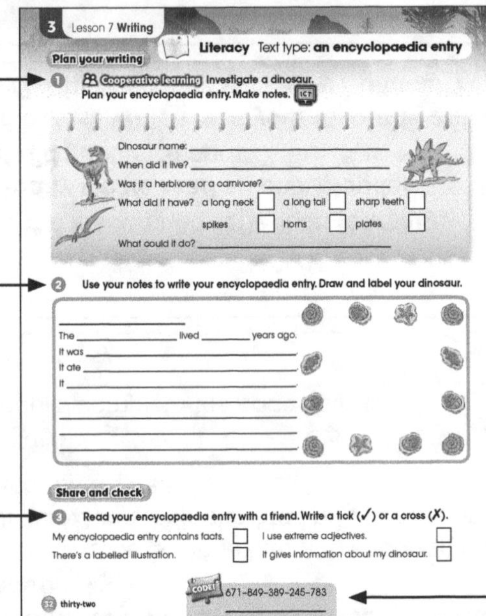

Activity Book

Plan your writing: Activity 1

- Investigate a dinosaur.
- Plan your encyclopaedia entry.
- Make notes.
- Draw and label your dinosaur.

Activity 2

- Use your notes to write your encyclopaedia entry.

Share and check: Activity 3

- Read your encyclopaedia entry with a friend.
- Write a tick (✓) or a cross (✗).

Code activity

- Complete the code activity.

Digital resources

Teacher's Digital: You can also teach this lesson using the Teacher's App on Navio.

Pupil's Digital: Encourage your pupils to use the Pupil's App on Navio to practise the activities from this lesson.

Powered By NAVIO

Starting the lesson

Use the Trinity Exams Practice cards (optional).

- The pupils practise asking and answering questions.

Think-Pair-Share. Review dinosaurs.

- Ask **Can you remember the names of the three dinosaurs?** The class thinks silently for a minute.
- Then the pupils work with a Talk Partner to name the dinosaurs and say what they can remember about each one.
- Invite different Talk Partners to share what they remember with the whole class.
- Finally, repeat the procedure, asking different pairs of Talk Partners each time.

Set learning outcomes and use the talk cards.

- Ask **What did we read in the last lesson?** (*An encyclopaedia entry.*) Say **Today we're going to investigate another encyclopaedia entry. Then we're going to plan and write our own encyclopaedia entry.**
- Point to the talk cards to show the pupils the different ways they will be working in the lesson.

Investigate a text: Pupil's Book Activity 1

Look at the picture. Which words do you think describe a stegosaurus?

- Read the instructions for the activity. Prompt the pupils to predict the words that will describe the stegosaurus.

Pupil's Book Activity 2

Read and listen to find out.

▶ *CD2 Track 09 p267*

- The pupils read the text to identify which words in Activity 1 describe a stegosaurus.
- If you want the pupils to read the text without the support of the CD, set a time limit for this task. Otherwise, play the CD.
- The pupils identify the words.

Answers: enormous, herbivore, slow, shiny, tiny

Reading tip

- Read the information as a class. Ask the pupils to look at the diagram to help understand any new words in the text. Remind them to use the diagrams in a text to help with their reading.

Discuss a text: Pupil's Book Activity 3

Think and discuss.

- Invite a pupil to read out the first question and answer it.
- Repeat the procedure with the other questions.

Answers: **1** It contains facts. **2** when it lived, what it ate, how big it was, what it could and couldn't do, what it looked like **3** Yes, there are. **4** enormous, large, shiny, small, flat, tiny, long, fast

Writing tip

- Read the information. Discuss the use of 'very' with extreme adjectives. List extreme adjectives and their meanings, e.g. tiny = very small; enormous = very big.

Activity Book

Plan your writing: Activity 1

Writing Partners. Investigate a dinosaur. Plan your encyclopaedia entry. Make notes.

- Look at the pictures of dinosaurs. Ask the pupils to name and describe them.
- Organise the class into Talk Partners. The pairs complete the information about their chosen dinosaur.

Activity 2

Use your notes to write your encyclopaedia entry. Draw and label your dinosaur.

- Focus the class on the activity. Encourage the pupils to use their notes to help them write about their chosen dinosaur. They then draw and label their dinosaur.

Share and check: Activity 3

Writing Partners. Read your encyclopaedia entry with a friend. Write a tick (✓) or a cross (✗).

- Read through the questions as a class.
- Organise the class into new Talk Partners. One pupil reads aloud their text to their partner. The other pupil listens. The pupils work together to decide if the text fulfils all the criteria and tick the corresponding boxes. The pupils can add, improve or correct the text at this stage.
- The pupils swap roles.

Code activity

- The pupils complete the code activity.

Answer: quiet

Ending the lesson

Review the lesson and reflect on learning.

- Say **Today we've written an encyclopaedia entry. Are you happy with it?** Elicit the pupils' opinions.
- Ask the class **Which was your favourite activity today? Which activity was easy / difficult?**

Extra activities

Reinforcement

- If you have access to the Internet, encourage the pupils to research another dinosaur and use the encyclopaedia model to write about it. If possible, allow the pupils to print out images of the dinosaur to create a display. They can access websites such as www.kidsdinos.com, www.sciencekids.co.nz/sciencefacts/dinosaurs.html.
- Ask the pupils what the difference between a dictionary and an encyclopaedia is.

Link to Science

Reptiles

- If you are studying the Science topic of **Animal groups** in English, ask the pupils which animal group dinosaurs belonged to. (*Reptiles.*) Elicit characteristics of reptiles and encourage pupils to name other reptiles.

Key Competences and Key Learning Outcomes

- Think about and research Canada
- Read and listen for specific information
- Read about dinosaur fossils in Canada
- Think about your own culture and identity

Key language

- *bone, carving, cave paintings, dinosaur, fossils; discoveries, scenery, wildlife; discover / find / identify fossils, go camping / hiking; palaeontologist*
- *Scientists found fossils. You can (go hiking).*

Materials

- Pupil's Book p36; Activity Book p33; Class CD2; Teacher's App on Navio
- Teacher's Resource Bank: Talk cards
- An online world map

Optional materials

- Teacher's Resource Bank: Trinity Exams Practice cards (selected from the Starter Unit and Units 1 and 2)

At a Glance Lesson Plan

Pupil's Book

Starting the lesson

- Use the Trinity Exams Practice cards (optional).
- Review prehistoric times vocabulary.
- Set learning outcomes and use the talk cards.

Activity 1

- Read Luke's questions.
- What do you think?

Activity 2

- Read and listen.

▶ *CD2 Track 10 p267*

- Answer Luke's questions.
- **Think about your culture** Are there any dinosaur fossils in your country? Which dinosaurs are they from? Are there any cave paintings or carvings in your country?

Go to the Activity Book.

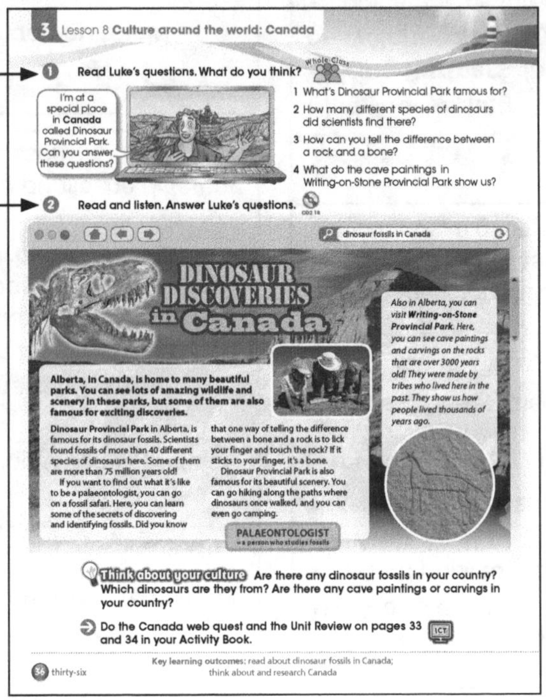
3 Lesson 8 Culture around the world: Canada

1 Read Luke's questions. What do you think?

I'm at a special place in Canada called Dinosaur Provincial Park. Can you answer these questions?

1 What's Dinosaur Provincial Park famous for?
2 How many different species of dinosaurs did scientists find there?
3 How can you tell the difference between a rock and a bone?
4 What do the cave paintings in Writing-on-Stone Provincial Park show us?

2 Read and listen. Answer Luke's questions.

DINOSAUR DISCOVERIES in Canada

Alberta, in Canada, is home to many beautiful parks. You can see lots of amazing wildlife and scenery in these parks, but some of them are also famous for exciting discoveries.

Dinosaur Provincial Park in Alberta, is famous for its dinosaur fossils. Scientists found fossils of more than 40 different species of dinosaurs here. Some of them are more than 75 million years old! If you want to find out what it's like to be a palaeontologist, you can go on a fossil safari. Here, you can learn some of the secrets of discovering and identifying fossils. Did you know that one way of telling the difference between a bone and a rock is to lick your finger and touch the rock? If it sticks to your finger, it's a bone. Dinosaur Provincial Park is also famous for its beautiful scenery. You can go hiking along the paths where dinosaurs once walked, and you can even go camping.

Also in Alberta, you can visit Writing-on-Stone Provincial Park. Here, you can see cave paintings and carvings on the rocks that are over 3000 years old! They were made by tribes who lived here in the past. They show us how people lived thousands of years ago.

PALAEONTOLOGIST = a person who studies fossils

Think about your culture Are there any dinosaur fossils in your country? Which dinosaurs are they from? Are there any cave paintings or carvings in your country?

Do the Canada web quest and the Unit Review on pages 33 and 34 in your Activity Book.

36 thirty-six

Key learning outcomes: read about dinosaur fossils in Canada; think about and research Canada

Ending the lesson

- Review the lesson and reflect on learning.

Extra activity

Extension

- Investigate fossils in Canada.

Activity Book

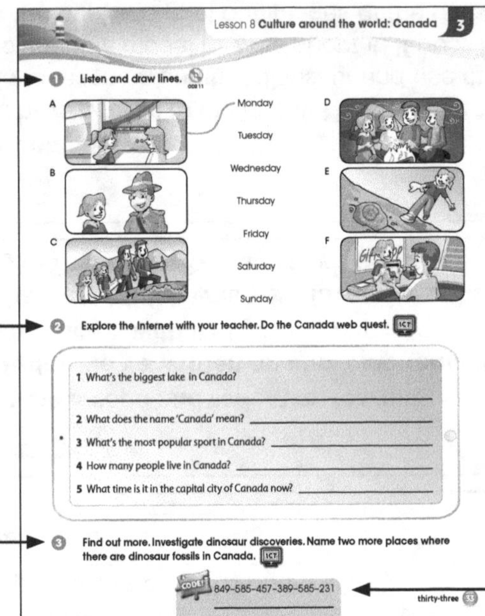
Lesson 8 Culture around the world: Canada 3

1 Listen and draw lines.

A B C D E F

Monday
Tuesday
Wednesday
Thursday
Friday
Saturday
Sunday

2 Explore the Internet with your teacher. Do the Canada web quest.

1 What's the biggest lake in Canada?
2 What does the name 'Canada' mean?
3 What's the most popular sport in Canada?
4 How many people live in Canada?
5 What time is it in the capital city of Canada now?

3 Find out more. Investigate dinosaur discoveries. Name two more places where there are dinosaur fossils in Canada.

CODE! 849-585-457-389-585-231

thirty-three 33

Activity Book

Activity 1

- Listen and draw lines.

▶ *CD2 Track 11 p267*

Activity 2

- Explore the Internet with your teacher.
- Do the Canada web quest.

Activity 3

- Find out more. Investigate dinosaur discoveries.
- Name two more places where there are dinosaur fossils in Canada.

Code activity

- Complete the code activity.

Digital resources

Teacher's Digital: You can also teach this lesson using the Teacher's App on Navio.

Powered By NAVIO

Detailed Lesson Plan

Starting the lesson

Use the Trinity Exams Practice cards (optional).

- The pupils practise asking and answering questions.

Review prehistoric times vocabulary.

- Ask the pupils to take turns to describe a prehistoric scene. Encourage them to use all the unit vocabulary to describe the scene. Draw their suggestions on the board.

Set learning outcomes and use the talk cards.

- Say **Today we're going to investigate Canada.**
- Point to the talk cards to show the pupils the different ways they will be working in the lesson.

Pupil's Book Activity 1

Read Luke's questions. What do you think?

- Read the speech bubble as a class. Encourage the pupils to tell you what they remember about Canada from Level 3.
- Read the questions as a class. Encourage the pupils to predict the answers.

Pupil's Book Activity 2

Read and listen. Answer Luke's questions.

▶ *CD2 Track 10 p267*

- Focus the class on the photos. Ask **What can you see?**
- Play the CD, pausing after each activity to check understanding. The pupils answer the questions. Ask the class **What activities can you do in Dinosaur Provincial Park? Would you like to go there? Why? Why not?**

Answers: **1** dinosaur fossils **2** more than 40 **3** If it sticks to your finger, it's a bone. **4** how people lived thousands of years ago

Think about your culture

- Read out the questions. Prompt different pupils to tell you anything they know about fossil discoveries and cave paintings / carvings in their own country.

Activity Book

Activity 1

Listen and draw lines.

▶ *CD2 Track 11 p267*

- Explain to the pupils that they are going to hear a boy and a girl discussing activities that the girl did in the dinosaur park.
- Play the CD, pausing to allow the pupils to match each activity to the corresponding day of the week.

Answers: **A** Monday **B** Friday **C** Saturday **D** Thursday **E** Wednesday **F** Sunday

Activity 2

Explore the Internet with your teacher. Do the Canada web quest.

- Read out the instructions and connect to a children's website (see suggested links below) that has geographical information about Canada. Read out questions 1–4 and find the information on the page. The pupils work as a class to find and write the answers.
- Read out question 5. Connect to a website which shows the time around the world. The pupils complete the information about the time in Canada.

Answers: **1** Great Bear Lake **2** village **3** ice hockey / lacrosse **4** approx. 36.29 million

Activity 3

Find out more. Investigate dinosaur discoveries. Name two more places where there are dinosaur fossils in Canada.

- Read out the instructions.
- Connect to a children's website which has information about dinosaur fossils in Canada. The pupils work as a class to make a list of places with dinosaur fossils.

Suggested websites

- http://maps.google.es
- www.kids-world-travel-guide.com/canada-facts-for-kids.html

Code activity

- The pupils complete the code activity.

Answer: unkind

Ending the lesson

Review the lesson and reflect on learning.

- Say **Today we've learnt about Canada. What did you learn about Dinosaur Provincial Park?** Elicit the information from the pupils.
- Ask the class **Which was your favourite activity today? Which activity was easy / difficult?**

Extra activity

Extension

- Organise the class into groups. Ask them to connect to a website with age appropriate information about fossils in Canada. The pupils find photos of fossils and information about them. The groups then share their information with the rest of the class.

Go to the AB Unit Review on page 247.

Key Competences and Key Learning Outcomes
• Watch and understand a video about museums
• Use the Internet to visit a virtual museum
• Understand the value of museums

Key language

- *archaeologist, buildings, carnivore, cave men, coins, dig, dinosaurs, minerals, monuments, mummies, rocks, symbols, temples, uncover, virtual museum*
- *Let's visit a virtual museum. Do you like going to museums? Type (virtual museum) in the search engine.*

Materials

- Pupil's Book p37; Activity Book p35; Class CD2; Teacher's App on Navio
- Prehistoric times flashcards
- Teacher's Resource Bank: Talk cards

Optional materials

- Teacher's Resource Bank: Trinity Exams Practice cards (selected from the Starter Unit and Units 1 and 2)

At a Glance Lesson Plan

Pupil's Book

Starting the lesson

- Use the Trinity Exams Practice cards (optional).
- **Think-Pair-Share.** Review prehistoric times vocabulary.
- Set learning outcomes and use the talk cards.

Activity 1

- Before you watch
- Watch the video.

Unit 3 video p286

- What can a museum tell you about these things?

Activity 2

- Watch the video again.

Unit 3 video

- Read and answer the questions.

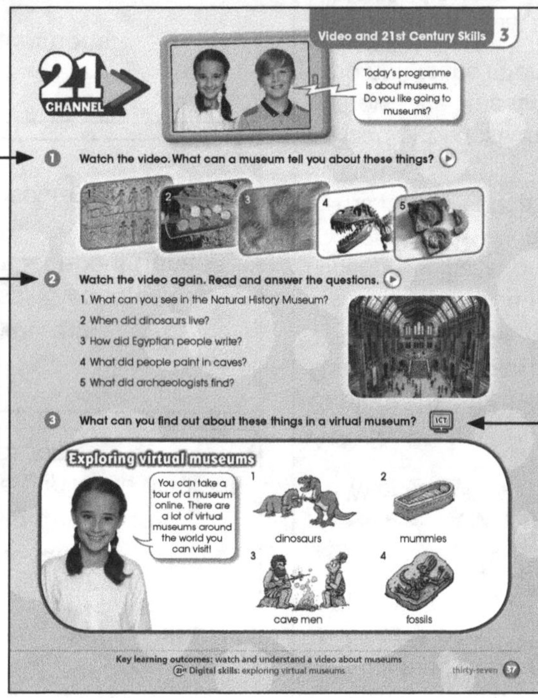
Video and 21st Century Skills 3

21 CHANNEL

Today's programme is about museums. Do you like going to museums?

1 Watch the video. What can a museum tell you about these things?

2 Watch the video again. Read and answer the questions.

1 What can you see in the Natural History Museum?
2 When did dinosaurs live?
3 How did Egyptian people write?
4 What did people paint in caves?
5 What did archaeologists find?

3 What can you find out about these things in a virtual museum?

Exploring virtual museums

You can take a tour of a museum online. There are a lot of virtual museums around the world you can visit!

1 dinosaurs 2 mummies 3 cave men 4 fossils

Key learning outcomes: watch and understand a video about museums
Digital skills: exploring virtual museums

thirty-seven 37

Activity 3

- What can you find out about these things in a virtual museum?

Go to the Activity Book.

Ending the lesson

- Review the lesson and reflect on learning.

Extra activity

Reinforcement

- Explore another virtual museum.

Activity Book

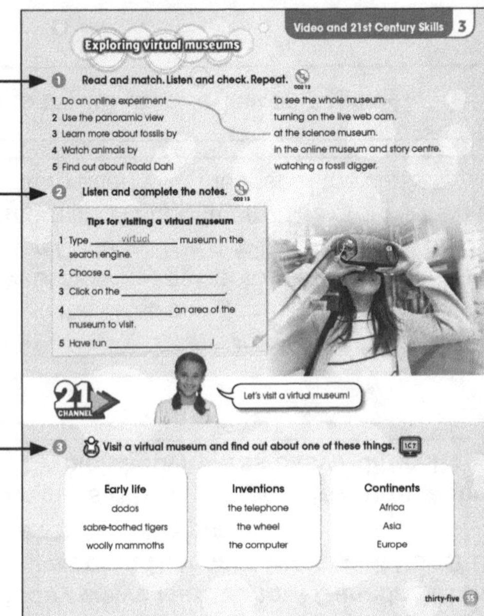
Video and 21st Century Skills 3

Exploring virtual museums

1 Read and match. Listen and check. Repeat.

1 Do an online experiment — to see the whole museum.
2 Use the panoramic view — turning on the live web cam.
3 Learn more about fossils by — at the science museum.
4 Watch animals by — in the online museum and story centre.
5 Find out about Roald Dahl — watching a fossil digger.

2 Listen and complete the notes.

Tips for visiting a virtual museum

1 Type ___virtual___ museum in the search engine.
2 Choose a ___
3 Click on the ___
4 ___ an area of the museum to visit.
5 Have fun ___

21 CHANNEL

Let's visit a virtual museum!

3 Visit a virtual museum and find out about one of these things.

Early life	Inventions	Continents
dodos	the telephone	Africa
sabre-toothed tigers	the wheel	Asia
woolly mammoths	the computer	Europe

thirty-five 35

Activity Book

Activity 1

- Read and match.
- Listen and check.

▶ *CD2 Track 12 p267*

- Repeat.

Activity 2

- Listen and complete the notes.

▶ *CD2 Track 13 p268*

Activity 3

- Visit a virtual museum and find out about one of these things.

Digital resources

Teacher's Digital: You can also teach this lesson using the Teacher's App on Navio.

Pupil's Digital: Encourage your pupils to use the Pupil's App on Navio to practise the activities from this lesson.

Powered By NAVIO

Starting the lesson

Use the Trinity Exams Practice cards (optional).

- The pupils practise asking and answering questions.

Think-Pair-Share. Review prehistoric times vocabulary.

- Ask **Can you remember the prehistoric times vocabulary?** The class thinks silently for a minute.
- The pupils work with a Talk Partner to name the items.
- Invite different Talk Partners to say a different item. Hold up the corresponding flashcard and prompt the class to repeat the word. Repeat the procedure, asking different pairs each time.

Set learning outcomes and use the talk cards.

- Say **Today we're going to watch a video and then ask and answer questions about museums.**
- Point to the talk cards to show the pupils the different ways they will be working in the lesson.

Pupil's Book Activity 1

Before you watch

- Read the speech bubble to pupils. Ask **Do you like going to museums?** Elicit responses from a number of pupils.
- Point to the photos in Activity 1 and elicit ideas about what they each show. Ask the pupils if they have ever seen any of these items in a museum.

Watch the video. What can a museum tell you about these things? *p286*

- Watch Part 1. Ask pupils **What are you going to see next?** Check that they understand that they will see a video about ways of finding out about the past.
- Play Part 2. Ask general questions to check understanding. Focus the pupils on the photos in Activity 1 again. Ask **What can a museum tell you about these things?** Elicit ideas.
- Play the video again for the pupils to answer the question. Check the answer as a class.

Suggested answer: A museum can tell us what the thing is, what it means, how old it is, how big it is, what it shows about how people / animals lived in the past.

Pupil's Book Activity 2

Watch the video again. Read and answer the questions.

- Play Part 2. Pupils work in pairs to answer the questions.

Answers: **1** You can see dinosaurs, fossils, plants, insects, rocks and minerals. **2** Dinosaurs lived millions of years ago. **3** Egyptian people used pictures to write. **4** People painted animals and sometimes hands. **5** Archaeologists found things left behind by people long ago, like buildings, tools and coins.

Pupil's Book Activity 3

What can you find out about these things in a virtual museum? ICT

- Ask **What do Chloe and Mark do at the end of the video?** (*They look at a virtual museum.*)
- Ask the pupils to read Chloe's speech bubble. Explain that this activity is all about what information you can find out about in a virtual museum.
- Look at the pictures with pupils and explain that they need to think about what kind of information they could find out about for each of the topics.
- Pupils work in pairs to discuss each topic.
- Check answers with the class.

Activity Book

Activity 1

Read and match. Listen and check. Repeat.

▶ *CD2 Track 12 p267*

- Pupils work on their own to make sentences about the different things they can do in a virtual museum.
- Play the CD and check answers.
- Play the CD again for the pupils to repeat the sentences.

Answers: **1** Do an online experiment at the science museum. **2** Use the panoramic view to see the whole museum. **3** Learn more about fossils by watching a fossil digger. **4** Watch animals by turning on the live web cam. **5** Find out about Roald Dahl in the online museum and story centre.

Activity 2

Listen and complete the notes.

▶ *CD2 Track 13 p268*

- Explain to the pupils that they are going to listen to two children reading some useful tips for visiting a virtual museum on a webpage. Play the CD, pausing to allow the pupils to write the missing information.

Answers: **1** virtual **2** museum **3** menu **4** Choose **5** exploring

Activity 3

Visit a virtual museum and find out about one of these things. ICT

- Read out Chloe's speech bubble and tell pupils that they are going to visit a virtual museum to find out about one of the topics listed in the three boxes.
- Remind pupils of the different things they can do in a virtual museum by looking at the sentences in Activity 1 again. Also refer them to the tips in Activity 2.
- If you have access to several computers, the pupils should work individually to choose a topic. Once they have chosen, ask them to follow the tips in Activity 2.
- Invite the children to report back on what they found.

Suggested websites:

- https://naturalhistory.si.edu/vt3/
- http://www.louvre.fr/en/visites-en-ligne#tabs
- http://www.britishmuseum.org/with_google.aspx

Ending the lesson

Review the lesson and reflect on learning.

- Say **Today we've watched a video about museums. What have we learnt about exploring virtual museums?** Elicit the information from the pupils.
- Ask **Which was your favourite activity today? Which activity was easy / difficult?**

Extra activity

Reinforcement

- Ask the pupils to explore another virtual museum at home, using the tips in Activity 2 in their Activity Books.

My project 1: The minibeast exhibition

Key Competences and Key Learning Outcomes

- Learn about exhibitions in your town museum
- Identify and name different habitats for minibeasts
- Review how insects help with pollination (optional)
- Investigate different minibeasts
- Share information with your group

Key language

- *beetle, butterfly, centipede, dragonfly, grasshopper, ladybird, millipede, moth, slug, snail, spider, worm; grass, plant, pond, rock, tree, twigs*
- *It's a (dragonfly). It's got (four transparent wings and big eyes). It can (fly) very fast. It lives in (a warm place). What does it eat? It eats (mosquitoes).*

Materials

- Pupil's Book p38, Activity Book p36; Class CD2; Teacher's App on Navio
- Teacher's Resource Bank: Talk cards

Optional materials

- Teacher's Resource Bank: Trinity Exams Practice cards (selected from the Starter Unit and Units 1, 2 and 3)

At a Glance Lesson Plan

Pupil's Book

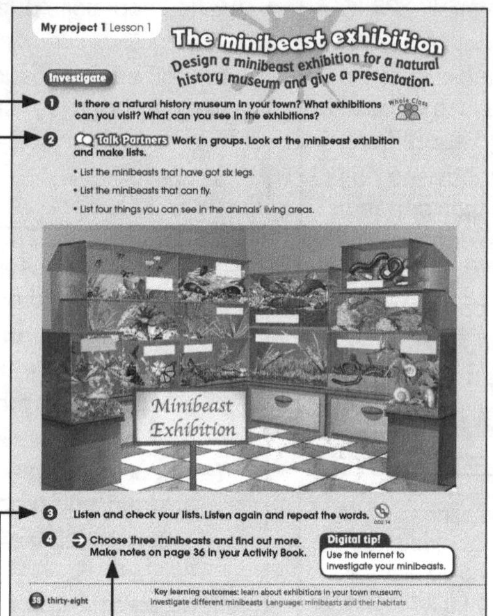
My project 1 Lesson 1

The minibeast exhibition

Design a minibeast exhibition for a natural history museum and give a presentation.

Investigate

1 Is there a natural history museum in your town? What exhibitions can you visit? What can you see in the exhibitions?

2 Talk Partners Work in groups. Look at the minibeast exhibition and make lists.

- List the minibeasts that have got six legs.
- List the minibeasts that can fly.
- List four things you can see in the animals' living areas.

3 Listen and check your lists. Listen again and repeat the words.

4 Choose three minibeasts and find out more. Make notes on page 36 in your Activity Book.

Digital tip! Use the Internet to investigate your minibeasts.

38 thirty-eight

Key learning outcomes: learn about exhibitions in your town museum; investigate different minibeasts Language: minibeasts and their habitats

Starting the lesson

- Use the Trinity Exams Practice cards (optional).
- Set learning outcomes and use the talk cards.

Investigate: Activity 1

- Is there a natural history museum in your town?
- What exhibitions can you visit?
- What can you see in the exhibitions?

Activity 2

- Work in groups.
- Look at the minibeast exhibition and make lists.

Activity 3

- Listen and check your lists.
- ▶ *CD2 Track 14 p268*
- Listen again and repeat the words.

Activity 4

- Choose three minibeasts and find out more.
- Make notes on page 36 in your Activity Book.

Ending the lesson

- Review the lesson and reflect on learning.

Extra activity

Reinforcement

- Practise describing minibeasts.

Link to Science

- **Plants:** Review how insects help with pollination.

Activity Book

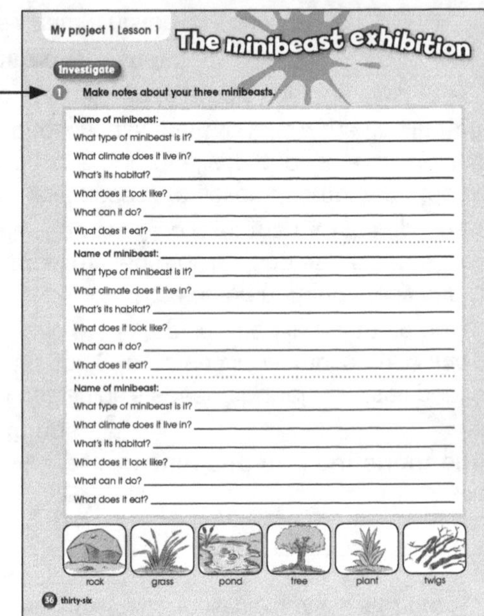
My project 1 Lesson 1

The minibeast exhibition

Investigate

1 Make notes about your three minibeasts.

Name of minibeast:
What type of minibeast is it?
What climate does it live in?
What's its habitat?
What does it look like?
What can it do?
What does it eat?

Name of minibeast:
What type of minibeast is it?
What climate does it live in?
What's its habitat?
What does it look like?
What can it do?
What does it eat?

Name of minibeast:
What type of minibeast is it?
What climate does it live in?
What's its habitat?
What does it look like?
What can it do?
What does it eat?

36 thirty-six

Activity Book

Activity 1

- Make notes about your three minibeasts.

Digital resources

Teacher's Digital: You can also teach this lesson using the Teacher's App on Navio.

Pupil's Digital: Encourage your pupils to use the Pupil's App on Navio to practise the activities from this lesson.

Powered By NAVIO

Starting the lesson

Use the Trinity Exams Practice cards (optional).

- The pupils practise asking and answering questions.

Set learning outcomes and use the talk cards.

- Say **Today we're going to begin a project.**
- Point to the talk cards to show the pupils the different ways they will be working in the lesson.

Investigate: Pupil's Book Activity 1

Is there a natural history museum in your town? What exhibitions can you visit? What can you see in the exhibitions?

- Encourage the pupils to tell you if there is a natural history museum near your town and if the pupils have ever been to an exhibition there. Prompt the class to give more information by asking **What did you see in the exhibition?**
- Point out that natural history museums usually contain fossils and skeletons of dead animals. However, these museums sometimes have special exhibitions. In some, they have 'insect zoos', where you can see live insects. Normally these museums tell you about how animals have changed and developed, and how they used to live.

Pupil's Book Activity 2

Work in groups. Look at the minibeast exhibition and make lists.

- Focus the class on the minibeast exhibition. Ask **What can you see?** Read out the three tasks and check understanding. Prompt the class to find examples.
- Organise the class into groups of four. Ask each group to choose a scribe who will write the lists in their notebook. Set a time limit. The pupils work together to identify and list items that appear in the image.
- At the end of the time limit, prompt different groups to read out their lists. Write the words on the board and then elicit / give the pupils the names of any unknown items.

Possible answers:
six legs: ladybirds, dragonflies, butterflies, moths, grasshoppers, beetles
can fly: butterflies, dragonflies, moths, ladybirds
living areas: leaves, logs / branches, sand, earth, water

Pupil's Book Activity 3

Listen and check your lists. Listen again and repeat the words.

▶ *CD2 Track 14 p268*

- Pupils listen and check their lists. Then they listen again and repeat the words.

Pupil's Book Activity 4

Choose three minibeasts and find out more. Make notes on page 36 in your Activity Book.

- Ask the class to name the minibeasts in the picture again.
- Pupils individually choose three minibeasts and make notes on page 36 of their Activity Book.
- Draw their attention to the Digital tip and encourage them to use the Internet to investigate their three minibeasts.

Investigate: Activity Book

Activity 1

Make notes about your three minibeasts.

- Focus the pupils on the activity. Check understanding. If pupils need support, complete the notes for one of the minibeasts on the board with the class.
- The pupils work on their own to complete the notes about their three minibeasts. If there are pupils who need extra support, pair them up with another pupil who is making notes about the same minibeasts.

Ending the lesson

Review the lesson and reflect on learning.

- (Books closed.) Say **We've learnt about minibeast exhibitions. Which was your favourite activity? Which activity was easy / difficult?**

Extra activity

Reinforcement

- Play a minibeast descriptions game with the class. Say **I'm thinking of a minibeast. Which minibeast am I thinking of?** Prompt the class to ask you different closed questions, e.g. *Can it …? Is it …? Has it got …? Does it …?* When a pupil guesses correctly, invite them to think of a different minibeast and continue with the game.

Link to Science

- If you are studying the Science topic of **Plants** in English, you could take the opportunity to review how insects help in the pollination process. Review the pollination process as a class and then ask the pupils which of the minibeasts in the exhibition help in that process.

My project 1: The minibeast exhibition

Key Competences and Key Learning Outcomes

- Present the exhibition to the class
- Reflect on what you've learnt and how well you've worked together
- Work in a group to create a minibeast exhibition

Key language

- *beetle, butterfly, centipede, dragonfly, grasshopper, ladybird, millipede, moth, slug, snail, spider, worm; grass, plant, pond, rock, tree, twigs*
- *The exhibition is called (World of Minibeasts). There are some (dragonflies). The (dragonflies) need (a pond). I'm going to put all the minibeasts that can (fly) next to each other.*

Materials

- Pupil's Book p39, Activity Book p37; Teacher's App on Navio
- Teacher's Resource Bank: Talk cards
- A large piece of paper or card for each group of four pupils, coloured pens and pencils

Optional materials

- Teacher's Resource Bank: Trinity Exams Practice cards (selected from the Starter Unit and Units 1, 2 and 3)

At a Glance Lesson Plan

Pupil's Book

Starting the lesson

- Use the Trinity Exams Practice cards (optional).
- Set learning outcomes and use the talk cards.

Plan and create your project: Activity 1

- Discuss the questions.
- Write the information on page 37 in your Activity Book.

Cooperative learning

- Listen to and respect everyone's opinion.

Go to the Activity Book.

Activity 2

- Design and draw your minibeast exhibition.

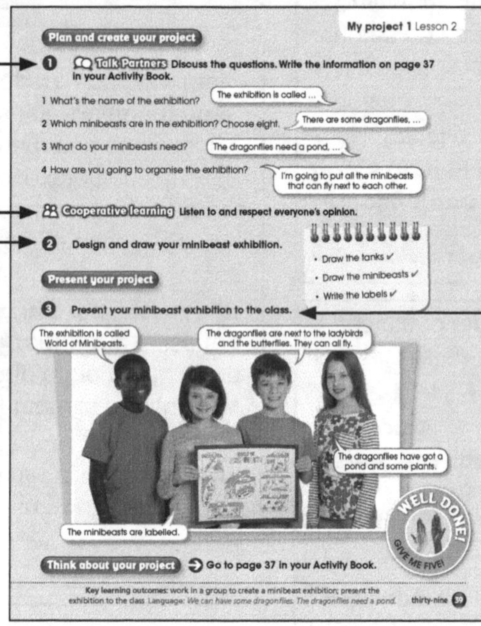

Present your project: Activity 3

- Present your minibeast exhibition to the class.
- Think about your project.

Go to the Activity Book.

Ending the lesson

- Review the lesson and reflect on learning.

Extra activity

Reinforcement

- Make a poster for your minibeast exhibition.

Activity Book

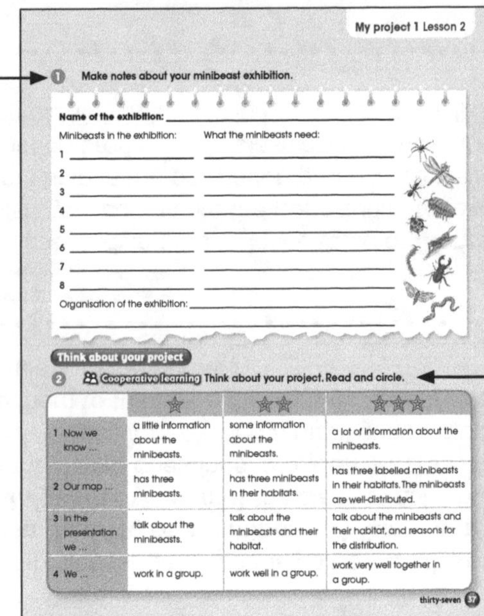

Activity Book

Activity 1

- Make notes about your minibeast exhibition.

Think about your project: Activity 2

- Think about your project.
- Read and circle.

Digital resources

Teacher's Digital: You can also teach this lesson using the Teacher's App on Navio.

Pupil's Digital: Encourage your pupils to use the Pupil's App on Navio to practise the activities from this lesson.

Powered By NAVIO

Starting the lesson

Use the Trinity Exams Practice cards (optional).

- The pupils practise asking and answering questions.

Set learning outcomes and use the talk cards.

- Say **Today we're going to continue the project.** Prompt the class to tell you what they did in the last lesson.
- Point to the talk cards to show the pupils the different ways they will be working in the lesson.
- Highlight that the pupils will be working in small groups and prompt the class to tell you what they must do when they work in groups: *listen, take turns, respect different opinions,* etc.

Plan and create your project: Pupil's Book Activity 1

Discuss the questions. Write the information on page 37 in your Activity Book.

- (Books closed.) Revise the prepositions that the pupils learnt in Level 3 so that pupils can complete part 4 of the activity. Practise 'in', 'on', 'under', 'behind', 'next to', 'in front of' and 'opposite'.
- (Books open.) Focus the class on the activity. Invite a pupil to read out the information. Explain that the pupils work in their groups to decide on: a name for the minibeast exhibition, eight minibeasts for the minibeast exhibition and the things the minibeasts need. This information is recorded in the Activity Book.
- If pupils need more support with this activity, ask the groups to do one task at a time. First, ask the groups to choose the minibeast exhibition's name and record it in the Activity Books. Then move on to the second task. Repeat the procedure with the remaining tasks.

Cooperative learning

Listen to and respect everyone's opinion.

- Discuss with the class ways in which we can show respect for each other's opinions.

Activity Book

Activity 1

Make notes about your minibeast exhibition.

- The pupils record their decisions about the minibeasts and their needs in the minibeast exhibition.

Pupil's Book Activity 2

Design and draw your minibeast exhibition.

- Once the pupils have completed their plan, it's time for them to draw their minibeast exhibition. Explain to the class that each person in the group has got a job to do. Invite a pupil to read out the tasks on the notebook page. The groups should decide which task each member is going to do.
- Hand out a large piece of card or paper to each group and ask them to take out their coloured pens and pencils. The pupils work as a group to draw their minibeast exhibition.

Present your project: Pupil's Book Activity 3

Present your minibeast exhibition to the class.

- Focus the class on the photo. Encourage the class to talk about what they can see. Ask **What are the children talking about? What can you see on their poster?** Then ask a pupil to read out the speech bubbles.
- Invite different groups in turn to present their design to the rest of the class. Ensure that each pupil in the group participates in the presentation, but accept that some pupils may contribute more than others with this task. At the end of each presentation, ask the group a question and encourage the rest of the class to think of questions they'd like to ask. The group giving the presentation should answer the questions.
- If you wish, ask the class to vote on which minibeast exhibition is the best. Write the names of the different minibeast exhibitions on the board. Explain that the pupils can only vote for one minibeast exhibition and they can't vote for their own group. Say the name of each minibeast exhibition in turn and ask the pupils to raise their hands if they think that minibeast exhibition is the best. Alternatively, hand out a slip of paper to each pupil and ask them to write the number of the exhibition they think is best on the paper. Collect and count the papers.

Think about your project

- Tell the pupils that they are now going to think about what they have achieved and evaluate how their project went. Ask the pupils to turn to page 37 in their Activity Book.

Activity Book

Activity 2

Think about your project. Read and circle.

- Explain to the class that they are now going to think about their project. Read out each statement and ask the pupils to circle one, two or three stars depending on their project.

Ending the lesson

Review the lesson and reflect on learning.

- Say **We've done a project about minibeast exhibitions. What was your job? Are you pleased with what you achieved?** Elicit the pupils' answers.
- Ask **Which was your favourite activity? Which activity was easy / difficult?**

Extra activity

Reinforcement

- Explain to the class that they are going to make a poster to advertise their minibeast exhibition. Draw a sample poster on the board. Elicit the main features the pupils should include. (*The title, illustrations, information, opening times, price.*)
- The pupils work in groups to make their posters.

Date: ____________ **Unit:** ____________

1 What did my pupils learn in this unit?

2 How did my pupils work? (✓)

individually ☐ in pairs ☐ in small groups ☐

in large groups ☐ as a class ☐

3 Which key competences did my pupils develop?

- Competence in linguistic communication ☐
- Competence in mathematics, science and technology ☐
- Digital competence ☐
- Learning to learn ☐
- Social and civic competences ☐
- Sense of initiative and entrepreneurship ☐
- Cultural awareness and expression ☐

4 Which lessons / activities were the most successful and why?

5 Which lessons / activities did my pupils find the most difficult and why?

6 What did I try in the classroom for the first time? How did it go?

7 Which resources did I find most useful? (including webpages)

8 What could I do differently next time I teach this unit?

Unit overview

Key Competences and Key Learning Outcomes

- Identify and say objects in space (Lesson 1)
- Say the vocabulary chant (Lesson 1)
- Listen, repeat and act out a conversation (Lesson 2)
- Follow, complete and correct the grammar tables (Lessons 2 and 4)
- Use long and short superlative adjectives (Lessons 2 and 4)
- Learn adjectives to describe objects (Lesson 4)
- Use subheadings (Lesson 7)
- Watch and understand a video (Video and 21st Century Skills)

- Use a code to read a message (Lesson 3)
- Read and understand an information text (Lesson 6)
- Prepare and write a fact file (Lesson 7)

- Use the Pupil's App on Navio
- Investigate Australia (Lesson 8)

- Say a tongue twister and practise spellings for the 'a_e' sound (Lesson 5)
- Practise activity types found in the Cambridge Exams: A2 Flyers

- Understand the importance of not taking living things out of their habitats (Lesson 3)

- Work with a Talk Partner to practise and reinforce learning (all lessons)
- Play a communication game using superlative adjectives (Lesson 5)

- Sing two songs (Lessons 1 and 4)
- Read, listen, understand and act out a story about a meteorite (Lesson 3)
- Research Australia and think about your own culture (Lesson 8)

Vocabulary

Core vocabulary
asteroid belt, astronaut, comet, Jupiter, Mercury, meteorite, Neptune, planets, rings, rocket, satellite, Venus; expensive, heavy, interesting, modern, powerful, shiny

Extension vocabulary (optional)
alien, Earth, Mars, Saturn, space station, Uranus; cheap, dull, large, tiny

Other vocabulary
brightest, coldest, furthest, greatest, heaviest, longest, shiniest, windiest; amazing, dry, rocky; dust, gas giants, ice caps, nebulas, north, price, solar system, south pole, stargazing, surface, telescope, temperature, volcano

Recycled vocabulary
day, moon, the Sun; first, second, third, fourth, fifth, sixth, seventh, eighth; ice, mountain, starfish, water

Structures

Core structures
(Jupiter) is the (biggest) planet. (Mercury) is the (closest) planet to the Sun. The (red) rocket is the (heaviest) rocket.

Other structures
You need clear skies and a high position. The largest telescope is the Anglo-Australian telescope. These are clouds of dust and gas where new stars are born.

Recycled structures
(Earth) is the (third) planet. It's (next to Earth). It's got at least (16 moons). That wasn't a (shooting star). It was a (meteorite).

Phonics

The 'a_e' sound (*snake race space came eighth neigh sleigh*)
Recycled: 'ai' and 'ay' spellings

Literacy

Text type: a fact file (information text)
Reading skills: reading for specific information
Writing skills: using subheadings

Culture ... around the world

An observatory in Australia

21st Century Skills

Grading things / putting things on a cline

Thinking skills

Applying rules (Lessons 2 and 4); Remembering (Lesson 2); Predicting (Lessons 3 and 8); Classifying (Lesson 6)

Cooperative learning

Collaborating (Lessons 1, 3, 4, 7 and Review); Information sharing (Lesson 5); Peer evaluation and feedback (Lesson 7)

Values

Understanding the importance of not taking living things out of their habitats

Cross-curricular links

Link to Science
Our planet: Classifying celestial bodies, reviewing the position of planets in the solar system and sharing information about our planet

Suggested Arts and Crafts concepts
Observing the use of swirls, spirals, curved, wavy and continuous lines and creating a skyscape

Key Competences and Key Learning Outcomes

- Identify and say objects in space
- Say the vocabulary chant
- Review and discuss what is in the sky
- Classify celestial bodies (optional)
- Play a guessing game with a partner
- Sing a song about the solar system

Key language

- *asteroid belt, astronaut, comet, Jupiter, Mercury, meteorite, Neptune, planets, rings, rocket, satellite, Venus; first, second, third, fourth, fifth, sixth, seventh, eighth*
- Extension: *alien, Earth, Mars, Saturn, space station, Uranus*
- *(Earth) is the (third) planet. It's (next to Earth). Is it (Mars)? Yes, it is. Well done.*

Materials

- Pupil's Book p40; Activity Book p38; Class CD2; Teacher's App on Navio
- Space objects flashcards
- Teacher's Resource Bank: Space objects word cards
- Teacher's Resource Bank: Talk cards
- Sheets of paper

Optional materials

- Teacher's Resource Bank: Trinity Exams Practice cards (selected from the Starter Unit and Units 1, 2 and 3)

At a Glance Lesson Plan

Pupil's Book

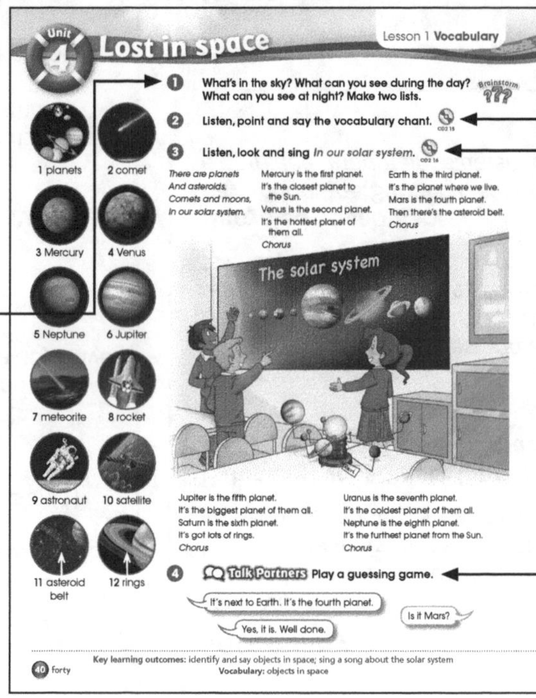

Starting the lesson
- Use the Trinity Exams Practice cards (optional).
- Review adjectives.
- Set learning outcomes and use the talk cards.

Activity 1
- What's in the sky?
- What can you see during the day?
- What can you see at night?
- Make two lists.

Vocabulary presentation
- Present the new vocabulary using the space objects flashcards.

Word cards
- Introduce the spellings of the vocabulary using the space objects word cards.

Activity 2
- Listen, point and say the vocabulary chant.
- ▶ *CD2 Track 15 p268*

Activity 3
- Listen, look and sing *In our solar system.*
- ▶ *CD2 Track 16 p268*

Activity 4
- Play a guessing game.
- Go to the Activity Book.

Ending the lesson
- Review the lesson and reflect on learning.

Extra activities

Reinforcement
- Form a Living solar system.

Vocabulary extension
- Present six additional vocabulary items.

Link to Science
- **Our planet:** Classify celestial bodies.

Activity Book

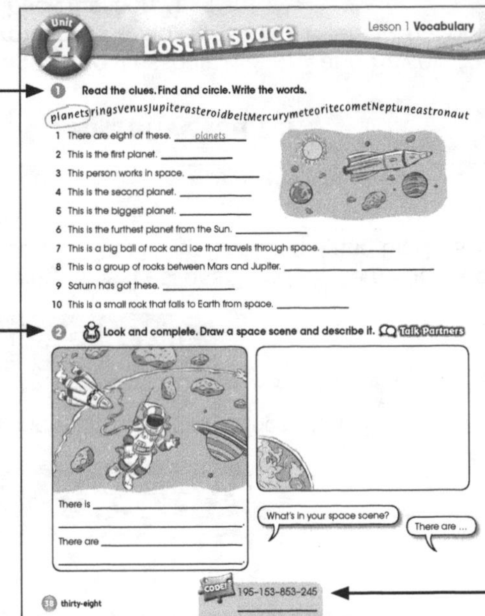

Activity Book

Activity 1
- Read the clues.
- Find and circle.
- Write the words.

Activity 2
- Look and complete.
- Draw a space scene and describe it.

Code activity
- Complete the code activity.

Digital resources

Teacher's Digital: You can also teach this lesson using the Teacher's App on Navio.

Pupil's Digital: Encourage your pupils to use the Pupil's App on Navio to practise the activities from this lesson.

Powered By NAVIO

Starting the lesson

Use the Trinity Exams Practice cards (optional).

- The pupils practise asking and answering questions.

Review adjectives.

- Organise the pupils into groups of four. Explain to the class that you want them to work together to think of adjectives that begin with each of the letters of the alphabet. Give each group a piece of paper and designate a scribe to write the letters of the alphabet in two or three columns. Elicit an adjective that begins with A as an example (*angry*). The pupils take turns to write an adjective next to any of the letters.
- Set a time limit of 3 minutes. Collate all the adjectives on the board.

Set learning outcomes and use the talk cards.

- Say **Today we're going to talk about space.**
- Point to the talk cards to show the pupils the different ways they will be working in the lesson.

Pupil's Book Activity 1

What's in the sky? What can you see during the day? What can you see at night? Make two lists.

- (Books closed.) Ask the class **What's in the sky? What can you see during the day? What can you see at night?**
- Encourage the pupils to give detailed answers.

Vocabulary presentation

- (Books closed.) Hold up each space object flashcard in turn and elicit / say the word.
- Stick the flashcards on the board. The pupils repeat the words once or twice.
- Repeat the procedure with the other cards.

Word cards

- (Books closed.) Hand out a space object word card to each pair.
- The pairs of pupils take turns to come to the board, read out their word and stick their card next to the corresponding flashcard.

Pupil's Book Activity 2

Listen, point and say the vocabulary chant.

▶ *CD2 Track 15 p268*

- (Books open.) Focus the pupils' attention on the 12 photos. Say **Let's listen and say the words.** Play the CD. The pupils listen, point and repeat.

Pupil's Book Activity 3

Listen, look and sing *In our solar system*.

▶ *CD2 Track 16 p268*

- Focus the pupils' attention on the scene. Ask **What are they looking at?**
- Say **Let's listen to the song.** Play the CD. The pupils listen and read.
- Play the CD again. The pupils join in singing the song.

Pupil's Book Activity 4

Play a guessing game.

- Ask two pupils to read out the speech bubbles.
- Organise the class into Talk Partners. The pupils ask and answer questions about the planets.

Activity Book

Activity 1

Read the clues. Find and circle. Write the words.

- Ask a pupil to read the first clue. The pupils look in the word snake for the answer.
- The pupils work individually to circle the words and write them in the space provided.

Answers: 1 planets **2** Mercury **3** astronaut **4** Venus **5** Jupiter **6** Neptune **7** comet **8** asteroid belt **9** rings **10** meteorite

Activity 2

Look and complete. Draw a space scene and describe it.

- Focus the pupils on the illustrations. Ask them to name the different objects. Ask them to describe a space scene to you as you draw it on the board.
- The pupils then draw their own space scene and write a short description about it.

Answers: There is an astronaut / a rocket / a comet / a planet / an asteroid belt. There are lots of stars / asteroids.

Code activity

- The pupils complete the code activity.

Answer: cave

Ending the lesson

Review the lesson and reflect on learning.

- (Books closed.) Say **Today we've learnt the names of objects in space. Which objects can you remember?**
- Ask the class **Which was your favourite activity today? Which activity was easy / difficult?**

Extra activities

Reinforcement

- Form a Living solar system. Organise the pupils into eight groups – each group representing a different planet. Play track 16 again. As you play the CD, the members of each group should hold hands forming a circle and line up in the order of the planets.

Vocabulary extension

- Use the Vocabulary Booster on Navio to present and practise six additional objects in space words: *alien, Earth, Mars, Saturn, space station, Uranus*.

Link to Science

- If you are studying the Science topic of **Our planet**, you can remind the pupils that the Sun, planets and natural satellites (moons) are all called celestial bodies. Ask them to name objects from the lesson that are celestial bodies.

Key Competences and Key Learning Outcomes

- Listen, repeat and act out a conversation
- Listen, follow the grammar table and identify the parts of a sentence

- Use superlative adjectives to talk about the planets
- Review the solar system (optional)

Key language

- *Earth, Jupiter, Mercury, Neptune, planets, Uranus, Venus; biggest, closest, coldest, furthest, hottest, smallest*
- *(Mercury) is the (closest) planet to the Sun. (Venus) is the (hottest) planet. Which is the (biggest) planet? (Jupiter) is the (biggest) planet.*

Materials

- Pupil's Book p41; Activity Book p39; Class CD2; Teacher's App on Navio
- Space objects flashcards
- Teacher's Resource Bank: Talk cards

Optional materials

- Teacher's Resource Bank: Trinity Exams Practice cards (selected from the Starter Unit and Units 1, 2 and 3)

At a Glance Lesson Plan

Pupil's Book

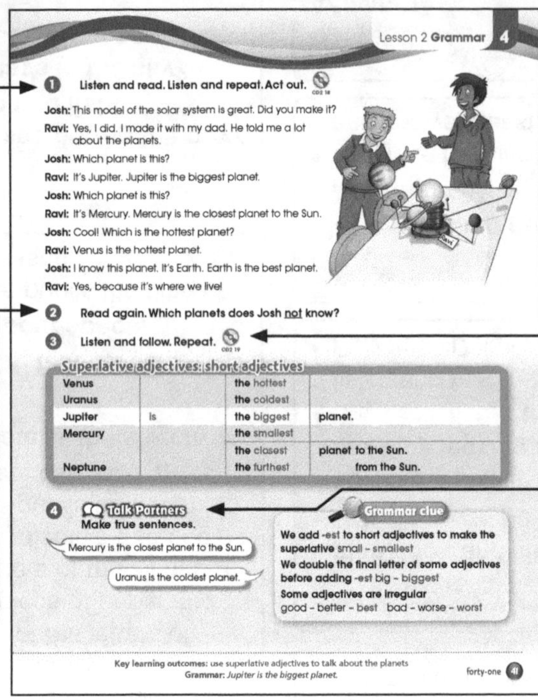

Starting the lesson

- Use the Trinity Exams Practice cards (optional).
- Play *Flashcard chain*.
- Review the *In our solar system* song.

▶ *CD2 Track 16 p268*

▶ *CD2 Track 17 p268 (optional karaoke version)*

- Set learning outcomes and use the talk cards.

Activity 1

- Listen and read.
- Listen and repeat.

▶ *CD2 Track 18 p268*

- Act out.

Activity 2

- Read again.
- Which planets does Josh <u>not</u> know?

Activity 3

- Listen and follow.

▶ *CD2 Track 19 p268*

- Repeat.
- **Grammar clue:** Read about superlative adjectives.

Activity 4

- Make true sentences.

Go to the Activity Book.

Ending the lesson

- Review the lesson and reflect on learning.

Extra activity

Reinforcement

- Ask questions about the planets.

Link to Science

- **Our planet:** Review the solar system.

Activity Book

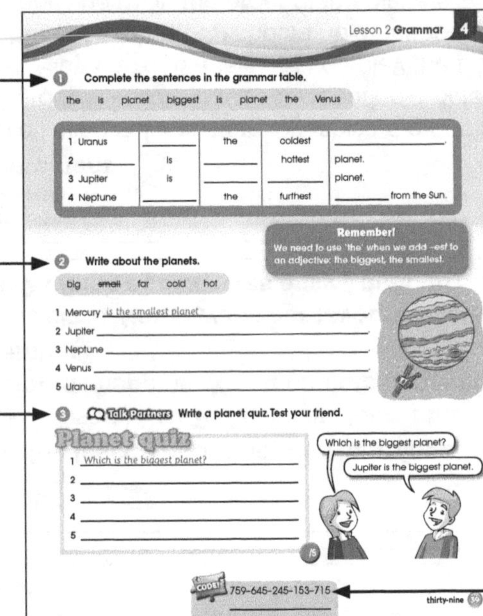

Activity Book

Activity 1

- Complete the sentences in the grammar table.

Activity 2

- Write about the planets.

Activity 3

- Write a planet quiz.
- Test your friend.

Code activity

- Complete the code activity.

Digital resources

Teacher's Digital: You can also teach this lesson using the Teacher's App on Navio.

Pupil's Digital: Encourage your pupils to use the Pupil's App on Navio to practise the activities from this lesson.

Powered By NAVIO

Starting the lesson

Use the Trinity Exams Practice cards (optional).

- The pupils practise asking and answering questions.

Play *Flashcard chain*.

- Play *Flashcard chain* (see p27) with the space objects flashcards.

Review the *In our solar system* song.

▶ *CD2 Track 16 p268*

▶ *CD2 Track 17 p268 (optional karaoke version)*

- Play the CD (or use the karaoke version). The pupils sing along and do the actions.

Set learning outcomes and use the talk cards.

- Say **Today we're going to describe planets.**
- Point to the talk cards to show the pupils the different ways they will be working in the lesson.

Pupil's Book Activity 1

Listen and read. Listen and repeat. Act out.

▶ *CD2 Track 18 p268*

- The pupils look at the picture. Ask **Who can you see? What has Ravi got? What is Ravi talking about?**
- Play the CD. The pupils listen and read the conversation. Confirm that Ravi is talking about his model of the solar system. Ask **Which is the best planet?** (*Earth.*)
- Play the CD again, pausing after each sentence for the pupils to repeat.
- The pupils practise the conversation with a Talk Partner.

Pupil's Book Activity 2

Read again. Which planets does Josh not know?

- The pupils read the conversation again and say which of the planets Josh doesn't know.

Answers: Jupiter, Mercury, Venus

Pupil's Book Activity 3

Listen and follow. Repeat.

▶ *CD2 Track 19 p268*

- Play the CD. The pupils listen to the first sentence and point to the words they hear.
- The pupils repeat the complete sentence. Repeat with the other sentences.

Grammar clue

- Read the grammar clue as a class. Remind the class that we add 'est' to an adjective to make the superlative form.
- Ask if they can list the adjectives that double their final letter before adding 'est', e.g. 'big', 'hot'. Remind them that some superlatives are irregular.
- Point out that 'farthest' can also be used instead of 'furthest'.

Pupil's Book Activity 4

Make true sentences.

- Organise the class into Talk Partners. The pupils practise talking about the planets using the superlative form.

Activity Book

Activity 1

Complete the sentences in the grammar table.

- Invite a pupil to read out the words in the word box. The pupils work on their own or with a partner to write the words in the grammar table.

Answers: **1** is, planet **2** Venus, the **3** the, biggest **4** is, planet

Activity 2

Write about the planets.

- Invite a pupil to read out the example.
- The pupils work on their own to write about the remaining planets.

Answers: **1** is the smallest planet **2** is the biggest planet **3** is the furthest planet from the Sun **4** is the hottest planet **5** is the coldest planet

Activity 3

Write a planet quiz. Test your friend.

- Explain to the class that they are going to write a planet quiz for a friend. Prompt a pupil to ask a question about one of the planets using the superlative. Ask a different pupil to answer with a superlative statement.
- The pupils write questions individually.
- Organise pupils into Talk Partners. Each pupil should do the quiz with their partner, taking note of the results.

Code activity

- The pupils complete the code activity.

Answer: spear

Ending the lesson

Review the lesson and reflect on learning.

- (Books closed.) Say **Today we've learnt how to describe planets.** Ask **Which is the biggest / smallest / hottest planet? Which planet is closest to / furthest from the Sun?**
- Ask the class **Which was your favourite activity today? Which activity was easy / difficult?**

Extra activity

Reinforcement

- Place a chair in the middle of the room. Say **This is the hot seat.** Invite a confident pupil to sit in the seat and then prompt the rest of the class to ask questions about the planets. The child in the hot seat answers three questions before changing places with another pupil.

Link to Science

- If you are studying the Science topic of **Our planet**, you can remind the pupils about the position of the planets in the solar system.
- Ask the pupils to draw and label a diagram of the solar system.

Key Competences and Key Learning Outcomes

- Read, listen and understand a story about a meteorite
- Use a code to read a message
- Do a pre-reading task
- Understand the importance of not taking living things out of their habitats
- Understand, enjoy and act out the story
- Give an opinion on the story

Key language

- *beach, Earth, lighthouse, living thing, meteorite, night sky, planets, rock, sea, shooting star, starfish, Venus; brightest, shiniest*
- *It's the closest planet to Earth. Look at the brightest, shiniest star in the sky. It isn't really a star. That wasn't a shooting star. It was a meteorite. We didn't find the meteorite, but we saved a starfish!*

Materials

- Pupil's Book pp42–43; Activity Book p40; Class CD2; Teacher's App on Navio
- Teacher's Resource Bank: Talk cards

Optional materials

- Teacher's Resource Bank: Trinity Exams Practice cards (selected from the Starter Unit and Units 1, 2 and 3)

At a Glance Lesson Plan

Pupil's Book

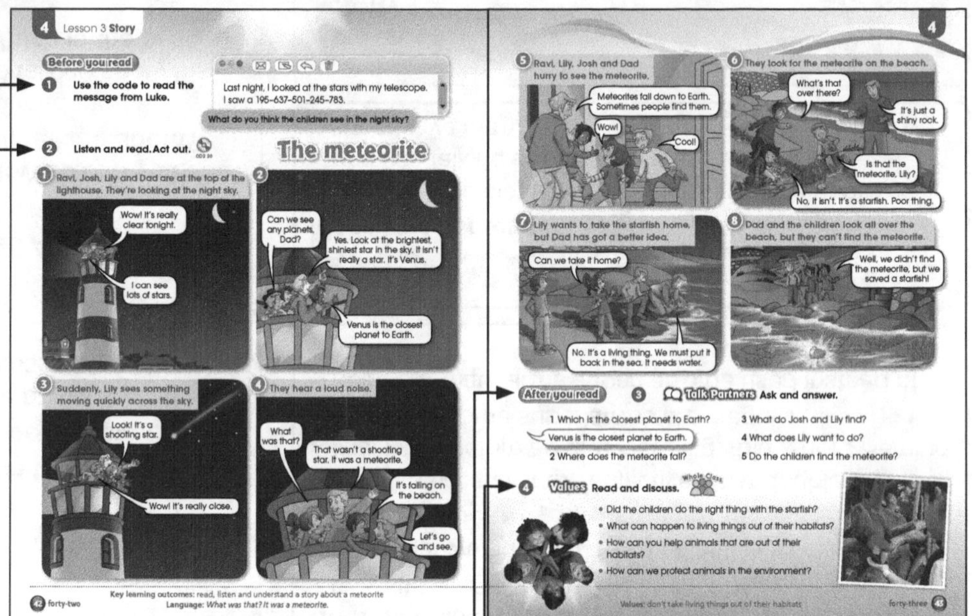

Starting the lesson

- Use the Trinity Exams Practice cards (optional).
- **Think-Pair-Share.** Review the superlative descriptions of planets.
- Set learning outcomes and use the talk cards.

Before you read: Activity 1

- Use the code to read the message from Luke.

Activity 2

- Listen and read.
- ▶ *CD2 Track 20 p268*
- Act out.

After you read: Activity 3

- Ask and answer.

Activity 4: Values

- Read and discuss.
- Go to the Activity Book.

Ending the lesson

- Review the lesson and reflect on learning.

Extra activities

Reinforcement

- Retell the story as a class.

Extension

- Write a new ending for the story.

Digital resources

Teacher's Digital: You can also teach this lesson using the Teacher's App on Navio.

Pupil's Digital: Encourage your pupils to use the Pupil's App on Navio to practise the activities from this lesson.

Powered By NAVIO

Activity Book

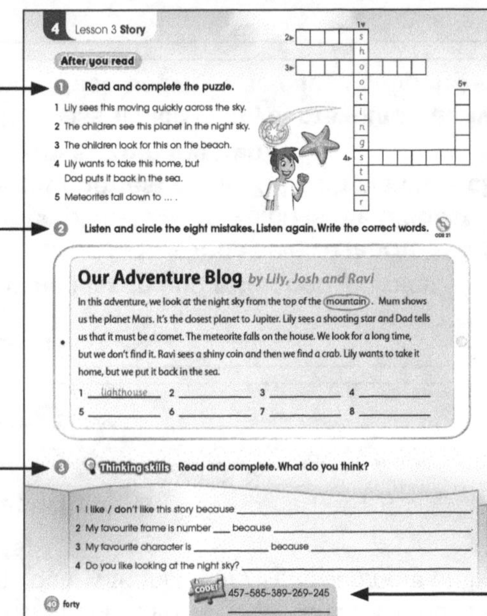

After you read: Activity Book

Activity 1

- Read and complete the puzzle.

Activity 2

- Listen and circle the eight mistakes.
- ▶ *CD2 Track 21 p269*
- Listen again.
- Write the correct words.

Activity 3

- Read and complete. What do you think?

Code activity

- Complete the code activity.

Starting the lesson

Use the Trinity Exams Practice cards (optional).

- The pupils practise asking and answering questions.

Think-Pair-Share. Review the superlative descriptions of planets.

- Elicit the superlative adjectives from Lesson 2 and write them on the board. Ask the pupils to write as many superlative sentences as possible about the planets. Give the pupils time to think individually first. The pupils compare their ideas with a Talk Partner.
- Finally, ask some pupils to share what they remember with the whole class.

Set learning outcomes and use the talk cards.

- Say **Today we're going to listen to and read a story in English.**
- Point to the talk cards to show the pupils the different ways they will be working in the lesson.

Before you read: Pupil's Book Activity 1

Use the code to read the message from Luke.

- Say **Josh and Lily have received a message from Luke.** Ask the pupils to use the story code (Pupil's Book page 7) to discover the mystery word in the message. (*comet*) Then prompt the class to read the title of the story and predict what the children see in the night sky.

Pupil's Book Activity 2

Listen and read.

▶ *CD2 Track 20 p268*

- Play the CD. The pupils follow in their books.
- Ask questions to check understanding.

Suggested comprehension questions

- Frame 1: **Where are Lily, Ravi and Josh?** (*At a lighthouse.*) **What can they see in the sky?** (*Lots of stars.*)
- Frame 2: **Can they see any planets?** (*Yes, Venus.*)
- Frame 3: **What does Lily see?** (*A shooting star.*)
- Frame 4: **What makes a noise?** (*A meteorite.*)
- Frame 5: **Why do they hurry?** (*To see the meteorite.*)
- Frame 6: **Who finds a starfish?** (*Lily.*)
- Frame 7: **Why do they put the starfish back in the sea?** (*Because it needs water.*)
- Frame 8: **Do they find the meteorite?** (*No.*) **Can you see the meteorite?** (*Yes. It's in the water.*)

Act out.

- Organise the class into four groups (Dad, Lily, Ravi and Josh) and play the CD. Each group joins in when their character speaks. If pupils need extra support, pause the CD after each utterance and ask them to repeat it instead.
- Repeat with groups swapping roles.

After you read: Pupil's Book Activity 3

Ask and answer.

- Ask a pupil to read out the first question and answer. Then invite other pupils to ask and answer the other questions. If necessary, ask the whole class to repeat the answer each time.
- Organise the class into Talk Partners. The pupils practise asking and answering the questions. They can do this orally or in their notebooks.

Answers: 1 Venus is the closest planet to Earth. 2 It falls on the beach. 3 They find a starfish. 4 She wants to take it home. 5 No, they don't.

Pupil's Book Activity 4: Values

Read and discuss.

- Read out each question and discuss it as a class.

After you read: Activity Book

Activity 1

Read and complete the puzzle.

- Ask one pupil to read the first clue and another to read the answer.
- The pupils complete the rest of the puzzle.

Answers: 1 shooting star 2 Venus 3 meteorite 4 starfish 5 Earth

Activity 2

Listen and circle the eight mistakes. Listen again. Write the correct words.

▶ *CD2 Track 21 p269*

- Play the CD. The pupils listen and circle the eight mistakes.
- Play the CD again. The pupils listen and write the correct words.

Answers: 1 ~~mountain~~ lighthouse 2 ~~Mum~~ Dad 3 ~~Mars~~ Venus 4 ~~Jupiter~~ Earth 5 ~~comet~~ meteorite 6 ~~house~~ beach 7 ~~coin~~ rock 8 ~~crab~~ starfish

Activity 3

Read and complete. What do you think?

- Ask a pupil to read out the first statement. The pupils complete the sentence with their own opinion. Repeat the procedure with the other sentences.
- Ask the pupils to share their opinions with a Talk Partner and then later, the rest of the class.

Code activity

- The pupils complete the code activity.

Answer: knife

Ending the lesson

Review the lesson and reflect on learning.

- Say **Today we've listened to a story about a meteorite.**
- Ask the class **Which was your favourite activity today? Which activity was easy / difficult?**

Extra activities

Reinforcement

- Retell the story as a class. Say **Let's tell the story together.** Prompt the class by saying **Ravi, Lily and Josh are in the ...** (*lighthouse*). **They are ...** Use mime, gesture and drawings to support the class.

Extension

- Ask the pupils to think of an alternative ending for the story. The pupils draw a new story frame and write a new conversation.

Key Competences and Key Learning Outcomes

- Identify and say adjectives
- Follow and correct the grammar tables
- Use short and long superlative adjectives

- Play a communication game

- Sing a song

Key language
- *expensive, heavy, interesting, modern, powerful, shiny; rocket, world*
- Extension: *cheap, dull, large, tiny*
- *It's the most (fantastic) rocket in the world. It's the (fastest) rocket. The (red) rocket is the (heaviest) rocket.*

Materials
- Pupil's Book p44; Activity Book p41; Class CD2; Teacher's App on Navio
- Teacher's Resource Bank: Talk cards

Optional materials
- Teacher's Resource Bank: Trinity Exams Practice cards (selected from the Starter Unit and Units 1, 2 and 3)
- Photos of vehicles

At a Glance Lesson Plan

Pupil's Book

Starting the lesson
- Use the Trinity Exams Practice cards (optional).
- Review the story from Lesson 3.
- Set learning outcomes and use the talk cards.

Activity 1
- Listen, point and say.
- ▶ *CD2 Track 22 p269*

Activity 2
- Listen and sing *The best rocket in the world*.
- ▶ *CD2 Track 23 p269*

Activity 3
- Listen and follow.
- ▶ *CD2 Track 24 p269*
- Repeat.
- **Grammar clue:** Read about making the superlative.

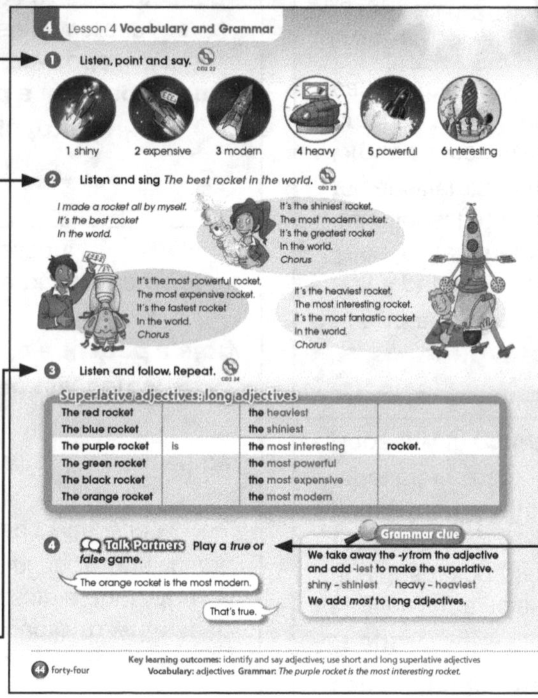

Activity 4
- Play a *true* or *false* game.
- Go to the Activity Book.

Ending the lesson
- Review the lesson and reflect on learning.

Extra activities

Reinforcement
- Describe other vehicles using the superlative form.

Vocabulary extension
- Present four additional vocabulary items.

Activity Book

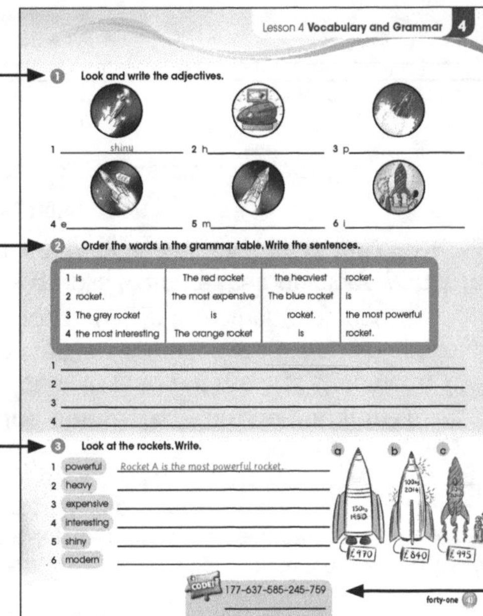

Activity Book

Activity 1
- Look and write the adjectives.

Activity 2
- Order the words in the grammar table.
- Write the sentences.

Activity 3
- Look at the rockets. Write.

Code activity
- Complete the code activity.

Digital resources

Teacher's Digital: You can also teach this lesson using the Teacher's App on Navio.

Pupil's Digital: Encourage your pupils to use the Pupil's App on Navio to practise the activities from this lesson.

Powered By NAVIO

Starting the lesson

Use the Trinity Exams Practice cards (optional).

- The pupils practise asking and answering questions.

Review the story from Lesson 3.

- (Books closed.) Ask the class if they remember the story that they read in the last lesson.
- Organise the class into small groups. Ask each group in turn a question about the story. The pupils collaborate before they give the answer.

Set learning outcomes and use the talk cards.

- Say **Today we're going to learn how to describe rockets.**
- Point to the talk cards to show the pupils the different ways they will be working in the lesson.

Pupil's Book Activity 1

Listen, point and say.

▶ *CD2 Track 22 p269*

- (Books open.) Point to the first picture. Ask **What's this rocket like?** Say **It's shiny. What else is shiny? Is a car shiny? Is a rock shiny?** Encourage different pupils to respond to the questions. Then say the adjective once more and prompt the class to repeat. Repeat the procedure with the other rockets in the activity.
- Play the CD. The pupils listen, repeat each word and point to the picture.

Pupil's Book Activity 2

Listen and sing *The best rocket in the world*.

▶ *CD2 Track 23 p269*

- Focus the class on the pictures and ask the class to describe each of the rockets.
- Play the CD. The pupils listen and read.
- Play the CD again. The pupils join in singing the song.

Pupil's Book Activity 3

Listen and follow. Repeat.

▶ *CD2 Track 24 p269*

- Focus the class on the grammar table.
- Play the CD. The pupils listen to the first sentence and point to the corresponding parts of the sentence. The pupils repeat the complete sentence.
- Repeat the procedure with the other sentences.

Grammar clue

- Remind the class that when an adjective ends in 'y' we change the 'y' to 'i' before we add 'est' to make the superlative form.
- Ask if they can list the adjectives that end in 'y', e.g. *heavy*, *shiny*.
- Elicit that we use 'most' with long adjectives. Ask the class to name the long adjectives from the lesson. (*Interesting, expensive, fantastic, powerful, modern.*)

Pupil's Book Activity 4

Play a *true* or *false* game.

- Organise the class into Talk Partners. The pupils play a true or false game about the rockets using the superlative form.

Activity Book

Activity 1

Look and write the adjectives.

- Ask the pupils to list the six adjectives they learnt in this lesson. Write them on the board. Invite a pupil to choose the rocket that fits each adjective. Encourage the class to discuss the rockets with a Talk Partner, e.g. *This is the most expensive rocket.*

Answers: **1** shiny **2** heavy **3** powerful **4** expensive **5** modern **6** interesting

Activity 2

Order the words in the grammar table. Write the sentences.

- Explain to the class that the grammar table is mixed up and that they need to reorder the words.
- Invite a pupil to read out the first sentence.
- The pupils order and write the remaining sentences. Remind them that a sentence always begins with a capital letter and finishes with a full stop.

Answers: **1** The red rocket is the heaviest rocket. **2** The blue rocket is the most expensive rocket. **3** The grey rocket is the most powerful rocket. **4** The orange rocket is the most interesting rocket.

Activity 3

Look at the rockets. Write.

- Ask **Which is the most powerful rocket?** Invite a pupil to look and decide which rocket is the most powerful. Repeat the procedure with the other adjectives.
- The pupils work individually to write sentences about the rockets.
- The pupils check their answers with a Talk Partner.

Answers: **1** Rocket A is the most powerful rocket. **2** Rocket A is the heaviest rocket. **3** Rocket C is the most expensive rocket. **4** Rocket C is the most interesting rocket. **5** Rocket B is the shiniest rocket. **6** Rocket B is the most modern rocket.

Code activity

- The pupils complete the code activity.

Answer: bones

Ending the lesson

Review the lesson and reflect on learning.

- Say **Today we've learnt some words to describe rockets. Which words have you learnt?** The pupils list the six adjectives.
- Ask the class **Which was your favourite activity today? Which activity was easy / difficult?**

Extra activities

Reinforcement

- Cut out some photos of other vehicles (cars, buses, bikes, boats) from magazines or project photos on the board. Choose three of each. Encourage the class to use the adjectives from the lesson to describe the three vehicles, using the superlative form.

Vocabulary extension

- Use the Vocabulary Booster on Navio to present and practise four additional adjectives: *cheap, dull, large, tiny*.

Key Competences and Key Learning Outcomes

- Say a tongue twister with the 'a_e' sound
- Learn and practise alternative spellings for the 'a_e' sound
- Listen for specific information

- Play a communication game using superlative adjectives

Key language

- *away, cake, came, day, eight, eighth, eighty, horse, May, neigh, play, price, race, rain, say, sleigh, snail, snake, space, train, whale; expensive, heavy, interesting, modern, powerful, shiny, tall; date of manufacture, engine power, interest rating*
- *Which is the most modern rocket? Cosmic Comet is the most modern rocket.*

Materials

- Pupil's Book p45; Activity Book p42; Class CD2; Teacher's App on Navio
- Teacher's Resource Bank: Talk cards
- Teacher's Resource Bank: Unit 4 Lesson 5 Communication Activity
- Sheets of paper

Optional materials

- Teacher's Resource Bank: Trinity Exams Practice cards (selected from the Starter Unit and Units 1, 2 and 3)
- Teacher's Resource Bank: Space objects word cards

At a Glance Lesson Plan

Pupil's Book

Starting the lesson

- Use the Trinity Exams Practice cards (optional).
- Review the adjectives from Lesson 4.
- Review *The best rocket in the world* song.
- ▶ ***CD2 Track 23 p269***
- Set learning outcomes and use the talk cards.

Speak and spell: Activity 1

- Listen, read and say.
- ▶ ***CD2 Track 25 p269***
- Go to the Activity Book.

Activity 2

- Read the rocket cards.
- Listen and say *true* or *false*.
- ▶ ***CD2 Track 26 p269***

Activity 3

- Ask and answer about the rockets (Teacher's Resource Bank: Unit 4).

Ending the lesson

- Review the lesson and reflect on learning.

Extra activities

Reinforcement

- Review all known spellings of the target sound: 'a_e', 'eigh', 'ai', ay'.
- Play *Word detectives*.

Activity Book

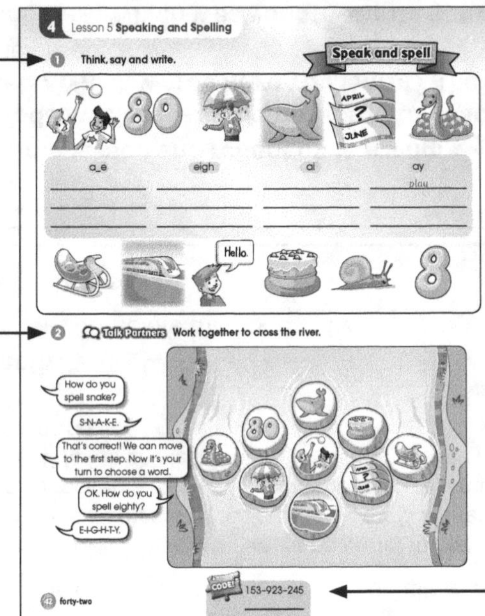

Activity Book

Speak and spell: Activity 1

- Think, say and write.

Activity 2

- Work together to cross the river.

Code activity

- Complete the code activity.

Digital resources

Teacher's Digital: You can also teach this lesson using the Teacher's App on Navio.

Pupil's Digital: Encourage your pupils to use the Pupil's App on Navio to practise the activities from this lesson.

Powered By NAVIO

Starting the lesson

Use the Trinity Exams Practice cards (optional).

- The pupils practise asking and answering questions.

Review the adjectives from Lesson 4.

- (Books closed.) Quickly review the adjectives from Lesson 4. Encourage the pupils to add any further adjectives they know.
- Organise the class into groups. Give each group a sheet of paper. Tell the groups to describe the most amazing rocket ever. The first pupil should write a sentence then fold the paper over. The second pupil should write another sentence. Stop the activity after three turns. The pupils may not read the other sentences and they should not say their sentences out loud. They can give their group non-verbal clues to avoid repetition of sentences.
- The group with the most different sentences wins.

Review *The best rocket in the world* song.

▶ *CD2 Track 23 p269*

- Play the CD. The pupils sing along and do the actions.

Set learning outcomes and use the talk cards.

- Say **Today we're going to say a tongue twister, practise spelling and play a game.**
- Point to the talk cards to show the pupils the different ways they will be working in the lesson.

Pupil's Book Activity 1: Speak and spell

Listen, read and say.

▶ *CD2 Track 25 p269*

- (Books open.) Focus the class on the picture. Ask **What can you see here?** (*A horse and snake in space.*) Ask **What are they doing?** (*They are having a race.*) **Did the snake win?** (*No.*) **Where did the snake finish in the race?** (*Eighth.*) **What did the horse say?** (*Neigh.*) **What's the horse riding in?** (*A sleigh.*) **Who else rides in a sleigh?** (*Santa.*)
- Say **Let's listen to a tongue twister.** Play the CD. The pupils follow the text in their books. Play the CD again. The pupils join in with the tongue twister.
- Ask **How do you spell snake? How do you spell eighth?** Highlight the two new ways of spelling the 'a_e' sound.
- Focus the pupils' attention on the *Remember!* thought bubble. Remind them that 'rain' and 'day' also have the sound 'a_e' and that these are all alternative spellings for the same sound.
- Refer the pupils back to the tongue twister and ask them to find an example of the 'ay' spelling (*away*).

Activity Book

Activity 1: Speak and spell

Think, say and write.

- The pupils identify the pictures which contain 'a_e', 'eigh', 'ai' and 'ay'.
- The pupils classify and write the words according to whether they are written with 'a_e', 'eigh', 'ai' or 'ay'.

Answers: **a_e:** whale, cake, snake **eigh:** eighty, sleigh, eight **ai:** rain, train, snail **ay:** play, say, May

Activity 2

Talk Partners. Work together to cross the river.

- Explain to the pupils that they have to go across the stepping stones to cross the river. They should choose pictures to spell to get to the other side.
- Invite two pupils to read out the speech bubbles.
- Organise the pupils into Talk Partners. The pupils take it in turns to test their partner on the spelling of the words in the stepping stones. Stress the importance of prompting, encouraging and helping each other.

Code activity

- The pupils complete the code activity.

Answer: axe

Pupil's Book Activity 2

Read the rocket cards. Listen and say *true* or *false*.

▶ *CD2 Track 26 p269*

- Focus the class on the activity. Explain that they are going to listen to two pupils playing a 'Top Trumps' style game. The pupils name features of the rockets to see which is the most powerful / expensive, etc.
- Point to the rocket cards and elicit the adjectives used to describe each one.
- Play the first part of conversation 1 on the CD and ask the pupils to point to the corresponding rocket. Play the rest of the conversation for pupils to decide if the answer given is true or false.
- Repeat the procedure with the other conversations.
- The pupils listen to the CD again to check their answers.

Answers: **1** F Red Rocket **2** T **3** T **4** F Red Rocket **5** T

Pupil's Book Activity 3

Talk Partners. Ask and answer about the rockets (Teacher's Resource Bank: Unit 4).

- Invite two pupils to read out the speech bubbles. Explain that they are going to play the same game.
- Explain to the pupils that they are going to ask and answer about the rockets with a Talk Partner.
- Organise the class into Talk Partners. Pupil A uses Rocket 1 and Pupil B uses Rocket 2. The pupils then play the game.

Ending the lesson

Review the lesson and reflect on learning.

- Say **Today we've practised a tongue twister.** Elicit the tongue twister from the pupils.
- Ask the class **Which was your favourite activity today? Which activity was easy / difficult?**

Extra activities

Reinforcement

- Reinforce all the alternative spellings of the target sound. Draw a chart on the board with the headings 'a_e', 'eigh', 'ai' and 'ay' and elicit words that have each spelling (*a_e: snake, whale, space, cake; eigh: eight, eighth, eighty, weigh; ai: rain, train, Spain, snail; ay: say, day, play, May*). Encourage the pupils to spell out the word and write it in the correct column.
- Play *Word detectives* (see p27) with the space objects word cards.

Key Competences and Key Learning Outcomes

- Read and understand an information text
- Do a pre-reading task to predict content and raise interest
- Read the text for general understanding
- Scan the text to find specific information

Key language

- *gas giants, Jupiter, moon, Neptune, Saturn, the Sun, Uranus; biggest, brightest, coldest, furthest, heaviest, windiest; dust, ice, planet, rings, rock, solar system, storm*
- *It's the (windiest) planet. It's got at least (16 moons).*

Materials

- Pupil's Book p46; Activity Book p43; Class CD2; Teacher's App on Navio
- Teacher's Resource Bank: Talk cards

Optional materials

- Teacher's Resource Bank: Trinity Exams Practice cards (selected from the Starter Unit and Units 1, 2 and 3)

At a Glance Lesson Plan

Pupil's Book

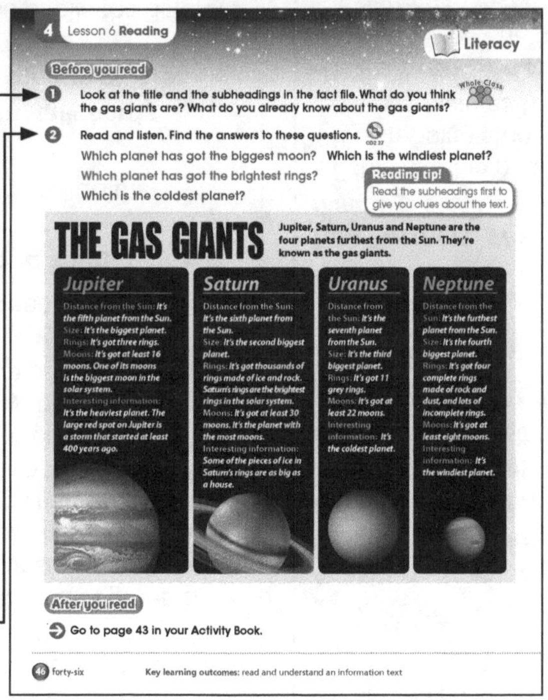
4 Lesson 6 Reading

Literacy

Before you read

1 Look at the title and the subheadings in the fact file. What do you think the gas giants are? What do you already know about the gas giants?

2 Read and listen. Find the answers to these questions.

Which planet has got the biggest moon? Which is the windiest planet?

Which planet has got the brightest rings?

Which is the coldest planet?

Reading tip! Read the subheadings first to give you clues about the text.

THE GAS GIANTS

Jupiter, Saturn, Uranus and Neptune are the four planets furthest from the Sun. They're known as the gas giants.

Jupiter: Distance from the Sun: It's the fifth planet from the Sun. Size: It's the biggest planet. Rings: It's got three rings. Moons: It's got at least 16 moons. One of its moons is the biggest moon in the solar system. Interesting information: It's the heaviest planet. The large red spot on Jupiter is a storm that started at least 400 years ago.

Saturn: Distance from the Sun: It's the sixth planet from the Sun. Size: It's the second biggest planet. Rings: It's got thousands of rings made of ice and rock. Saturn's rings are the brightest rings in the solar system. Moons: It's got at least 30 moons. It's the planet with the most moons. Interesting information: Some of the pieces of ice in Saturn's rings are as big as a house.

Uranus: Distance from the Sun: It's the seventh planet from the Sun. Size: It's the third biggest planet. Rings: It's got 11 grey rings. Moons: It's got at least 22 moons. Interesting information: It's the coldest planet.

Neptune: Distance from the Sun: It's the furthest planet from the Sun. Size: It's the fourth biggest planet. Rings: It's got four complete rings made of dust, and lots of incomplete rings. Moons: It's got at least eight moons. Interesting information: It's the windiest planet.

After you read

Go to page 43 in your Activity Book.

46 forty-six Key learning outcomes: read and understand an information text

Starting the lesson

- Use the Trinity Exams Practice cards (optional).
- Review the 'a_e' sound.
- Set learning outcomes and use the talk cards.

Before you read: Activity 1

- Look at the title and the subheadings in the fact file.
- What do you think the gas giants are?
- What do you already know about the gas giants?

Activity 2

- Read and listen.

▶ *CD2 Track 27 p269*

- Find the answers to these questions.

Go to the Activity Book.

- **Reading tip:** Read about using subheadings to give you clues about a text.

Ending the lesson

- Review the lesson and reflect on learning.

Extra activity

Extension

- Research the gas giants further using the Internet.

Digital resources

Teacher's Digital: You can also teach this lesson using the Teacher's App on Navio.

Pupil's Digital: Encourage your pupils to use the Pupil's App on Navio to practise the activities from this lesson.

Powered By NAVIO

Activity Book

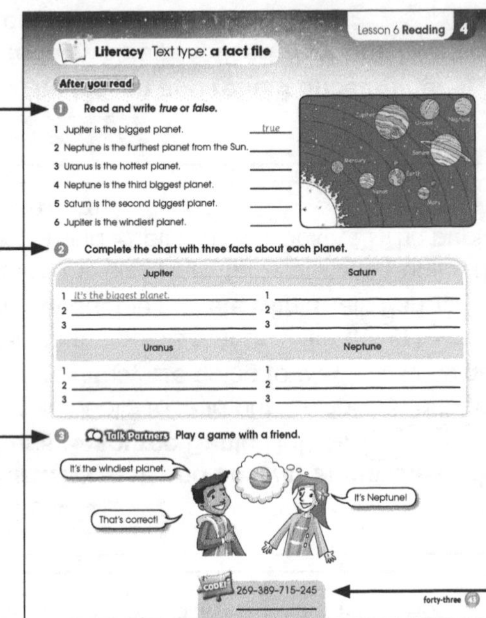
Lesson 6 Reading 4

Literacy Text type: a fact file

After you read

1 Read and write *true* or *false*.

1 Jupiter is the biggest planet. true

2 Neptune is the furthest planet from the Sun.

3 Uranus is the hottest planet.

4 Neptune is the third biggest planet.

5 Saturn is the second biggest planet.

6 Jupiter is the windiest planet.

2 Complete the chart with three facts about each planet.

Jupiter	Saturn
1 It's the biggest planet.	1
2	2
3	3
Uranus	**Neptune**
1	1
2	2
3	3

3 Talk Partners Play a game with a friend.

CODE! 269-389-715-245

forty-three 43

After you read: Activity Book

Activity 1

- Read and write *true* or *false*.

Activity 2

- Complete the chart with three facts about each planet.

Activity 3

- Play a game with a friend.

Code activity

- Complete the code activity.

Starting the lesson

Use the Trinity Exams Practice cards (optional).

- The pupils practise asking and answering questions.

Review the 'a_e' sound.

- Ask **What sound did you practise in the tongue twister in Lesson 5?** (*'a_e'*) **Can you remember the tongue twister?** (*A horse and a snake had a race in space. The snake came eighth and the horse said 'neigh' and went away on a sleigh.*) Practise the tongue twister as a class.
- Remind the pupils that they know four spellings for this sound 'a_e' (*'a_e', 'eigh', 'ai' and 'ay'*). The pupils list the words they know which contain these letters.

Set learning outcomes and use the talk cards.

- Say **Today we're going to read a fact file.** Ask **What information can be found in fact files? Can you learn things from reading fact files? Are they interesting? Is the information fact or fiction?**
- Point to the talk cards to show the pupils the different ways they will be working in the lesson.

Before you read: Pupil's Book Activity 1

Look at the title and the subheadings in the fact file. What do you think the gas giants are? What do you already know about the gas giants?

- Invite a pupil to read the instructions. The pupils look at the pictures of the planets and identify them.
- (Books closed.) Organise the class into Talk Partners or small groups. Each group should work together to list any information they already know about the gas giants.
- Invite the different groups to share their information.

Pupil's Book Activity 2

Read and listen. Find the answers to these questions.

▶ *CD2 Track 27 p269*

- (Books open.) Read the questions above the fact files. Invite the pupils to read the text to answer the questions. Play the CD. The pupils listen and read the fact files.
- Return to the information the pupils gave prior to reading. Ask the pupils to read again to check if any of the information they listed appears.

Answers: **biggest moon:** Jupiter **windiest planet:** Neptune **brightest rings:** Saturn **coldest planet:** Uranus

Reading tip

- Read the information as a class. Ask the pupils to look at the subheadings to help give them clues about the text. Remind them to use the subheadings in a text to help with their reading.

After you read: Activity Book

Activity 1

Read and write *true* or *false*.

- The pupils work on their own or with a Talk Partner to decide if each statement is true or false. The pupils refer back to the text in the Pupil's Book when necessary.

Answers: **1** true **2** true **3** false **4** false **5** true **6** false

Activity 2

Complete the chart with three facts about each planet.

- The pupils work on their own or with a Talk Partner to read the fact files again and find the information to complete the chart.

Activity 3

Play a game with a friend.

- Invite a pupil to read out the instructions. Organise the class into Talk Partners. The pupils make statements about the planets. Their partner has to name the corresponding planet.

Code activity

- The pupils complete the code activity.

Answer: fire

Ending the lesson

Review the lesson and reflect on learning.

- Say **Today we've read a fact file. What was the fact file about? Was the information fact or fiction? Did you learn anything new?**
- Ask the class **Which was your favourite activity today? Which activity was easy / difficult?**

Extra activity

Extension

- If you have access to the Internet, you can ask the pupils to investigate the gas giants further on websites such as: www.planetsforkids.org and www.kidsastronomy.com/solar_system.htm

Key Competences and Key Learning Outcomes

- Use subheadings

- Prepare and write a fact file
- Share information about our planet (optional)

- Identify the informational content of a fact file
- Identify the text features of a fact file
- Use criteria to check your writing

- Share your writing with a partner

Key language

- *dry, dust, ice caps, mountains, north, rocky, south pole, surface, temperature, volcano*
- *Mars has got the largest volcano. The average temperature on Mars is -23°C.*

Materials

- Pupil's Book p47; Activity Book p44; Class CD2; Teacher's App on Navio
- Teacher's Resource Bank: Talk cards
- Coloured pencils

Optional materials

- Teacher's Resource Bank: Trinity Exams Practice cards (selected from the Starter Unit and Units 1, 2 and 3)

At a Glance Lesson Plan

Pupil's Book

Starting the lesson

- Use the Trinity Exams Practice cards (optional).
- **Think-Pair-Share.** Review the gas giants.
- Set learning outcomes and use the talk cards.

Investigate a text: Activity 1

- Look at the photos in the fact file.
- Think of questions to ask about Mars.

Activity 2

- Read and listen.
- ▶ *CD2 Track 28 p270*
- Can you find the answers to your questions in the fact file?

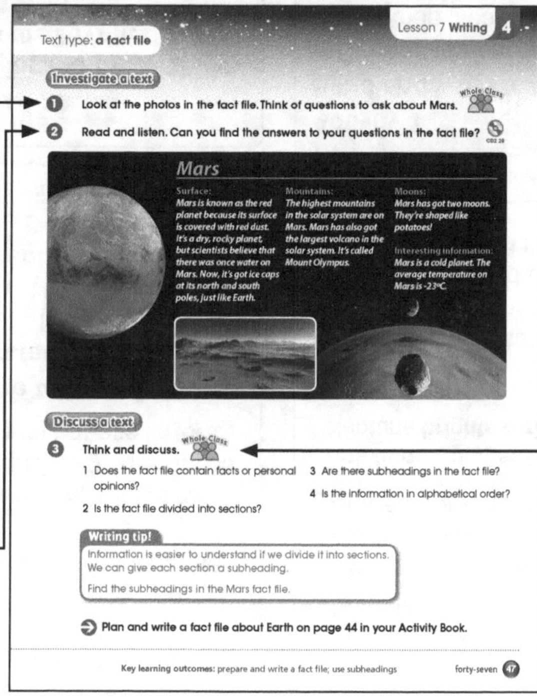

Discuss a text: Activity 3

- Think and discuss.
- **Writing tip:** Read about subheadings.

Go to the Activity Book.

Ending the lesson

- Review the lesson and reflect on learning.

Extra activity

Extension

- Find information on the other rocky planets: Mercury and Venus. Write a fact file for one of these planets.

Link to Science

- **Planets:** Share information about our planet.

Activity Book

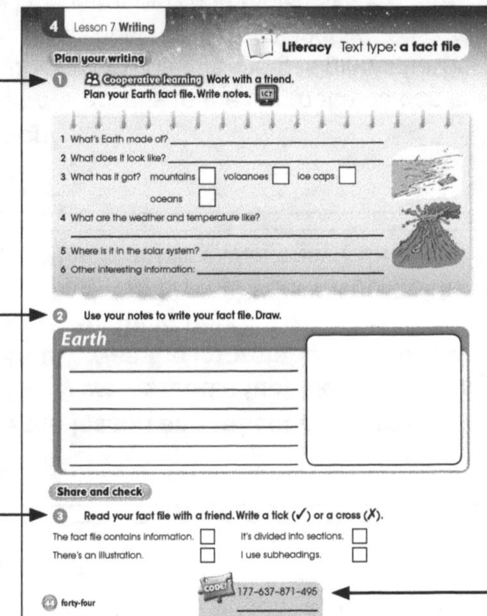

Activity Book

Plan your writing: Activity 1

- Work with a friend.
- Plan your Earth fact file.
- Write notes.

Activity 2

- Use your notes to write your fact file.
- Draw.

Share and check: Activity 3

- Read your fact file with a friend.
- Write a tick (✓) or a cross (✗).

Code activity

- Complete the code activity.

Digital resources

Teacher's Digital: You can also teach this lesson using the Teacher's App on Navio.

Pupil's Digital: Encourage your pupils to use the Pupil's App on Navio to practise the activities from this lesson.

Powered By NAVIO

Detailed Lesson Plan

Starting the lesson

Use the Trinity Exams Practice cards (optional).

- The pupils practise asking and answering questions.

Think-Pair-Share. Review the gas giants.

- Elicit the names of the gas giants from the previous lesson. Ask the pupils what they can remember about each one. Give the pupils time to think individually first.
- The pupils compare their ideas with a Talk Partner.
- Finally, ask some pairs to share what they remember with the whole class.

Set learning outcomes and use the talk cards.

- Ask **What did we read in the last lesson?** (*A fact file.*) Say **Today we're going to investigate another fact file. Then we're going to plan and write our own fact file.**
- Point to the talk cards to show the pupils the different ways they will be working in the lesson.

Investigate a text: Pupil's Book Activity 1

Look at the photos in the fact file. Think of questions to ask about Mars.

- Read the rubric for the activity and prompt the pupils to look at the photos. Organise the class into Talk Partners. Ask them to write questions about Mars. Discuss the questions as a class.

Pupil's Book Activity 2

Read and listen. Can you find the answers to your questions in the fact file?

▶ *CD2 Track 28 p270*

- The pupils read and listen to the fact file to find answers to their questions.
- The pupils read the fact file again on their own. Explain any unknown vocabulary.

Discuss a text: Pupil's Book Activity 3

Think and discuss.

- Invite a pupil to read out the first question and answer it. Repeat the procedure with the remaining questions.

Answers: **1** facts **2** Yes, it is. **3** Yes, there are. (Surface, Mountains, Moons, Interesting information) **4** No, it isn't.

Writing tip

- Read the information and ask the pupils to find the subheadings in the text. Ask the pupils if the subheadings help to divide the text into smaller sections. Ask how each subheading gives a clue about the paragraph.

Activity Book

Plan your writing: Activity 1

Writing Partners. Work with a friend. Plan your Earth fact file. Write notes.

- Focus the class on the activity. Read through the information and check understanding.
- Organise the class into Talk Partners. The pupils work together to complete as much information as possible. Check answers as a class and write the answers on the board.
- If you have access to the Internet, you could ask the pupils to access a child friendly website such as: www.planetsforkids.org/planet-earth.html. The pupils search for information to complete the notes.

Activity 2

Use your notes to write your fact file. Draw.

- Ask the class to use their notes to write their fact file in their Activity Books. The pupils use the fact files that they have seen in Lessons 6 and 7 of the Pupil's Book as models. Remind them to use subheadings. Move around the class monitoring and supporting pupils as they write.
- Then ask them to draw and colour a picture of Earth in the space provided.

Share and check: Activity 3

Writing Partners. Read your fact file with a friend. Write a tick (✓) or a cross (✗).

- Focus the class on the questions at the bottom of the page. Read through the questions as a class.
- Organise the class into new Talk Partners. One pupil should read aloud their fact file to their partner. The other pupil listens. The pupils work together to decide if the text fulfils all the criteria and tick the corresponding boxes. The pupils can add, improve or correct the text at this stage.
- The pupils swap roles.

Code activity

- The pupils complete the code activity.

Answer: bowl

Ending the lesson

Review the lesson and reflect on learning.

- Say **Today you've written a fact file. Are you happy with it?** Elicit the pupils' opinions.
- Ask the class **Which was your favourite activity today? Which activity was easy / difficult?**

Extra activity

Extension

- If you have access to the Internet, encourage the pupils to write further fact files about Mercury or Venus. Refer to websites such as: www.planetsforkids.org/planet-mercury.html; www.planetsforkids.org/planet-venus.html

Link to Science

Planets: Our planet

- If you are studying the Science topic of **Our planet**, elicit information about Earth from the pupils. Encourage them to add this information to their fact file, e.g. *The Earth rotates on its axis. The Earth's axis is tilted. The rotation of the Earth causes day and night. The tilt of the Earth causes the seasons.*

Key Competences and Key Learning Outcomes

- Think about and research Australia
- Read and listen for specific information
- Read about an observatory in Australia
- Think about your own culture and identity

Key language

- *asteroids, clouds, comets, dust, gas, nebulas, planets, powerful, sky, stargazing, stars, telescope; amazing*
- *You need clear skies and a high position. The largest telescope is the Anglo-Australian telescope. These are clouds of dust and gas where new stars are born.*

Materials

- Pupil's Book p48; Activity Book p45; Class CD2; Teacher's App on Navio
- Teacher's Resource Bank: Talk cards
- An online world map

Optional materials

- Teacher's Resource Bank: Trinity Exams Practice cards (selected from the Starter Unit and Units 1, 2 and 3)

At a Glance Lesson Plan

Pupil's Book

Starting the lesson

- Use the Trinity Exams Practice cards (optional).
- Review space objects vocabulary.
- Set learning outcomes and use the talk cards.

Activity 1

- Read Luke's questions.
- What do you think?

Activity 2

- Read and listen.

▶ *CD2 Track 29 p270*

- Answer Luke's questions.
- **Think about your culture** Are there any observatories in your country? Can you visit them? Can you see any stars from your bedroom window?

Go to the Activity Book.

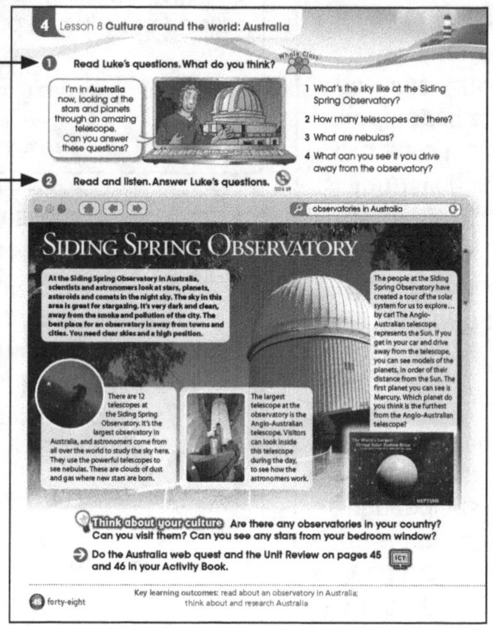

Ending the lesson

- Review the lesson and reflect on learning.

Extra activity

Reinforcement

- Create a poster about observatories in Australia.

Activity Book

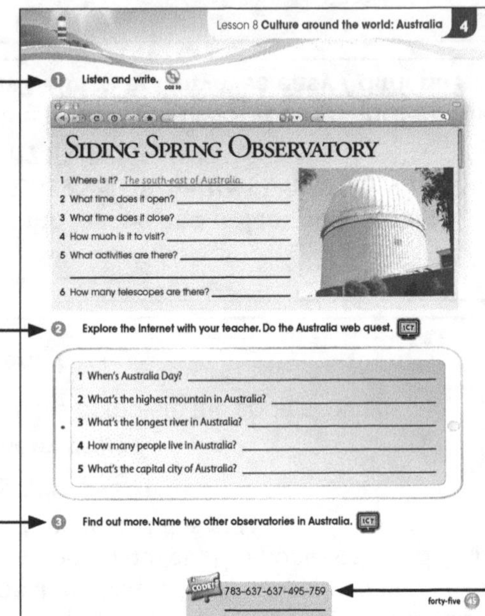

Activity Book

Activity 1

- Listen and write.

▶ *CD2 Track 30 p270*

Activity 2

- Explore the Internet with your teacher.
- Do the Australia web quest.

Activity 3

- Find out more.
- Name two other observatories in Australia.

Code activity

- Complete the code activity.

Digital resources

Teacher's Digital: You can also teach this lesson using the Teacher's App on Navio.

Powered By NAVIO

Starting the lesson

Use the Trinity Exams Practice cards (optional).

- The pupils practise asking and answering questions.

Review space objects vocabulary.

- Organise the pupils into Talk Partners. Give them one minute to write down all the space objects they can remember. Ask the partners with the most objects to share the information with the rest of the class. Ask the other pupils to add any additional items to the list.

Set learning outcomes and use the talk cards.

- Say **Today we're going to investigate an observatory in Australia.**
- Point to the talk cards to show the pupils the different ways they will be working in the lesson.

Pupil's Book Activity 1

Read Luke's questions. What do you think?

- Read the speech bubble as a class. Encourage the class to tell you what they know about Australia.
- Read the questions as a class. Encourage the pupils to predict the answers.

Pupil's Book Activity 2

Read and listen. Answer Luke's questions.

▶ *CD2 Track 29 p270*

- Focus the class on the photos. Ask **What can you see?**
- Play the CD, pausing after each section to check understanding. The pupils answer the questions.

Answers: **1** It's very dark and clean. **2** There are 12. **3** Clouds of dust and gas where new stars are born. **4** You can see models of the planets.

Think about your culture

- Read out the questions. Prompt different pupils to tell you about stargazing activities in their country. Ask the class **Do you like looking at the stars? Would you like to look through a big telescope?**

Activity Book

Activity 1

Listen and write.

▶ *CD2 Track 30 p270*

- Explain to the class that they are going to complete a fact file about the observatory. Focus the pupils' attention on the fact file and read out the information. Play the CD, pausing to allow the pupils to write the words.
- Play the CD a second time without pausing.
- Ask **Would you like to go to the Siding Spring Observatory?**

Answers: **1** The south-east of Australia. **2** 9.30 am **3** 4 pm **4** It's free this weekend. **5** You can look inside one of the telescopes and there's a walking tour. **6** 12

Activity 2

Explore the Internet with your teacher. Do the Australia web quest.

- Read out the instructions and connect to a children's website which has geographical information about Australia. Read out questions 1–5 and find the information on the page. The pupils work as a class to find and write the answers.

Answers: **1** 26th January **2** Mount Kosciuszko **3** Murray River **4** approx. 24.13 million **5** Canberra

Activity 3

Find out more. Name two other observatories in Australia.

- Choose other Australian observatories to investigate. Connect to a website about Australian observatories. The pupils can work as a class or in groups to find out about two observatories.

Answers: Two from: Murchison Radio-astronomy Observatory, Parkes Observatory, Arkaroola Astronomical Observatory, Sydney Observatory, Mount Kent Observatory, Paul Wild Observatory, Mount Pleasant Radio Observatory, Gingin Observatory, Mount Canopus Observatory

Suggested websites

- http://maps.google.es/
- www.enchantedlearning.com/school/Australia/Ausmap.shtml

Code activity

- The pupils complete the code activity.

Answer: tools

Ending the lesson

Review the lesson and reflect on learning.

- Say **Today we've learnt about Australia. What did you learn about the Siding Spring Observatory?** Elicit the information from the pupils.
- Ask the class **Which was your favourite activity today? Which activity was easy / difficult?**

Extra activity

Reinforcement

- Encourage pupils to find and print out a photo of their chosen observatories. Pupils work in their groups to create a poster with information about the observatories, photos and illustrations.

Go to the AB Unit Review on page 249.

Key Competences and Key Learning Outcomes

- Watch and understand a video about space
- Understand how to grade things by putting them on a cline

Key language

- *atmosphere, clouds, covered, evening, gas, ice, land, morning, mountains, rock, sky, solar system, volcano, water*
- *Why don't you put the planets in order? Which is the biggest planet? It's Jupiter. What's your least favourite (colour)? It's (yellow). Which is the (hottest month of the year)? I think it's (August).*

Materials

- Pupil's Book p49; Activity Book p47; Class CD2; Teacher's App on Navio
- Space objects flashcards
- Teacher's Resource Bank: Talk cards
- Sheets of paper

Optional materials

- Teacher's Resource Bank: Trinity Exams Practice cards (selected from the Starter Unit and Units 1, 2 and 3)

At a Glance Lesson Plan

Pupil's Book

Starting the lesson

- Use the Trinity Exams Practice cards (optional).
- **Think-Pair-Share.** Review space vocabulary.
- Set learning outcomes and use the talk cards.

Activity 1

- Before you watch
- Watch the video.
- *Unit 4 video p287*
- Which planets are these?

Activity 2

- Watch the video again.
- *Unit 4 video*
- Read and say *true* or *false*.
- Correct the false sentences.

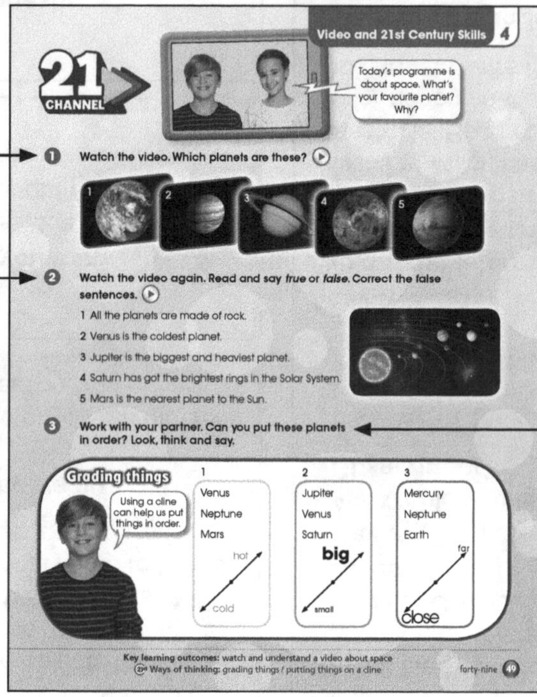

Activity 3

- Work with your partner. Can you put these planets in order?
- Look, think and say.
- Go to the Activity Book.

Ending the lesson

- Review the lesson and reflect on learning.

Extra activity

Reinforcement

- Work as a class to put things on a cline.

Activity Book

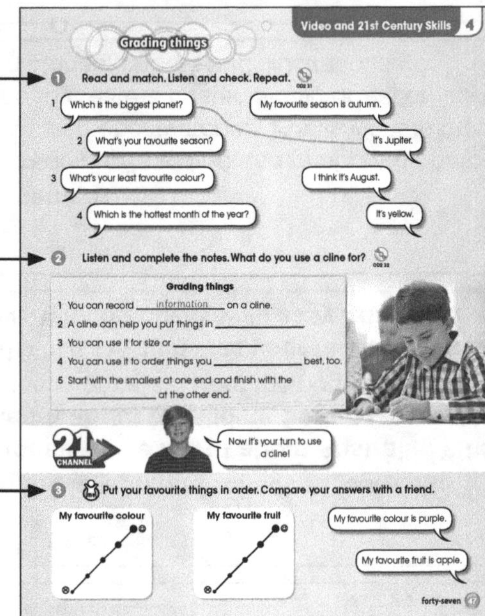

Activity Book

Activity 1

- Read and match.
- Listen and check.
- ▶ *CD2 Track 31 p270*
- Repeat.

Activity 2

- Listen and complete the notes.
- ▶ *CD2 Track 32 p270*
- What do you use a cline for?

Activity 3

- Put your favourite things in order. Compare your answers with a friend.

Digital resources

Teacher's Digital: You can also teach this lesson using the Teacher's App on Navio.

Pupil's Digital: Encourage your pupils to use the Pupil's App on Navio to practise the activities from this lesson.

Powered By NAVIO

Starting the lesson

Use the Trinity Exams Practice cards (optional).

- The pupils practise asking and answering questions.

Think-Pair-Share. Review space vocabulary.

- Ask **Can you remember the space vocabulary?** The class thinks silently for a minute.
- The pupils work with a Talk Partner to name the space words.
- Invite different Talk Partners to say a different word. Hold up the corresponding flashcard and prompt the class to repeat the word. Repeat the procedure, asking different pairs each time.

Set learning outcomes and use the talk cards.

- Say **Today we're going to watch a video and then ask and answer questions about space.**
- Point to the talk cards to show the pupils the different ways they will be working in the lesson.

Pupil's Book Activity 1

Before you watch

- Read the speech bubble to pupils. Ask **What's your favourite planet? Why?** Elicit responses from a number of pupils.

Watch the video. Which planets are these? *p287*

- Watch Part 1. Ask pupils **What are you going to see next?** Check that they understand that they will see a video about some of the planets.
- Play Part 2. Ask general questions to check understanding. Focus the pupils on the photos in Activity 1 again. Ask **Which planets are these?** Elicit ideas.
- Play Part 2 again for the pupils to answer the question. Check the answer as a class.

Answers: **1** Earth **2** Jupiter **3** Saturn **4** Venus **5** Mars

Pupil's Book Activity 2

Watch the video again. Read and say *true* or *false*. Correct the false sentences.

- Explain that you are going to do a true or false activity.
- Ask a pupil to read out sentence 1. Ask the class whether they think the sentence is true or false. Repeat with sentences 2–5.
- Play Part 2. Pupils work in pairs to decide whether the sentences are true or false. They correct the false sentences.

Answers: **1** F Some planets are made of gas and some are made of rock. **2** F It's the hottest planet. **3** T **4** T **5** F It's the fourth planet from the Sun.

Pupil's Book Activity 3

Work with your partner. Can you put these planets in order? Look, think and say.

- Ask **What do Chloe and Mark do at the end of the video?** (*They put the planets in order from the biggest to the smallest.*)
- Ask the pupils to read Mark's speech bubble. Explain that this activity is all about using a cline to put things in order. Check understanding of 'cline'.
- Look at the three lists of adjectives and planets with the pupils and explain that they need to put the planets in order using these adjectives.
- Pupils work in pairs to put the planets in order.
- Check answers with the class. Ask **Which is the (hottest) planet?**

Activity Book

Activity 1

Read and match. Listen and check. Repeat.

▶ *CD2 Track 31 p270*

- Ask the pupils to read out the speech bubbles. The pupils work on their own to match the question and answer speech bubbles.
- Play the CD and check answers.
- Play the CD again for the pupils to repeat the questions and answers.

Answers: **1** Which is the biggest planet? It's Jupiter. **2** What's your favourite season? My favourite season is autumn. **3** What's your least favourite colour? It's yellow. **4** Which is the hottest month of the year? I think it's August.

Activity 2

Listen and complete the notes. What do you use a cline for?

▶ *CD2 Track 32 p270*

- Explain to the pupils that they are going to listen to two children reading some useful tips for grading things. Play the CD, pausing to allow the pupils to write the missing information.
- Play the CD again without pausing.

Answers: **1** information **2** order **3** temperature **4** like **5** biggest

Activity 3

Put your favourite things in order. Compare your answers with a friend.

- Read out Mark's speech bubble and tell pupils that they are going to use a cline to put their favourite things in order. Look at the two example clines with the class. Ask two pupils to read out the speech bubbles.
- Pupils can use the examples shown in the two clines, or think of other favourite things they could order.
- Give each of the pupils a sheet of paper. They work individually to draw their cline. Remind them to use the tips in Activity 2 and the model clines in Activity 3.
- At the end of the activity, ask **Did the cline help you to put things in order?**

Ending the lesson

Review the lesson and reflect on learning.

- Say **Today we've watched a video about space. What have we learnt about grading things and putting things on a cline?** Elicit the information from the pupils.
- Ask **Which was your favourite activity today? Which activity was easy / difficult?**

Extra activity

Reinforcement

- Work as a class to put things on a cline. Pick a topic. Draw the cline on the board and encourage different pupils to come and show where the different things should go on the cline.

Date: ______________ Unit: ______________

1 What did my pupils learn in this unit?

2 How did my pupils work? (✓)

individually ☐ in pairs ☐ in small groups ☐

in large groups ☐ as a class ☐

3 Which key competences did my pupils develop?

Competence in linguistic communication ☐

Competence in mathematics, science and technology ☐

Digital competence ☐

Learning to learn ☐

Social and civic competences ☐

Sense of initiative and entrepreneurship ☐

Cultural awareness and expression ☐

4 Which lessons / activities were the most successful and why?

5 Which lessons / activities did my pupils find the most difficult and why?

6 What did I try in the classroom for the first time? How did it go?

7 Which resources did I find most useful? (including webpages)

8 What could I do differently next time I teach this unit?

Unit 5 Let's have fun!

Unit overview

Key Competences and Key Learning Outcomes

- Identify and say free-time activities (Lesson 1)
- Say the vocabulary chant (Lesson 1)
- Listen, repeat and act out a conversation (Lesson 2)
- Follow, complete and correct the grammar tables (Lessons 2 and 4)
- Use conditional sentences with 'can' (Lesson 2)
- Identify and say musical instruments (Lesson 4)
- Use 'I'd rather' to talk about preferences (Lesson 4)
- Use apostrophes (Lesson 7)
- Watch and understand a video (Video and 21st Century Skills)

- Use a code to read a message (Lesson 3)

- Use the Pupil's App on Navio
- Investigate New Zealand (Lesson 8)

- Say a tongue twister and practise spellings for the 'ue' sound (Lesson 5)
- Practise activity types found in the Cambridge Exams: A2 Flyers

- Understand the importance of being creative with your time (Lesson 3)

- Play a communication game using 'would rather' (Lesson 5)

- Sing two songs (Lessons 1 and 4)
- Read, listen, understand and act out a story about a rainy day (Lesson 3)
- Read and understand a text to entertain (Lesson 6)
- Prepare and write a text about a mythical creature (Lesson 7)
- Research New Zealand and think about your own culture (Lesson 8)

Vocabulary

Core vocabulary
go bowling, go hiking, go horse riding, go sailing, go shopping, go windsurfing, have a barbecue, have an ice lolly, have a picnic, make a cake, play table tennis, ride a mountain bike; cymbals, drums, electric guitar, keyboard, tambourine, xylophone

Extension vocabulary (optional)
do a jigsaw, do a quiz, do an experiment, fly a kite, go snorkelling, go surfing; flute, recorder, saxophone, triangle

Other vocabulary
crashed; bagpipes, didgeridoo, musical instruments, sitar, steel drum, strings; Hydra, myth, mythical creatures, Sirens; bottom, branch, noise, poisonous, ship's mast, top, war, wax

Recycled vocabulary
beak, claws, eyes, heads, legs, tail, wings; dragon, enormous, glasses, hero, monster; after school, at the weekend, in the summer, tomorrow

Structures

Core structures
If it's (sunny), we can (have a picnic). If it's (raining), we can't (have a barbecue). I'd rather (play the drums) than sing. Would you rather (eat a cake) or (eat an ice lolly)?

Other structures
What shall we do today? Hurry up. The pipes are made from wood. The didgeridoo comes from Australia.

Recycled structures
What do you do in your free time? What's your favourite activity? What did you do at the weekend? Let's (go hiking). Do you (play table tennis)? Yes, I do. / No, I don't. What does it look like? What does it eat? Where does it live? How big is it? Does it have (a tail)?

Phonics

The 'ue' sound (*huge mule tune barbecue statue*)
Recycled: 'ui' and 'oo' spellings

Literacy

Text type: a myth / a mythical creature (text to entertain)
Reading skills: predicting content
Writing skills: use of apostrophe for possession

Culture ... around the world

A music festival in New Zealand

21st Century Skills

Making your own fun

Thinking skills

Classifying (Lesson 1); Applying rules (Lessons 2 and 4); Predicting (Lessons 3 and 8)

Cooperative learning

Listening to each other (Lesson 1); Checking learning (Lessons 1 and 5); Activities race (Lesson 1); Collaborating (Lessons 3, 4, 7 and Review); Peer evaluation and feedback (Lesson 7)

Values

Understanding the importance of being creative with your time

Cross-curricular links

Link to Science
Energy: Identifying forms of energy and reviewing sound

Suggested Arts and Crafts concepts
Exploring reflection, horizontal and vertical symmetry and creating a reflection rubbing.

Key Competences and Key Learning Outcomes

- Identify and say free-time activities
- Say the vocabulary chant
- Identify forms of energy (optional)
- Review and discuss free-time activities
- Ask and answer questions using a recycled structure
- Sing a song about free-time activities

Key language

- *go bowling, go hiking, go horse riding, go sailing, go shopping, go windsurfing, have a barbecue, have an ice lolly, have a picnic, make a cake, play table tennis, ride a mountain bike*
- Extension: *do a jigsaw, do a quiz, do an experiment, fly a kite, go snorkelling, go surfing*
- *What do you do in your free time? What's your favourite activity? What do you do at the weekend? What shall we do today? Let's (go bowling)! Do you (go hiking)? Yes, I do. / No, I don't.*

Materials

- Pupil's Book p50; Activity Book p48; Class CD2; Teacher's App on Navio
- Free-time activities flashcards
- Teacher's Resource Bank: Free-time activities word cards
- Teacher's Resource Bank: Talk cards
- Sheets of paper

Optional materials

- Teacher's Resource Bank: Trinity Exams Practice cards (selected from the Starter Unit and Units 1, 2, 3 and 4)

At a Glance Lesson Plan

Pupil's Book

Starting the lesson

- Use the Trinity Exams Practice cards (optional).
- Review free-time activities.
- Set learning outcomes and use the talk cards.

Activity 1

- What activities do you do in your free time? Make a list.
- What's your favourite activity?
- What did you do last weekend?

Vocabulary presentation

- Present the new vocabulary using the free-time activities flashcards.

Word cards

- Introduce the spellings of the vocabulary using the free-time activities word cards.

Activity 2

- Listen, point and say the vocabulary chant.

▶ *CD2 Track 33 p270*

Activity 3

- Listen, look and sing *What shall we do today?*

▶ *CD2 Track 34 p270*

Activity 4

- Play a mime game.

Go to the Activity Book.

Ending the lesson

- Review the lesson and reflect on learning.

Extra activities

Reinforcement

- Play a chain game.

Vocabulary extension

- Present six additional vocabulary items.

Link to Science

- **Energy:** Identify forms of energy.

Talk Partners

Test new vocabulary.

Activity Book

Activity Book

Activity 1

- Find and circle the activities.
- Write them in the correct place.

Activity 2

- What shall we do today?
- Look and write.

Code activity

- Complete the code activity.

Digital resources

Teacher's Digital: You can also teach this lesson using the Teacher's App on Navio.

Pupil's Digital: Encourage your pupils to use the Pupil's App on Navio to practise the activities from this lesson.

Powered By NAVIO

Starting the lesson

Use the Trinity Exams Practice cards (optional).

- The pupils practise asking and answering questions.

Review free-time activities.

- Organise the class into groups. Explain that they are going to think of as many activities as possible in three minutes. Elicit an example, e.g. *play tennis*, and write it on the board.
- Give each group a sheet of paper. The pupils take turns to write activities. The group with the most activities reads them out at the end.

Set learning outcomes and use the talk cards.

- Say **Today we're going to learn the names of some free-time activities.**
- Point to the talk cards to show the pupils the different ways they will be working in the lesson.

Pupil's Book Activity 1

What activities do you do in your free time? Make a list. What's your favourite activity? What did you do last weekend?

- (Books closed.) Engage the pupils in a discussion about their free-time activities. Ask **What do you do in your free time? What's your favourite free-time activity? What did you do last weekend?**

Vocabulary presentation

- (Books closed.) Hold up a free-time activity flashcard and say **I (go hiking).** Prompt the class to mime the action.
- Stick the flashcard on the board. The pupils repeat the word once or twice.
- Repeat the procedure with the other flashcards.

Word cards

- (Books closed.) Hand out a free-time activity word card to each pair.
- The pairs take turns to come to the board, read out their word and stick their word card next to the corresponding flashcard.

Pupil's Book Activity 2

Listen, point and say the vocabulary chant.

▶ ***CD2 Track 33 p270***

- (Books open.) Focus the pupils' attention on the 12 photos. Say **Let's listen and say the words.** Play the CD. The pupils listen, point and repeat.

Pupil's Book Activity 3

Listen, look and sing *What shall we do today?*

▶ ***CD2 Track 34 p270***

- Focus the pupils' attention on the scene. Ask **Where are Lily, Ravi and Josh?** (*At an activity centre.*) **What activities are they doing?**
- Say **Let's listen to the song.** Play the CD. The pupils listen and read. Ask **What activities are in the song?**
- Play the CD again. The pupils sing the song and mime the activities. Ask **Which activity would you like to do?**

Pupil's Book Activity 4

Play a mime game.

- Invite a pupil to mime an activity that they do at the weekend. The rest of the class guess the activity by asking questions, e.g. *Do you go bowling?* The pupils play the game with a Talk Partner.

Activity Book

Activity 1

Find and circle the activities. Write them in the correct place.

- Ask different pupils to suggest free-time activities for each of the verbs. The pupils find and circle the activities in the puzzle and then write the words in the correct place.

Answers: **Have:** a barbecue, a picnic, an ice lolly **Play:** table tennis **Ride:** a mountain bike **Make:** a cake **Go:** sailing, bowling, windsurfing, shopping, hiking, horse riding

Activity 2

What shall we do today? Look and write.

- Ask the pupils to name the activities in the pictures. They write suggestions about each one.

Answers: **1** Let's go sailing. **2** Let's play table tennis. **3** Let's have an ice lolly. **4** Let's go hiking.

Code activity

- The pupils complete the code activity.

Answer: comet

Ending the lesson

Review the lesson and reflect on learning.

- Say **Today we've learnt the names of free-time activities. What activities do you remember?**
- Ask the class **Which was your favourite activity today? Which activity was easy / difficult?**

Extra activities

Reinforcement

- Play a chain game. Ask **What shall we do at the weekend?** In groups, the pupils take turns to suggest activities, e.g. *Let's have a picnic.* The pupils should not repeat suggestions.

Vocabulary extension

- Use the Vocabulary Booster on Navio to present and practise six additional free-time activities: *do a jigsaw, do a quiz, do an experiment, fly a kite, go snorkelling, go surfing*.

Link to Science

- If you are studying the Science topic of **Energy** in English, ask the pupils to identify the forms of energy in the scene.

Check learning. Cooperative learning: Talk Partners

- Organise the pupils into Talk Partners. The pupils take it in turns to test their partner on the new vocabulary items. Stress the importance of prompting, encouraging and helping each other. The pupils can prompt each other by providing the first letter sound, describing the object or even saying the word silently.

Key Competences and Key Learning Outcomes

- Listen, repeat and act out a conversation
- Listen, follow the grammar table and identify the parts of a sentence
- Use conditional sentences with 'can'

Key language

- *go bowling, go hiking, go horse riding, go sailing, go shopping, go windsurfing, have a barbecue, have an ice lolly, have a picnic, make a cake, play table tennis, ride a mountain bike; dry, raining, sunny, wet, windy; lake*
- *If it's (windy), we can (go windsurfing). We can't (have a barbecue) if it's (wet).*

Materials

- Pupil's Book p51; Activity Book p49; Class CD2; Teacher's App on Navio
- Free-time activities flashcards
- Teacher's Resource Bank: Talk cards

Optional materials

- Teacher's Resource Bank: Trinity Exams Practice cards (selected from the Starter Unit and Units 1, 2, 3 and 4)

At a Glance Lesson Plan

Pupil's Book

Starting the lesson

- Use the Trinity Exams Practice cards (optional).
- Play *Flashcard elimination*.
- Review the *What shall we do today?* song.

▶ *CD2 Track 34 p270*

- Set learning outcomes and use the talk cards.

Activity 1

- Listen and read.
- Listen and repeat.

▶ *CD2 Track 35 p271*

- Act out.

Activity 2

- Read again.
- What can Josh and Lily do tomorrow?

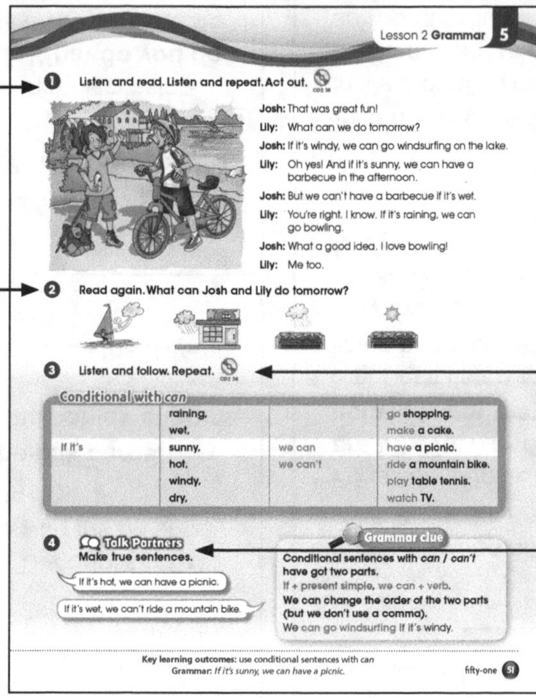
Lesson 2 Grammar 5

1 Listen and read. Listen and repeat. Act out.

Josh: That was great fun!
Lily: What can we do tomorrow?
Josh: If it's windy, we can go windsurfing on the lake.
Lily: Oh yes! And if it's sunny, we can have a barbecue in the afternoon.
Josh: But we can't have a barbecue if it's wet.
Lily: You're right. I know. If it's raining, we can go bowling.
Josh: What a good idea. I love bowling!
Lily: Me too.

2 Read again. What can Josh and Lily do tomorrow?

3 Listen and follow. Repeat.

Conditional with *can*

If it's	raining, wet, sunny, hot, windy, dry,	we can / we can't	go shopping. make a cake. have a picnic. ride a mountain bike. play table tennis. watch TV.

4 Talk Partners Make true sentences.

If it's hot, we can have a picnic.
If it's wet, we can't ride a mountain bike.

Grammar clue
Conditional sentences with *can / can't* have got two parts.
If + present simple, we can + verb.
We can change the order of the two parts (but we don't use a comma).
We can go windsurfing if it's windy.

Key learning outcomes: use conditional sentences with can
Grammar: *If it's sunny, we can have a picnic.*
fifty-one 51

Activity 3

- Listen and follow.

▶ *CD2 Track 36 p271*

- Repeat.
- **Grammar clue:** Read about conditional sentences with 'can'.

Activity 4

- Make true sentences.
- Go to the Activity Book.

Ending the lesson

- Review the lesson and reflect on learning.

Extra activity

Reinforcement

- Play *True or false*.

Activity Book

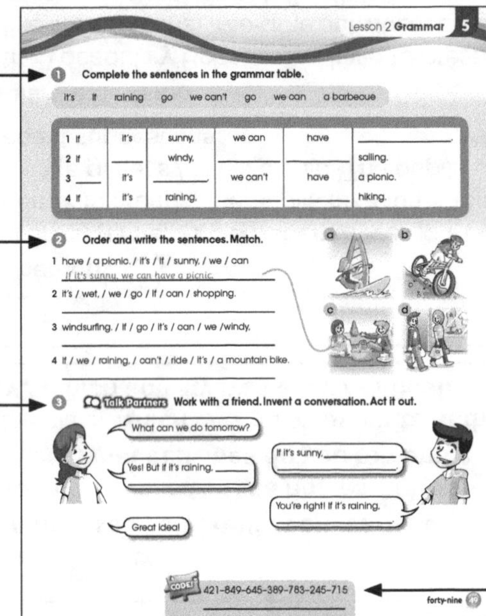
Lesson 2 Grammar 5

1 Complete the sentences in the grammar table.

it's if raining go we can't go we can a barbecue

1 If	it's	sunny,	we can	have	______
2 If	______	windy,	______	______	sailing.
3 ______	it's	______	we can't	have	a picnic.
4 If	it's	raining,	______	______	hiking.

2 Order and write the sentences. Match.

1 have / a picnic. / it's / If / sunny, / we / can
If it's sunny, we can have a picnic.
2 it's / wet, / we / go / If / can / shopping.
3 windsurfing. / If / go / it's / can / we /windy.
4 If / we / raining, / can't / ride / it's / a mountain bike.

3 Talk Partners Work with a friend. Invent a conversation. Act it out.

What can we do tomorrow?
Yes! But if it's raining, ______
Great idea!
If it's sunny, ______
You're right! If it's raining, ______

CODE 421-849-645-389-783-245-715
forty-nine 49

Activity Book

Activity 1

- Complete the sentences in the grammar table.

Activity 2

- Order and write the sentences. Match.

Activity 3

- Work with a friend.
- Invent a conversation.
- Act it out.

Code activity

- Complete the code activity.

Digital resources

Teacher's Digital: You can also teach this lesson using the Teacher's App on Navio.

Pupil's Digital: Encourage your pupils to use the Pupil's App on Navio to practise the activities from this lesson.

Powered By NAVIO

Detailed Lesson Plan

Starting the lesson

Use the Trinity Exams Practice cards (optional).

- The pupils practise asking and answering questions.

Play *Flashcard elimination.*

- Play *Flashcard elimination* (see p27) with the free-time activities flashcards.

Review the *What shall we do today?* song.

▶ *CD2 Track 34 p270*

- Play the CD. The pupils sing along and do the actions.

Set learning outcomes and use the talk cards.

- Say **Today we're going to use the conditional form to discuss possibilities.**
- Point to the talk cards to show the pupils the different ways they will be working in the lesson.

Pupil's Book Activity 1

Listen and read. Listen and repeat. Act out.

▶ *CD2 Track 35 p271*

- The pupils look at the picture. Ask **Where are Josh and Lily? What do you think they are talking about?**
- Play the CD. The pupils listen and read the conversation. Ask **What can they do if it's raining?**
- Play the CD again, pausing after each sentence for the pupils to repeat.
- The pupils practise the conversation with a Talk Partner.

Pupil's Book Activity 2

Read again. What can Josh and Lily do tomorrow?

- The pupils read the conversation again and say which of the free-time activities shown in the pictures Josh and Lily can do tomorrow.

Answers: windsurfing (windy), go bowling (rainy), have a barbecue (sunny)

Pupil's Book Activity 3

Listen and follow. Repeat.

▶ *CD2 Track 36 p271*

- Play the CD. The pupils listen to the first sentence and point to the words they hear.
- The pupils repeat the complete sentence.
- Repeat the procedure with the other sentences.

Grammar clue

- Read the grammar clue as a class.

Pupil's Book Activity 4

Make true sentences.

- Organise the pupils into Talk Partners. They use the grammar table to make true sentences. They can do this orally or in their notebooks.

Activity Book

Activity 1

Complete the sentences in the grammar table.

- Invite a pupil to read out the words in the word box.
- The pupils work on their own or with a partner to write the words in the grammar table.

Answers: **1** a barbecue **2** it's, we can, go **3** If, raining **4** we can't, go

Activity 2

Order and write the sentences. Match.

- Prompt a pupil to read out the first sentence.
- Ask the class to point to the corresponding picture.
- The pupils work on their own or with a Talk Partner to order the remaining sentences and match them to the correct pictures.

Answers: **1** If it's sunny, we can have a picnic. c **2** If it's wet, we can go shopping. d **3** If it's windy, we can go windsurfing. a **4** If it's raining, we can't ride a mountain bike. b

Activity 3

Work with a friend. Invent a conversation. Act it out.

- Explain to the class that they are going to create a conversation. Choose two pupils to read out the first two speech bubbles. Encourage the pupils to suggest an activity for the second speech bubble and write the suggestion on the board. Continue with the procedure until the conversation is complete.
- Organise the class into Talk Partners. The pupils work together to write their own conversation.
- The pupils practise the conversation and then perform it for the class.

Code activity

- The pupils complete the code activity.

Answer: Jupiter

Ending the lesson

Review the lesson and reflect on learning.

- (Books closed.) Say **Today we've learnt how to discuss possibilities using conditional sentences.** Ask **What can we do if it's sunny / raining / windy?**
- Ask the class **Which was your favourite activity today? Which activity was easy / difficult?**

Extra activity

Reinforcement

- Play *True or false*. Choose a free-time activity and make a conditional statement, e.g. **If it's sunny, we can have a barbecue.** Ask the pupils to say *true* or *false*.
- Encourage a pupil to take over your role.
- The pupils play with a Talk Partner.

Key Competences and Key Learning Outcomes

- Read, listen and understand a story about a rainy day
- Use a code to read a message
- Identify things that produce sound (optional)
- Do a pre-reading task
- Understand the importance of being creative with your time
- Understand, enjoy and act out the story
- Give an opinion on the story

Key language

- *go horse riding; drums, electric guitar, keyboard, musical instruments, ride a mountain bike, tambourine, xylophone; food colouring, glasses, spoon, water*
- *If it's wet, we can't ride our mountain bikes. I'd rather play the drums. Hurry up. I'm nearly ready. Let's make a music video!*

Materials

- Pupil's Book pp52–53; Activity Book p50; Class CD2; Teacher's App on Navio
- Free-time activities flashcards
- Teacher's Resource Bank: Talk cards

Optional materials

- Teacher's Resource Bank: Trinity Exams Practice cards (selected from the Starter Unit and Units 1, 2, 3, and 4)

At a Glance Lesson Plan

Pupil's Book

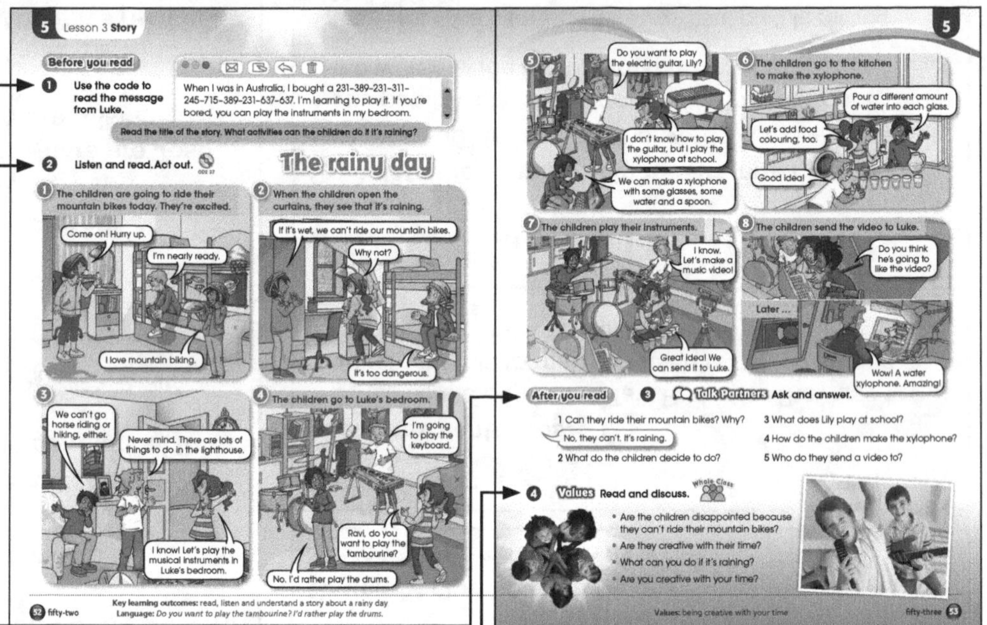

Starting the lesson

- Use the Trinity Exams Practice cards (optional).
- Review free-time activities and conditional sentences with 'can'.
- Set learning outcomes and use the talk cards.

Before you read: Activity 1

- Use the code to read the message from Luke.

Activity 2

- Listen and read.
- ▶ *CD2 Track 37 p271*
- Act out.

After you read: Activity 3

- Ask and answer.

Activity 4: Values

- Read and discuss.
- Go to the Activity Book.

Ending the lesson

- Review the lesson and reflect on learning.

Extra activity

Reinforcement

- Retell the story as a class.

Link to Science

- **Energy:** Identify things that produce sound.

Digital resources

Teacher's Digital: You can also teach this lesson using the Teacher's App on Navio.

Pupil's Digital: Encourage your pupils to use the Pupil's App on Navio to practise the activities from this lesson.

Powered By NAVIO

Activity Book

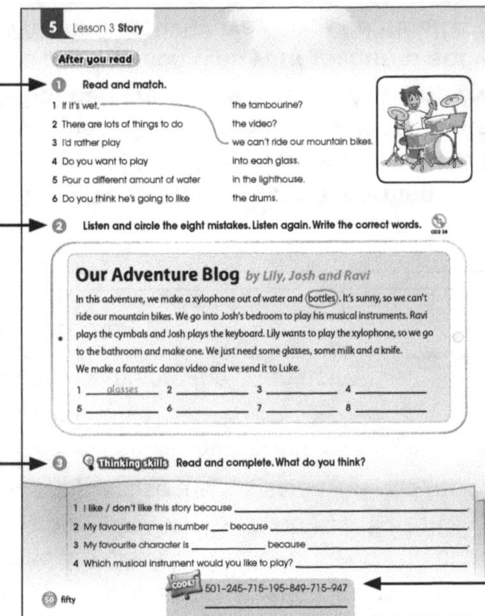

After you read: Activity Book

Activity 1

- Read and match.

Activity 2

- Listen and circle the eight mistakes.
- ▶ *CD2 Track 38 p271*
- Listen again.
- Write the correct words.

Activity 3

- Read and complete.
- What do you think?

Code activity

- Complete the code activity.

Detailed Lesson Plan

Starting the lesson

Use the Trinity Exams Practice cards (optional).

- The pupils practise asking and answering questions.

Review free-time activities and conditional sentences with 'can'.

- Review the free-time activities flashcards.
- Stick the flashcards face down on the right-hand side of the board. Elicit different types of weather and write them on the left-hand side of the board.
- In groups, the pupils take turns in naming a type of weather and choosing an activity, e.g. *If it's sunny, we can have a picnic.*

Set learning outcomes and use the talk cards.

- Say **Today we're going to read and listen to a story in English.**
- Point to the talk cards to show the pupils the different ways they will be working in the lesson.

Before you read: Pupil's Book Activity 1

Use the code to read the message from Luke.

- Say **Josh and Lily have received another message from Luke.** Ask the pupils to use the story code (Pupil's Book page 7) to discover the mystery word in the message. (*didgeridoo*)
- Ask the pupils to read the title of the story. Ask **What can you do if it's raining?** Encourage the pupils to make suggestions. Write them on the board.

Pupil's Book Activity 2

Listen and read.

▶ *CD2 Track 37 p271*

- Play the CD. The pupils follow in their books. Check if any suggestions from Activity 1 are mentioned.
- Ask questions to check understanding.

Suggested comprehension questions

- Frame 1: **What are they doing today?** (*Going to ride their mountain bikes.*)
- Frame 2: **What's the weather like?** (*It's raining.*)
- Frame 3: **What are in Luke's bedroom?** (*Musical instruments.*)
- Frame 4: **What is Josh going to play?** (*Keyboard.*)
- Frame 5: **Has Luke got a xylophone?** (*No.*)
- Frame 6: **What do they need to make the xylophone?** (*Glasses, water, food colouring, a spoon.*)
- Frame 7: **What do they make?** (*A music video.*)
- Frame 8: **Does Luke like the video?** (*Yes.*)

Act out.

- Organise the class into three groups (Lily, Ravi and Josh). Play the CD. Each group joins in when their character speaks. If pupils need extra support, pause the CD after each utterance and ask them to repeat it instead.
- Repeat with groups swapping roles.

After you read: Pupil's Book Activity 3

Ask and answer.

- Ask a pupil to read out the first question and answer. Then invite other pupils to ask and answer the other questions.
- The pupils ask and answer the questions with a Talk Partner.

Answers: **1** No, they can't. It's raining. **2** To play musical instruments. **3** A xylophone. **4** With glasses, water, a spoon and food colouring. **5** They send it to Luke.

Pupil's Book Activity 4: Values

Read and discuss.

- Read out each question and discuss it as a class.
- Ask the pupils what they do if it's raining.

After you read: Activity Book

Activity 1

Read and match.

- Ask a pupil to match and read out sentence 1. Repeat the procedure with the second sentence.
- The pupils read and match the remaining sentences.

Answers: **1** we can't ride our mountain bikes. **2** in the lighthouse. **3** the drums. **4** the tambourine? **5** into each glass. **6** the video?

Activity 2

Listen and circle the eight mistakes. Listen again. Write the correct words.

▶ *CD2 Track 38 p271*

- Play the CD. The pupils listen and circle the mistakes.
- Play the CD again. The pupils listen and write the correct words.

Answers: **1** ~~bottles~~ glasses **2** ~~sunny~~ raining **3** ~~Josh's~~ Luke's **4** ~~cymbals~~ drums **5** ~~bathroom~~ kitchen **6** ~~milk~~ water **7** ~~knife~~ spoon **8** ~~dance~~ music

Activity 3

Read and complete. What do you think?

- Ask a pupil to read out the first statement. The pupils complete the sentence with their own opinion. Repeat the procedure with the other sentences.
- The pupils share their opinions with the class.

Code activity

- The pupils complete the code activity.

Answer: Mercury

Ending the lesson

Review the lesson and reflect on learning.

- Say **Today we've listened to a story about a rainy day.**
- Ask the class **Which was your favourite activity today? Which activity was easy / difficult?**

Extra activity

Reinforcement

- Retell the story as a class. Say **Let's tell the story together.** Prompt the class by saying **The children are going to …** (*ride their mountain bikes*). Use mime and drawings to support the class.

Link to Science

- If you are studying the Science topic of **Energy** in English, review sound. Ask the pupils to name the things that produce sound in the story.

Key Competences and Key Learning Outcomes

- Identify and say musical instruments
- Follow and correct the grammar tables
- Use 'I'd rather' to talk about preferences
- Sing a song

Key language

- *cymbals, drums, electric guitar, keyboard, tambourine, xylophone; rock band, sing*
- Extension: *flute, recorder, saxophone, triangle*
- *I'd rather sing than play the tambourine.*

Materials

- Pupil's Book p54; Activity Book p51; Class CD2; Teacher's App on Navio
- Teacher's Resource Bank: Talk cards

Optional materials

- Teacher's Resource Bank: Trinity Exams Practice cards (selected from the Starter Unit and Units 1, 2, 3 and 4)

At a Glance Lesson Plan

Pupil's Book

Starting the lesson

- Use the Trinity Exams Practice cards (optional).
- Review the story from Lesson 3.
- Set learning outcomes and use the talk cards.

Activity 1

- Listen, point and say.

▶ *CD2 Track 39 p271*

Activity 2

- Listen and sing *I'd rather sing*.

▶ *CD2 Track 40 p271*

Activity 3

- Listen and follow.

▶ *CD2 Track 42 p271*

- Repeat.
- **Grammar clue:** Read about using 'I'd rather' to talk about preferences.

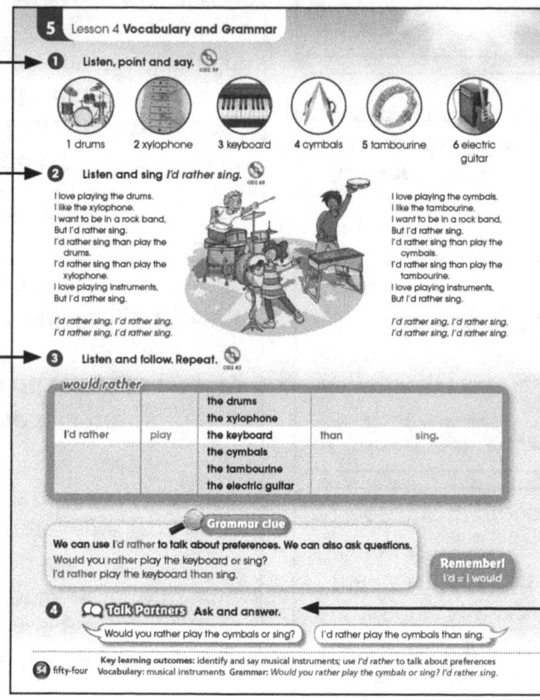

Activity 4

- Ask and answer.
- Go to the Activity Book.

Ending the lesson

- Review the lesson and reflect on learning.

Extra activities

Extension

- Discuss more musical instruments you play.

Vocabulary extension

- Present four additional vocabulary items.

Digital resources

Teacher's Digital: You can also teach this lesson using the Teacher's App on Navio.

Pupil's Digital: Encourage your pupils to use the Pupil's App on Navio to practise the activities from this lesson.

Powered By NAVIO

Activity Book

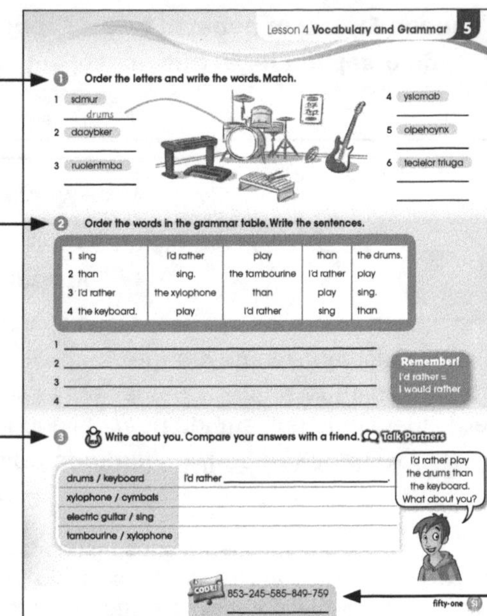

Activity Book

Activity 1

- Order the letters and write the words.
- Match.

Activity 2

- Order the words in the grammar table.
- Write the sentences.

Activity 3

- Write about you.
- Compare your answers with a friend.

Code activity

- Complete the code activity.

Starting the lesson

Use the Trinity Exams Practice cards (optional).

- The pupils practise asking and answering questions.

Review the story from Lesson 3.

- (Books closed.) Ask the class if they remember the story that they read in the last lesson.
- Organise the class into small groups. Ask each group in turn a question about the story. The pupils in each group collaborate before they give the answer.

Set learning outcomes and use the talk cards.

- Say **Today we're going to learn the names of some musical instruments.**
- Point to the talk cards to show the pupils the different ways they will be working in the lesson.

Pupil's Book Activity 1

Listen, point and say.

▶ *CD2 Track 39 p271*

- (Books open.) Point to the first picture. Say **I play the drums.** Mime playing the drums. Ask the class if they play the drums or if they would like to play the drums. Repeat with the other instruments.
- Play the CD. The pupils listen, repeat each word and point to the picture.

Pupil's Book Activity 2

Listen and sing *I'd rather sing*.

▶ *CD2 Track 40 p271*

- Explain that the song is about playing musical instruments. Ask **What's Lily doing?** (*She's singing.*) **What instruments is Josh playing?** (*The drums and the cymbals.*) **What instruments is Ravi playing?** (*The tambourine and the xylophone.*)
- Play the CD. The pupils listen and read.
- Play the CD again. The pupils join in singing and miming the actions.

Pupil's Book Activity 3

Listen and follow. Repeat.

▶ *CD2 Track 42 p271*

- Focus the class on the grammar table.
- Play the CD. The pupils listen to the first sentence and point to the corresponding parts of the sentence. The pupils repeat the complete sentence.
- Repeat the procedure with the other sentences.

Grammar clue

- Read the grammar clue as a class.

Pupil's Book Activity 4

Ask and answer.

- Organise the pupils into Talk Partners. Ask the pupils to take turns to ask and answer questions.

Activity Book

Activity 1

Order the letters and write the words. Match.

- Ask the pupils to name the instruments illustrated. Choose a pupil to read out the first answer. Ask a different pupil to complete the second answer.
- The pupils work on their own to complete the activity.

Answers: **1** drums **2** keyboard **3** tambourine **4** cymbals **5** xylophone **6** electric guitar

Activity 2

Order the words in the grammar table. Write the sentences.

- Explain that the grammar table is mixed up and that the pupils need to reorder the words.
- Invite a pupil to read out the first sentence.
- The pupils work on their own to order and write the remaining sentences.

Answers: **1** I'd rather sing than play the drums. **2** I'd rather play the tambourine than sing. **3** I'd rather play the xylophone than sing. **4** I'd rather sing than play the keyboard.

Activity 3

Write about you. Compare your answers with a friend.

- Invite a pupil to complete the first sentence. They should make a true sentence about their own preference. Ask the pupils if they all feel the same. Choose a pupil with a different preference to complete the same sentence.
- The pupils work on their own to write the remaining sentences.
- The pupils compare their answers with a Talk Partner.

Code activity

- The pupils complete the code activity.

Answer: Venus

Ending the lesson

Review the lesson and reflect on learning.

- Say **Today we've learnt the names of some musical instruments. Can you remember them?**
- Ask the class **Which was your favourite activity today? Which activity was easy / difficult?**

Extra activities

Extension

- Ask the class if they play any musical instruments. Introduce the vocabulary in English. Include the new instruments in the discussion, e.g. **Would you rather play the flute than play the violin?**

Vocabulary extension

- Use the Vocabulary Booster on Navio to present and practise four additional musical instruments: *flute, recorder, saxophone, triangle*.

Key Competences and Key Learning Outcomes

- Say a tongue twister with the 'ue' sound
- Learn and practise alternative spellings for the 'ue' sound
- Listen for specific information

- Play a communication game using 'would rather'

Key language
- *balloon, barbecue, computer, fruit, huge, juice, June, kangaroo, moon, mule, rescue, spoon, statue, swimsuit, tune*
- *Would you rather make a cake or eat an ice lolly? I'd rather make a cake than eat an ice lolly. David would rather make a cake than eat an ice lolly.*

Materials
- Pupil's Book p55; Activity Book p52; Class CD2; Teacher's App on Navio
- Teacher's Resource Bank: Talk cards
- Teacher's Resource Bank: Unit 5 Lesson 5 Communication Activity
- Sheets of paper

Optional materials
- Teacher's Resource Bank: Trinity Exams Practice cards (selected from the Starter Unit and Units 1, 2, 3 and 4)
- Teacher's Resource Bank: Free-time activities word cards

At a Glance Lesson Plan

Pupil's Book

Starting the lesson
- Use the Trinity Exams Practice cards (optional).
- Review expressing preferences.
- Review the *I'd rather sing* song.
- ▶ *CD2 Track 40 p271*
- ▶ *CD2 Track 41 p271 (optional karaoke version)*
- Set learning outcomes and use the talk cards.

Speak and spell: Activity 1
- Listen, read and say.
- ▶ *CD2 Track 43 p272*
- Go to the Activity Book.

Activity 2
- Read the questionnaire.
- Listen and identify five differences.
- ▶ *CD2 Track 44 p272*

Activity 3
- Ask and answer to complete the questionnaire.
- Tell a friend (Teacher's Resource Bank: Unit 5).

Ending the lesson
- Review the lesson and reflect on learning.

Extra activities

Reinforcement
- Review all known spellings of the target sound: 'u_e', 'ue', 'oo' and 'ui'.
- Play *Word card classification*.

Digital resources

Teacher's Digital: You can also teach this lesson using the Teacher's App on Navio.

Pupil's Digital: Encourage your pupils to use the Pupil's App on Navio to practise the activities from this lesson.

Powered By NAVIO

Activity Book

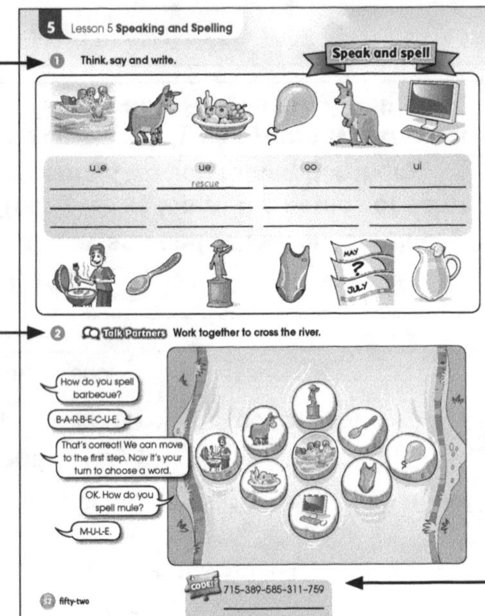

Activity Book

Speak and spell: Activity 1
- Think, say and write.

Activity 2
- Work together to cross the river.

Code activity
- Complete the code activity.

Starting the lesson

Use the Trinity Exams Practice cards (optional).

- The pupils practise asking and answering questions.

Review expressing preferences.

- (Books closed.) Quickly review the musical instruments from Lesson 4. Encourage the pupils to name any further instruments they know. Write the instruments on the board or draw simple illustrations.
- Organise the class into groups of six. Give each pupil a sheet of paper. Ask them to write a sentence about their preferences. Designate a pupil to collect the pieces of paper from their group, shuffle them and give them out again.
- Each pupil should read their sentence and try to guess which pupil wrote it.

Review the *I'd rather sing* song.

▶ ***CD2 Track 40 p271***

▶ ***CD2 Track 41 p271 (optional karaoke version)***

- Play the CD (or use the karaoke version). The pupils sing along and do the actions.

Set learning outcomes and use the talk cards.

- Say **Today we're going to say a tongue twister, practise spelling and do a questionnaire together.**
- Point to the talk cards to show the pupils the different ways they will be working in the lesson.

Pupil's Book Activity 1: Speak and spell

Listen, read and say.

▶ ***CD2 Track 43 p272***

- (Books open.) Focus the class on the picture. Ask **What can you see here?** Point to the mule and introduce the word '*mule*'. Ask **What size is this mule? Is it big, very big or huge?** (mime sizes) **What's the mule doing? What else can you see?**
- Say **Let's listen to a tongue twister.** Play the CD. The pupils follow the text in their books. Play the CD again. The pupils join in with the tongue twister.
- Ask **How do you spell mule? How do you spell barbecue?** Highlight the two ways of spelling the 'ue' sound.
- Focus the pupils' attention on the *Remember!* thought bubble. Remind them that 'fruit' and 'moon' have the sound 'ue' and that these are both different spellings for the same sound.

Activity Book

Activity 1: Speak and spell

Think, say and write.

- The pupils identify the pictures which contain 'u_e', 'ue', 'oo' and 'ui'.
- The pupils classify and write the words according to whether they are written with 'u_e', 'ue', 'oo' or 'ui'.

Answers: **u_e:** mule, computer, June **ue:** rescue, barbecue, statue **oo:** balloon, kangaroo, spoon **ui:** fruit, swimsuit, juice

Activity 2

Talk Partners. Work together to cross the river.

- Explain to the pupils that they have to go across the stepping stones to cross the river. They should choose pictures to spell to get to the other side.
- Invite two pupils to read out the speech bubbles.
- Organise the pupils into Talk Partners. The pupils take it in turns to test their partner on the spelling of the words in the stepping stones. Stress the importance of prompting, encouraging and helping each other.

Code activity

- The pupils complete the code activity.

Answer: rings

Pupil's Book Activity 2

Read the questionnaire. Listen and identify five differences.

▶ ***CD2 Track 44 p272***

- Focus the pupils on the activity. Explain that they are going to listen to two pupils completing a questionnaire about the activities the girl prefers doing.
- Play the CD, pausing after each difference for the pupils to say what it is.
- Repeat the procedure with the other answers.

Answers: **1** Holly ~~Williams~~ William **2** 15 ~~Church~~ Road Chesterton **3** ~~make a cake~~ eat an ice lolly **4** ~~have a barbecue~~ have a picnic **5** ~~go horse riding~~ ride a mountain bike

Pupil's Book Activity 3

Talk Partners. Ask and answer to complete the questionnaire. Tell a friend (Teacher's Resource Bank: Unit 5).

- Invite two pupils to read out the speech bubbles. Explain to the pupils that they are going to do the questionnaire.
- Explain that they are going to ask and answer about the different activities with a Talk Partner. The pupils report their partner's preferences to a third pupil.
- Organise the class into Talk Partners. Pupil A uses Questionnaire 1 and Pupil B uses Questionnaire 2. The pupils complete the activity.

Ending the lesson

Review the lesson and reflect on learning.

- Say **Today we've practised a tongue twister.** Elicit the tongue twister from the pupils.
- Ask the class **Which was your favourite activity today? Which activity was easy / difficult?**

Extra activities

Reinforcement

- Reinforce the alternative spellings of the target sound. Draw a chart on the board with the headings 'u_e', 'ue', 'oo' and 'ui'. Elicit words that have each spelling (*u_e: mule, cube, June, tune, computer; ue: barbecue, statue, rescue, cue; oo: moon, balloon, spoon, boot; ui: fruit, swimsuit, juice*). Encourage the pupils to spell out the word and write it in the correct column.
- Play *Word card classification* (see p27) with the free-time activities word cards.

Key Competences and Key Learning Outcomes

- Do a pre-reading task to predict content and raise interest
- Read the text for general understanding
- Scan the text to find specific information
- Read and understand a text to entertain

Key language

- *crashed, hero, monster, music, myth, mythical creatures, sailors, ship's mast, Sirens, war, wax*
- *It's about Ulysses and his adventures. The Sirens were mythical creatures. When the ship passed the Sirens' island, the Sirens started singing.*

Materials

- Pupil's Book p56; Activity Book p53; Class CD2; Teacher's App on Navio
- Teacher's Resource Bank: Talk cards

Optional materials

- Teacher's Resource Bank: Trinity Exams Practice cards (selected from the Starter Unit and Units 1, 2, 3 and 4)

At a Glance Lesson Plan

Pupil's Book

5 Lesson 6 Reading

Literacy

Before you read

1. Which of these things do you think will be in a myth?
   music a monster a princess a hero a mountain bike sailors
2. Look at the pictures. What do you think Sirens are?
3. Read and listen to find out. What do the Sirens do?

ULYSSES AND THE SIRENS

The Odyssey is a poem from Ancient Greece. It's about Ulysses and his adventures as he travels home after a war. On the way, Ulysses must pass the Sirens' island on his ship.

The Sirens were mythical creatures. They were part woman and part bird. They lived on a rocky island in the middle of the sea. They sang the most beautiful songs. Sailors wanted to listen to the songs. Sometimes, sailors jumped into the sea when they heard the songs, and their ships crashed into the rocks. Nobody could pass the Sirens' island without disaster.

Ulysses told the sailors on his ship to put wax in their ears. With wax in their ears, the sailors couldn't hear the Sirens singing. Ulysses didn't put wax in his ears because he wanted to hear the songs. He asked his sailors to tie him to the ship's mast so he couldn't jump off the ship.

When the ship passed the Sirens' island, the Sirens started singing. The sailors couldn't hear the songs. Ulysses could hear the songs, but he couldn't jump off the ship. The ship sailed safely past the island. The sailors untied Ulysses and removed the wax from their ears.

Ulysses was the only person to hear the Sirens' song and live to tell the tale.

After you read

Go to page 53 in your Activity Book.

56 fifty-six Key learning outcomes: read and understand a text to entertain

Starting the lesson

- Use the Trinity Exams Practice cards (optional).
- Review the 'ue' sound.
- Set learning outcomes and use the talk cards.

Before you read: Activity 1

- Which of these things do you think will be in a myth?

Activity 2

- Look at the pictures.
- What do you think Sirens are?

Activity 3

- Read and listen to find out.
- ▶ *CD2 Track 45 p272*
- What do the Sirens do?
- Go to the Activity Book.

Ending the lesson

- Review the lesson and reflect on learning.

Extra activity

Extension

- Investigate and write a description of other mythical creatures.

Activity Book

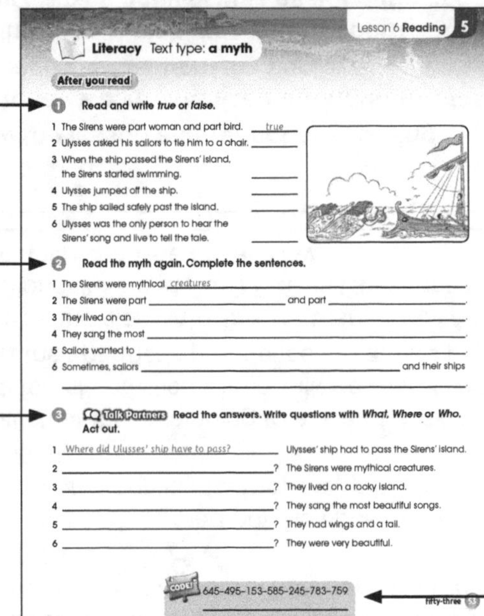

Lesson 6 Reading 5

Literacy Text type: a myth

After you read

1. Read and write *true* or *false*.
   1. The Sirens were part woman and part bird. true
   2. Ulysses asked his sailors to tie him to a chair.
   3. When the ship passed the Sirens' island, the Sirens started swimming.
   4. Ulysses jumped off the ship.
   5. The ship sailed safely past the island.
   6. Ulysses was the only person to hear the Sirens' song and live to tell the tale.
2. Read the myth again. Complete the sentences.
   1. The Sirens were mythical creatures
   2. The Sirens were part ______ and part ______
   3. They lived on an ______
   4. They sang the most ______
   5. Sailors wanted to ______
   6. Sometimes, sailors ______ and their ships
3. Talk Partners Read the answers. Write questions with *What, Where* or *Who*. Act out.
   1. Where did Ulysses' ship have to pass? Ulysses' ship had to pass the Sirens' island.
   2. ______? The Sirens were mythical creatures.
   3. ______? They lived on a rocky island.
   4. ______? They sang the most beautiful songs.
   5. ______? They had wings and a tail.
   6. ______? They were very beautiful.

CODE 645-495-153-585-245-783-759

fifty-three 53

After you read: Activity Book

Activity 1

- Read and write *true* or *false*.

Activity 2

- Read the myth again. Complete the sentences.

Activity 3

- Read the answers. Write questions with *What, Where* or *Who*.
- Act out.

Code activity

- Complete the code activity.

Digital resources

Teacher's Digital: You can also teach this lesson using the Teacher's App on Navio.

Pupil's Digital: Encourage your pupils to use the Pupil's App on Navio to practise the activities from this lesson.

Powered By NAVIO

Starting the lesson

Use the Trinity Exams Practice cards (optional).

- The pupils practise asking and answering questions.

Review the 'ue' sound.

- Ask **What sound did you practise in the tongue twister in Lesson 5?** *('ue')* **Can you remember the tongue twister?** (*Can a huge mule play a tune at the barbecue next to the statue?*) Practise the tongue twister as a class.
- Remind the pupils that they know several ways of writing this sound ('ue', 'u_e', 'oo' and 'ui'). The pupils list the words they know which contain these graphemes.

Set learning outcomes and use the talk cards.

- Say **Today we're going to read a myth.** Check that the class know what a myth is. Explain that it is a story from long ago and that myths often contain mythical creatures.
- Point to the talk cards to show the pupils the different ways they will be working in the lesson.

Before you read: Pupil's Book Activity 1

Which of these things do you think will be in a myth?

- Prompt the class to read the words and predict which will feature in a myth. The pupils look through the text to see if they predicted correctly. Ask **Are myths true stories? Are myths modern or are they from a long time ago? Are the animals in myths real?**

Pupil's Book Activity 2

Look at the pictures. What do you think Sirens are?

- Invite a pupil to read the question. Encourage the class to make suggestions. Write the suggestions on the board.

Pupil's Book Activity 3

Read and listen to find out. What do the Sirens do?

▶ *CD2 Track 45 p272*

- Read the question. Explain to the class that they should read through the text to find the answer to this question. (*They sang beautiful songs.*)
- If you want the pupils to read the text without the support of the CD, set a time limit for this task. Otherwise, play the CD.

After you read: Activity Book

Activity 1

Read and write *true* or *false*.

- The pupils work on their own or with a Talk Partner. They decide if the sentences are true or false. The pupils refer back to the text in the Pupil's Book when necessary.

Answers: **1** true **2** false **3** false **4** false **5** true **6** true

Activity 2

Read the myth again. Complete the sentences.

- The pupils work on their own or with a Talk Partner to complete the sentences. They should refer back to the text in the Pupil's Book when necessary.

Answers: **1** creatures **2** woman, bird **3** island in the middle of the sea **4** beautiful songs **5** listen to the songs **6** jumped into the sea when they heard the songs, crashed into the rocks

Activity 3

Read the answers. Write questions with *What, Where* or *Who*. Act out.

- Ask a pupil to read out the first question. The pupils work on their own to write the rest of the questions.
- They ask and answer the questions with a Talk Partner.

Answers: **1** Where did Ulysses' ship have to pass? **2** Who / What were the Sirens? **3** Where did they live? **4** What did they do / sing? **5** What did they have / look like? **6** What were they / their songs like?

Code activity

- The pupils complete the code activity.

Answer: planets

Ending the lesson

Review the lesson and reflect on learning.

- Say **Today we've read a myth. What do we know about the Sirens? What did they look like? What did they do?**
- Ask the class **Which was your favourite activity today? Which activity was easy / difficult?**

Extra activity

Extension

- The pupils investigate other mythical creatures using the Internet. Encourage them to look for information about a Centaur, Griffin, Minotaur, etc. They should write descriptive sentences. They can access websites such as: www.gods-and-monsters.com/list-of-mythical-creatures.html.

Key Competences and Key Learning Outcomes

- Use apostrophes

- Identify the informational content of a text about a mythical creature
- Identify the text features of a myth
- Use criteria to check your writing

- Share your writing with a partner

- Prepare and write a text about a mythical creature

Key language

- *enormous, poisonous; cows, dragon, snake, swamp, village; beak, claws, eyes, heads, legs, tail, wings*
- *What does it look like? What does it eat? Where does it live? How big is it? Has it got (a tail)?*

Materials

- Pupil's Book p57; Activity Book p54; Class CD2; Teacher's App on Navio
- Teacher's Resource Bank: Talk cards
- Coloured pencils

Optional materials

- Teacher's Resource Bank: Trinity Exams Practice cards (selected from the Starter Unit and Units 1, 2, 3 and 4)

At a Glance Lesson Plan

Pupil's Book

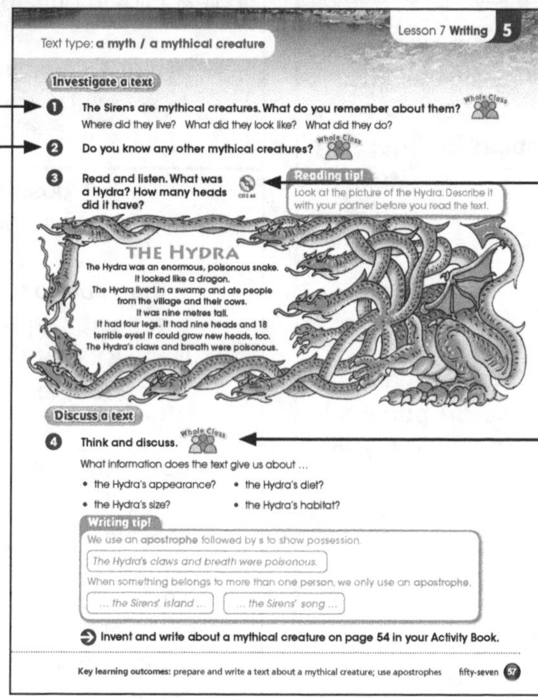
Lesson 7 Writing 5

Text type: a myth / a mythical creature

Investigate a text

1 The Sirens are mythical creatures. What do you remember about them? Where did they live? What did they look like? What did they do?

2 Do you know any other mythical creatures?

3 Read and listen. What was a Hydra? How many heads did it have?

Reading tip! Look at the picture of the Hydra. Describe it with your partner before you read the text.

THE HYDRA

The Hydra was an enormous, poisonous snake. It looked like a dragon. The Hydra lived in a swamp and ate people from the village and their cows. It was nine metres tall. It had four legs. It had nine heads and 18 terrible eyes! It could grow new heads, too. The Hydra's claws and breath were poisonous.

Discuss a text

4 Think and discuss.

What information does the text give us about …

- the Hydra's appearance?
- the Hydra's diet?
- the Hydra's size?
- the Hydra's habitat?

Writing tip!

We use an apostrophe followed by s to show possession.

The Hydra's claws and breath were poisonous.

When something belongs to more than one person, we only use an apostrophe.

… the Sirens' island … … the Sirens' song …

Invent and write about a mythical creature on page 54 in your Activity Book.

Key learning outcomes: prepare and write a text about a mythical creature; use apostrophes fifty-seven 57

Starting the lesson

- Use the Trinity Exams Practice cards (optional).
- **Think-Pair-Share.** Review the Ulysses and the Sirens myth.
- Set learning outcomes and use the talk cards.

Investigate a text: Activity 1

- The Sirens are mythical creatures. What do you remember about them?

Activity 2

- Do you know any other mythical creatures?

Activity 3

- Read and listen.
- ▶ *CD2 Track 46 p272*
- What was a Hydra? How many heads did it have?
- **Reading tip:** Read about describing a picture before reading a text.

Discuss a text: Activity 4

- Think and discuss.
- **Writing tip:** Read about the use of the apostrophe to show possession.

Go to the Activity Book.

Ending the lesson

- Review the lesson and reflect on learning.

Extra activities

Extension

- Invent a myth around one of the creatures.
- Make a mythical creatures display.

Activity Book

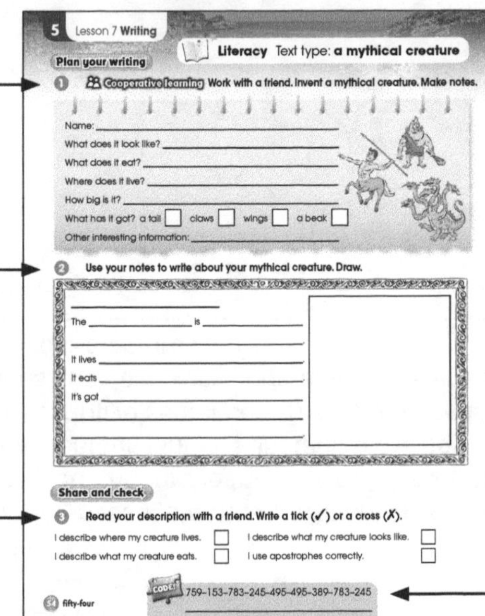
5 Lesson 7 Writing

Plan your writing

Literacy Text type: a mythical creature

1 Cooperative learning Work with a friend. Invent a mythical creature. Make notes.

Name:
What does it look like?
What does it eat?
Where does it live?
How big is it?
What has it got? a tail ☐ claws ☐ wings ☐ a beak ☐
Other interesting information:

2 Use your notes to write about your mythical creature. Draw.

The ______ is ______
It lives ______
It eats ______
It's got ______

Share and check

3 Read your description with a friend. Write a tick (✓) or a cross (✗).

I describe where my creature lives. ☐ I describe what my creature looks like. ☐
I describe what my creature eats. ☐ I use apostrophes correctly. ☐

Code 759-153-783-245-495-495-389-783-245

fifty-four

Activity Book

Plan your writing: Activity 1

- Work with a friend.
- Invent a mythical creature.
- Make notes.

Activity 2

- Use your notes to write about your mythical creature.
- Draw.

Share and check: Activity 3

- Read your description with a friend.
- Write a tick (✓) or a cross (✗).

Code activity

- Complete the code activity.

Digital resources

Teacher's Digital: You can also teach this lesson using the Teacher's App on Navio.

Pupil's Digital: Encourage your pupils to use the Pupil's App on Navio to practise the activities from this lesson.

Powered By NAVIO

Starting the lesson

Use the Trinity Exams Practice cards (optional).
- The pupils practise asking and answering questions.

Think-Pair-Share. Review the Ulysses and the Sirens myth.
- Ask the pupils to list five things that they remember about the Ulysses and the Sirens myth. The pupils write their list individually first.
- They discuss their ideas with a Talk Partner.
- Ask pairs to share their thoughts. Compile all the ideas into one list on the board and try to recreate as much of the myth as possible.

Set learning outcomes and use the talk cards.
- Ask **What did we read in the last lesson?** (*A myth.*) Say **Today we're going to investigate a description of a mythical creature. Then we're going to plan and write our own description of a mythical creature.**
- Point to the talk cards to show the pupils the different ways they will be working in the lesson.

Investigate a text: Pupil's Book Activity 1

The Sirens are mythical creatures. What do you remember about them?
- Read the questions and invite the class to answer them. Write their answers on the board.

Pupil's Book Activity 2

Do you know any other mythical creatures?
- Ask the pupils to suggest other mythical creatures they know.

Pupil's Book Activity 3

Read and listen. What was a Hydra? How many heads did it have?

▶ *CD2 Track 46 p272*
- Read the questions as a class.
- If you want the pupils to read the text without the support of the CD, set a time limit for this task. Otherwise, play the CD.
- The pupils answer the questions. (*A Hydra was an enormous, poisonous snake. It had nine heads.*)

Reading tip
- Read the information as a class. Ask the pupils to work in pairs to describe the picture of Hydra before they read the text. Remind them to use the pictures in a text to help with their reading.

Discuss a text: Pupil's Book Activity 4

Think and discuss.
- Read the first question and ask the pupils to find the answer in the text. Repeat the procedure with the other questions.
- Confirm that a description has information on the creature's appearance, size, diet and habitat.

Writing tip
- Read the information and ask the pupils to find another example in the Ulysses text.
- Prompt the pupils to create their own sentences using the possessive forms.

Activity Book

Plan your writing: Activity 1

Writing Partners. Work with a friend. Invent a mythical creature. Make notes.
- Read out the notes and give examples of how pupils can complete each section. If necessary, write these ideas on the board.
- The pupils work with a Talk Partner to invent a mythical creature and complete the notes in their Activity Book.

Activity 2

Use your notes to write about your mythical creature. Draw.
- Focus the class on the activity. The pupils work with a Talk Partner to write their descriptions.
- The pupils draw their mythical creature using the text they wrote as a guide.

Share and check: Activity 3

Writing Partners. Read your description with a friend. Write a tick (✓) or a cross (✗).
- Read through the questions as a class.
- Organise the class into new Talk Partners. One pupil reads aloud their text to their partner. The other pupil listens. The pupils work together to decide if the text fulfils all the criteria and tick the corresponding boxes. The pupils can add, improve or correct the text at this stage.
- The pupils swap roles.

Code activity
- The pupils complete the code activity.

Answer: satellite

Ending the lesson

Review the lesson and reflect on learning.
- Say **Today we've written a description of a mythical creature. Are you happy with your description?** Elicit the pupils' opinions.
- Ask the class **Which was your favourite activity today? Which activity was easy / difficult?**

Extra activities

Extension
- If you have a confident class, choose one of the creatures and invent a myth around it. As a group, choose the creature, a setting and a hero. Ask the pupils for ideas about the beginning, middle and end of the story. Prompt them with questions, e.g. **Where does the myth happen? Who are the characters? What happens first? What happens next?**
- Alternatively, ask the pupils to copy out their description and picture and create a mythical creatures display.

Key Competences and Key Learning Outcomes

- Think about and research New Zealand
- Read and listen for specific information
- Read about WOMAD in New Zealand
- Think about your own culture and identity

Key language
- *bagpipes, didgeridoo, sitar, steel drum, strings; animal skin, branch, metal containers, wood; bottom, top; noise*
- *The pipes are made from wood. The didgeridoo comes from Australia.*

Materials
- Pupil's Book p58; Activity Book p55; Class CD3; Teacher's App on Navio
- Teacher's Resource Bank: Talk cards
- An online world map

Optional materials
- Teacher's Resource Bank: Trinity Exams Practice cards (selected from the Starter Unit and Units 1, 2, 3 and 4)

At a Glance Lesson Plan

Starting the lesson
- Use the Trinity Exams Practice cards (optional).
- Review musical instruments.
- Set learning outcomes and use the talk cards.

Activity 1
- Read Luke's questions.
- What do you think?

Activity 2
- Read and listen.

▶ *CD3 Track 01 p272*
- Answer Luke's questions.
- **Think about your culture** Are there any music festivals in your country? What traditional instruments do people play in your country? Do you play an instrument?

Go to the Activity Book.

Pupil's Book

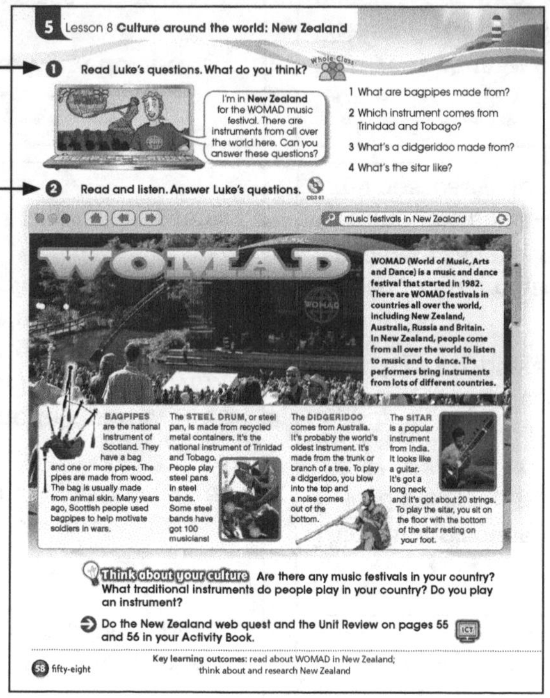

Ending the lesson
- Review the lesson and reflect on learning.

Extra activity

Extension
- Investigate another WOMAD festival.

Digital resources

Teacher's Digital: You can also teach this lesson using the Teacher's App on Navio.

Powered By NAVIO

Activity Book

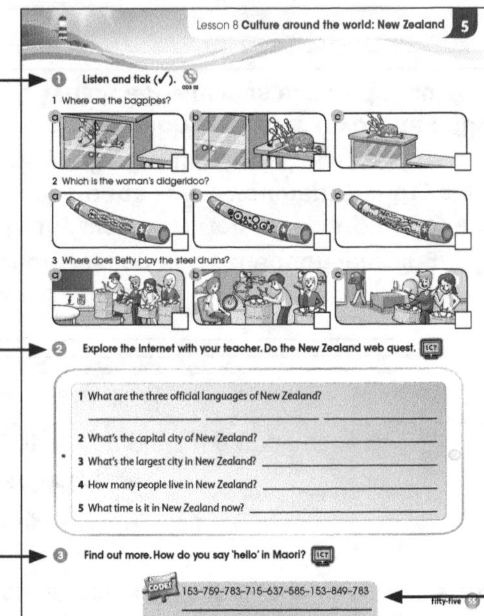

Activity Book

Activity 1
- Listen and tick (✓).

▶ *CD3 Track 02 p272*

Activity 2
- Explore the Internet with your teacher.
- Do the New Zealand web quest.

Activity 3
- Find out more. How do you say 'hello' in Maori?

Code activity
- Complete the code activity.

Detailed Lesson Plan

Starting the lesson

Use the Trinity Exams Practice cards (optional).

- The pupils practise asking and answering questions.

Review musical instruments.

- Brainstorm musical instruments as a class. Write the instruments on the board.
- Play *What is it?* (see p27) Choose one of the instruments and describe it. Have the pupils guess the instrument you are describing. The pupils play the game with a Talk Partner.

Set learning outcomes and use the talk cards.

- Say **Today we're going to investigate New Zealand.**
- Point to the talk cards to show the pupils the different ways they will be working in the lesson.

Pupil's Book Activity 1

Read Luke's questions. What do you think?

- Read the speech bubble as a class. Encourage the pupils to tell you what they know about New Zealand.
- Read the questions as a class. Encourage the pupils to predict the answers.

Pupil's Book Activity 2

Read and listen. Answer Luke's questions.

▸ *CD3 Track 01 p272*

- Focus the class on the photos. Ask **What can you see?** Ask the class if they recognise any of the instruments.
- Play the CD, pausing after each instrument to check understanding. The pupils answer the questions.

Answers: **1** They're made from wood and animal skin. **2** The steel drum / pan. **3** The trunk or branch of a tree. **4** It's like a guitar.

Think about your culture

- Read out the questions. Prompt different pupils to tell you about music festivals and traditional musical instruments in their country.

Activity Book

Activity 1

Listen and tick (✓).

▸ *CD3 Track 02 p272*

- Ask the pupils to read out the first question. They describe what they can see in each of the pictures. Play the CD, pausing to allow the pupils to tick the correct picture.
- Repeat the procedure with the other questions.

Answers: **1** b **2** c **3** b

Activity 2

Explore the Internet with your teacher. Do the New Zealand web quest.

- Read out the instructions and connect to a children's website which has geographical information about New Zealand. Read out questions 1–4 and find the information on the page. The pupils work as a class to find and write the answers.
- Read out question 5. Connect to a website which shows the time around the world. The pupils complete the information about the time in New Zealand.

Answers: **1** English, New Zealand Sign Language and Te Reo Maori **2** Wellington **3** Auckland **4** approx. 4.693 million

Activity 3

Find out more. How do you say 'hello' in Maori?

- Read out the question.
- Connect to a children's website which has information about the Maori language. The pupils work as a class to find the answer.

Answer: Kia ora

Suggested websites

- http://maps.google.es
- http://www.timeanddate.com/worldclock/

Code activity

- The pupils complete the code activity.

Answer: astronaut

Ending the lesson

Review the lesson and reflect on learning.

- Say **Today we've learnt about New Zealand. Is it an interesting place? What can you see and do there?** Elicit the information from the pupils.
- Ask the class **Which was your favourite activity today? Which activity was easy / difficult?**

Extra activity

Extension

- Use the WOMAD website (www.womad.org) to find where the next WOMAD festival will take place.
- Ask the pupils to work together to make a list of the events they would like to see at the festival.

Go to the AB Unit Review on page 251.

Key Competences and Key Learning Outcomes

- Watch and understand a video about free-time activities
- Understand the value of making your own fun
- Think of different ways of making your own fun

Key language

- *chalk, cooking, costume, creative, experiment, form (v), imagination, indoors, inside, park, patio, playing outside, recycled materials, robot, safety glasses, slide, straws*
- *I'd rather (make a robot costume). What can you do if it's (sunny)? Let's make a (picture). Let's cook (biscuits). Let's learn to (play a musical instrument).*

Materials

- Pupil's Book p59; Activity Book p57; Class CD3; Teacher's App on Navio
- Free-time activities flashcards
- Teacher's Resource Bank: Talk cards

Optional materials

- Teacher's Resource Bank: Trinity Exams Practice cards (selected from the Starter Unit and Units 1, 2, 3 and 4)

At a Glance Lesson Plan

Pupil's Book

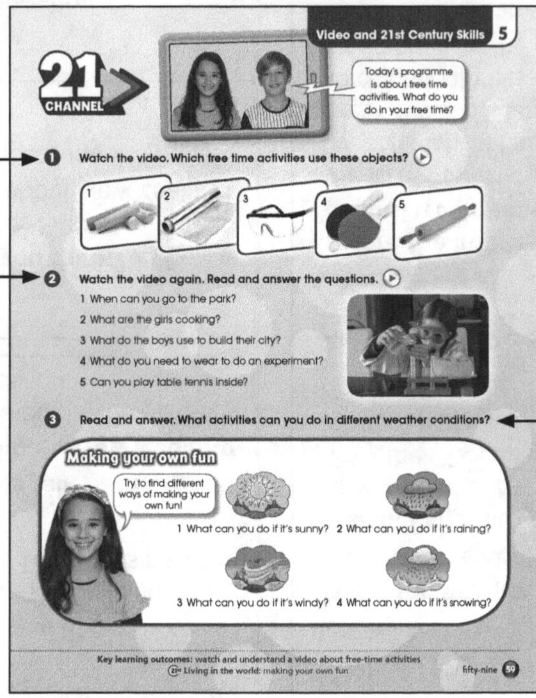

Starting the lesson

- Use the Trinity Exams Practice cards (optional).
- **Think-Pair-Share.** Review free-time activities vocabulary.
- Set learning outcomes and use the talk cards.

Activity 1

- Before you watch
- Watch the video.

Unit 5 video p287

- Which free-time activities use these objects?

Activity 2

- Watch the video again.

Unit 5 video

- Read and answer the questions.

Activity 3

- Read and answer.
- What activities can you do in different weather conditions?

Go to the Activity Book.

Ending the lesson

- Review the lesson and reflect on learning.

Extra activity

Extension

- Take a class vote on the best ways of making your own fun in different weather conditions.

Activity Book

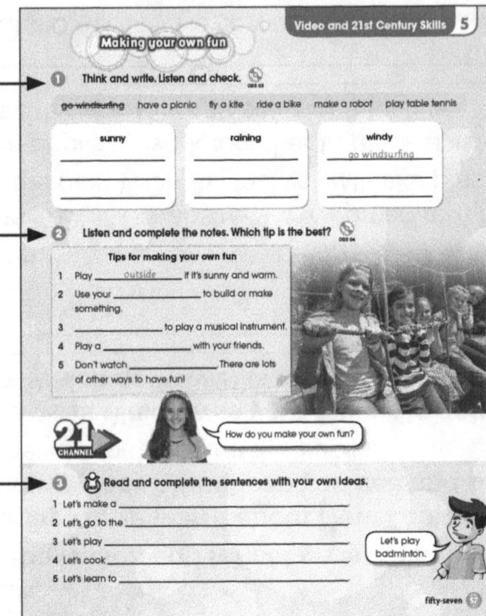

Activity Book

Activity 1

- Think and write.
- Listen and check.

▶ *CD3 Track 03 p272*

Activity 2

- Listen and complete the notes.

▶ *CD3 Track 04 p273*

- Which tip is the best?

Activity 3

- Read and complete the sentences with your own ideas.

Digital resources

Teacher's Digital: You can also teach this lesson using the Teacher's App on Navio.

Pupil's Digital: Encourage your pupils to use the Pupil's App on Navio to practise the activities from this lesson.

Powered By NAVIO

Starting the lesson

Use the Trinity Exams Practice cards (optional).

- The pupils practise asking and answering questions.

Think-Pair-Share. Review free-time activities vocabulary.

- Ask **Can you remember the free-time activities vocabulary?** The class thinks silently for a minute.
- The pupils work with a Talk Partner to name the free-time activities.
- Invite different Talk Partners to say a different activity. Hold up the corresponding flashcard and prompt the class to repeat the word. Repeat the procedure, asking different Talk Partners each time, until all the free-time activities have been named.

Set learning outcomes and use the talk cards.

- Say **Today we're going to watch a video and then ask and answer questions about free-time activities.**
- Point to the talk cards to show the pupils the different ways they will be working in the lesson.

Pupil's Book Activity 1

Before you watch

- Read the speech bubble to pupils. Ask **What do you do in your free time?** Elicit responses from a number of pupils.

Watch the video. Which free-time activities use these objects? *p287*

- Watch Part 1. Ask pupils **What are you going to see next?** Check that they understand that they will see a video about different ideas for making your own fun.
- Play Part 2. Ask general questions to check understanding. Focus the pupils on the photos in Activity 1 again. Ask **Which free-time activities use these objects?** Elicit ideas.
- Play Part 2 again for the pupils to answer the question. Check the answer as a class.

Answers: **1** painting **2** making things with recycled materials **3** doing a science experiment **4** playing sport **5** cooking

Pupil's Book Activity 2

Watch the video again. Read and answer the questions.

- Ask a pupil to read out sentence 1. Ask the class what they think the answer is. Repeat with sentences 2–5.
- Play Part 2. Pupils work in pairs to answer the questions.

Answers: **1** If it's sunny. **2** biscuits **3** straws **4** safety glasses **5** Yes, you can.

Pupil's Book Activity 3

Read and answer. What activities can you do in different weather conditions?

- Ask **What do Chloe and Mark do at the end of the video?** (*They think of ways to make their own fun.*)
- Ask the pupils to read Chloe's speech bubble. Explain that this activity is all about finding ways of making your own fun in different weather conditions.
- Look at the four types of weather conditions with the class and check vocabulary.
- Pupils work in pairs to make suggestions for different activities they can do in the different weather conditions. Remind them of the activities suggested in the video, plus those they have learnt in the unit. Encourage them to suggest other ideas, too.
- Check answers with the class. Ask **What can you do if it's (sunny)?**

Activity Book

Activity 1

Think and write. Listen and check.

▶ *CD3 Track 03 p272*

- Prompt the class to read the words in the word box. The pupils work on their own to think about which activities you can do in the three different weather conditions. They write the answers in the boxes.
- Play the CD and check answers.

Answers: **sunny:** have a picnic, ride a bike
raining: play table tennis, make a robot
windy: go windsurfing, fly a kite

Activity 2

Listen and complete the notes. Which tip is the best?

▶ *CD3 Track 04 p273*

- Explain to the pupils that they are going to listen to a girl and boy talking about ways of making their own fun. Play the CD, pausing to allow the pupils to write the information.
- Play the CD again without pausing.
- Ask the pupils **Which tip is the best?**

Answers: **1** outside **2** imagination **3** Learn **4** sport **5** television

Activity 3

Read and complete the sentences with your own ideas.

- Read out Chloe's speech bubble and tell pupils that they are going to come up with their own ideas for making your own fun. Ask a pupil to read out the boy's speech bubble.
- Pupils work on their own to complete the sentences. Encourage them to think about different activities, like in Activity 1, and to use the tips in Activity 2.
- Organise the pupils into Talk Partners to share ideas.

Ending the lesson

Review the lesson and reflect on learning.

- Say **Today we've watched a video about free-time activities. What have we learnt about making your own fun?** Elicit the information from the pupils.
- Ask **Which was your favourite activity today? Which activity was easy / difficult?**

Extra activity

Extension

- Following on from Activity 3 in the Activity Book, ask each of the pairs to decide on two of their favourite suggestions for ways of making your own fun. Make a list of the suggestions on the board and take a class vote on the best activities for different weather conditions. If possible, you could arrange to do one of the activities the next time it's sunny / raining / windy.

Date: ____________ Unit: ____________

1 What did my pupils learn in this unit?

2 How did my pupils work? (✓)

individually ☐ in pairs ☐ in small groups ☐

in large groups ☐ as a class ☐

3 Which key competences did my pupils develop?

- Competence in linguistic communication ☐
- Competence in mathematics, science and technology ☐
- Digital competence ☐
- Learning to learn ☐
- Social and civic competences ☐
- Sense of initiative and entrepreneurship ☐
- Cultural awareness and expression ☐

4 Which lessons / activities were the most successful and why?

5 Which lessons / activities did my pupils find the most difficult and why?

6 What did I try in the classroom for the first time? How did it go?

7 Which resources did I find most useful? (including webpages)

8 What could I do differently next time I teach this unit?

Unit 6 Marvellous machines

Unit overview

Key Competences and Key Learning Outcomes

- Identify and say machines in our houses (Lesson 1)
- Say the vocabulary chant (Lesson 1)
- Listen, repeat and act out a conversation (Lesson 2)
- Follow, complete and correct the grammar tables (Lessons 2 and 4)
- Use 'is / are used for' to talk about machines in our houses (Lesson 2)
- Identify and say materials (Lesson 4)
- Use 'It's' and 'They're' to talk about what materials things are made of (Lesson 4)
- Use 'wow' words (Lesson 7)
- Watch and understand a video (Video and 21st Century Skills)

- Learn how to make a battery out of lemons (Lesson 3)

- Use the Pupil's App on Navio
- Investigate the USA (Lesson 8)

- Say a tongue twister and practise spellings for the 'o_e' sound (Lesson 5)
- Review your own learning (Review lesson)
- Practise activity types found in the Cambridge Exams: A2 Flyers

- Understand the importance of recycling batteries (Lesson 3)

- Play a communication game using 'It's made of' and 'They're made of' (Lesson 5)

- Sing two songs (Lessons 1 and 4)
- Read, listen, understand and act out a story about a boat race (Lesson 3)
- Read and understand a text to persuade (Lesson 6)
- Prepare and write an advert (Lesson 7)
- Research the USA and think about your own culture (Lesson 8)

Vocabulary

Core vocabulary
blender, cooker, dishwasher, DVD player, fridge, hairdryer, hoover, microwave, printer, tablet, toaster, washing machine; cotton, gold, leather, plastic, silver, wool

Extension vocabulary (optional)
electric toothbrush, hair straighteners, juicer, phone charger, smart phone, tumble dryer; card, glass, metal, wood

Other vocabulary
batteries, coin, solar power, wires; amazing, delicious, fantastic, special; opinion, price, product name, slogan, true statement; breakdancing, humans, kung fu, somersaults

Recycled vocabulary
bedroom, kitchen, living room; every day, once / twice / three times a week, this morning; hockey, lemons, mast, sail, wind; boots, bracelet, earrings, sweater

Structures

Core structures
A (hairdryer) is used for (drying your hair). (Microwaves) are used for (heating food). What's it used for? It's used for (washing your clothes). What are they used for? They're used for (making toast). A (sweater) is made of (wool). (Boots) are made of (leather). What's it made of? What are they made of? They're made of (leather).

Other structures
What's wrong with the boat? It's working!

Recycled structures
We've got (machines in the kitchen). There's a (cooker) in the kitchen. Have you got a (dishwasher)? Yes, I have. Where is it? It's in the (kitchen). How often do you use it? I use it every day. (Ravi) is brilliant at (making machines). Is it (big or small)?

Phonics

The 'o_e' sound (*r**o**b**o**t r**o**lls h**o**m**e** r**o**s**e** n**o**s**e** ph**o**n**e***)
Recycled: 'ow' and 'oa' spellings

Literacy

Text type: an advert (text to persuade)
Reading skills: completing a text
Writing skills: using 'wow' words (amazing, fantastic, delicious)

Culture ... around the world

A robot competition in the USA

21st Century Skills

Creating adverts

Thinking skills

Applying rules (Lessons 2 and 4); Predicting (Lessons 3 and 8)

Cooperative learning

Brainstorming (Lesson 1); Listening (Lesson 2); Collaborating (Lessons 3, 4, 7 and Review); Checking learning (Lesson 5); Peer evaluation and feedback (Lesson 7)

Values

Understanding the importance of recycling batteries

Cross-curricular links

Link to Science
Machines: Identifying machines that use electricity and reviewing how a complex machine works

Suggested Arts and Crafts concepts
Exploring geometric and organic forms and constructing a recycled musical bird

Key Competences and Key Learning Outcomes

- Identify and say machines in our houses
- Say the vocabulary chant
- Identify machines that need electricity to work (optional)
- Review and discuss household machines
- Ask and answer questions using a recycled structure
- Sing a song about machines in our houses

Key language

- *blender, cooker, dishwasher, DVD player, fridge, hairdryer, hoover, microwave, printer, tablet, toaster, washing machine; bedroom, kitchen, living room*
- Extension: *electric toothbrush, hair straighteners, juicer, phone charger, smart phone, tumble dryer*
- *We've got machines in the kitchen. There's a cooker in the kitchen. We use it for cooking food. Have you got a dishwasher? Yes, I have. / No, I haven't. Where is it? It's in the kitchen. How often do you use it? I use it (every day).*

Materials

- Pupil's Book p60; Activity Book p58; Class CD3; Teacher's App on Navio
- Machines in our houses flashcards
- Teacher's Resource Bank: Machines in our houses word cards
- Teacher's Resource Bank: Talk cards
- Sheets of paper

Optional materials

- Teacher's Resource Bank: Trinity Exams Practice cards (selected from the Starter Unit and Units 1, 2, 3, 4 and 5)

At a Glance Lesson Plan

Pupil's Book

Starting the lesson

- Use the Trinity Exams Practice cards (optional).
- Review rooms and furniture.
- Set learning outcomes and use the talk cards.

Activity 1

- What machines are there in your house?
- Make a list.
- Where can you find each machine?

Vocabulary presentation

- Present the new vocabulary using the machines in our houses flashcards.

Word cards

- Introduce the spellings of the vocabulary using the machines in our houses word cards.

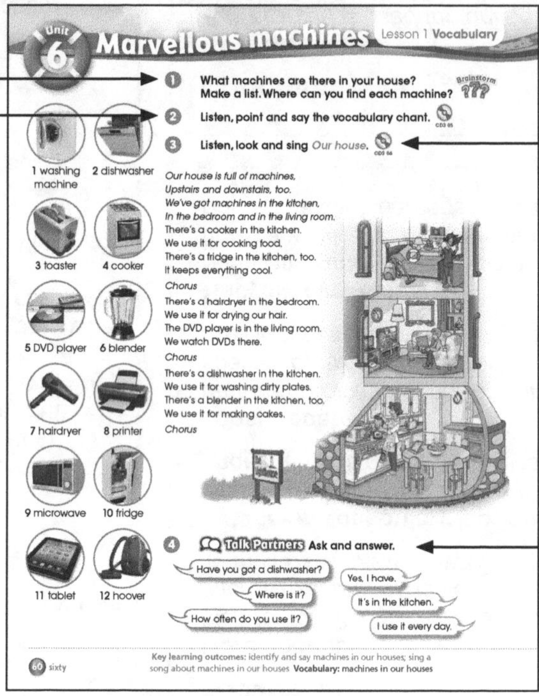

Activity 2

- Listen, point and say the vocabulary chant.

▶ ***CD3 Track 05 p273***

Activity 3

- Listen, look and sing *Our house*.

▶ ***CD3 Track 06 p273***

Activity 4

- Ask and answer.
- Go to the Activity Book.

Ending the lesson

- Review the lesson and reflect on learning.

Extra activities

Reinforcement

- Play a guessing game.

Vocabulary extension

- Present six additional vocabulary items.

Link to Science

- **Machines:** Identify machines that use electricity.

Activity Book

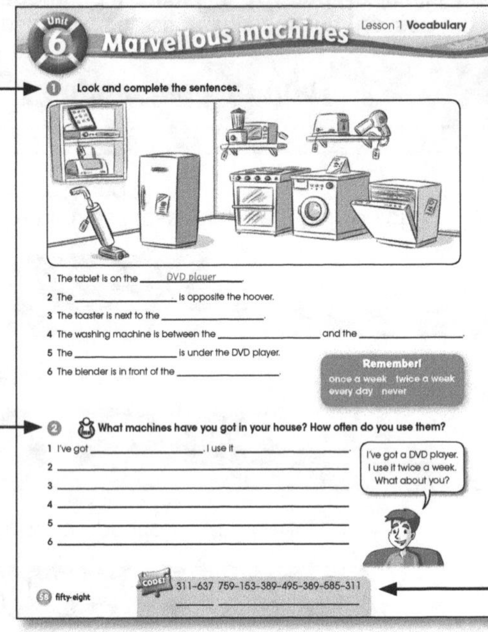

Activity Book

Activity 1

- Look and complete the sentences.

Activity 2

- What machines have you got in your house?
- How often do you use them?

Code activity

- Complete the code activity.

Digital resources

Teacher's Digital: You can also teach this lesson using the Teacher's App on Navio.

Pupil's Digital: Encourage your pupils to use the Pupil's App on Navio to practise the activities from this lesson.

Powered By NAVIO

Detailed Lesson Plan

Starting the lesson

Use the Trinity Exams Practice cards (optional).

- The pupils practise asking and answering questions.

Review rooms and furniture.

- Explain to the class that they are going to brainstorm furniture in a house. Elicit the rooms of the house. Write them on the board in columns.
- Organise the pupils into groups. Ask each group to choose a scribe. The scribe should copy these rooms onto a sheet of paper. Set a time limit of five minutes. Each group lists as many furniture items as possible.
- Elicit the furniture items and write them on the board in the corresponding rooms.

Set learning outcomes and use the talk cards.

- Say **Today we're going to learn the names of machines we use in our houses.**
- Point to the talk cards to show the pupils the different ways they will be working in the lesson.

Pupil's Book Activity 1

What machines are there in your house? Make a list. Where can you find each machine?

- (Books closed.) Focus the pupils on the list on the board. Ask them to identify any machines on the list that they have at home. Ask the pupils which room each machine is usually found in.

Vocabulary presentation

- (Books closed.) Hold up each machines in our houses flashcard in turn without letting the pupils see the picture. Describe the item, e.g. **This machine is in the kitchen. We use it for cooking food.** (*Cooker.*)
- Stick the flashcards on the board. The pupils repeat the words once or twice.

Word cards

- (Books closed.) Hand out a machines in our houses word card to each pair.
- The pairs take turns to come to the board, read out their word and stick their card next to the corresponding flashcard.

Pupil's Book Activity 2

Listen, point and say the vocabulary chant.

▶ ***CD3 Track 05 p273***

- (Books open.) Focus the pupils' attention on the 12 photos. Say **Let's listen and say the words.** Play the CD. The pupils listen, point and repeat.

Pupil's Book Activity 3

Listen, look and sing *Our house.*

▶ ***CD3 Track 06 p273***

- Focus the pupils' attention on the scene. Ask **Where are Lily, Josh and Mum? What machines can you see in the kitchen?** Repeat for the bedroom and living room.
- Say **Let's listen to the song.** Play the CD. The pupils listen and read. Ask **What do we use a cooker / hairdryer / dishwasher / blender for?**
- Play the CD again. The pupils join in, singing the song and doing the actions.

Pupil's Book Activity 4

Ask and answer.

- Ask two pupils to read out the speech bubbles.
- The pupils ask and answer questions about the machines in their own houses with a Talk Partner.

Activity Book

Activity 1

Look and complete the sentences.

- (Books closed.) Revise the prepositions 'on', 'under', 'between', 'next to', 'in front of' and 'opposite' so that pupils can complete the activity.
- (Books open.) Ask the pupils to name the machines they can see. Ask the pupils what we use each one for.
- The pupils work alone to complete the sentences.

Answers: **1** DVD player **2** fridge **3** hairdryer **4** cooker, dishwasher **5** printer **6** microwave

Activity 2

What machines have you got in your house? How often do you use them?

- Ask a pupil to read out the speech bubble.
- The pupils write sentences about their machines.

Code activity

- The pupils complete the code activity.

Answer: go sailing

Ending the lesson

Review the lesson and reflect on learning.

- (Books closed.) Say **Today we've learnt the names of machines in our houses. What do you remember?**
- Ask the class **Which was your favourite activity today? Which activity was easy / difficult?**

Extra activities

Reinforcement

- Play *What is it?* (see p27) Choose one of the machines, e.g. **This machine is in the kitchen. We use it for making toast. What is it?** Prompt the class to guess. Repeat the procedure with different machines.
- The pupils play the game with a Talk Partner.

Vocabulary extension

- Use the Vocabulary Booster on Navio to present and practise six additional machines in our houses: *electric toothbrush, hair straighteners, juicer, phone charger, smart phone, tumble dryer*.

Link to Science

- If you are studying the Science topic of **Machines** in English, you could take the opportunity to identify machines which use electricity. Encourage them to add machines that use other types of energy to their lists.

Key Competences and Key Learning Outcomes

- Listen, repeat and act out a conversation
- Listen, follow the grammar table and identify the parts of a sentence
- Use 'is / are used for' to talk about machines in our houses
- Play a communication game

Key language

- *DVD player, fridge, hairdryer, microwave, toaster, washing machine*
- *A (hairdryer) is used for (drying your hair). (Microwaves) are used for (heating food). What's it used for? It's used for (washing your clothes). What are they used for? They're used for (making toast).*

Materials

- Pupil's Book p61; Activity Book p59; Class CD3; Teacher's App on Navio
- Machines in our houses flashcards
- Teacher's Resource Bank: Talk cards

Optional materials

- Teacher's Resource Bank: Trinity Exams Practice cards (selected from the Starter Unit and Units 1, 2, 3, 4 and 5)

At a Glance Lesson Plan

Pupil's Book

Starting the lesson

- Use the Trinity Exams Practice cards (optional).
- Play *What is it?*
- Review the *Our house* song.
- ▶ *CD3 Track 06 p273*
- ▶ *CD3 Track 07 p273 (optional karaoke version)*
- Set learning outcomes and use the talk cards.

Activity 1

- Listen and read.
- Listen and repeat.
- ▶ *CD3 Track 08 p273*
- Act out.

Activity 2

- Read again.
- What did Lily buy?

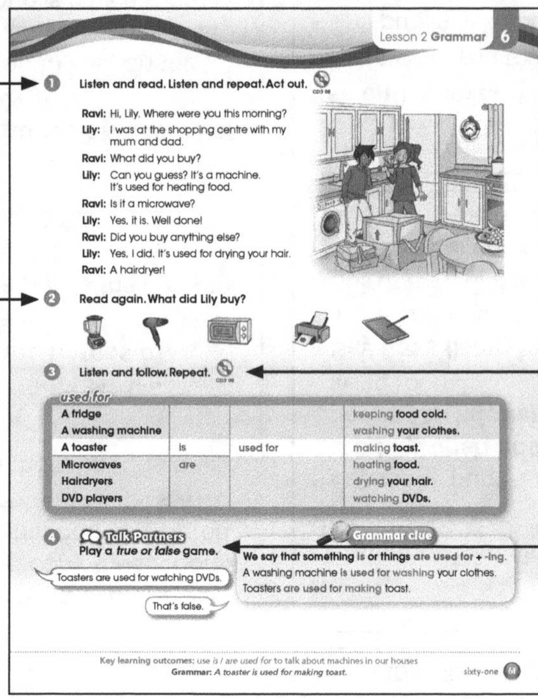

Lesson 2 Grammar 6

1 Listen and read. Listen and repeat. Act out.

Ravi: Hi, Lily. Where were you this morning?
Lily: I was at the shopping centre with my mum and dad.
Ravi: What did you buy?
Lily: Can you guess? It's a machine. It's used for heating food.
Ravi: Is it a microwave?
Lily: Yes, it is. Well done!
Ravi: Did you buy anything else?
Lily: Yes, I did. It's used for drying your hair.
Ravi: A hairdryer!

2 Read again. What did Lily buy?

3 Listen and follow. Repeat.

used for			
A fridge			keeping food cold.
A washing machine			washing your clothes.
A toaster	is	used for	making toast.
Microwaves	are		heating food.
Hairdryers			drying your hair.
DVD players			watching DVDs.

4 Talk Partners Play a *true* or *false* game.

Toasters are used for watching DVDs.

That's false.

Grammar clue
We say that something is or things are used for + -ing.
A washing machine is used for washing your clothes.
Toasters are used for making toast.

Key learning outcomes: use *is / are used for* to talk about machines in our houses
Grammar: *A toaster is used for making toast.*

sixty-one 61

Activity 3

- Listen and follow.
- ▶ *CD3 Track 09 p273*
- Repeat.
- **Grammar clue:** Read about using *is / are used for*.

Activity 4

- Play a *true* or *false* game.
- Go to the Activity Book.

Ending the lesson

- Review the lesson and reflect on learning.

Extra activity

Reinforcement

- Play a chain game.

Activity Book

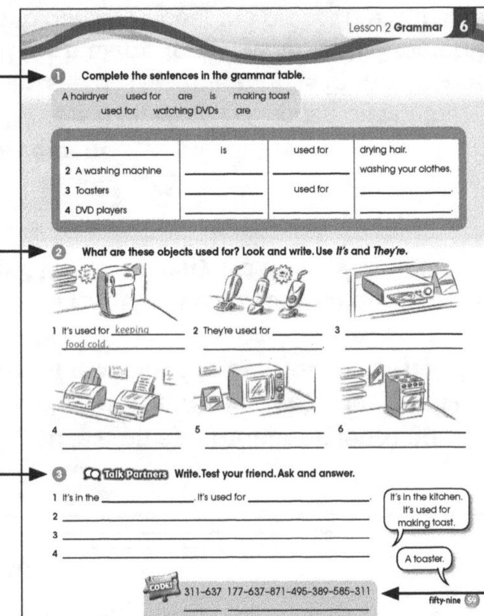

Lesson 2 Grammar 6

1 Complete the sentences in the grammar table.

A hairdryer used for are is making toast used for watching DVDs are

1 ______	is	used for	drying hair.
2 A washing machine	______	______	washing your clothes.
3 Toasters	______	used for	______
4 DVD players	______	______	______

2 What are these objects used for? Look and write. Use *It's* and *They're*.

1 It's used for keeping food cold. 2 They're used for ______ 3 ______

4 ______ 5 ______ 6 ______

3 Talk Partners Write. Test your friend. Ask and answer.

1 It's in the ______. It's used for ______
2 ______
3 ______
4 ______

It's in the kitchen. It's used for making toast.

A toaster.

CODE! 311-637 177-637-871-496-389-585-311

fifty-nine 59

Activity Book

Activity 1

- Complete the sentences in the grammar table.

Activity 2

- What are these objects used for? Look and write. Use *It's* and *They're*.

Activity 3

- Write. Test your friend. Ask and answer.

Code activity

- Complete the code activity.

Digital resources

Teacher's Digital: You can also teach this lesson using the Teacher's App on Navio.

Pupil's Digital: Encourage your pupils to use the Pupil's App on Navio to practise the activities from this lesson.

Powered By NAVIO

Starting the lesson

Use the Trinity Exams Practice cards (optional).

- The pupils practise asking and answering questions.

Play *What is it?*

- Play *What is it?* (see p27) with the machines in our houses flashcards. Stick the cards on the board in a random order.

Review the *Our house* song.

▶ *CD3 Track 06 p273*

▶ *CD3 Track 07 p273 (optional karaoke version)*

- Organise the class into three groups – one for each room. Play the CD (or use the karaoke version). The pupils sing along with their verse of the song and do the different actions.

Set learning outcomes and use the talk cards.

- Say **Today we're going to learn how to talk about what machines are used for.**
- Point to the talk cards to show the pupils the different ways they will be working in the lesson.

Pupil's Book Activity 1

Listen and read. Listen and repeat. Act out.

▶ *CD3 Track 08 p273*

- The pupils look at the picture.
- Play the CD. The pupils listen and read the conversation.
- Play the CD again, pausing after each sentence for the pupils to repeat.
- The pupils practise the conversation with a Talk Partner.

Pupil's Book Activity 2

Read again. What did Lily buy?

- The pupils read the conversation again and say which machines Lily bought.

Answer: a microwave, a hairdryer

Pupil's Book Activity 3

Listen and follow. Repeat.

▶ *CD3 Track 09 p273*

- Play the CD. The pupils listen to the first sentence and point to the words they hear.
- The pupils repeat the complete sentence.
- Repeat the procedure with the other sentences.

Grammar clue

- Read the grammar clue as a class.

Pupil's Book Activity 4

Play a *true* or *false* game.

- Use the grammar table to play a true or false game. Say **A fridge is used for washing your clothes.** Encourage the pupils to say *That's false*. Then organise the class into Talk Partners. Ask them to take turns to make similar sentences which are true or false.

Activity Book

Activity 1

Complete the sentences in the grammar table.

- Invite a pupil to read out the words in the word box. The pupils work on their own or with a Talk Partner to write the words in the grammar table.

Answers: **1** A hairdryer **2** is, used for **3** are, making toast **4** are, used for, watching DVDs

Activity 2

What are these objects used for? Look and write. Use *It's* and *They're*.

- Focus the class on the first picture. Encourage a pupil to read out the sentence. Ask a different pupil to complete the second sentence.
- The pupils work on their own to complete the sentences.

Suggested answers: **1** keeping food cold **2** cleaning floors **3** It's used for watching DVDs. **4** They're used for printing. **5** It's used for heating food. **6** It's used for cooking food.

Activity 3

Write. Test your friend. Ask and answer.

- Invite pupils to read out the speech bubbles.
- Encourage a different pupil to read out and complete sentence number 1. The pupils guess the machine.
- The pupils work on their own to write descriptions about other machines.
- Organise the class into Talk Partners. The pupils read out their descriptions to their partners and ask them to guess each machine.

Code activity

- The pupils complete the code activity.

Answer: go bowling

Ending the lesson

Review the lesson and reflect on learning.

- (Books closed.) Say **Today we've learnt how to talk about what machines are used for.** Ask **What's a (hoover) used for?** Prompt the class to give you the answer. Repeat for other machines.
- Ask the class **Which was your favourite activity today? Which activity was easy / difficult?**

Extra activity

Reinforcement

- Play a chain game. Name one of the machines, e.g. **a washing machine**. The pupil to your left has to make a sentence stating its use, e.g. *A washing machine is used for washing clothes.* The next pupil names a different machine and the pupil to their left continues the sentence. The pupils listen closely to each other to avoid repeating machines. The pupils may use the singular or plural form of each machine.

Key Competences and Key Learning Outcomes

- Read, listen and understand a story about a boat race
- Learn how to make a battery out of lemons
- Do a pre-reading task
- Understand the importance of recycling batteries
- Understand, enjoy and act out the story
- Give an opinion on the story

Key language

- *batteries, boat race, coins, fabric, harbour, lemons, machine, mast, paperclip, sail, solar power, windy, wires*
- *It's working! We've got a battery made of lemons! Ravi is brilliant at making machines. What's wrong with the boat? Why isn't it moving? What are we going to do now? Let's use solar power! I don't think we're going to win.*

Materials

- Pupil's Book pp62–63; Activity Book p60; Class CD3; Teacher's App on Navio
- Teacher's Resource Bank: Talk cards

Optional materials

- Teacher's Resource Bank: Trinity Exams Practice cards (selected from the Starter Unit and Units 1, 2, 3, 4 and 5)

At a Glance Lesson Plan

Pupil's Book

Starting the lesson

- Use the Trinity Exams Practice cards (optional).
- Review *is / are used for + ing*.
- Set learning outcomes and use the talk cards.

Before you read: Activity 1

- Use the code to read the message from Luke.

Activity 2

- Listen and read.
- ▶ *CD3 Track 10 p273*
- Act out.

After you read: Activity 3

- Read and correct.

Activity 4: Values

- Read and discuss.
- Go to the Activity Book.

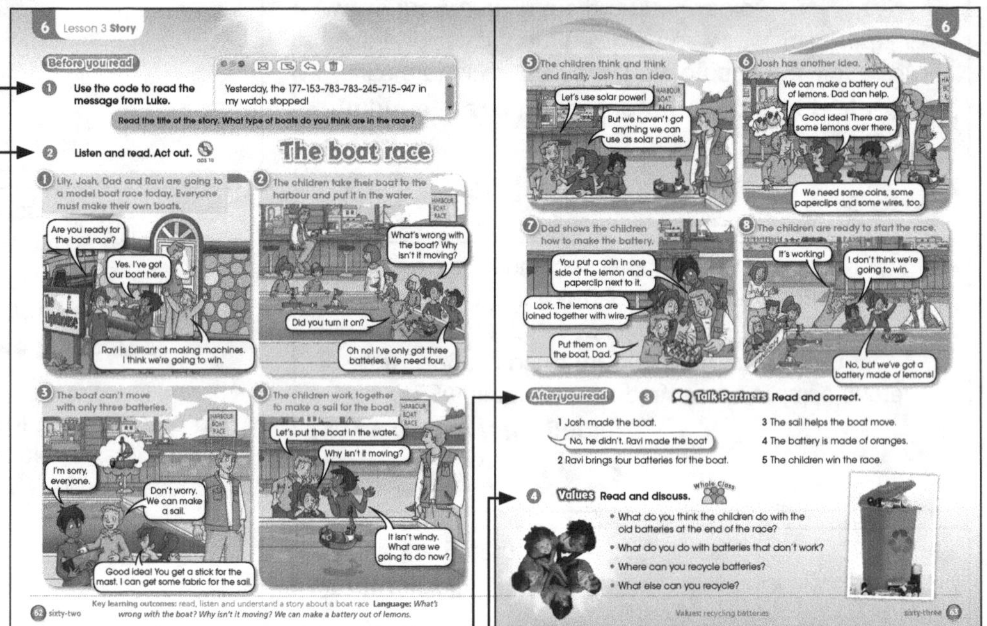

Ending the lesson

- Review the lesson and reflect on learning.

Extra activity

Reinforcement

- Retell the story as a class.

Digital resources

Teacher's Digital: You can also teach this lesson using the Teacher's App on Navio.

Pupil's Digital: Encourage your pupils to use the Pupil's App on Navio to practise the activities from this lesson.

Powered By NAVIO

Activity Book

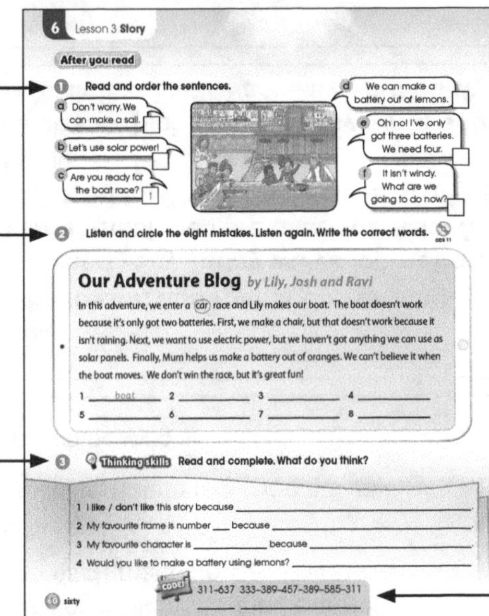

After you read: Activity Book

Activity 1

- Read and order the sentences.

Activity 2

- Listen and circle the eight mistakes.
- ▶ *CD3 Track 11 p274*
- Listen again.
- Write the correct words.

Activity 3

- Read and complete.
- What do you think?

Code activity

- Complete the code activity.

Starting the lesson

Use the Trinity Exams Practice cards (optional).

- The pupils practise asking and answering questions.

Review *is / are used for + ing*.

- Review *is / are used for + ing* by playing a guessing game. Choose one machine and describe it, e.g. **It's in the kitchen. It's used for washing clothes.** Prompt a pupil to guess which machine you are thinking of. The pupils play with a Talk Partner.

Set learning outcomes and use the talk cards.

- Say **Today we're going to read and listen to a story in English.**
- Point to the talk cards to show the pupils the different ways they will be working in the lesson.

Before you read: Pupil's Book Activity 1

Use the code to read the message from Luke.

- Say **Josh and Lily have received another message from Luke.** Ask the pupils to use the story code (Pupil's Book page 7) to discover the mystery word in the message. (*battery*) Ask **What else uses a battery?**
- Read the title of the story. Ask **What type of boats do you think are in the race?** Ask the pupils to brainstorm different types of boats. Write their suggestions on the board.

Pupil's Book Activity 2

Listen and read.

▶ *CD3 Track 10 p273*

- Play the CD. The pupils follow in their books. Elicit the different boats the pupils use in the story. (*A battery-powered boat, a sail boat, a boat powered by lemons.*)
- Ask questions to check understanding.

Suggested comprehension questions

- Frame 1: **Who's brilliant at making machines?** (*Ravi.*)
- Frame 2: **What's wrong with the boat?** (*It doesn't have enough batteries.*)
- Frame 3: **What is Josh's first idea?** (*To make a sail.*)
- Frame 4: **Why isn't the boat moving?** (*It isn't windy.*)
- Frame 5: **What is Josh's next idea?** (*To use solar power.*)
- Frame 6: **What is Josh's new idea?** (*To make a battery out of lemons.*)
- Frames 6 and 7: **What do the pupils need?** (*Coins, paperclips and wires.*)
- Frame 8: **Do the pupils win the race?** (*No, they don't.*)

Act out.

- Organise the class into four groups (Lily, Ravi, Josh and Dad). Play the CD. Each group joins in when their character speaks. If the pupils need extra support, pause the CD after each utterance and ask them to repeat it instead.
- Repeat with groups swapping roles.

After you read: Pupil's Book Activity 3

Read and correct.

- Ask a pupil to read out the first sentence and its correction. Ask the class to identify the story frame which has this information.
- The pupils work with a Talk Partner to correct each sentence. The pupils can do this orally or in their notebooks.

Answers: **1** No, he didn't. Ravi made the boat. **2** No, he doesn't. Ravi brings three batteries. **3** No, the sail doesn't help the boat move. **4** No, it isn't. The battery is made of lemons. **5** No, the children don't win the race.

Pupil's Book Activity 4: Values

Read and discuss.

- Read out each question and discuss it as a class.
- Ask the pupils if they recycle batteries. Work out an action plan to help the pupils recycle.

After you read: Activity Book

Activity 1

Read and order the sentences.

- Ask the pupils to read the speech bubbles to identify the first one. Repeat for the second one.
- The pupils complete the activity.

Answers: c, e, a, f, b, d

Activity 2

Listen and circle the eight mistakes. Listen again. Write the correct words.

▶ *CD3 Track 11 p274*

- Play the CD. The pupils listen and circle the mistakes.
- Play the CD again. The pupils listen and write the correct words.

Answers: **1** ~~car~~ boat **2** ~~Lily~~ Ravi **3** ~~two~~ three **4** ~~chair~~ sail **5** ~~raining~~ windy **6** ~~electric~~ solar **7** ~~Mum~~ Dad **8** ~~oranges~~ lemons

Activity 3

Read and complete. What do you think?

- Ask a pupil to read out the first statement. The pupils complete the sentence with their own opinion. Repeat the procedure with the other sentences.
- Ask the pupils to share their opinions with a Talk Partner and then later, the rest of the class.

Code activity

- The pupils complete the code activity.

Answer: go hiking

Ending the lesson

Review the lesson and reflect on learning.

- Say **Today we've listened to a story about a boat race.**
- Ask the class **Which was your favourite activity today? Which activity was easy / difficult?**

Extra activity

Reinforcement

- Retell the story as a class. Say **Let's tell the story together.** Prompt the class by saying **Lily, Josh and Ravi are going to a …** (*boat race*). Use mime and drawings to support the class.

Key Competences and Key Learning Outcomes

- Identify and say materials
- Follow and correct the grammar tables
- Use 'It's' and 'They're' to talk about what materials things are made of
- Understand what different things are made of
- Sing a song

Key language

- *cotton, gold, leather, plastic, silver, wool; boots, bracelet, earrings, sweater*
- Extension: *card, glass, metal, wood*
- *What's it made of? It's made of (wool). What are they made of? They're made of (leather).*

Materials

- Pupil's Book p64; Activity Book p61; Class CD3; Teacher's App on Navio
- Teacher's Resource Bank: Talk cards

Optional materials

- Teacher's Resource Bank: Trinity Exams Practice cards (selected from the Starter Unit and Units 1, 2, 3, 4 and 5)

At a Glance Lesson Plan

Pupil's Book

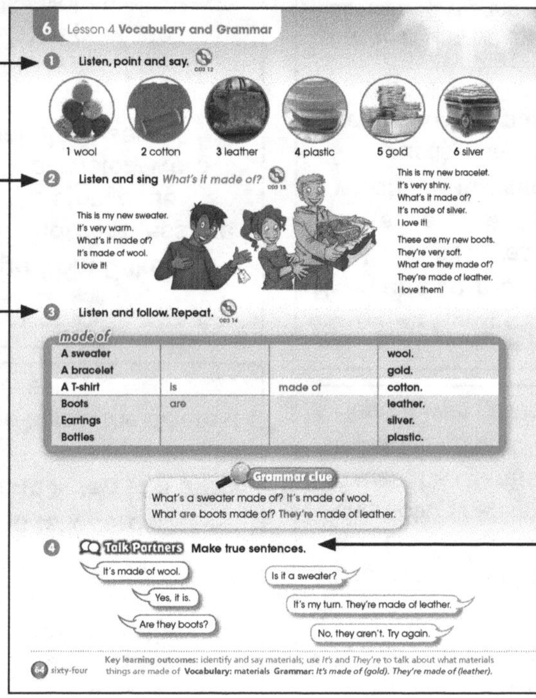

Starting the lesson

- Use the Trinity Exams Practice cards (optional).
- Review the story from Lesson 3.
- Set learning outcomes and use the talk cards.

Activity 1

- Listen, point and say.
- ▶ *CD3 Track 12 p274*

Activity 2

- Listen and sing *What's it made of?*
- ▶ *CD3 Track 13 p274*

Activity 3

- Listen and follow.
- ▶ *CD3 Track 14 p274*
- Repeat.
- **Grammar clue:** Read about using *It's / They're made of.*

Activity 4

- Make true sentences.
- Go to the Activity Book.

Ending the lesson

- Review the lesson and reflect on learning.

Extra activities

Reinforcement

- Play a guessing game.

Vocabulary extension

- Present four additional vocabulary items.

Digital resources

Teacher's Digital: You can also teach this lesson using the Teacher's App on Navio.

Pupil's Digital: Encourage your pupils to use the Pupil's App on Navio to practise the activities from this lesson.

Powered By NAVIO

Activity Book

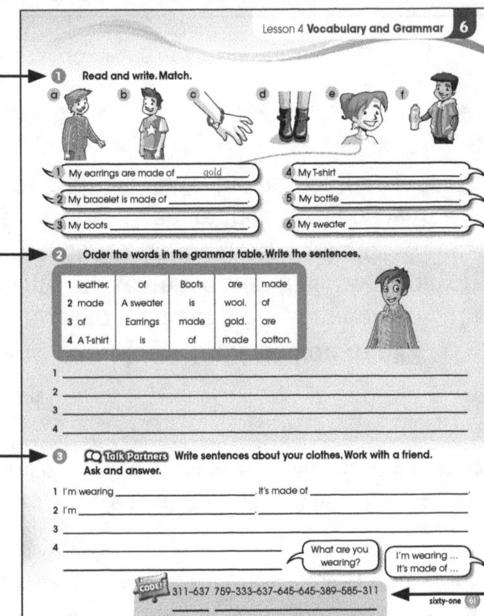

Activity Book

Activity 1

- Read and write.
- Match.

Activity 2

- Order the words in the grammar table.
- Write the sentences.

Activity 3

- Write sentences about your clothes. Work with a friend.
- Ask and answer.

Code activity

- Complete the code activity.

Starting the lesson

Use the Trinity Exams Practice cards (optional).

- The pupils practise asking and answering questions.

Review the story from Lesson 3.

- (Books closed.) Ask the class if they remember the story that they read in the previous lesson.
- Organise the class into small groups. Ask each group in turn a question about the story. The pupils collaborate before they give the answer.

Set learning outcomes and use the talk cards.

- Say **Today we're going to talk about what materials things are made of.**
- Point to the talk cards to show the pupils the different ways they will be working in the lesson.

Pupil's Book Activity 1

Listen, point and say.

▶ *CD3 Track 12 p274*

- (Books closed.) Use the grammar point 'My (sweater) is made of (wool).' as an opportunity to revise items of clothing which the pupils have seen in previous levels of *Give Me Five!*
- (Books open.) Point to the first picture. Ask **What material is this?** (*Wool.*) **What's made of wool?** Elicit different items that are made of wool, e.g. a hat, a scarf, a sweater. Repeat the procedure with the other pictures.
- Play the CD. The pupils listen, point to the picture and repeat each word.

Pupil's Book Activity 2

Listen and sing *What's it made of?*

▶ *CD3 Track 13 p274*

- Explain that the song is about what different objects are made of. Ask **What's (Lily / Ravi / Josh) got?**
- Play the CD. The pupils listen and read.
- Play the CD again. The pupils join in singing the song.

Pupil's Book Activity 3

Listen and follow. Repeat.

▶ *CD3 Track 14 p274*

- Focus the class on the grammar table.
- Play the CD. The pupils listen to the first sentence and point to the corresponding parts of the sentence in the table. They then repeat the complete sentence.
- Repeat the procedure with the other sentences.

Grammar clue

- Read the grammar clue as a class.
- Read out the first question **What's a sweater made of?** Prompt a pupil to answer orally. Repeat for the second question. Highlight the use of 'It's' for singular items and the use of 'They're' for plural items.

Pupil's Book Activity 4

Make true sentences.

- Organise the class into Talk Partners and ask them to make true sentences about what different items are made of.

Activity Book

Activity 1

Read and write. Match.

- Encourage a pupil to read out the first speech bubble. Prompt the class to point to the corresponding picture.
- The pupils work on their own to complete the remaining sentences and match them to the pictures.

Answers: **1** gold, e **2** silver, c **3** are made of leather, d **4** is made of cotton, b **5** is made of plastic, f **6** is made of wool, a

Activity 2

Order the words in the grammar table. Write the sentences.

- Explain that the grammar table is mixed up and that the pupils need to reorder the words.
- Invite a pupil to read out the first sentence.
- The pupils work on their own to order and write the remaining sentences.

Answers: **1** Boots are made of leather. **2** A sweater is made of wool. **3** Earrings are made of gold. **4** A T-shirt is made of cotton.

Activity 3

Write sentences about your clothes. Work with a friend. Ask and answer.

- Invite a pupil to read out and complete the first sentence. Elicit other items that the pupils may wish to ask about.
- The pupils work on their own to complete the sentences.
- Organise the class into Talk Partners. The pupils take turns to ask and answer their questions.

Code activity

- The pupils complete the code activity.

Answer: go shopping

Ending the lesson

Review the lesson and reflect on learning.

- Say **Today we've learnt how to describe what things are made of.**
- Ask the class **Which was your favourite activity today? Which activity was easy / difficult?**

Extra activities

Reinforcement

- Play a guessing game. Choose an object and state what it's made of. Prompt the class to guess which object you have chosen by asking questions: **Is it a necklace? Is it a bracelet?**
- The pupils play the game with a Talk Partner.

Vocabulary extension

- Use the Vocabulary Booster on Navio to present and practise four additional materials: *card, glass, metal, wood*.

Key Competences and Key Learning Outcomes

- Say a tongue twister with the 'o_e' sound
- Learn and practise alternative spellings for the 'o_e' sound
- Listen for specific information

- Play a communication game using 'It's made of' and 'They're made of'

Key language
- *cotton, gold, leather, plastic, silver, wool; boat, bone, coat, goat, home, no, nose, phone, rainbow, robot, roll, rose, snowman, window*
- *Is it big or small? What's it made of? What's it used for? Is it a (chair)? It's (big). It's made of (plastic). It's used for (drying your hair). Yes, it is. / No, it isn't.*

Materials
- Pupil's Book p65; Activity Book p62; Class CD3; Teacher's App on Navio
- Teacher's Resource Bank: Talk cards
- Teacher's Resource Bank: Unit 6 Lesson 5 Communication Activity
- Sheets of paper

Optional materials
- Teacher's Resource Bank: Trinity Exams Practice cards (selected from the Starter Unit and Units 1, 2, 3, 4 and 5)
- Teacher's Resource Bank: Machines in our houses word cards

At a Glance Lesson Plan

Pupil's Book

Starting the lesson
- Use the Trinity Exams Practice cards (optional).
- Review materials.
- Review the *What's it made of?* song.

▶ *CD3 Track 13 p274*
- Set learning outcomes and use the talk cards.

Speak and spell: Activity 1
- Listen, read and say.

▶ *CD3 Track 15 p274*

Go to the Activity Book.

Activity 2
- Look at the chart.
- Listen and say *true* or *false*.

▶ *CD3 Track 16 p274*

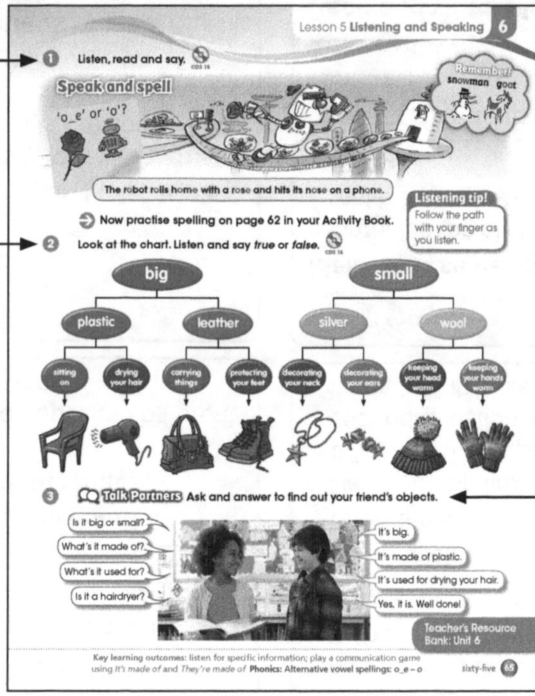

Activity 3
- Ask and answer to find out your friend's objects (Teacher's Resource Bank: Unit 6).

Ending the lesson
- Review the lesson and reflect on learning.

Extra activities

Reinforcement
- Review all known spellings of the target sound: 'o_e', 'o', 'ow' and 'oa'.
- Play *Word dictation*.

Activity Book

Activity Book

Speak and spell: Activity 1
- Think, say and write.

Activity 2
- Work together to cross the river.

Code activity
- Complete the code activity.

Digital resources

Teacher's Digital: You can also teach this lesson using the Teacher's App on Navio.

Pupil's Digital: Encourage your pupils to use the Pupil's App on Navio to practise the activities from this lesson.

Powered By NAVIO

Starting the lesson

Use the Trinity Exams Practice cards (optional).

- The pupils practise asking and answering questions.

Review materials.

- Organise the pupils into groups of four. Give each group a sheet of paper. Say **What's made of (leather)?** The pupils take turns to write one object at a time. Set a time limit of two minutes for the activity. Elicit the information from the class, e.g. *Boots are made of leather. A bag is made of leather*. Compile the objects in a chart on the board.

Review the *What's it made of?* song.

▶ *CD3 Track 13 p274*

- Play the CD. The pupils sing and do the actions.

Set learning outcomes and use the talk cards.

- Say **Today we're going to say a tongue twister, practise spelling and play a guessing game.**
- Point to the talk cards to show the pupils the different ways they will be working in the lesson.

Pupil's Book Activity 1: Speak and spell

Listen, read and say.

▶ *CD3 Track 15 p274*

- Focus the class on the picture. Ask **What can you see here? What's it doing? What's in its hand? What's in its other hand? What's the matter with the robot's nose?**
- Say **Let's listen to a tongue twister.** Play the CD. The pupils follow the text in their books. Play the CD again. The pupils join in with the tongue twister.
- Ask **How do you spell rose? How do you spell robot?** Highlight the two new ways of spelling the 'o_e' sound.
- Focus the pupils' attention on the *Remember!* thought bubble. Remind them that 'snowman' and 'goat' also have the sound 'o_e' and that these are alternative spellings for the same sound.

Activity Book

Activity 1: Speak and spell

Think, say and write.

- The pupils identify the pictures which contain the 'o', 'o_e', 'ow' and 'oa' graphemes.
- The pupils classify and write the words according to whether they are written with 'o', 'o_e', 'ow' or 'oa'.

Answers: **o:** roll, robot, no **o_e:** nose, phone, bone **ow:** snowman, rainbow, window **oa:** goat, coat, boat

Activity 2

Talk Partners. Work together to cross the river.

- Explain to the pupils that they have to go across the stepping stones to cross the river. They should choose pictures to spell to get to the other side.
- Invite two pupils to read out the speech bubbles.
- Organise the pupils into Talk Partners. The pupils take it in turns to test their partner on the spelling of the words in the stepping stones. Stress the importance of prompting, encouraging and helping each other.

Code activity

- The pupils complete the code activity.

Answer: make a cake

Pupil's Book Activity 2

Look at the chart. Listen and say *true* or *false*.

▶ *CD3 Track 16 p274*

- Focus the class on Activity 2 and explain that they are going to listen to a boy and a girl following the path to the object being described.
- Play the CD. Pause after each conversation and ask the pupils to decide if the path given is true or false according to the chart.

Answers: **1** true **2** false (hat) **3** false (bag) **4** true **5** true

Pupil's Book Activity 3

Talk Partners. Ask and answer to find out your friend's objects (Teacher's Resource Bank: Unit 6).

- Explain to the class that they are going to play the game with a Talk Partner.
- Organise the class into Talk Partners. Pupil A uses Objects 1 and Pupil B uses Objects 2. Invite two pupils to demonstrate the activity.
- The pupils take turns to choose an object and answer questions about it.

Ending the lesson

Review the lesson and reflect on learning.

- Say **Today we've practised a tongue twister.** Elicit the tongue twister from the pupils.
- Ask the class **Which was your favourite activity today? Which activity was easy / difficult?**

Extra activities

Reinforcement

- Reinforce the alternative spellings of the target sound. Draw a chart on the board with the headings 'o_e', 'o', 'ow' and 'oa'. Elicit words that have each spelling (*o_e: rose, nose, bone, phone; o: robot, roll, no; ow: snowman, window, rainbow, slow; oa: goat, boat, coat, road*). Encourage the pupils to spell out the word and write it in the correct column.
- Play *Word dictation* (see p27) with the machines in our houses word cards.

Key Competences and Key Learning Outcomes

- Do a pre-reading task to predict content and raise interest
- Read the text for general understanding
- Scan the text to find specific information

- Read and understand a text to persuade

Key language

- *modern, special; chores, fully automatic, opinion, price, product name, slogan, solar-powered, special offer, true statement*
- *It's (fully automatic)! It's the most modern robot in the world! It washes dishes! It comes in three different colours!*

Materials

- Pupil's Book p66; Activity Book p63; Class CD3; Teacher's App on Navio
- Teacher's Resource Bank: Talk cards

Optional materials

- Teacher's Resource Bank: Trinity Exams Practice cards (selected from the Starter Unit and Units 1, 2, 3, 4 and 5)
- Magazine adverts

At a Glance Lesson Plan

Pupil's Book

Starting the lesson

- Use the Trinity Exams Practice cards (optional).
- Review the 'o_e' sound.
- Set learning outcomes and use the talk cards.

Before you read: Activity 1

- Where can you see adverts?
- What can you see adverts for?
- What do adverts do?

Activity 2

- Look at the picture.
- What do you think this advert is for?

Activity 3

- Read and listen to find out.

▶ *CD3 Track 17 p274*

Go to the Activity Book.

Ending the lesson

- Review the lesson and reflect on learning.

Extra activity

Reinforcement

- Investigate adverts in magazines.

Activity Book

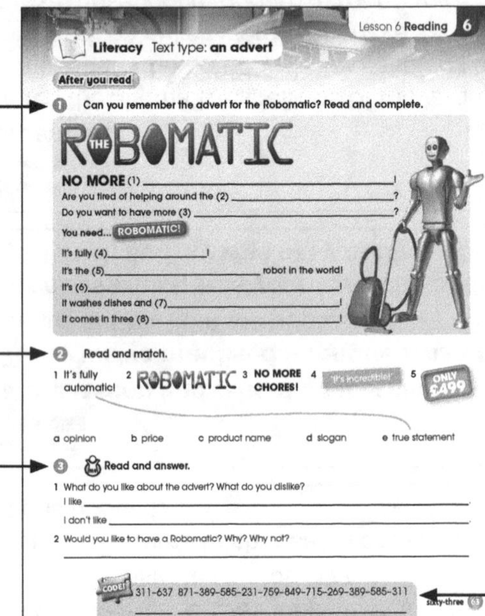

After you read: Activity Book

Activity 1

- Can you remember the advert for the Robomatic?
- Read and complete.

Activity 2

- Read and match.

Activity 3

- Read and answer.

Code activity

- Complete the code activity.

Digital resources

Teacher's Digital: You can also teach this lesson using the Teacher's App on Navio.

Pupil's Digital: Encourage your pupils to use the Pupil's App on Navio to practise the activities from this lesson.

Powered By NAVIO

Starting the lesson

Use the Trinity Exams Practice cards (optional).

- The pupils practise asking and answering questions.

Review the 'o_e' sound.

- Ask **What sound did you practise in the tongue twister in Lesson 5?** (*'o_e'*) **Can you remember the tongue twister?** (*The robot rolls home with a rose and hits its nose on a phone.*) Practise the tongue twister as a class.
- Remind the pupils that they know four spellings for this sound ('o_e', 'o', 'oa' and 'ow'). The pupils list the words they know which contain these letters.

Set learning outcomes and use the talk cards.

- Say **Today we're going to read an advert.** Check understanding by asking **What is an advert?** Then ask the class **What adverts have you seen on the television? What's your favourite advert?** Encourage the pupils to talk about any memorable adverts they have seen.
- Point to the talk cards to show the pupils the different ways they will be working in the lesson.

Before you read: Pupil's Book Activity 1

Where can you see adverts? What can you see adverts for? What do adverts do?

- Invite a pupil to read the questions. Elicit answers. The pupils work with a Talk Partner to make a mind map of their answers.

Pupil's Book Activity 2

Look at the picture. What do you think this advert is for?

- Focus the class on the advert. Ask **What is the advert for?** Elicit suggestions.

Pupil's Book Activity 3

Read and listen to find out.

▶ *CD3 Track 17 p274*

- Ask the class to read the advert. If you want the pupils to read the text without the support of the CD, set a time limit for this task. Otherwise, play the CD.
- Confirm that the advert is for a Robomatic.

After you read: Activity Book

Activity 1

Can you remember the advert for the Robomatic? Read and complete.

- Invite a pupil to read out and complete the first part of the advert. Repeat the procedure with the remaining sentences, asking a different pupil each time.
- The pupils work on their own or with a Talk Partner to complete the advert, referring back to the Pupil's Book when necessary.

Answers: **1** CHORES **2** house **3** free time **4** automatic **5** most modern **6** solar-powered **7** cleans floors **8** different colours

Activity 2

Read and match.

- Point out that an advert has different parts: a slogan (a short memorable phrase), an opinion (what someone thinks), true statements, a price (how much you pay) and the product name. Ask the pupils to identify the different parts.
- The pupils read and match individually, checking their answers with a Talk Partner.

Answers: **1** e **2** c **3** d **4** a **5** b

Activity 3

Read and answer.

- Read out the questions as a class. Encourage different pupils to answer. If necessary, write keywords and new vocabulary on the board.
- The pupils work on their own to answer the questions.

Code activity

- The pupils complete the code activity.

Answer: go windsurfing

Ending the lesson

Review the lesson and reflect on learning.

- Say **Today we've read an advert for the Robomatic. Would you like to buy a Robomatic? What are the main features of an advert?**
- Ask the class **Which was your favourite activity today? Which activity was easy / difficult?**

Extra activity

Reinforcement

- Cut out some adverts from magazines or project them on the board. Encourage the pupils to identify the key features (slogan, product name, true statements, opinions and price).

Key Competences and Key Learning Outcomes

- Use 'wow' words
- Learn about the layout of an advert
- Identify the text features of an advert
- Use criteria to check your writing
- Share your writing with a partner
- Prepare and write an advert

Key language

- *blender; plastic; amazing, delicious, fantastic, special; opinion, price, product name, slogan, true statement*
- *It's used for mixing food. It's made of plastic. There are six amazing colours. You can make delicious food. It's got five fantastic speeds.*

Materials

- Pupil's Book p67; Activity Book p64; Class CD3; Teacher's App on Navio
- Teacher's Resource Bank: Talk cards
- Coloured pencils

Optional materials

- Teacher's Resource Bank: Trinity Exams Practice cards (selected from the Starter Unit and Units 1, 2, 3, 4 and 5)
- Sheets of A3 paper and coloured pencils

At a Glance Lesson Plan

Pupil's Book

Starting the lesson

- Use the Trinity Exams Practice cards (optional).
- Review adjectives to describe objects.
- Set learning outcomes and use the talk cards.

Investigate a text: Activity 1

- Look at the pictures.
- What are the adverts for?

Activity 2

- Read and listen.
- ▶ ***CD3 Track 18 p274***
- Which advert do you think is better? Why?

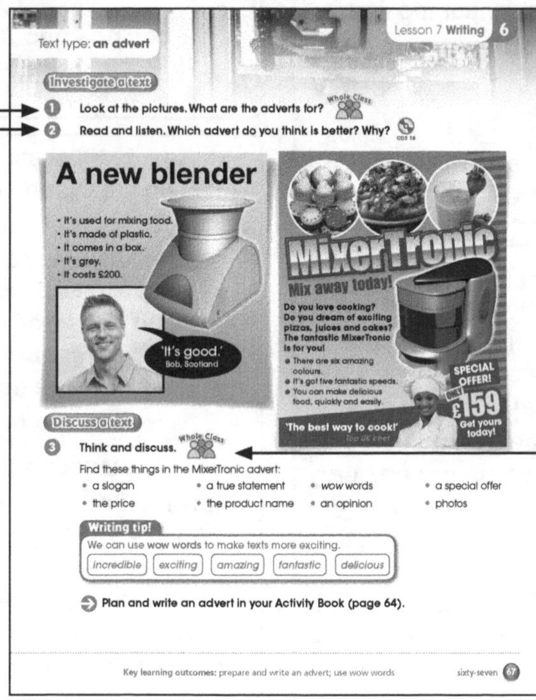

Discuss a text: Activity 3

- Think and discuss.
- **Writing tip:** Read about 'wow' words in the texts.
- Go to the Activity Book.

Ending the lesson

- Review the lesson and reflect on learning.

Extra activity

Reinforcement

- Make an advert display.

Activity Book

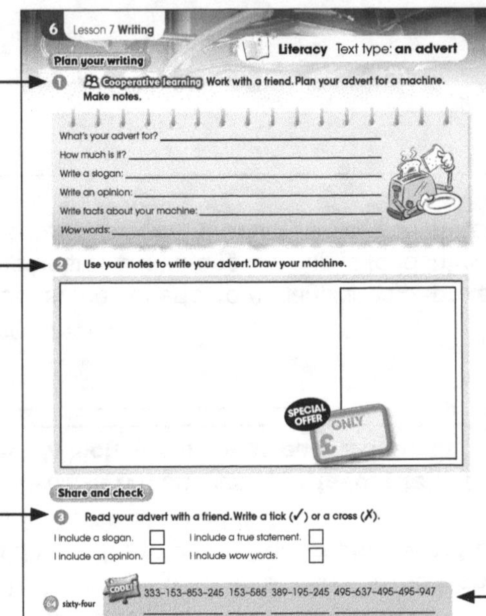

Activity Book

Plan your writing: Activity 1

- Work with a friend.
- Plan your advert for a machine. Make notes.

Activity 2

- Use your notes to write your advert.
- Draw your machine.

Share and check: Activity 3

- Read your advert with a friend.
- Write a tick (✓) or a cross (✗).

Code activity

- Complete the code activity.

Digital resources

Teacher's Digital: You can also teach this lesson using the Teacher's App on Navio.

Pupil's Digital: Encourage your pupils to use the Pupil's App on Navio to practise the activities from this lesson.

Powered By NAVIO

Detailed Lesson Plan

Starting the lesson

Use the Trinity Exams Practice cards (optional).

- The pupils practise asking and answering questions.

Review adjectives to describe objects.

- Brainstorm adjectives used to describe objects with the class. Write them up at random on the board. Ask the pupils which adjectives would encourage them to buy a product. Classify the adjectives in two columns: ordinary adjectives and 'wow' words, e.g. *good – ordinary, fantastic – wow*.
- Ask the pupils to classify the words with a Talk Partner. Collate feedback on the board.

Set learning outcomes and use the talk cards.

- Ask **What did we read in the last lesson?** Say **Today we're going to investigate two more adverts. Then we're going to plan and write an advert.**
- Point to the talk cards to show the pupils the different ways they will be working in the lesson.

Investigate a text: Pupil's Book Activity 1

Look at the pictures. What are the adverts for?

- Focus the class on the two adverts. Read the question. The pupils identify the object advertised. (*A blender.*)

Pupil's Book Activity 2

Read and listen. Which advert do you think is better? Why?

▶ *CD3 Track 18 p274*

- Read the questions as a class.
- If you want the pupils to read the text without the support of the CD, set a time limit for this task. Otherwise, play the CD.
- The pupils work with a Talk Partner to identify the better advert. Prompt them to give reasons.

Discuss a text: Pupil's Book Activity 3

Think and discuss.

- Read the bullet points and ask the class to look at the second advert again. The pupils work with a Talk Partner to identify the features in each advert.

Writing tip

- Read the information as a class.
- Prompt the pupils to find examples of the 'wow' words in the adverts. Point out that 'wow' words only appear in the second advert. The first advert is less appealing as it uses ordinary adjectives.

Activity Book

Plan your writing: Activity 1

Writing Partners. Work with a friend. Plan your advert for a machine. Make notes.

- Read out the information as a class. Organise the class into Talk Partners. Ask them to decide what to advertise and then plan the features of their advert.
- If the pupils need more support, do an example collectively first by eliciting ideas from the class and noting them on the board.

Activity 2

Use your notes to write your advert. Draw your machine.

- The pupils work with their partners to design, write and illustrate their advert in their Activity Books.

Share and check: Activity 3

Writing Partners. Read your advert with a friend. Write a tick (✓) or a cross (✗).

- Focus the class on the statements at the bottom of the page. Read through the statements as a class.
- Organise the class into new Talk Partners. One pupil should read aloud their text to their partner. The other pupil listens. The pupils work together to decide if the text fulfils all the criteria and tick the corresponding boxes. The pupils can add, improve or correct the text at this stage.
- The pupils swap roles.

Code activity

- The pupils complete the code activity.

Answer: have an ice lolly

Ending the lesson

Review the lesson and reflect on learning.

- Say **Today we've written an advert. Are you happy with it?** Elicit the pupils' opinions.
- Ask the class **Which was your favourite activity today? Which activity was easy / difficult?**

Extra activity

Reinforcement

- Give out sheets of A3 paper to each pair. Ask the pupils to copy out their advert and illustrate it using coloured pencils. Display the adverts in a prominent place.

Key Competences and Key Learning Outcomes

- Think about and research the USA
- Learn how a complex machine works (optional)
- Read and listen for specific information
- Read about a robot competition in the USA
- Think about your own culture and identity

Key language

- *balance, breakdancing, competition, football, hockey, humans, kung fu, medal, robot, somersaults; bronze, gold, silver*
- *Some are made of new materials.*

Materials

- Pupil's Book p68; Activity Book p65; Class CD3; Teacher's App on Navio
- Teacher's Resource Bank: Talk cards
- An online world map

Optional materials

- Teacher's Resource Bank: Trinity Exams Practice cards (selected from the Starter Unit and Units 1, 2, 3, 4 and 5)
- Sheets of card or paper

At a Glance Lesson Plan

Pupil's Book

Starting the lesson

- Use the Trinity Exams Practice cards (optional).
- Review robots.
- Set learning outcomes and use the talk cards.

Activity 1

- Read Luke's questions.
- What do you think?

Activity 2

- Read and listen.

▶ *CD3 Track 19 p275*

- Answer Luke's questions.
- **Think about your culture** Are there any robot competitions where you live? What do the robots do? What are robots used for in your country?

Go to the Activity Book.

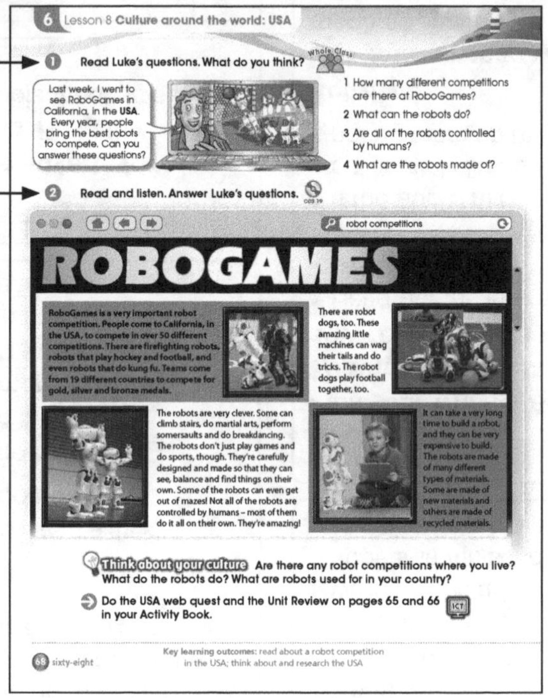

Ending the lesson

- Review the lesson and reflect on learning.

Extra activity

Extension

- Design your own robot.

Link to Science

- **Machines:** Learn about how a complex machine works.

Activity Book

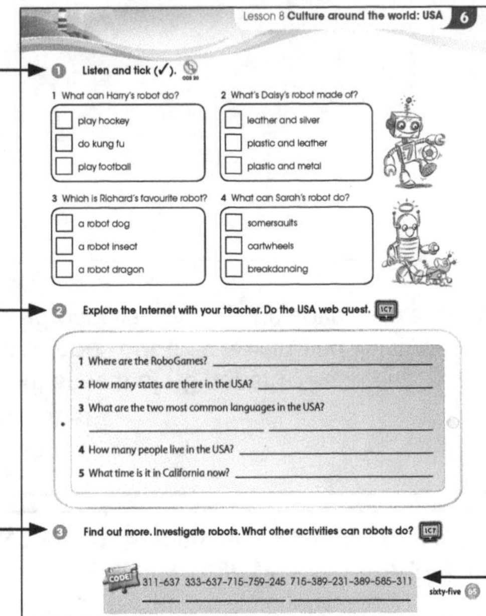

Activity Book

Activity 1

- Listen and tick (✓).

▶ *CD3 Track 20 p275*

Activity 2

- Explore the Internet with your teacher.
- Do the USA web quest.

Activity 3

- Find out more.
- Investigate robots.
- What other activities can robots do?

Code activity

- Complete the code activity.

Digital resources

Teacher's Digital: You can also teach this lesson using the Teacher's App on Navio.

Powered By NAVIO

Starting the lesson

Use the Trinity Exams Practice cards (optional).

- The pupils practise asking and answering questions.

Review robots.

- Ask the pupils **Have you got a robot?** Prompt the pupils to discuss any robots they have or have seen. Ask **What can robots do?** Brainstorm ideas and write them on the board.

Set learning outcomes and use the talk cards.

- Say **Today we're going to investigate RoboGames in the USA.**
- Point to the talk cards to show the pupils the different ways they will be working in the lesson.

Pupil's Book Activity 1

Read Luke's questions. What do you think?

- Read the speech bubble as a class. Encourage the pupils to tell you what they know about the USA.
- Read the questions as a class. Encourage the pupils to predict the answers.

Pupil's Book Activity 2

Read and listen. Answer Luke's questions.

▶ *CD3 Track 19 p275*

- Focus the class on the photos. Ask **What can you see? What kind of robots are they?**
- Play the CD, pausing after each paragraph to check understanding.
- The pupils answer the questions.

Answers: **1** There are over 50 different competitions. **2** They can climb stairs, do martial arts, perform somersaults, do breakdancing, do sports. **3** No, most of them do it all on their own. **4** They're made of new and recycled materials.

Think about your culture

- Read out the questions. Prompt different pupils to tell you about robot competitions in their own country and what robots are used for.

Activity Book

Activity 1

Listen and tick (✓).

▶ *CD3 Track 20 p275*

- Ask the pupils to read out the questions. Play the CD, pausing after the first exchange for the pupils to tick the corresponding answer.
- Repeat the procedure with the other exchanges.

Answers: **1** do kung fu **2** plastic and metal **3** a robot insect **4** somersaults

Activity 2

Explore the Internet with your teacher. Do the USA web quest. ICT

- Read out the instructions and connect to a children's website which has geographical information about the USA. Read out questions 1–4 and find the information on the page. The pupils work as a class to find and write the answers.
- Read out question 5. Connect to a website which shows the time around the world. The pupils complete the information about the time in California.

Answers: **1** San Mateo, California **2** 50 **3** English, Spanish **4** approx. 323.1 million

Activity 3

Find out more. Investigate robots. What other activities can robots do? ICT

- Read out the question.
- Connect to a children's website which has information about robots. The pupils work as a class to make a list of activities robots can do.

Suggested websites

- http://maps.google.es/
- www.timeanddate.com/worldclock/

Code activity CODE!

- The pupils complete the code activity.

Answer: go horse riding

Ending the lesson

Review the lesson and reflect on learning.

- Say **Today we've learnt about the USA. Is it an interesting place? What can you see and do there?** Elicit the information from the pupils.
- Ask the class **Which was your favourite activity today? Which activity was easy / difficult?**

Extra activity

Extension

- Encourage the pupils to design their own robot with a Talk Partner. If you have access to the Internet, ask the pupils to use a website such as: www.freeonlinegames.com/game/build-a-robot
- Once the robots are complete, pupils can copy their design onto card and write a short description.

Link to Science

- If you are studying the Science topic of **Machines** in English, take the opportunity to review how complex machines work. Ask the pupils if robots are complex machines. Encourage them to point out any simple machines that could make up a robot.

Go to the AB Unit Review on page 253.

Key Competences and Key Learning Outcomes

- Watch and understand a video about adverts
- Understand the language used in adverts
- Choose an object and plan an advert

Key language

- *advertising, almost, amazing, amazingly, cheap, chestnut, great, incredible, product, racket, seagull, solar-powered, special offer, windmill, wind-powered*
- *This (robot) will change your life! This is the most modern (car) in the world! This (skateboard) is incredible! Have amazing fun with this fantastic (game). Special offer! Buy today!*

Materials

- Pupil's Book p69; Activity Book p67; Class CD3; Teacher's App on Navio
- Machines in our houses flashcards
- Teacher's Resource Bank: Talk cards

Optional materials

- Teacher's Resource Bank: Trinity Exams Practice cards (selected from the Starter Unit and Units 1, 2, 3, 4 and 5)

At a Glance Lesson Plan

Pupil's Book

Starting the lesson

- Use the Trinity Exams Practice cards (optional).
- **Think-Pair-Share.** Review machines in our house vocabulary.
- Set learning outcomes and use the talk cards.

Activity 1

- Before you watch
- Watch the video.
  Unit 6 video p287
- Which things are advertised in the video?

Activity 2

- Watch the video again.
  Unit 6 video
- Read and say *true* or *false*.
- Correct the false sentences.

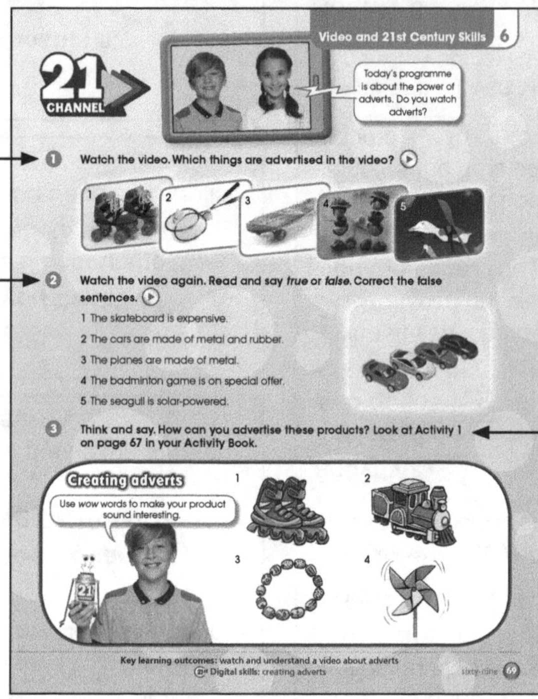

Activity 3

- Think and say. How can you advertise these products? Look at Activity 1 on page 67 in your Activity Book.

Go to the Activity Book.

Ending the lesson

- Review the lesson and reflect on learning.

Extra activity

Extension

- Make a video for your advert.

Activity Book

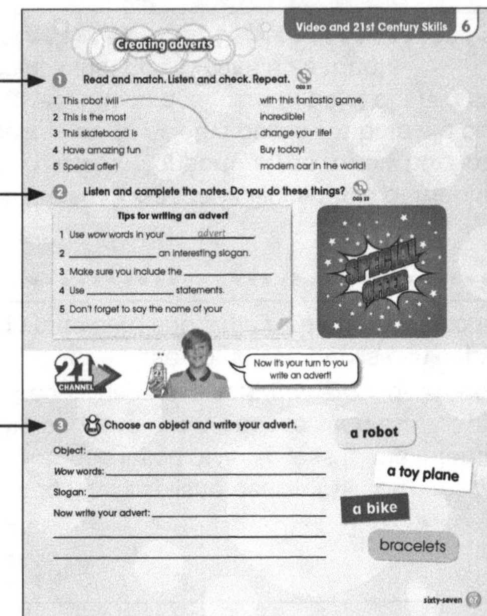

Activity Book

Activity 1

- Read and match.
- Listen and check.
- ▶ *CD3 Track 21 p275*
- Repeat.

Activity 2

- Listen and complete the notes.
- ▶ *CD3 Track 22 p275*
- Do you do these things?

Activity 3

- Choose an object and write your advert.

Digital resources

Teacher's Digital: You can also teach this lesson using the Teacher's App on Navio.

Pupil's Digital: Encourage your pupils to use the Pupil's App on Navio to practise the activities from this lesson.

Powered By NAVIO

Starting the lesson

Use the Trinity Exams Practice cards (optional).

- The pupils practise asking and answering questions.

Think-Pair-Share. Review machines in our house vocabulary.

- Ask **Can you remember the machines in our house vocabulary?** The class thinks silently for a minute.
- The pupils work with a Talk Partner to name the machines.
- Invite different Talk Partners to say a different machine. Hold up the corresponding flashcard and prompt the class to repeat the word. Repeat the procedure, asking different Talk Partners each time, until all the machines have been named.

Set learning outcomes and use the talk cards.

- Say **Today we're going to watch a video and then ask and answer questions about adverts.**
- Point to the talk cards to show the pupils the different ways they will be working in the lesson.

Pupil's Book Activity 1

Before you watch

- Read the speech bubble to pupils. Ask **Do you watch adverts?** Elicit responses from a number of pupils. Talk about whether pupils think that adverts have ever persuaded them to buy something. Which are the most effective adverts, in their opinion?

Watch the video. Which things are advertised in the video? *p287*

- Watch Part 1. Ask pupils **What are you going to see next?** Check that they understand that they will see a video about different adverts.
- Play Part 2. Ask general questions to check understanding. Focus the pupils on the photos in Activity 1 again. Ask **Which things are advertised in the video?** Elicit ideas.
- Play Part 2 again for the pupils to answer the question. Check the answers as a class.

Answer: 2 (badminton game), **3** (skateboard), **4** (chestnut men), **5** (seagull windmill)

Pupil's Book Activity 2

Watch the video again. Read and say *true* or *false*. Correct the false sentences.

- Explain that you are going to do a true or false activity.
- Play Part 2. Pupils work in pairs to decide whether the sentences are true or false. They correct the false sentences.

Answers: **1** F It's cheap. **2** T **3** F They're made of plastic. **4** T **5** F It's wind-powered.

Pupil's Book Activity 3

Think and say. How can you advertise these products? Look at Activity 1 on page 67 in your Activity Book.

- Tell pupils that in the last part of the video Chloe and Mark decide to make an advert for a robot. Ask **What *wow* words do they use to describe the robot?** (*amazingly shiny, special offer*)
- Ask the pupils to read Mark's speech bubble. Explain that this activity is all about using *wow* words to make a product being advertised sound more interesting.
- Pupils work in pairs to think of how to advertise each product using *wow* words. The pupils will then hear more examples of ways to advertise products in their Activity Books.

Activity Book

Activity 1

Read and match. Listen and check. Repeat.

▸ ***CD3 Track 21 p275***

- Pupils work on their own to make sentences that advertise products using *wow* words.
- Play the CD and check answers. Ask the pupils to identify the *wow* words used in each sentence and to guess which product it is advertising.
- Play the CD again for the pupils to repeat.

Answers: **1** This robot will change your life! **2** This is the most modern car in the world! **3** This skateboard is incredible! **4** Have amazing fun with this fantastic game. **5** Special offer! Buy today!

Activity 2

Listen and complete the notes. Do you do these things?

▸ ***CD3 Track 22 p275***

- Explain to the pupils that they are going to listen to a girl and boy reading some useful tips on how to make a powerful advert. Play the CD, pausing to allow the pupils to write the missing information.
- Play the CD again without pausing.

Answers: **1** advert **2** Write **3** price **4** true **5** product

Activity 3

Choose an object and write your advert.

- Read out Mark's speech bubble and tell pupils that they are going to work on their own to choose an object and write an advert for it. Point out the suggested items to the right of the activity, but encourage pupils to choose other objects if they wish.
- Pupils work on their own to complete the advert. Encourage them to refer to the sentences in Activity 1 as models, and to use the tips in Activity 2.
- At the end of the activity, ask some of the pupils to share their adverts with the class.

Ending the lesson

Review the lesson and reflect on learning.

- Say **Today we've watched a video about adverts.** Ask **What have we learnt about creating adverts?**
- Ask **Which was your favourite activity today? Which activity was easy / difficult?**

Extra activity

Extension

- Pupils work with a partner to make a short video for their advert.
- Brainstorm ideas about the approximate length of typical adverts, the visuals used, and the way the people speak.
- Allow the pupils plenty of time to each plan and film their adverts.
- Encourage the pupils to watch their adverts and self-evaluate their work.

My project 2: The green school project

Key Competences and Key Learning Outcomes

- Learn about ways of saving energy
- Identify and name different ways to recycle / save energy
- Review the three Rs (Reduce, Reuse and Recycle) (optional)
- Investigate the recycling programme in your school
- Share information with your group

Key language

- *batteries, bottles, boxes, cardboard boxes, computer, glass jars, lights, paper, plastic bags, taps, tins; canteen, classroom, computer room, office, playground, school, school garden, teachers' room, toilets; have a meeting, make signs / posters, plant trees, recycle, reuse, save electricity / water, turn off, write letters*
- *The most important way to make our school green is … because …*

Materials

- Pupil's Book p70; Activity Book p68; Class CD3; Teacher's App on Navio
- Teacher's Resource Bank: Talk cards

Optional materials

- Teacher's Resource Bank: Trinity Exams Practice cards (selected from the Starter Unit and Units 1, 2, 3, 4, 5 and 6)

At a Glance Lesson Plan

Pupil's Book

Starting the lesson

- Use the Trinity Exams Practice cards (optional).
- Set learning outcomes and use the talk cards.

Investigate: Activity 1

- Is your school green?
- Is there a recycling programme?
- Do you save energy at school?

Activity 2

- Work in groups.
- Look at the school and make lists.

Activity 3

- Listen and check your lists. Listen again and repeat the words.

▶ *CD3 Track 23 p275*

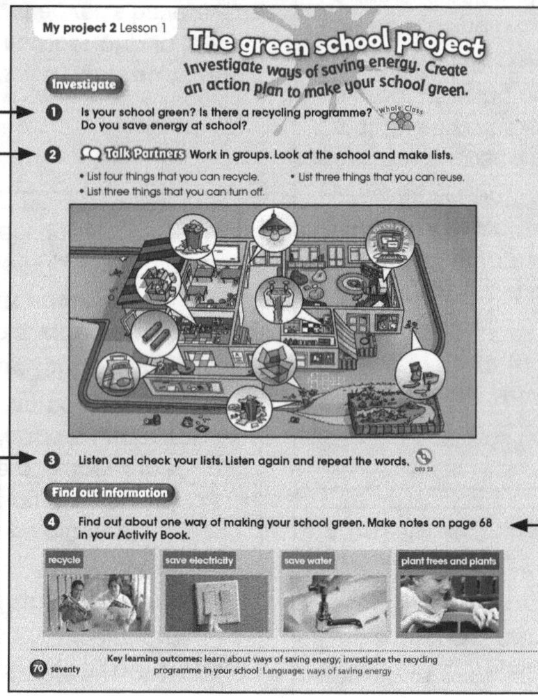

My project 2 Lesson 1

The green school project

Investigate ways of saving energy. Create an action plan to make your school green.

Investigate

1 Is your school green? Is there a recycling programme? Do you save energy at school?

2 Talk Partners Work in groups. Look at the school and make lists.
• List four things that you can recycle. • List three things that you can reuse.
• List three things that you can turn off.

3 Listen and check your lists. Listen again and repeat the words.

Find out information

4 Find out about one way of making your school green. Make notes on page 68 in your Activity Book.

70 seventy

Key learning outcomes: learn about ways of saving energy; investigate the recycling programme in your school Language: ways of saving energy

Find out information: Activity 4

- Find out about one way of making your school green.
- Make notes on page 68 in your Activity Book.

Go to the Activity Book.

Ending the lesson

- Review the lesson and reflect on learning.

Extra activity

Reinforcement

- Write a short questionnaire for other pupils or teachers.

Link to Science

- **Matter:** Review the three Rs (Reduce, Reuse and Recycle).

Activity Book

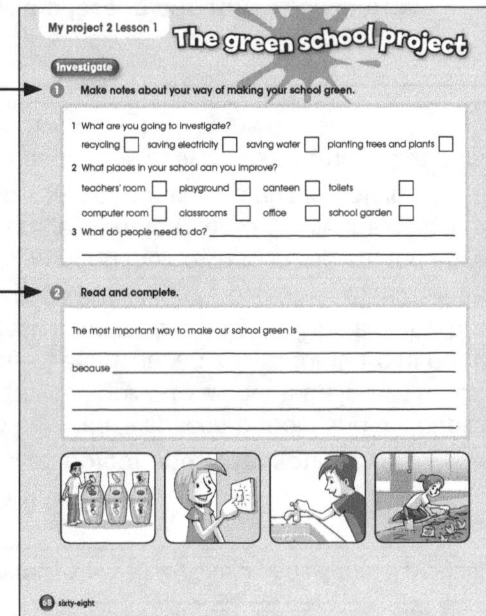

My project 2 Lesson 1

The green school project

Investigate

1 Make notes about your way of making your school green.

1 What are you going to investigate?
recycling ☐ saving electricity ☐ saving water ☐ planting trees and plants ☐

2 What places in your school can you improve?
teachers' room ☐ playground ☐ canteen ☐ toilets ☐
computer room ☐ classrooms ☐ office ☐ school garden ☐

3 What do people need to do? ______

2 Read and complete.

The most important way to make our school green is ______
because ______

68 sixty-eight

Activity Book

Activity 1

- Make notes about your way of making your school green.

Activity 2

- Read and complete.

Digital resources

Teacher's Digital: You can also teach this lesson using the Teacher's App on Navio.

Pupil's Digital: Encourage your pupils to use the Pupil's App on Navio to practise the activities from this lesson.

Powered By NAVIO

Starting the lesson

Use the Trinity Exams Practice cards (optional).

- The pupils practise asking and answering questions.

Set learning outcomes and use the talk cards.

- Say **Today we're going to begin another project.**
- Point to the talk cards to show the pupils the different ways they will be working in the lesson.

Investigate: Pupil's Book Activity 1

Is your school green? Is there a recycling programme? Do you save energy at school?

- Read out the questions to be discussed as a class. Encourage the pupils to discuss any recycling programmes the school already has in place. Prompt the class to give more information. Ask **What do you recycle? How do you save energy?**

Pupil's Book Activity 2

Work in groups. Look at the school and make lists.

- Focus the class on the picture. Ask **What can you see?** Read out the three tasks, check understanding and prompt the class to find examples in the picture.
- Organise the class into groups of four. Ask each group to choose a scribe who will write the lists in their notebook. Set a time limit. The pupils work together to identify and list the different things that appear in the picture.
- At the end of the time limit, prompt different groups to read out their lists. Write the suggestions on the board and then elicit / give the pupils the names of any unknown items.

Possible answers:
Items that can be recycled / reused: tins, cans, cartons, plastic bags, glass jars, paper, bottles, packets, cardboard boxes, batteries **Things you can turn off:** lights, taps, computers, printers

Pupil's Book Activity 3

Listen and check your lists. Listen again and repeat the words.

▶ *CD3 Track 23 p275*

- Pupils listen and check their lists. Then they listen again and repeat the words.

Find out information: Pupil's Book Activity 4

Find out about one way of making your school green. Make notes on page 68 in your Activity Book.

- Focus the pupils on the activity. Ask them to describe what they can see in the photos. Explain that these are four different areas they can focus on for their project.
- Organise the pupils into groups of four. Ask them to decide which area each pupil is going to investigate.

Investigate: Activity Book

Activity 1

Make notes about your way of making your school green.

- Focus the pupils on the activity. Ask a pupil to read the information and check understanding. The pupils work individually to complete the form in the Activity Book detailing ideas for improvement.

Activity 2

Read and complete.

- The pupils record the most important way to make their school green.

Ending the lesson

Review the lesson and reflect on learning.

- (Books closed.) Say **We've learnt about recycling and saving energy. Which was your favourite activity? Which activity was easy / difficult?**

Extra activity

Reinforcement

- In their groups, ask the pupils to write a short questionnaire for teachers or other pupils in the school. If possible, pupils ask the questions, note the answers and use the information to help with their green school project.

Link to Science

- If you are studying the Science topic of **Matter** in English, you could take the opportunity to review the three Rs: Reduce, Reuse and Recycle. Encourage the pupils to think of ways they can implement the three Rs into their action plans.

My project 2: The green school project

Key Competences and Key Learning Outcomes

- Present the action plan to the class
- Reflect on what you've learnt and how well you've worked together
- Work in a group to create an action plan for making the school green

Key language

- *classroom, school; have a meeting, save electricity, turn off the lights; expensive, pollution*
- *We should (save electricity). We are going to (make signs).*

Materials

- Pupil's Book p71; Activity Book p69; Teacher's App on Navio
- Teacher's Resource Bank: Talk cards
- A large piece of paper or card for each group of four pupils, coloured pens and pencils

Optional materials

- Teacher's Resource Bank: Trinity Exams Practice cards (selected from the Starter Unit and Units 1, 2, 3, 4, 5 and 6)

At a Glance Lesson Plan

Pupil's Book

Starting the lesson

- Use the Trinity Exams Practice cards (optional).
- Set learning outcomes and use the talk cards.

Plan and create your project: Activity 1

- Discuss the questions.
- Design your action plan.
- Make notes on page 69 in your Activity Book.

Cooperative learning

- Listen carefully to the speaker.
- Go to the Activity Book.

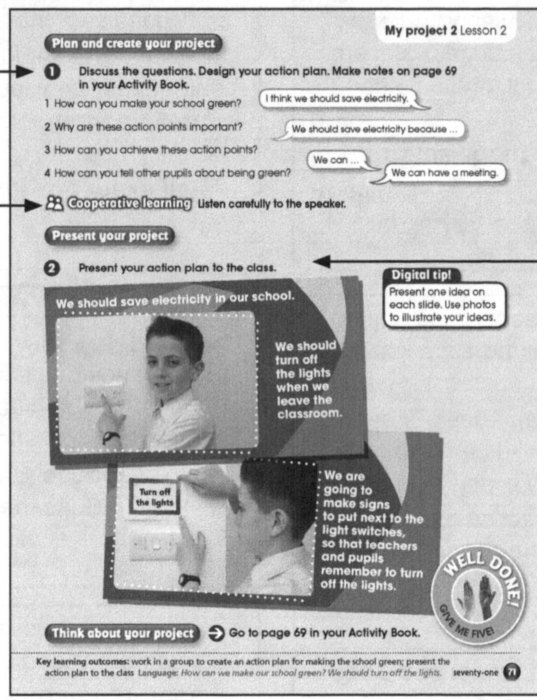
My project 2 Lesson 2

Plan and create your project

1 Discuss the questions. Design your action plan. Make notes on page 69 in your Activity Book.

1 How can you make your school green? (I think we should save electricity.)
2 Why are these action points important? (We should save electricity because …)
3 How can you achieve these action points? (We can …)
4 How can you tell other pupils about being green? (We can have a meeting.)

Cooperative learning: Listen carefully to the speaker.

Present your project

2 Present your action plan to the class.

Digital tip! Present one idea on each slide. Use photos to illustrate your ideas.

Think about your project: Go to page 69 in your Activity Book.

Key learning outcomes: work in a group to create an action plan for making the school green; present the action plan to the class. Language: How can we make our school green? We should turn off the lights. seventy-one 71

Present your project: Activity 2

- Present your action plan to the class.
- Think about your project.
- Go to the Activity Book.

Ending the lesson

- Review the lesson and reflect on learning.

Extra activity

Reinforcement

- Make a poster or digital presentation to help implement your action plan.

Activity Book

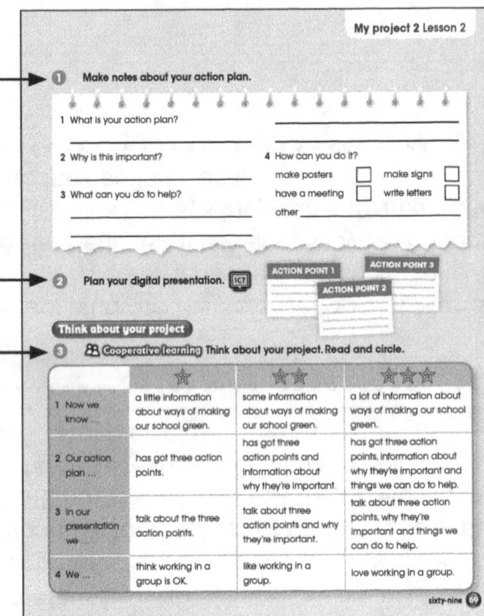
My project 2 Lesson 2

1 Make notes about your action plan.

1 What is your action plan?
2 Why is this important?
3 What can you do to help?
4 How can you do it? make posters / make signs / have a meeting / write letters / other

2 Plan your digital presentation. ICT (ACTION POINT 1, ACTION POINT 2, ACTION POINT 3)

Think about your project

3 Cooperative learning: Think about your project. Read and circle.

	★	★★	★★★
1 Now we know …	a little information about ways of making our school green.	some information about ways of making our school green.	a lot of information about ways of making our school green.
2 Our action plan …	has got three action points.	has got three action points and information about why they're important.	has got three action points, information about why they're important and things we can do to help.
3 In our presentation we …	talk about the three action points.	talk about three action points and why they're important.	talk about three action points, why they're important and things we can do to help.
4 We …	think working in a group is OK.	like working in a group.	love working in a group.

sixty-nine 69

Activity Book

Activity 1

- Make notes about your action plan.

Activity 2

- Plan your digital presentation.

Think about your project: Activity 3

- Think about your project.
- Read and circle.

Digital resources

Teacher's Digital: You can also teach this lesson using the Teacher's App on Navio.

Pupil's Digital: Encourage your pupils to use the Pupil's App on Navio to practise the activities from this lesson.

Powered By NAVIO

Starting the lesson

Use the Trinity Exams Practice cards (optional).

- The pupils practise asking and answering questions.

Set learning outcomes and use the talk cards.

- Say **Today we're going to continue the project.** Prompt the class to tell you what they did in the last lesson.
- Point to the talk cards to show the pupils the different ways they will be working in the lesson.
- Highlight that the pupils will be working in small groups and prompt the class to tell you what they must do when they work in groups*: listen, take turns, respect different opinions,* etc.

Plan and create your project: Pupil's Book Activity 1

Discuss the questions. Design your action plan. Make notes on page 69 in your Activity Book.

- Focus the class on the activity and invite a pupil to read out the information. Highlight the structure for making suggestions *I think we should ...*
- Organise the class into their groups of four. Explain that the pupils work in their groups to decide and make notes on: their action plan to make their school green, a reason why these action points are important, how they can achieve these action points, and how they will tell other pupils about those points. This information is recorded in the Activity Book.
- If pupils need more support with this activity, ask the groups to do one task at a time.

Cooperative learning

Listen carefully to the speaker.

- Discuss with the class why it's important to listen carefully to the person speaking.

Activity Book

Activity 1

Make notes about your action plan.

- The pupils record their decisions about their action plan.

Activity 2

Plan your digital presentation. ICT

- Once the pupils have worked together to complete their action plan, they can start planning a digital presentation.
- Refer the pupils to the slide images and the Digital tip in their Pupil's Books to highlight the importance of presenting one idea on each slide.
- Encourage the pupils to search for suitable photos to illustrate their digital presentation.

Present your project: Pupil's Book Activity 2

Present your action plan to the class.

- Focus the class on the digital presentation slides. Encourage the class to talk about what they can see. Ask **What do the slides show? What is on their action plan?** Then ask a pupil to read out the text on the slides.
- Invite different groups in turn to present their action plans to the rest of the class. Ensure that each pupil in the group participates in the presentation, but accept that some pupils may contribute more than others with this task. At the end of each presentation, ask the group a question and encourage the rest of the class to think of questions they'd like to ask. The group giving the presentation should answer the questions.
- If you wish, ask the class to vote on which action plan is the best. Give each group a number and explain that the pupils can only vote for one action plan and they can't vote for their own. Say the number of each plan in turn and ask the pupils to raise their hands if they think that plan is the best. Alternatively, hand out a slip of paper to each pupil and ask them to write the number of the action plan they think is best on the paper. Collect in and count the papers.

Activity Book

Activity 3

Think about your project. Read and circle.

- Explain to the class that they are now going to think about how they've worked as a group. Read out each statement. Ask the pupils to circle one, two or three stars depending on their project.

Ending the lesson

Review the lesson and reflect on learning.

- Say **We've done a project about making our school green. Do you think this will help the school? Do you think the school will be a better place if we stick to the action plans? Which activity was easy / difficult?**

Extra activity

Reinforcement

- Ask the class to make posters to stick up around the school to raise awareness. Posters could be placed in the toilets to remind other pupils to turn off taps. Other posters could be placed in the teachers' room to remind teachers to switch off lights, computers and air conditioning units when they leave the room. Check with your school before posting the posters.
- Alternatively, pupils can make a digital presentation to show the school.

Date: ____________ Unit: ____________

1 What did my pupils learn in this unit?

2 How did my pupils work? (✓)

individually ☐ in pairs ☐ in small groups ☐

in large groups ☐ as a class ☐

3 Which key competences did my pupils develop?

- Competence in linguistic communication ☐
- Competence in mathematics, science and technology ☐
- Digital competence ☐
- Learning to learn ☐
- Social and civic competences ☐
- Sense of initiative and entrepreneurship ☐
- Cultural awareness and expression ☐

4 Which lessons / activities were the most successful and why?

5 Which lessons / activities did my pupils find the most difficult and why?

6 What did I try in the classroom for the first time? How did it go?

7 Which resources did I find most useful? (including webpages)

8 What could I do differently next time I teach this unit?

Unit 7 In the city

Unit overview

Key Competences and Key Learning Outcomes

- Identify and say places in a city (Lesson 1)
- Say the vocabulary chant (Lesson 1)
- Listen, repeat and act out a conversation (Lesson 2)
- Follow, complete and correct the grammar tables (Lessons 2 and 4)
- Use 'will' / 'won't' to make future predictions (Lessons 2 and 4)
- Identify and say vocabulary about transport (Lesson 4)
- Make a list or draw a mind map to brainstorm vocabulary (Lesson 7)
- Watch and understand a video (Video and 21st Century Skills)

- Use a code to read a message (Lesson 3)

- Use the Pupil's App on Navio
- Investigate Hong Kong (Lesson 8)

- Say a tongue twister and practise spellings for the 'oy' sound (Lesson 5)
- Practise activity types found in the Cambridge Exams: A2 Flyers

- Understand the importance of getting enough sleep (Lesson 3)

- Play a communication game using 'will / won't' (Lesson 5)

- Sing two songs (Lessons 1 and 4)
- Read, listen, understand and act out a story about a sci-fi city (Lesson 3)
- Read and understand a poem (Lesson 6)
- Prepare and write an acrostic poem (Lesson 7)
- Research Hong Kong and think about your own culture (Lesson 8)

Vocabulary

Core vocabulary
adventure playground, airport, art gallery, bowling alley, cinema, football stadium, hotel, ice rink, library, market, shopping centre, university; helicopter, hot-air balloon, motorbike, submarine, tram, underground

Extension vocabulary (optional)
campsite, college, factory, office, service station, town hall; ambulance, bicycle, engine, taxi

Other vocabulary
double-decker, funicular railway, harbour, houseboat, junk boat, sampan, science fiction, spaceship

Recycled vocabulary
ants, cars, chores, city, computer, dinosaurs, ground, high, moon, mountains, people, robot, school, sea, television, time, towns, trains, weekend, wheels, window, wings; caves, sky, trees; blue, green, red, yellow; drive, fly, live, talk, travel, washing machine

Structures

Core structures
Will there be (libraries) in the future? Yes, there will. / No, there won't. (Cars) will / won't (have wings). I think that (robots) will (drive).

Other structures
I go to the city at the weekend and have lots of fun. I don't think so. What's happening? How does it work? It's time to go back to the present. I went to the future. Don't forget to lock the door.

Recycled structures
What do you do there? I (watch a football match). Where do you go (at the weekend)? I usually go to the art gallery.

Phonics

The 'oi' sound (***Joy oils joints Roy toy***)
Recycled: 'j' and 'g' spellings

Literacy

Text type: an acrostic poem (poetry)
Reading skills: predicting content
Writing skills: brainstorming words / ideas

Culture ... around the world

Transport in Hong Kong

21st Century Skills

Making predictions based on existing knowledge

Thinking skills

Applying rules (Lessons 2 and 4); Predicting (Lessons 3 and 8); Sequencing (Lesson 6)

Cooperative learning

Checking learning (Lessons 1 and 5); Collaborating (Lessons 3, 4, 7 and Review); Work together to cross the river (Lesson 5); Information sharing (Lesson 7); Peer evaluation and feedback (Lesson 7)

Values

Understanding the importance of getting enough sleep

Cross-curricular links

Link to Science
Living together: Discussing the area where you live

Suggested Arts and Crafts concepts
Exploring space in art and using perspective lines to create a landscape with depth

Key Competences and Key Learning Outcomes

- Identify and say places in a city
- Say the vocabulary chant

- Review and discuss familiar places
- Ask and answer questions using a recycled structure

- Sing a song about the city

Key language

- *adventure playground, airport, art gallery, bowling alley, cinema, football stadium, hotel, ice rink, library, market, shopping centre, university; city, weekend*
- Extension: *campsite, college, factory, office, service station, town hall*
- *Where do you go at the weekend? I usually go to the (art gallery). What do you do there? I look at paintings and statues.*

Materials

- Pupil's Book p72; Activity Book p70; Class CD3; Teacher's App on Navio
- Places in a city flashcards
- Teacher's Resource Bank: Places in a city word cards
- Teacher's Resource Bank: Talk cards

Optional materials

- Teacher's Resource Bank: Trinity Exams Practice cards (selected from the Starter Unit and Units 1, 2, 3, 4, 5 and 6)

At a Glance Lesson Plan

Pupil's Book

Starting the lesson

- Use the Trinity Exams Practice cards (optional).
- Review free-time activities.
- Set learning outcomes and use the talk cards.

Activity 1

- Think of places in a city.
- Make a list.
- What's your favourite place?
- What do you do there?

Vocabulary presentation

- Present the new vocabulary using the places in a city flashcards.

Word cards

- Introduce the spellings of the vocabulary using the places in a city word cards.

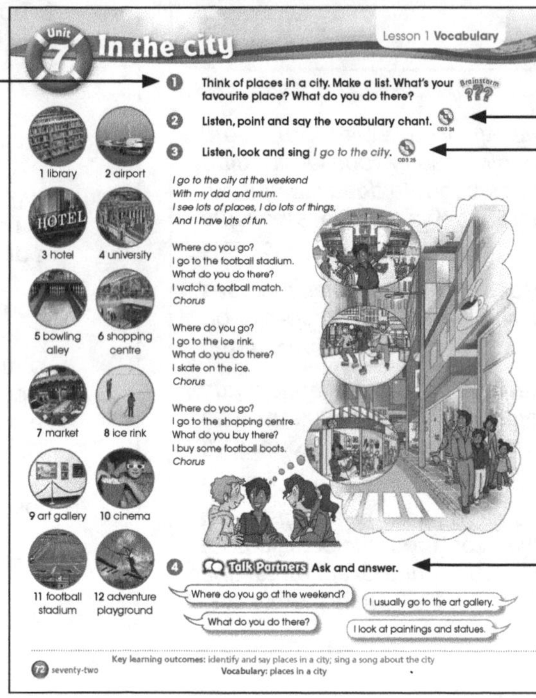
Unit 7 In the city
Lesson 1 Vocabulary
1 Think of places in a city. Make a list. What's your favourite place? What do you do there?
2 Listen, point and say the vocabulary chant.
3 Listen, look and sing *I go to the city.*
1 library 2 airport 3 hotel 4 university 5 bowling alley 6 shopping centre 7 market 8 ice rink 9 art gallery 10 cinema 11 football stadium 12 adventure playground

I go to the city at the weekend
With my dad and mum.
I see lots of places, I do lots of things,
And I have lots of fun.

Where do you go?
I go to the football stadium.
What do you do there?
I watch a football match.
Chorus

Where do you go?
I go to the ice rink.
What do you do there?
I skate on the ice.
Chorus

Where do you go?
I go to the shopping centre.
What do you buy there?
I buy some football boots.
Chorus

4 Talk Partners Ask and answer.
Where do you go at the weekend? I usually go to the art gallery.
What do you do there? I look at paintings and statues.

72 seventy-two
Key learning outcomes: identify and say places in a city; sing a song about the city
Vocabulary: places in a city

Activity 2

- Listen, point and say the vocabulary chant.
- ▶ *CD3 Track 24 p275*

Activity 3

- Listen, look and sing *I go to the city*.
- ▶ *CD3 Track 25 p275*

Activity 4

- Ask and answer.
- Go to the Activity Book.

Ending the lesson

- Review the lesson and reflect on learning.

Extra activities

Reinforcement

- Play a definitions game.

Vocabulary extension

- Present six additional vocabulary items.

Talk Partners

- Test new vocabulary.

Activity Book

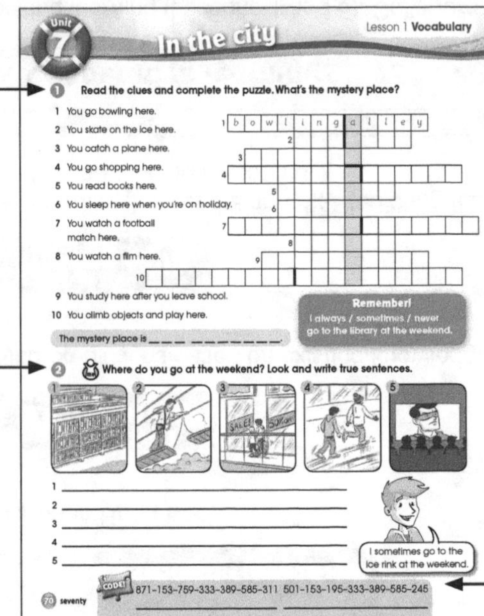
Unit 7 In the city
Lesson 1 Vocabulary
1 Read the clues and complete the puzzle. What's the mystery place?
1 You go bowling here.
2 You skate on the ice here.
3 You catch a plane here.
4 You go shopping here.
5 You read books here.
6 You sleep here when you're on holiday.
7 You watch a football match here.
8 You watch a film here.
9 You study here after you leave school.
10 You climb objects and play here.
The mystery place is ___ _______.
Remember! I always / sometimes / never go to the library at the weekend.
2 Where do you go at the weekend? Look and write true sentences.
I sometimes go to the ice rink at the weekend.
70 seventy
CODE! 871-153-759-333-389-585-311 501-153-195-333-389-585-245

Activity Book

Activity 1

- Read the clues and complete the puzzle.
- What's the mystery place?

Activity 2

- Where do you go at the weekend? Look and write true sentences.

Code activity

- Complete the code activity.

Digital resources

Teacher's Digital: You can also teach this lesson using the Teacher's App on Navio.

Pupil's Digital: Encourage your pupils to use the Pupil's App on Navio to practise the activities from this lesson.

Powered By NAVIO

Detailed Lesson Plan

Starting the lesson

Use the Trinity Exams Practice cards (optional).

- The pupils practise asking and answering questions.

Review free-time activities.

- Tell the pupils you are thinking of a free-time activity that you like doing at the weekend. They should ask you questions to discover the activity, e.g. *Do you like mountain biking at the weekend?* Once the pupils guess the activity, encourage them to play the same game with a Talk Partner.

Set learning outcomes and use the talk cards.

- Say **Today we're going to learn the names of more places in a city.**
- Point to the talk cards to show the pupils the different ways they will be working in the lesson.

Pupil's Book Activity 1

Think of places in a city. Make a list. What's your favourite place? What do you do there?

- (Books closed.) Organise pupils into groups of three or four. Ask each group to choose a scribe.
- Set a time limit of three minutes. Each group should list the places in a city they know.
- At the end of the time, ask different groups to read out their list.
- Prompt the pupils to ask each other about their favourite place and to state activities that they do there.

Vocabulary presentation

- (Books closed.) Hold up each places in a city flashcard in turn without letting the pupils see the picture. Describe what you can do in each place, e.g. **I can ice skate here. Name the place.** (*Ice rink.*)
- Stick the flashcards on the board. The pupils repeat the words once or twice.

Word cards

- (Books closed.) Hand out a places in a city word card to each pair.
- The pairs take turns to come to the board, read out their word and stick their card next to the corresponding flashcard.

Pupil's Book Activity 2

Listen, point and say the vocabulary chant.

▶ *CD3 Track 24 p275*

- (Books open.) Focus the pupils' attention on the 12 photos. Say **Let's listen and say the words.** Play the CD. The pupils listen, point and repeat.

Pupil's Book Activity 3

Listen, look and sing *I go to the city.*

▶ *CD3 Track 25 p275*

- Focus the pupils' attention on the scene. Ask **What is Ravi thinking about?** Ask the pupils to name the places they can see.
- Say **Let's listen to the song.** Play the CD. The pupils listen and read. Ask **Where does Ravi go at the weekend?** (*The football stadium, the ice rink and the shopping centre.*)
- Play the CD again. The pupils join in singing the song.
- Ask the pupils to state the activities Ravi does in each place.

Pupil's Book Activity 4

Ask and answer.

- Ask two pupils to read out the speech bubbles.
- The pupils take turns to ask and answer questions with a Talk Partner.

Activity Book

Activity 1

Read the clues and complete the puzzle. What's the mystery place?

- Ask different pupils to read out and answer the clues. The pupils complete the puzzle.

Answers: **1** bowling alley **2** ice rink **3** airport **4** shopping centre **5** library **6** hotel **7** football stadium **8** cinema **9** university **10** adventure playground
mystery place: art gallery

Activity 2

Where do you go at the weekend? Look and write true sentences.

- Ask pupils to name the places in the pictures. Ask a pupil: **Where do you go at the weekend?**
- Focus the pupils on the *Remember!* box. Remind them to use an adverb of frequency in their sentence.
- The pupils complete the sentences about themselves. They then read their sentences to a partner.

Code activity

- The pupils complete the code activity.

Answer: washing machine

Ending the lesson

Review the lesson and reflect on learning.

- (Books closed.) Say **Today we've learnt some more places in a city. What do you remember?**
- Ask the class **Which was your favourite activity today? Which activity was easy / difficult?**

Extra activities

Reinforcement

- State an activity for one of the places in a city, e.g. **I skate on the ice here.** The pupils name the corresponding place.
- The pupils take turns to describe and guess places in a city with a Talk Partner.

Vocabulary extension

- Use the Vocabulary Booster on Navio to present and practise six additional places in a city: *campsite, college, factory, office, service station, town hall*.

Check learning. Cooperative learning: Talk Partners

- Organise the pupils into Talk Partners. The pupils take it in turns to test their partner on the new vocabulary items. Stress the importance of prompting, encouraging and helping each other. Pupils can prompt each other by providing the first letter sound, describing the object or saying the word silently.

Key Competences and Key Learning Outcomes

- Listen, repeat and act out a conversation
- Listen, follow the grammar table and identify the parts of a question
- Use 'will' to ask questions about the future and 'there will' and 'there won't' to answer

- Discuss the area where you live (optional)

Key language

- *adventure playground, airport, art gallery, bowling alley, cinema, football stadium, hotel, ice rink, library, market, shopping centre, university*
- *Will there be (libraries) in the future? Yes, there will. / No, there won't.*

Materials

- Pupil's Book p73; Activity Book p71; Class CD3; Teacher's App on Navio
- Teacher's Resource Bank: Talk cards

Optional materials

- Teacher's Resource Bank: Trinity Exams Practice cards (selected from the Starter Unit and Units 1, 2, 3, 4, 5 and 6)

At a Glance Lesson Plan

Pupil's Book

Starting the lesson

- Use the Trinity Exams Practice cards (optional).
- Review places in a city.
- Review the *I go to the city* song.

▶ ***CD3 Track 25 p275***

▶ ***CD3 Track 26 p276 (optional karaoke version)***

- Set learning outcomes and use the talk cards.

Activity 1

- Listen and read.
- Listen and repeat.

▶ ***CD3 Track 27 p276***

- Act out.

Activity 2

- Read again.
- What will there be in the future?

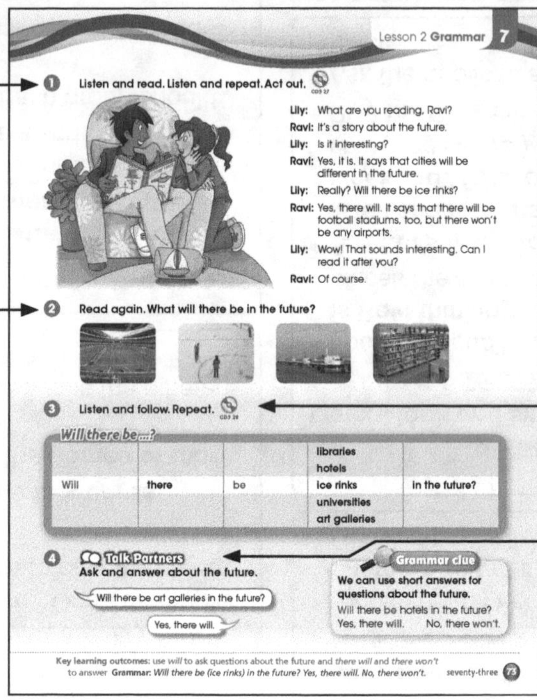

Activity 3

- Listen and follow.

▶ ***CD3 Track 28 p276***

- Repeat.
- **Grammar clue:** Read about the future tense for prediction.

Activity 4

- Ask and answer about the future.

Go to the Activity Book.

Ending the lesson

- Review the lesson and reflect on learning.

Extra activity

Reinforcement

- Repeat the conversation with recycled places in a city.

Link to Science

- **Living together:** Discuss the area where you live.

Activity Book

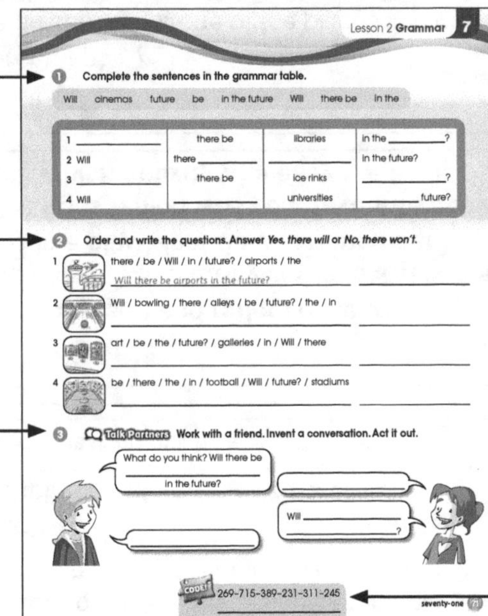

Activity Book

Activity 1

- Complete the sentences in the grammar table.

Activity 2

- Order and write the questions.
- Answer *Yes, there will* or *No, there won't*.

Activity 3

- Work with a friend. Invent a conversation.
- Act it out.

Code activity

- Complete the code activity.

Digital resources

Teacher's Digital: You can also teach this lesson using the Teacher's App on Navio.

Pupil's Digital: Encourage your pupils to use the Pupil's App on Navio to practise the activities from this lesson.

Powered By NAVIO

Starting the lesson

Use the Trinity Exams Practice cards (optional).

- The pupils practise asking and answering questions.

Review places in a city.

- Play *Two truths and a lie*. Say where you went to at the weekend, e.g. **I went to the library to read a book. I went to the cinema to watch a film. I went to a hotel to sleep.** Two of the sentences should be true and one should be a lie. The pupils listen and guess which one is false. The pupils then write three sentences about where they went at the weekend (two true and one false). Invite different pupils to read out their sentences. Ask the rest of the class to identify the lie.

Review the *I go to the city* song.

▶ ***CD3 Track 25 p275***

▶ ***CD3 Track 26 p276 (optional karaoke version)***

- Organise the class into three groups (one for each place in the city). Play the CD (or use the karaoke version). The pupils sing their verse and do the different actions. All the pupils join in with the chorus.

Set learning outcomes and use the talk cards.

- Say **Today we're going to talk about the future.** Quickly check the concept by asking **What year is it now? What year will it be next year? Is that the past, the present or the future?**
- Point to the talk cards to show the pupils the different ways they will be working in the lesson.

Pupil's Book Activity 1

Listen and read. Listen and repeat. Act out.

▶ ***CD3 Track 27 p276***

- The pupils look at the picture. Ask **What are Lily and Ravi doing? What do you think they are talking about?**
- Play the CD. The pupils listen and read the conversation. Confirm that they are talking about the future. Ask **Will there be ice rinks / football stadiums / airports in the future?**
- Play the CD again, pausing after each sentence for the pupils to repeat.
- The pupils act out the conversation with a Talk Partner.

Pupil's Book Activity 2

Read again. What will there be in the future?

- The pupils read the conversation again and say which of the places shown in the photos there will be in the future.

Answer: football stadiums, ice rinks

Pupil's Book Activity 3

Listen and follow. Repeat.

▶ ***CD3 Track 28 p276***

- Play the CD. The pupils listen to the first question and point to the words they hear.
- The pupils repeat the complete question.
- Repeat the procedure with the other questions.

Grammar clue

- Read the grammar clue as a class. Remind pupils that 'won't' is the contraction of 'will not'.

Pupil's Book Activity 4

Ask and answer about the future.

- Organise the class into Talk Partners. The pupils take it in turns to use the grammar table to ask and answer questions about the future.

Activity Book

Activity 1

Complete the sentences in the grammar table.

- Invite a pupil to read out the words in the word box. The pupils work on their own or with a Talk Partner to write the words in the grammar table.

Answers: **1** Will, future **2** be, cinemas **3** Will, in the future **4** there be, in the

Activity 2

Order and write the questions. Answer *Yes, there will* or *No, there won't.*

- Focus the class on the first picture. Ask a pupil to read out the first question. The pupils decide if they think there will or won't be airports in the future. Repeat the procedure for the following pictures.
- The pupils write the questions and answers. They then compare their answers with a Talk Partner.

Answers: **1** Will there be airports in the future? **2** Will there be bowling alleys in the future? **3** Will there be art galleries in the future? **4** Will there be football stadiums in the future?

Activity 3

Work with a friend. Invent a conversation. Act it out.

- Explain to the class that they are going to create a conversation. Choose two pupils to demonstrate. Pupil A should read out the first speech bubble, inserting one of the places in a city. Encourage Pupil B to answer and then ask a similar question.
- Organise the class into Talk Partners. The pupils work together to write their own conversation.
- The pupils practise the conversation with their Talk Partner and then perform it for the class.

Code activity

- The pupils complete the code activity.

Answer: fridge

Ending the lesson

Review the lesson and reflect on learning.

- Say **Today we've learnt how to talk about the future. Will there be (art galleries) in the future?**
- Ask the class **Which was your favourite activity today? Which activity was easy / difficult?**

Extra activity

Reinforcement

- Encourage pupils to extend their conversations to include places in a city they learnt in previous levels.

Link to Science

- If you are studying the Science topic of **Living together** in English, you could take the opportunity to discuss the area where the pupils live. Encourage the pupils to name and talk about health, social, education and cultural services, talking about how each one helps us in our daily lives.

Key Competences and Key Learning Outcomes

- Read, listen and understand a story about a sci-fi city
- Use a code to read a message
- Do a pre-reading task
- Understand the importance of getting enough sleep
- Understand, enjoy and act out the story
- Give an opinion on the story

Key language

- *alien, cars, chores, computer, future, hotels, key, moon, present, robot, science fiction, sea, spaceship*
- *Will there be robots in the future? No, there won't. Cities will be under the sea in the future. Will there be hotels on the moon in the future? I don't think so. What's happening? How does it work? It's time to go back to the present. I went to the future. Don't forget to lock the door.*

Materials

- Pupil's Book pp74–75; Activity Book p72; Class CD3; Teacher's App on Navio
- Teacher's Resource Bank: Talk cards

Optional materials

- Teacher's Resource Bank: Trinity Exams Practice cards (selected from the Starter Unit and Units 1, 2, 3, 4, 5 and 6)

At a Glance Lesson Plan

Pupil's Book

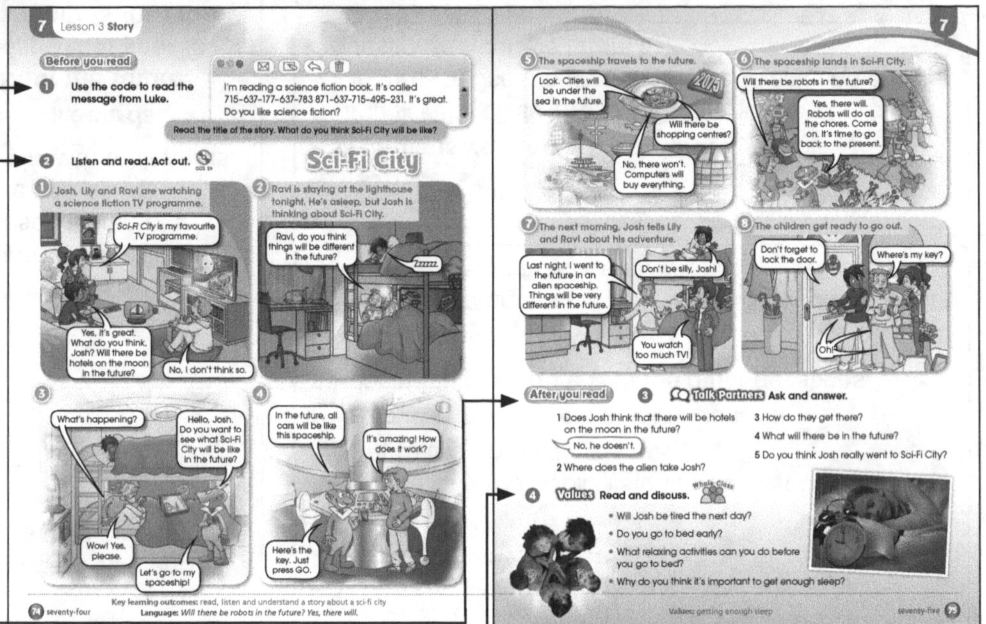

Starting the lesson

- Use the Trinity Exams Practice cards (optional).
- Review the future tense for prediction.
- Set learning outcomes and use the talk cards.

Before you read: Activity 1

- Use the code to read the message from Luke.

Activity 2

- Listen and read.
- ▶ *CD3 Track 29 p276*
- Act out.

After you read: Activity 3

- Ask and answer.

Activity 4: Values

- Read and discuss.
- Go to the Activity Book.

Ending the lesson

- Review the lesson and reflect on learning.

Extra activities

Reinforcement

- Retell the story as a class.

Extension

- Write a new ending for the story.

Activity Book

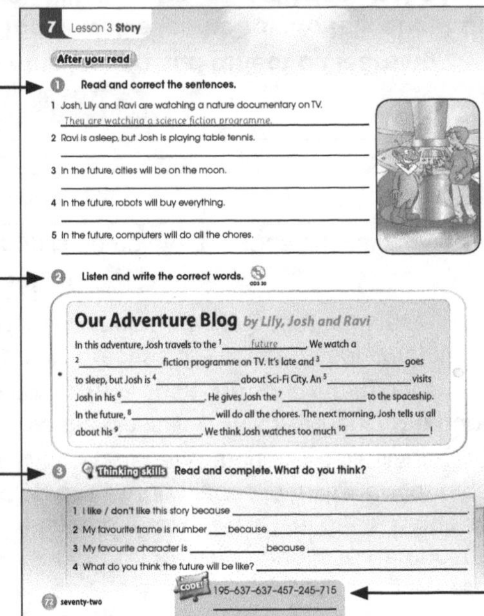

After you read: Activity Book

Activity 1

- Read and correct the sentences.

Activity 2

- Listen and write the correct words.
- ▶ *CD3 Track 30 p276*

Activity 3

- Read and complete.
- What do you think?

Code activity

- Complete the code activity.

Digital resources

Teacher's Digital: You can also teach this lesson using the Teacher's App on Navio.

Pupil's Digital: Encourage your pupils to use the Pupil's App on Navio to practise the activities from this lesson.

Powered By NAVIO

Starting the lesson

Use the Trinity Exams Practice cards (optional).

- The pupils practise asking and answering questions.

Review the future tense for prediction.

- Make a question chain. Ask the pupil on your left a question about the future, e.g. **Will there be art galleries in the future?** Prompt the pupil to answer *Yes, there will* or *No, there won't.* Then the same pupil asks a question to the pupil on their left, continuing the chain. The pupils listen carefully to avoid repeating places.

Set learning outcomes and use the talk cards.

- Say **Today we're going to read and listen to a story in English.**
- Point to the talk cards to show the pupils the different ways they will be working in the lesson.

Before you read: Pupil's Book Activity 1

Use the code to read the message from Luke.

- Say **Josh and Lily have received another message from Luke.** Ask the pupils to use the story code (Pupil's Book page 7) to discover the mystery word in the message. (*Robot world.*) Then ask the class if they like science fiction.
- Read the title of the story. Ask the class to predict what Sci-Fi City will be like.

Pupil's Book Activity 2

Listen and read.

▶ *CD3 Track 29 p276*

- Play the CD. The pupils follow in their books. Confirm that Josh goes to Sci-Fi City.
- Ask questions to check understanding.

Suggested comprehension questions

- Frame 1: **What are the children watching on the television?** (*A science fiction TV programme.*)
- Frame 2: **What is Josh thinking about?** (*The future.*)
- Frame 3: **Where do they go?** (*To the alien's spaceship.*)
- Frame 4: **What's the car like?** (*It's like a spaceship.*)
- Frame 5: **Where will cities be in the future?** (*Under the sea.*)
- Frame 6: **Will there be robots in the future?** (*Yes.*)
- Frame 7: **Does Lily believe Josh?** (*No.*)
- Frame 8: **What's in Josh's pocket?** (*An alien key.*)

Act out.

- Organise the class into four groups (Lily, Ravi, Josh and the alien). Play the CD. Each group joins in when their character speaks. If pupils need extra support, pause the CD after each utterance and ask them to repeat it instead.
- Repeat with groups swapping roles.

After you read: Pupil's Book Activity 3

Ask and answer.

- Ask a pupil to read out the first question and answer. Ask the class to identify the story frame which has this information (*Frame 1*).
- Organise the class into Talk Partners. The pupils find the information in the story and answer each question. They can do this orally or in their notebooks.

Answers: **1** No, he doesn't. **2** To Sci-Fi City. **3** By spaceship. **4** There will be cars like spaceships, cities under the sea and robots that do the chores.

Pupil's Book Activity 4: Values

Read and discuss.

- Read out each question and discuss it as a class.
- Encourage the class to think about the time they go to bed and if they feel tired in the morning.
- Encourage them to make an action plan for bedtime including relaxing activities and a regular bedtime.

After you read: Activity Book

Activity 1

Read and correct the sentences.

- Ask a pupil to read out the first statement and its correction. Ask the class to identify the story frame which has this information.
- The pupils work together to correct each statement.

Answers: **1** They are watching a science fiction programme. **2** Ravi is asleep, but Josh is reading his comic. **3** In the future, cities will be under the sea. **4** In the future, computers will buy everything. **5** In the future, robots will do all the chores.

Activity 2

Listen and write the correct words.

▶ *CD3 Track 30 p276*

- Play the CD. The pupils listen and write the correct words in the spaces.

Answers: **1** future **2** science **3** Ravi **4** thinking **5** alien **6** spaceship **7** key **8** robots **9** adventure **10** TV

Activity 3

Read and complete. What do you think?

- Ask a pupil to read out the first statement. The pupils complete the sentence with their own opinion. Repeat the procedure with the other sentences.
- The pupils share their opinions with a Talk Partner.

Code activity CODE!

- The pupils complete the code activity.

Answer: cooker

Ending the lesson

Review the lesson and reflect on learning.

- Say **Today we've listened to a story about a city in the future.**
- Ask the class **Which was your favourite activity today? Which activity was easy / difficult?**

Extra activities

Reinforcement

- Retell the story as a class. Say **Let's tell the story together.** Prompt the class by saying **Josh, Lily and Ravi are watching …** (*a science fiction programme*). Use mime, gesture and drawings to support the class.

Extension

- Ask the pupils to think of an alternative ending for the story. The pupils draw a new story frame and write a new conversation.

Key Competences and Key Learning Outcomes

- Identify and say vocabulary about transport
- Follow and correct the grammar tables
- Use 'will' and 'won't' to make future predictions

- Sing a song

Key language

- *helicopter, hot-air balloon, motorbike, submarine, tram, underground; computers, moon, radio, robots, school, sea, wheels, wings; drive, fly, live, talk, travel*
- Extension: *ambulance, bicycle, engine, taxi*
- *(Cars) will / won't (have wings). I think that (robots) will (drive).*

Materials

- Pupil's Book p76; Activity Book p73; Class CD3; Teacher's App on Navio
- Teacher's Resource Bank: Talk cards

Optional materials

- Teacher's Resource Bank: Trinity Exams Practice cards (selected from the Starter Unit and Units 1, 2, 3, 4, 5 and 6)
- Sheets of A3 paper, coloured pencils

At a Glance Lesson Plan

Pupil's Book

Starting the lesson

- Use the Trinity Exams Practice cards (optional).
- Review the story from Lesson 3.
- Set learning outcomes and use the talk cards.

Activity 1

- Listen, point and say.
- ▶ *CD3 Track 31 p276*

Activity 2

- Listen and sing *In the future*.
- ▶ *CD3 Track 32 p276*

Activity 3

- Listen and follow.
- ▶ *CD3 Track 33 p276*
- Repeat.
- **Grammar clue:** Read about the future tense for prediction (statements).

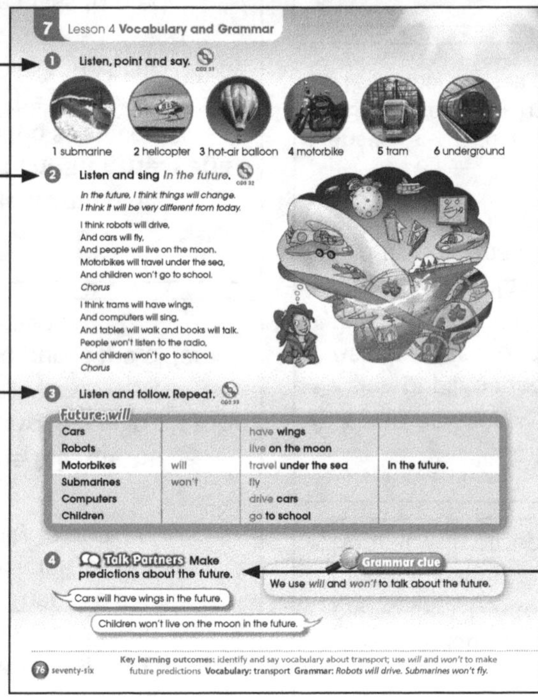

Activity 4

- Make predictions about the future.
- Go to the Activity Book.

Ending the lesson

- Review the lesson and reflect on learning.

Extra activities

Reinforcement

- Make posters about future transport.

Vocabulary extension

- Present four additional vocabulary items.

Digital resources

Teacher's Digital: You can also teach this lesson using the Teacher's App on Navio.

Pupil's Digital: Encourage your pupils to use the Pupil's App on Navio to practise the activities from this lesson.

Powered By NAVIO

Activity Book

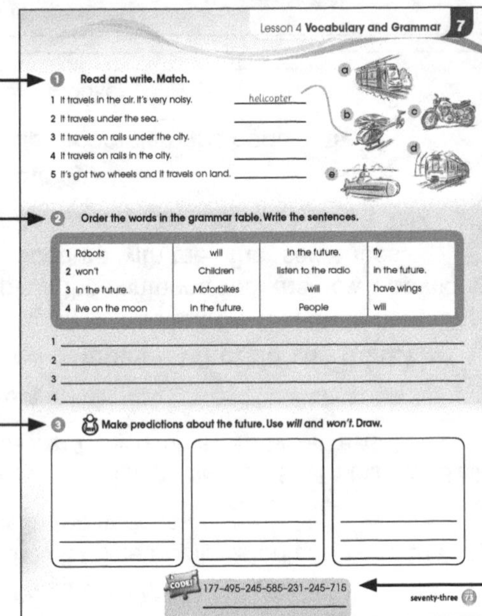

Activity Book

Activity 1

- Read and write.
- Match.

Activity 2

- Order the words in the grammar table.
- Write the sentences.

Activity 3

- Make predictions about the future. Use *will* and *won't*.
- Draw.

Code activity

- Complete the code activity.

Detailed Lesson Plan

Starting the lesson

Use the Trinity Exams Practice cards (optional).

- The pupils practise asking and answering questions.

Review the story from Lesson 3.

- (Books closed.) Ask the class if they remember the story that they read in the last lesson.
- Organise the class into small groups. Ask each group in turn a question about the story. The pupils collaborate before they give the answer.

Set learning outcomes and use the talk cards.

- Say **Today we're going to learn the names of some transport and we're going to practise making predictions about the future.**
- Point to the talk cards to show the pupils the different ways they will be working in the lesson.

Pupil's Book Activity 1

Listen, point and say.

▶ *CD3 Track 31 p276*

- (Books closed.) Ask the class **Do you know the names of any forms of transport?** Encourage the pupils to name any vehicles they already know.
- (Books open.) Point to the first picture and name the vehicle. Say **This is a submarine. It goes under the sea.** Prompt the pupils to repeat the vehicle. Repeat the procedure with the other words.
- Play the CD. The pupils listen, point to the picture and repeat the words.

Pupil's Book Activity 2

Listen and sing *In the future*.

▶ *CD3 Track 32 p276*

- Ask the group **What do you think transport will be like in the future?** Focus the pupils' attention on the picture. Ask them which vehicles they can see.
- Play the CD. The pupils listen and read the song. Confirm that the picture shows futuristic vehicles including a car, a motorbike and a tram.
- Play the CD again. The pupils join in singing the song.

Pupil's Book Activity 3

Listen and follow. Repeat.

▶ *CD3 Track 33 p276*

- Focus the class on the grammar table.
- Play the CD. The pupils listen to the first sentence and point to the corresponding parts of the sentence. They then repeat the complete sentence.
- Repeat the procedure with the other sentences.

Grammar clue

- Read the grammar clue as a class.

Pupil's Book Activity 4

Make predictions about the future.

- Encourage the pupils to make their own predictions about the future. The pupils make predictions as a class. They then work with a Talk Partner to make predictions about the future.

Activity Book

Activity 1

Read and write. Match.

- Ask a pupil to read out the first sentence and answer. The pupils then point to the corresponding vehicle on the right. Repeat for the remaining sentences.
- The pupils write the names of the vehicles and match them to the pictures.

Answers: **1** helicopter, b **2** submarine, e **3** underground, d **4** tram, a **5** motorbike, c

Activity 2

Order the words in the grammar table. Write the sentences.

- Explain that the grammar table is mixed up and that the pupils need to reorder the words.
- Invite a pupil to read out the first sentence.
- The pupils order and write the remaining sentences.

Answers: **1** Robots will fly in the future. **2** Children won't listen to the radio in the future. **3** Motorbikes will have wings in the future. **4** People will live on the moon in the future.

Activity 3

Make predictions about the future. Use *will* and *won't*. Draw.

- Invite a pupil to make a prediction about future transport. Then ask different pupils to draw the vehicle on the board.
- The pupils write their own predictions and draw the corresponding pictures.
- The pupils compare their predictions with a Talk Partner.

Code activity

- The pupils complete the code activity.

Answer: blender

Ending the lesson

Review the lesson and reflect on learning.

- Say **Today we've learnt the names of some forms of transport and we've practised making predictions about the future.**
- Ask the class **Which was your favourite activity today? Which activity was easy / difficult?**

Extra activities

Reinforcement

- Organise the class into groups of three. Give out sheets of A3 paper. Encourage them to choose a vehicle and decide what it will look like in the future. The pupils write the description, draw the picture, colour and decorate.
- Make a display with the finished posters.

Vocabulary extension

- Use the Vocabulary Booster on Navio to present and practise four additional transport words: *ambulance, bicycle, engine, taxi*.

Key Competences and Key Learning Outcomes

- Say a tongue twister with the 'oy' sound
- Learn and practise alternative spellings for the 'oy' sound
- Listen for specific information

- Play a communication game using 'will / won't'

Key language

- *boy, coin, enjoy, giraffe, joint, judo, oil, point, toy; helicopter, submarine, toilet, tram, underground; fly, go to the moon, have wheels, travel under the sea*
- *What do you think? Will submarines (fly) in the future? Yes, they will. / No, they won't.*

Materials

- Pupil's Book p77; Activity Book p74; Class CD3; Teacher's App on Navio
- Teacher's Resource Bank: Talk cards
- Teacher's Resource Bank: Unit 7 Lesson 5 Communication Activity

Optional materials

- Teacher's Resource Bank: Trinity Exams Practice cards (selected from the Starter Unit and Units 1, 2, 3, 4, 5 and 6)
- Teacher's Resource Bank: Places in a city word cards
- Places in a city flashcards

At a Glance Lesson Plan

Pupil's Book

Starting the lesson

- Use the Trinity Exams Practice cards (optional).
- Review transport vocabulary.
- Review the *In the future* song.
- ▶ *CD3 Track 32 p276*
- Set learning outcomes and use the talk cards.

Speak and spell: Activity 1

- Listen, read and say.
- ▶ *CD3 Track 34 p276*
- Go to the Activity Book.

Activity 2

- Read the questionnaire.
- Listen and identify five differences.
- ▶ *CD3 Track 35 p277*

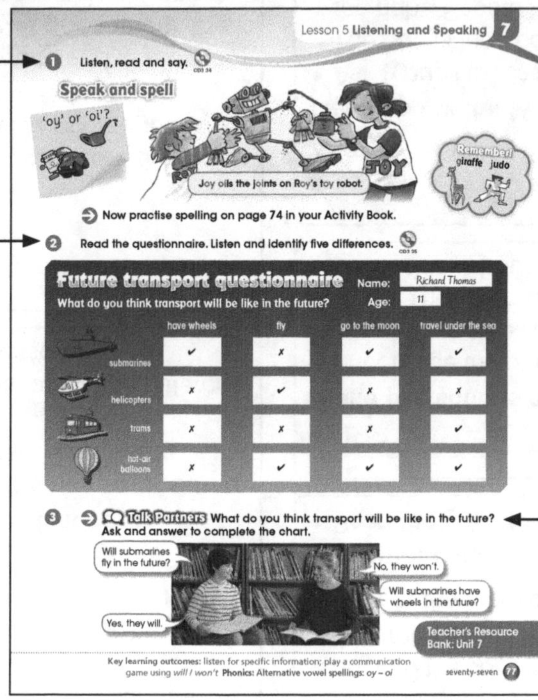

Activity 3

- What do you think transport will be like in the future?
- Ask and answer to complete the chart (Teacher's Resource Bank: Unit 7).

Ending the lesson

- Review the lesson and reflect on learning.

Extra activities

Reinforcement

- Review all known spellings of the target sound: 'oi' and 'oy'.
- Review the spellings: 'j' and 'g'.
- Play *Board pelmanism*.

Activity Book

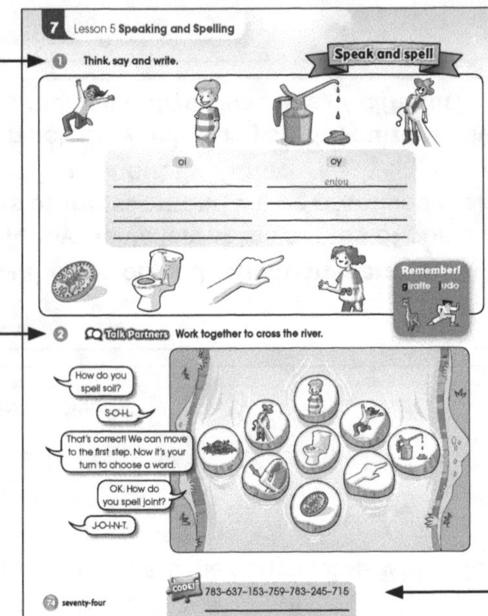

Activity Book

Speak and spell: Activity 1

- Think, say and write.

Activity 2

- Work together to cross the river.

Code activity

- Complete the code activity.

Digital resources

Teacher's Digital: You can also teach this lesson using the Teacher's App on Navio.

Pupil's Digital: Encourage your pupils to use the Pupil's App on Navio to practise the activities from this lesson.

Powered By NAVIO

Starting the lesson

Use the Trinity Exams Practice cards (optional).

- The pupils practise asking and answering questions.

Review transport vocabulary.

- (Books closed.) Quickly review transport vocabulary from Lesson 4. Encourage the pupils to name any further vehicles they know. Write them up on the board. Choose one vehicle, describe it now and make a prediction, e.g. (cars) **Now they have wheels, but I think they will have wings in the future.** The pupils guess the vehicle you are thinking of.
- Organise the class into Talk Partners to play the game.

Review the *In the future* song.

▶ *CD3 Track 32 p276*

- Play the CD. The pupils sing and do the actions.

Set learning outcomes and use the talk cards.

- Say **Today we're going to say a tongue twister, practise spelling and play a communication game.**
- Point to the talk cards to show the pupils the different ways they will be working in the lesson.

Pupil's Book Activity 1: Speak and spell

Listen, read and say.

▶ *CD3 Track 34 p276*

- (Books open.) Focus the class on the picture. Ask **What can you see here?** Point to the oil can and introduce the word 'oil'. Ask **What's the girl's name? What's the boy's name? What's the girl doing?**
- Say **Let's listen to a tongue twister.** Play the CD. The pupils follow the text in their books. Play the CD again. The pupils join in with the tongue twister.
- Ask **How do you spell toy? How do you spell oil?** Highlight the two ways of spelling the 'oi' sound.
- Focus the pupils' attention on the *Remember!* thought bubble. Remind them that 'giraffe' and 'judo' have the sound 'j'.

Activity Book

Activity 1: Speak and spell

Think, say and write.

- The pupils identify the pictures which contain the 'oi' and 'oy' sounds.
- The pupils classify and write the words according to whether they are written with 'oi' or 'oy'.
- Remind them that in the tongue twister we also heard the sound 'j'. The pupils orally identify any words written with 'j' or 'g'. (*Enjoy, joint, Joy.*)

Answers: **oi:** coin, point, oil, toilet **oy:** enjoy, boy, toy, joy

Activity 2

Talk Partners. Work together to cross the river.

- Explain to the pupils that they have to go across the stepping stones to cross the river. They should choose pictures to spell to get to the other side.
- Invite two pupils to read out the speech bubbles.
- Organise the pupils into Talk Partners. The pupils take it in turns to test their partner on the spelling of the words in the stepping stones. Stress the importance of prompting, encouraging and helping each other.

Code activity

- The pupils complete the code activity.

Answer: toaster

Pupil's Book Activity 2

Read the questionnaire. Listen and identify five differences.

▶ *CD3 Track 35 p277*

- Focus the class on the pictures. Ask questions to familiarise the pupils with the content, e.g. **What's the submarine like? What's the helicopter like?**
- Say **Let's listen to two children talking about transport in the future. Listen and point to the correct picture.** Play the CD, pausing after each difference for the pupils to say what it is.

Answers: **1** submarines – fly (~~✗~~) (✓) **2** submarines – have wheels (~~✓~~) (✗) **3** helicopters – go to the moon (~~✗~~) (✓) **4** trams – have wheels (~~✗~~) (✓) **5** hot-air balloons – fly (~~✓~~) (✗)

Pupil's Book Activity 3

Talk Partners. What do you think transport will be like in the future? Ask and answer to complete the chart (Teacher's Resource Bank: Unit 7).

- Invite two pupils to read out the speech bubbles. Explain to the class that they are going to work together to complete a chart about transport in the future.
- Organise the class into Talk Partners. Pupil A uses Chart 1 and Pupil B uses Chart 2. The pupils ask questions about the transport to complete the chart. At the end of the activity, they compare and check their completed charts.

Ending the lesson

Review the lesson and reflect on learning.

- Say **Today we've practised a tongue twister.** Elicit the tongue twister from the pupils.
- Ask the class **Which was your favourite activity today? Which activity was easy / difficult?**

Extra activities

Reinforcement

- Reinforce the alternative spellings of the 'oi' sound and the 'j' sound. Draw a chart on the board with the headings 'oi', 'oy', 'j' and 'g' and elicit words that have each spelling (*oi: oil, joint, toilet, coin, voice, point; oy: toy, boy; j: juice, jump, joint, Joy, judo, jelly, jeans; g: giraffe, giant, gym, geography*). Encourage the pupils to spell out the word and write it in the correct column.
- Play *Board pelmanism* (see p27) with the places in a city flashcards and word cards.

Key Competences and Key Learning Outcomes

- Do a pre-reading task to predict content and raise interest
- Read the text for general understanding
- Complete and order an acrostic poem

- Read and understand a poem

Key language

- *cave, chores, cities, computer, dinosaur, fossil, machines, mountains, robots, time, trains, underground*
- *Everyone will have a computer.*

Materials

- Pupil's Book p78; Activity Book p75; Class CD3; Teacher's App on Navio
- Teacher's Resource Bank: Talk cards

Optional materials

- Teacher's Resource Bank: Trinity Exams Practice cards (selected from the Starter Unit and Units 1, 2, 3, 4, 5 and 6)

At a Glance Lesson Plan

Pupil's Book

Starting the lesson

- Use the Trinity Exams Practice cards (optional).
- Review the 'oi' sound.
- Set learning outcomes and use the talk cards.

Before you read: Activity 1

- This acrostic poem is about the future. Which of these words do you think will appear in it?

Activity 2

- Read and listen.

▶ *CD3 Track 36 p277*

- How many of your words are in the poem?

Go to the Activity Book.

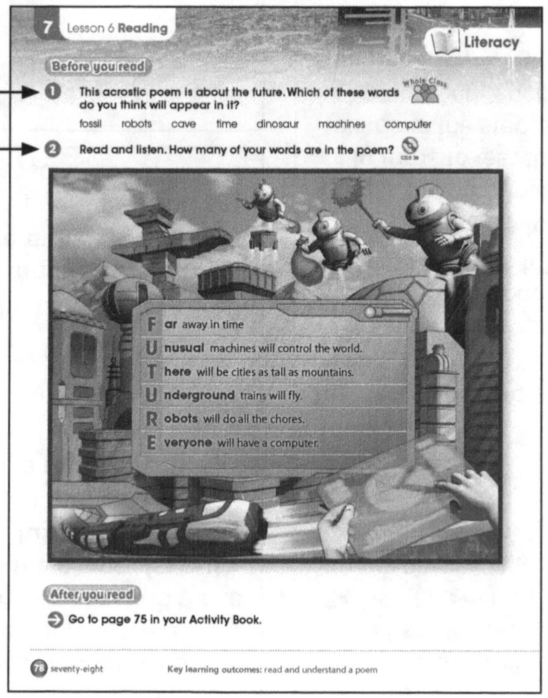

Ending the lesson

- Review the lesson and reflect on learning.

Extra activity

Reinforcement

- Research other acrostic poems.

Activity Book

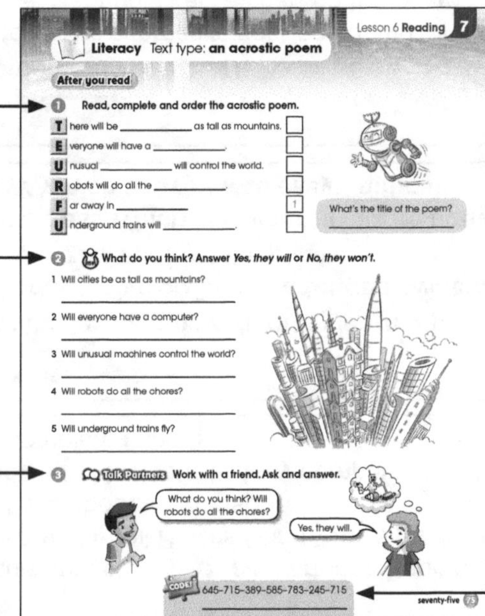

After you read: Activity Book

Activity 1

- Read, complete and order the acrostic poem.

Activity 2

- What do you think?
- Answer *Yes, they will* or *No, they won't*.

Activity 3

- Work with a friend.
- Ask and answer.

Code activity

- Complete the code activity.

Digital resources

Teacher's Digital: You can also teach this lesson using the Teacher's App on Navio.

Pupil's Digital: Encourage your pupils to use the Pupil's App on Navio to practise the activities from this lesson.

Powered By NAVIO

Starting the lesson

Use the Trinity Exams Practice cards (optional).

- The pupils practise asking and answering questions.

Review the 'oi' sound.

- Ask **What sound did you practise in the tongue twister in Lesson 5?** (*'oi'*) **Can you remember the tongue twister?** (*Joy oils the joints on Roy's toy robot.*) Practise the tongue twister as a class.
- Remind the pupils that they know two spellings for this sound ('oi' and 'oy'). The pupils list the words they know with 'oi' and 'oy'.

Set learning outcomes and use the talk cards.

- Say **Today we're going to read an acrostic poem.** Explain that an acrostic poem is a poem with the topic word written vertically. Every line of the poem starts with one of the letters.
- Point to the talk cards to show the pupils the different ways they will be working in the lesson.

Before you read: Pupil's Book Activity 1

This acrostic poem is about the future. Which of these words do you think will appear in it?

- Prompt the class to read the words and predict which will feature in the acrostic poem. Write the suggestions on the board.

Pupil's Book Activity 2

Read and listen. How many of your words are in the poem?

▶ *CD3 Track 36 p277*

- Explain to the class that the first time they read they should try to understand the most important information.
- Play the CD. The pupils listen and follow in their books. They then report back with the keywords. (*Time, machines, robots, computer.*)
- Ask the pupils to read the text again without the support of the CD. Set a time limit for this task.

After you read: Activity Book

Activity 1

Read, complete and order the acrostic poem.

- Ask a pupil to read out the sentences. Ask the class to follow in their books.
- Read out the completed first sentence. Ask the class to identify the second sentence.
- The pupils work on their own or with a Talk Partner to complete and number the remaining sentences. Finally, they write the title of the poem.

Answers: **Words:** cities, computer, machines, chores, time, fly **Order:** 3, 6, 2, 5, 1, 4 **Title:** FUTURE

Activity 2

What do you think? Answer *Yes, they will* or *No, they won't*.

- Explain to the class that they are going to think about the content of the acrostic poem and decide if they agree or disagree.
- The pupils form their own opinion, completing the task individually first.

Activity 3

Work with a friend. Ask and answer.

- Read out the questions as a class. Encourage different pupils to answer. If necessary, write keywords and new vocabulary on the board.
- Organise the class into Talk Partners. The pupils discuss their ideas to see if they agree or disagree with each other.

Code activity

- The pupils complete the code activity.

Answer: printer

Ending the lesson

Review the lesson and reflect on learning.

- Say **Today we've read an acrostic poem.** Then ask **What was the acrostic poem about? Where was the title written?**
- Ask the class **Which was your favourite activity today? Which activity was easy / difficult?**

Extra activity

Reinforcement

- If you have access to the Internet, allow the pupils to read further examples of simple acrostic poems on websites such as: www.kidzone.ws/poetry/acrostic.htm

Key Competences and Key Learning Outcomes

- Make a list or draw a mind map to brainstorm vocabulary
- Learn about the layout of an acrostic poem
- Identify the text features of an acrostic poem
- Use criteria to check your writing
- Share your writing with a partner
- Prepare and write an acrostic poem

Key language

- *ants, cities, ground, high, hot-air balloon, mountains, people, sky, towns, trees; blue, green, red, yellow*
- *High in the sky. Never stop!*

Materials

- Pupil's Book p79; Activity Book p76; Class CD3; Teacher's App on Navio
- Teacher's Resource Bank: Talk cards

Optional materials

- Teacher's Resource Bank: Trinity Exams Practice cards (selected from the Starter Unit and Units 1, 2, 3, 4, 5 and 6)
- Sheets of paper, coloured pencils

At a Glance Lesson Plan

Pupil's Book

Starting the lesson

- Use the Trinity Exams Practice cards (optional).
- Review the Future acrostic poem.
- Set learning outcomes and use the talk cards.

Investigate a text: Activity 1

- What words do you think appear in an acrostic poem about a hot-air balloon?
- Make a list.

Activity 2:

- Read and listen.

▶ *CD3 Track 37 p277*

- Can you see your words in the poem?

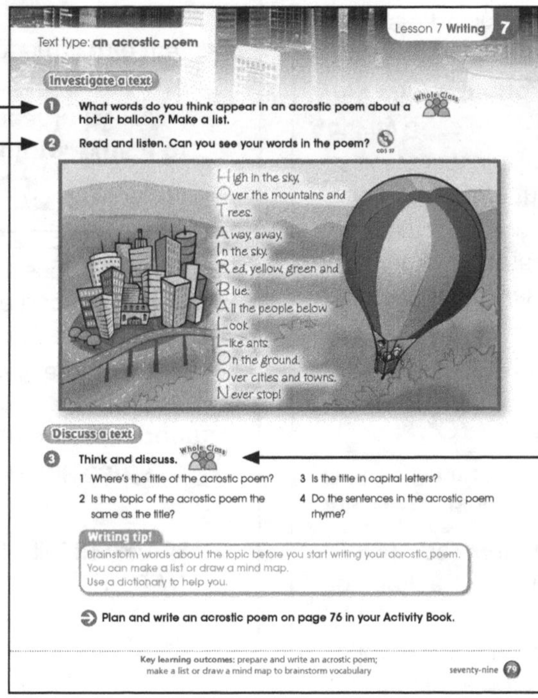

Lesson 7 Writing 7

Text type: an acrostic poem

Investigate a text

1 What words do you think appear in an acrostic poem about a hot-air balloon? Make a list.

2 Read and listen. Can you see your words in the poem?

High in the sky.
Over the mountains and
Trees.
Away, away.
In the sky.
Red, yellow, green and
Blue.
All the people below
Look
Like ants
On the ground.
Over cities and towns.
Never stop!

Discuss a text

3 Think and discuss.

1 Where's the title of the acrostic poem?
2 Is the topic of the acrostic poem the same as the title?
3 Is the title in capital letters?
4 Do the sentences in the acrostic poem rhyme?

Writing tip!

Brainstorm words about the topic before you start writing your acrostic poem. You can make a list or draw a mind map. Use a dictionary to help you.

Plan and write an acrostic poem on page 76 in your Activity Book.

Key learning outcomes: prepare and write an acrostic poem; make a list or draw a mind map to brainstorm vocabulary

seventy-nine 79

Discuss a text: Activity 3

- Think and discuss.
- **Writing tip:** Read about brainstorming a topic.

Go to the Activity Book.

Ending the lesson

- Review the lesson and reflect on learning.

Extra activity

Reinforcement

- Write an acrostic poem and display it.

Activity Book

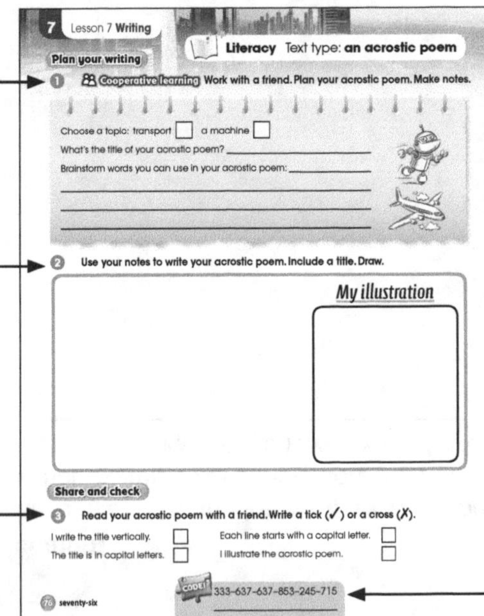

7 Lesson 7 Writing

Literacy Text type: an acrostic poem

Plan your writing

1 Cooperative learning Work with a friend. Plan your acrostic poem. Make notes.

Choose a topic: transport ☐ a machine ☐

What's the title of your acrostic poem? ______

Brainstorm words you can use in your acrostic poem: ______

2 Use your notes to write your acrostic poem. Include a title. Draw.

My illustration

Share and check

3 Read your acrostic poem with a friend. Write a tick (✓) or a cross (✗).

I write the title vertically. ☐ Each line starts with a capital letter. ☐
The title is in capital letters. ☐ I illustrate the acrostic poem. ☐

CODE! 333-637-637-853-245-715

76 seventy-six

Activity Book

Plan your writing: Activity 1

- Work with a friend.
- Plan your acrostic poem.
- Make notes.

Activity 2

- Use your notes to write your acrostic poem.
- Include a title. Draw.

Share and check: Activity 3

- Read your acrostic poem with a friend.
- Write a tick (✓) or a cross (✗).

Code activity

- Complete the code activity.

Digital resources

Teacher's Digital: You can also teach this lesson using the Teacher's App on Navio.

Pupil's Digital: Encourage your pupils to use the Pupil's App on Navio to practise the activities from this lesson.

Starting the lesson

Use the Trinity Exams Practice cards (optional).

- The pupils practise asking and answering questions.

Review the Future acrostic poem.

- (Books closed.) Organise the pupils to work with a Talk Partner. Elicit the title of the acrostic poem from the previous lesson. Ask the pupils what they can remember from the poem. Give the pupils time to think individually first. Then ask the pupils to compare their ideas with a Talk Partner.
- Write 'FUTURE' vertically on the board. Ask different pupils to share what they remember from each line until the acrostic poem is completed on the board.

Set learning outcomes and use the talk cards.

- Say **Today we're going to read another acrostic poem. Then we're going to plan and write an acrostic poem.**
- Point to the talk cards to show the pupils the different ways they will be working in the lesson.

Investigate a text: Pupil's Book Activity 1

What words do you think appear in an acrostic poem about a hot-air balloon? Make a list.

- (Books closed.) Tell the pupils that the title of the acrostic poem is 'Hot-air balloon'. Organise the pupils into groups of three. Ask them to make a list of words they think will appear in the acrostic poem.

Pupil's Book Activity 2

Read and listen. Can you see your words in the poem?

▶ *CD3 Track 37 p277*

- (Books open.) Read the question as a class. The pupils read the poem and identify any of their words from Activity 1.
- If you want the pupils to read the text without the support of the CD, set a time limit for this task. Otherwise, play the CD.

Discuss a text: Pupil's Book Activity 3

Think and discuss.

- Read each question and confirm the answers as a class.

Answers: **1** It is written vertically down the left-hand side. **2** Yes, it is. **3** Yes, it is. **4** No, they don't.

Writing tip

- Read the information. Discuss how brainstorming words will help them with their own acrostic poems.

Activity Book

Plan your writing: Activity 1

Writing Partners. Work with a friend. Plan your acrostic poem. Make notes.

- Organise the class into Talk Partners. Explain that they are going to write an acrostic poem.
- The pupils work together to choose a topic and brainstorm words for the poem. Remind them to choose some words that begin with the same letter as the words in the title.

Activity 2

Use your notes to write your acrostic poem. Include a title. Draw.

- Focus the class on the activity. The pupils write their title vertically in the space provided.
- The pupils work with their partners to complete their acrostic poem in their Activity Books. Then, they draw a picture for the acrostic poem.

Share and check: Activity 3

Writing Partners. Read your acrostic poem with a friend. Write a tick (✓) or a cross (✗).

- Focus the class on the sentences. Read through them as a class.
- Organise the class into new Talk Partners. One pupil should read aloud their text to their partner. The other pupil listens. The pupils work together to decide if the text fulfils all the criteria and tick the corresponding boxes. The pupils can add, improve or correct the text at this stage.
- The pupils swap roles.

Code activity

- The pupils complete the code activity.

Answer: hoover

Ending the lesson

Review the lesson and reflect on learning.

- Say **Today we've written an acrostic poem. Are you happy with your acrostic poem?** Elicit the pupils' opinions.
- Ask the class **Which was your favourite activity today? Which activity was easy / difficult?**

Extra activity

Reinforcement

- Ask the class to write another acrostic poem. They may choose a different topic or write about themselves using their name as the title. The pupils brainstorm words with a Talk Partner. They then complete the acrostic poem on a piece of paper. Encourage the pupils to write the title word with coloured pencils and decorate it.
- Display the finished acrostic poems in a prominent place.

Key Competences and Key Learning Outcomes

- Think about and research Hong Kong
- Read and listen for specific information
- Read about transport in Hong Kong
- Think about your own culture and identity

Key language

- *double-decker, fishing boat, funicular railway, houseboat, junk boat, river boat, sampan, tram; harbour*
- *This is the steepest funicular railway in the world. You get on the tram at the back.*

Materials

- Pupil's Book p80; Activity Book p77; Class CD3; Teacher's App on Navio
- Teacher's Resource Bank: Talk cards
- An online world map

Optional materials

- Teacher's Resource Bank: Trinity Exams Practice cards (selected from the Starter Unit and Units 1, 2, 3, 4, 5 and 6)
- Sheets of coloured card

At a Glance Lesson Plan

Pupil's Book

Starting the lesson

- Use the Trinity Exams Practice cards (optional).
- Review future predictions.
- Set learning outcomes and use the talk cards.

Activity 1

- Read Luke's questions.
- What do you think?

Activity 2

- Read and listen.

▶ *CD3 Track 38 p277*

- Answer Luke's questions.
- **Think about your culture**
  How do people travel in your country? What unusual forms of transport are there? Are they forms of land, sea or air transport?

Go to the Activity Book.

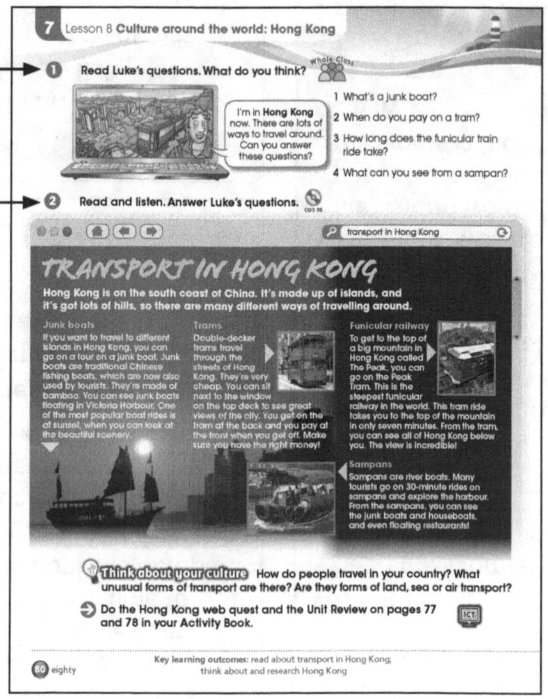
7 Lesson 8 Culture around the world: Hong Kong

1 Read Luke's questions. What do you think?

I'm in Hong Kong now. There are lots of ways to travel around. Can you answer these questions?

1 What's a junk boat?
2 When do you pay on a tram?
3 How long does the funicular train ride take?
4 What can you see from a sampan?

2 Read and listen. Answer Luke's questions.

TRANSPORT IN HONG KONG

Hong Kong is on the south coast of China. It's made up of islands, and it's got lots of hills, so there are many different ways of travelling around.

Junk boats
If you want to travel to different islands in Hong Kong, you can go on a tour on a junk boat. Junk boats are traditional Chinese fishing boats, which are now also used by tourists. They're made of bamboo. You can see junk boats floating in Victoria Harbour. One of the most popular boat rides is at sunset, when you can look at the beautiful scenery.

Trams
Double-decker trams travel through the streets of Hong Kong. They're very cheap. You can sit next to the window on the top deck to see great views of the city. You get on the tram at the back and you pay at the front when you get off. Make sure you have the right money!

Funicular railway
To get to the top of a big mountain in Hong Kong called The Peak, you can go on the Peak Tram. This is the steepest funicular railway in the world. This tram ride takes you to the top of the mountain in only seven minutes. From the tram, you can see all of Hong Kong below you. The view is incredible!

Sampans
Sampans are river boats. Many tourists go on 30-minute rides on sampans and explore the harbour. From the sampans, you can see the junk boats and houseboats, and even floating restaurants!

Think about your culture How do people travel in your country? What unusual forms of transport are there? Are they forms of land, sea or air transport?

Do the Hong Kong web quest and the Unit Review on pages 77 and 78 in your Activity Book.

80 eighty

Key learning outcomes: read about transport in Hong Kong; think about and research Hong Kong

Ending the lesson

- Review the lesson and reflect on learning.

Extra activity

Extension

- Plan a day trip in Hong Kong.

Activity Book

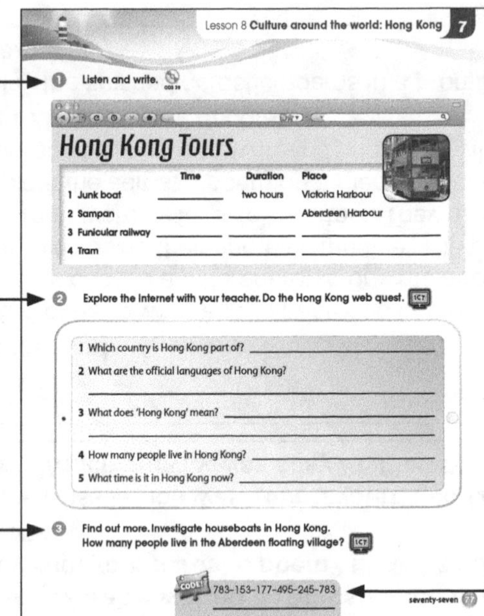
Lesson 8 Culture around the world: Hong Kong 7

1 Listen and write.

Hong Kong Tours

	Time	Duration	Place
1 Junk boat		two hours	Victoria Harbour
2 Sampan			Aberdeen Harbour
3 Funicular railway			
4 Tram			

2 Explore the Internet with your teacher. Do the Hong Kong web quest.

1 Which country is Hong Kong part of?
2 What are the official languages of Hong Kong?
3 What does 'Hong Kong' mean?
4 How many people live in Hong Kong?
5 What time is it in Hong Kong now?

3 Find out more. Investigate houseboats in Hong Kong. How many people live in the Aberdeen floating village?

CODE! 783-153-177-495-245-783

seventy-seven 77

Activity Book

Activity 1

- Listen and write.

▶ *CD3 Track 39 p277*

Activity 2

- Explore the Internet with your teacher.
- Do the Hong Kong web quest.

Activity 3

- Find out more.
- Investigate houseboats in Hong Kong.
- How many people live in the Aberdeen floating village?

Code activity

- Complete the code activity.

Digital resources

Teacher's Digital: You can also teach this lesson using the Teacher's App on Navio.

Powered By NAVIO

Starting the lesson

Use the Trinity Exams Practice cards (optional).

- The pupils practise asking and answering questions.

Review future predictions.

- Explain to the class that they are going to create a memory chain about the future.
- Say **In the future, there will be (libraries).** Prompt the pupil next to you to continue the chain, e.g. *In the future, there will be (libraries and ice rinks).* Continue around the class until a pupil makes a mistake. Remind the pupils that they can also use the negative form in their predictions.
- Alternatively, organise the class into groups of six. In groups, the pupils take turns to make predictions about the future.

Set learning outcomes and use the talk cards.

- Say **Today we're going to investigate Hong Kong.**
- Point to the talk cards to show the pupils the different ways they will be working in the lesson.

Pupil's Book Activity 1

Read Luke's questions. What do you think?

- Read the speech bubble as a class. Encourage the pupils to tell you what they know about Hong Kong.
- Read the questions as a class. Encourage the pupils to predict the answers.

Pupil's Book Activity 2

Read and listen. Answer Luke's questions.

▶ *CD3 Track 38 p277*

- Focus the class on the photos. Ask **What can you see?**
- Play the CD, pausing after each form of transport to check understanding. The pupils answer the questions.

Answers: **1** It's a traditional Chinese fishing boat. **2** You pay when you get off. **3** It takes seven minutes. **4** You can see junk boats, houseboats and floating restaurants.

Think about your culture

- Read out the questions. Prompt pupils to tell you about the different types of transport people have in their country. Identify any unusual types of transport that people use.

Activity Book

Activity 1

Listen and write.

▶ *CD3 Track 39 p277*

- Focus the class on the activity. Invite a pupil to read out the information.
- Play the CD, pausing after the first exchange. Check the answer with the class.
- Repeat the procedure with the remaining exchanges.

Answers: **1** seven o'clock **2** 12 o'clock, half an hour **3** seven o'clock, seven minutes, Garden Road Station **4** three o'clock, 40 minutes, North Street

Activity 2

Explore the Internet with your teacher. Do the Hong Kong web quest.

- Read out the instructions and connect to a children's website which has geographical information about Hong Kong. Read out questions 1–4 and find the information on the page. The pupils work as a class to find and write the answers.
- Read out question 5. Connect to a website which shows the time around the world. The pupils complete the information about the time in Hong Kong.

Answers: **1** China **2** Chinese (Cantonese) and English **3** fragrant harbour **4** approx. 7.347 million

Activity 3

Find out more. Investigate houseboats in Hong Kong. How many people live in the Aberdeen floating village?

- Read out the question.
- Connect to a children's website which has information about houseboats in Hong Kong. The pupils make a list of key information and answer the question. (*Approximately 6,000 people.*)

Suggested websites

- http://maps.google.es/
- www.discoverhongkong.com/eng/plan-your-trip/practicalities/transport/getting-around/index.jsp

Code activity

- The pupils complete the code activity.

Answer: tablet

Ending the lesson

Review the lesson and reflect on learning.

- Say **Today we've learnt about transport in Hong Kong. Which transport did you like best? Would you like to go to Hong Kong?** Elicit the information from the pupils.
- Ask the class **Which was your favourite activity today? Which activity was easy / difficult?**

Extra activity

Extension

- Encourage the pupils to plan a day trip in Hong Kong. Create an example itinerary as a class first. Working in groups, the pupils choose the forms of transport they will use throughout the day and order them according to their plan. Give each group a sheet of coloured card to document their itinerary. Encourage them to decorate the itinerary with pictures.

Go to the AB Unit Review on page 255.

Key Competences and Key Learning Outcomes

- Watch and understand a video about technology in the future
- Make predictions about how technology will change in the future
- Think critically and creatively while making predictions about the future

Key language

- *clouds, control, drivers, drones, factory, moon, parcels, post offices, postal workers, rocket skates, technology, zoom*
- *People think children will go to school by car in the future. People will live on Mars. There won't be any schools in the future. I think people will fly in the future. What do you think?*

Materials

- Pupil's Book p81; Activity Book p79; Class CD3; Teacher's App on Navio
- Places in a city flashcards; Machines in our houses flashcards
- Teacher's Resource Bank: Talk cards

Optional materials

- Teacher's Resource Bank: Trinity Exams Practice cards (selected from the Starter Unit and Units 1, 2, 3, 4, 5 and 6)

At a Glance Lesson Plan

Pupil's Book

Starting the lesson

- Use the Trinity Exams Practice cards (optional).
- **Think-Pair-Share.** Review places in a city vocabulary.
- Set learning outcomes and use the talk cards.

Activity 1

- Before you watch
- Watch the video.
- *Unit 7 video p287*
- Which of these <u>don't</u> you see in the video?

Activity 2

- Watch the video again.
- *Unit 7 video*
- Read and say *true* or *false*.
- Correct the false sentences.

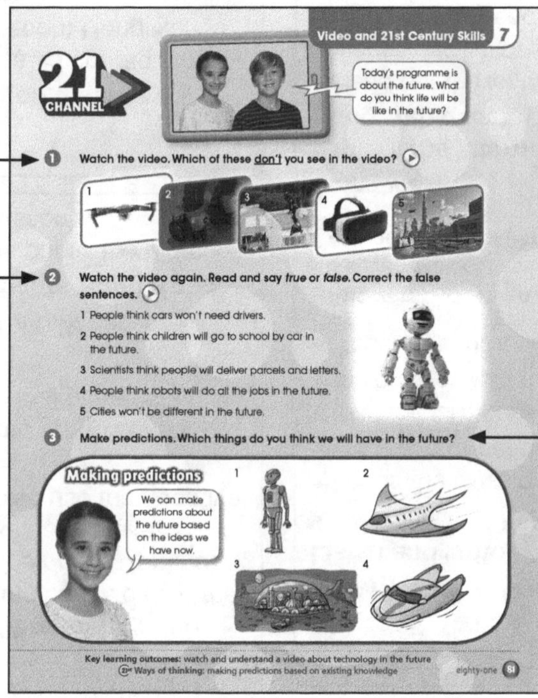
Video and 21st Century Skills 7

21 CHANNEL

Today's programme is about the future. What do you think life will be like in the future?

1 Watch the video. Which of these <u>don't</u> you see in the video?

2 Watch the video again. Read and say *true* or *false*. Correct the false sentences.

1 People think cars won't need drivers.
2 People think children will go to school by car in the future.
3 Scientists think people will deliver parcels and letters.
4 People think robots will do all the jobs in the future.
5 Cities won't be different in the future.

3 Make predictions. Which things do you think we will have in the future?

Making predictions

We can make predictions about the future based on the ideas we have now.

Key learning outcomes: watch and understand a video about technology in the future
Ways of thinking: making predictions based on existing knowledge

eighty-one 81

Activity 3

- Make predictions. Which things do you think we will have in the future?
- Go to the Activity Book.

Ending the lesson

- Review the lesson and reflect on learning.

Extra activity

Reinforcement

- Make predictions about machines in our houses.

Activity Book

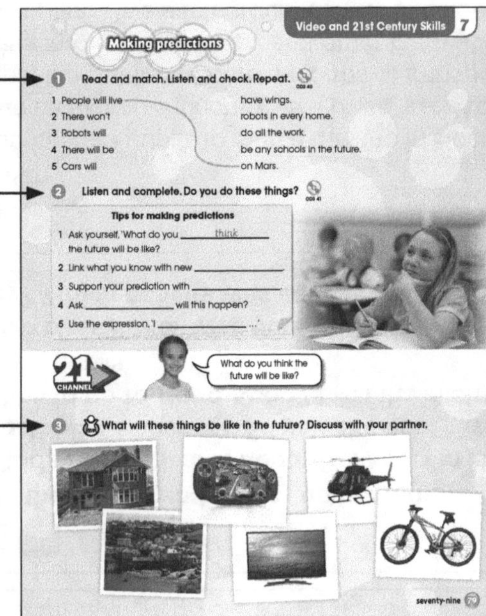
Video and 21st Century Skills 7

Making predictions

1 Read and match. Listen and check. Repeat.

1 People will live — have wings.
2 There won't — robots in every home.
3 Robots will — do all the work.
4 There will be — be any schools in the future.
5 Cars will — on Mars.

2 Listen and complete. Do you do these things?

Tips for making predictions
1 Ask yourself, 'What do you think the future will be like?'
2 Link what you know with new ______
3 Support your prediction with ______
4 Ask ______ will this happen?
5 Use the expression, 'I ______'

21 CHANNEL

What do you think the future will be like?

3 What will these things be like in the future? Discuss with your partner.

seventy-nine 79

Activity Book

Activity 1

- Read and match.
- Listen and check.
- *CD3 Track 40 p277*
- Repeat.

Activity 2

- Listen and complete.
- *CD3 Track 41 p278*
- Do you do these things?

Activity 3

- What will these things be like in the future? Discuss with your partner.

Digital resources

Teacher's Digital: You can also teach this lesson using the Teacher's App on Navio.

Pupil's Digital: Encourage your pupils to use the Pupil's App on Navio to practise the activities from this lesson.

Powered By NAVIO

Starting the lesson

Use the Trinity Exams Practice cards (optional).

- The pupils practise asking and answering questions.

Think-Pair-Share. Review places in a city vocabulary.

- Ask **Can you remember the places in a city vocabulary?** The class thinks silently for a minute.
- The pupils work with a Talk Partner to name the places in a city.
- Invite different Talk Partners to say a different place. Hold up the corresponding flashcard and prompt the class to repeat the word. Repeat the procedure, asking different Talk Partners each time, until all the places in a city have been named.

Set learning outcomes and use the talk cards.

- Say **Today we're going to watch a video and then ask and answer questions about technology in the future.**
- Point to the talk cards to show the pupils the different ways they will be working in the lesson.

Pupil's Book Activity 1

Before you watch

- Read the speech bubble to pupils. Ask **What do you think life will be like in the future?** Elicit responses from a number of pupils.

Watch the video. Which of these don't you see in the video? *p287*

- Watch Part 1. Ask pupils **What are you going to see next?** Check that they understand that they will see a video showing predictions about technology in the future.
- Play Part 2. Ask general questions to check understanding. Focus the pupils on the photos in Activity 1. Ask **Which of these don't you see in the video?** Elicit ideas.
- Play Part 2 again for the pupils to answer the questions. Check answers as a class.

Answer: 2, 4

Pupil's Book Activity 2

Watch the video again. Read and say *true* or *false*. Correct the false sentences.

- Explain that you are going to do a true or false activity.
- Play Part 2. Pupils work in pairs to decide whether the sentences are true or false. They correct the false sentences.

Answers: **1** T **2** F People think they will wear rocket skates to get to school. **3** F Scientists think that drones will deliver parcels and letters. **4** T **5** F Cities will be very different in the future.

Pupil's Book Activity 3

Make predictions. Which things do you think we will have in the future?

- Tell pupils that in the last part of the video Chloe and Mark make predictions about the future. Ask **What prediction do Mark and Chloe make?** (*People will fly in the future.*) **What do you think?**
- Ask the pupils to read Chloe's speech bubble. Then review using 'will' and 'won't' to make future predictions.
- Pupils work in pairs to look at the pictures and make predictions about which things they think we will have in the future.
- Ask pupils to tell you about their predictions.

Activity Book

Activity 1

Read and match. Listen and check. Repeat.

▶ *CD3 Track 40 p277*

- Pupils work on their own to make sentences about future predictions.
- Play the CD and check answers.
- Play the CD again for the pupils to repeat.
- Ask the pupils if they agree with the predictions.

Answers: **1** People will live on Mars. **2** There won't be any schools in the future. **3** Robots will have wings. **4** There will be robots in every home. **5** Cars will do all the work.

Activity 2

Listen and complete. Do you do these things?

▶ *CD3 Track 41 p278*

- Explain to the pupils that they are going to listen to a girl and boy reading some useful tips for making predictions. Play the CD, pausing to allow the pupils to write the missing information.
- Play the CD again without pausing.

Answers: **1** think **2** information **3** facts **4** why **5** think

Activity 3

What will these things be like in the future? Discuss with your partner.

- Read out Chloe's speech bubble and tell pupils that they are going to work with a partner to make predictions about what the things shown in the photos will be like in the future.
- Organise the pupils into Talk Partners. Encourage them to refer to the sentences in Activity 1 as models, and to use the tips in Activity 2 to help them.
- Ask the pupils to share their predictions with the class.

Ending the lesson

Review the lesson and reflect on learning.

- Say **Today we've watched a video about technology in the future. What have we learnt about making predictions based on existing knowledge?** Elicit the information from the pupils.

Extra activity

Reinforcement

- Use the machines in our houses flashcards from Unit 6 to elicit more predictions from the pupils.
- Organise the pupils into groups and give each of them a flashcard. Ask them to make predictions about what the machine will be like in the future and if we will still use it. Give each group one or two minutes, then pass the flashcard along to another group.
- Once the groups have had a chance to look at a few flashcards, ask the groups for feedback.

Date: ______________________ Unit: __________

1 **What did my pupils learn in this unit?**

____

____

____

____

2 **How did my pupils work? (✓)**

individually ☐ in pairs ☐ in small groups ☐

in large groups ☐ as a class ☐

3 **Which key competences did my pupils develop?**

Competence in linguistic communication ☐

Competence in mathematics, science and technology ☐

Digital competence ☐

Learning to learn ☐

Social and civic competences ☐

Sense of initiative and entrepreneurship ☐

Cultural awareness and expression ☐

4 **Which lessons / activities were the most successful and why?**

____

____

____

____

5 **Which lessons / activities did my pupils find the most difficult and why?**

____

____

____

____

6 **What did I try in the classroom for the first time? How did it go?**

____

____

____

____

7 **Which resources did I find most useful? (including webpages)**

____

____

____

____

____

____

8 **What could I do differently next time I teach this unit?**

____

____

____

____

Unit 8 Jobs we do

Unit overview

Key Competences and Key Learning Outcomes

- Identify and say jobs (Lesson 1)
- Say the vocabulary chant (Lesson 1)
- Listen, repeat and act out a conversation (Lesson 2)
- Follow, complete and correct the grammar tables (Lessons 2 and 4)
- Use 'have to' in present simple questions (Lesson 2)
- Identify and say places of work (Lesson 4)
- Use 'who' and 'where' in relative clauses (Lesson 4)
- Use 'for' to talk about a period of time (Lesson 7)
- Watch and understand a video (Video and 21st Century Skills)

- Use a code to read a message (Lesson 3)

- Use the Pupil's App on Navio
- Investigate Tasmania (Lesson 8)

- Say a tongue twister and practise spellings for the 'er' sound (Lesson 5)
- Practise activity types found in the Cambridge Exams: A2 Flyers

- Understand the importance of saying sorry if you're late (Lesson 3)

- Play a communication game using relative clauses (Lesson 5)

- Sing two songs (Lessons 1 and 4)
- Read, listen, understand and act out a story about a school day (Lesson 3)
- Read and understand a non-chronological report (Lesson 6)
- Prepare and write a non-chronological report (Lesson 7)
- Research Tasmania and think about your own culture (Lesson 8)

Vocabulary

Core vocabulary
artist, carpenter, chef, dentist, driver, hairdresser, lawyer, mechanic, nurse, photographer, vet, waiter; clinic, factory, garage, office, salon, workshop

Extension vocabulary (optional)
actor, baker, reporter, sailor, secretary, singer; gallery, police station, studio, surgery

Other vocabulary
island, lighthouse keeper, relative; fix, oil (v), warn (v); flashes, fresh food, hot water, muscles, news, sequence, space

Recycled vocabulary
animals, aquarium, brush, car, cartoon, check, crossword, dolphin, lamps, lighthouse, solar power, university, weather; cut (v), dry (v), exercise (v), fly (v); dad, mum; astronaut

Structures

Core structures
Do I / you / we / they have to (wear a uniform)? Yes, I / you / we / they do. No, I / you / we / they don't. Does he / she / it have to (work very hard)? Yes, he / she / it does. No, he / she / it doesn't. I / You / We / They have to (work at night). He / She / It has to (like animals). (A hairdresser) is a person who works in (a salon). (A salon) is a place where (a hairdresser) works.

Other structures
Who cooks food in a restaurant?

Recycled structures
Is it (a chef)? Yes, it is. / No, it isn't. It's your turn. What do you want to be when you're older? I want to be (an artist).

Phonics

The 'er' sound (*driv**er** act**or** sail**or** bak**er***)
Recycled: 'ur' and 'ir' spellings

Literacy

Text type: a newspaper article / an interview (non-chronological report)
Reading skills: scanning for specific information
Writing skills: using 'for' to talk about periods of time

Culture ... around the world

Lighthouse keepers in Tasmania

21st Century Skills

Health and safety

Thinking skills

Applying rules (Lessons 2 and 4); Predicting (Lessons 3 and 8); Forming conceptual links (Cambridge Exams Practice)

Cooperative learning

Listening to each other (Lesson 1); Checking learning (Lessons 1 and 5); Collaborating (Lessons 3, 4, 7 and Review); Work together to cross the river (Lesson 5); Sharing information (Lesson 7); Peer evaluation and feedback (Lesson 7)

Values

Understanding the importance of saying sorry if you're late

Cross-curricular links

Link to Science
Population: Discussing the active population

Suggested Arts and Crafts concepts
Identifying how depth, overlap and size are used in art and creating a tissue paper seascape

Key Competences and Key Learning Outcomes

- Identify and say jobs
- Say the vocabulary chant
- Identify how population affects jobs (optional)
- Review and discuss jobs
- Play a guessing game
- Sing a song about jobs

Key language

- *artist, carpenter, chef, dentist, driver, hairdresser, lawyer, mechanic, nurse, photographer, vet, waiter*
- Extension: *actor, baker, reporter, sailor, secretary, singer*
- *Who cooks food in a restaurant? This person cooks food in a restaurant. Is it (a chef)? Yes, it is. / No, it isn't.*

Materials

- Pupil's Book p82; Activity Book p80; Class CD3; Teacher's App on Navio
- Jobs flashcards
- Teacher's Resource Bank: Jobs word cards
- Teacher's Resource Bank: Talk cards

Optional materials

- Teacher's Resource Bank: Trinity Exams Practice cards (selected from the Starter Unit and Units 1, 2, 3, 4, 5, 6 and 7)

At a Glance Lesson Plan

Starting the lesson

- Use the Trinity Exams Practice cards (optional).
- Review jobs.
- Set learning outcomes and use the talk cards.

Activity 1

- What jobs do people you know do? Make a list.
- What do you want to be when you're older? Why?

Vocabulary presentation

- Present the new vocabulary using the jobs flashcards.

Word cards

- Introduce the spellings of the vocabulary using the jobs word cards.

Pupil's Book

Activity 2

- Listen, point and say the vocabulary chant.

▶ *CD3 Track 42 p278*

Activity 3

- Listen, look and sing *Who is it?*

▶ *CD3 Track 43 p278*

Activity 4

- Play a guessing game.

Go to the Activity Book.

Ending the lesson

- Review the lesson and reflect on learning.

Extra activities

Reinforcement

- Play *What's my line?*

Vocabulary extension

- Present six additional vocabulary items.

Link to Science

- **Population:** Discuss the active population.

Talk Partners

- Test new vocabulary.

Activity Book

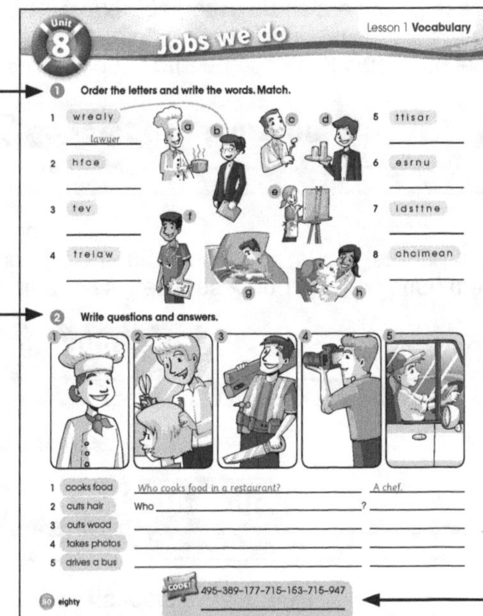

Activity Book

Activity 1

- Order the letters and write the words.
- Match.

Activity 2

- Write questions and answers.

Code activity

- Complete the code activity.

Digital resources

Teacher's Digital: You can also teach this lesson using the Teacher's App on Navio.

Pupil's Digital: Encourage your pupils to use the Pupil's App on Navio to practise the activities from this lesson.

Powered By NAVIO

Starting the lesson

Use the Trinity Exams Practice cards (optional).
- The pupils practise asking and answering questions.

Review jobs.
- Tell the class that in the future you want to change jobs. Ask **Can you guess what I want to be?** Encourage pupils to ask questions, e.g. *Do you want to be (a pilot)?*
- Once pupils have guessed, ask an individual pupil to take over your role.

Set learning outcomes and use the talk cards.
- Say **Today we're going to learn the names of different jobs.**
- Point to the talk cards to show the pupils the different ways they will be working in the lesson.

Pupil's Book Activity 1

What jobs do people you know do? Make a list. What do you want to be when you're older? Why?
- (Books closed.) Encourage the class to tell you jobs people they know do. Make a list on the board.
- Ask **What do you want to be when you're older?** Ask the pupils to list jobs.

Vocabulary presentation

- (Books closed.) Hold up each jobs flashcard in turn without letting the pupils see the picture. Talk about each job, e.g. **This person cooks food at a restaurant.** Turn the card around and name the job: **It's a chef.**
- Stick the flashcards on the board. The pupils repeat the words once or twice.

Word cards

- (Books closed.) Hand out a jobs word card to each pair.
- The pupils take turns to come to the board, read out their word and stick their card next to the corresponding flashcard.

Pupil's Book Activity 2

Listen, point and say the vocabulary chant.
▶ *CD3 Track 42 p278*
- (Books open.) Focus the pupils' attention on the 12 photos. Say **Let's listen and say the words.** Play the CD. The pupils listen, point and repeat.

Pupil's Book Activity 3

Listen, look and sing *Who is it?*
▶ *CD3 Track 43 p278*
- Focus the pupils' attention on the scene. Ask **Where are Lily, Ravi and Josh?** (*At the restaurant.*) Ask **Who can you see in the city? Can you name the jobs?**
- Say **Let's listen to the song.** Play the CD. The pupils listen and read. Ask the questions from the song in random order.
- Play the CD again. The pupils join in, singing the song and pointing to the jobs they hear in the song.

Pupil's Book Activity 4

Play a guessing game.
- Ask two pupils to read out the speech bubbles.
- (Books closed.) Prompt a pupil to make a statement about one of the other jobs, e.g. *This person takes photos.* Prompt the pupils to guess the job.
- The pupils play the game with a Talk Partner.

Activity Book

Activity 1

Order the letters and write the words. Match.
- Ask the class to name the jobs in the pictures.
- The pupils order the letters to write the word and then match it to the corresponding picture.

Answers: **1** lawyer, b **2** chef, a **3** vet, h **4** waiter, d **5** artist, e **6** nurse, f **7** dentist, c **8** mechanic, g

Activity 2

Write questions and answers.
- Ask the pupils to name the jobs in the pictures. Invite a pupil to read out the first question and answer.
- The pupils complete the questions and answers.

Answers: **1** Who cooks food in a restaurant? A chef. **2** Who cuts hair? A hairdresser. **3** Who cuts wood? A carpenter. **4** Who takes photos? A photographer. **5** Who drives a bus? A bus driver.

Code activity
- The pupils complete the code activity.

Answer: library

Ending the lesson

Review the lesson and reflect on learning.
- (Books closed.) Say **Today we've learnt the names of jobs. Which jobs do you remember?**
- Ask the class **Which was your favourite activity today? Which activity was easy / difficult?**

Extra activities

Reinforcement
- Play *What's my line?* Whisper a job in a pupil's ear. The pupil performs a short mime. The class guesses.

Vocabulary extension
- Use the Vocabulary Booster on Navio to present and practise six additional jobs: *actor, baker, reporter, sailor, secretary, singer*.

Link to Science

- If you are studying the Science topic of **Population** in English, you could discuss how the changing population affects the jobs people do. Remind them that the active population includes employed and unemployed people.

Check learning. Cooperative learning: Talk Partners
- Organise the pupils into Talk Partners. The pupils take it in turns to test their partner on the new vocabulary items. The pupils can prompt each other by providing the first letter sound, describing the object or even saying the word silently.

Key Competences and Key Learning Outcomes

- Listen, repeat and act out a conversation
- Listen, follow the grammar table and identify the parts of a question
- Use 'have to' in present simple questions

Key language

- *artist, carpenter, chef, dentist, driver, hairdresser, lawyer, mechanic, nurse, photographer, vet, waiter*
- *Do I / you / we / they have to (wear a uniform)? Yes, I / you / we / they do. No, I / you / we / they don't. Does he / she / it have to (work very hard)? Yes, he / she / it does. No, he / she / it doesn't. I / You / We / They have to (work at night).*

Materials

- Pupil's Book p83; Activity Book p81; Class CD3; Teacher's App on Navio
- Jobs flashcards
- Teacher's Resource Bank: Talk cards

Optional materials

- Teacher's Resource Bank: Trinity Exams Practice cards (selected from the Starter Unit and Units 1, 2, 3, 4, 5, 6 and 7)

At a Glance Lesson Plan

Pupil's Book

Starting the lesson

- Use the Trinity Exams Practice cards (optional).
- Play *Living graph*.
- Review the *Who is it?* song.
- ▶ ***CD3 Track 43 p278***
- ▶ ***CD3 Track 44 p278 (optional karaoke version)***
- Set learning outcomes and use the talk cards.

Activity 1

- Listen and read
- Listen and repeat.
- ▶ ***CD3 Track 45 p278***
- Act out.

Activity 2

- Read again.
- Which pictures are correct?

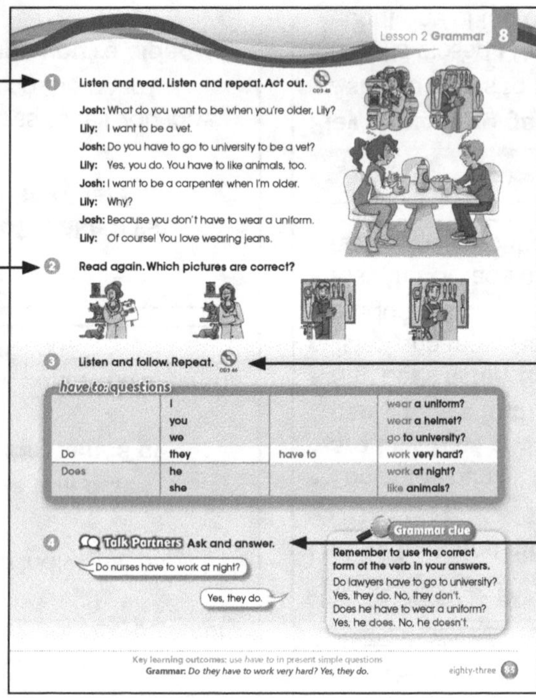

Activity 3

- Listen and follow.
- ▶ ***CD3 Track 46 p278***
- Repeat.
- **Grammar clue:** Read about questions and answers with *have to*.

Activity 4

- Ask and answer.
- Go to the Activity Book.

Ending the lesson

- Review the lesson and reflect on learning.

Extra activity

Extension

- Extend the *What's my line?* game.

Activity Book

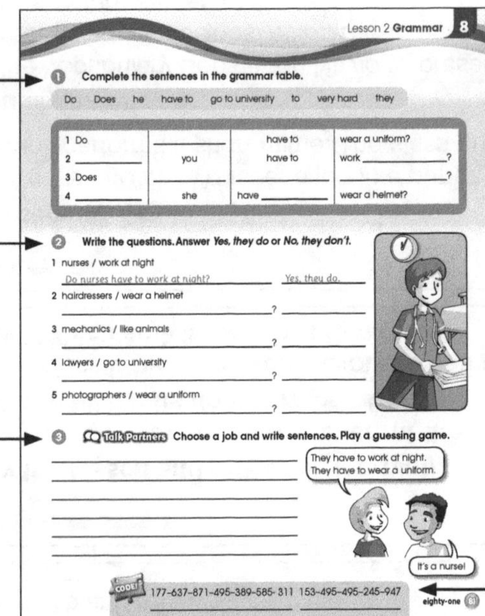

Activity Book

Activity 1

- Complete the sentences in the grammar table.

Activity 2

- Write the questions.
- Answer *Yes, they do* or *No, they don't*.

Activity 3

- Choose a job and write sentences.
- Play a guessing game.

Code activity

- Complete the code activity.

Digital resources

Teacher's Digital: You can also teach this lesson using the Teacher's App on Navio.

Pupil's Digital: Encourage your pupils to use the Pupil's App on Navio to practise the activities from this lesson.

Powered By NAVIO

Detailed Lesson Plan

Starting the lesson

Use the Trinity Exams Practice cards (optional).

- The pupils practise asking and answering questions.

Play *Living graph*.

- Play *Living graph* (see p27) with the jobs flashcards.

Review the *Who is it?* song.

▶ *CD3 Track 43 p278*

▶ *CD3 Track 44 p278 (optional karaoke version)*

- Organise the class into two groups. Have each group line up so that pupils are facing each other. Play the CD (or use the karaoke version). Group A sing the questions and Group B sing the answers.

Set learning outcomes and use the talk cards.

- Say **Today we're going to ask questions about what we want to be when we are older.**
- Point to the talk cards to show the pupils the different ways they will be working in the lesson.

Pupil's Book Activity 1

Listen and read. Listen and repeat. Act out.

▶ *CD3 Track 45 p278*

- The pupils look at the picture. Ask **Where are Lily and Josh? What are they talking about?**
- Play the CD. The pupils listen and read the conversation.
- Play the CD again, pausing after each sentence for the pupils to repeat.
- The pupils practise the conversation with a Talk Partner.

Pupil's Book Activity 2

Read again. Which pictures are correct?

- The pupils read the conversation again and say which of the pictures showing Josh and Lily when they're older are correct.

Answers: first picture of Lily, second picture of Josh

Pupil's Book Activity 3

Listen and follow. Repeat.

▶ *CD3 Track 46 p278*

- Play the CD. The pupils listen to the first question and point to the words they hear.
- The pupils repeat the complete question.
- Repeat the procedure with the other questions.

Grammar clue

- Read the grammar clue as a class. Practise saying the short answers.

Pupil's Book Activity 4

Ask and answer.

- Organise the class into Talk Partners. The pupils take it in turns to use the grammar table to ask questions about the different jobs following the model.

Activity Book

Activity 1

Complete the sentences in the grammar table.

- Invite a pupil to read out the words in the word box. The pupils work on their own or with a Talk Partner to write the words in the grammar table.

Answers: **1** they **2** Do, very hard **3** he, have to, go to university **4** Does, to

Activity 2

Write the questions. Answer *Yes, they do* or *No, they don't*.

- Invite a pupil to read out the first question and answer. If necessary, show the pupils how to refer to the grammar table in Activity 1.
- The pupils work on their own to write the remaining questions and answers.

Answers: **1** Do nurses have to work at night? Yes, they do. **2** Do hairdressers have to wear a helmet? No, they don't. **3** Do mechanics have to like animals? No, they don't. **4** Do lawyers have to go to university? Yes, they do. **5** Do photographers have to wear a uniform? No, they don't.

Activity 3

Choose a job and write sentences. Play a guessing game.

- Explain to the class that they are going to write sentences to identify a job. Choose two pupils to read the speech bubbles.
- The pupils write similar sentences individually.
- The pupils describe and guess with a Talk Partner.

Code activity

- The pupils complete the code activity.

Answer: bowling alley

Ending the lesson

Review the lesson and reflect on learning.

- Say **Today we've learnt how to talk about what people have to do in their jobs.** Ask **Does (a chef) have to wear a uniform? Does (a carpenter) have to go to university?**
- Ask the class **Which was your favourite activity today? Which activity was easy / difficult?**

Extra activity

Extension

- Extend the *What's my line?* game from Lesson 1. Choose a pupil to come to the front of the class. Whisper a job secretly in the pupil's ear or show one of the flashcards. This time the rest of the class should ask questions to determine the job, e.g. *Do you have to wear a uniform? Do you have to go to university?* The pupil that guesses correctly takes the next turn.

Key Competences and Key Learning Outcomes

- Read, listen and understand a story about a school day
- Use a code to read a message
- Do a pre-reading task
- Understand the importance of saying sorry if you're late
- Understand, enjoy and act out the story
- Give an opinion on the story

Key language

- *aquarium, chef, dad, dolphin, lighthouse keeper, mum, relative, uniform, vet, work*
- *I have to wear a white uniform. Sorry I'm late, everyone. What do you want to be when you're older? I want to be a vet.*

Materials

- Pupil's Book pp84–85; Activity Book p82; Class CD3; Teacher's App on Navio
- Teacher's Resource Bank: Talk cards

Optional materials

- Teacher's Resource Bank: Trinity Exams Practice cards (selected from the Starter Unit and Units 1, 2, 3, 4, 5, 6 and 7)

At a Glance Lesson Plan

Pupil's Book

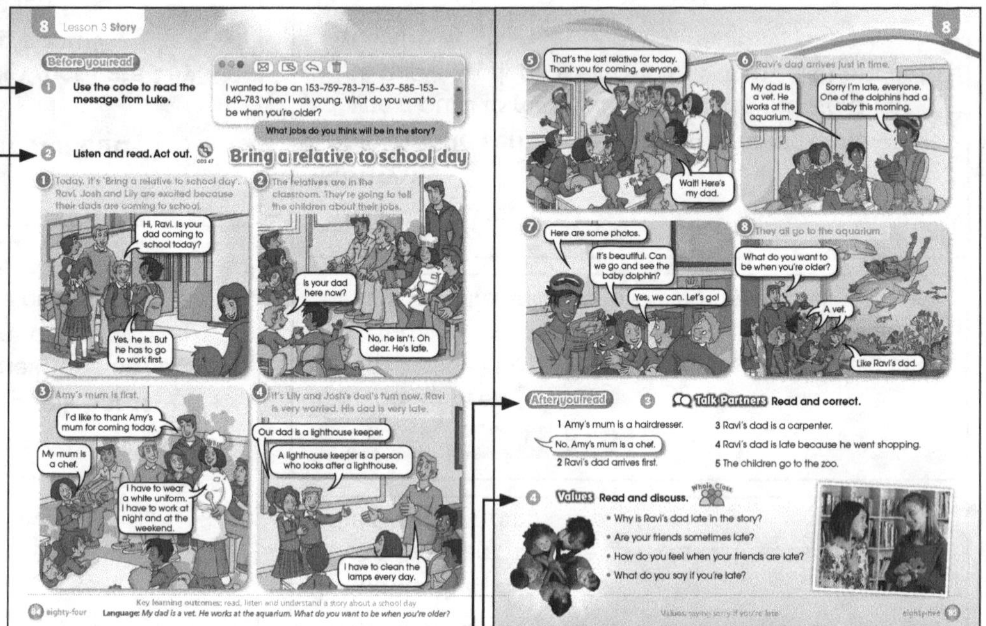

Starting the lesson

- Use the Trinity Exams Practice cards (optional).
- Review jobs.
- Set learning outcomes and use the talk cards.

Before you read: Activity 1

- Use the code to read the message from Luke.

Activity 2

- Listen and read.
- ▶ *CD3 Track 47 p278*
- Act out.

After you read: Activity 3

- Read and correct.

Activity 4: Values

- Read and discuss.
- Go to the Activity Book.

Ending the lesson

- Review the lesson and reflect on learning.

Extra activity

Reinforcement

- Retell the story as a class.

Digital resources

Teacher's Digital: You can also teach this lesson using the Teacher's App on Navio.

Pupil's Digital: Encourage your pupils to use the Pupil's App on Navio to practise the activities from this lesson.

Powered By NAVIO

Activity Book

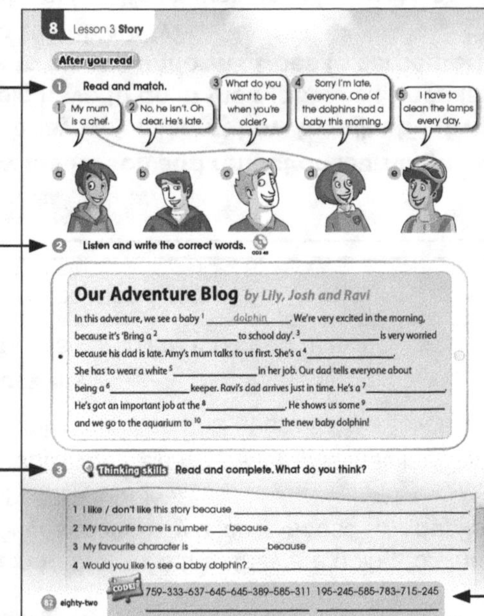

After you read: Activity Book

Activity 1

- Read and match.

Activity 2

- Listen and write the correct words.
- ▶ *CD3 Track 48 p278*

Activity 3

- Read and complete.
- What do you think?

Code activity

- Complete the code activity.

Starting the lesson

Use the Trinity Exams Practice cards (optional).

- The pupils practise asking and answering questions.

Review jobs.

- Play *Two truths and a lie*. Choose one of the jobs and make three statements, e.g. **A lawyer has to go to university. A lawyer has to work very hard. A lawyer has to wear a helmet.** Two of the sentences should be true and one should be false. The pupils listen and say which is false. The pupils then write three sentences about another job. Invite different pupils to read out their sentences. Ask the class to identify the lie.

Set learning outcomes and use the talk cards.

- Say **Today we're going to read and listen to a story in English.**
- Point to the talk cards to show the pupils the different ways they will be working in the lesson.

Before you read: Pupil's Book Activity 1

Use the code to read the message from Luke.

- Say **Josh and Lily have received another message from Luke.** Ask the pupils to use the story code (Pupil's Book page 7) to discover the mystery word in the message. (*astronaut*)
- Read the title of the story. Ask the class to predict what jobs appear in the story.

Pupil's Book Activity 2

Listen and read.

▶ *CD3 Track 47 p278*

- Play the CD. The pupils follow in their books. Confirm that there is a chef, a lighthouse keeper and a vet in the story.
- Ask questions to check understanding.

Suggested comprehension questions

- Frame 1: **What special day is it today?** (*Bring a relative to school day.*)
- Frame 2: **Where are the relatives?** (*They're in the classroom.*)
- Frame 3: **Whose mum is first?** (*Amy's.*) **What's her job?** (*She's a chef.*)
- Frame 4: **Is Ravi's dad here yet?** (*No, he isn't.*)
- Frame 5: **Is Ravi's dad here yet?** (*Yes, he is.*)
- Frame 6: **What's his job?** (*He's a vet.*)
- Frame 7: **What does Ravi's dad show the children?** (*Photos of the baby dolphin.*)
- Frame 8: **What do the children want to be when they're older?** (*They want to be vets.*)

Act out.

- Organise the class into eight groups (Lily, Ravi, Josh, Amy, Amy's mum, Josh and Lily's dad, Ravi's dad and the teacher) and play the CD. Each group joins in when their character speaks. If pupils need extra support, pause the CD after each utterance and ask them to repeat it instead.
- Repeat with groups swapping roles.

After you read: Pupil's Book Activity 3

Read and correct.

- Ask a pupil to read out the first sentence and its correction. Ask the class to identify the story frame which has this information.
- The pupils work with a Talk Partner to find the information in the story and correct each sentence. The pupils can do this orally or in their notebooks.

Answers: **1** No, Amy's mum is a chef. **2** No, Ravi's dad arrives last. **3** No, Ravi's dad is a vet. **4** No, Ravi's dad is late because a dolphin had a baby. **5** No, the children go to the aquarium.

Pupil's Book Activity 4: Values

Read and discuss.

- Read out each question and discuss it as a class.
- Encourage the class to discuss their feelings when their friends are late and to reflect on whether they are late themselves.

After you read: Activity Book

Activity 1

Read and match.

- Ask a pupil to read out the first speech bubble. The pupil names the person from the story.
- The pupils read and match the speech bubbles to the corresponding characters.

Answers: **1** d **2** a **3** b **4** e **5** c

Activity 2

Listen and write the correct words.

▶ *CD3 Track 48 p278*

- Play the CD. The pupils listen and write the correct words.

Answers: **1** dolphin **2** relative **3** Ravi **4** chef **5** uniform **6** lighthouse **7** vet **8** aquarium **9** photos **10** see

Activity 3

Read and complete. What do you think?

- Ask a pupil to read out the first statement. The pupils complete it with their own opinion. Repeat with the other sentences.
- Ask the pupils to share their opinions with a Talk Partner and then later, the rest of the class.

Code activity

- The pupils complete the code activity.

Answer: shopping centre

Ending the lesson

Review the lesson and reflect on learning.

- Say **Today we've listened to a story about 'Bring a relative to school day'. Do you have this day? Do you think it's a good idea?**
- Ask the class **Which was your favourite activity today? Which activity was easy / difficult?**

Extra activity

Reinforcement

- Retell the story as a class. Say **Let's tell the story together.** Prompt the class by saying **Today, it's …** (*'Bring a relative to school day'*). Use mime and drawings to support the class.

Key Competences and Key Learning Outcomes

- Identify and say places of work
- Follow and correct the grammar tables
- Use 'who' and 'where' in relative clauses

- Sing a song

Key language
- *clinic, factory, garage, office, salon, workshop; carpenter, dentist, hairdresser, mechanic; brush, build, check, cut, dry, fix, oil (v), saw, wash*
- Extension: *gallery, police station, studio, surgery*
- *(A hairdresser) is a person who works in (a salon). (A salon) is a place where (a hairdresser) works.*

Materials
- Pupil's Book p86; Activity Book p83; Class CD4; Teacher's App on Navio
- Teacher's Resource Bank: Talk cards

Optional materials
- Teacher's Resource Bank: Trinity Exams Practice cards (selected from the Starter Unit and Units 1, 2, 3, 4, 5, 6 and 7)

At a Glance Lesson Plan

Pupil's Book

Starting the lesson
- Use the Trinity Exams Practice cards (optional).
- Review the story from Lesson 3.
- Set learning outcomes and use the talk cards.

Activity 1
- Listen, point and say.

▶ *CD4 Track 01 p279*

Activity 2
- Listen and sing *In my street*.

▶ *CD4 Track 02 p279*

Activity 3
- Listen and follow.

▶ *CD4 Track 04 p279*
- Repeat.
- **Grammar clue:** Read about relative pronouns.

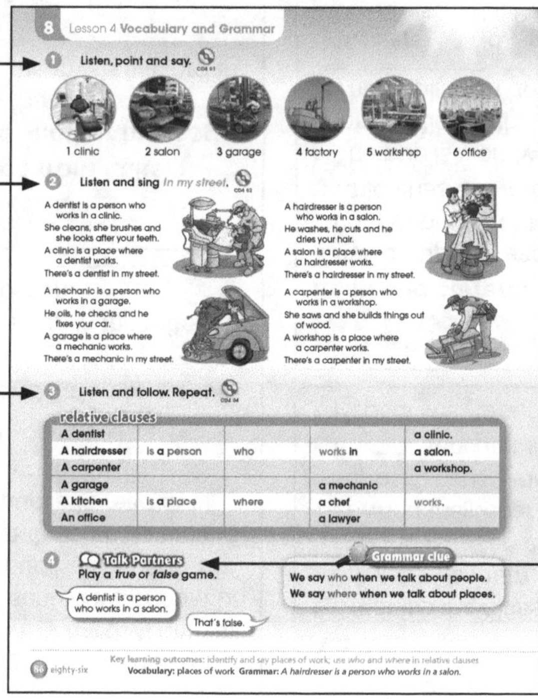

8 Lesson 4 Vocabulary and Grammar

1 Listen, point and say.

1 clinic 2 salon 3 garage 4 factory 5 workshop 6 office

2 Listen and sing *In my street*.

A dentist is a person who works in a clinic. She cleans, she brushes and she looks after your teeth. A clinic is a place where a dentist works. There's a dentist in my street.

A hairdresser is a person who works in a salon. He washes, he cuts and he dries your hair. A salon is a place where a hairdresser works. There's a hairdresser in my street.

A mechanic is a person who works in a garage. He oils, he checks and he fixes your car. A garage is a place where a mechanic works. There's a mechanic in my street.

A carpenter is a person who works in a workshop. She saws and she builds things out of wood. A workshop is a place where a carpenter works. There's a carpenter in my street.

3 Listen and follow. Repeat.

relative clauses

A dentist				a clinic.
A hairdresser	is a person	who	works in	a salon.
A carpenter				a workshop.
A garage			a mechanic	
A kitchen	is a place	where	a chef	works.
An office			a lawyer	

4 Talk Partners Play a *true* or *false* game.

Grammar clue: We say who when we talk about people. We say where when we talk about places.

Key learning outcomes: identify and say places of work; use who and where in relative clauses
Vocabulary: places of work Grammar: *A hairdresser is a person who works in a salon.*

eighty-six

Activity 4
- Play a *true* or *false* game.
- Go to the Activity Book.

Ending the lesson
- Review the lesson and reflect on learning.

Extra activities

Reinforcement
- Play *True or false.*

Vocabulary extension
- Present four additional vocabulary items.

Activity Book

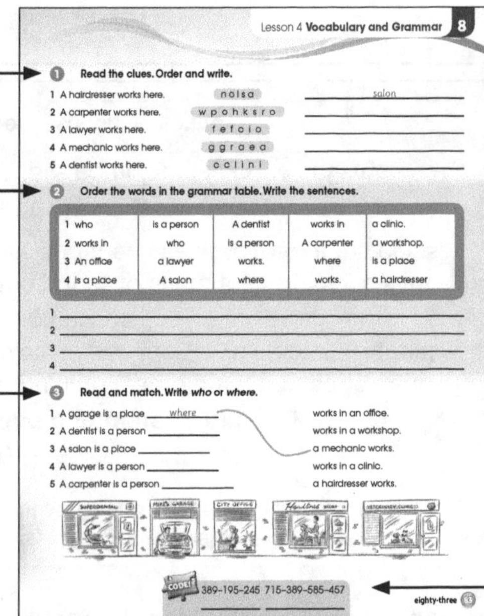

Lesson 4 Vocabulary and Grammar 8

1 Read the clues. Order and write.

1 A hairdresser works here. nolsa salon
2 A carpenter works here. wpohksro
3 A lawyer works here. fefoio
4 A mechanic works here. ggraea
5 A dentist works here. ccilni

2 Order the words in the grammar table. Write the sentences.

1 who	is a person	A dentist	works in	a clinic.
2 works in	who	is a person	A carpenter	a workshop.
3 An office	a lawyer	works.	where	is a place
4 is a place	A salon	where	works.	a hairdresser

3 Read and match. Write *who* or *where*.

1 A garage is a place where ____ works in an office.
2 A dentist is a person ____ works in a workshop.
3 A salon is a place ____ a mechanic works.
4 A lawyer is a person ____ works in a clinic.
5 A carpenter is a person ____ a hairdresser works.

CODE 389-195-245 715-389-585-457

eighty-three 83

Activity Book

Activity 1
- Read the clues.
- Order and write.

Activity 2
- Order the words in the grammar table.
- Write the sentences.

Activity 3
- Read and match.
- Write *who* or *where*.

Code activity
- Complete the code activity.

Digital resources

Teacher's Digital: You can also teach this lesson using the Teacher's App on Navio.

Pupil's Digital: Encourage your pupils to use the Pupil's App on Navio to practise the activities from this lesson.

Powered By NAVIO

Starting the lesson

Use the Trinity Exams Practice cards (optional).

- The pupils practise asking and answering questions.

Review the story from Lesson 3.

- (Books closed.) Ask the class if they remember the story that they read in the last lesson.
- Organise the class into small groups. Ask each group in turn a question about the story. The pupils collaborate before they give the answer.

Set learning outcomes and use the talk cards.

- Say **Today we're going to learn the names of some places of work and we're going to talk about who works there.**
- Point to the talk cards to show the pupils the different ways they will be working in the lesson.

Pupil's Book Activity 1

Listen, point and say.

▶ *CD4 Track 01 p279*

- (Books open.) Point to the first picture. Say **This is a clinic.** Ask **Who works in a clinic?**
- Repeat the procedure with the other pictures. Encourage the class to talk about the people who work in each place.
- Play the CD. The pupils listen, point to the picture and repeat each word.

Pupil's Book Activity 2

Listen and sing *In my street*.

▶ *CD4 Track 02 p279*

- Focus the pupils' attention on the pictures. Ask **What's this job?** (*A dentist.*) Ask **What does a dentist do? Where does a dentist work?** Repeat the procedure for the other jobs.
- Play the CD. The pupils listen and read the song.
- Play the CD again. The pupils join in singing the song and doing the actions for each job.

Pupil's Book Activity 3

Listen and follow. Repeat.

▶ *CD4 Track 04 p279*

- Focus the class on the grammar table.
- Play the CD. The pupils listen to the first sentence and point to the corresponding parts of the sentence. They then repeat the complete sentence. Invite different pupils to make true sentences using the grammar table.
- Repeat the procedure with the other sentences.

Grammar clue

- Read the grammar clue as a class.

Pupil's Book Activity 4

Play a *true* or *false* game.

- Organise the class into Talk Partners. The pupils play a true or false game using relative clauses.

Activity Book

Activity 1

Read the clues. Order and write.

- Invite a pupil to read the first sentence. Ask a different pupil to rearrange the letters of the place of work, sounding them out orally: *S-A-L-O-N*.
- The pupils work on their own to read each sentence, order the letters and write the words.

Answers: 1 salon **2** workshop **3** office **4** garage **5** clinic

Activity 2

Order the words in the grammar table. Write the sentences.

- Explain that the grammar table is mixed up and that the pupils need to reorder the words.
- Invite a pupil to read out the first sentence.
- The pupils work on their own to order and write the remaining sentences.

Answers: 1 A dentist is a person who works in a clinic. **2** A carpenter is a person who works in a workshop. **3** An office is a place where a lawyer works. **4** A salon is a place where a hairdresser works.

Activity 3

Read and match. Write *who* or *where*.

- Invite a pupil to read out the example. Do a further example with a second pupil if necessary.
- The pupils work on their own to complete the activity.

Answers: 1 where, a mechanic works. **2** who, works in a clinic. **3** where, a hairdresser works. **4** who, works in an office. **5** who, works in a workshop.

Code activity

- The pupils complete the code activity.

Answer: ice rink

Ending the lesson

Review the lesson and reflect on learning.

- Say **Today we've learnt the names of some places where people work and we've practised talking about the people who work there.**
- Ask the class **Which was your favourite activity today? Which activity was easy / difficult?**

Extra activities

Reinforcement

- Play *True or false*. Make a statement about a job and place of work, e.g. **A (dentist) is a person who works in a (salon).** The pupils state if the sentence is true or false.
- The pupils play the game with a Talk Partner.

Vocabulary extension

- Use the Vocabulary Booster on Navio to present and practise four additional places of work: *gallery, police station, studio, surgery.*

Key Competences and Key Learning Outcomes

- Say a tongue twister with the 'er' sound
- Learn and practise alternative spellings for the 'er' sound
- Listen for specific information
- Play a communication game using relative clauses

Key language
- *bird, mirror, purse, river, skirt, thirty, turtle; garage, workshop; actor, baker, carpenter, doctor, driver, mechanic, nurse, sailor*
- *It's a person who works in a garage. It's a place where a carpenter works.*

Materials
- Pupil's Book p87; Activity Book p84; Class CD4; Teacher's App on Navio
- Teacher's Resource Bank: Talk cards
- Teacher's Resource Bank: Unit 8 Lesson 5 Communication Activity

Optional materials
- Teacher's Resource Bank: Trinity Exams Practice cards (selected from the Starter Unit and Units 1, 2, 3, 4, 5, 6 and 7)
- Teacher's Resource Bank: Jobs word cards

At a Glance Lesson Plan

Pupil's Book

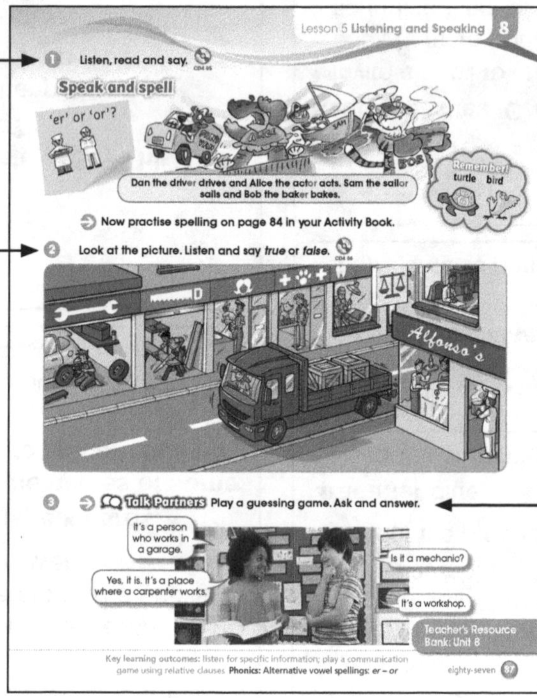

Starting the lesson
- Use the Trinity Exams Practice cards (optional).
- Review places of work and jobs.
- Review the *In my street* song.
- ▶ *CD4 Track 02 p279*
- ▶ *CD4 Track 03 p279 (optional karaoke version)*
- Set learning outcomes and use the talk cards.

Speak and spell: Activity 1
- Listen, read and say.
- ▶ *CD4 Track 05 p279*
- Go to the Activity Book.

Activity 2
- Look at the picture. Listen and say *true* or *false*.
- ▶ *CD4 Track 06 p279*

Activity 3
- Play a guessing game. Ask and answer (Teacher's Resource Bank: Unit 8).

Ending the lesson
- Review the lesson and reflect on learning.

Extra activities

Reinforcement
- Review all known spellings of the target sound: 'or', 'er', 'ur' and 'ir'.
- Play *Word detectives*.

Activity Book

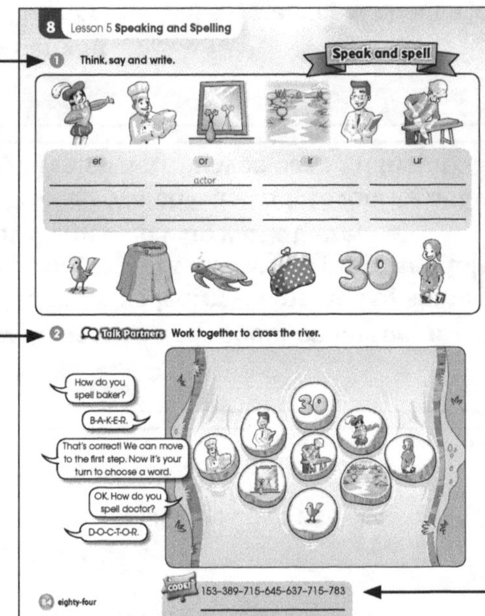

Activity Book

Speak and spell: Activity 1
- Think, say and write.

Activity 2
- Work together to cross the river.

Code activity
- Complete the code activity.

Digital resources

Teacher's Digital: You can also teach this lesson using the Teacher's App on Navio.

Pupil's Digital: Encourage your pupils to use the Pupil's App on Navio to practise the activities from this lesson.

Powered By NAVIO

Detailed Lesson Plan

Starting the lesson

Use the Trinity Exams Practice cards (optional).

- The pupils practise asking and answering questions.

Review places of work and jobs.

- Begin a statement about one of the places of work, e.g. **A garage is a place ...** The first pupil to raise their hand completes the sentence. If they complete the sentence correctly, they stand next to you. That pupil then starts another sentence about one of the places of work or jobs. Continue until all the pupils are standing in a circle.

Review the *In my street* song.

▶ *CD4 Track 02 p279*

▶ *CD4 Track 03 p279 (optional karaoke version)*

- Play the CD (or use the karaoke version). The pupils sing and do the actions.

Set learning outcomes and use the talk cards.

- Say **Today we're going to say a tongue twister, practise spelling and do a communication activity together.**
- Point to the talk cards to show the pupils the different ways they will be working in the lesson.

Pupil's Book Activity 1: Speak and spell

Listen, read and say.

▶ *CD4 Track 05 p279*

- Focus the class on the picture. Ask **What can you see here? What are they doing? What are their jobs?**
- Say **Let's listen to a tongue twister.** Play the CD. The pupils follow the text in their books. Play the CD again. The pupils join in with the tongue twister.
- Ask **How do you spell sailor? How do you spell baker?** Highlight the two new ways of spelling the 'er' sound.
- Focus the pupils' attention on the *Remember!* thought bubble. Remind them that 'turtle' and 'bird' also have the sound 'er' and that these are alternative spellings for the same sound.

Activity Book

Activity 1: Speak and spell

Think, say and write.

- The pupils identify the pictures which contain the 'er', 'or', 'ir' and 'ur' sounds.
- The pupils classify and write the words according to whether they are written with 'er', 'or', 'ir' or 'ur'.

Answers: **er:** baker, river, carpenter **or:** actor, mirror, doctor **ir:** bird, skirt, thirty **ur:** turtle, purse, nurse

Activity 2

Talk Partners. Work together to cross the river.

- Explain to the pupils that they have to go across the stepping stones to cross the river. They should choose pictures to spell to get to the other side.
- Invite two pupils to read out the speech bubbles.
- Organise the pupils into Talk Partners. The pupils take it in turns to test their partner on the spelling of the words in the stepping stones. Stress the importance of prompting, encouraging and helping each other.

Code activity

- The pupils complete the code activity.

Answer: airport

Pupil's Book Activity 2

Look at the picture. Listen and say *true* or *false*.

▶ *CD4 Track 06 p279*

- Focus the class on the picture. Ask the class to name the places people work.
- Explain to the class that they are going to listen to some children asking and answering questions about people who work in these places. The pupils listen and point to the correct person or place each time, and identify if what the children say is true or false.
- Play the CD, pausing after the first exchange to confirm that a mechanic is a person who works in a garage, and so the answer is true.

Answers: **1** T **2** F A workshop is a place where a carpenter works. **3** T **4** T **5** F A hairdresser is a person who works in a salon.

Pupil's Book Activity 3

Talk Partners. Play a guessing game. Ask and answer (Teacher's Resource Bank: Unit 8).

- Invite two pupils to read out the speech bubbles. Explain that they are going to work together to play a guessing game.
- Organise the class into Talk Partners. Invite a pair of pupils to demonstrate the activity. The pupils take turns to play the game.

Ending the lesson

Review the lesson and reflect on learning.

- Say **Today we've practised a tongue twister.** Elicit the tongue twister from the pupils.
- Ask the class **Which was your favourite activity today? Which activity was easy / difficult?**

Extra activities

Reinforcement

- Reinforce all the alternative spellings of the target sound. Draw a chart on the board with the headings 'or', 'er', 'ur' and 'ir'. Elicit words that have each spelling (*or: actor, doctor, mirror, sailor; er: baker, driver, carpenter, river; ur: nurse, purse, turtle, turn; ir: bird, thirty, circus, skirt*). Encourage the children to spell out the word and write it in the correct column.
- Play *Word detectives* (see p27) with the jobs word cards.

Key Competences and Key Learning Outcomes

- Do a pre-reading task to predict content and raise interest
- Read the text for general understanding
- Scan the text to find specific information
- Read and understand a non-chronological report

Key language

- *astronaut, cartoons, crosswords, experiments, friendly, muscles, news, physical exam, Space Station, sport, TV guide, university, weather*
- *You have to go to university to be an astronaut. You must work hard at school.*

Materials

- Pupil's Book p88; Activity Book p85; Class CD4; Teacher's App on Navio
- Teacher's Resource Bank: Talk cards

Optional materials

- Teacher's Resource Bank: Trinity Exams Practice cards (selected from the Starter Unit and Units 1, 2, 3, 4, 5, 6 and 7)
- English-language newspapers

At a Glance Lesson Plan

Pupil's Book

Starting the lesson
- Use the Trinity Exams Practice cards (optional).
- Review the 'er' sound.
- Set learning outcomes and use the talk cards.

Before you read: Activity 1
- Do you know the names of any newspapers?
- Do you read newspapers?
- Which of these features do you read?

Activity 2
- Look at the headline below.
- What do you think the article is about?

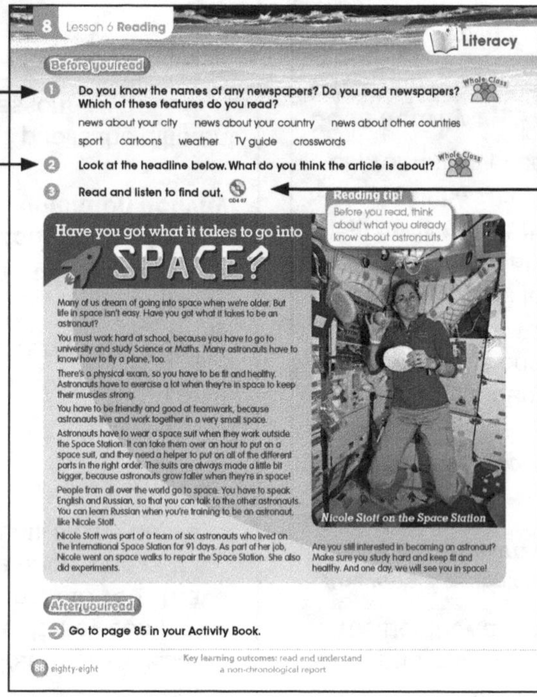
8 Lesson 6 Reading

Literacy

Before you read

1 Do you know the names of any newspapers? Do you read newspapers? Which of these features do you read?

news about your city   news about your country   news about other countries
sport   cartoons   weather   TV guide   crosswords

2 Look at the headline below. What do you think the article is about?

3 Read and listen to find out. CD4 07

Reading tip! Before you read, think about what you already know about astronauts.

Have you got what it takes to go into SPACE?

Many of us dream of going into space when we're older. But life in space isn't easy. Have you got what it takes to be an astronaut?

You must work hard at school, because you have to go to university and study Science or Maths. Many astronauts have to know how to fly a plane, too.

There's a physical exam, so you have to be fit and healthy. Astronauts have to exercise a lot when they're in space to keep their muscles strong.

You have to be friendly and good at teamwork, because astronauts live and work together in a very small space.

Astronauts have to wear a space suit when they work outside the Space Station. It can take them over an hour to put on a space suit, and they need a helper to put on all of the different parts in the right order. The suits are always made a little bit bigger, because astronauts grow taller when they're in space!

People from all over the world go to space. You have to speak English and Russian, so that you can talk to the other astronauts. You can learn Russian when you're training to be an astronaut, like Nicole Stott.

Nicole Stott was part of a team of six astronauts who lived on the International Space Station for 91 days. As part of her job, Nicole went on space walks to repair the Space Station. She also did experiments.

Nicole Stott on the Space Station

Are you still interested in becoming an astronaut? Make sure you study hard and keep fit and healthy. And one day, we will see you in space!

After you read

Go to page 85 in your Activity Book.

88 eighty-eight   Key learning outcomes: read and understand a non-chronological report

Activity 3
- Read and listen to find out.

▶ *CD4 Track 07 p279*

Go to the Activity Book.
- **Reading tip:** Read about thinking about what you already know before reading a text.

Ending the lesson
- Review the lesson and reflect on learning.

Extra activity

Reinforcement
- Read authentic newspapers.

Activity Book

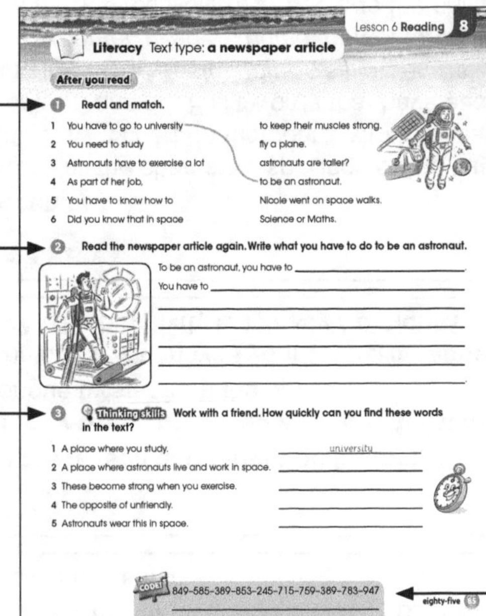
Lesson 6 Reading 8

Literacy Text type: a newspaper article

After you read

1 Read and match.

1 You have to go to university	to keep their muscles strong.
2 You need to study	fly a plane.
3 Astronauts have to exercise a lot	astronauts are taller?
4 As part of her job,	to be an astronaut.
5 You have to know how to	Nicole went on space walks.
6 Did you know that in space	Science or Maths.

2 Read the newspaper article again. Write what you have to do to be an astronaut.

To be an astronaut, you have to ______
You have to ______

3 Thinking skills Work with a friend. How quickly can you find these words in the text?

1 A place where you study. university
2 A place where astronauts live and work in space. ______
3 These become strong when you exercise. ______
4 The opposite of unfriendly. ______
5 Astronauts wear this in space. ______

Code! 849-585-389-853-245-715-759-389-783-947

eighty-five 85

After you read: Activity Book

Activity 1
- Read and match.

Activity 2
- Read the newspaper article again.
- Write what you have to do to be an astronaut.

Activity 3
- Work with a friend.
- How quickly can you find these words in the text?

Code activity
- Complete the code activity.

Digital resources

Teacher's Digital: You can also teach this lesson using the Teacher's App on Navio.

Pupil's Digital: Encourage your pupils to use the Pupil's App on Navio to practise the activities from this lesson.

Powered By NAVIO

Detailed Lesson Plan

Starting the lesson

Use the Trinity Exams Practice cards (optional).

- The pupils practise asking and answering questions.

Review the 'er' sound.

- Ask **What sound did you practise in the tongue twister in Lesson 5?** ('*er*') **Can you remember the tongue twister?** (*Dan the driver drives and Alice the actor acts. Sam the sailor sails and Bob the baker bakes.*) Practise the tongue twister as a class.
- Remind the pupils that they know four spellings for this sound ('er', 'or', 'ir' and 'ur'). The pupils list the words they know which contain these graphemes.

Set learning outcomes and use the talk cards.

- Say **Today we're going to read a newspaper article.** Explain that a newspaper article states facts.
- Point to the talk cards to show the pupils the different ways they will be working in the lesson.

Before you read: Pupil's Book Activity 1

Do you know the names of any newspapers? Do you read newspapers? Which of these features do you read?

- Ask **Which newspapers do you know?** Elicit newspapers pupils know and discuss newspapers they read. Then look at the features. Ask pupils which ones they read.

Pupil's Book Activity 2

Look at the headline below. What do you think the article is about?

- Invite a pupil to read the headline. Encourage the class to predict what the article is about.

Pupil's Book Activity 3

Read and listen to find out.

▶ ***CD4 Track 07 p279***

- If you want the pupils to read the text without the support of the CD, set a time limit for this task. Otherwise, play the CD.
- The pupils report back that the article is about becoming an astronaut.

Reading tip

- Read the information as a class. Ask the pupils to think about what they already know about astronauts and to share this information with the class. Remind them to think about what they already know about a text to help with their reading.

After you read: Activity Book

Activity 1

Read and match.

- Invite a pupil to read out the first part of the first statement and look for the second part in the right-hand column. Repeat the procedure with the remaining sentences, asking a different pupil each time.
- The pupils read and match the sentence halves, referring back to the Pupil's Book if necessary.

Answers: **1** to be an astronaut. **2** Science or Maths. **3** to keep their muscles strong. **4** Nicole went on space walks. **5** fly a plane. **6** astronauts are taller?

Activity 2

Read the newspaper article again. Write what you have to do to be an astronaut.

- Read out the prompt. Encourage the pupils to state any requirements they remember from the text. Ask them to work with a Talk Partner to scan the text and find the different requirements.
- The pupils write the list in their Activity Book.

Answers: work hard at school, know how to fly a plane, be fit and healthy, exercise a lot, be friendly, be good at teamwork, speak English and Russian

Activity 3

Work with a friend. How quickly can you find these words in the text?

- The pupils work on their own or with a Talk Partner. They read each definition and identify the correct word in the text.
- The pupils refer back to the text in the Pupil's Book when necessary.

Answers: **1** university **2** Space Station **3** muscles **4** friendly **5** space suit

Code activity

- The pupils complete the code activity.

Answer: university

Ending the lesson

Review the lesson and reflect on learning.

- Say **Today we've read a newspaper article. What was it about? Was it fact or fiction?**
- Ask the class **Which was your favourite activity today? Which activity was easy / difficult?**

Extra activity

Reinforcement

- Bring in a selection of newspapers if possible in English. Check through them and remove any content that may be inappropriate for the age group.
- Ask pupils to identify the cartoons, news about their own country, news about other countries, weather and crosswords.

Key Competences and Key Learning Outcomes

- Use 'for' to talk about a period of time
- Identify the informational content of an interview
- Identify the text features of an interview
- Use criteria to check your writing
- Share your writing with a partner
- Prepare and write a non-chronological report

Key language

- *astronaut, exercise, fit, fly, fresh food, healthy, hot water, space*
- *I exercise for two hours every day. I'm going to go into space next year.*

Materials

- Pupil's Book p89; Activity Book p86; Class CD4; Teacher's App on Navio
- Teacher's Resource Bank: Talk cards

Optional materials

- Teacher's Resource Bank: Trinity Exams Practice cards (selected from the Starter Unit and Units 1, 2, 3, 4, 5, 6 and 7)

At a Glance Lesson Plan

Pupil's Book

Starting the lesson

- Use the Trinity Exams Practice cards (optional).
- Review the newspaper article from Lesson 6.
- Set learning outcomes and use the talk cards.

Investigate a text: Activity 1

- What questions would you like to ask an astronaut? Make a list.

Activity 2

- Read and listen to the interview.

▶ *CD4 Track 08 p280*

- Can you see your questions?

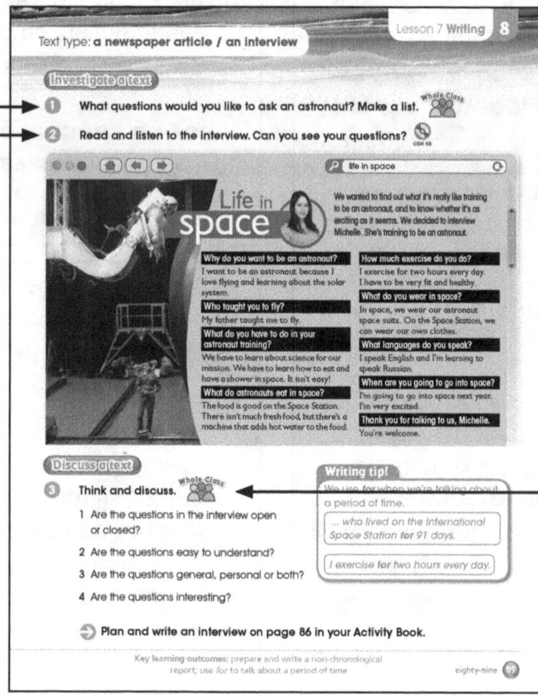

Discuss a text: Activity 3

- Think and discuss.
- **Writing tip:** Read about using *for*.

Go to the Activity Book.

Ending the lesson

- Review the lesson and reflect on learning.

Extra activity

Extension

- Write and conduct an interview.

Activity Book

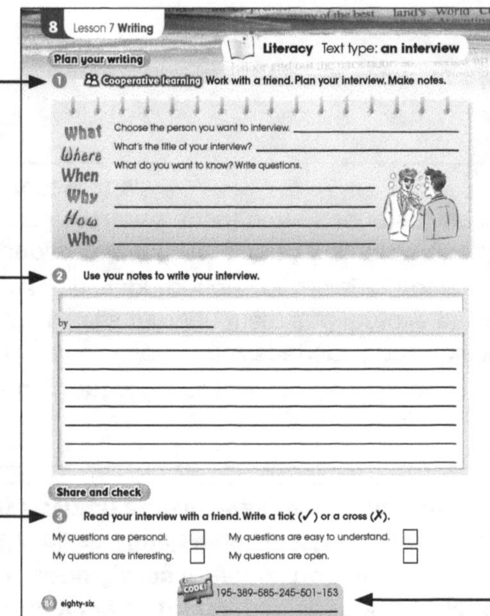

Activity Book

Plan your writing: Activity 1

- Work with a friend.
- Plan your interview.
- Make notes.

Activity 2

- Use your notes to write your interview.

Share and check: Activity 3

- Read your interview with a friend.
- Write a tick (✓) or a cross (✗).

Code activity

- Complete the code activity.

Digital resources

Teacher's Digital: You can also teach this lesson using the Teacher's App on Navio.

Pupil's Digital: Encourage your pupils to use the Pupil's App on Navio to practise the activities from this lesson.

Powered By NAVIO

Starting the lesson

Use the Trinity Exams Practice cards (optional).

- The pupils practise asking and answering questions.

Review the newspaper article from Lesson 6.

- Organise the pupils into Talk Partners. Elicit the title of the newspaper article from the previous lesson. Ask the pupils what they can remember about it. Give the pupils time to think individually first. Ask the pupils to compare their ideas. Finally ask some pairs to share what they remember with the whole class.

Set learning outcomes and use the talk cards.

- Ask **What did we read in the last lesson? Who was it about?** Say **Today we're going to read an interview with Michelle. Then we're going to plan and write an interview.**
- Point to the talk cards to show the pupils the different ways they will be working in the lesson.

Investigate a text: Pupil's Book Activity 1

What questions would you like to ask an astronaut? Make a list.

- Focus the class on the photo of the woman. Say **This is an interview with an astronaut. What questions would you like to ask?** Elicit questions from the pupils and write them on the board.

Pupil's Book Activity 2:

Read and listen to the interview. Can you see your questions?

▶ *CD4 Track 08 p280*

- The pupils read the text to find out if their questions are included.
- If you want the pupils to read the text without the support of the CD, set a time limit for this task. Otherwise, play the CD.
- The pupils identify the questions and find the answers in the text.

Discuss a text: Pupil's Book Activity 3

Think and discuss.

- Read the first question. Highlight that interviewers ask open questions so that the answers aren't just 'yes' or 'no'. Confirm that questions are easy to understand, general and interesting.

Writing tip

- Read the information. Prompt the pupils to locate the examples of 'for' in the text.
- Write on the board the prompts **I exercise for … I sleep for …** Prompt the pupils to complete the sentences about themselves. Then prompt the class to make similar sentences.

Activity Book

Plan your writing: Activity 1

Writing Partners. Work with a friend. Plan your interview. Make notes.

- Organise the class into Talk Partners. Explain that they are going to write an interview.
- The pupils work together to decide on the person they want to interview. They then write their notes. Focus their attention on the question words. Remind them to write open questions that are general, easy to understand and interesting.

Activity 2

Use your notes to write your interview.

- Focus the class on the activity. If necessary, model questions using each of the question words. Choose a person that the whole class is familiar with and prompt the class to suggest questions.
- The pupils work with a Talk Partner to write their own interview in their Activity Book.

Share and check: Activity 3

Writing Partners. Read your interview with a friend. Write a tick (✓) or a cross (✗).

- Read through the statements at the bottom of the page as a class.
- Organise the class into new Talk Partners. One pupil should read aloud their text to their partner. The other pupil listens. The pupils work together to decide if the text fulfils all the criteria and tick the corresponding boxes. The pupils can add, improve or correct the text at this stage.
- The pupils swap roles.

Code activity

- The pupils complete the code activity.

Answer: cinema

Ending the lesson

Review the lesson and reflect on learning.

- Say **Today we've written an interview. Are you happy with your interview?** Elicit the pupils' opinions.
- Ask the class **Which was your favourite activity today? Which activity was easy / difficult?**

Extra activity

Extension

- Ask the class to choose a person in the school to interview, e.g. the caretaker, cook or one of the teachers. Encourage them to write questions for their interview. If possible, arrange for the people to come into the class to be interviewed.

Key Competences and Key Learning Outcomes

- Think about and research Tasmania
- Read and listen for specific information
- Read about lighthouse keepers in Tasmania
- Think about your own culture and identity

Key language

- *dangerous, flashes, floors, island, lamps, lighthouse, metal, oil, rocks, sailors, sequence, solar power, spiral staircase, warn*
- *There were three lighthouse keepers who lived on the island.*

Materials

- Pupil's Book p90; Activity Book p87; Class CD4; Teacher's App on Navio
- Teacher's Resource Bank: Talk cards
- An online world map

Optional materials

- Teacher's Resource Bank: Trinity Exams Practice cards (selected from the Starter Unit and Units 1, 2, 3, 4, 5, 6 and 7)

At a Glance Lesson Plan

Pupil's Book

Starting the lesson

- Use the Trinity Exams Practice cards (optional).
- Review the information about lighthouse keepers from the story in Lesson 3.
- Set learning outcomes and use the talk cards.

Activity 1

- Read Luke's questions.
- What do you think?

Activity 2

- Read and listen.

▶ *CD4 Track 09 p280*

- Answer Luke's questions.
- **Think about your culture**
  Are there any lighthouses where you live? Are there any lighthouse keepers in your country? What do they do?

Go to the Activity Book.

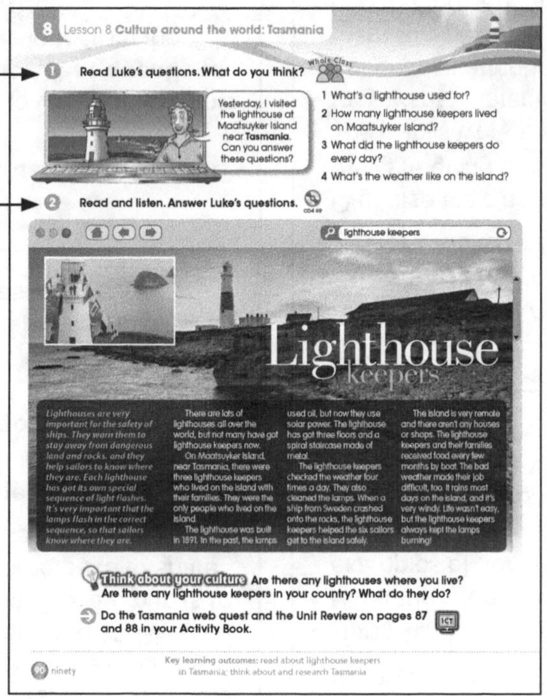

Ending the lesson

- Review the lesson and reflect on learning.

Extra activity

Extension

- Plan a day trip in Tasmania.

Activity Book

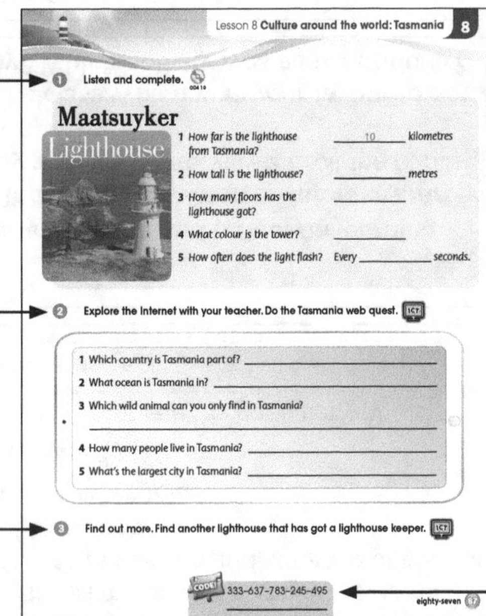

Activity Book

Activity 1

- Listen and complete.

▶ *CD4 Track 10 p280*

Activity 2

- Explore the Internet with your teacher.
- Do the Tasmania web quest.

Activity 3

- Find out more.
- Find another lighthouse that has got a lighthouse keeper.

Code activity

- Complete the code activity.

Digital resources

Teacher's Digital: You can also teach this lesson using the Teacher's App on Navio.

Powered By NAVIO

Starting the lesson

Use the Trinity Exams Practice cards (optional).

- The pupils practise asking and answering questions.

Review the information about lighthouse keepers from the story in Lesson 3.

- Ask the class **Do you remember the story in Lesson 3? What job does Lily and Josh's dad do? What can you remember about his job?** Prompt the pupils to tell you that he has to maintain the lighthouse and clean the lamps every day.

Set learning outcomes and use the talk cards.

- Say **Today we're going to investigate lighthouse keepers in Tasmania.**
- Point to the talk cards to show the pupils the different ways they will be working in the lesson.

Pupil's Book Activity 1

Read Luke's questions. What do you think?

- Read the speech bubble as a class. Encourage the pupils to tell you what they know about Tasmania.
- Read the questions as a class. Encourage the pupils to predict the answers.

Pupil's Book Activity 2

Read and listen. Answer Luke's questions.

▶ ***CD4 Track 09 p280***

- Focus the pupils' attention on the photos. Ask **What can you see?**
- Play the CD, pausing after each paragraph to check understanding. The pupils answer the questions.

Answers: **1** It's used to warn ships to stay away from dangerous land and rocks. **2** There were three. **3** They checked the weather and cleaned the lamps. **4** It rains most days and it's very windy.

Think about your culture

- Read out the first question. Prompt the pupils to tell you if there are any lighthouse keepers in their country. Ask **Are there any lighthouses near where you live?** Find out if the pupils have ever seen a lighthouse or been inside one.

Activity Book

Activity 1

Listen and complete.

▶ ***CD4 Track 10 p280***

- Explain to the class that they are going to listen to two children talking about a lighthouse.
- Invite a pupil to read out the information. Play the CD, pausing after each piece of information. Prompt the class to give you the answer each time and to complete the notes.
- When the pupils have completed the notes, play the CD again without pausing. The pupils listen and follow the notes in their Activity Book.

Answers: **1** 10 **2** 15 **3** 3 **4** white **5** 30

Activity 2

Explore the Internet with your teacher. Do the Tasmania web quest. ICT

- Read out the instructions and connect to a children's website which has geographical information about Tasmania. Read out questions 1–5 and find the information on the page. The pupils work as a class to find and write the answers.

Answers: **1** Australia **2** Pacific Ocean **3** Tasmanian Devil **4** approx. 515,000 **5** Hobart

Activity 3

Find out more. Find another lighthouse that has got a lighthouse keeper. ICT

- Read out the instructions.
- Connect to a children's website which has information about lighthouses. The pupils work as a class to find a lighthouse that still has a lighthouse keeper.

Suggested websites

- http://maps.google.es/
- http://en.wikipedia.org/wiki/Lighthouse_keeper

Code activity CODE!

- The pupils complete the code activity.

Answer: hotel

Ending the lesson

Review the lesson and reflect on learning.

- Say **Today we've learnt about lighthouse keepers in Tasmania. Is it an interesting job? What did you learn about Tasmania? Would you like to go there?** Elicit the information from the pupils.
- Ask the class **Which was your favourite activity today? Which activity was easy / difficult?**

Extra activity

Extension

- Encourage the class to plan a day trip in Tasmania. Working in groups, they should choose some destinations to visit (e.g. national parks, lighthouses, art galleries). They document their itinerary in their notebooks. Invite a few groups to present their itinerary to the class.

Go to the AB Unit Review on page 257.

Key Competences and Key Learning Outcomes

- Watch and understand a video about jobs
- Identify and name safety equipment
- Understand the importance of health and safety at work

Key language

- *breathe, builder, burning, chemicals, ear muffs, experiment, flames, gloves, goggles, health and safety, heat, helmet, mask, operation, overalls, oxygen tank, patients, protect, put out, safety equipment, safety glasses, smoke*
- *Doctors have to wear a helmet. Scientists have to wear special boots.*

Materials

- Pupil's Book p91; Activity Book p89; Class CD4; Teacher's App on Navio
- Teacher's Resource Bank: Talk cards
- Jobs flashcards

Optional materials

- Teacher's Resource Bank: Trinity Exams Practice cards (selected from the Starter Unit and Units 1, 2, 3, 4, 5, 6 and 7)

At a Glance Lesson Plan

Pupil's Book

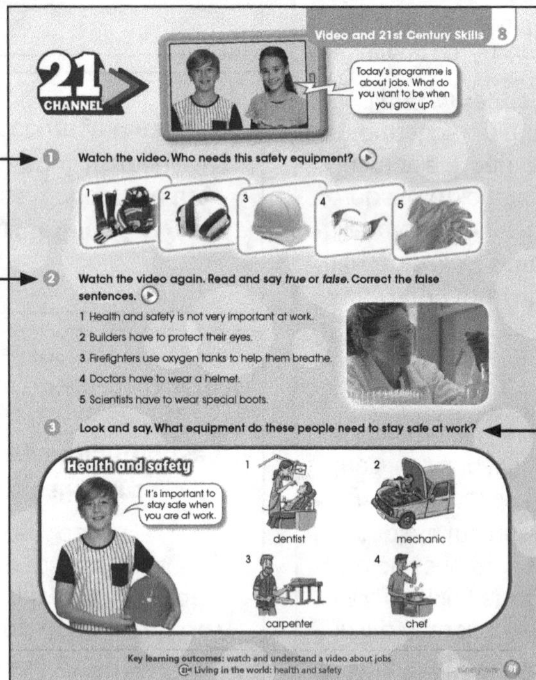

Starting the lesson

- Use the Trinity Exams Practice cards (optional).
- **Think-Pair-Share.** Review jobs vocabulary.
- Set learning outcomes and use the talk cards.

Activity 1

- Before you watch
- Watch the video.
- *Unit 8 video p288*
- Who needs this safety equipment?

Activity 2

- Watch the video again.
- *Unit 8 video*
- Read and say *true* or *false*.
- Correct the false sentences.

Activity 3

- Look and say.
- What equipment do these people need to stay safe at work?
- Go to the Activity Book.

Ending the lesson

- Review the lesson and reflect on learning.

Extra activity

Reinforcement

- Think of some health and safety rules for other jobs.

Activity Book

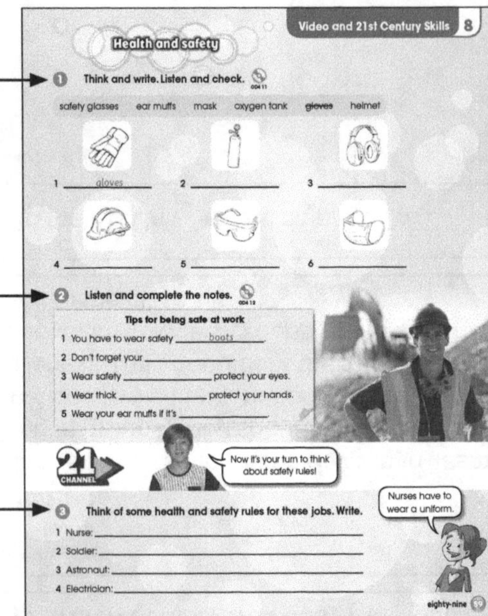

Activity Book

Activity 1

- Think and write.
- Listen and check.
- ▶ *CD4 Track 11 p280*

Activity 2

- Listen and complete the notes.
- ▶ *CD4 Track 12 p280*

Activity 3

- Think of some health and safety rules for these jobs.
- Write.

Digital resources

Teacher's Digital: You can also teach this lesson using the Teacher's App on Navio.

Pupil's Digital: Encourage your pupils to use the Pupil's App on Navio to practise the activities from this lesson.

Powered By NAVIO

Starting the lesson

Use the Trinity Exams Practice cards (optional).

- The pupils practise asking and answering questions.

Think-Pair-Share. Review jobs vocabulary.

- Ask **Can you remember the jobs vocabulary?** The class thinks silently for a minute.
- The pupils work with a Talk Partner to name the jobs.
- Invite different Talk Partners to say a different job. Hold up the corresponding flashcard and prompt the class to repeat the word. Repeat the procedure, asking different Talk Partners each time, until all the jobs have been named.

Set learning outcomes and use the talk cards.

- Say **Today we're going to watch a video and then ask and answer questions about jobs.**
- Point to the talk cards to show the pupils the different ways they will be working in the lesson.

Pupil's Book Activity 1

Before you watch

- Read the speech bubble to pupils. Ask **What do you want to be when you grow up?** Elicit responses from a number of pupils.

Watch the video. Who needs this safety equipment? *p288*

- Watch Part 1. Ask pupils **What are you going to see next?** Check that they understand that they will see a video showing different jobs.
- Play Part 2. Ask general questions to check understanding. Focus the pupils on the photos in Activity 1. Ask **Who needs this safety equipment?** Elicit ideas.
- Play Part 2 again for the pupils to answer the question. Check answers as a class.

Answers: **1** firefighters **2** builders **3** builders **4** builders and scientists **5** doctors and scientists

Pupil's Book Activity 2

Watch the video again. Read and say *true* or *false*. Correct the false sentences.

- Explain that you are going to do a true or false activity.
- Play Part 2. Pupils work in pairs to decide whether the sentences are true or false. They correct the false sentences.

Answers: **1** F Health and safety is very important at work. **2** T **3** T **4** F Builders have to wear a helmet. **5** F Scientists have to wear safety goggles, overalls and gloves.

Pupil's Book Activity 3

Look and say. What equipment do these people need to stay safe at work?

- Tell pupils that in the last part of the video Chloe and Mark talk about the importance of staying safe at work. Ask **Why is it important to stay safe when you are at work?**
- Ask the pupils to read Mark's speech bubble. Then review using 'have to'.
- Explain that pupils are going to look at the pictures and talk about the equipment the people need to stay safe at work.
- Pupils work in pairs to look at the pictures and talk about the equipment using 'have to', e.g. *Dentists have to wear gloves.*
- At the end of the activity, ask pupils to tell you which equipment the people need to stay safe.

Activity Book

Activity 1

Think and write. Listen and check.

▶ *CD4 Track 11 p280*

- Pupils work on their own to label the pictures using the words in the word box.
- Play the CD and check answers.

Answers: **1** gloves **2** oxygen tank **3** ear muffs **4** helmet **5** safety glasses **6** mask

Activity 2

Listen and complete the notes.

▶ *CD4 Track 12 p280*

- Explain to the pupils that they are going to listen to a girl and boy reading some useful tips for being safe at work. Play the CD, pausing to allow the pupils to write the missing information.
- Play the CD again without pausing.

Answers: **1** boots **2** helmet **3** glasses **4** gloves **5** noisy

Activity 3

Think of some health and safety rules for these jobs. Write.

- Read out Mark's speech bubble and tell pupils that they are going to work with a partner to write some health and safety rules for different jobs using 'have to'. Check vocabulary with the class, and ask a pupil to read the girl's speech bubble.
- Organise the pupils into Talk Partners. Encourage them to refer to the safety equipment in Activity 1, and to use the tips in Activity 2 to help them with their health and safety rules. The pupils discuss the jobs and the equipment these people need to stay safe, and then write the rules.
- At the end of the activity, ask some of the pupils to share their rules with the class.

Ending the lesson

Review the lesson and reflect on learning.

- Say **Today we've watched a video about jobs. What have we learnt about health and safety at work?** Elicit the information from the pupils.
- Ask **Which was your favourite activity today? Which activity was easy / difficult?**

Extra activity

Reinforcement

- Ask pupils to work in groups to think of health and safety rules for some other jobs, for example a driver, a hairdresser or a waiter.
- Encourage the pupils to identify the value of health and safety in every type of job.

Date: ____________ Unit: ____________

1 What did my pupils learn in this unit?

2 How did my pupils work? (✓)

individually ☐ in pairs ☐ in small groups ☐

in large groups ☐ as a class ☐

3 Which key competences did my pupils develop?

- Competence in linguistic communication ☐
- Competence in mathematics, science and technology ☐
- Digital competence ☐
- Learning to learn ☐
- Social and civic competences ☐
- Sense of initiative and entrepreneurship ☐
- Cultural awareness and expression ☐

4 Which lessons / activities were the most successful and why?

5 Which lessons / activities did my pupils find the most difficult and why?

6 What did I try in the classroom for the first time? How did it go?

7 Which resources did I find most useful? (including webpages)

8 What could I do differently next time I teach this unit?

Unit 9 All around the world

Unit overview

Key Competences and Key Learning Outcomes

- Identify and say countries (Lesson 1)
- Say the vocabulary chant (Lesson 1)
- Listen, repeat and act out a conversation (Lesson 2)
- Follow, complete and correct the grammar tables (Lessons 2 and 4)
- Use the present perfect to talk about countries and experiences (Lessons 2 and 4)
- Identify and say holiday activities (Lesson 4)
- Use rhetorical questions (Lesson 7)
- Watch and understand a video (Video and 21st Century Skills)

- Use a code to read a message (Lesson 3)

- Use the Pupil's App on Navio
- Investigate England (Lesson 8)

- Say a tongue twister and practise spellings for the 'ea' sound (Lesson 5)
- Review the alternative 'f' spellings (Lesson 5)
- Practise activity types found in the Cambridge Exams: A2 Flyers

- Understand the importance of trying new things when you go to a different country (Lesson 3)

- Play a communication game using 'Has she / he ever ...?' (Lesson 5)

- Sing two songs (Lessons 1 and 4)
- Read, listen, understand and act out a story about a Moroccan adventure (Lesson 3)
- Read and understand a text to persuade (Lesson 6)
- Prepare and write a travel brochure (Lesson 7)
- Research England and think about your own culture (Lesson 8)

Vocabulary

Core vocabulary
Brazil, China, France, Germany, India, Italy, Japan, Mexico, Morocco, Portugal, Romania, Russia; buy a souvenir, eat sushi, play cricket, see a whale, take a photo, visit a monument

Extension vocabulary (optional)
Argentina, Belgium, Ecuador, Poland, Switzerland, Thailand; climb a mountain, go skiing, ride a camel, sleep in a tent

Other vocabulary
ancient history, comfortable, dates, double-decker bus, gondola, herbs and spices, jigsaws, Mariachi band, models, oasis, ocean, rugby, snoring, sun cream, tennis, tournament; afternoon tea, burritos, guacamole, Japanese restaurant, scones, tacos

Recycled vocabulary
beaches, camel, camera, car, fun, go hiking, grandad, market, mountains; delicious, friendly, noisy; cake, cream, flavour, fruit, ice cream, jam, pasta, pizza, sandwich; ball, football, teddy bear, toys

Structures

Core structures
Have you / they ever been to (China)? Yes, I / they have. No, I / they haven't. Has he / she ever been to (Morocco)? Yes, he / she has. No, he / she hasn't. She's / He's been to (Italy). She / He hasn't been to (Italy). I've / They've been to (Portugal). I / They haven't been to (Portugal). Have you ever (eaten sushi)? Yes, I have. / No, I haven't.

Other structures
Where do you go on holiday? Do you go to other countries?

Recycled structures
It's got a blue, white and red flag. Is it (France)? Yes, it is. / No, it isn't. Would you like to go to (France)? Yes, I would. / No, I wouldn't.

Phonics

The 'e' sound (*seven heavy Mexican elephants feather bed*)
Recycled: 'f' and 'ph' spellings

Literacy

Text type: a travel brochure (text to persuade)
Reading skills: predicting content by writing questions
Writing skills: rhetorical questions

Culture ... around the world

England

21st Century Skills

Getting information from different sources

Thinking skills

Applying rules (Lessons 2 and 4); Predicting (Lessons 3 and 8)

Cooperative learning

Teambuilding (Lesson 1); Collaborating (Lessons 3, 7 and Review); Listening (Lesson 4); Checking learning (Lessons 4 and 5); Work together to cross the river (Lesson 5); Sharing information (Lesson 7); Peer evaluation and feedback (Lesson 7)

Values

Understanding the importance of trying new things when you go to a different country

Cross-curricular links

Link to Science
Population: Discussing the population of different countries

Suggested Arts and Crafts concepts
Exploring the use of positive and negative space and creating a 'mould of a family' sculpture

Key Competences and Key Learning Outcomes

- Identify and say countries
- Say the vocabulary chant
- Review and discuss countries and their locations
- Play a guessing game with a partner
- Sing a song about different countries around the world

Key language
- *Brazil, China, France, Germany, India, Italy, Japan, Mexico, Morocco, Portugal, Romania, Russia*
- Extension: *Argentina, Belgium, Ecuador, Poland, Switzerland, Thailand*
- *Where do you go on holiday? Do you go to other countries? It's got a blue, white and red flag. Is it (France)? Yes, it is. / No, it isn't. Would you like to go to (France)? Yes, I would. / No, I wouldn't.*

Materials
- Pupil's Book p92; Activity Book p90; Class CD4; Teacher's App on Navio
- Countries flashcards
- Teacher's Resource Bank: Countries word cards
- Teacher's Resource Bank: Talk cards
- Sheets of paper; Coloured pencils

Optional materials
- Teacher's Resource Bank: Trinity Exams Practice cards (selected from the Starter Unit and Units 1, 2, 3, 4, 5, 6, 7 and 8)

At a Glance Lesson Plan

Pupil's Book

Starting the lesson
- Use the Trinity Exams Practice cards (optional).
- Review the countries Luke has visited.
- Set learning outcomes and use the talk cards.

Activity 1
- Make a list of countries. Which are in Europe?
- Where do you go on holiday? Do you go to other countries?

Vocabulary presentation
- Present the new vocabulary using the countries flashcards.

Word cards
- Introduce the spellings of the vocabulary using the countries word cards.

Activity 2
- Listen, point and say the vocabulary chant.

▶ *CD4 Track 13 p280*

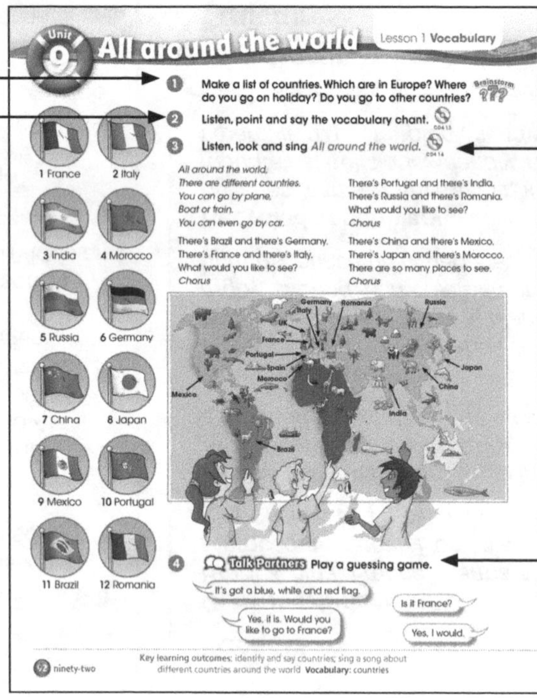

Activity 3
- Listen, look and sing *All around the world.*

▶ *CD4 Track 14 p280*

Activity 4
- Play a guessing game.
- Go to the Activity Book.

Ending the lesson
- Review the lesson and reflect on learning.

Extra activities

Reinforcement
- Play a spelling game.

Vocabulary extension
- Present six additional countries.

Digital resources

Teacher's Digital: You can also teach this lesson using the Teacher's App on Navio.

Pupil's Digital: Encourage your pupils to use the Pupil's App on Navio to practise the activities from this lesson.

Powered By NAVIO

Activity Book

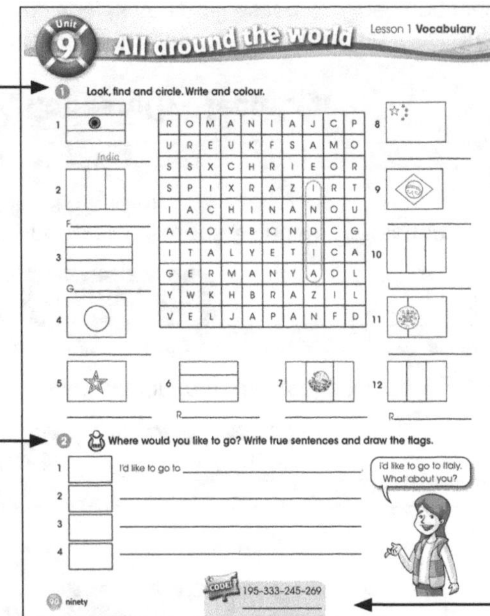

Activity Book

Activity 1
- Look, find and circle.
- Write and colour.

Activity 2
- Where would you like to go?
- Write true sentences and draw the flags.

Code activity
- Complete the code activity.

Starting the lesson

Use the Trinity Exams Practice cards (optional).
- The pupils practise asking and answering questions.

Review the countries Luke has visited.
- Challenge the class to list all the countries Luke has visited during the year.
- Organise the pupils into groups of three. Give each group a sheet of paper. The pupils take turns to write one country at a time. Set a time limit of two minutes for the activity. Elicit the countries and write them on the board at the end of the time limit.
- If pupils have difficulty in remembering the countries, allow them to look back through the Pupil's Book.

Set learning outcomes and use the talk cards.
- Say **Today we're going to learn the names of some more countries.**
- Point to the talk cards to show the pupils the different ways they will be working in the lesson.

Pupil's Book Activity 1

Make a list of countries. Which are in Europe? Where do you go on holiday? Do you go to other countries?
- (Books closed.) Ask the class if they can name any more countries. Allow them to confer with a Talk Partner. Elicit any countries the pupils can name in English. Ask the pupils where they go for their holidays. Ask if they go to other countries.

Vocabulary presentation

- (Books closed.) Say **This country's flag is blue, white and red.** Show the class the countries flashcard and say **It's France.** Say the country again. The pupils repeat it once or twice.
- Stick the flashcard on the board. Then repeat the procedure with the other countries.

Word cards

- (Books closed.) Hand out a countries word card to each pair.
- The pairs take turns to come to the board, read out their word and stick their card next to the corresponding flashcard.

Pupil's Book Activity 2

Listen, point and say the vocabulary chant.

▶ *CD4 Track 13 p280*
- (Books open.) Focus the pupils' attention on the 12 pictures. Say **Let's listen, point and say the words.** Play the CD. The pupils listen, point and repeat.

Pupil's Book Activity 3

Listen, look and sing *All around the world.*

▶ *CD4 Track 14 p280*
- Focus the pupils' attention on the scene. Ask **What are Lily, Ravi and Josh looking at? Which countries can you see?**
- Say **Let's listen to the song.** Play the CD. The pupils listen and read. Ask **Which countries do the children sing about?**
- Play the CD again. The pupils join in singing the song.

Pupil's Book Activity 4

Play a guessing game.
- Ask two pupils to read out the speech bubbles. Then instruct the pupils to close their books. Describe some of the other flags. The pupils guess the country.
- Organise the class into Talk Partners. One pupil has the book open and the other has the book closed. The pupils take turns to describe the flags and remember the country. After the country has been guessed correctly, pupils ask if they would like to visit the country in question.

Activity Book

Activity 1

Look, find and circle. Write and colour.
- The pupils find and circle the countries. They then write the words under the corresponding flag and colour it in.

Answers: **1** India **2** France **3** Germany **4** Japan **5** Morocco **6** Russia **7** Mexico **8** China **9** Brazil **10** Italy **11** Portugal **12** Romania

Activity 2

Where would you like to go? Write true sentences and draw the flags.
- Read out the speech bubble. Ask pupils to complete the first sentence so that it's true for them.
- The pupils write their sentences and draw flags.

Code activity
- The pupils complete the code activity.

Answer: chef

Ending the lesson

Review the lesson and reflect on learning.
- (Books closed.) Say **Today we've learnt the names of different countries. Which countries do you remember?** Elicit the countries from the pupils.
- Ask the class **Which was your favourite activity today? Which activity was easy / difficult?**

Extra activities

Reinforcement
- Play a spelling game with the countries. Choose a country and write a line on the board for each letter. Divide the class into two teams. Teams take turns to guess the letters of the word. A point is given to the team that names the country from the given letters.

Vocabulary extension
- Use the Vocabulary Booster on Navio to present and practise six additional countries: *Argentina, Belgium, Ecuador, Poland, Switzerland, Thailand*.

Key Competences and Key Learning Outcomes

- Listen, repeat and act out a conversation
- Listen, follow the grammar table and identify the parts of a question
- Use the present perfect to talk about countries
- Discuss the population of different countries (optional)

Key language

- *Brazil, China, France, Germany, India, Italy, Japan, Mexico, Morocco, Portugal, Romania, Russia; summer holidays, university, young*
- *Have you / they ever been to (China)? Yes, I / they have. No, I / they haven't. Has he / she ever been to (Morocco)? Yes, he / she has. No, he / she hasn't. She's / He's been to (Italy). She / He hasn't been to (Italy). I've / They've been to (Portugal). I / They haven't been to (Portugal).*

Materials

- Pupil's Book p93; Activity Book p91; Class CD4; Teacher's App on Navio
- Countries flashcards
- Teacher's Resource Bank: Talk cards

Optional materials

- Teacher's Resource Bank: Trinity Exams Practice cards (selected from the Starter Unit and Units 1, 2, 3, 4, 5, 6, 7 and 8)

At a Glance Lesson Plan

Pupil's Book

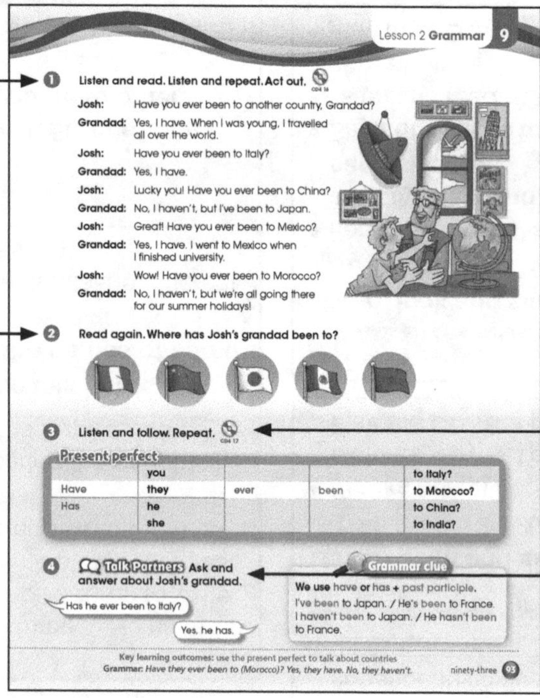

Starting the lesson

- Use the Trinity Exams Practice cards (optional).
- **Think-Pair-Share.** Review countries.
- Review the *All around the world* song.

▶ *CD4 Track 14 p280*

▶ *CD4 Track 15 p281 (optional karaoke version)*

- Set learning outcomes and use the talk cards.

Activity 1

- Listen and read.
- Listen and repeat.

▶ *CD4 Track 16 p281*

- Act out.

Activity 2

- Read again.
- Where has Josh's grandad been to?

Activity 3

- Listen and follow.

▶ *CD4 Track 17 p281*

- Repeat.
- **Grammar clue:** Read about the present perfect.

Activity 4

- Ask and answer about Josh's grandad.

Go to the Activity Book.

Ending the lesson

- Review the lesson and reflect on learning.

Extra activity

Reinforcement

- Play *What's missing?*

Link to Science

- **Population:** Discuss the population of different countries.

Activity Book

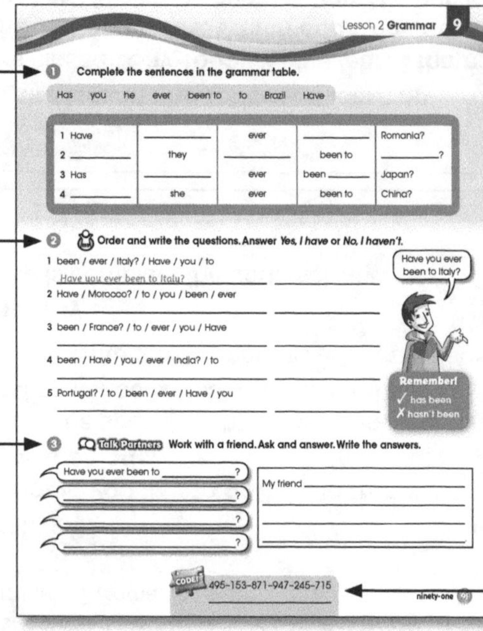

Activity Book

Activity 1

- Complete the sentences in the grammar table.

Activity 2

- Order and write the questions.
- Answer *Yes, I have* or *No, I haven't*.

Activity 3

- Work with a friend.
- Ask and answer.
- Write the answers.

Code activity

- Complete the code activity.

Digital resources

Teacher's Digital: You can also teach this lesson using the Teacher's App on Navio.

Pupil's Digital: Encourage your pupils to use the Pupil's App on Navio to practise the activities from this lesson.

Powered By NAVIO

Starting the lesson

Use the Trinity Exams Practice cards (optional).

- The pupils practise asking and answering questions.

Think-Pair-Share. Review countries.

- Ask **Can you remember the countries?** The class thinks silently for a minute.
- Then the pupils work with a Talk Partner to name the countries.
- Invite different Talk Partners to say a different country. Hold up the corresponding flashcard and prompt the class to repeat the word.

Review the *All around the world* song.

▶ *CD4 Track 14 p280*

▶ *CD4 Track 15 p281 (optional karaoke version)*

- Play the CD (or use the karaoke version). The pupils sing along.

Set learning outcomes and use the talk cards.

- Say **Today we're going to ask and answer about the countries we've been to.**
- Point to the talk cards to show the pupils the different ways they will be working in the lesson.

Pupil's Book Activity 1

Listen and read. Listen and repeat. Act out.

▶ *CD4 Track 16 p281*

- The pupils look at the picture. Ask **Who is Josh talking to? What are they looking at?**
- Play the CD. The pupils listen and read the conversation. Confirm that they are talking about the countries Grandad has been to.
- Play the CD again, pausing after each sentence for the pupils to repeat.
- The pupils practise the conversation with a Talk Partner.

Pupil's Book Activity 2

Read again. Where has Josh's grandad been to?

- The pupils read the conversation again and say which of the countries Josh's grandad has been to.

Answers: Italy, Japan, Mexico

Pupil's Book Activity 3

Listen and follow. Repeat.

▶ *CD4 Track 17 p281*

- Play the CD. The pupils listen to the first question and point to the words they hear.
- The pupils repeat the complete question.
- Repeat the procedure with the other questions.

Grammar clue

- Read the grammar clue as a class.
- Organise the class into Talk Partners. The pupils take it in turns to use the grammar table to ask and answer about countries they and their partners have visited.

Pupil's Book Activity 4

Ask and answer about Josh's grandad.

- With a Talk Partner, the pupils take turns to ask and answer about Josh's grandad.

Activity Book

Activity 1

Complete the sentences in the grammar table.

- Invite a pupil to read out the words in the word box. The pupils work on their own or with a Talk Partner to write the words in the grammar table.

Answers: **1** you, been to **2** Have, ever, Brazil **3** he, to **4** Has

Activity 2

Order and write the questions. Answer *Yes, I have* or *No, I haven't*.

- Prompt an individual to read out the first question.
- Ask the pupils to answer the question about themselves.
- The pupils work individually to order the remaining questions and answer them with true answers.

Answers: **1** Have you ever been to Italy? **2** Have you ever been to Morocco? **3** Have you ever been to France? **4** Have you ever been to India? **5** Have you ever been to Portugal?

Activity 3

Work with a friend. Ask and answer. Write the answers.

- The pupils work on their own to complete all the questions with different countries.
- When the pupils have finished writing, they take turns to ask a Talk Partner the questions.
- The pupils write about their partner in the box provided.

Code activity

- The pupils complete the code activity.

Answer: lawyer

Ending the lesson

Review the lesson and reflect on learning.

- Say **Today we've learnt how to ask and answer about the countries we've been to. Which countries have you been to? Which countries has your friend been to?**
- Ask the class **Which was your favourite activity today? Which activity was easy / difficult?**

Extra activity

Reinforcement

- Play *What's missing?* (see p27) with the countries flashcards. Invite different pupils to take your role. The pupils can also play the game with a Talk Partner.

Link to Science

- If you are studying the topic of **Population** in English in Science, you could take the opportunity to discuss the population of the countries in the lesson. Encourage the pupils to speculate which of the countries has the most inhabitants (China) and check their answers by using one of the links below. http://www.internetworldstats.com/stats8.htm http://www.nationsonline.org/oneworld/population-by-country.htm
- Remind them that the population is made up of groups of different ages. Elicit the terms *child*, *adult* and *elderly population* from the class.

Key Competences and Key Learning Outcomes

- Read, listen and understand a story about a Moroccan adventure
- Do a pre-reading task
- Understand the importance of trying new things when you go to a different country
- Understand, enjoy and act out the story
- Give an opinion on the story

Key language

- *camel, dates, fruit, herbs and spices, market, oasis, snoring; comfortable, delicious, friendly, noisy*
- *Have you ever been to (a Moroccan market)? They smell delicious. Let's try them! What's that terrible noise?*

Materials

- Pupil's Book pp94–95; Activity Book p92; Class CD4; Teacher's App on Navio
- Teacher's Resource Bank: Talk cards

Optional materials

- Teacher's Resource Bank: Trinity Exams Practice cards (selected from the Starter Unit and Units 1, 2, 3, 4, 5, 6, 7 and 8)

At a Glance Lesson Plan

Pupil's Book

Starting the lesson

- Use the Trinity Exams Practice cards (optional).
- Review countries and talking about experiences.
- Set learning outcomes and use the talk cards.

Before you read: Activity 1

- Use the code to read the message from Luke.

Activity 2

- Listen and read.
- ▶ *CD4 Track 18 p281*
- Act out.

After you read: Activity 3

- Ask and answer.

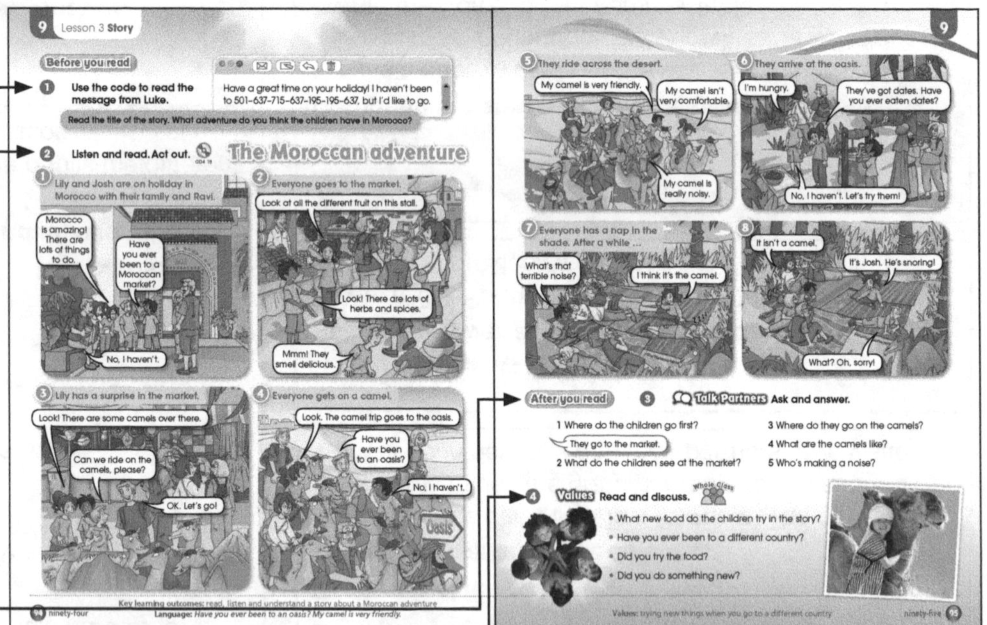

9 Lesson 3 Story

Before you read

1 Use the code to read the message from Luke.

Have a great time on your holiday! I haven't been to 501–637–715–637–195–195–637, but I'd like to go.

Read the title of the story. What adventure do you think the children have in Morocco?

2 Listen and read. Act out.

The Moroccan adventure

After you read

3 Talk Partners Ask and answer.

1 Where do the children go first?
They go to the market.
2 What do the children see at the market?
3 Where do they go on the camels?
4 What are the camels like?
5 Who's making a noise?

4 Values Read and discuss.

- What new food do the children try in the story?
- Have you ever been to a different country?
- Did you try the food?
- Did you do something new?

Key learning outcomes: read, listen and understand a story about a Moroccan adventure
Language: Have you ever been to an oasis? My camel is very friendly.
Values: trying new things when you go to a different country

94 ninety-four

ninety-five 95

Activity 4: Values

- Read and discuss.
- Go to the Activity Book.

Ending the lesson

- Review the lesson and reflect on learning.

Extra activity

Reinforcement

- Retell the story as a class.

Activity Book

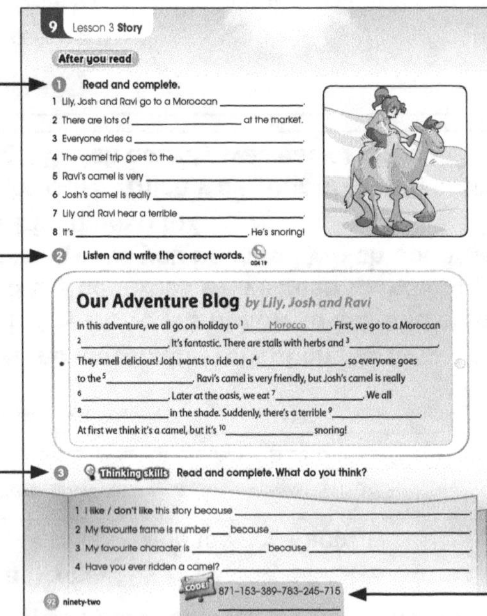

9 Lesson 3 Story

After you read

1 Read and complete.

1 Lily, Josh and Ravi go to a Moroccan ____
2 There are lots of ____ at the market.
3 Everyone rides a ____
4 The camel trip goes to the ____
5 Ravi's camel is very ____
6 Josh's camel is really ____
7 Lily and Ravi hear a terrible ____
8 It's ____ He's snoring!

2 Listen and write the correct words.

Our Adventure Blog *by Lily, Josh and Ravi*

In this adventure, we all go on holiday to [1] Morocco. First, we go to a Moroccan [2] ____. It's fantastic. There are stalls with herbs and [3] ____. They smell delicious! Josh wants to ride on a [4] ____, so everyone goes to the [5] ____. Ravi's camel is very friendly, but Josh's camel is really [6] ____. Later at the oasis, we eat [7] ____. We all [8] ____ in the shade. Suddenly, there's a terrible [9] ____. At first we think it's a camel, but it's [10] ____ snoring!

3 Thinking skills Read and complete. What do you think?

1 I like / don't like this story because ____
2 My favourite frame is number ____ because ____
3 My favourite character is ____ because ____
4 Have you ever ridden a camel? ____

CODE! 871–153–389–783–245–715

92 ninety-two

After you read: Activity Book

Activity 1

- Read and complete.

Activity 2

- Listen and write the correct words.
- ▶ *CD4 Track 19 p281*

Activity 3

- Read and complete.
- What do you think?

Code activity

- Complete the code activity.

Digital resources

Teacher's Digital: You can also teach this lesson using the Teacher's App on Navio.

Pupil's Digital: Encourage your pupils to use the Pupil's App on Navio to practise the activities from this lesson.

Powered By NAVIO

Starting the lesson

Use the Trinity Exams Practice cards (optional).

- The pupils practise asking and answering questions.

Review countries and talking about experiences.

- Play the *Chain game*. Name one of the countries, e.g. **Morocco.** The pupil to your left has to make a true sentence *I've been to Morocco / I haven't been to Morocco.* The pupil then names a different country and the next pupil to their left makes a true sentence. The pupils listen closely to each other to avoid repeating countries.

Set learning outcomes and use the talk cards.

- Say **Today we're going to read and listen to a story in English.**
- Point to the talk cards to show the pupils the different ways they will be working in the lesson.

Before you read: Pupil's Book Activity 1

Use the code to read the message from Luke.

- Say **Josh and Lily have received another message from Luke.** Ask the pupils to use the story code (Pupil's Book page 7) to discover the mystery word in the message. (*Morocco*)
- Read the title of the story. Ask the class to predict the adventure the children have. The pupils make their predictions without reading the story.

Pupil's Book Activity 2

Listen and read.

▸ *CD4 Track 18 p281*

- Play the CD. The pupils follow in their books.
- Ask questions to check understanding.

Suggested comprehension questions

- Frame 1: **Where do the children go on holiday?** (*To Morocco.*) **Have they ever been to a Moroccan market?** (*No, they haven't.*)
- Frame 2: **What does Ravi see at the market?** (*Herbs and spices.*) **What do the herbs and spices smell like?** (*They smell delicious.*)
- Frame 3: **What do they do next?** (*They look at the camels.*)
- Frame 4: **Have they ever been to an oasis?** (*No, they haven't.*)
- Frame 5: **Whose camel is friendly?** (*Ravi's.*) **Whose camel is noisy?** (*Josh's.*) **Is Lily's camel comfortable?** (*No, it isn't.*)
- Frame 6: **What do they eat?** (*They eat dates.*)
- Frames 7 and 8: **Who's making the noise? Why?** (*Josh. He's snoring.*)

Act out.

- Organise the class into five groups (Lily, Ravi, Josh, Mum and Dad) and play the CD. Each group joins in when their character speaks. If pupils need extra support, pause the CD after each utterance and ask them to repeat it instead.
- Repeat with groups swapping roles.

After you read: Pupil's Book Activity 3

Ask and answer.

- Ask a pupil to read out the first question and the answer. Repeat the procedure with the remaining questions, prompting a different pupil to answer each time.
- The pupils work with a Talk Partner to write their answers in their notebooks.

Answers: **1** They go to the market. **2** They see fruit, herbs and spices and camels. **3** To the oasis. **4** They are friendly and noisy, but not comfortable. **5** Josh is making a noise.

Pupil's Book Activity 4: Values

Read and discuss.

- Read out each question and discuss it as a class.
- Encourage the pupils to tell the class about any new activities they have tried.

After you read: Activity Book

Activity 1

Read and complete.

- Ask a pupil to read out the first statement. Ask another pupil to complete the sentence. Then ask the class to identify the story frame which has this information.
- The pupils work with a Talk Partner to find the information in the story and complete the sentences in their Activity Book.

Answers: **1** market **2** herbs and spices **3** camel **4** oasis **5** friendly **6** noisy **7** noise **8** Josh

Activity 2

Listen and write the correct words.

▸ *CD4 Track 19 p281*

- Play the CD. The pupils listen and write the correct words.

Answers: **1** Morocco **2** market **3** spices **4** camel **5** oasis **6** noisy **7** dates **8** sleep **9** noise **10** Josh

Activity 3

Read and complete. What do you think?

- Ask a pupil to read out the first statement. The pupils complete the sentence with their own opinion. Repeat the procedure with the other sentences.
- Ask the pupils to share their opinions with a Talk Partner and then with the rest of the class.

Code activity

- The pupils complete the code activity.

Answer: waiter

Ending the lesson

Review the lesson and reflect on learning.

- Say **Today we've listened to a story about a Moroccan adventure.**
- Ask the class **Which was your favourite activity today? Which activity was easy / difficult?**

Extra activity

Reinforcement

- Retell the story as a class. Say **Let's tell the story together.** Prompt the class by saying **Ravi, Lily and Josh are on holiday in …** (*Morocco*). **Everybody goes to …** (*the market*). Use mime and drawings to support the class.

Key Competences and Key Learning Outcomes

- Identify and say holiday activities
- Follow and correct the grammar tables
- Use the present perfect to talk about experiences
- Use regular and irregular past participles
- Sing a song

Key language

- *buy a souvenir, eat sushi, play cricket, see a whale, take a photo, visit a monument; Japanese restaurant, ocean*
- Extension: *climb a mountain, go skiing, ride a camel, sleep in a tent*
- *Have you ever (eaten sushi)? Yes, I have. / No, I haven't.*

Materials

- Pupil's Book p96; Activity Book p93; Class CD4; Teacher's App on Navio
- Teacher's Resource Bank: Talk cards

Optional materials

- Teacher's Resource Bank: Trinity Exams Practice cards (selected from the Starter Unit and Units 1, 2, 3, 4, 5, 6, 7 and 8)

At a Glance Lesson Plan

Pupil's Book

Starting the lesson

- Use the Trinity Exams Practice cards (optional).
- Review holiday activities.
- Set learning outcomes and use the talk cards.

Activity 1

- Listen, point and say.
- ▶ *CD4 Track 20 p281*

Activity 2

- Listen and sing *Have you ever?*
- ▶ *CD4 Track 21 p281*

Activity 3

- Listen and follow.
- ▶ *CD4 Track 22 p281*
- Repeat.
- **Grammar clue:** Read about regular and irregular past participles.

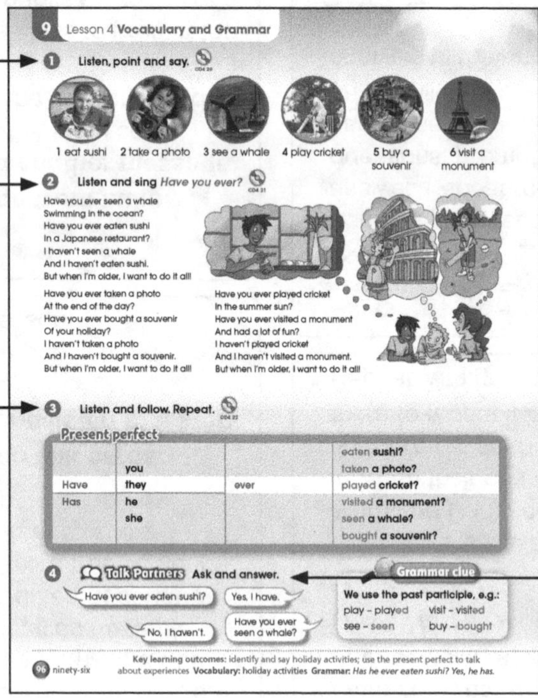

9 Lesson 4 Vocabulary and Grammar

1 Listen, point and say.

1 eat sushi 2 take a photo 3 see a whale 4 play cricket 5 buy a souvenir 6 visit a monument

2 Listen and sing *Have you ever?*

Have you ever seen a whale
Swimming in the ocean?
Have you ever eaten sushi
In a Japanese restaurant?
I haven't seen a whale
And I haven't eaten sushi.
But when I'm older, I want to do it all!

Have you ever taken a photo
At the end of the day?
Have you ever bought a souvenir
Of your holiday?
I haven't taken a photo
And I haven't bought a souvenir.
But when I'm older, I want to do it all!

Have you ever played cricket
In the summer sun?
Have you ever visited a monument
And had a lot of fun?
I haven't played cricket
And I haven't visited a monument.
But when I'm older, I want to do it all!

3 Listen and follow. Repeat.

Present perfect

Have	you / they	ever	eaten **sushi?** / taken **a photo?** / played **cricket?**
Has	he / she		visited **a monument?** / seen **a whale?** / bought **a souvenir?**

4 Talk Partners Ask and answer.

Have you ever eaten sushi? Yes, I have.
Have you ever seen a whale? No, I haven't.

Grammar clue
We use the past participle, e.g.:
play – played visit – visited
see – seen buy – bought

96 ninety-six Key learning outcomes: identify and say holiday activities; use the present perfect to talk about experiences Vocabulary: holiday activities Grammar: Has he ever eaten sushi? Yes, he has.

Activity 4

- Ask and answer
- Go to the Activity Book.

Ending the lesson

- Review the lesson and reflect on learning.

Extra activities

Reinforcement

- Play *Secret answers.*

Vocabulary extension

- Present four additional vocabulary items.

Talk Partners

- Test new vocabulary.

Digital resources

Teacher's Digital: You can also teach this lesson using the Teacher's App on Navio.

Pupil's Digital: Encourage your pupils to use the Pupil's App on Navio to practise the activities from this lesson.

Powered By NAVIO

Activity Book

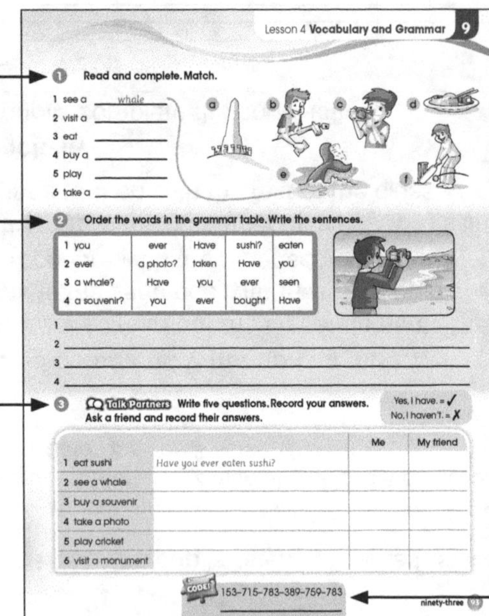

Lesson 4 Vocabulary and Grammar 9

1 Read and complete. Match.

1 see a whale
2 visit a
3 eat
4 buy a
5 play
6 take a

2 Order the words in the grammar table. Write the sentences.

1 you	ever	Have	sushi?	eaten
2 ever	a photo?	taken	Have	you
3 a whale?	Have	you	ever	seen
4 a souvenir?	you	ever	bought	Have

1
2
3
4

3 Talk Partners Write five questions. Record your answers. Ask a friend and record their answers.

Yes, I have. = ✓ No, I haven't. = ✗

		Me	My friend
1 eat sushi	Have you ever eaten sushi?		
2 see a whale			
3 buy a souvenir			
4 take a photo			
5 play cricket			
6 visit a monument			

CODE 153-715-783-389-759-783

ninety-three 93

Activity Book

Activity 1

- Read and complete. Match.

Activity 2

- Order the words in the grammar table.
- Write the sentences.

Activity 3

- Write five questions.
- Record your answers.
- Ask a friend and record their answers.

Code activity

- Complete the code activity.

Starting the lesson

Use the Trinity Exams Practice cards (optional).

- The pupils practise asking and answering questions.

Review holiday activities.

- (Books closed.) Say **We're going to talk about actions we do on holiday. Can you guess what I do on holiday?** Review different actions that the pupils already know by miming and having them guess, e.g. *go swimming*. Encourage the pupils to ask you *Do you go swimming on holiday?*
- Invite different pupils to take your role. The pupils can also do the activity with a Talk Partner.

Set learning outcomes and use the talk cards.

- Say **Today we're going to learn how to talk about holiday activities and we're going to talk about our experiences with each one.**
- Point to the talk cards to show the pupils the different ways they will be working in the lesson.

Pupil's Book Activity 1

Listen, point and say.

▶ *CD4 Track 20 p281*

- (Books open.) Point to the first photo and say **Eat sushi. I've eaten sushi.** Ask **Have you ever eaten sushi?** Prompt the class to answer. Repeat the procedure with the other actions.
- Play the CD. The pupils listen, repeat each phrase and point to the photo.

Pupil's Book Activity 2

Listen and sing *Have you ever?*

▶ *CD4 Track 21 p281*

- Focus the pupils' attention on the picture. Ask **What are the children thinking about?** Encourage the pupils to answer about Ravi, Lily and Josh.
- Play the CD. The pupils listen and read the song.
- Play the CD again. The pupils join in singing the song.

Pupil's Book Activity 3

Listen and follow. Repeat.

▶ *CD4 Track 22 p281*

- Focus the class on the grammar table.
- Play the CD. The pupils listen to the first question and point to the corresponding parts of the sentence in the table. They repeat the complete question.
- Repeat the procedure with the other questions.
- Use the grammar table to ask a pupil a question, e.g. **Have you ever seen a whale?** Prompt the pupil to answer. Then invite pupils to ask you questions.

Grammar clue

- Read the grammar clue as a class. Ask the pupils to say which past participles are regular and which are irregular.

Pupil's Book Activity 4

Ask and answer.

- Organise the class into Talk Partners. The pupils take turns to ask and answer questions.

Activity Book

Activity 1

Read and complete. Match.

- Read out the first phrase and picture letter.
- The pupils work on their own to complete the rest of the phrases and match each one to its picture.

Answers: 1 whale, e **2** monument, a **3** sushi, d **4** souvenir, b **5** cricket, f **6** photo, c

Activity 2

Order the words in the grammar table. Write the sentences.

- Explain to the class that the grammar table is mixed up and they need to reorder the words.
- Invite a pupil to read out the first question.
- The pupils order and write the remaining questions.

Answers: 1 Have you ever eaten sushi? **2** Have you ever taken a photo? **3** Have you ever seen a whale? **4** Have you ever bought a souvenir?

Activity 3

Write five questions. Record your answers. Ask a friend and record their answers.

- Ask a pupil to read out the first question. The pupils write the rest of the questions and their answers, then ask and answer with a Talk Partner.

Answers: 1 Have you ever eaten sushi? **2** Have you ever seen a whale? **3** Have you ever bought a souvenir? **4** Have you ever taken a photo? **5** Have you ever played cricket? **6** Have you ever visited a monument?

Code activity

- The pupils complete the code activity.

Answer: artist

Ending the lesson

Review the lesson and reflect on learning.

- Say **Today we've learnt how to talk about our holiday activities.**
- Ask the class **Which was your favourite activity today? Which activity was easy / difficult?**

Extra activities

Reinforcement

- Play *Secret answers*. Organise the pupils into groups of three. Pupil A asks Pupil B a question, e.g. *Have you ever eaten sushi?* Pupil B whispers the answer to Pupil A, e.g. *Yes, I have.* Pupil A then reports back to Pupil C, e.g. *She's eaten sushi.* Repeat with Pupil B asking Pupil C a question, etc.

Vocabulary extension

- Use the Vocabulary Booster on Navio to present and practise four additional holiday activities: *climb a mountain, go skiing, ride a camel, sleep in a tent*.

Check learning. Cooperative learning:

Talk Partners

- Organise the pupils into Talk Partners. The pupils take it in turns to test their partner on the new vocabulary items. The pupils can prompt each other by providing the first letter sound, describing the object or even saying the word silently.

Key Competences and Key Learning Outcomes

- Say a tongue twister with the 'ea' sound
- Learn and practise alternative spellings for the 'ea' sound
- Review spellings for the 'f' sound
- Listen for specific information

- Play a communication game using 'Has she / he ever …?'

Key language

- *bed, bread, egg, elephant, feather, fish, heavy, leg, Mexican, seven, treasure, weather; buy a souvenir, eat sushi, play cricket, see a whale, take a photo, visit a monument*
- *Has (Katy) ever (seen a whale)? Yes, (she) has. / No, (she) hasn't.*

Materials

- Pupil's Book p97; Activity Book p94; Class CD4; Teacher's App on Navio
- Teacher's Resource Bank: Talk cards
- Teacher's Resource Bank: Unit 9 Lesson 5 Communication Activity

Optional materials

- Teacher's Resource Bank: Trinity Exams Practice cards (selected from the Starter Unit and Units 1, 2, 3, 4, 5, 6, 7 and 8)
- Teacher's Resource Bank: Countries word cards

At a Glance Lesson Plan

Pupil's Book

Starting the lesson

- Use the Trinity Exams Practice cards (optional).
- Review holiday activities.
- Review the *Have you ever?* song.

▶ *CD4 Track 21 p281*

- Set learning outcomes and use the talk cards.

Speak and spell: Activity 1

- Listen, read and say.

▶ *CD4 Track 23 p282*

Go to the Activity Book.

Activity 2

- Look at the chart. Listen and identify five differences.

▶ *CD4 Track 24 p282*

Activity 3

- Ask and answer to complete the chart (Teacher's Resource Bank: Unit 9).

Ending the lesson

- Review the lesson and reflect on learning.

Extra activities

Reinforcement

- Review all known spellings of the target sound: 'e' and 'ea'.
- Review the spellings: 'f' and 'ph'.
- Play *Careful copying*.

Activity Book

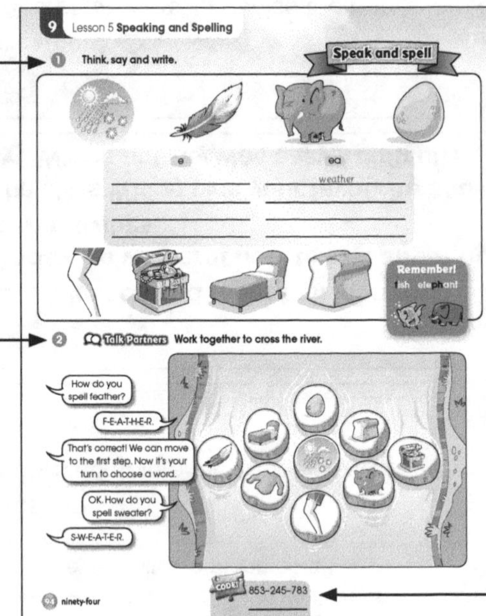

Activity Book

Speak and spell: Activity 1

- Think, say and write.

Activity 2

- Work together to cross the river.

Code activity

- Complete the code activity.

Digital resources

Teacher's Digital: You can also teach this lesson using the Teacher's App on Navio.

Pupil's Digital: Encourage your pupils to use the Pupil's App on Navio to practise the activities from this lesson.

Powered By NAVIO

Detailed Lesson Plan

Starting the lesson

Use the Trinity Exams Practice cards (optional).

- The pupils practise asking and answering questions.

Review holiday activities.

- Mime one of the actions from the previous lesson, e.g. *take a photo*. The pupils ask you a question to guess the action, e.g. *Have you ever taken a photo?* Say **Yes, I have** if pupils guess correctly.
- The pupils play with a Talk Partner.

Review the *Have you ever?* song.

▶ *CD4 Track 21 p281*

- Play the CD. The pupils sing and do the actions.

Set learning outcomes and use the talk cards.

- Say **Today we're going to say a tongue twister, practise spelling and complete a chart together.**
- Point to the talk cards to show the pupils the different ways they will be working in the lesson.

Pupil's Book Activity 1: Speak and spell

▶ *CD4 Track 23 p282*

Listen, read and say.

- Focus the class on the picture. Ask **What can you see here? What are they doing? Where are the elephants from? What's the bed made of?**
- Say **Let's listen to a tongue twister.** Play the CD. The pupils follow the text in their books.
- Play the CD again. The pupils join in with the tongue twister.
- Ask **How do you spell feather? How do you spell elephant?** Highlight the two ways of spelling the 'ea' sound.
- Focus the pupils' attention on the *Remember!* thought bubble. Remind them that 'fish' and 'elephant' have the sound 'f'.

Activity Book

Activity 1: Speak and spell

Think, say and write.

- The pupils identify the pictures which contain the 'e' and 'ea' sounds first.
- The pupils classify and write the words according to whether they are written with 'e' or 'ea'.
- Remind them that in the tongue twister we also heard the sound 'f'. The pupils orally identify the words which are written with 'f' or 'ph'.

Answers: **e:** elephant, egg, leg, bed **ea:** weather, feather, treasure, bread

Activity 2

Talk Partners. Work together to cross the river.

- Explain to the pupils that they have to go across the stepping stones to cross the river. They should choose pictures to spell to get to the other side.
- Invite two pupils to read out the speech bubbles.
- Organise the pupils into Talk Partners. The pupils take it in turns to test their partner on the spelling of the words in the stepping stones. Stress the importance of prompting, encouraging and helping each other.

Code activity

- The pupils complete the code activity.

Answer: vet

Pupil's Book Activity 2

Look at the chart. Listen and identify five differences.

▶ *CD4 Track 24 p282*

- Focus the class on the chart. Explain that they are going to listen to a girl and a boy talking about the holiday activities. Play the CD, pausing after each difference for the pupils to say what it is.

Answers: **1** Katy – buy a souvenir ~~(✗)~~(✓) **2** Helen and Frank – see a whale ~~(✓)~~(✗) **3** Sophia – play cricket ~~(✓)~~(✗) **4** Oliver and Sarah – visit a monument ~~(✗)~~(✓) **5** Holly – eat sushi ~~(✓)~~(✗)

Pupil's Book Activity 3

Talk Partners. Ask and answer to complete the chart (Teacher's Resource Bank: Unit 9).

- Explain to the class that they are going to complete a chart about holiday activities. Invite two pupils to read out the speech bubbles.
- Organise the class into Talk Partners. Pupil A uses Chart 1 and Pupil B uses Chart 2. Then ask the rest of the class to do the same activity with a Talk Partner.
- At the end of the activity, the pupils should show each other their chart and check / correct their answers.

Ending the lesson

Review the lesson and reflect on learning.

- Say **Today we've practised a tongue twister.** Elicit the tongue twister from the pupils.
- Ask the class **Which was your favourite activity today? Which activity was easy / difficult?**

Extra activities

Reinforcement

- Reinforce all the alternative spellings of the target sound. Draw a chart on the board with the headings 'e', 'ea', 'f' and 'ph'. Elicit words that have each spelling (*e: bed, leg, elephant; ea: head, bread, feather; f: feather, friend, farm, frog; ph: elephant, phone, dolphin, photo*). Encourage the pupils to spell out the word and write it in the correct column.
- Play *Careful copying* (see p27) with the countries word cards.

Key Competences and Key Learning Outcomes

- Do a pre-reading task to predict content and raise interest
- Read the text for general understanding
- Scan the text to find specific information

- Read and understand a text to persuade

Key language

- *active volcano, capital city, climate, go hiking / skiing, gondola, mountains, paintings, statues, take photos; ice cream, pasta, pizza*
- *Have you ever seen an active volcano?*

Materials

- Pupil's Book p98; Activity Book p95; Class CD4; Teacher's App on Navio
- Teacher's Resource Bank: Talk cards

Optional materials

- Teacher's Resource Bank: Trinity Exams Practice cards (selected from the Starter Unit and Units 1, 2, 3, 4, 5, 6, 7 and 8)
- Travel brochures

At a Glance Lesson Plan

Pupil's Book

Starting the lesson

- Use the Trinity Exams Practice cards (optional).
- Review the 'ea' sound.
- Set learning outcomes and use the talk cards.

Before you read: Activity 1

- Imagine you are going to travel to Italy.
- How will you get there?
- What will you see?
- What activities will you do?

Activity 2

- Read and listen.

▶ *CD4 Track 25 p282*

- What can you see and do in Italy?

Go to the Activity Book.

- **Reading tip:** Read about reading the next sentence to help guess the meaning of unknown words in a text.

9 Lesson 6 Reading — Literacy

Before you read

1 Imagine you are going to travel to Italy. How will you get there? What will you see? What activities will you do?

2 Read and listen. What can you see and do in Italy?

Reading tip! When you don't understand a word, read the next sentence to help you guess the meaning.

Italy

Come and have fun in Italy. From July to September, the climate is wonderful and warm.

There are beautiful beaches on the islands where you can relax or do water sports in summer. Italy is also great to visit in winter. You can go skiing in the high mountains in the north.

Have you ever seen an active volcano? There are three in the south of Italy. Be careful!

Italian food is the best in the world. Try delicious pizzas, pastas and hundreds of different flavours of ice cream. What's your favourite?

Relax in the capital city, Rome, and visit the world-famous monuments, including the Colosseum and the Roman ruins. It's a city full of history!

There are many more exciting places to see in Italy. You can take photos of the Leaning Tower of Pisa or go hiking in the Alps. You can see famous statues and paintings in Florence, like Michelangelo's David. There's fun for all of the family in Italy!

See the sights of Venice from a special boat called a gondola. Did you know that there aren't any cars in the centre of Venice? People travel by boat or on foot.

Are you ready for an adventure? Italy is the place for you!

After you read

Go to page 95 in your Activity Book.

98 ninety-eight — Key learning outcomes: read and understand a text to persuade

Ending the lesson

- Review the lesson and reflect on learning.

Extra activity

Reinforcement

- Find information in travel brochures.

Digital resources

Teacher's Digital: You can also teach this lesson using the Teacher's App on Navio.

Pupil's Digital: Encourage your pupils to use the Pupil's App on Navio to practise the activities from this lesson.

Powered By NAVIO

Activity Book

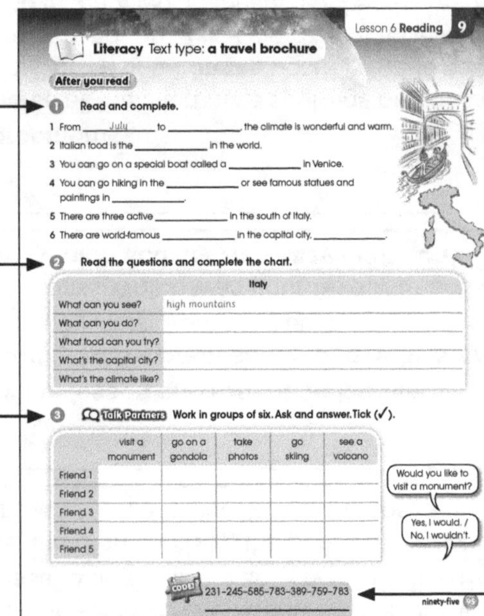

Lesson 6 Reading 9

Literacy Text type: a travel brochure

After you read

1 Read and complete.

1 From July to ______ the climate is wonderful and warm.
2 Italian food is the ______ in the world.
3 You can go on a special boat called a ______ in Venice.
4 You can go hiking in the ______ or see famous statues and paintings in ______.
5 There are three active ______ in the south of Italy.
6 There are world-famous ______ in the capital city, ______.

2 Read the questions and complete the chart.

	Italy
What can you see?	high mountains
What can you do?	
What food can you try?	
What's the capital city?	
What's the climate like?	

3 Talk Partners Work in groups of six. Ask and answer. Tick (✓).

	visit a monument	go on a gondola	take photos	go skiing	see a volcano
Friend 1					
Friend 2					
Friend 3					
Friend 4					
Friend 5					

Would you like to visit a monument?

Yes, I would. / No, I wouldn't.

CODE! 231-245-585-783-389-759-783

ninety-five 95

After you read: Activity Book

Activity 1

- Read and complete.

Activity 2

- Read the questions and complete the chart.

Activity 3

- Work in groups of six.
- Ask and answer.
- Tick (✓).

Code activity

- Complete the code activity.

Starting the lesson

Use the Trinity Exams Practice cards (optional).

- The pupils practise asking and answering questions.

Review the 'ea' sound.

- Ask **What sound did you practise in the tongue twister in Lesson 5?** (*'ea'*) **Can you remember the tongue twister?** (*Seven heavy, Mexican elephants bounce on a feather bed.*) Practise the tongue twister as a class.
- Remind the pupils that they know two spellings for this sound ('ea' and 'e'). The pupils list the words they know which contain 'ea' and 'e'.

Set learning outcomes and use the talk cards.

- Say **Today we're going to read a travel brochure.** Check that the class knows what a travel brochure is.
- Point to the talk cards to show the pupils the different ways they will be working in the lesson.

Before you read: Pupil's Book Activity 1

Imagine you are going to travel to Italy. How will you get there? What will you see? What activities will you do?

- Invite a pupil to read out the questions and encourage the class to brainstorm ideas. Write their suggestions on the board.

Pupil's Book Activity 2

Read and listen. What can you see and do in Italy?

▶ *CD4 Track 25 p282*

- Explain to the class that the first time they read they should try to understand the most important information. If you want the pupils to read the text without the support of the CD, set a time limit for this task. Otherwise, play the CD.
- The pupils read the travel brochure to see if any of their suggestions appear in the text.
- Ask the pupils to read the text again on their own. They should find three things to eat, a special form of transport and two famous monuments. After reading the text, the pupils report back as a class. (*Pizza, pasta, ice cream; gondola; the Coliseum, the Leaning Tower of Pisa.*)

Reading tip

- Read the information as a class. If the pupils come across any unknown vocabulary in the text, ask them to read the next sentence to help guess the meaning. Remind them to use this technique to help with their reading.

After you read: Activity Book

Activity 1

Read and complete.

- Invite a pupil to read out the first statement. The class should quickly scan the travel brochure to find the information. Ask the class to write the correct words in the Activity Book.
- The pupils work on their own or with a Talk Partner to complete the sentences.

Answers: **1** July, September **2** best **3** gondola **4** Alps, Florence **5** volcanoes **6** monuments, Rome

Activity 2

Read the questions and complete the chart.

- The pupils work on their own or with a Talk Partner to read the travel brochure again and find the information to complete the chart.

Answers: **See:** high mountains, beautiful beaches, volcanoes, monuments **Do:** relax, do water sports, ski, visit monuments, see sights, go on a gondola, take photos, go hiking, see famous statues and paintings **Try:** pizza, pasta, ice cream **Capital city:** Rome **Climate:** wonderful and warm (July–September)

Activity 3

Work in groups of six. Ask and answer. Tick (✓).

- Ask two pupils to read out the speech bubbles. Then prompt a pupil to read out the activities in the chart. Ask **Which activity do you prefer?** Explain that the pupils tick one square for each answer.
- Organise the class into groups of six. The pupils ask each other questions to complete the survey.

Code activity

- The pupils complete the code activity.

Answer: dentist

Ending the lesson

Review the lesson and reflect on learning.

- Say **Today we've read a travel brochure.** Then ask **What can you do in Italy? What can you see? Would you like to go to Italy?**
- Ask the class **Which was your favourite activity today? Which activity was easy / difficult?**

Extra activity

Reinforcement

- If you have access to travel brochures, give them out to small groups of pupils. Ask them to choose a country and look for information on: climate, activities and food and drink.

Key Competences and Key Learning Outcomes

- Use rhetorical questions
- Identify the informational content of a travel brochure
- Identify the text features of a travel brochure
- Use criteria to check your writing
- Share your writing with a partner
- Prepare and write a travel brochure

Key language

- *Mexico, USA; ancient history, beaches, camera, Mariachi band, Maya, monuments, sun cream; burritos, guacamole, tacos*
- *Have you ever seen a whale jump out of the water? Have you ever listened to Mexican music? What are you waiting for?*

Materials

- Pupil's Book p99; Activity Book p96; Class CD4; Teacher's App on Navio
- Teacher's Resource Bank: Talk cards

Optional materials

- Teacher's Resource Bank: Trinity Exams Practice cards (selected from the Starter Unit and Units 1, 2, 3, 4, 5, 6, 7 and 8)
- Travel brochures
- Large pieces of card; Coloured pencils

At a Glance Lesson Plan

Pupil's Book

Starting the lesson

- Use the Trinity Exams Practice cards (optional).
- **Think-Pair-Share.** Review the Italy travel brochure.
- Set learning outcomes and use the talk cards.

Investigate a text: Activity 1

- Look at the photos.
- What questions do you want to ask about Mexico?

Activity 2

- Read and listen.
- ▶ *CD4 Track 26 p282*
- Does the travel brochure answer your questions?
- What do you think is the most interesting activity to do in Mexico?

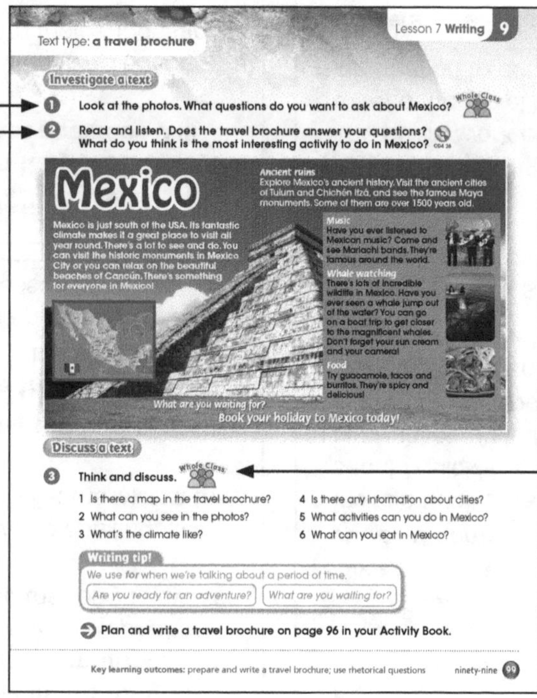

Discuss a text: Activity 3

- Think and discuss.
- **Writing tip:** Read about rhetorical questions.
- Go to the Activity Book.

Ending the lesson

- Review the lesson and reflect on learning.

Extra activity

Reinforcement

- Design and illustrate a travel brochure for a display.

Activity Book

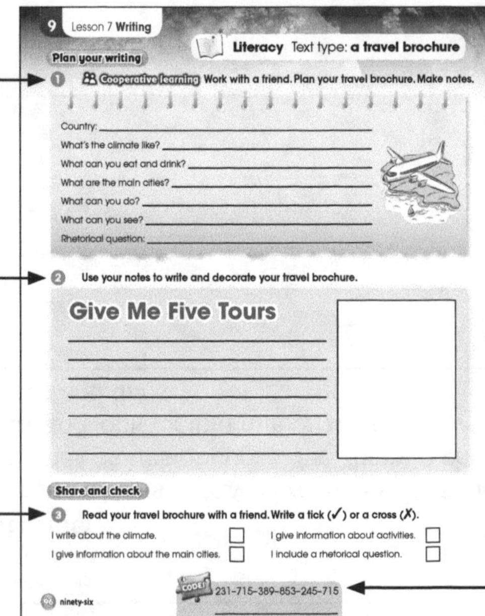

Activity Book

Plan your writing: Activity 1

- Work with a friend.
- Plan your travel brochure.
- Make notes.

Activity 2

- Use your notes to write and decorate your travel brochure.

Share and check: Activity 3

- Read your travel brochure with a friend.
- Write a tick (✓) or a cross (✗).

Code activity

- Complete the code activity.

Digital resources

Teacher's Digital: You can also teach this lesson using the Teacher's App on Navio.

Pupil's Digital: Encourage your pupils to use the Pupil's App on Navio to practise the activities from this lesson.

Powered By NAVIO

Starting the lesson

Use the Trinity Exams Practice cards (optional).
- The pupils practise asking and answering questions.

Think-Pair-Share. Review the Italy travel brochure.
- Organise the pupils to work with a Talk Partner. Elicit the country in the travel brochure from Lesson 6. Ask the pupils what they can remember about it. Give the pupils time to think individually first.
- Ask the pupils to work with their Talk Partner and compare their ideas.
- Finally, ask some pairs to share what they remember with the whole class.

Set learning outcomes and use the talk cards.
- Say **Today we're going to read a travel brochure about Mexico. Then we're going to plan and write a travel brochure.**
- Point to the talk cards to show the pupils the different ways they will be working in the lesson.

Investigate a text: Pupil's Book Activity 1

Look at the photos. What questions do you want to ask about Mexico?
- Focus the class on the photos of Mexico. Say **This is a travel brochure about Mexico. What would you like to know about Mexico?** Elicit questions from the pupils and write them on the board.

Pupil's Book Activity 2

Read and listen. Does the travel brochure answer your questions? What do you think is the most interesting activity to do in Mexico?

▶ *CD4 Track 26 p282*
- Read the questions as a class. The pupils read the text to find out if their questions from Activity 1 are answered.
- If you want the pupils to read the text without the support of the CD, set a time limit for this task. Otherwise, play the CD.
- The pupils answer the questions.

Discuss a text: Pupil's Book Activity 3

Think and discuss.
- Read the first question and confirm that travel brochures have a map to show you where the country is.
- Repeat the procedure with the other questions. Confirm that there is information about the climate, main cities, food and drink and the activities you can do.

Answers: **1** Yes, there is. **2** a monument, food, whales, a Mariachi band **3** It's fantastic. **4** Yes, there is. **5** You can visit monuments, listen to music, go whale watching and relax on a beach. **6** You can eat guacamole, burritos and tacos.

Writing tip
- Ask pupils to read the questions in the Writing tip section and explain that these questions are called 'rhetorical' because they don't need an answer.
- Ask pupils to find examples in the text, e.g. **Have you ever listened to Mexican music?**
- Additionally, you may want to redirect your pupils' attention to the tip and explain that we use the preposition 'for' to talk about a period of time.

Activity Book

Plan your writing: Activity 1

Writing Partners. Work with a friend. Plan your travel brochure. Make notes.
- Organise the pupils into Talk Partners. Explain that they are going to write a travel brochure about a different country.
- Encourage the pupils to choose different countries by writing a list on the board of countries already chosen.
- If you have access to the Internet, allow the pupils to look up any information they may need about their chosen destination. The pupils work together to decide on the content of their travel brochure and write their notes.

Activity 2

Use your notes to write and decorate your travel brochure.
- Focus the class on the activity. If necessary, model how to write a text. Choose a country that the whole class is familiar with and prompt the pupils to give you the information. Correct and fine tune their suggestions and write the text on the board.
- The pupils work with a Talk Partner to write their own text in their Activity Book.

Share and check: Activity 3

Writing Partners. Read your travel brochure with a friend. Write a tick (✓) or a cross (✗).
- Focus the class on the statements at the bottom of the page. Read through them as a class.
- Organise the class into new Talk Partners. One pupil should read aloud their text to their partner. The other pupil listens. The pupils work together to decide if the text fulfils all the criteria and tick the corresponding boxes. The pupils can add, improve or correct the text at this stage.
- The pupils swap roles.

Code activity
- The pupils complete the code activity.

Answer: driver

Ending the lesson

Review the lesson and reflect on learning.
- Say **Today we've written a travel brochure. Are you happy with your travel brochure?** Elicit the pupils' opinions.
- Ask the class **Which was your favourite activity today? Which activity was easy / difficult?**

Extra activity

Reinforcement
- After you correct the texts, give large pieces of card to the pairs. The pupils copy out their texts and design their travel brochure layout. If possible, give out real travel brochures for them to cut out pictures or they can print photos from the Internet.

Key Competences and Key Learning Outcomes

- Think about and research England
- Read and listen for specific information
- Read about culture in England
- Think about your own culture and identity

Key language

- *ball, football, rugby, tackle, tennis, tournament; double-decker bus, top deck; afternoon tea, cake, cream, jam, sandwich, scones; action figures, computer games, dolls, jigsaws, models, teddy bear, toys*
- *Hamleys is the biggest toy shop in the world. Tennis players come from all over the world to compete. What's England famous for?*

Materials

- Pupil's Book p100; Activity Book p97; Class CD4; Teacher's App on Navio
- Teacher's Resource Bank: Talk cards
- An online world map

Optional materials

- Teacher's Resource Bank: Trinity Exams Practice cards (selected from the Starter Unit and Units 1, 2, 3, 4, 5, 6, 7 and 8)

At a Glance Lesson Plan

Pupil's Book

Starting the lesson

- Use the Trinity Exams Practice cards (optional).
- Review information about England.
- Set learning outcomes and use the talk cards.

Activity 1

- Read Luke's questions.
- What do you think?

Activity 2

- Read and listen.
- ▶ *CD4 Track 27 p282*
- Answer Luke's questions.
- **Think about your culture**
  What's your country famous for? Are there any famous sports events? Are there any unusual forms of transport?

Go to the Activity Book.

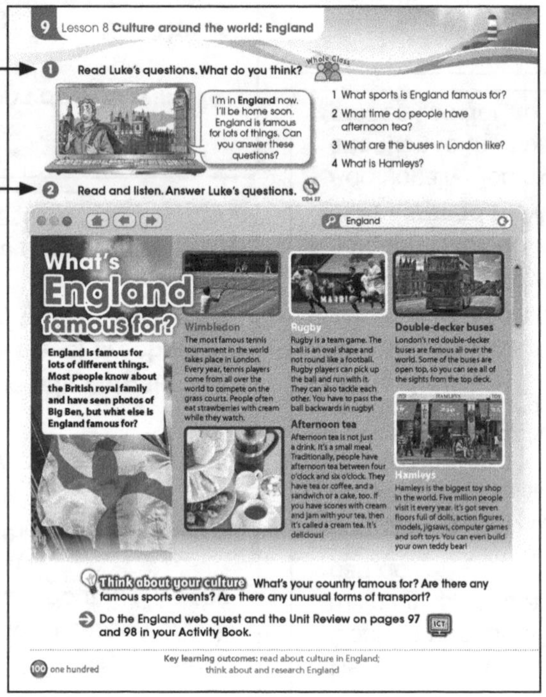

Ending the lesson

- Review the lesson and reflect on learning.

Extra activity

Extension

- Plan a bus route around London.

Activity Book

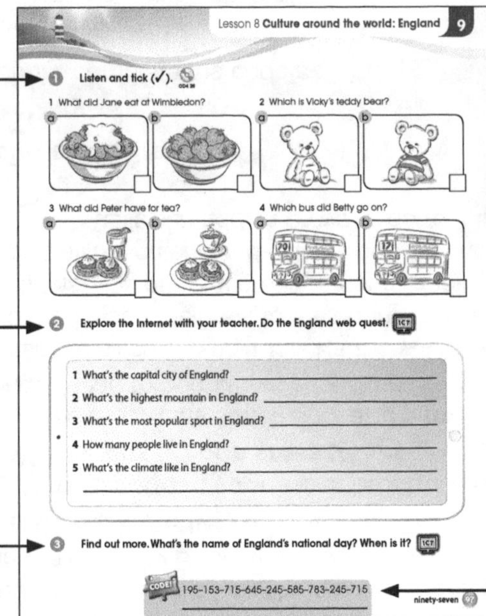

Activity Book

Activity 1

- Listen and tick (✓).
- ▶ *CD4 Track 28 p283*

Activity 2

- Explore the Internet with your teacher.
- Do the England web quest.

Activity 3

- Find out more.
- What's the name of England's national day?
- When is it?

Code activity

- Complete the code activity.

Digital resources

Teacher's Digital: You can also teach this lesson using the Teacher's App on Navio.

Powered By NAVIO

Starting the lesson

Use the Trinity Exams Practice cards (optional).

- The pupils practise asking and answering questions.

Review information about England.

- Ask **What do you know about England?** Give the class a few minutes to discuss ideas with a Talk Partner. Then elicit ideas to write on the board.

Set learning outcomes and use the talk cards.

- Say **Today we're going to investigate England.**
- Point to the talk cards to show the pupils the different ways they will be working in the lesson.

Pupil's Book Activity 1

Read Luke's questions. What do you think?

- Read the speech bubble as a class.
- Read the questions as a class. Encourage the pupils to predict the answers.

Pupil's Book Activity 2

Read and listen. Answer Luke's questions.

▶ *CD4 Track 27 p282*

- Focus the class on the photos. Ask **What can you see?**
- Play the CD, pausing after each paragraph to check understanding. The pupils answer the questions.

Answers: **1** tennis, rugby **2** Between four o'clock and six o'clock. **3** They're red double-decker buses. **4** It's the world's biggest toy shop.

Think about your culture

- Read out the questions. Prompt pupils to tell you about what their own country is famous for and discuss any famous sports and unusual forms of transport.

Activity Book

Activity 1

Listen and tick (✓).

▶ *CD4 Track 28 p283*

- Ask the pupils to read out the first question and describe what they can see in the two pictures. Play the CD, pausing to allow the pupils to tick the corresponding picture.
- Repeat the procedure with the other exchanges.

Answers: **1** a **2** b **3** a **4** b

Activity 2

Explore the Internet with your teacher. Do the England web quest. ICT

- Read out the instructions and connect to a children's website which has geographical information about England. Read out questions 1–5 and find the information on the page. The pupils work as a class to find and write the answers.

Answers: **1** London **2** Scafell Pike **3** One of: football, cricket, rugby union, rugby league **4** approx. 53.01 million **5** mild (7°C to 20°C)

Activity 3

Find out more. What's the name of England's national day? When is it? ICT

- Read out the question.
- Connect to a children's website which has information about England and its national day. The pupils work as a class to answer the question.

Answers: St George's Day on 23rd April.

Suggested website

- http://maps.google.es/

Code activity CODE!

- The pupils complete the code activity.

Answer: carpenter

Ending the lesson

Review the lesson and reflect on learning.

- Say **Today we've learnt about England. Is it an interesting place? What's England famous for?** Elicit the information from the pupils.
- Ask the class **Which was your favourite activity today? Which activity was easy / difficult?**

Extra activity

Extension

- Ask the class to plan the route of a double-decker bus ride around London so that they can visit Wimbledon and Hamleys, watch a rugby match and have afternoon tea.

Go to the AB Unit Review on page 259.

Key Competences and Key Learning Outcomes

- Watch and understand a video about Morocco
- Find information using different online sources
- Find information about a country

Key language

- *Atlas Mountains, earth, food stall, goat, kebab, market square, Marrakesh, Moroccan, mosque, narrow, old quarter, online encyclopedia, online map, Sahara desert, sand dunes, source, Todra Gorge, tourist information centre, travel blog, travel website, vitamins, walls, wood, 12th century, 77 metres tall*
- *Let's use (an online map). Have you ever (tasted figs)?*

Materials

- Pupil's Book p101; Activity Book p99; Class CD4; Teacher's App on Navio
- Countries flashcards
- Teacher's Resource Bank: Talk cards

Optional materials

- Teacher's Resource Bank: Trinity Exams Practice cards (selected from the Starter Unit and Units 1, 2, 3, 4, 5, 6, 7 and 8)

At a Glance Lesson Plan

Pupil's Book

Starting the lesson

- Use the Trinity Exams Practice cards (optional).
- **Think-Pair-Share.** Review countries vocabulary.
- Set learning outcomes and use the talk cards.

Activity 1

- Before you watch
- Watch the video.
- *Unit 9 video p288*
- What can you see in Morocco?

Activity 2

- Watch the video again.
- *Unit 9 video*
- Read and answer the questions.

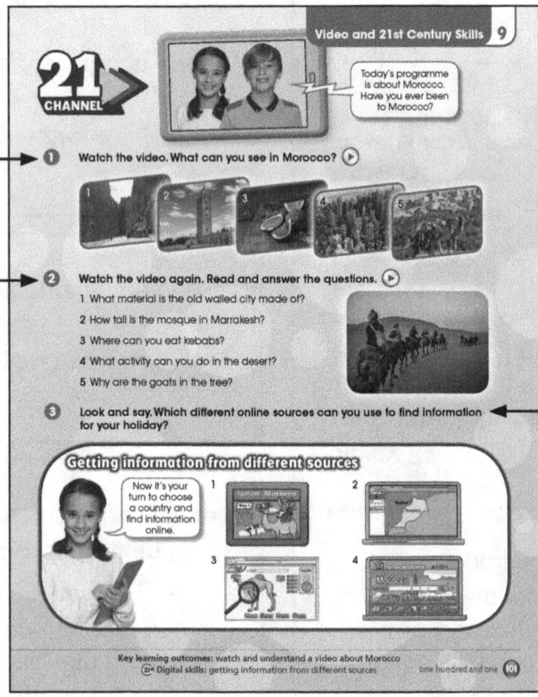

Activity 3

- Look and say.
- Which different online sources can you use to find information for your holiday?
- Go to the Activity Book.

Ending the lesson

- Review the lesson and reflect on learning.

Extra activity

Reinforcement

- Find information online for another country.

Activity Book

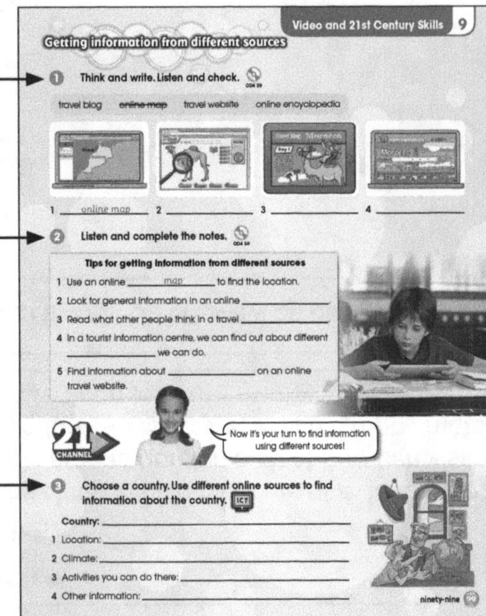

Activity Book

Activity 1

- Think and write.
- Listen and check.
- *CD4 Track 29 p283*

Activity 2

- Listen and complete the notes.
- *CD4 Track 30 p283*

Activity 3

- Choose a country.
- Use different online sources to find information about the country.

Digital resources

Teacher's Digital: You can also teach this lesson using the Teacher's App on Navio.

Pupil's Digital: Encourage your pupils to use the Pupil's App on Navio to practise the activities from this lesson.

Powered By NAVIO

Starting the lesson

Use the Trinity Exams Practice cards (optional).
- The pupils practise asking and answering questions.

Think-Pair-Share. Review countries vocabulary.
- Ask **Can you remember the countries vocabulary?** The class thinks silently for a minute.
- The pupils work with a Talk Partner to name the countries.
- Invite different Talk Partners to say a different country. Hold up the corresponding flashcard and prompt the class to repeat the word. Repeat the procedure, asking different Talk Partners each time, until all the countries have been named.

Set learning outcomes and use the talk cards.
- Say **Today we're going to watch a video and then ask and answer questions about Morocco.**
- Point to the talk cards to show the pupils the different ways they will be working in the lesson.

Pupil's Book Activity 1

Before you watch
- Read the speech bubble to pupils. Ask **Have you ever been to Morocco?** Elicit responses from a number of pupils. If there are pupils who have been to Morocco, ask them to tell the class something they remember about the country. If no pupils have been, ask them if they would like to go and what they know about the country already.

Watch the video. What can you see in Morocco?
p288
- Watch Part 1. Ask pupils **What are you going to see next?** Check that they understand that they will see a video about Chloe's holiday in Morocco.
- Play Part 2. Ask general questions to check understanding. Focus the pupils on the photos in Activity 1. Ask **What can you see in Morocco?** Elicit ideas.
- Play Part 2 again for the pupils to answer the question. Check the answer as a class.

Answer: **1** (Todra Gorge), **2** mosque in Marrakesh, **3** (figs), **5** (camels)

Pupil's Book Activity 2

Watch the video again. Read and answer the questions.
- Ask a pupil to read out sentence 1. Ask the class what they think the answer is. Repeat with sentences 2–5.
- Play Part 2 again. Pupils work in pairs to answer the questions.

Answers: **1** It's made of earth and wood. **2** It's 77 metres tall. **3** You can eat them in restaurants or in food stalls in the market square. **4** You can ride on camels in the desert. **5** The goats climb trees to find their food.

Pupil's Book Activity 3

Look and say. Which different online sources can you use to find information for your holiday?
- Tell pupils that in the last part of the video Chloe and Mark talk about using different online sources to find out more about Morocco. Ask **What do they look for?** (*An online map, blogs and tourist websites.*) **Why do they look at more than one online source?**
- Ask the pupils to read Chloe's speech bubble.
- Organise the class into Talk Partners. Explain that pupils are going to think about different online sources we can use to find information about a holiday. Focus their attention on the four pictures and encourage them to discuss with their partner what online sources they may be.
- Elicit suggestions from the class, but don't confirm answers at this stage.

Activity Book

Activity 1

Think and write. Listen and check.
▶ *CD4 Track 29 p283*
- Ask pupils to read the words in the word box.
- Pupils work on their own to label the pictures using the words in the word box.
- Play the CD and check answers. Were their answers correct in Activity 3 on Pupil's Book page 101?

Answers: **1** online map **2** online encyclopedia **3** travel blog **4** travel website

Activity 2

Listen and complete the notes.
▶ *CD4 Track 30 p283*
- Explain to the pupils that they are going to listen to a boy and his mum planning their holiday this year by finding information from different sources.
- Play the CD, pausing to allow the pupils to write the missing information. Play the CD again to check answers.

Answers: **1** map **2** encyclopedia **3** blog **4** activities **5** hotels

Activity 3

Choose a country. Use different online sources to find information about the country. ICT
- Read out Chloe's speech bubble and tell pupils that they are going to choose a country to visit and use different online sources to find information about it.
- Encourage the pupils to use the tips in Activity 2 to help them with their online search. The pupils choose a country and complete the information.
- Invite pupils to share their information with the class.

Ending the lesson

Review the lesson and reflect on learning.
- Say **Today we've watched a video about Morocco.** Ask **What have we learnt about getting information from different sources?**
- Ask **Which was your favourite activity today? Which activity was easy / difficult**?

Extra activity

Reinforcement
- Tell the class you would like to visit another country this year (a country that none of the children will have researched in Activity 3). Tell them something that you would like to find out about this country.
- Pupils suggest suitable online sources for you to use to find the information online. You could try this on the whiteboard using a suitable children's search engine and see which sources give the best results.

My project 3: The medieval festival

Key Competences and Key Learning Outcomes

- Learn the names of activities in a medieval festival
- Discuss people who lived in the Middle Ages (optional)
- Investigate a medieval festival
- Share information with your group

Key language

- *archery, arts and crafts, face painting, jousting, juggling, knight's shield, mask, medieval castle / crown / dancing, parade, pony rides, stilt walking, tug-of-war*
- *What equipment do you need?*

Materials

- Pupil's Book p102; Activity Book p100; Class CD4; Teacher's App on Navio
- Teacher's Resource Bank: Talk cards

Optional materials

- Teacher's Resource Bank: Trinity Exams Practice cards (selected from the Starter Unit and Units 1, 2, 3, 4, 5, 6, 7, 8 and 9)

At a Glance Lesson Plan

Pupil's Book

Starting the lesson

- Use the Trinity Exams Practice cards (optional).
- Set learning outcomes and use the talk cards.

Investigate: Activity 1

- Have you ever been to a medieval festival?
- What did you see and do?

Activity 2

- Work in groups.
- Look at the map of the medieval festival and make lists.

Activity 3

- Listen and check your lists. Listen again and repeat the words.

▶ *CD4 Track 31 p283*

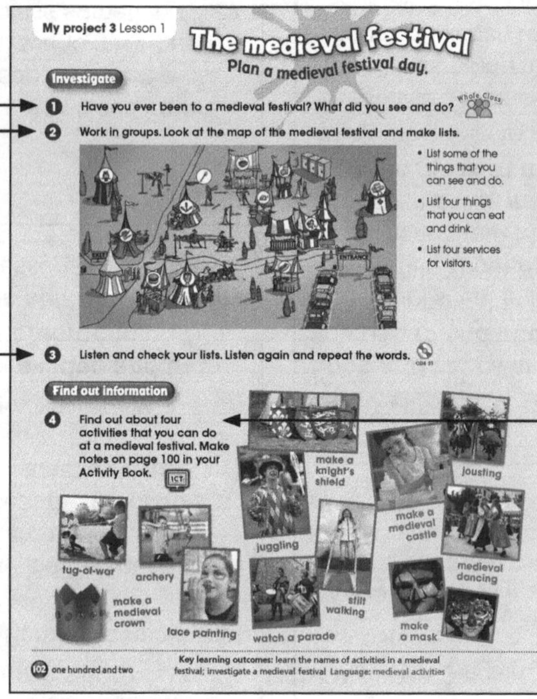

My project 3 Lesson 1

The medieval festival

Plan a medieval festival day.

Investigate

1 Have you ever been to a medieval festival? What did you see and do?

2 Work in groups. Look at the map of the medieval festival and make lists.

- List some of the things that you can see and do.
- List four things that you can eat and drink.
- List four services for visitors.

3 Listen and check your lists. Listen again and repeat the words.

Find out information

4 Find out about four activities that you can do at a medieval festival. Make notes on page 100 in your Activity Book.

102 one hundred and two

Key learning outcomes: learn the names of activities in a medieval festival; investigate a medieval festival Language: medieval activities

Find out information: Activity 4

- Find out about four activities that you can do at a medieval festival.
- Make notes on page 100 in your Activity Book.

Go to the Activity Book.

Ending the lesson

- Review the lesson and reflect on learning.

Extra activity

Extension

- Research medieval activities further.

Link to Science

- **History:** Discuss the Middle Ages.

Activity Book

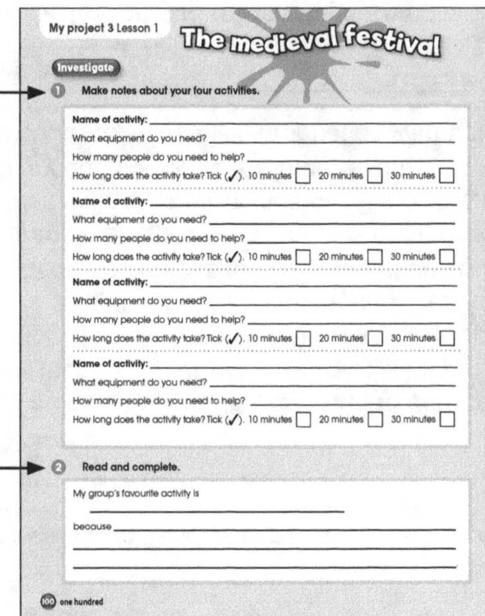

My project 3 Lesson 1

The medieval festival

Investigate

1 Make notes about your four activities.

Name of activity: ______
What equipment do you need? ______
How many people do you need to help? ______
How long does the activity take? Tick (✓). 10 minutes ☐ 20 minutes ☐ 30 minutes ☐

Name of activity: ______
What equipment do you need? ______
How many people do you need to help? ______
How long does the activity take? Tick (✓). 10 minutes ☐ 20 minutes ☐ 30 minutes ☐

Name of activity: ______
What equipment do you need? ______
How many people do you need to help? ______
How long does the activity take? Tick (✓). 10 minutes ☐ 20 minutes ☐ 30 minutes ☐

Name of activity: ______
What equipment do you need? ______
How many people do you need to help? ______
How long does the activity take? Tick (✓). 10 minutes ☐ 20 minutes ☐ 30 minutes ☐

2 Read and complete.

My group's favourite activity is ______
because ______

100 one hundred

Activity Book

Activity 1

- Make notes about your four activities.

Activity 2

- Read and complete.

Digital resources

Teacher's Digital: You can also teach this lesson using the Teacher's App on Navio.

Pupil's Digital: Encourage your pupils to use the Pupil's App on Navio to practise the activities from this lesson.

Powered By NAVIO

Starting the lesson

Use the Trinity Exams Practice cards (optional).
- The pupils practise asking and answering questions.

Set learning outcomes and use the talk cards.
- Say **Today we're going to begin another project.**
- Point to the talk cards to show the pupils the different ways they will be working in the lesson.

Investigate: Pupil's Book Activity 1

Have you ever been to a medieval festival? What did you see and do?
- Read out the questions to be discussed as a class. Ask **Have you ever been to a medieval festival? What did you do / see / eat? What did people wear? Would you like to go to a medieval festival?**

Pupil's Book Activity 2:

Work in groups. Look at the map of the medieval festival and make lists.
- Focus the class on the map of the medieval festival. Ask **What can you see?** Read out the three tasks, check understanding and prompt the class to find examples in the picture.
- Organise the class into groups of three. Ask each group to choose a scribe who will write the lists in their notebook. Set a time limit. The pupils work together to identify and list items that appear in the map.
- At the end of the time limit, prompt different groups to read out their lists. Write the words on the board and then elicit / give the pupils the names of any unknown items.

Answers:
See and do: archery, arts and crafts, face painting, juggling, jousting, pony rides, birds of prey show, market
Things you can eat and drink: burgers, orange juice / oranges, chicken, tea / coffee
Services: toilets, first aid, cash machine, car park

Pupil's Book Activity 3

Listen and check your lists. Listen again and repeat the words.

▶ *CD4 Track 31 p283*
- Pupils listen and check their lists. Then they listen again and repeat the words.

Find out information: Pupil's Book Activity 4

Find out about four activities that you can do at a medieval festival. Make notes on page 100 in your Activity Book. ICT
- Focus the pupils on the activity. Ask them to describe what they can see in the photos. Explain that these are activities you can do at a medieval festival.
- Ask the pupils to stay in the same groups of three from Activity 2. Ask them to decide which set of activities each member is going to investigate.

Investigate: Activity Book

Activity 1

Make notes about your four activities.
- Focus the pupils on the activity and check understanding. The pupils can do this as a whole-class activity, in groups or as an individual activity. The pupils list equipment they will need to run each activity, decide how many helpers they will need and how long the activity takes.

Activity 2

Read and complete.
- The pupils record their favourite activity and why.

Ending the lesson

Review the lesson and reflect on learning.
- Say **We've learnt about a medieval festival. Would you like to organise a medieval festival? Which was your favourite activity? Which activity was easy / difficult?**

Extra activity

Extension
- If you have access to the Internet, allow the pupils to choose one of the activities (e.g. jousting, archery) and find out about the activity's history.

Link to Science
- If you are studying the Science topic of **History** in English, you could take the opportunity to discuss the people who lived in the Middle Ages. Talk about the type of clothes people wore and encourage the pupils to design clothes for their festival.

My project 3: The medieval festival

Key Competences and Key Learning Outcomes

- Present the poster to the class
- Reflect on what you've learnt and how well you've worked together
- Work in a group to create a poster

Key language

- *beads, bracelets, chicken, sandwich, stilts, stilt walking*
- *We're going to have (a chicken sandwich stall). We need (a pair of stilts). Why don't we have (stilt walking)? We could sell (bracelets).*

Materials

- Pupil's Book p103; Activity Book p101; Teacher's App on Navio
- Teacher's Resource Bank: Talk cards
- A large piece of paper or card for each group of three pupils, coloured pens and pencils, scissors, glue

Optional materials

- Teacher's Resource Bank: Trinity Exams Practice cards (selected from the Starter Unit and Units 1, 2, 3, 4, 5, 6, 7, 8 and 9)

At a Glance Lesson Plan

Pupil's Book

Starting the lesson

- Use the Trinity Exams Practice cards (optional).
- Set learning outcomes and use the talk cards.

Plan and create your project: Activity 1

- Discuss the questions.
- Write the information on page 101 in your Activity Book.

Cooperative learning

- Listen to and respect everyone's opinion.

Go to the Activity Book.

Activity 2

- Design and make a poster to advertise your medieval festival.

My project 3 Lesson 2

Plan and create your project

1 Discuss the questions. Write the information on page 101 in your Activity Book.

1 What activities are you going to have? Choose six.

Why don't we have stilt walking? We need a pair of stilts.

2 What food and drink stalls are you going to have? Choose three.

We're going to have a chicken sandwich stall. We need ...

3 What are you going to sell on your medieval market stall? Choose three things.

We could sell bracelets made of beads.

Cooperative learning Listen to and respect everyone's opinion.

2 Design and make a poster to advertise your medieval festival.

Digital tip! Use a computer to design and print out your poster.

Present your project

Think about your project → Go to page 101 in your Activity Book.

Key learning outcomes: work in a group to create a poster; present the poster to the class

Language: *We need (a pair of stilts). We could (sell bracelets).*

one hundred and three 103

Ending the lesson

- Review the lesson and reflect on learning.

Extra activity

Reinforcement

- Perform the medieval activity the class chooses.

Activity Book

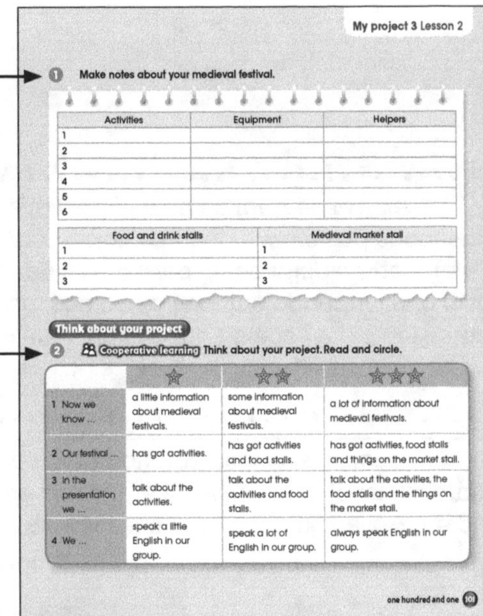

My project 3 Lesson 2

1 Make notes about your medieval festival.

Activities	Equipment	Helpers
1		
2		
3		
4		
5		
6		

Food and drink stalls	Medieval market stall
1	1
2	2
3	3

Think about your project

2 Cooperative learning Think about your project. Read and circle.

	★	★★	★★★
1 Now we know ...	a little information about medieval festivals.	some information about medieval festivals.	a lot of information about medieval festivals.
2 Our festival ...	has got activities.	has got activities and food stalls.	has got activities, food stalls and things on the market stall.
3 In the presentation we ...	talk about the activities.	talk about the activities and food stalls.	talk about the activities, the food stalls and the things on the market stall.
4 We ...	speak a little English in our group.	speak a lot of English in our group.	always speak English in our group.

one hundred and one 101

Activity Book

Activity 1

- Make notes about your medieval festival.

Think about your project: Activity 2

- Think about your project. Read and circle.

Digital resources

Teacher's Digital: You can also teach this lesson using the Teacher's App on Navio.

Pupil's Digital: Encourage your pupils to use the Pupil's App on Navio to practise the activities from this lesson.

Powered By NAVIO

Starting the lesson

Use the Trinity Exams Practice cards (optional).

- The pupils practise asking and answering questions.

Set learning outcomes and use the talk cards.

- Say **Today we're going to continue the project.** Prompt the class to tell you what they did in the last lesson.
- Point to the talk cards to show the pupils the different ways they will be working in the lesson.
- Highlight that the pupils will be working in small groups and prompt the class to tell you what they must do when they work in groups: *listen, take turns, respect different opinions,* etc.

Plan and create your project: Pupil's Book Activity 1

Discuss the questions. Write the information on page 101 in your Activity Book.

- Explain that the pupils are going to work in their groups to plan a medieval festival. This information is recorded in the Activity Book.
- Focus the class on the activity. Invite a pupil to read out the information.
- If pupils need more support with this activity, ask the groups to do one task at a time. First, ask the groups to choose the six activities and record them in the Activity Book. Then move on to the second task. Repeat the procedure with the remaining task.

Cooperative learning

Listen to and respect everyone's opinion.

- Discuss with the class ways in which we can show respect for each other's opinions. Ask different pupils to read out the speech bubbles.

Activity Book

Activity 1

Make notes about your medieval festival.

- The pupils record their decisions about their medieval festival.

Pupil's Book Activity 2

Design and make a poster to advertise your medieval festival.

- Once the pupils have completed their plan, it's time for them to make a poster. Draw their attention to the Digital tip and encourage them to use a computer to design and print out their poster, if there's time and suitable resources.
- Alternatively, hand out a large piece of card or paper to each group. Ask them to take out their coloured pens and pencils, scissors and glue. The pupils work as a group to create their poster. If the pupils haven't got access to a printer at school or at home, ask them to draw pictures of the activities / food and stick these on the poster, too.

Present your project

Present your medieval festival poster to the class.

- Focus the class on the photo. Encourage the class to talk about what they can see. Ask **What are the children talking about? What can you see on their poster?** Then ask a pupil to read out the speech bubbles.
- Invite different groups in turn to present their ideas to the rest of the class. Ensure that each pupil in the group participates in the presentation, but accept that some pupils may contribute more than others with this task. At the end of each presentation, ask the group a question. Encourage the rest of the class to think of questions they'd like to ask. The group giving the presentation should answer the questions.
- If you wish, ask the class to vote on which festival is the best. Give each group a number and explain that the pupils can only vote for one festival and they can't vote for their own group. Say the name of each group in turn and ask the pupils to raise their hands if they think that festival is the best. Alternatively, hand out a slip of paper to each pupil. Ask them to write the number of the festival they think is best on the paper. Collect in and count the papers.

Activity Book

Activity 2

Think about your project. Read and circle.

- Explain to the class that they are now going to think about their project. Read out each statement. Ask the pupils to circle one, two or three stars depending on their project.

Ending the lesson

Review the lesson and reflect on learning.

- Say **We've done a project about a medieval festival. Would you like to organise a medieval festival? Which was your favourite activity? Which activity was easy / difficult?**

Extra activity

Reinforcement

- Ask the class to choose one activity that they would like to do in the class: juggling, making masks / crowns. Ask the class to vote and then do the activity the class chooses.

World Water Day

Key Competences and Key Learning Outcomes

- Review the present simple
- Think about why it's important to save water
- Find out ways you can save water
- Find out when the first World Water Day was
- Learn about World Water Day
- Design a World Water Day poster

Key language

- *brush my teeth, cleaning, cooking, drinking, full, have a bath, have a shower, plants, tap, turn off, washing, washing machine, water (n), water (v), watering can, World Water Day*
- *I can (turn off the tap when I brush my teeth). I can (use the washing machine when it's full).*

Materials

- Pupil's Book p104; Class CD4; Teacher's App on Navio
- Teacher's Resource Bank: Talk cards
- Paper, coloured pens and pencils

Optional materials

- Teacher's Resource Bank: Trinity Exams Practice cards (selected from the Starter Unit and Units 1, 2 and 3)

At a Glance Lesson Plan

Starting the lesson

- Use the Trinity Exams Practice cards (optional).
- Set learning outcomes and use the talk cards.

Activity 1

- Listen and read.
- ▶ ***CD4 Track 32 p283***

Activity 2

- Listen and read.
- ▶ ***CD4 Track 33 p283***
- How can you save water?

Activity 3

- Design a World Water Day poster for your class.

Pupil's Book

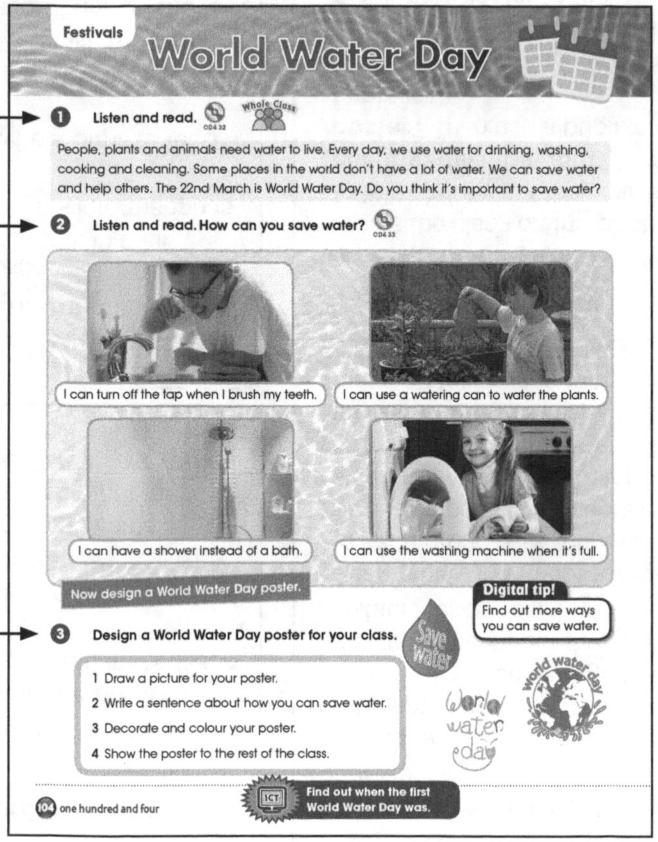
Festivals

World Water Day

1 Listen and read. CD4 32 Whole Class

People, plants and animals need water to live. Every day, we use water for drinking, washing, cooking and cleaning. Some places in the world don't have a lot of water. We can save water and help others. The 22nd March is World Water Day. Do you think it's important to save water?

2 Listen and read. How can you save water? CD4 33

I can turn off the tap when I brush my teeth.

I can use a watering can to water the plants.

I can have a shower instead of a bath.

I can use the washing machine when it's full.

Now design a World Water Day poster.

Digital tip! Find out more ways you can save water.

3 Design a World Water Day poster for your class.

1 Draw a picture for your poster.

2 Write a sentence about how you can save water.

3 Decorate and colour your poster.

4 Show the poster to the rest of the class.

Save Water

World water day

world water day

104 one hundred and four

ICT Find out when the first World Water Day was.

Ending the lesson

- Review the lesson and reflect on learning.

Extra activity

Reinforcement

- Play a mime game to review ways of saving water.

Digital resources

Teacher's Digital: You can also teach this lesson using the Teacher's App on Navio.

Pupil's Digital: Encourage your pupils to use the Pupil's App on Navio to practise the activities from this lesson.

Powered By NAVIO

Starting the lesson

Use the Trinity Exams Practice cards (optional).

- The pupils practise asking and answering questions.

Set learning outcomes and use the talk cards.

- Say **Today we're going to learn about World Water Day. We're going to find out ways we can save water and design a World Water Day poster.**
- Point to the talk cards to show the pupils the different ways they will be working in the lesson.

Pupil's Book Activity 1

Listen and read.

▶ *CD4 Track 32 p283*

- (Books closed.) Ask the pupils what they use water for at home and at school (e.g. drinking, washing, cooking). Now ask them to think about places in the world where there isn't a lot of water. Explain that by saving water, we can help others. Encourage the pupils to think of some ways of saving water. Explain that the pupils are going to learn about World Water Day and discover some more ways of saving water in this lesson.
- (Books open.) Say **Listen and read.** Play the CD. The pupils listen and read the text. Check understanding by asking questions, e.g. **Why do people, plants and animals need water?** (*To live.*) **When do we use water?** (*Every day.*) **Why do we need to save water?** (*To help people living in places in the world that don't have water.*) **When is World Water Day?** (*22nd March.*) Finally, ask pupils **Do you think it's important to save water?**

Pupil's Book Activity 2

Listen and read. How can you save water?

▶ *CD4 Track 33 p283*

- Focus the pupils' attention on the photos and captions. Ask **What can you see?** Point out that these are all ways we can save water.
- Say **Let's listen to the children.** Play the CD. The pupils listen and read. Ask the pupils for more ways they can save water. Draw their attention to the Digital tip and encourage the pupils to look online for more ways they can save water.

Pupil's Book Activity 3

Design a World Water Day poster for your class.

- Tell the pupils they are going to make a poster for World Water Day. Read through instructions 1–4 in the box with the class. Ask questions to check understanding of what they need to do, e.g. **What do you need to do first?** (*Draw a picture.*)
- Give each pupil some paper and coloured pens or pencils. The pupils draw a picture and write a sentence about how they can save water. Then they can decorate and colour the poster.
- Refer them back to the captions in Activity 2 if they need ideas of what to write.
- Collect the posters and make a World Water Day class display. Then ask the pupils to show their poster to the rest of the class.

Find out when the first World Water Day was. ICT

- Read the instructions at the bottom of the page. Challenge the pupils to find the information on the Internet, in groups or as a homework activity.

Ending the lesson

Review the lesson and reflect on learning.

- (Books closed.) Say **Today we've learnt about World Water Day and ways we can save water. What do you remember?** Elicit the information from the pupils.
- Ask the class **Which was your favourite activity today? Which activity was easy / difficult?**

Extra activity

Reinforcement

- Ask a pupil to mime a way of saving water. The rest of the class attempts to identify the activity, e.g. *Are you (turning off the tap)?* The pupil answers *Yes, I am.* or *No, I'm not.* Repeat with different individual pupils.

International Peace Day

Key Competences and Key Learning Outcomes

- Make a list of words about peace with a partner
- Find out about the first International Peace Day
- Learn about International Peace Day
- Read and enjoy a poem
- Make a peace display

Key language

- *dove, everyone, family, friends, happiness, hug, kindness, love, peace, smile, sorry*
- *Peace is (happiness).*

Materials

- Pupil's Book p105; Class CD4, Teacher's App on Navio
- Teacher's Resource Bank: Talk cards
- Scissors, coloured pens and pencils
- Teacher's Resource Bank: Festivals worksheets

Optional materials

- Teacher's Resource Bank: Trinity Exams Practice cards (selected from the Starter Unit)

At a Glance Lesson Plan

Starting the lesson

- Use the Trinity Exams Practice cards (optional).
- Set learning outcomes and use the talk cards.

Activity 1

- International Peace Day is celebrated every year all over the world. Different countries celebrate it on different dates. Do you celebrate International Peace Day in your school? What activities do you do?

Activity 2

- Make a list of words about peace.

Pupil's Book

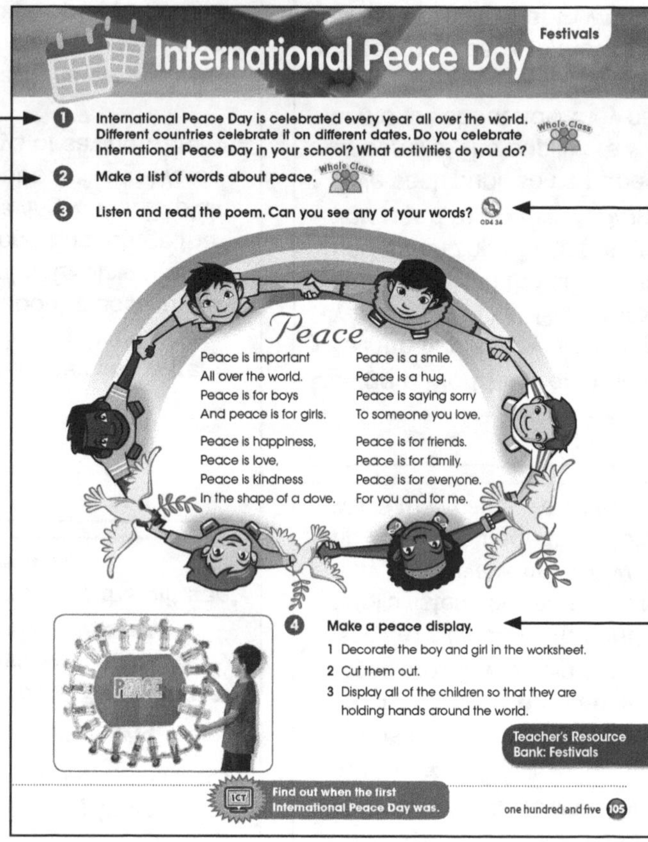

Festivals

International Peace Day

1 International Peace Day is celebrated every year all over the world. Different countries celebrate it on different dates. Do you celebrate International Peace Day in your school? What activities do you do?

2 Make a list of words about peace.

3 Listen and read the poem. Can you see any of your words? CD4 34

Peace

Peace is important
All over the world.
Peace is for boys
And peace is for girls.

Peace is happiness,
Peace is love,
Peace is kindness
In the shape of a dove.

Peace is a smile.
Peace is a hug.
Peace is saying sorry
To someone you love.

Peace is for friends.
Peace is for family.
Peace is for everyone.
For you and for me.

4 Make a peace display.

1 Decorate the boy and girl in the worksheet.
2 Cut them out.
3 Display all of the children so that they are holding hands around the world.

Teacher's Resource Bank: Festivals

ICT Find out when the first International Peace Day was.

one hundred and five 105

Activity 3

- Listen and read the poem.

▶ *CD4 Track 34 p283*

- Can you see any of your words?

Activity 4

- Make a peace display.

Ending the lesson

- Review the lesson and reflect on learning.

Extra activity

Reinforcement

- Play a mime game to review words about peace.

Digital resources

Teacher's Digital: You can also teach this lesson using the Teacher's App on Navio.

Pupil's Digital: Encourage your pupils to use the Pupil's App on Navio to practise the activities from this lesson.

Powered By NAVIO

Starting the lesson

Use the Trinity Exams Practice cards (optional).

- The pupils practise asking and answering questions.

Set learning outcomes and use the talk cards.

- Say **Today we're going to read about International Peace Day. We're also going to read a poem about peace. We're going to write our own poem about peace and make a display.**
- Point to the talk cards to show the pupils the different ways they will be working in the lesson.

Pupil's Book Activity 1

International Peace Day is celebrated every year all over the world. Different countries celebrate it on different dates. Do you celebrate International Peace Day in your school? What activities do you do?

- Read the instructions. Ask pupils what they know about International Peace Day. Ask **Do we celebrate International Peace Day in our school? What activities do we do?**

Pupil's Book Activity 2

Make a list of words about peace.

- Ask the pupils to think of words related to the topic of peace. The pupils work with a Talk Partner to make a list. Elicit the words from the class and make a collective list on the board.

Pupil's Book Activity 3

Listen and read the poem. Can you see any of your words?

▶ ***CD4 Track 34 p283***

- Point to the picture and ask **What can you see?**
- Say **Let's listen to a poem about peace.** Play the CD. The pupils listen and read, then check if any of their words from Activity 2 are included.
- Play the CD a second time, pausing after each line of the poem. The pupils repeat each line in turn.
- Finally, play the CD a third time. The pupils join in, saying the poem. If you wish, encourage the class to suggest actions for each line.

Pupil's Book Activity 4

Make a peace display.

- Focus the class on the activity and read out the instructions.
- Hand out the Festivals worksheet for this lesson.

Find out when the first International Peace Day was. ICT

- Read the instructions at the bottom of the page. Challenge the pupils to find the information on the Internet, in groups or as a homework activity.

Answer: The first International Peace Day was in 1982.

Ending the lesson

Review the lesson and reflect on learning.

- Say **Today we've read a poem about peace. Can you remember any of the lines from the poem?**
- Ask the class **Which was your favourite activity today? Which activity was easy / difficult?**

Extra activity

Reinforcement

- Ask a pupil to mime a word about peace. The rest of the class attempts to identify the word or action, e.g. *Is it (hug)?* The pupil answers *Yes, it is.* or *No, it isn't.* Repeat with different individual pupils.

Key Competences and Key Learning Outcomes

- Read short conversations and choose the correct responses
- Suggest a picture which is different and explain why
- Listen for specific information
- Read short definitions and match to words

- Review learning and reflect on progress
- Practise for A1 Movers Reading and Writing Parts 1 and 2, Speaking Part 3 and Listening Part 4

Key language
- review of unit vocabulary
- *a little, apple, banana, carrot, cheese, cinema, doctor, green beans, ice cream, parrot, pineapple, rabbit, soup, watermelon*
- *What would you like for lunch? I'd like (salad), please. Do you like (tomato soup)? Yes, I do. I'm going to add some onions to the soup. That's fine. Can you pass me (a bowl), please? Yes, of course. Here you are. Do you want to drink (water or orange juice)? I prefer (water). How much (soup) do you want? Just a little. We don't need any raisins. It's (between the cheese and the jam). This is (a vegetable).*

Materials
- Pupil's Book p115; Activity Book pp14, 102 and 111; Class CD4; Teacher's App on Navio
- Teacher's Resource Bank: Talk cards

Optional materials
- Teacher's Resource Bank: Trinity Exams Practice cards (selected from Unit 1)
- Ingredients flashcards

At a Glance Lesson Plan

Pupil's Book

Starting the lesson
- Use the Trinity Exams Practice cards (optional).
- **Think-Pair-Share.** Review ingredients vocabulary.
- Set learning outcomes and use the talk cards.
- Go to the Activity Book.

Activity 1
- Read the text and choose the best answer.

Activity 2
- Listen and follow.
- ▶ *CD4 Track 35 p283*
- Which picture is different in number 1?
- Why?

Activity 3
- Work with a partner.
- Which pictures are different in numbers 2, 3 and 4?
- Why?
- Go to the Activity Book.

External Exams Video
- Additional Cambridge Exams Practice Video: A1 Movers

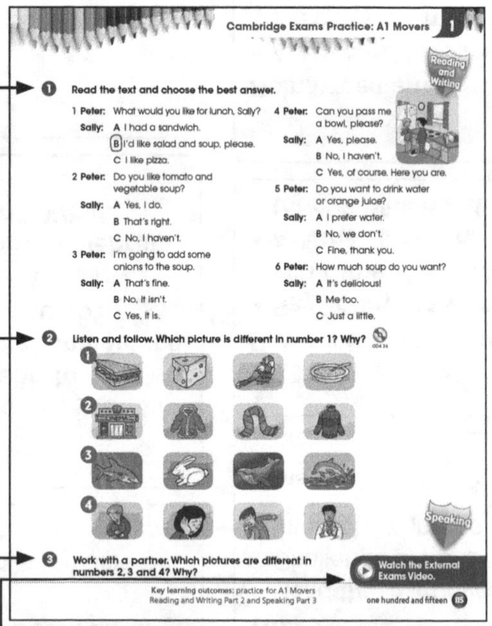
Cambridge Exams Practice: A1 Movers 1

1 Read the text and choose the best answer.

1 Peter: What would you like for lunch, Sally?
Sally: A I had a sandwich. B I'd like salad and soup, please. C I like pizza.
2 Peter: Do you like tomato and vegetable soup?
Sally: A Yes, I do. B That's right. C No, I haven't.
3 Peter: I'm going to add some onions to the soup.
Sally: A That's fine. B No, it isn't. C Yes, it is.
4 Peter: Can you pass me a bowl, please?
Sally: A Yes, please. B No, I haven't. C Yes, of course. Here you are.
5 Peter: Do you want to drink water or orange juice?
Sally: A I prefer water. B No, we don't. C Fine, thank you.
6 Peter: How much soup do you want?
Sally: A It's delicious! B Me too. C Just a little.

2 Listen and follow. Which picture is different in number 1? Why?

3 Work with a partner. Which pictures are different in numbers 2, 3 and 4? Why?

Watch the External Exams Video.

Key learning outcomes: practice for A1 Movers Reading and Writing Part 2 and Speaking Part 3

one hundred and fifteen 115

Ending the lesson
- Review the lesson and reflect on learning.

Extra activity

Reinforcement
- Prepare questions about the unit.

Activity Book

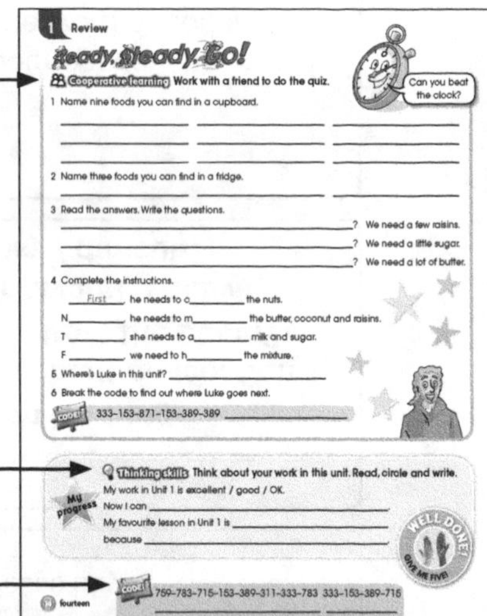
1 Review

Ready, Steady, Go!

Cooperative learning Work with a friend to do the quiz.

Can you beat the clock?

1 Name nine foods you can find in a cupboard.
2 Name three foods you can find in a fridge.
3 Read the answers. Write the questions.
? We need a few raisins.
? We need a little sugar.
? We need a lot of butter.
4 Complete the instructions.
First he needs to c___ the nuts.
N___ he needs to m___ the butter, coconut and raisins.
T___ she needs to a___ milk and sugar.
F___ we need to h___ the mixture.
5 Where's Luke in this unit?
6 Break the code to find out where Luke goes next.
333-153-871-153-389-389

My progress
Thinking skills Think about your work in this unit. Read, circle and write.
My work in Unit 1 is excellent / good / OK.
Now I can
My favourite lesson in Unit 1 is
because

WELL DONE!

759-783-715-153-389-311-333-783 333-153-389-715

14 fourteen

Activity Book page 14: Review
- Work with a friend to do the quiz.

My progress
- Think about your work in this unit.
- Read, circle and write.

Code activity
- Complete the code activity.

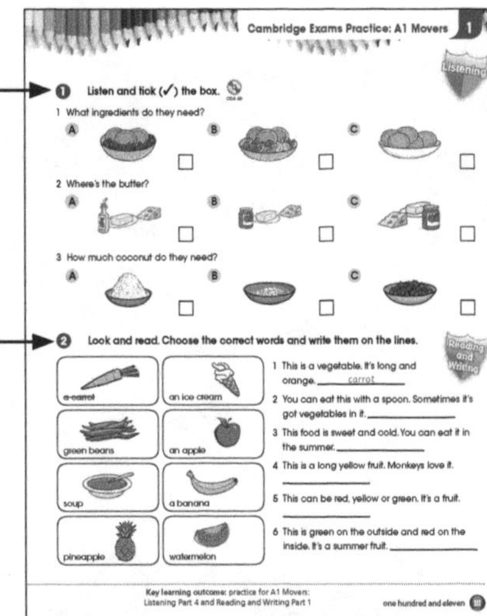
Cambridge Exams Practice: A1 Movers 1

1 Listen and tick (✓) the box.
1 What ingredients do they need?
2 Where's the butter?
3 How much coconut do they need?

2 Look and read. Choose the correct words and write them on the lines.
1 This is a vegetable. It's long and orange. carrot
2 You can eat this with a spoon. Sometimes it's got vegetables in it.
3 This food is sweet and cold. You can eat it in the summer.
4 This is a long yellow fruit. Monkeys love it.
5 This can be red, yellow or green. It's a fruit.
6 This is green on the outside and red on the inside. It's a summer fruit.

a carrot, an ice cream, green beans, an apple, soup, a banana, pineapple, watermelon

Key learning outcomes: practice for A1 Movers Listening Part 4 and Reading and Writing Part 1

one hundred and eleven 111

Activity Book page 111: Cambridge Exams Practice

Activity 1
- Listen and tick (✓) the box.
- ▶ *CD4 Track 46 p284*

Activity 2
- Look and read. Choose the correct words and write them on the lines.

Digital resources

Teacher's Digital: You can also teach this lesson using the Teacher's App on Navio.

Pupil's Digital: Encourage your pupils to use the Pupil's App on Navio to practise the activities from this lesson.

Powered By NAVIO

Detailed Lesson Plan

Starting the lesson

Use the Trinity Exams Practice cards (optional).

- The pupils practise asking and answering questions with the Unit 1 cards.

Think-Pair-Share. Review ingredients vocabulary.

- Ask **Can you remember the ingredients vocabulary?** The class think silently for a minute.
- Then the pupils work with a Talk Partner to name the ingredients.
- Invite different Talk Partners to say a different word. Hold up the corresponding flashcard and prompt the class to repeat the word. Repeat the procedure, asking different pairs of Talk Partners each time.

Set learning outcomes and use the talk cards.

- Say **Today we're going to practise activities for an exam and remember what we've learnt in Unit 1.**
- Point to the talk cards to show the pupils the different ways they will be working in the lesson.

Activity Book page 14: Review

Work with a friend to do the quiz.

- Explain that they are going to do a quiz with a Talk Partner (10–15 minutes).
- Read out the tasks. Then say **Ready, steady, go!**
- Check and correct the answers as a class.

Answers: **1** Nine from: biscuits, chocolate chips, coconut, flour, jam, nuts, oil, raisins, salt, sugar **2** Three from: milk, butter, cream, jam **3** How many raisins do we need? How much sugar do we need? How much butter do we need? **4** First, chop, Next, mix, Then, add, Finally, heat **5** New York **6** Hawaii

My progress

Think about your work in this unit. Read, circle and write.

- Prompt the pupils to say what they can do after studying Unit 1. Ask **What can you talk about? What can you write?** The pupils complete the three sentences.

Code activity

Answer: straight hair

Pupil's Book Activity 1

Read the text and choose the best answer.

- The pupils read the excerpts from six different conversations. They choose the best response.

Answers: **1** B **2** A **3** A **4** C **5** A **6** C

Pupil's Book Activity 2

Listen and follow. Which picture is different in number 1? Why?

▶ ***CD4 Track 35 p283***

- Ask the pupils to look at the four pictures in number 1. Ask which picture they think is different.
- Play the CD. The pupils listen and confirm which picture is different and why.

Answer: **1** parrot (the others are food)

Pupil's Book Activity 3

Work with a partner. Which pictures are different in numbers 2, 3 and 4? Why?

- Ask the pupils to look at the four pictures in numbers 2, 3 and 4. Elicit vocabulary. Pupils work together to decide which picture is different in each set.

Answers: **2** cinema (the others are clothes) **3** rabbit (the others are sea animals) **4** doctor (the others are illnesses)

External Exams Video

Additional Cambridge Exams Practice Video: A1 Movers (optional).

- Additional external exams preparation material, including videos, worksheets and practice tests, can be found in the Teacher's Resource Bank on Navio.

Cambridge Exams Practice: A1 Movers 1: Activity Book page 111

Activity 1

Listen and tick (✓) the box.

▶ ***CD4 Track 46 p284***

- Ask the pupils to describe the first set of pictures.
- Play the CD. The pupils listen and tick the correct boxes.

Answers: **1** B **2** B **3** B

Activity 2

Look and read. Choose the correct words and write them on the lines.

- Ask a pupil to read out the items in the boxes.
- The pupils read the definitions and write the matching words.
- Check the activity as a class.

Answers: **1** a carrot **2** soup **3** an ice cream **4** a banana **5** an apple **6** watermelon

Ending the lesson

Review the lesson and reflect on learning.

- Say **Today we've practised activities for an exam and remembered what we've learnt in Unit 1.**
- Ask the class **Which was your favourite activity?**

Extra activity

Reinforcement

- The pupils prepare three questions about the unit with a Talk Partner. Then reorganise the class into new Talk Partners. They ask and answer the questions.

Activity Book page 102: Vocabulary and Grammar Practice

Answers: **1.1** coconut **1.2** nuts **1.3** sugar **1.4**. cream **1.5** flour
2.1 pour **2.2** chop **2.3** stir **2.4** add **2.5** mix **2.6** heat
3.1 How much oil does she need? She needs a lot of oil. **3.2** How many raisins do they need? They need a few raisins. **3.3** How much jam does he need? He needs a little jam.
4.1 What do we need to stir? **4.2** What does she need to add? **4.3** What do I need to chop? **4.4** What do they need to heat?

Key Competences and Key Learning Outcomes

- Read, understand and complete a factual text
- Understand the beginning of a story and then continue it based on a series of pictures
- Listen for words, colours and specific information
- Read for specific information and gist

- Review learning and reflect on progress
- Practise for A1 Movers Reading and Writing Parts 3 and 4, Speaking Part 2 and Listening Part 5

Key language
- review of unit vocabulary
- *at the front, baby, backpack, bag, bears, big, blue, boys, brown, butterfly, cage, cooks, family, flat, girls, hair, hand, happy, hat, kangaroos, lions, maths, mother, naughty, next door, next to, on the left / right, panda, pizza, playing, purple, red, sad, school, sunny, table, take back, tall, T-shirt, won a prize, zoo*
- *She (wrote a story) when she was (five years old). Kelly and her family look at the pandas. The mother panda is sad. Can you see the (man next to the table)? Colour (his hair brown).*

Materials
- Pupil's Book p116; Activity Book pp24, 103 and 112; Class CD4; Teacher's App on Navio
- Teacher's Resource Bank: Talk cards
- Coloured pencils

Optional materials
- Teacher's Resource Bank: Trinity Exams Practice cards (selected from Unit 2)

At a Glance Lesson Plan

Pupil's Book

Starting the lesson
- Use the Trinity Exams Practice cards (optional).
- Review past activities.
- Set learning outcomes and use the talk cards.

Go to the Activity Book.

Activity 1
- Read the text.
- Choose the right words and write them in your notebook.

Activity 2
- Listen and look.

▶ *CD4 Track 36 p283*
- What's happening in picture 1?

Activity 3
- Work with a partner.
- Tell the story.

Activity 4
- Now listen to the story.

▶ *CD4 Track 37 p284*

Go to the Activity Book.

External Exams Video
- Additional Cambridge Exams Practice Video: A1 Movers.

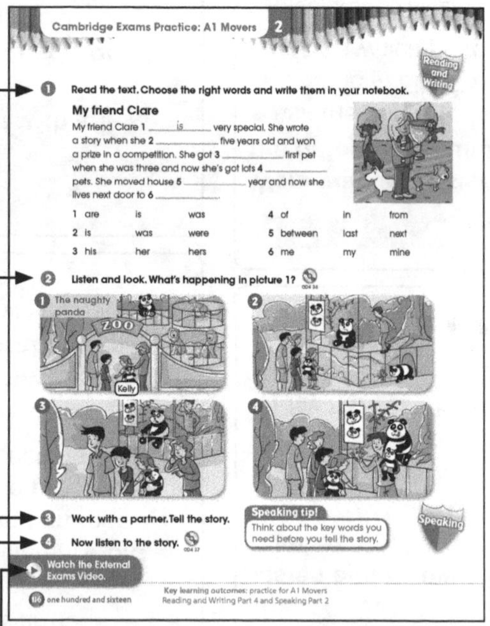

Ending the lesson
- Review the lesson and reflect on learning.

Extra activity

Reinforcement
- Prepare questions about the unit.

Activity Book

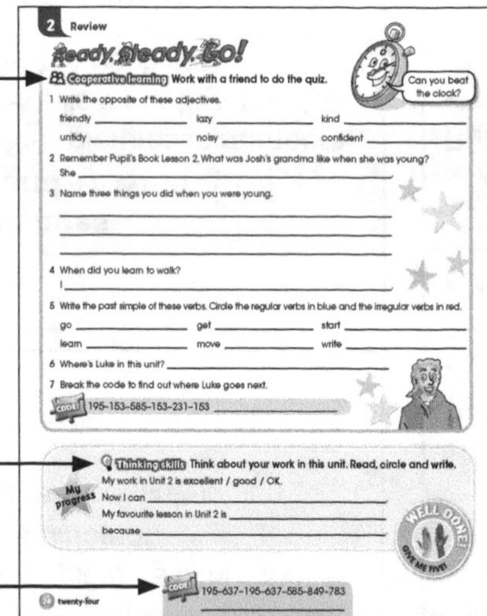

Activity Book page 24: Review
- Work with a friend to do the quiz.

My progress
- Think about your work in this unit.
- Read, circle and write.

Code activity
- Complete the code activity.

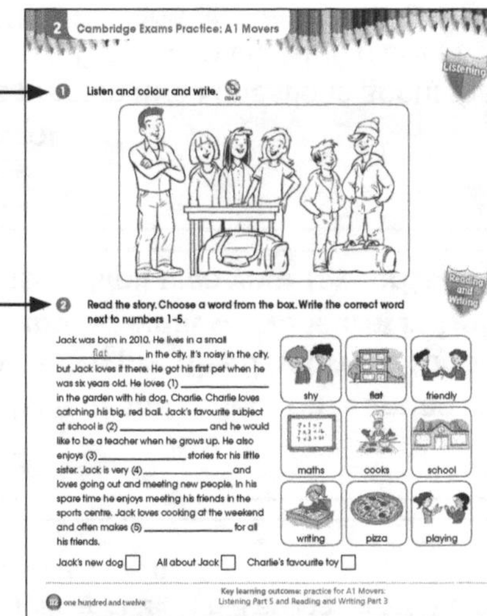

Activity Book page 112: Cambridge Exams Practice

Activity 1
- Listen and colour and write.

▶ *CD4 Track 47 p284*

Activity 2
- Read the story. Choose a word from the box. Write the correct word next to numbers 1–5.

Digital resources

Teacher's Digital: You can also teach this lesson using the Teacher's App on Navio.

Pupil's Digital: Encourage your pupils to use the Pupil's App on Navio to practise the activities from this lesson.

Powered By NAVIO

Starting the lesson

Use the Trinity Exams Practice cards (optional).
- The pupils practise asking and answering questions using the Unit 2 cards.

Review past activities.
- (Books closed.) Say **Can you guess what I did when I was small?** Review different actions by miming the action. Encourage the pupils to guess.

Set learning outcomes and use the talk cards.
- Say **Today we're going to practise activities for an exam and remember what we've learnt in Unit 2.**
- Point to the talk cards to show the pupils the different ways they will be working in the lesson.

Activity Book page 24: Review

Work with a friend to do the quiz.
- Explain that they are going to do a quiz with a Talk Partner (10–15 minutes).
- Read out the tasks. Then say **Ready, steady, go!**
- Check and correct the answers as a class.

Answers: **1** unfriendly, active, unkind, tidy, quiet, shy **2** She was untidy, shy and active. **5** Irregular: went, got, learnt, wrote; Regular: started, moved **6** Hawaii **7** Canada

My progress
Think about your work in this unit.
Read, circle and write.
- Prompt the class to say what they can do after studying Unit 2. The pupils complete the sentences.

Code activity

Answer: coconut

Pupil's Book Activity 1

Read the text. Choose the right words and write them in your notebook.
- Point to the image of the girl. Tell the pupils that the girl is called Clare. The pupils read the text. They choose the best words to complete the text. Check the answers as a class.

Answers: **1** is **2** was **3** her **4** of **5** last **6** me

Pupil's Book Activity 2

Listen and look. What's happening in picture 1?
▶ *CD4 Track 36 p283*
- Explain that the four pictures tell a story, and that they should look at each picture to get a general idea of the story.
- Explain to pupils that they are going to listen to a description of the first picture in the story only.
- Play the CD. Elicit what is happening in picture 1.

Pupil's Book Activity 3

Work with a partner. Tell the story.
- The pupils work in pairs to tell the story.
- Point to the Speaking tip and encourage the pupils to think about the keywords they will need by looking at the pictures before telling the story.

Pupil's Book Activity 4

Now listen to the story.
▶ *CD4 Track 37 p284*
- Play the CD for the pupils to listen to the story in full.
- Ask **Who looks at the pandas?** (*Kelly and her family*)
- Ask the class to compare their ideas to those in the audio.

External Exams Video

Additional Cambridge Exams Practice Video: A1 Movers (optional).
- Additional external exams preparation material, including videos, worksheets and practice tests, can be found in the Teacher's Resource Bank on Navio.

Cambridge Exams Practice: A1 Movers 2: Activity Book page 112

Activity 1
Listen and colour and write.
▶ *CD4 Track 47 p284*
- Explain to the class that they are going to listen to some instructions. They need to find out how to colour the drawing and where to write a word.
- Play the CD. The pupils listen, colour and write the word.

Answers: **1** the man's hair, brown **2** big bag, blue **3** bag, write 'tennis' **4** T-shirt of girl on right, red **5** hat of tall boy, purple

Activity 2
Read the story. Choose a word from the box. Write the correct word next to numbers 1–5.
- Pupils read the text and write the missing words.
- When they have finished, the pupils choose the best name for the story by ticking the box.

Answers: **1** playing **2** maths **3** writing **4** friendly **5** pizza
Title: All about Jack

Ending the lesson

Review the lesson and reflect on learning.
- Say **Today we've practised activities for an exam and remembered what we've learnt in Unit 2.**
- Ask the class **Which was your favourite activity?**

Extra activity

Reinforcement
- The pupils prepare three questions about the unit with a Talk Partner. Then reorganise the class into new Talk Partners. They ask and answer the questions.

Activity Book page 103: Vocabulary and Grammar Practice

Answers: **1.1** He's very kind. **1.2** She's very active. **1.3** She's very loud. **1.4** He's very untidy.
2.1 d, learn to walk **2.2** a, start nursery school **2.3** f, move house **2.4** b, get a pet **2.5** e, go on a plane **2.6** c, write a story
3.1 He was tidy when he was young. **3.2** They weren't lazy when they were young. **3.3** He was quiet when he was young. **3.4** She wasn't shy when she was young.
4.1 She learnt to walk when she was one. **4.2** She went on a plane when she was five. **4.3** She wrote a story when she was seven. **4.4** She moved house when she was eight.

Key Competences and Key Learning Outcomes

- Complete sentences, respond to questions and write sentences about a picture
- Identify and describe differences between two pictures
- Listen for names, spellings and other information
- Read and understand a factual text

LEARN

- Review learning and reflect on progress
- Practise for A1 Movers Reading and Writing Parts 4 and 6, Speaking Part 1 and Listening Part 2

Key language

- review of unit vocabulary
- *Africa, Asia, beard, black, blue, boy, bus, café, carnivore, chef, chocolate, classes, climb trees, dad, day, dinosaurs, duck, fruit, girl, green beans, in danger, (orange) juice, man, milkshakes, moustache, museum, parrot, place, potatoes, red, Saturday, school trip, shoes, snail, statues, strawberry, table, tigers, T-shirt, waiter, water, wild, woman, zoo*; numbers 1–50
- *There are (two snails on the table). (Dad) is (wearing black shoes). What's (the parrot) doing? Where's (the duck)? (The man has got a beard and a moustache) in picture A, but (he hasn't got a beard or a moustache) in picture B. When did you (go to the museum)? Where is (the museum)? How many (children) were there? Did you (walk)? How did you get there? There were (lots of tigers). Tigers come from Asia.*

Materials

- Pupil's Book p117; Activity Book pp34, 104 and 113; Class CD4; Teacher's App on Navio
- Prehistoric times flashcards
- Teacher's Resource Bank: Talk cards

Optional materials

- Teacher's Resource Bank: Trinity Exams Practice cards (selected from Unit 3)

At a Glance Lesson Plan

Pupil's Book

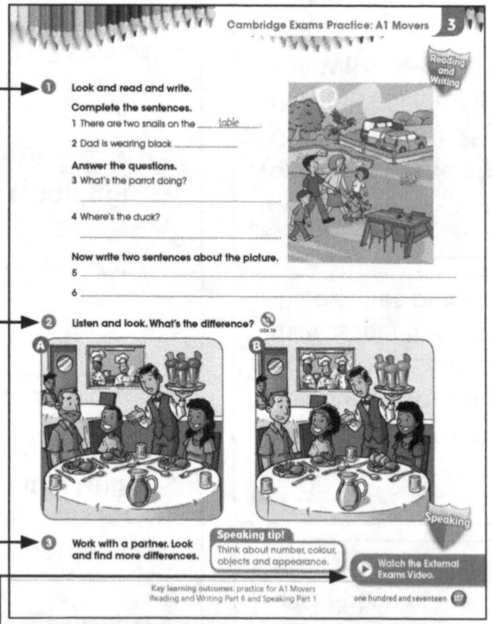

Starting the lesson

- Use the Trinity Exams Practice cards (optional).
- **Think-Pair-Share.** Review prehistoric times vocabulary.
- Set learning outcomes and use the talk cards.

Go to the Activity Book.

Activity 1

- Look and read and write.

Activity 2

- Listen and look.
- What's the difference?

▶ *CD4 Track 38 p284*

Activity 3

- Work with a partner.
- Look and find more differences.

External Exams Video

- Additional Cambridge Exams Practice Video: A1 Movers

Ending the lesson

- Review the lesson and reflect on learning.

Extra activity

Reinforcement

- Prepare questions about the unit.

Activity Book

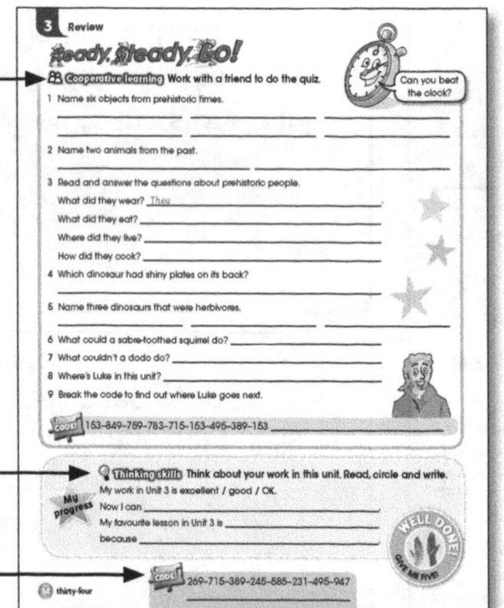

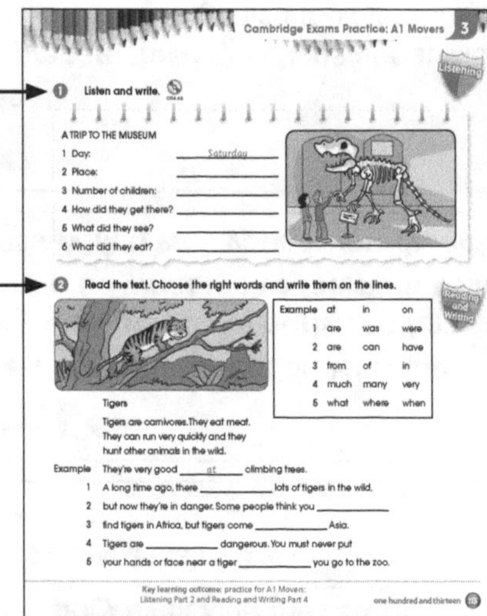

Activity Book page 34: Review

- Work with a friend to do the quiz.

My progress

- Think about your work in this unit.
- Read, circle and write.

Code activity

- Complete the code activity.

Activity Book page 113: Cambridge Exams Practice

Activity 1

- Listen and write.

▶ *CD4 Track 48 p285*

Activity 2

- Read the text.
- Choose the right words and write them on the lines.

Digital resources

Teacher's Digital: You can also teach this lesson using the Teacher's App on Navio.

Pupil's Digital: Encourage your pupils to use the Pupil's App on Navio to practise the activities from this lesson.

Powered By NAVIO

Detailed Lesson Plan

Starting the lesson

Use the Trinity Exams Practice cards (optional).

- The pupils practise asking and answering questions.

Think-Pair-Share. Review prehistoric times vocabulary.

- Ask **Can you remember the prehistoric times vocabulary?** The class thinks silently for a minute.
- The pupils work in pairs to name the items.
- Invite different Talk Partners to say a different object. Hold up the corresponding flashcard and prompt the class to repeat the word. Repeat the procedure, asking different pairs each time.

Set learning outcomes and use the talk cards.

- Say **Today we're going to practise activities for an exam and remember what we've learnt in Unit 3.**
- Point to the talk cards to show the pupils the different ways they will be working in the lesson.

Activity Book page 34: Review

Work with a friend to do the quiz.

- Explain that they are going to do a quiz with a Talk Partner (10–15 minutes).
- Read out the tasks. Then say **Ready, steady, go!**
- Check and correct the answers as a class.

Answers: **1** Six from: cave, basket, axe, spear, knife, bones, hammer, fire, bowl, tools, fossil, fur **2** Two from: sabre-toothed tiger, giant ground sloth, prehistoric armadillo, dodo, sabre-toothed squirrel, woolly mammoth **3** They wore fur. They ate meat and fish. They lived in caves. They cooked with fire. **4** stegosaurus **5** stegosaurus, diplodocus, triceratops **6** climb trees / run **7** swim / fly **8** Canada **9** Australia

My progress

Think about your work in this unit.

Read, circle and write.

- Prompt the class to say what they can do after studying Unit 3. The pupils complete the sentences.

Code activity

Answer: friendly

Pupil's Book Activity 1

Look and read and write.

- The pupils look at the picture, then complete the sentences and answer the questions. They then write two sentences about the picture.

Answers: **1** table **2** shoes **3** It's flying. **4** It's in the pond.

Pupil's Book Activity 2

Listen and look. What's the difference?

▶ *CD4 Track 38 p284*

- Explain to pupils that they are going to listen to a description of one difference between the two pictures.
- Play the CD while the pupils look at the pictures. Say **What's the difference?** (*The man has got a beard and a moustache in picture A, but he hasn't got a beard or a moustache in picture B.*)

Pupil's Book Activity 3

Work with a partner. Look and find more differences.

- The pupils work in pairs to identify seven more differences between the pictures. Ask a pupil to read the Speaking tip. Elicit the differences from the class.

Answers: **1** There are two chefs in picture A, but there are three chefs in picture B. **2** There's a boy in picture A, but there's a girl in picture B. **3** The waiter has got chocolate ice creams in picture A, but he's got strawberry ice creams in picture B. **4** The woman is wearing a blue T-shirt in picture A, but she's wearing a red T-shirt in picture B. **5** There's some juice in picture A, but there's some water in picture B. **6** The woman's got green beans in picture A, but she's got potatoes in picture B. **7** The man has got a knife in picture A, but he hasn't got a knife in picture B.

External Exams Video

Additional Cambridge Exams Practice Video: A1 Movers (optional).

- Additional external exams preparation material, including videos, worksheets and practice tests, can be found in the Teacher's Resource Bank on Navio.

Cambridge Exams Practice: A1 Movers 3: Activity Book page 113

Activity 1

Listen and write.

▶ *CD4 Track 48 p285*

- Play the CD, pausing after the first exchange. Check the answer with the class. Repeat the procedure.

Answers: **1** Saturday **2** Upton **3** 43 **4** by bus **5** dinosaurs **6** fruit

Activity 2

Read the text. Choose the right words and write them on the lines.

- The pupils work on their own to read and write the words in the activity.

Answers: at **1** were **2** can **3** from **4** very **5** when

Ending the lesson

Review the lesson and reflect on learning.

- Say **Today we've practised activities for an exam and remembered what we've learnt in Unit 3.**
- Ask the class **Which was your favourite activity?**

Extra activity

Reinforcement

- In pairs, the pupils prepare three questions about the unit and then change partners to ask and answer.

Activity Book page 104: Vocabulary and Grammar Practice

Answers: **1.1** fur, d **1.2** spears, a **1.3** caves, c
1.4. fire, b **1.5** tools, e
2.1 dodo **2.2** woolly mammoth **2.3** armadillo
2.4 sabre-toothed tiger
3.1 Where did they live?, d **3.2** When did they live?, c
3.3 What did they wear?, e **3.4** How did they cook?, a
3.5 What did they eat?, b
4.1 They could run. **4.2** They couldn't climb.
4.3 They couldn't jump. **4.4** They could walk.

Key Competences and Key Learning Outcomes

- Read and complete a continuous dialogue
- Understand and respond to personal questions
- Listen for words, colours and specific information
- Read and understand a factual text

LEARN
- Review learning and reflect on progress
- Practise for A2 Flyers Reading and Writing Part 2 and Speaking Part 4 and A1 Movers Listening Part 5 and Reading and Writing Part 4

Key language
- review of unit vocabulary
- *bag, balls, banana, bed, biggest, blue, book, busy, by car, by train, children, girls, green, hair, helicopter, long, mat, modern, next to, on, on the left, plant, quite, red, robot, shelf, shorts, smallest, space station, sport, table, team, teddy bear, third, transport, T-shirt, under, warm*
- *Which is the (most modern rocket)? Which forms of transport do you use? I (always) go to school (by car). I travel (by train). Tell me about (your favourite form of transport). My favourite form of transport is (the helicopter). Colour (the teddy bear) (red). That's right. Can you write the word (sport) on it? Can I colour (the smallest) one? This is the (third) planet from the Sun.*
- question words

Materials
- Pupil's Book p118; Activity Book pp46, 105 and 114; Class CD4; Teacher's App on Navio
- Teacher's Resource Bank: Talk cards
- Coloured pencils (red, blue, green)

Optional materials
- Teacher's Resource Bank: Trinity Exams Practice cards (selected from Unit 4)

At a Glance Lesson Plan

Pupil's Book

Starting the lesson
- Use the Trinity Exams Practice cards (optional).
- Set learning outcomes and use the talk cards.

Go to the Activity Book.

Activity 1
- Read the conversation and choose the best answer. Write a letter (A–H) for each answer.

Activity 2
- Listen and follow.
- What's the missing information?

▶ *CD4 Track 39 p284*

Activity 3
- Work with a partner. Act out the dialogue.

Go to the Activity Book.

External Exams Video
- Additional Cambridge Exams Practice Video: A2 Flyers

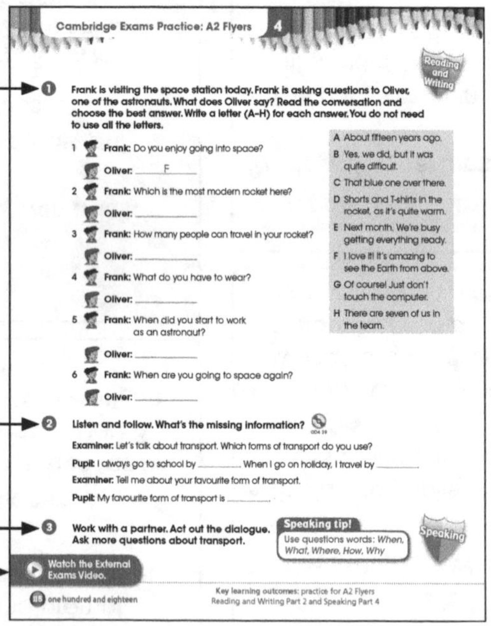

Ending the lesson
- Review the lesson and reflect on learning.

Activity Book

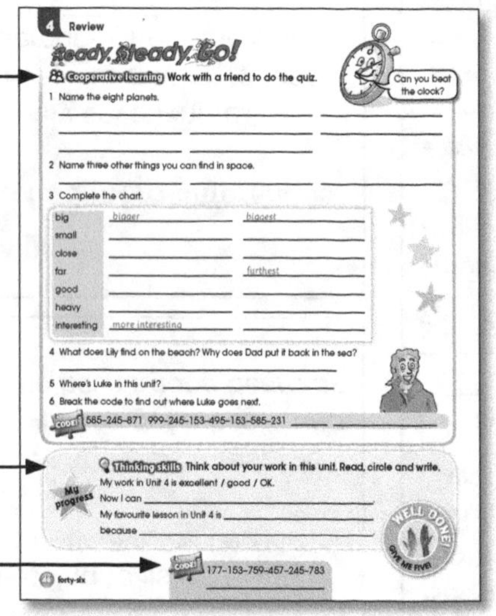

Activity Book page 46: Review
- Work with a friend to do the quiz.

My progress
- Think about your work in this unit. Read, circle and write.

Code activity
- Complete the code activity.

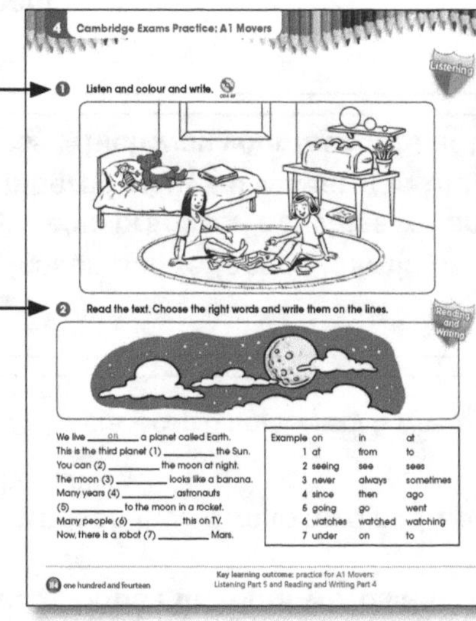

Activity Book page 114: Cambridge Exams Practice

Activity 1
- Listen and colour and write.

▶ *CD4 Track 49 p285*

Activity 2
- Read the text.
- Choose the right words and write them on the lines.

Digital resources

Teacher's Digital: You can also teach this lesson using the Teacher's App on Navio.

Pupil's Digital: Encourage your pupils to use the Pupil's App on Navio to practise the activities from this lesson.

Powered By NAVIO

Starting the lesson

Use the Trinity Exams Practice cards (optional).

- The pupils practise asking and answering questions using the Unit 4 cards.

Set learning outcomes and use the talk cards.

- Say **Today we're going to practise activities for an exam and we're going to remember what we've learnt in Unit 4.**

Activity Book page 46: Review

Work with a friend to do the quiz.

- Explain that they are going to do a quiz with a Talk Partner (10–15 minutes).
- Read out the tasks. Then say **Ready, steady, go!**
- Check and correct the answers as a class.

Answers: **1** Mercury, Venus, Earth, Mars, Jupiter, Saturn, Uranus, Neptune **2** Three from: meteorites, comets, moons, asteroid belt, stars **3** bigger/biggest, smaller/smallest, closer/closest, further/furthest, better/best, heavier/heaviest, more interesting/most interesting **4** starfish, it needs water to live **5** Australia **6** New Zealand

My progress

Think about your work in this unit.

Read, circle and write.

- Prompt the pupils to say what they can do after studying Unit 4. The pupils complete the sentences.

Code activity

Answer: basket

Pupil's Book Activity 1

Frank is visiting the space station today. Frank is asking questions to Oliver, one of the astronauts. What does Oliver say? Read the conversation and choose the best answer. Write a letter (A–H) for each answer. You do not need to use all the letters.

- Point to the pictures of the boy and the man and ask the pupils for their names (*Frank and Oliver*). The pupils must read and choose the correct response (A–H) from the blue box. Explain that there are **two** responses they won't need to use.
- Go through the first question and point to the corresponding response (F) in the blue box. The pupils work on their own.

Answers: **1** F **2** C **3** H **4** D **5** A **6** E

Pupil's Book Activity 2

Listen and follow. What's the missing information?

▸ *CD4 Track 39 p284*

- Explain to the pupils that they are going to listen to an examiner and a pupil doing the Speaking test. Play the CD, pausing to allow the pupils to write the missing information. Play the CD again to check answers as a class.

Answer: car, train, the helicopter

Pupil's Book Activity 3

Work with a partner. Act out the dialogue. Ask more questions about transport.

- Explain that they should work in pairs to act out the dialogue in Activity 2 first, each taking turns to be the examiner or the pupil. Play the CD again, if necessary.
- Focus the pupils' attention on the Speaking tip and explain that they should also ask and answer more questions about transport using question words.
- Organise the pupils into Talk Partners. The pupils take it in turns to act out the dialogue.

External Exams Video

Additional Cambridge Exams Practice Video: A2 Flyers (optional).

- Additional external exams preparation material, including videos, worksheets and practice tests, can be found in the Teacher's Resource Bank on Navio.

Cambridge Exams Practice: A1 Movers 4: Activity Book page 114

Activity 1

Listen and colour and write.

▸ *CD4 Track 49 p285*

- Explain that they will listen to a conversation between a woman and a girl. The woman asks the girl to colour different things in the picture and to write a word.
- Play the CD, pausing for the pupils to colour the teddy bear. Repeat the procedure with the other exchanges. Check answers.

Answers: **1** colour teddy bear red **2** write 'sport' on bag **3** colour T-shirt of girl on left blue **4** colour biggest ball green **5** draw a book under the bed

Activity 2

Read the text. Choose the right words and write them on the lines.

- Read the list of words in the word box as a class.
- Then read out the complete text. The pupils listen and read, but do not say the missing words at this point.
- The pupils work in pairs and write in the missing words. Check the activity as a class.

Answers: **1** from **2** see **3** sometimes **4** ago **5** went **6** watched **7** on

Ending the lesson

Review the lesson and reflect on learning.

- Say **Today we've practised activities for an exam and remembered what we've learnt in Unit 4.**

Activity Book page 105: Vocabulary and Grammar Practice

Answers: **1.1** planets **1.2** Neptune **1.3** astronaut **1.4.** Mercury **1.5** Venus **mystery word:** space

2 powerful, modern, heavy, shiny, expensive

3.1 Venus is the hottest planet. **3.2** Mercury is the smallest planet. **3.3** Jupiter is the biggest planet. **3.4** Neptune is the furthest planet (from the Sun).

4.1 Asteroid Challenger is the most expensive rocket. **4.2** Venus Venturer is the heaviest rocket. **4.3** Space Explorer is the most powerful rocket. **4.4** Space Explorer is the most modern rocket.

Key Competences and Key Learning Outcomes

- Read definitions and match them to words
- Identify and describe differences between two pictures
- Listen for names and descriptions
- Read and understand a short text

- Review learning and reflect on progress
- Practise for A2 Flyers Reading and Writing Parts 1 and 6, Speaking Part 1 and Listening Part 1

Key language

- review of unit vocabulary
- *animal, astronaut, beach, blonde, boat, bones, bowl, brightly, brown, butterfly, camera, cheese, cold, cooker, dinosaurs, drink water, dry, eat a sandwich, extinct, flour, fly, fly a kite, fork, fridge, glasses, heat, in, insect, kitchen, last year / week, long, museum, next to, notebook, on, paper, pen, plastic, ponytail, rocket, sailing, salt, sandwich, sea, shell, short, shorts, silver, slowly, snail, soup, south, spoon, spoon, sport, summer, sunny, telephone, throw a ball, towel, transport, tree, vegetables, wings, wood, write letters*
- *You can eat this on a sandwich. You need a boat to do this sport. This is used for keeping food cool. (The children are playing table tennis) in picture A, but (the children are having a picnic) in picture B. Is he (drinking water)? He's (eating a sandwich). Can you see my friend (William)? I went on holiday. I'm going to write letters.*

Materials

- Pupil's Book p119; Activity Book pp56, 106 and 115; Class CD4; Teacher's App on Navio
- Teacher's Resource Bank: Talk cards

Optional materials

- Teacher's Resource Bank: Trinity Exams Practice cards (selected from Unit 5)
- Free-time activities flashcards

At a Glance Lesson Plan

Pupil's Book

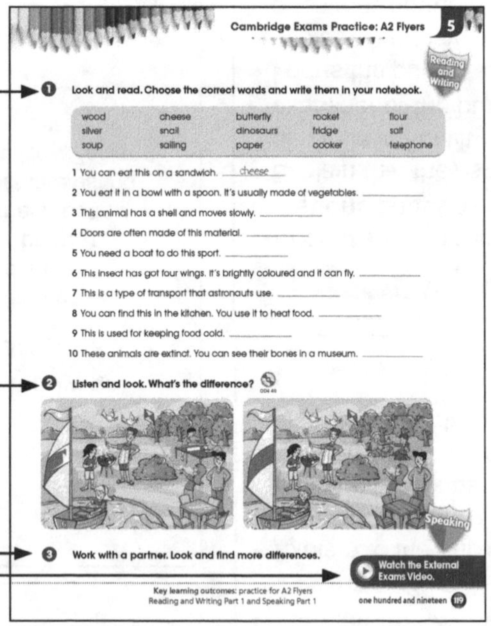

Starting the lesson

- Use the Trinity Exams Practice cards (optional).
- **Think-Pair-Share.** Review free-time activities vocabulary.
- Set learning outcomes and use the talk cards.

Go to the Activity Book.

Activity 1

- Look and read.
- Choose the correct words and write them in your notebook.

Activity 2

- Listen and look.
- ▶ *CD4 Track 40 p284*
- What's the difference?

Activity 3

- Work with a partner.
- Look and find more differences.

Go to the Activity Book.

External Exams Video

- Additional Cambridge Exams Practice Video: A2 Flyers

Ending the lesson

- Review the lesson and reflect on learning.

Activity Book

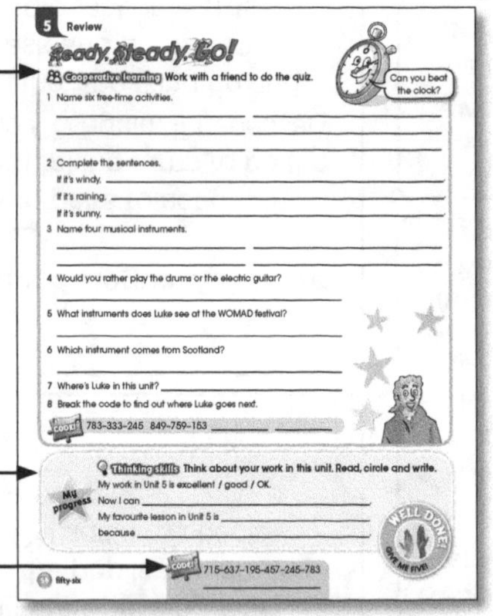

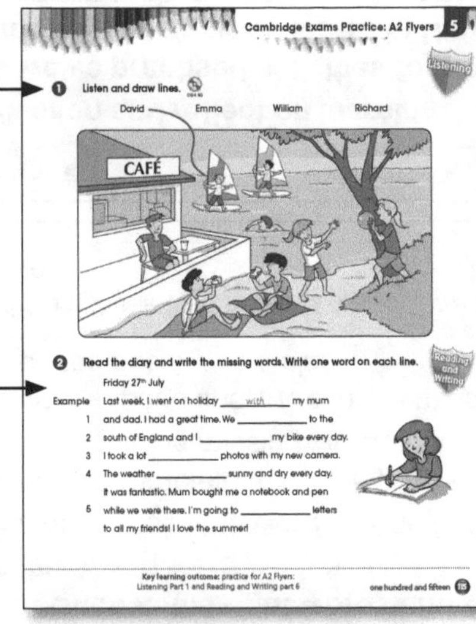

Activity Book page 56: Review

- Work with a friend to do the quiz.

My progress

- Think about your work in this unit.
- Read, circle and write.

Code activity

- Complete the code activity.

Activity Book page 115: Cambridge Exams Practice

Activity 1

- Listen and draw lines.
- ▶ *CD4 Track 50 p285*

Activity 2

- Read the diary and write the missing words.
- Write one word on each line.

Digital resources

Teacher's Digital: You can also teach this lesson using the Teacher's App on Navio.

Pupil's Digital: Encourage your pupils to use the Pupil's App on Navio to practise the activities from this lesson.

Powered By NAVIO

Detailed Lesson Plan

Starting the lesson

Use the Trinity Exams Practice cards (optional).

- The pupils practise asking and answering questions.

Think-Pair-Share. Review free-time activities vocabulary.

- Ask **Can you remember the free-time activities vocabulary?** The class thinks silently for a minute.
- Then the pupils work with a Talk Partner to name the free-time activities.
- Invite different Talk Partners to say a different activity. Hold up the corresponding flashcard and prompt the class to repeat the word.

Set learning outcomes and use the talk cards.

- Say **Today we're going to practise activities for an exam and remember what we've learnt in Unit 5.**

Activity Book page 56: Review

Work with a friend to do the quiz.

- Explain that they are going to do a quiz with a Talk Partner (10–15 minutes).
- Read out the tasks. Then say **Ready, steady, go!**
- Check and correct the answers as a class.

Answers: **1** Six from: go sailing/windsurfing/hiking/shopping/bowling/horse riding, have a barbecue/a picnic/an ice lolly, ride a mountain bike, make a cake, play table tennis **3** Four from: drums, xylophone, keyboard, tambourine, electric guitar, cymbals **5** bagpipes, sitar, steel pan/drum, didgeridoo **6** bagpipes **7** New Zealand **8** The USA

My progress

Think about your work in this unit.

Read, circle and write.

- Say **Now you're going to think about your work.**
- Prompt the pupils to say what they can do after studying Unit 5. The pupils complete the sentences.

Code activity

Answer: rocket

Pupil's Book Activity 1

Look and read. Choose the correct words and write them in your notebook.

- The pupils work with a Talk Partner to read the definitions and write the matching word.

Answers: **1** cheese **2** soup **3** snail **4** wood **5** sailing **6** butterfly **7** rocket **8** cooker **9** fridge **10** dinosaurs

Pupil's Book Activity 2

Listen and look. What's the difference?

▶ *CD4 Track 40 p284*

- Play the CD while the pupils look at the pictures. Ask **What's the difference?** (*The children are playing table tennis in picture A, but the children are having a picnic in picture B.*)

Pupil's Book Activity 3

Work with a partner. Look and find more differences.

- The pupils work in pairs to identify four more differences between the pictures. Elicit answers.

Answers: **1** The girl in the boat has got long, blonde hair in picture A, but she's got short, brown hair in picture B. **2** The man has got glasses in picture A, but he hasn't got glasses in picture B. **3** The girl has got a spoon in picture A, but she's got a fork in picture B. **4** The table and chairs are made of plastic in picture A, but they're made of wood in picture B.

External Exams Video

Additional Cambridge Exams Practice Video: A2 Flyers (optional).

- Additional external exams preparation material, including videos, worksheets and practice tests, can be found in the Teacher's Resource Bank on Navio.

Cambridge Exams Practice: A2 Flyers 5: Activity Book page 115

Activity 1

Listen and draw lines.

▶ *CD4 Track 50 p285*

- Ask **What can you see?** Explain that they are going to match four names to four children in the picture.
- Play the CD for the pupils to listen and draw a matching line.

Answers: **David:** boy windsurfing with long shorts (on left) **Emma:** girl with ball **Richard:** boy eating sandwich **William:** boy sitting down at the café

Activity 2

Read the diary and write the missing words. Write one word on each line.

- Read out the diary, pausing at the first gap. The pupils suggest a word to complete the sentence. Repeat for the remaining gaps.
- The pupils complete the text individually.

Answers: **1** went **2** rode **3** of **4** was **5** write

Ending the lesson

Review the lesson and reflect on learning.

- Say **Today we've practised activities for an exam and remembered what we've learnt in Unit 5.**

Activity Book page 106: Vocabulary and Grammar Practice

Answers: **1.1** d, have a picnic **1.2** e, play table tennis **1.3** a, ride a mountain bike **1.4.** b, make a cake **1.5** c, go windsurfing

2.1 cymbals **2.2** keyboard **2.3** drums **2.4** tambourine **2.5** xylophone **2.6** electric guitar

3.1 If it's raining, we can watch TV. **3.2** If it's sunny, we can go horse riding. **3.3** If it's windy, we can go windsurfing. **3.4** If it's sunny, we can have a barbecue.

4.1 I'd rather (play the cymbals) than (sing). **4.2** I'd rather play the (xylophone) than the (drums). **4.3** I'd rather play the (tambourine) than the (electric guitar). **4.4** I'd rather play the (keyboard) than the (cymbals).

Key Competences and Key Learning Outcomes

- Read for specific information and gist
- Understand the beginning of a story and then continue it based on a series of pictures
- Listen for names, spellings and other information
- Read and complete a continuous conversation

- Review learning and reflect on progress
- Practise for A2 Flyers Reading and Writing Parts 2 and 3, Speaking Part 3 and Listening Part 2

Key language
- review of unit vocabulary
- *4 o'clock, after that, baseball cap, big, birthday, bored, café, cat, chocolate, climb, closed, concert, dog, drink, firefighter, garden, happy, milkshake, museum, near, open, opening time, party, pepper, play baseball, present, rescue (v), scared, shop, shopping centre, smile, son, surprise, telephone, tennis club, thirsty, ticket, tree, until, worried*
- *Sophia and her mum went shopping. Sophia was feeling bored. Sophia's mum chose a cooker. Holly is in the garden. She's playing with her cat. Where is the tennis club? It's near the museum. Which day is the club open? It's Betty's birthday next week, isn't it? Yes, it is. Is she having a party? Yes, she is. Let's buy her a present.*

Materials
- Pupil's Book p120; Activity Book pp66, 107 and 116; Class CD4; Teacher's App on Navio
- Teacher's Resource Bank: Talk cards

Optional materials
- Teacher's Resource Bank: Trinity Exams Practice cards (selected from Unit 6)

At a Glance Lesson Plan

Pupil's Book

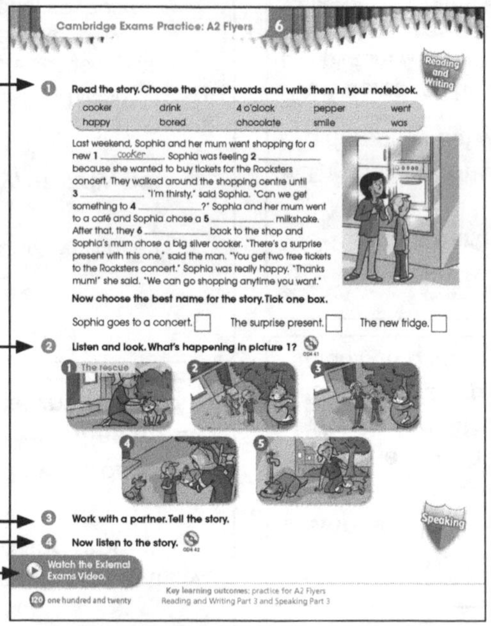

Starting the lesson
- Use the Trinity Exams Practice cards (optional).
- Review machines in our houses vocabulary.
- Set learning outcomes and use the talk cards.

Go to the Activity Book.

Activity 1
- Read the story.
- Choose the correct words and write them in your notebook.

Activity 2
- Listen and look.

▶ *CD4 Track 41 p284*
- What's happening in picture 1?

Activity 3
- Work with a partner.
- Tell the story.

Activity 4
- Now listen to the story.

▶ *CD4 Track 42 p284*

Go to the Activity Book.

External Exams Video
- Additional Cambridge Exams Practice Video: A2 Flyers

Ending the lesson
- Review the lesson and reflect on learning.

Activity Book

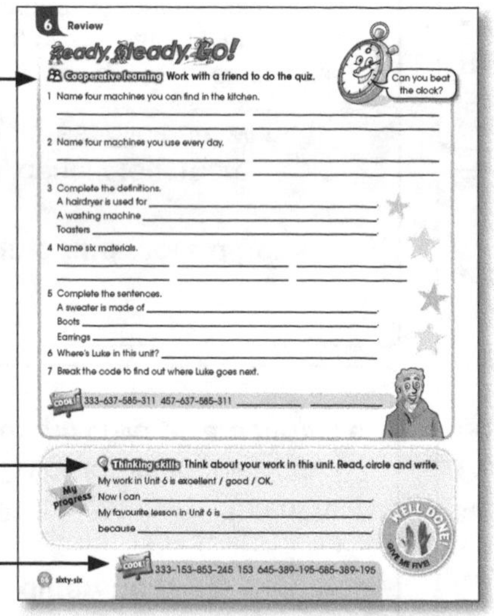

Activity Book page 66: Review
- Work with a friend to do the quiz.

My progress
- Think about your work in this unit. Read, circle and write.

Code activity
- Complete the code activity.

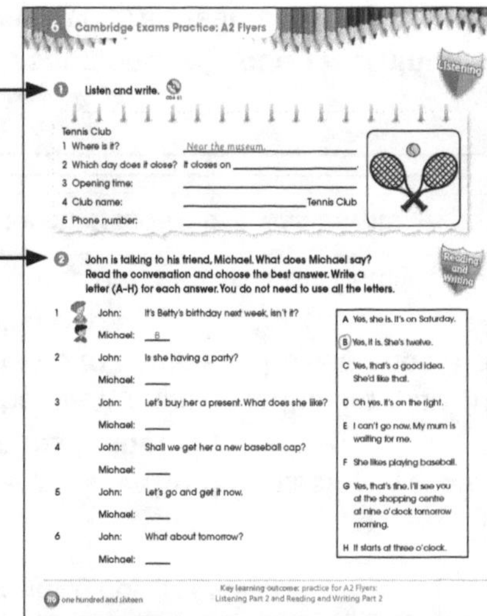

Activity Book page 116: Cambridge Exams Practice

Activity 1
- Listen and write.

▶ *CD4 Track 51 p285*

Activity 2
- John is talking to his friend, Michael. What does Michael say?
- Read the conversation and choose the best answer.
- Write a letter (A–H) for each answer. You do not need to use all the letters.

Digital resources

Teacher's Digital: You can also teach this lesson using the Teacher's App on Navio.

Pupil's Digital: Encourage your pupils to use the Pupil's App on Navio to practise the activities from this lesson.

Powered By NAVIO

Detailed Lesson Plan

Starting the lesson

Use the Trinity Exams Practice cards (optional).

- The pupils practise asking and answering questions using the Unit 6 cards.

Review machines in our houses vocabulary.

- Brainstorm machines in our houses with the class. Write them up on the board. Ask the pupils which rooms in the house they would find the machines.

Set learning outcomes and use the talk cards.

- Say **Today we're going to practise activities for an exam and we're going to remember what we've learnt in Unit 6.**

Activity Book page 66: Review

Work with a friend to do the quiz.

- Explain that they are going to do a quiz with a Talk Partner (10–15 minutes).
- Read out the tasks. Then say **Ready, steady, go!**
- Check and correct the answers as a class.

Answers: **1** Four from: blender, cooker, dishwasher, fridge, microwave, toaster **2** Four from any of the machines. **3** drying hair, is used for washing your clothes, are used for making toast **4** wool, cotton, leather, plastic, gold, silver **5** wool, are made of leather, are made of silver/gold **6** the USA **7** Hong Kong

My progress

Think about your work in this unit.

Read, circle and write.

- Prompt the class to say what they can do after studying Unit 6. The pupils complete the sentences.

Code activity

Answer: have a picnic

Pupil's Book Activity 1

Read the story. Choose the correct words and write them in your notebook.

- In pairs, the pupils read the text again and write the missing words. The pupils then choose the best name for the story.

Answers: **1** cooker **2** bored **3** 4 o'clock **4** drink **5** chocolate **6** went **Title:** The surprise present.

Pupil's Book Activity 2

Listen and look. What's happening in picture 1?

▶ *CD4 Track 41 p284*

- Explain to pupils that they are going to listen to a description of the first picture in the story only.
- Play the CD. The pupils listen to the description. Elicit what is happening in picture 1.

Pupil's Book Activity 3

Work with a partner. Tell the story.

- The pupils work in pairs to tell the story. Encourage them to use as much of the vocabulary and grammar they know as possible.

Activity 4

Now listen to the story.

▶ *CD4 Track 42 p284*

- Play the CD for the pupils to listen to the story in full.
- Check comprehension by asking questions, e.g. **Where is Holly?** (*in the garden*) **Why is the cat in the tree?** (*Because there's a dog.*) **How does Holly feel?** (*worried*) **Who rescues Holly's cat?** (*a firefighter*)

External Exams Video

Additional Cambridge Exams Practice Video: A2 Flyers (optional).

- Additional external exams preparation material, including videos, worksheets and practice tests, can be found in the Teacher's Resource Bank on Navio.

Cambridge Exams Practice: A2 Flyers 6: Activity Book page 116

Activity 1

Listen and write.

▶ *CD4 Track 51 p285*

- Invite a pupil to read out the information.
- Play the CD, pausing after the first exchange.
- Play the track again for the pupils to check their answers.

Answers: **1** Near the museum. **2** Monday **3** 9.30 am **4** Morton **5** 916377

Activity 2

John is talking to his friend, Michael. What does Michael say? Read the conversation and choose the best answer. Write a letter (A–H) for each answer. You do not need to use all the letters.

- Point to the pictures of the boys and ask the pupils for their names (*John and Michael*). John is asking Michael questions, but his responses are missing. The pupils choose the correct response (A–H) from the box and write the letter in the gap.
- Check answers as a class by having different pupils read out the questions and responses.

Answers: **1** B **2** A **3** F **4** C **5** E **6** G

Ending the lesson

Review the lesson and reflect on learning.

- Say **Today we've practised activities for an exam and remembered what we've learnt in Unit 6.**

Activity Book page 107: Vocabulary and Grammar Practice

Answers: **1.1** It's a hairdryer. **1.2** It's a toaster. **1.3** It's a DVD player. **1.4** It's a washing machine.
2.1 No, they aren't. They're made of gold. **2.2** No, it isn't. It's made of cotton. **2.3** No, they aren't. They're made of leather. **2.4** No, it isn't. It's made of wool.
3.1 A fridge is used for, c **3.2** A DVD player is used for, d **3.3** A cooker is used for, b **3.4** A toaster is used for, a
4.1 Boots are made of leather. **4.2** Earrings are made of gold. **4.3** A necklace is made of silver. **4.4** Gloves are made of wool.

Key Competences and Key Learning Outcomes

- Read and understand a short text
- Respond to questions with short answers
- Read for specific information and gist

- Review learning and reflect on progress
- Practise for A2 Flyers Reading and Writing Parts 3 and 6 and Speaking Part 2

Key language
- review of unit vocabulary
- *afternoon, arrive, autumn, brother, by bus / car, café, cage, castle, catch, door, escape, excited, father, feed, friends, hippos, holiday, ice skating, interesting, monkeys, next week, parrots, plane, scared, seals, shout, snakes, take photos, zoo, zookeeper*
- *My dad and I will meet you at the airport. What time does your plane arrive? There are many things to do in Oldtown. Oldtown is more interesting than Everville. We're going to have lots of fun. What's Betty's favourite activity? Betty's favourite activity is ice skating. Where …? What time …? Who …? How …? I was on holiday in London. We went to the zoo. My brother was scared. They were sleeping.*

Materials
- Pupil's Book p121; Activity Book pp78, 108 and 117; Class CD4; Teacher's App on Navio
- Teacher's Resource Bank: Talk cards
- Places in a city flashcards

Optional materials
- Teacher's Resource Bank: Trinity Exams Practice cards (selected from Unit 7)

At a Glance Lesson Plan

Pupil's Book

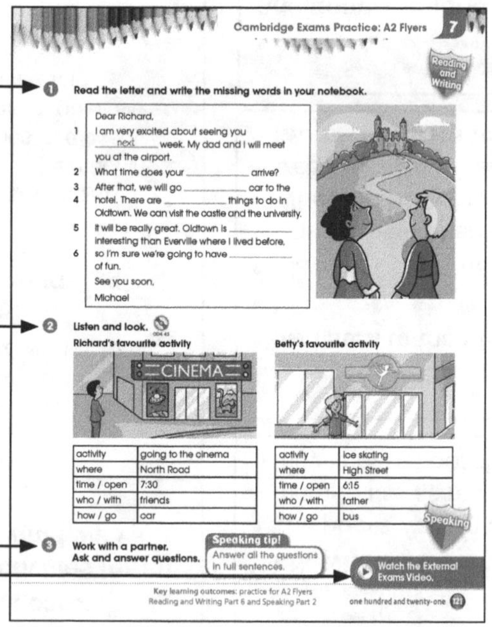

Starting the lesson
- Use the Trinity Exams Practice cards (optional).
- **Think-Pair-Share.** Review places in a city vocabulary.
- Set learning outcomes and use the talk cards.
- Go to the Activity Book.

Activity 1
- Read the letter and write the missing words in your notebook.

Activity 2
- Listen and look.
- ▶ *CD4 Track 43 p284*

Activity 3
- Work with a partner.
- Ask and answer questions.
- Go to the Activity Book.

External Exams Video
- Additional Cambridge Exams Practice Video: A2 Flyers

Ending the lesson
- Review the lesson and reflect on learning.

Extra activity

Reinforcement
- Prepare questions about the unit.

Activity Book

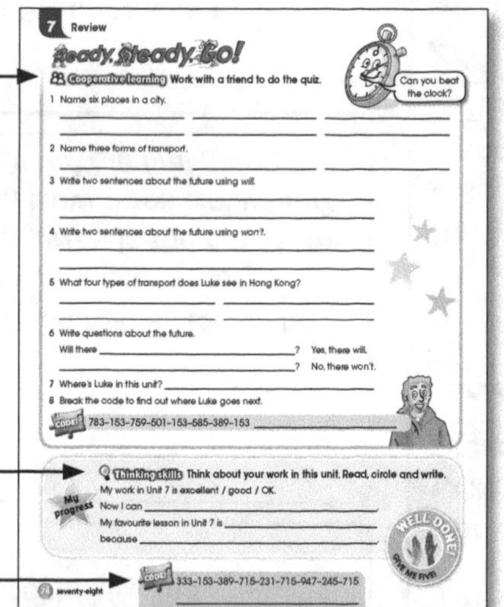

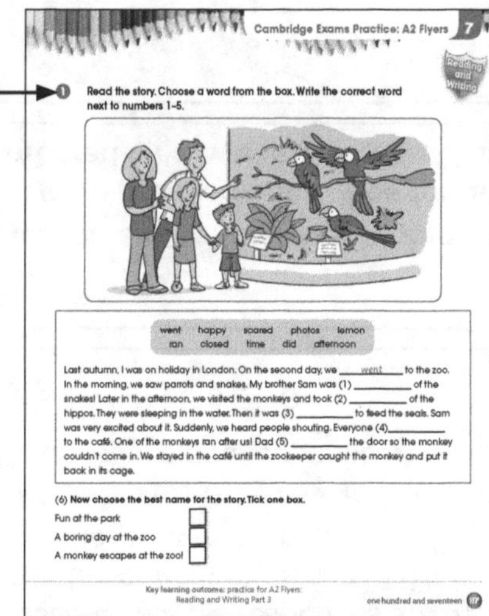

Activity Book page 78: Review
- Work with a friend to do the quiz.

My progress
- Think about your work in this unit.
- Read, circle and write.

Code activity
- Complete the code activity.

Activity Book page 117: Cambridge Exams Practice

Activity 1
- Read the story.
- Choose a word from the box.
- Write the correct word next to numbers 1–5.

Digital resources

Teacher's Digital: You can also teach this lesson using the Teacher's App on Navio.

Pupil's Digital: Encourage your pupils to use the Pupil's App on Navio to practise the activities from this lesson.

Powered By NAVIO

Starting the lesson

Use the Trinity Exams Practice cards (optional).

- The pupils practise asking and answering questions using the Unit 7 cards.

Think-Pair-Share. Review places in a city vocabulary.

- Ask **Can you remember the places in a city vocabulary?** The class thinks silently for a minute.
- Then the pupils work with a Talk Partner to name the places in a city.
- Invite different Talk Partners to say a different place. Hold up the corresponding flashcard and prompt the class to repeat the word.

Set learning outcomes and use the talk cards.

- Say **Today we're going to practise activities for an exam and we're going to remember what we've learnt in Unit 7.**

Activity Book page 78: Review

Work with a friend to do the quiz.

- Explain that they are going to do a quiz with a Talk Partner (10–15 minutes).
- Read out the tasks. Then say **Ready, steady, go!**
- Check and correct the answers as a class.

Answers: **1** Six from: library, airport, bowling alley, university, hotel, shopping centre, market, ice rink, art gallery, cinema, football stadium, adventure playground **2** Three from: submarine, helicopter, hot-air balloon, motorbike, tram, underground **5** junk boats, trams, a funicular railway, sampans **7** Hong Kong **8** Tasmania

My progress

Think about your work in this unit.

Read, circle and write.

- Prompt the class to say what they can do after studying Unit 7. The pupils complete the three sentences.

Code activity CODE!

Answer: hairdryer

Pupil's Book Activity 1

Read the letter and write the missing words in your notebook.

- Read out the letter, pausing at the first gap. The pupils suggest a word to complete the sentence.
- The pupils complete the text individually.

Answers: **1** next **2** plane **3** by **4** many **5** more **6** lots

Pupil's Book Activity 2

Listen and look.

▶ *CD4 Track 43 p284*

- Explain that the pupils are going to listen to an adult and a child talking about Richard and Betty. The adult doesn't know anything about Betty, so they are asking the child for information.
- Play the CD. The pupils listen, look and read.

Pupil's Book Activity 3

Work with a partner. Ask and answer questions.

- This time, the pupils are going to work in pairs to ask and answer questions about Richard and Betty.
- First elicit the questions needed to ask for this information. Brainstorm question words on the board (e.g. Who, What, When, Where) and encourage the pupils to think about the questions they could ask about the information in the table using these words.
- Focus the pupils on the Speaking tip and remind them of the audio in Activity 2. Ask **Did the child use full sentences?** (*Yes, she did.*) Encourage the pupils to do the same.

External Exams Video

Additional Cambridge Exams Practice Video: A2 Flyers (optional).

- Additional external exams preparation material, including videos, worksheets and practice tests, can be found in the Teacher's Resource Bank on Navio.

Cambridge Exams Practice: A2 Flyers 7: Activity Book page 117

Activity 1

Read the story. Choose a word from the box. Write the correct word next to numbers 1–5.

- Ask the pupils to describe the picture. Explain that they are going to read a story. They have to choose words to complete the story.
- Read through the text as a class without completing the missing words. Focus the class on the word box.
- Read the text again. Prompt the pupils to suggest words from the box. Read the titles and choose the best one as a class.

Answers: went **1** scared **2** photos **3** time **4** ran **5** closed **6** A monkey escapes at the zoo!

Ending the lesson

Review the lesson and reflect on learning.

- Say **Today we've practised activities for an exam and remembered what we've learnt in Unit 7.**

Extra activity

Reinforcement

- With a Talk Partner, the pupils prepare three questions about the unit. Then organise the class into new Talk Partners. The pupils ask and answer their questions.

Activity Book page 108: Vocabulary and Grammar Practice

Answers: **1.1** ice rink **1.2** cinema **1.3** airport **1.4.** university
2.1 tram **2.2** hot-air balloon **2.3** underground **2.4** submarine **2.5** motorbike
3.1 Will there be libraries in the future? **3.2** Will there be cinemas in the future? **3.3** Will there be football stadiums in the future? **3.4** Will there be art galleries in the future?
4.1 Cars won't have wheels in the future. **4.2** Cars will fly in the future. **4.3** Cars will talk in the future. **4.4** Cars won't travel under the sea in the future.

Key Competences and Key Learning Outcomes

- Read and understand a factual text
- Understand and respond to personal questions
- Listen for words, names and detailed information
- Read definitions and match them to words

- Review learning and reflect on progress
- Practise for A2 Flyers Reading and Writing Parts 1 and 4, Speaking Part 4 and Listening Part 3

Key language

- review of unit vocabulary
- *airport, apples, at home, belt, camera, car, change (v), drive, elephant, expensive, fly, free time, go camping, homework, in the future, jobs, lemon, library, lose, metal, mobile phone, necklace, new, old, park, plane, plastic, robot, shop, shorts, spring, T-shirt, window*
- *I think there will be (robots). They will (drive cars). (The robots) will be made of (metal). They will (help people) who (work in hospitals). (People) didn't have (robots). What do you want to be when you're older? I want to be (a mechanic). What does (your mother) do? (My mother) is (a dentist). Where does (your father) work? (My father) works in (a restaurant). Where did you go yesterday? We went to (the new shopping centre). Did you (buy anything)? I (bought a new belt). This is a person who (makes things out of wood). This is a place where (you catch a plane). You (go to this place) if / to (you want to borrow a book).*

Materials

- Pupil's Book p122; Activity Book pp88, 109 and 118; Class CD4; Teacher's App on Navio
- Teacher's Resource Bank: Talk cards

Optional materials

- Teacher's Resource Bank: Trinity Exams Practice cards (selected from Unit 8)

At a Glance Lesson Plan

Pupil's Book

Starting the lesson

- Use the Trinity Exams Practice cards (optional).
- Review jobs and places of work.
- Set learning outcomes and use the talk cards.
- Go to the Activity Book.

Activity 1

- Read the text.
- Choose the right words and write them in your notebook.

Activity 2

- Listen and follow.
- ▶ *CD4 Track 44 p284*
- What's the missing information?

Activity 3

- Work with a partner.
- Ask and answer the questions.
- Go to the Activity Book.

External Exams Video

- Additional Cambridge Exams Practice Video: A2 Flyers

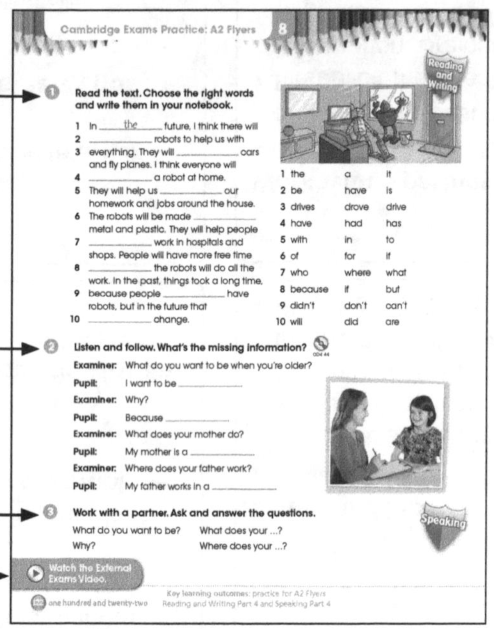

Ending the lesson

- Review the lesson and reflect on learning.

Activity Book

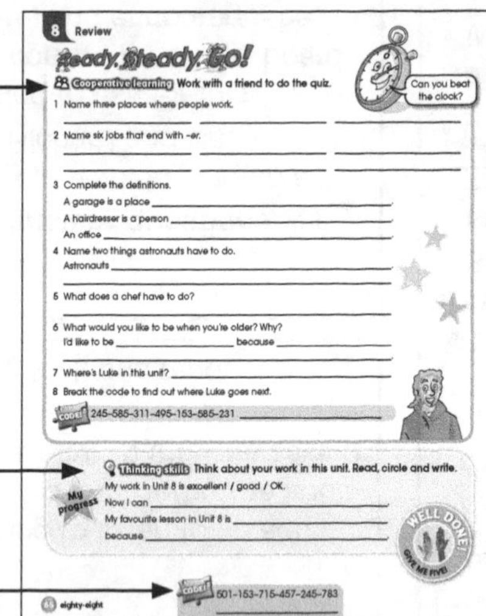

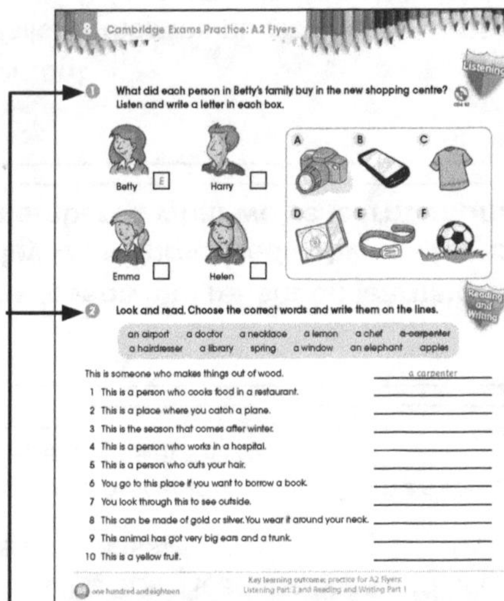

Activity Book page 88: Review

- Work with a friend to do the quiz.

My progress

- Think about your work in this unit.
- Read, circle and write.

Code activity

- Complete the code activity.

Activity Book page 118: Cambridge Exams Practice

Activity 1

- What did each person in Betty's family buy in the new shopping centre?
- Listen and write a letter in each box.
- ▶ *CD4 Track 52 p286*

Activity 2

- Look and read.
- Choose the correct words and write them on the lines.

Digital resources

Teacher's Digital: You can also teach this lesson using the Teacher's App on Navio.

Pupil's Digital: Encourage your pupils to use the Pupil's App on Navio to practise the activities from this lesson.

Powered By NAVIO

Starting the lesson

Use the Trinity Exams Practice cards (optional).

- The pupils practise asking and answering questions using the Unit 8 cards.

Review jobs and places of work.

- Begin a statement about one of the jobs, e.g. **A carpenter works in a …** The first pupil to raise their hand completes the sentence. That pupil then starts another sentence about one of the jobs.

Set learning outcomes and use the talk cards.

- Say **Today we're going to practise activities for an exam and we're going to remember what we've learnt in Unit 8.**

Activity Book page 88: Review

Work with a friend to do the quiz.

- Explain that they are going to do a quiz with a Talk Partner (10–15 minutes).
- Read out the tasks. Then say **Ready, steady, go!**
- Check and correct the answers as a class.

Answers: **1** Three from: clinic, salon, garage, factory, workshop, office **2** hairdresser, driver, photographer, waiter, carpenter, lawyer **3** where a mechanic works, who cuts your hair, is a place where a lawyer works **4** Two from: work hard at school, know how to fly a plane, be fit and healthy, exercise a lot, be friendly, be good at teamwork, speak English and Russian **5** A chef has to wear a white uniform and work nights and weekends. **7** Tasmania **8** England

My progress

Think about your work in this unit.

Read, circle and write.

- Prompt the class to say what they can do after studying Unit 8. The pupils complete the sentences.

Code activity

Answer: market

Pupil's Book Activity 1

Read the text. Choose the right words and write them in your notebook.

- Read out the complete text, pausing slightly at each missing word. Ask questions to check that the class has a general idea of what the text is about.
- In pairs, the pupils read the text again and choose the correct missing words from the list on the right.

Answers: **1** the **2** be **3** drive **4** have **5** with **6** of **7** who **8** because **9** didn't **10** will

Pupil's Book Activity 2

Listen and follow. What's the missing information?

▶ *CD4 Track 44 p284*

- Explain to the pupils that they are going to listen to an examiner and a pupil doing the Speaking test. Play the CD for the pupils to complete the gaps.
- Play the CD again for pupils to check answers.

Answers: a mechanic, I love fixing things and I don't want to wear a uniform, dentist. She works in a clinic. restaurant. He's a waiter.

Pupil's Book Activity 3

Work with a partner. Ask and answer the questions.

- Explain that it's now their turn to practise asking and answering questions, like in the Speaking exam.
- Explain that they should work in pairs to act out the conversation in Activity 2 first, each taking turns to be the examiner or the pupil.
- Focus the pupils' attention on the model questions, and have a pupil read these to the class. Brainstorm possible model answers.
- The pupils take it in turns to act out the conversation and ask and answer the questions.

External Exams Video

Additional Cambridge Exams Practice Video: A2 Flyers (optional).

- Additional external exams preparation material, including videos, worksheets and practice tests, can be found in the Teacher's Resource Bank on Navio.

Cambridge Exams Practice: A2 Flyers 8: Activity Book page 118

Activity 1

What did each person in Betty's family buy in the new shopping centre? Listen and write a letter in each box.

▶ *CD4 Track 52 p286*

- Play the CD, pausing after each exchange. The pupils listen and write a letter in each box.

Answers: **Betty** E **Harry** D **Emma** C **Helen** A

Activity 2

Look and read. Choose the correct words and write them on the lines.

- The pupils work with a Talk Partner to read the definitions and write the matching word.

Answers: a carpenter **1** a chef **2** an airport **3** spring **4** a doctor **5** a hairdresser **6** a library **7** a window **8** a necklace **9** an elephant **10** a lemon

Ending the lesson

Review the lesson and reflect on learning.

- Say **Today we've practised activities for an exam and remembered what we've learnt in Unit 8.**

Activity Book page 109: Vocabulary and Grammar Practice

Answers: **1.1** mechanic **1.2** chef **1.3** vet **1.4** artist **1.5** dentist

2.1 workshop **2.2** salon **2.3** clinic **2.4** factory **2.5** office **2.6** garage

3.1 Does a carpenter have to like animals? b **3.2** Does a chef have to wear a uniform? c **3.3** Do lawyers have to go to university? a **3.4** Do vets have to wear helmets? d

4.1 A hairdresser is a person who cuts hair. **4.2** A clinic is a place where a dentist works. **4.3** A mechanic is a person who fixes cars. **4.4** A chef is a person who works in a kitchen.

Key Competences and Key Learning Outcomes

- Write a short story based on pictures
- Identify and describe differences between two pictures
- Complete sentences about a story by writing one, two, three or four words

LEARN
- Review learning and reflect on progress
- Practise for A2 Flyers Reading and Writing Parts 5 and 7 and Speaking Part 1

Key language
- review of unit vocabulary
- *always, bed, boy, cat, closed, come down, do (my) homework, drums, fridge, friends, funny, happy, laugh, listen to music, little brother, money, mum, next to, on, open, park, photo, push, read, real, remember, sad, saucepans, shelf, shopping centre, sink, sofa, squirrel, suddenly, swings, toy, tree, under, wall*
- *Here, Mum is reading. But in this picture, Mum is listening to music, too. I've got a little brother. When Harry was two, we took him to the park. Harry loves playing in the park. Harry wanted to go on the swings. They looked so funny together that Mum took a photo. When Mum showed the photo to Harry he laughed a lot.*
- past simple narrative forms

Materials
- Pupil's Book p123; Activity Book pp98, 110 and 119; Class CD4; Teacher's App on Navio
- Teacher's Resource Bank: Talk cards

Optional materials
- Teacher's Resource Bank: Trinity Exams Practice cards (selected from Unit 9)

At a Glance Lesson Plan

Pupil's Book

Starting the lesson
- Use the Trinity Exams Practice cards (optional).
- Set learning outcomes and use the talk cards.

Go to the Activity Book.

Activity 1
- Look at the three pictures. Write about this story. Write 20 or more words.

Activity 2
- Listen and look.
- ▶ *CD4 Track 45 p284*
- What's the difference?

Activity 3
- Work with a partner.
- Look and find more differences.

External Exams Video
- Additional Cambridge Exams Practice Video: A2 Flyers

Ending the lesson
- Review the lesson and reflect on learning.

Extra activity

Reinforcement
- Prepare questions about the unit.

Activity Book

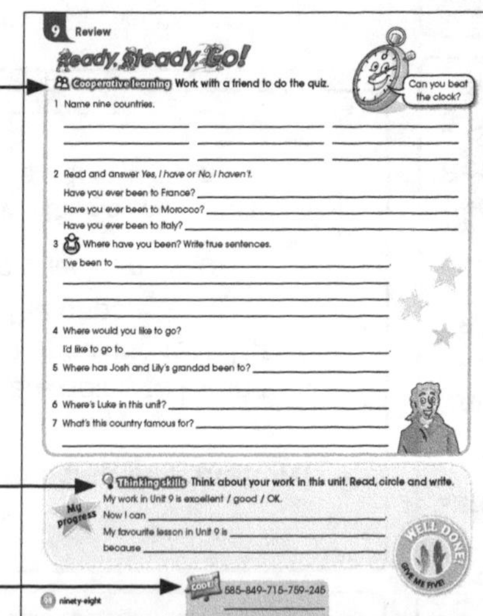

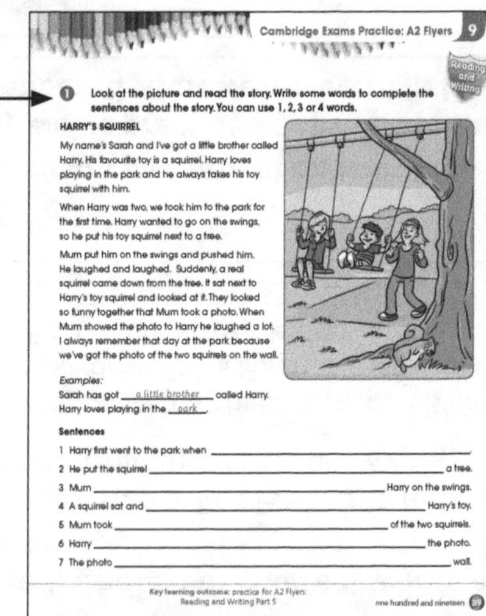

Activity Book page 98: Review
- Work with a friend to do the quiz.

My progress
- Think about your work in this unit.
- Read, circle and write.

Code activity
- Complete the code activity.

Activity Book page 119: Cambridge Exams Practice

Activity 1
- Look at the picture and read the story. Write some words to complete the sentences about the story. You can use 1, 2, 3 or 4 words.

Digital resources

Teacher's Digital: You can also teach this lesson using the Teacher's App on Navio.

Pupil's Digital: Encourage your pupils to use the Pupil's App on Navio to practise the activities from this lesson.

Powered By NAVIO

Starting the lesson

Use the Trinity Exams Practice cards (optional).

- The pupils practise asking and answering questions using the Unit 9 cards.

Set learning outcomes and use the talk cards.

- Say **Today we're going to practise activities for an exam and we're going to remember what we've learnt in Unit 9.**

Activity Book page 98: Review

Work with a friend to do the quiz.

- Explain that they are going to do a quiz with a Talk Partner (10–15 minutes).
- Read out the tasks. Then say **Ready, steady, go!**
- Check and correct the answers as a class.

Answers: **1** Nine from: France, Italy, India, Morocco, Russia, Germany, China, Japan, Mexico, Portugal, Brazil, Romania **5** Italy, Japan, Mexico **6** England **7** One from: British royal family, Big Ben, tennis, rugby, double-decker buses, afternoon tea, Hamleys

My progress

Think about your work in this unit.

Read, circle and write.

- Prompt the class to say what they can do after studying Unit 9. The pupils complete the sentences.

Code activity

Answer: nurse

Pupil's Book Activity 1

Look at the three pictures. Write about this story. Write 20 or more words.

- Give the children plenty of time to study the pictures and help them to understand the story by asking questions, e.g. **What does the boy want?** (*drums*) **Does the boy have enough money to buy the drums?** (*no*) **Who is he with?** (*his friends*) **What are they doing?** (*playing the drums*)
- Ask the pupils to write one or two sentences about the story (between 20 and 30 words). Write a sentence starter on the board, such as *A boy wanted* … Ask the pupils to continue the story, using the correct past simple forms.
- Organise the class into pairs and ask the pupils to check each other's work for mistakes.

Suggested answer: A boy wanted to play the drums. He went to a shop. He didn't have enough money for the drums. He was sad. The boy made drums. He was happy.

Pupil's Book Activity 2

Listen and look. What's the difference?

▶ *CD4 Track 45 p284*

- Play the CD while the pupils look at the pictures. **Ask What's the difference?** (*Mum is reading in picture A, but Mum is reading and listening to music in picture B.*)

Pupil's Book Activity 3

Work with a partner. Look and find more differences.

- The pupils work in pairs to identify four more differences between the pictures. Remind the pupils to think about number, colour, objects and appearance when looking for the differences. Monitor the pupils as they speak.

Answers: **1** The boy is on the bed in picture A, but he's doing his homework in picture B. **2** The soap is on the sink in picture A, but it's on the shelf in picture B. **3** The cat is on the sofa in picture A, but it's under the sofa in picture B. **4** The fridge is open in picture A, but it's closed in picture B.

External Exams Video

Additional Cambridge Exams Practice Video: A2 Flyers (optional).

- Additional external exams preparation material, including videos, worksheets and practice tests, can be found in the Teacher's Resource Bank on Navio.

Cambridge Exams Practice: A2 Flyers 9: Activity Book page 119

Activity 1

Look at the picture and read the story. Write some words to complete the sentences about the story. You can use 1, 2, 3 or 4 words.

- Give the pupils plenty of time to study the picture and help them to understand the image by asking questions, e.g. **What's this? What are they doing? Who's this?** Point to and teach the word 'squirrel'.
- Read the questions as a class. The pupils can use 1, 2, 3 or 4 words to complete each sentence.
- The pupils work on their own to complete the activity.

Answers: a little brother, park **1** he was two **2** next to **3** put / pushed **4** looked at **5** a photo **6** laughed (a lot) at **7** is on the

Ending the lesson

Review the lesson and reflect on learning.

- Say **Today we've practised activities for an exam and remembered what we've learnt in Unit 9.**

Extra activity

Reinforcement

- With a Talk Partner, the pupils prepare three questions about the unit. Then organise the class into new Talk Partners. The pupils take it in turns to ask and answer the questions.

Activity Book page 110: Vocabulary and Grammar Practice

Answers: **1.1** Brazil **1.2** India **1.3** Morocco **1.4** France **1.5** Mexico **1.6** China

2.1 b, play cricket **2.2** f, see a whale **2.3** a, buy a souvenir **2.4** e, visit a monument **2.5** d, eat sushi **2.6** c, take a photo

3.1 Has Sam ever seen a whale? Yes, he has. **3.2** Has Sam ever eaten sushi? No, he hasn't. **3.3** Has Katy ever taken a photo? Yes, she has. **3.4** Has Katy ever played cricket? No, she hasn't.

Audioscript

Starter Unit Lesson 1

Pupil's Book

CD1 TRACK 01

PB page 4 Activity 2

Man: Hello. What are your names?
Josh: My name's Josh. This is my sister, Lily and this is our best friend, Ravi.
Ravi: Hi!
Man: Are you waiting for the ship?
Josh: Yes, we are. We're waiting for our brother.
Man: What's his name?
Josh: His name's Luke.
Man: How old is he?
Josh: He's 23.
Man: What does he do?
Lily: He's a scientist.

Starter Unit Lesson 1

Pupil's Book

CD1 TRACK 02

PB page 4 Activity 3

***This is my best friend* song**

This is my best friend.
Her name's Lily.
She's nine years old.
She likes taking photos
and singing songs.
She's my best friend.

This is my best friend.
His name's Josh.
He's ten years old.
He likes swimming
and sailing boats.
He's my best friend.

This is our best friend.
His name's Ravi.
He's ten years old.
He likes doing puzzles
and making things.
He's our best friend.

Starter Unit Lesson 1

Pupil's Book

CD1 TRACK 03

PB page 4 Activity 3

Karaoke version: *This is my best friend* song

Starter Unit Lesson 2

Pupil's Book

CD1 TRACK 04

PB page 5 Activity 1

Man: What does your brother look like?
Lily: He's got short, blonde hair and brown eyes.
Man: Has he got a beard or a moustache?
Lily: No, he hasn't.
Man: Has he got freckles?
Lily: No, he hasn't.

Starter Unit Lesson 2

Pupil's Book

CD1 TRACK 05

PB page 5 Activity 2

blonde hair, moustache, ponytail, curly hair, freckles, beard, straight hair, wavy hair

Starter Unit Lesson 3

Pupil's Book

CD1 TRACK 06

PB page 6 Activity 1

Welcome home, Luke!

Frame 1
Narrator: Lily, Ravi and Josh are waiting for Luke to get off the ship. They're excited.
Lily: I can't see Luke. Where is he?
Ravi: Has he got a beard and a moustache?
Josh: No, he hasn't. He's got short, blonde hair and ... oh!

Frame 2
Narrator: Suddenly, the children see Luke.
Luke: Hello, everyone.
Josh: Luke! You look different.
Ravi: He's got a beard, a moustache ...
Lily: ... a ponytail and freckles!

Frame 3
Luke: You all look different, too. You're taller.
Ravi: Can we go on the ship?
Luke: Yes, you can. There are some presents for you to find.
Lily: A treasure hunt. Great!

Frame 4
Narrator: Lily's present is in Luke's cabin.
Lily: Wow! Drums! I love playing the drums.
Ravi: Wow!

Frame 5
Narrator: Josh's present is on the mast.
Josh: A new mask and a snorkel. Great! I love going snorkelling.
Lily: Is there a present for Ravi, too?
Luke: Yes, there is. I know Ravi likes doing puzzles, so ...

Frame 6
Ravi: It's a new code machine. I love it! Thank you, Luke.

Starter Unit Lesson 3

Activity Book

CD1 TRACK 07

AB page 4 Activity 3

Our Adventure Blog by Lily, Josh and Ravi

In this adventure Luke comes home. He looks different because he's got a ponytail now. He's got a beard and a moustache. Luke arrives on a ship. He's got presents for us all. Lily's present is in Luke's cabin. Josh's present is a snorkel and a mask. There's a present for Ravi, too. Ravi likes doing puzzles so his present is a code breaker.

Starter Unit Lesson 4

Pupil's Book

CD1 TRACK 08

PB page 7 Activity 2

Our class contract

Our class rules
1 We must speak English in class.
2 We must put our hands up to speak.
3 We must take turns and listen to each other.

Our class promises
1 We're going to work together.
2 We're going to share our things.

Starter Unit Lesson 4

Activity Book

CD1 TRACK 09

AB page 5 Activity 1

1 Three hundred and forty four, three hundred and forty six, three hundred and forty eight, three hundred and fifty.
2 Nine hundred and forty, nine hundred and fifty, nine hundred and sixty, nine hundred and seventy.
3 Six hundred, seven hundred, eight hundred, nine hundred.
4 Four hundred, four hundred and fifty, five hundred, five hundred and fifty.
5 Two hundred and eighty, two hundred and eighty five, two hundred and ninety five, three hundred and ten.

Unit 1 Lesson 1

Pupil's Book

CD1 TRACK 10

PB page 8 Activity 2

flour, oil, nuts, biscuits, chocolate chips, sugar, salt, raisins, jam, butter, coconut, cream

Unit 1 Lesson 1

Pupil's Book

CD1 TRACK 11

PB page 8 Activity 3

***Let's go shopping!* song**

Let's go shopping! Make a list.
Look in the cupboard
And in the fridge.

Is there any flour in the cupboard?
Is there any butter in the fridge?
Are there any nuts?
Are there any chocolate chips?
Is there any sugar?
Let me see!

Let's go shopping! Make a list.
Look in the cupboard
And in the fridge.

Is there any oil in the cupboard?
Is there any cream in the fridge?
Are there any biscuits?
Are there any raisins?
Is there any coconut?
I don't know!

Let's go shopping! Make a list.
Look in the cupboard
And in the fridge.

Unit 1 Lesson 1

Pupil's Book

CD1 TRACK 12

PB page 8 Activity 3

Karaoke version: *Let's go shopping!* song

Unit 1 Lesson 2

Pupil's Book

CD1 TRACK 13

PB page 9 Activity 1

Luke: Let's make a cake for the festival. I've got a recipe for a Burfi cake from India.
Lily: Cool! Can I help?
Luke: Yes, please. We need some sugar.
Lily: How much sugar do we need?
Luke: We need a lot of sugar. We need some nuts, too.
Lily: How many nuts do we need?
Luke: We need a few nuts. We need some milk and some coconut, too.
Lily: OK. It's going to be delicious!

Unit 1 Lesson 2

Pupil's Book

CD1 TRACK 14

PB page 9 Activity 3

We need a few raisins.
I need a lot of biscuits.
She needs a little flour.
He needs some butter.

Unit 1 Lesson 3

Pupil's Book

CD1 TRACK 15

PB page 10 Activity 2

The Burfi cake disaster
Frame 1
Narrator: Luke and the children are making a Burfi cake for the Harbour Food Festival.
Luke: We've got all of the ingredients.
Lily: Coconut, milk, raisins …
Josh: … nuts, sugar and butter.
Frame 2
Narrator: Lily and Josh are helping Luke. Ravi is playing a computer game.
Josh: Let's chop the nuts.
Lily: How many nuts do we need?
Luke: We need a few nuts.
Frame 3
Josh: What do we need to do now?
Luke: Put the butter in the pan and mix it with the coconut and raisins. Then, add a little milk.
Frame 4
Narrator: They need to add the sugar next.
Josh: Ravi, can you pass me the sugar, please?
Lily: Ravi! What are you doing?
Frame 5
Narrator: Ravi is thinking about his game. He isn't paying attention to what he's doing.
Josh: How much sugar do we need, Luke?
Luke: We need a lot of sugar.
Ravi: Here you are.
Frame 6
Narrator: Ravi gives Josh the salt by mistake.
Josh: Add the sugar and stir.
Luke: This doesn't look right.
Lily: Never mind. Let's put it in the oven.
Frame 7
Narrator: Later ...
Luke: Mmm! Let's try a piece.
Josh: Ugh! It's salty.
Ravi: Oh dear! I gave you the salt and not the sugar.
Frame 8
Narrator: Luke's friend arrives. She's got a cake tin.
Anna: Hi, Luke! Are you ready for our next trip?
Luke: Yes, I am. What's that?
Anna: It's a Burfi cake.
Josh, Lily, Ravi: Hooray!
Lily: Now we've got a sweet Burfi cake for the festival!

Unit 1 Lesson 3

Activity Book

CD1 TRACK 16

AB page 8 Activity 2

Our Adventure Blog by Lily, Josh and Ravi
In this adventure, we make a Burfi cake. First, we get the ingredients together. Josh chops the nuts. Lily adds the milk. Ravi isn't paying attention because he's playing a computer game. Ravi passes the salt to Josh. We put the cake in the oven. The cake tastes disgusting because it's salty. Luke's friend comes to visit and she brings a Burfi cake. It's delicious!

Unit 1 Lesson 4

Pupil's Book

CD1 TRACK 17

PB page 12 Activity 1

1 stir
2 mix
3 chop
4 heat
5 pour
6 add

Unit 1 Lesson 4

Pupil's Book

CD1 TRACK 18

PB page 12 Activity 2

***Let's make soup!* song**

Let's make soup!
Let's make soup!
What do we need to do
To make delicious soup?

First, we need to get a pan.
Next, we chop the carrots.
Mix some green beans,
Onions and tomatoes.
Then, we put them in the pan.

Let's make soup!
Let's make soup!
What do we need to do
To make delicious soup?

After that, we need to add the water.
Then, we heat it up.
Finally, cook the ingredients all together.
Stir it all the time.

Let's make soup!
Let's make soup!
What do we need to do
To make delicious soup?

Audioscript

Unit 1 Lesson 4

Pupil's Book

CD1 TRACK 19

PB page 12 Activity 3

What do we need to do?
What does he need to do?
What do I need to do?
What does she need to do?

Unit 1 Lesson 5

Pupil's Book

CD1 TRACK 20

PB page 13 Activity 1

Spike – likes – rice – Mike – likes – pies – tie
Spike likes rice and Mike likes pies and wearing a tie.
Spike likes rice and Mike likes pies and wearing a tie.
Spike likes rice and Mike likes pies and wearing a tie.

Unit 1 Lesson 5

Pupil's Book

CD1 TRACK 21

PB page 13 Activity 2

Boy: Let's make a banana cake.
Girl: Great! What do we need?
Boy: We need a lot of flour, two eggs, a lot of milk, some butter, some sugar, a little salt and a few bananas.
Girl: What do we need to do?
Boy: First, mix the sugar and the butter.
Girl: OK. What's next?
Boy: Next, we add the eggs and pour the milk into the bowl.
Girl: Do we need to chop the bananas?
Boy: Yes, we do.
Girl: I can do that.
Boy: Now, stir in the flour and the salt.
Girl: OK.
Boy: Finally, heat the oven and cook for 35 minutes.

Unit 1 Lesson 6

Pupil's Book

CD1 TRACK 22

PB page 14 Activity 3

Knickerbocker glory
Ingredients:
biscuits, vanilla and chocolate ice cream, raspberry sauce, chocolate chips, chopped nuts, cream, cherries
Equipment:
a bowl, a spoon, an ice cream scoop, an ice cream dish
Preparation time: 10 minutes
Instructions
1 First, break the biscuits into pieces. Put the biscuit pieces in the dish.
2 Next, add two scoops of chocolate ice cream and one scoop of vanilla ice cream to the dish.
3 Then, pour a little raspberry sauce on the ice cream.
4 After that, mix a few chocolate chips with the chopped nuts in a bowl.
5 Next, sprinkle the nuts and chocolate chips on the ice cream.
6 Then, add the cream.
7 Finally, add the cherries on top.
Serving instructions: Serve straight away.

Unit 1 Lesson 7

Pupil's Book

CD1 TRACK 23

PB page 15 Activity 2

Tuna and vegetable pizza
Ingredients:
mushrooms, onions, peppers, oil, sweetcorn, tomato sauce, cheese, a pizza base, tuna, olives
Equipment:
a chopping board, a pan, a knife, a spoon
Preparation time:
10 minutes
Cooking time:
15 minutes
Instructions:
1 First, chop the mushrooms, onions and peppers.
2 Next, heat the oil in a pan.
3 Then, add the chopped vegetables to the pan and cook for one minute. Stir it all the time. Add the sweetcorn.
4 After that, add the tomato sauce and cheese to the pizza base. Then, add the tuna.
5 Next, add the vegetables. Put the olives on top of the pizza.
6 Finally, cook the pizza in the oven for 15 minutes.

Unit 1 Lesson 8

Pupil's Book

CD1 TRACK 24

PB page 16 Activity 2

Street food in New York City
Tacos in New York City are delicious. The best place to eat them is from a cart on a street corner. Tacos in New York City are served in a hard shell. Try them with beef or chicken and refried beans. You can add chopped onions, peppers and grated cheese.
Squeeze a lime over your taco to complete the taco experience!
New York City is great because you can find food from all over the world. You can buy waffles from Belgium. They're delicious with cream, melted chocolate and strawberries.
There are pretzel stands in New York City, too. The pretzels are very big, warm and salty. They're delicious!
For a different type of savoury snack, you can try falafel. It's made from chickpeas, and people eat it on thin bread. For a healthy option, try it with lots of salad or vegetables.
Some diners stay open ALL NIGHT!

Unit 1 Lesson 8

Activity Book

CD1 TRACK 25

AB page 13 Activity 1

1 What does Luke eat first?
Woman: Hi, can I help you?
Luke: Everything looks delicious, I don't know what to choose.
Woman: The pretzels are fresh and warm.
Luke: They smell great! I'd like a pretzel, please.
Woman: Here you are.
Luke: Thanks a lot!
2 What does Luke add to his taco?
Man: Hi, can I help you?
Luke: Can I have a taco, please?
Man: Of course. Would you like any peppers, cheese or onions on your taco?
Luke: I'd like a few onions, please.
3 What does Luke add to his waffle?
Woman: Good morning. How can I help you today?
Luke: I'd like a waffle, please.
Woman: What would you like on it?
Luke: What have you got?
Woman: I've got cherries, cream, nuts, strawberries ...
Luke: Are those chocolate chips?
Woman: Yes, they are.
Luke: I'd like my waffle with chocolate chips, strawberries and ... cream, please.
Woman: Here you go!
4 What does Luke ask for with his falafel?
Luke: Hello. What have you got on your stand?
Man: This is a falafel stand. I've got falafel sandwiches with salad, vegetables or rice.
Luke: I'd like a falafel sandwich with salad, please.
Man: Would you like white bread or brown bread?
Luke: Brown bread, please.
Man: Here you go!

Unit 1

Video and 21st Century Skills

Activity Book

CD1 TRACK 26

AB page 15 Activity 1

1
Boy: What equipment do we need?
Girl: We need an ice cream dish, a scoop and a spoon.
2
Girl: What flavour ice cream can we have?
Boy: We can have lemon ice cream.
3
Boy: What fruit can we add?
Girl: We can add cherries and grapes.
4
Girl: Do we need any other ingredients?
Boy: Yes. Let's add chopped nuts and cream.

Unit 1

Video and 21st Century Skills

Activity Book

CD1 TRACK 27

AB page 15 Activity 2

Boy: Let's make an ice cream sundae.
Girl 1: Good idea. Anna, do you want to help?
Girl 2: Yes! If we work together, it's easier.
Girl 1: How can we work well together?
Boy: On this webpage there are some useful tips for working together. Look! Tip number 1: Listen to the other people in your team.
Girl 1: That's really important.
Boy: And tip number 2 is: Make sure everybody has a turn to speak.
Girl 2: Mmmm … That's a good idea. So we can all participate!
Boy: Tip number 3 is: Speak clearly.
Girl 1: Oh yes, then your friends can hear you.
Boy: Next tip. Let me see … Tip number 4 is: Don't shout.
Girl 2: Right. If we are all working in groups, it can get really noisy!
Boy: And the last one: tip number five is … Always be positive!

Unit 2 Lesson 1

Pupil's Book

CD1 TRACK 28

PB page 18 Activity 2

tidy, untidy, confident, shy, active, lazy, friendly, unfriendly, quiet, noisy, kind, unkind

Unit 2 Lesson 1

Pupil's Book

CD1 TRACK 29

PB page 18 Activity 3

***What's she like?* song**
This is my aunt.
What's she like?
Is she kind, confident or shy?
She's out and about.
She's always helping people.
She's very kind.
This is my uncle.
What's he like?
Is he tidy, active or lazy?
He's out and about.
He's always doing exercise.
He's very active.
This is my grandma.
What's she like?
Is she friendly, quiet or noisy?
She's out and about.
She's always making friends.
She's very friendly.

Unit 2 Lesson 1

Pupil's Book

CD1 TRACK 30

PB page 18 Activity 3

Karaoke version: *What's she like?* song

Unit 2 Lesson 2

Pupil's Book

CD1 TRACK 31

PB page 19 Activity 1

Josh: Hi, Grandma. Can you help me with my school project, please?
Grandma: Yes, of course.
Josh: What were you like when you were young? Were you tidy?
Grandma: No, I wasn't. When I was young, I was very untidy.
Josh: Were you confident?
Grandma: No, I wasn't. I was very shy.
Josh: Were you active?
Grandma: Yes, I was. I'm active now, too. It's time for my yoga class. I don't want to be late.
Josh: Thank you, Grandma. Have fun!

Unit 2 Lesson 2

Pupil's Book

CD1 TRACK 32

PB page 19 Activity 3

She wasn't tidy.
I was active.
You were shy.
They weren't confident.

Unit 2 Lesson 3

Pupil's Book

CD1 TRACK 33

PB page 20 Activity 2

The trick that went wrong
Frame 1
Narrator: This evening, Josh, Lily and Ravi are going on a school trip to the wax museum. They're going to sleep there, too.
Ravi: Are you ready to go?
Josh: I'm ready, but Lily is still packing.
Lily: I'm nearly ready. Wait a minute!
Frame 2
Narrator: The children arrive at the museum at six o'clock.
Josh: I visited the wax museum with Lily when I was seven.
Lily: We saw lots of waxworks of famous people.
Ravi: Did you come at night?
Lily: No, we didn't. It was daytime.
Frame 3
Narrator: The children get their torches and start to explore the museum.
Ravi: Wow! Here's Rafa Nadal, the tennis player.
Josh: Look. It says that he's active and kind.
Frame 4
Narrator: They look at a lot of different waxworks.
Josh: Here's Christopher Columbus.
Ravi: It says that he was adventurous.
Lily: He was a great explorer, too.
Frame 5
Narrator: The children get ready for bed. They try to frighten each other with scary stories.
Lily: The waxworks come alive at night. They walk around the museum.
Josh: Really? That's scary!
Frame 6
Narrator: Lily decides to play a trick on Ravi and Josh.
Lily: I'm a waxwork. I'm coming to get you. Woooooh!
Josh: Who said that?
Ravi: Don't worry. It's Lily. I can see her feet.
Frame 7
Narrator: Suddenly the museum attendant turns around.
Security guard: Can I help you?
Lily: Aah! I thought you were a waxwork.
Frame 8
Narrator: Lily didn't frighten Ravi and Josh, but the museum attendant frightened her!
Lily: Sorry. I wanted to play a trick on you, but I frightened myself!
Ravi: We were *all* a bit scared in the end!

Audioscript

Unit 2 Lesson 3

Activity Book

CD1 TRACK 34

AB page 18 Activity 2

Our Adventure Blog by Lily, Josh and Ravi
In this adventure, we go to a wax museum. We go there at six o'clock and see lots of waxworks. First, we see Rafa Nadal. He's a tennis player. After that, we see Christopher Columbus, the famous explorer. We tell scary stories before we go to sleep. Lily tries to play a trick on us, but it doesn't work very well because Ravi can see her feet. The museum attendant turns around suddenly and Lily is scared.

Unit 2 Lesson 4

Pupil's Book

CD1 TRACK 35

PB page 22 Activity 1

1 learn to walk
2 start nursery school
3 move house
4 get a pet
5 go on a plane
6 write a story

Unit 2 Lesson 4

Pupil's Book

CD1 TRACK 36

PB page 22 Activity 2

***I was a very special person* song**

I was a very special person
From the minute I was born.

I learnt to walk and talk when I was one.
I started nursery school when I was three.
My teacher said I was fantastic
And now just look at me!

I was a very special person
From the minute I was born.

I moved house when I was five.
I wrote a story when I was eight.
My teacher said I was fantastic
And now she says I'm great!

I was a very special person
From the minute I was born.

Unit 2 Lesson 4

Pupil's Book

CD1 TRACK 37

PB page 22 Activity 3

She moved house when she was three.
I learnt to walk when I was ten months old.
They got a pet when they were eight.
You went on a plane when you were five.

Unit 2 Lesson 5

Pupil's Book

CD1 TRACK 38

PB page 23 Activity 1

very – noisy – monkey – very – lazy – donkey – key – lorry – chimney
A very noisy monkey and a very lazy donkey drop the key for the lorry down the chimney.
A very noisy monkey and a very lazy donkey drop the key for the lorry down the chimney.
A very noisy monkey and a very lazy donkey drop the key for the lorry down the chimney.

Unit 2 Lesson 5

Pupil's Book

CD1 TRACK 39

PB page 23 Activity 2

Boy: Hello. Can I ask you some questions?
Girl: Yes, of course.
Boy: What's your name?
Girl: My name's Lucy Brown.
Boy: How old are you?
Girl: I'm 11 years old.
Boy: OK! Here's the first question. Did you write a story when you were six?
Girl: Let me think … No, I didn't. I wrote a story when I was seven. It was about a magical animal.
Boy: Great!
Girl: What's the next question?
Boy: Did you go on a plane when you were three?
Girl: No, I didn't. I went on a plane when I was five.
Boy: Question number three. Did you learn to walk when you were one?
Girl: No, I didn't. I learnt to walk when I was ten months old.
Boy: Wow!! Now here's question four. Did you start nursery school when you were three?
Girl: No, I didn't. I started nursery school when I was four.
Boy: Number 5. Did you learn to read when you were five?
Girl: Yes, I did! I learnt to read when I was five. I love reading.
Boy: Have you got a pet?
Girl: I've got a dog!
Boy: Did you get your first pet when you were five, too?
Girl: No, I didn't. My dog is three now. I got my first pet when I was eight!

Unit 2 Lesson 6

Pupil's Book

CD1 TRACK 40

PB page 24 Activity 3

Roald Dahl
Roald Dahl was born in Wales in 1916. When he was a boy, he loved reading books and listening to stories. His mother told him stories about trolls and other mythical creatures.
Roald Dahl started writing a secret diary when he was eight. He wrote in the diary every day and he hid it in an enormous conker tree in the garden.
Roald Dahl started boarding school when he was nine. He didn't like it. He was excellent at sports, but he wasn't very good at writing stories!
When he was 13, he started a new school. The school was near a chocolate factory. Roald loved chocolate, but he didn't like chocolate cake or chocolate ice cream.
He wrote his first children's book in 1943. It was called *The Gremlins*. Then, he started writing more books for adults. He didn't write another story for children until 1961, when he wrote *James and the Giant Peach*. He wrote *Charlie and the Chocolate Factory* after that. Roald Dahl wrote over 20 books for children. He always wrote his stories in pencil on yellow paper. Roald Dahl's stories were very popular, but he only won a few prizes, including one for *The Witches* in 1983 and another for *Matilda* in 1988. His books are still very popular today. There are films of some of his books, too.
He once said, 'If you're going to get anywhere in life, you have to read a lot of books.'

Unit 2 Lesson 7

Pupil's Book

CD1 TRACK 41

PB page 25 Activity 2

My name's Ben. I was born in London in 2009. I lived with my mum, my dad, my two sisters and my brother in a small flat in the centre of London.
I learnt to walk when I was one. I learnt to talk when I was one and a half. My first words were 'mum' and 'bye'.
I started nursery school when I was three.
I started primary school when I was five. In my first year, I learnt to read and write. I was a bit shy and untidy when I was young. I was very active and I loved playing basketball at the weekend.
We moved house when I was eight. My new house has got a big garden, so I got my first pet – a cat called Joey. He's very friendly!

Unit 2 Lesson 8

Pupil's Book

CD1 TRACK 42

PB page 26 Activity 2

Hawaiian people

Barack Obama was born in Hawaii in 1961. He became the 44th President of the USA on 20th January 2009. His father was from Kenya and his mother was from Kansas in the USA. He lived with his grandparents when he was young. Barack Obama studied Law at university. He's very active and hard-working.

Kamehameha the Great was the first king of Hawaii. Tradition says that he was born on a stormy night when a bright star appeared in the sky. He stopped the Hawaiian people fighting. In Hawaii, people celebrate King Kamehameha Day on 11th June. There's a parade with marching bands, horses and lots of flowers.

Ellison Onizuka was born in Hawaii in 1946. He was the first NASA astronaut from Hawaii. He first went into space in 1985. He was very active and enjoyed running, fishing and outdoor sports. The Onizuka Centre for International Astronomy in Hawaii is named after him. You can use the telescopes at the centre to look at the stars.

Bruno Mars was born in Hawaii in 1985. His real name is Peter Gene Hernandez. He was confident and independent when he was young and he loved music. Bruno writes songs, sings and plays the guitar, the piano and the drums. He has won lots of prizes for his music.

Unit 2 Lesson 8

Activity Book

CD1 TRACK 43

AB page 23 Activity 1

Girl: What do you know about Barack Obama?
Man: Well, I can tell you his favourite place.
Girl: Yes, please.
Man: It's Sandy Beach. It's in Hawaii.
Girl: Oh yes. I know he's from Hawaii. What's his favourite sport?
Man: His favourite sport is basketball. He loves playing basketball.
Girl: What's his favourite food?
Man: I don't know, but I know he likes rice.
Girl: Has he got any children?
Man: Yes, he has. He's got two children.
Girl: What's he like? Is he shy?
Man: No, he isn't. He's the President of the United States of America – he's very confident!
Girl: Is he active?
Man: Yes, he is!

Unit 2

Video and 21st Century Skills

Activity Book

CD1 TRACK 44

AB page 25 Activity 1

1 What is the topic?
2 How long is your presentation?
3 Who is the presentation for?
4 How many photos have you got?
5 Where are you going to look for information?

Unit 2

Video and 21st Century Skills

Activity Book

CD1 TRACK 45

AB page 25 Activity 2

Girl: Dad, can you help me with my homework?
Man: Yes, of course. What do you have to do?
Girl: I've got to write a presentation.
Man: I know a good webpage with tips for writing presentations.
Girl: Great! What's the first tip?
Man: Number 1 is: Choose a topic you are interested in.
Girl: That's a good tip. I'm going to do my presentation on butterflies.
Man: Great! You love butterflies.
Girl: What's number 2?
Man: Number 2: Know your audience. Who is the presentation for?
Girl: It's for the other pupils in my class.
Man: Good. Number 3 is: Use newspapers, libraries and the Internet to research information.
Girl: OK. Let's go to the library later, then.
Man: We can do that. Number 4 is: Make notes and then write the presentation.
Girl: Oh yes. Our teacher said we should make notes before we start writing.
Man: Number 5 is: Make sure it isn't too long.
Girl: There are 25 of us in our class. It can't be too long.
Man: And the last one is: Add photos to your slides.
Girl: That's a good idea. Then the presentation isn't too boring. Thanks, Dad!

Unit 3 Lesson 1

Pupil's Book

CD1 TRACK 46

PB page 28 Activity 2

cave, basket, axe, spear, knife, bones, hammer, fire, bowl, tools, fossil, fur

Unit 3 Lesson 1

Pupil's Book

CD1 TRACK 47

PB page 28 Activity 3

***In prehistoric times* song**

A long time ago
In prehistoric times,
Cave men and women
Walked the Earth.

They wore fur.
They ate meat and fish.
They made fire
With stones on the ground.

A long time ago
In prehistoric times,
Cave men and women
Walked the Earth.

They had axes.
They had spears.
They had tools
To help them hunt and fish.

A long time ago
In prehistoric times,
Cave men and women
Walked the Earth.

Unit 3 Lesson 1

Pupil's Book

CD1 TRACK 48

PB page 28 Activity 3

Karaoke version: *In prehistoric times* song

Unit 3 Lesson 2

Pupil's Book

CD1 TRACK 49

PB page 29 Activity 1

Lily: Yesterday, we went to the Natural History Museum.
Ravi: Wow! Did you learn a lot?
Lily: Yes, we did. We learnt about prehistoric times.
Ravi: Cool! Where did people live in prehistoric times?
Lily: They lived in caves.
Ravi: What did they wear?
Lily: They wore fur. They didn't have clothes like ours.
Ravi: Really? What did they eat?
Lily: They ate meat and fish.
Ravi: How did they cook their food?
Lily: They made fire with a special stone called flint.

Audioscript

Unit 3 Lesson 2

Pupil's Book

CD1 TRACK 50

PB page 29 Activity 3

Where did she live?
What did you wear?
How did they cook?
When did she eat?

Unit 3 Lesson 3

Pupil's Book

CD2 TRACK 01

PB page 30 Activity 2

The important discovery

Frame 1
Narrator: Josh, Lily and Ravi are going kayaking today.
Monitor: Put on your life jackets, please.
Ravi: Don't forget your helmet, Josh!
Frame 2
Josh: Watch out! Your water bottle is going to fall in the water.
Lily: Oh no! I dropped it.
Ravi: Can you get it?
Lily: No, I can't. It's going over there. Come on!
Frame 3
Narrator: The children follow the water bottle.
Ravi: Look! It's going behind the waterfall.
Josh: Can you get it now?
Lily: No, I can't. We need to paddle faster!
Frame 4
Narrator: The children get out of the kayak to look for the water bottle.
Ravi: Look! It's behind those rocks.
Lily: I've got it.
Josh: Wow! There's a cave here.
Frame 5
Narrator: The children see something in the cave.
Josh: Look! What's that?
Lily: It's a spear from prehistoric times. And that's an axe. I saw one like that in the Natural History Museum.
Frame 6
Ravi: Did prehistoric people use spears and axes?
Lily: Yes, they did. They used them for hunting.
Josh: What did they hunt?
Lily: They hunted woolly mammoths.
Frame 7
Josh: Did they hunt sabre-toothed tigers?
Lily: I don't think so. Sabre-toothed tigers could run very fast.
Frame 8
Narrator: The next day, a TV station interviews the children.
Reporter: Where did you find the prehistoric tools?
Lily: We found them in a cave behind a waterfall.
Museum curator: It's an important discovery for the museum. Well done!

Unit 3 Lesson 3

Activity Book

CD2 TRACK 02

AB page 28 Activity 2

Our Adventure Blog by Lily, Josh and Ravi

In this adventure, we go out with the kayak club. We put our life jackets and helmets on first. Lily drops a water bottle in the water. We paddle quickly to get the bottle, but it goes behind a waterfall. Lily gets the bottle and Josh sees a cave behind the rocks. We find a spear and an axe. Lily explains that prehistoric people used them to hunt woolly mammoths. They didn't hunt sabre-toothed tigers because they could run very fast. The tools are in the museum now and we were on TV!

Unit 3 Lesson 4

Pupil's Book

CD2 TRACK 03

PB page 32 Activity 1

1 sabre-toothed tiger
2 giant ground sloth
3 prehistoric armadillo
4 dodo
5 sabre-toothed squirrel
6 woolly mammoth

Unit 3 Lesson 4

Pupil's Book

CD2 TRACK 04

PB page 32 Activity 2

***A long, long time ago* song**

There was a sabre-toothed tiger,
An armadillo, a squirrel and a sloth.
There were different animals
Many years ago.
Some of them are now extinct.

A dodo was a very strange bird.
It lived hundreds of years ago.
It could run, but it couldn't fly,
A long, long time ago.

There was a sabre-toothed tiger,
An armadillo, a squirrel and a sloth.
There were different animals
Many years ago.
Some of them are now extinct.

A woolly mammoth had enormous tusks.
It lived thousands of years ago.
It could walk, but it couldn't jump,
A long, long time ago.

There was a sabre-toothed tiger,
An armadillo, a squirrel and a sloth.
There were different animals
Many years ago.
Some of them are now extinct.

An armadillo had a very hard shell.
It lived thousands of years ago.
It could swim, but it couldn't climb trees,
A long, long time ago.

There was a sabre-toothed tiger,
An armadillo, a squirrel and a sloth.
There were different animals
Many years ago.
Some of them are now extinct.

Unit 3 Lesson 4

Pupil's Book

CD2 TRACK 05

PB page 32 Activity 3

It could jump.
He couldn't swim.
They could run.
It couldn't fly.

Unit 3 Lesson 5

Pupil's Book

CD2 TRACK 06

PB page 33 Activity 1

Paul – draw – claws – Saul – sauce – paws
Paul the parrot can draw with his claws.
Saul the squirrel drinks sauce with his paws.
Paul the parrot can draw with his claws.
Saul the squirrel drinks sauce with his paws.
Paul the parrot can draw with his claws.
Saul the squirrel drinks sauce with his paws.

Unit 3 Lesson 5

Pupil's Book

CD2 TRACK 07

PB page 33 Activity 2

1
Girl: Can you tell me something about sabre-toothed tigers?
Boy: Yes, of course.
Girl: What colour were they?
Boy: Sabre-toothed tigers were brown, grey, black and white.
Girl: Thank you. What did they look like?
Boy: They had fur and long, sharp teeth.
Girl: Could they climb trees?
Boy: No, they couldn't. Sabre-toothed tigers couldn't climb trees, but they could swim.
Girl: What did they eat?
Boy: They were carnivores, so they ate meat. They hunted other animals.

2
Boy: Can you tell me about woolly mammoths now, please?
Girl: Yes, I can. Woolly mammoths were light brown and they had a lot of fur.
Boy: Did woolly mammoths have long tusks?
Girl: Yes, they did.
Boy: Could they run?
Girl: Yes, they could.
Boy: Could they jump?
Girl: Yes, they could, but they couldn't climb trees.
Boy: What did they eat?
Girl: They ate grass, other plants and seeds.
3
Girl: Do you know anything about dodos?
Boy: Yes, I do.
Girl: What colour were they?
Boy: Dodos were grey with a large beak.
Girl: I know dodos couldn't fly, but could they swim?
Boy: Yes, they could.
Girl: What did they eat?
Boy: They ate fruit, seeds and nuts.

Unit 3 Lesson 6

Pupil's Book

CD2 TRACK 08

PB page 34 Activity 2

Dinosaurs
Dinosaurs were reptiles that dominated the Earth in prehistoric times. The first dinosaurs lived around 225 million years ago. We know about dinosaurs because archaeologists discovered dinosaur fossils buried in the ground. There were many different types of dinosaurs. Some dinosaurs were carnivores (they ate meat) and others were herbivores (they ate plants). Some dinosaurs could run very fast and others were very slow.
Tyrannosaurus
The tyrannosaurus walked on two legs. It was an enormous carnivore. It was about 12 metres long and almost six metres tall. It was very strong and it could run very fast. It had 60 sharp teeth. Its teeth were very big – about the same size as bananas.
Diplodocus
The diplodocus walked on four legs. It was a herbivore. It had a very long neck so that it could eat leaves from the top of tall trees. It also had a very long tail so that it could balance. It couldn't run very fast.
Triceratops
The triceratops was a herbivore. It had three horns and a large frill around its neck. Scientists think that it used its horns for protection against dangerous predators, for example the tyrannosaurus. Its nose and mouth were like a beak. It was nine metres long and three metres tall.
The longest dinosaur name is micropachycephalosaurus. Can you say it?

Unit 3 Lesson 7

Pupil's Book

CD2 TRACK 09

PB page 35 Activity 2

Stegosaurus
The stegosaurus lived about 150 million years ago. It was an enormous herbivore. It was nine metres long. It walked on four legs. It couldn't run very fast. It had spikes on its tail and large, shiny plates on its back. It had small, flat teeth at the back of its beak. The stegosaurus had a tiny head. Its brain was about the same size as a small orange!

Unit 3 Lesson 8

Pupil's Book

CD2 TRACK 10

PB page 36 Activity 2

Dinosaur discoveries in Canada
Alberta, in Canada, is home to many beautiful parks. You can see lots of amazing wildlife and scenery in these parks, but some of them are also famous for exciting discoveries.
Dinosaur Provincial Park in Alberta, is famous for its dinosaur fossils. Scientists found fossils of more than 40 different species of dinosaurs here. Some of them are more than 75 million years old!
If you want to find out what it's like to be a palaeontologist, you can go on a fossil safari. Here, you can learn some of the secrets of discovering and identifying fossils. Did you know that one way of telling the difference between a bone and a rock is to lick your finger and touch the rock? If it sticks to your finger, it's a bone.
Dinosaur Provincial Park is also famous for its beautiful scenery. You can go hiking along the paths where dinosaurs once walked, and you can even go camping.
Also in Alberta, you can visit Writing-on-Stone Provincial Park. Here, you can see cave paintings and carvings on the rocks that are over 3000 years old! They were made by tribes who lived here in the past. They show us how people lived thousands of years ago.

Unit 3 Lesson 8

Activity Book

CD2 TRACK 11

AB page 33 Activity 1

1
Boy: Hi, Sally. Were you on holiday last week?
Girl: Yes, I was. I went to Dinosaur Provincial Park.
Boy: Cool! What did you do there?
Girl: On Monday, I went to the visitor centre with my friend, Jane. There was lots of interesting information about dinosaurs.
2
Boy: Did you see lots of fossils?
Girl: Yes, I did. I saw lots of fossils on Wednesday.
Boy: Were there fossils from different dinosaurs?
Girl: Yes, there were! It was very interesting.
3
Boy: Did you go camping?
Girl: Yes, I did. We all went camping on Thursday.
Boy: Did you enjoy it?
Girl: It was OK, but it was very windy.
4
Boy: There's lots of beautiful scenery at Dinosaur Provincial Park. Did you go hiking?
Girl: Yes, I did. I went hiking with my mum, my dad and my sister on Saturday.
Boy: Did you walk far?
Girl: We walked quite far, but we stopped in the afternoon because it was very hot.
5
Boy: Did you meet anyone interesting?
Girl: Yes, I met a palaeontologist on Friday.
Boy: What's a palaeontologist?
Girl: It's a person who studies fossils.
6
Boy: What did you do on Sunday?
Girl: Which day?
Boy: Sunday.
Girl: Oh, on Sunday I bought some presents for my grandma and grandad.
Boy: What did you buy for them?
Girl: I bought them some books about dinosaurs.

Unit 3

Video and 21st Century Skills

Activity Book

CD2 TRACK 12

AB page 35 Activity 1

1 Do an online experiment at the science museum.
2 Use the panoramic view to see the whole museum.
3 Learn more about fossils by watching a fossil digger.
4 Watch animals by turning on the live web cam.
5 Find out about Roald Dahl in the online museum and story centre.

Audioscript

Unit 3
Video and 21st Century Skills

Activity Book

CD2 TRACK 13

AB page 35 Activity 2

Girl: What are you doing?
Boy: I'm doing a school project about dinosaurs.
Girl: You could go to a virtual museum and find out more about them.
Boy: Good idea, but I'm not sure how to do that.
Girl: I've got some tips on this webpage. Tip number one is: Type 'virtual museum' in the search engine.
Boy: OK.
Girl: Tip number two is: Choose a museum.
Boy: Oh right. There are lots of different museums to choose from.
Girl: Next. Tip number three is: Click on the menu.
Boy: OK. I've got it!
Girl: That's right. Tip number four is: Choose an area of the museum to visit.
Boy: Let's go to the dinosaur exhibition. What's tip number five?
Girl: The last tip is: Have fun exploring!
Boy: Ha ha! Great! Let's get started.

My project 1 Lesson 1

Pupil's Book

CD2 TRACK 14

PB page 38 Activity 3

The minibeasts that have got six legs are: beetles, ladybirds, butterflies, moths, dragonflies and grasshoppers.
The minibeasts that can fly are: beetles, ladybirds, butterflies, dragonflies, moths and grasshoppers.
Four things that the minibeasts have got in their living areas are: rocks, soil, plants and water.

Unit 4 Lesson 1

Pupil's Book

CD2 TRACK 15

PB page 40 Activity 2

planets, comet, Mercury, Venus, Neptune, Jupiter, meteorite, rocket, astronaut, satellite, asteroid belt, rings

Unit 4 Lesson 1

Pupil's Book

CD2 TRACK 16

PB page 40 Activity 3

***In our solar system* song**

There are planets
And asteroids,
Comets and moons,
In our solar system.

Mercury is the first planet.
It's the closest planet to the Sun.
Venus is the second planet.
It's the hottest planet of them all.

There are planets
And asteroids,
Comets and moons,
In our solar system.

Earth is the third planet.
It's the planet where we live.
Mars is the fourth planet.
Then there's the asteroid belt.

There are planets
And asteroids,
Comets and moons,
In our solar system.

Jupiter is the fifth planet.
It's the biggest planet of them all.
Saturn is the sixth planet.
It's got lots of rings.

There are planets
And asteroids,
Comets and moons,
In our solar system.

Uranus is the seventh planet.
It's the coldest planet of them all.
Neptune is the eighth planet.
It's the furthest planet from the Sun.
There are planets
And asteroids,
Comets and moons,
In our solar system.

Unit 4 Lesson 1

Pupil's Book

CD2 TRACK 17

PB page 40 Activity 3

Karaoke version: *In our solar system* song

Unit 4 Lesson 2

Pupil's Book

CD2 TRACK 18

PB page 41 Activity 1

Josh: This model of the solar system is great. Did you make it?
Ravi: Yes, I did. I made it with my dad. He told me a lot about the planets.
Josh: Which planet is this?
Ravi: It's Jupiter. Jupiter is the biggest planet.
Josh: Which planet is this?
Ravi: It's Mercury. Mercury is the closest planet to the Sun.
Josh: Cool! Which is the hottest planet?
Ravi: Venus is the hottest planet.
Josh: I know this planet. It's Earth. Earth is the best planet.
Ravi: Yes, because it's where we live!

Unit 4 Lesson 2

Pupil's Book

CD2 TRACK 19

PB page 41 Activity 3

Jupiter is the biggest planet.
Venus is the hottest planet.
Mercury is the closest planet to the Sun.
Neptune is the furthest planet from the Sun.

Unit 4 Lesson 3

Pupil's Book

CD2 TRACK 20

PB page 42 Activity 2

The meteorite

Frame 1
Narrator: Ravi, Josh, Lily and Dad are at the top of the lighthouse. They're looking at the night sky.
Lily: Wow! It's really clear tonight.
Josh: I can see lots of stars.
Frame 2
Josh: Can we see any planets, Dad?
Dad: Yes. Look at the brightest, shiniest star in the sky. It isn't really a star. It's Venus.
Ravi: Venus is the closest planet to Earth.
Frame 3
Narrator: Suddenly, Lily sees something moving quickly across the sky.
Lily: Look! It's a shooting star.
Josh: Wow! It's really close.
Frame 4
Narrator: They hear a loud noise.
Lily: What was that?
Dad: That wasn't a shooting star. It was a meteorite.
Ravi: It's falling on the beach.
Josh: Let's go and see.
Frame 5
Narrator: Ravi, Lily, Josh and Dad hurry to see the meteorite.
Dad: Meteorites fall down to Earth. Sometimes people find them.
Lily: Wow!
Josh: Cool!

Frame 6
Narrator: They look for the meteorite on the beach.
Ravi: What's that over there?
Dad: It's just a shiny rock.
Josh: Is that the meteorite, Lily?
Lily: No, it isn't. It's a starfish. Poor thing.
Frame 7
Narrator: Lily wants to take the starfish home, but Dad has got a better idea.
Lily: Can we take it home?
Dad: No. It's a living thing. We must put it back in the sea. It needs water.
Frame 8
Narrator: Dad and the children look all over the beach, but they can't find the meteorite.
Ravi: Well, we didn't find the meteorite, but we saved a starfish!

Unit 4 Lesson 3

Activity Book

CD2 TRACK 21

AB page 40 Activity 2

Our Adventure Blog by Lily, Josh and Ravi
In this adventure, we look at the night sky from the top of the lighthouse. Dad shows us the planet Venus. It's the closest planet to Earth. Lily sees a shooting star and Dad tells us that it must be a meteorite. The meteorite falls on the beach. We look for a long time, but we don't find it. Ravi sees a shiny rock and then we find a starfish. Lily wants to take it home, but we put it back in the sea.

Unit 4 Lesson 4

Pupil's Book

CD2 TRACK 22

PB page 44 Activity 1

1 shiny
2 expensive
3 modern
4 heavy
5 powerful
6 interesting

Unit 4 Lesson 4

Pupil's Book

CD2 TRACK 23

PB page 44 Activity 2

***The best rocket in the world* song**
I made a rocket all by myself.
It's the best rocket
In the world.

It's the shiniest rocket,
The most modern rocket.
It's the greatest rocket
In the world.

I made a rocket all by myself.
It's the best rocket
In the world.

It's the most powerful rocket,
The most expensive rocket.
It's the fastest rocket
In the world.

I made a rocket all by myself.
It's the best rocket
In the world.

It's the heaviest rocket,
The most interesting rocket.
It's the most fantastic rocket
In the world.

I made a rocket all by myself.
It's the best rocket
In the world.

Unit 4 Lesson 4

Pupil's Book

CD2 TRACK 24

PB page 44 Activity 3

The purple rocket is the most interesting rocket.
The red rocket is the shiniest rocket.
The black rocket is the most powerful rocket.
The green rocket is the heaviest rocket.

Unit 4 Lesson 5

Pupil's Book

CD2 TRACK 25

PB page 45 Activity 1

snake – race – space – snake – came – eighth – neigh – sleigh
A horse and a snake had a race in space.
The snake came eighth and the horse said 'neigh' and went away on a sleigh.
A horse and a snake had a race in space.
The snake came eighth and the horse said 'neigh' and went away on a sleigh.
A horse and a snake had a race in space.
The snake came eighth and the horse said 'neigh' and went away on a sleigh.

Unit 4 Lesson 5

Pupil's Book

CD2 TRACK 26

PB page 45 Activity 2

1
Girl: Which is the most interesting rocket? [beep] [beep]
Boy: Let me see. Moon Raider has got one star. Cosmic Comet is the most interesting rocket.
2
Boy: Which is the most powerful rocket? [beep] [beep]
Girl: Cosmic Comet has got an engine power of 4, but Moon Raider has got an engine power of 5.
Boy: What about Red Rocket?
Girl: Red Rocket has only got an engine power of 3, so Moon Raider is the most powerful rocket.
3
Girl: Wow! Rockets are really expensive. How much is Moon Raider?
Boy: Moon Raider is only £20,000.
Girl: Which is the most expensive rocket? [beep] [beep]
Boy: Cosmic Comet is the most expensive rocket.
4
Boy: Some of the rockets are really tall! Which is the tallest rocket? [beep] [beep]
Girl: Well, Cosmic Comet is quite short. It's Moon Raider. Moon Raider is the tallest rocket.
5
Girl: Which is the heaviest rocket?
Boy: Red Rocket is the lightest. It only weighs 550 kilos.
Girl: What about Moon Raider?
Boy: That weighs 700 kilos.
Girl: Is Moon Raider the heaviest rocket then? [beep] [beep]
Boy: No, it isn't. Cosmic Comet weighs 750 kilos, so it's the heaviest rocket.

Unit 4 Lesson 6

Pupil's Book

CD2 TRACK 27

PB page 46 Activity 2

The gas giants
Jupiter, Saturn, Uranus and Neptune are the four planets furthest from the Sun. They're known as the gas giants.
Jupiter
Distance from the Sun: It's the fifth planet from the Sun.
Size: It's the biggest planet.
Rings: It's got three rings.
Moons: It's got at least 16 moons. One of its moons is the biggest moon in the solar system.
Interesting information: It's the heaviest planet. The large red spot on Jupiter is a storm that started at least 400 years ago.
Saturn
Distance from the Sun: It's the sixth planet from the Sun.
Size: It's the second biggest planet.
Rings: It's got thousands of rings made of ice and rock. Saturn's rings are the brightest rings in the solar system.
Moons: It's got at least 30 moons. It's the planet with the most moons.
Interesting information: Some of the pieces of ice in Saturn's rings are as big as a house.

Audioscript

Uranus
Distance from the Sun: It's the seventh planet from the Sun.
Size: It's the third biggest planet.
Rings: It's got 11 grey rings.
Moons: It's got at least 22 moons.
Interesting information: It's the coldest planet.
Neptune
Distance from the Sun: It's the furthest planet from the Sun.
Size: It's the fourth biggest planet.
Rings: It's got four complete rings made of rock and dust, and lots of incomplete rings.
Moons: It's got at least eight moons.
Interesting information: It's the windiest planet.

Unit 4 Lesson 7

Pupil's Book

CD2 TRACK 28

PB page 47 Activity 2

Mars
Surface
Mars is known as the red planet because its surface is covered with red dust. It's a dry, rocky planet, but scientists believe that there was once water on Mars. Now, it's got ice caps at its north and south poles, just like Earth.
Mountains
The highest mountains in the solar system are on Mars. Mars has also got the largest volcano in the solar system. It's called Mount Olympus.
Moons
Mars has got two moons. They're shaped like potatoes!
Interesting information
Mars is a cold planet. The average temperature on Mars is -23°C.

Unit 4 Lesson 8

Pupil's Book

CD2 TRACK 29

PB page 48 Activity 2

Siding Spring Observatory
At the Siding Spring Observatory in Australia, scientists and astronomers look at stars, planets, asteroids and comets in the night sky. The sky in this area is great for stargazing. It's very dark and clean, away from the smoke and pollution of the city. The best place for an observatory is away from towns and cities. You need clear skies and a high position.
There are 12 telescopes at the Siding Spring Observatory. It's the largest observatory in Australia, and astronomers come from all over the world to study the sky here. They use the powerful telescopes to see nebulas. These are clouds of dust and gas where new stars are born.
The largest telescope at the observatory is the Anglo-Australian telescope. Visitors can look inside this telescope during the day, to see how the astronomers work.
The people at the Siding Spring Observatory have created a tour of the solar system for us to explore … by car! The Anglo-Australian telescope represents the Sun. If you get in your car and drive away from the telescope, you can see models of the planets, in order of their distance from the Sun. The first planet you can see is Mercury. Which planet do you think is the furthest from the Anglo-Australian telescope?

Unit 4 Lesson 8

Activity Book

CD2 TRACK 30

AB page 45 Activity 1

Mum: Would you like to go to the Siding Spring Observatory this weekend?
Boy: Yes, please! Where is it?
Mum: It's in the south-east of Australia.
Boy: What time does it open, Mum?
Mum: It opens at half past nine and it closes at four o'clock.
Boy: Is it expensive?
Mum: This weekend there's an open day, so it's free to visit.
Boy: What activities can you do there?
Mum: You can look inside one of the telescopes. There's also a walking tour.
Boy: Brilliant! How many telescopes are there at the observatory?
Mum: There are 12 telescopes.
Boy: Wow, that's a lot.

Unit 4
Video and 21st Century Skills

Activity Book

CD2 TRACK 31

AB page 47 Activity 1

1
Boy: Which is the biggest planet?
Girl: It's Jupiter.
2
Girl: What's your favourite season?
Boy: My favourite season is autumn.
3
Boy: What's your least favourite colour?
Girl: It's yellow.
4
Girl: Which is the hottest month of the year?
Boy: I think it's August.

Unit 4
Video and 21st Century Skills

Activity Book

CD2 TRACK 32

AB page 47 Activity 2

Girl: I've got to put all the planets in order.
Boy: You can use a cline to help you.
Girl: Oh! That's a great idea. Can you help me?
Boy: Yes. Here's some information about clines. Let me see … Tip number 1 is: You can record information on a cline.
Girl: Good. So, I can use it for the planets.
Boy: Tip number 2: A cline can help you put things in order.
Girl: What's number three?
Boy: Tip number 3 is: You can use it for size or temperature.
Girl: OK. What's number 4?
Boy: Tip number 4 is: You can use it to order things you like best, too.
Girl: Fantastic!
Boy: And the last tip … Number five: Start with the smallest at one end and finish with the biggest at the other end.

Unit 5 Lesson 1

Pupil's Book

CD2 TRACK 33

PB page 50 Activity 2

go sailing, go bowling, have an ice lolly, have a picnic, go shopping, go hiking, make a cake, go windsurfing, play table tennis, go horse riding, ride a mountain bike, have a barbecue

Unit 5 Lesson 1

Pupil's Book

CD2 TRACK 34

PB page 50 Activity 3

***What shall we do today?* song**
What shall we do today?
What shall we do today?

Let's go hiking!
Let's go bowling!
Let's have a barbecue!
Let's have a picnic!
Let's go sailing!
There are so many things to do.

What shall we do today?
What shall we do today?

Let's go shopping!
Let's play table tennis!
Let's ride a mountain bike!
Let's have an ice lolly!
Let's make a cake!
There are so many things we like.

What shall we do today?
What shall we do today?

Unit 5 Lesson 2

Pupil's Book

CD2 TRACK 35

PB page 51 Activity 1

Josh: That was great fun!
Lily: What can we do tomorrow?
Josh: If it's windy, we can go windsurfing on the lake.
Lily: Oh yes! And if it's sunny, we can have a barbecue in the afternoon.
Josh: But we can't have a barbecue if it's wet.
Lily: You're right. I know. If it's raining, we can go bowling.
Josh: What a good idea. I love bowling!
Lily: Me too.

Unit 5 Lesson 2

Pupil's Book

CD2 TRACK 36

PB page 51 Activity 3

If it's sunny, we can have a picnic.
If it's dry, we can play table tennis.
If it's raining, we can't ride a mountain bike.
If it's wet, we can go shopping.

Unit 5 Lesson 3

Pupil's Book

CD2 TRACK 37

PB page 52 Activity 2

The rainy day
Frame 1
Narrator: The children are going to ride their mountain bikes today. They're excited.
Lily: Come on! Hurry up.
Josh: I'm nearly ready.
Ravi: I love mountain biking.
Frame 2
Narrator: When the children open the curtains, they see that it's raining.
Ravi: If it's wet, we can't ride our mountain bikes.
Lily: Why not?
Josh: It's too dangerous.
Frame 3
Ravi: We can't go horse riding or hiking, either.
Josh: Never mind. There are lots of things to do in the lighthouse.
Lily: I know! Let's play the musical instruments in Luke's bedroom.
Frame 4
Narrator: The children go to Luke's bedroom.
Josh: I'm going to play the keyboard.
Lily: Ravi, do you want to play the tambourine?
Ravi: No. I'd rather play the drums.
Frame 5
Josh: Do you want to play the electric guitar, Lily?
Lily: I don't know how to play the guitar, but I play the xylophone at school.
Ravi: We can make a xylophone with some glasses, some water and a spoon.
Frame 6
Narrator: The children go to the kitchen to make the xylophone.
Ravi: Pour a different amount of water into each glass.
Lily: Let's add food colouring, too.
Josh: Good idea!
Frame 7
Narrator: The children play their instruments.
Josh: I know. Let's make a music video!
Lily: Great idea! We can send it to Luke.
Frame 8
Narrator: The children send the video to Luke.
Ravi: Do you think he's going to like the video?
Narrator: Later ...
Luke: Wow! A water xylophone. Amazing!

Unit 5 Lesson 3

Activity Book

CD2 TRACK 38

AB page 50 Activity 2

Our Adventure Blog by Lily, Josh and Ravi
In this adventure, we make a xylophone out of water and glasses. It's raining so we can't ride our mountain bikes. We go into Luke's bedroom to play his musical instruments. Ravi plays the drums and Josh plays the keyboard. Lily wants to play the xylophone, so we go to the kitchen and make one. We just need some glasses, some water and a spoon. We make a fantastic music video and we send it to Luke.

Unit 5 Lesson 4

Pupil's Book

CD2 TRACK 39

PB page 54 Activity 1

1 drums
2 xylophone
3 keyboard
4 cymbals
5 tambourine
6 electric guitar

Unit 5 Lesson 4

Pupil's Book

CD2 TRACK 40

PB page 54 Activity 2

***I'd rather sing* song**
I love playing the drums.
I like the xylophone.
I want to be in a rock band,
But I'd rather sing.
I'd rather sing than play the drums.
I'd rather sing than play the xylophone.
I love playing instruments,
But I'd rather sing.

I'd rather sing, I'd rather sing,
I'd rather sing, I'd rather sing.

I love playing the cymbals.
I like the tambourine.
I want to be in a rock band,
But I'd rather sing.
I'd rather sing than play the cymbals.
I'd rather sing than play the tambourine.
I love playing instruments,
But I'd rather sing.

I'd rather sing, I'd rather sing,
I'd rather sing, I'd rather sing.

Unit 5 Lesson 4

Pupil's Book

CD2 TRACK 41

PB page 54 Activity 2

Karaoke version: *I'd rather sing* song

Unit 5 Lesson 4

Pupil's Book

CD2 TRACK 42

PB page 54 Activity 3

I'd rather play the keyboard than sing.
I'd rather play the tambourine than sing.
I'd rather play the xylophone than sing.
I'd rather play the electric guitar than sing.

Audioscript

Unit 5 Lesson 5

Pupil's Book

CD2 TRACK 43

PB page 55 Activity 1

huge – mule – tune – barbecue – statue
Can a huge mule play a tune at the barbecue next to the statue?
Can a huge mule play a tune at the barbecue next to the statue?
Can a huge mule play a tune at the barbecue next to the statue?

Unit 5 Lesson 5

Pupil's Book

CD2 TRACK 44

PB page 55 Activity 2

Boy: Hello. I'm doing a free-time questionnaire. Can I ask you some questions, please?
Girl: Yes, of course.
Boy: Thanks. What's your name?
Girl: It's Holly William.
Boy: How do you spell William?
Girl: W-I-L-L-I-A-M.
Boy: And how old are you?
Girl: I'm ten.
Boy: And where do you live?
Girl: I live at 15 Chesterton Road.
Boy: Would you rather make a cake or eat an ice lolly?
Girl: That's easy! I'd rather eat an ice lolly than make a cake.
Boy: Me too. Would you rather go shopping or go bowling?
Girl: I'd rather go bowling than go shopping. I love going bowling with my friends on Saturday.
Boy: That's great. Would you rather have a picnic or have a barbecue?
Girl: Let me think. I like going to the countryside, so I'd rather have a picnic than have a barbecue.
Boy: And would you rather go horse riding or ride a mountain bike?
Girl: I'd rather ride a mountain bike than ride a horse. I haven't got a horse.
Boy: Now, here's the last question. Would you rather go windsurfing or go sailing?
Girl: I'd rather go sailing than go windsurfing. I think sailing is a lot of fun.
Boy: Thanks very much for your time.
Girl: You're welcome.

Unit 5 Lesson 6

Pupil's Book

CD2 TRACK 45

PB page 56 Activity 3

Ulysses and the Sirens
The Odyssey is a poem from Ancient Greece. It's about Ulysses and his adventures as he travels home after a war. On the way, Ulysses must pass the Sirens' island on his ship.
The Sirens were mythical creatures. They were part woman and part bird. They lived on a rocky island in the middle of the sea. They sang the most beautiful songs. Sailors wanted to listen to the songs. Sometimes, sailors jumped into the sea when they heard the songs, and their ships crashed into the rocks. Nobody could pass the Sirens' island without disaster.
Ulysses told the sailors on his ship to put wax in their ears. With wax in their ears, the sailors couldn't hear the Sirens singing. Ulysses didn't put wax in his ears because he wanted to hear the songs. He asked his sailors to tie him to the ship's mast so he couldn't jump off the ship.
When the ship passed the Sirens' island, the Sirens started singing. The sailors couldn't hear the songs. Ulysses could hear the songs, but he couldn't jump off the ship. The ship sailed safely past the island. The sailors untied Ulysses and removed the wax from their ears.
Ulysses was the only person to hear the Sirens' song and live to tell the tale.

Unit 5 Lesson 7

Pupil's Book

CD2 TRACK 46

PB page 57 Activity 3

The Hydra
The Hydra was an enormous, poisonous snake.
It looked like a dragon.
The Hydra lived in a swamp and ate people from the village and their cows.
It was nine metres tall.
It had four legs. It had nine heads and 18 terrible eyes! It could grow new heads, too.
The Hydra's claws and breath were poisonous.

Unit 5 Lesson 8

Pupil's Book

CD3 TRACK 01

PB page 58 Activity 2

WOMAD
WOMAD (World of Music, Arts and Dance) is a music and dance festival that started in 1982. There are WOMAD festivals in countries all over the world, including New Zealand, Australia, Russia and Britain. In New Zealand, people come from all over the world to listen to music and to dance. The performers bring instruments from lots of different countries.
Bagpipes are the national instrument of Scotland. They have a bag and one or more pipes. The pipes are made from wood. The bag is usually made from animal skin. Many years ago, Scottish people used bagpipes to help motivate soldiers in wars.
The steel drum, or steel pan, is made from recycled metal containers. It's the national instrument of Trinidad and Tobago. People play steel pans in steel bands. Some steel bands have got 100 musicians!
The didgeridoo comes from Australia. It's probably the world's oldest instrument. It's made from the trunk or branch of a tree. To play a didgeridoo, you blow into the top and a noise comes out of the bottom.
The sitar is a popular instrument from India. It looks like a guitar. It's got a long neck and it's got about 20 strings. To play the sitar, you sit on the floor with the bottom of the sitar resting on your foot.

Unit 5 Lesson 8

Activity Book

CD3 TRACK 02

AB page 55 Activity 1

1 Where are the bagpipes?
Man: Look, those are my bagpipes.
Girl: Where are they?
Man: They're on the table next to the cupboard.
2 Which is the woman's didgeridoo?
Girl: Is this your didgeridoo?
Woman: Yes, it is. Do you like it?
Girl: Yes, it's lovely. Are those snakes on it?
Woman: No, they're lizards.
3 Where does Betty play the steel drums?
Girl: I play the steel drums. It's great fun.
Man: Do you play at school?
Girl: No, I don't. I play with my friend, David. His mum lets us play in the garage.
Man: Oh! Isn't it very noisy?
Girl: Yes, but David's mum likes it.

Unit 5
Video and 21st Century Skills

Activity Book

CD3 TRACK 03

AB page 57 Activity 1

1
Boy: What can we do tomorrow?
Girl: If it's windy, we can go windsurfing.
2
Girl: What can we do on Saturday?
Boy: If it's sunny, we can have a picnic.

3
Boy: What can we do at the weekend?
Girl: If it's windy, we can fly a kite.
4
Girl: What can we do if it's raining?
Boy: If it's raining, we can play table tennis.
5
Boy: What can we do if it's sunny?
Girl: If it's sunny, we can ride a bike.
6
Girl: What can we do on Sunday?
Boy: If it's raining, we can make a robot.

Unit 5

Video and 21st Century Skills

Activity Book

CD3 TRACK 04

AB page 57 Activity 2

Girl: I'm bored.
Boy: Let's watch television!
Girl: We watch too much television! Why don't we make our own fun?
Boy: OK. Have you got any ideas?
Girl: Let's see if we can find some tips for making your own fun. Here they are! Tip number 1 is: Play outside if it's sunny and warm.
Boy: That's a good idea.
Girl: Tip number 2 is: use your imagination to build or make something.
Boy: I know! We can make something with blocks or straws …
Girl: Next. Tip number 3 is: Learn to play a musical instrument.
Boy: We can learn to play the drums! I love it! What's tip number 4?
Girl: Tip number 4 is: Play a sport with your friends.
Boy: We can play football, baseball or basketball!
Girl: And the last one! Tip number 5 is: Don't watch television. There are lots of other ways to have fun!

Unit 6 Lesson 1

Pupil's Book

CD3 TRACK 05

PB page 60 Activity 2

washing machine, dishwasher, toaster, cooker, DVD player, blender, hairdryer, printer, microwave, fridge, tablet, hoover

Unit 6 Lesson 1

Pupil's Book

CD3 TRACK 06

PB page 60 Activity 3

***Our house* song**

Our house is full of machines,
Upstairs and downstairs, too.
We've got machines in the kitchen,
In the bedroom and in the living room.

There's a cooker in the kitchen.
We use it for cooking food.
There's a fridge in the kitchen, too.
It keeps everything cool.

Our house is full of machines,
Upstairs and downstairs, too.
We've got machines in the kitchen,
In the bedroom and in the living room.

There's a hairdryer in the bedroom.
We use it for drying our hair.
The DVD player is in the living room.
We watch DVDs there.

Our house is full of machines,
Upstairs and downstairs, too.
We've got machines in the kitchen,
In the bedroom and in the living room.

There's a dishwasher in the kitchen.
We use it for washing dirty plates.
There's a blender in the kitchen, too.
We use it for making cakes.

Our house is full of machines,
Upstairs and downstairs, too.
We've got machines in the kitchen,
In the bedroom and in the living room.

Unit 6 Lesson 1

Pupil's Book

CD3 TRACK 07

PB page 60 Activity 3

Karaoke version: *Our house* song

Unit 6 Lesson 2

Pupil's Book

CD3 TRACK 08

PB page 61 Activity 1

Ravi: Hi, Lily. Where were you this morning?
Lily: I was at the shopping centre with my mum and dad.
Ravi: What did you buy?
Lily: Can you guess? It's a machine. It's used for heating food.
Ravi: Is it a microwave?
Lily: Yes, it is. Well done!
Ravi: Did you buy anything else?
Lily: Yes, I did. It's used for drying your hair.
Ravi: A hairdryer!

Unit 6 Lesson 2

Pupil's Book

CD3 TRACK 09

PB page 61 Activity 3

A toaster is used for making toast.
A washing machine is used for washing your clothes.
Hairdryers are used for drying your hair.
DVD players are used for watching DVDs.

Unit 6 Lesson 3

Pupil's Book

CD3 TRACK 10

PB page 62 Activity 2

The boat race
Frame 1
Narrator: Lily, Josh, Dad and Ravi are going to a model boat race today. Everyone must make their own boats.
Lily: Are you ready for the boat race?
Ravi: Yes. I've got our boat here.
Josh: Ravi is brilliant at making machines. I think we're going to win.
Frame 2
Narrator: The children take their boat to the harbour and put it in the water.
Lily: What's wrong with the boat? Why isn't it moving?
Josh: Did you turn it on?
Ravi: Oh no! I've only got three batteries. We need four.
Frame 3
Narrator: The boat can't move with only three batteries.
Ravi: I'm sorry, everyone.
Josh: Don't worry. We can make a sail.
Lily: Good idea! You get a stick for the mast. I can get some fabric for the sail.
Frame 4
Narrator: The children work together to make a sail for the boat.
Josh: Let's put the boat in the water.
Lily: Why isn't it moving?
Ravi: It isn't windy. What are we going to do now?
Frame 5
Narrator: The children think and think and finally, Josh has an idea.
Josh: Let's use solar power!
Lily: But we haven't got anything we can use as solar panels.
Frame 6
Narrator: Josh has another idea.
Josh: We can make a battery out of lemons. Dad can help.
Lily: Good idea! There are some lemons over there.
Dad: We need some coins, some paperclips and some wires, too.

Audioscript

Frame 7
Narrator: Dad shows the children how to make the battery.
Dad: You put a coin in one side of the lemon and a paperclip next to it.
Lily: Look. The lemons are joined together with wire.
Josh: Put them on the boat, Dad.
Frame 8
Narrator: The children are ready to start the race.
Josh: It's working!
Ravi: I don't think we're going to win.
Lily: No, but we've got a battery made of lemons!

Unit 6 Lesson 3

Activity Book

CD3 TRACK 11

AB page 60 Activity 2

Our Adventure Blog by Lily, Josh and Ravi
In this adventure, we enter a boat race and Ravi makes our boat. The boat doesn't work because it's only got three batteries. First, we make a sail, but that doesn't work because it isn't windy. Next, we want to use solar power, but we haven't got anything we can use as solar panels. Finally, Dad helps us make a battery out of lemons. We can't believe it when the boat moves. We don't win the race, but it's great fun!

Unit 6 Lesson 4

Pupil's Book

CD3 TRACK 12

PB page 64 Activity 1

1 wool
2 cotton
3 leather
4 plastic
5 gold
6 silver

Unit 6 Lesson 4

Pupil's Book

CD3 TRACK 13

PB page 64 Activity 2

***What's it made of?* song**
This is my new sweater.
It's very warm.
What's it made of?
It's made of wool.
I love it!

This is my new bracelet.
It's very shiny.
What's it made of?
It's made of silver.
I love it!

These are my new boots.
They're very soft.
What are they made of?
They're made of leather.
I love them!

Unit 6 Lesson 4

Pupil's Book

CD3 TRACK 14

PB page 64 Activity 3

A T-shirt is made of cotton.
A sweater is made of wool.
Boots are made of leather.
Earrings are made of gold.

Unit 6 Lesson 5

Pupil's Book

CD3 TRACK 15

PB page 65 Activity 1

robot – rolls – home – rose – nose – phone
The robot rolls home with a rose and hits its nose on a phone.
The robot rolls home with a rose and hits its nose on a phone.
The robot rolls home with a rose and hits its nose on a phone.

Unit 6 Lesson 5

Pupil's Book

CD3 TRACK 16

PB page 65 Activity 2

1
Boy: Let's play a game!
Girl: OK. You go first.
Boy: Is it big or small?
Girl: It's small.
Boy: What's it made of?
Girl: It's made of silver.
Boy: What's it used for?
Girl: It's used for decorating your neck.
Boy: It's a necklace!
2
Girl: It's my turn now. Is it big or small?
Boy: It's small.
Girl: What's it made of?
Boy: It's made of wool.
Girl: What's it used for?
Boy: It's used for keeping your head warm.
Girl: That's easy! It's gloves.
3
Boy: It's my turn now. Is it big or small?
Girl: It's big.
Boy: What's it made of?
Girl: It's made of leather.
Boy: What's it used for?
Girl: It's used for carrying things.
Boy: It's a chair.
4
Girl: It's my turn now. Is it big or small?
Boy: It's big.
Girl: What's it made of?
Boy: It's made of plastic.
Girl: What's it used for?
Boy: It's used for drying your hair.
Girl: It's a hairdryer.
5
Boy: It's my turn now.
Girl: OK. They're small.
Boy: What are they made of?
Girl: They're made of silver.
Boy: What are they used for?
Girl: They're used for decorating your ears.
Boy: I know! They're earrings.

Unit 6 Lesson 6

Pupil's Book

CD3 TRACK 17

PB page 66 Activity 3

No more chores!
Are you tired of helping around the house?
Do you want to have more free time?
You need … Robomatic!
It's fully automatic!
It's the most modern robot in the world!
It's solar-powered!
It washes dishes and cleans floors!
It comes in three different colours!
The Robomatic
The Robomatic changed my life! It's incredible!
David, California
It helps me with my homework, too!
Helen, Oxford
Special Offer
Only £499
Hurry! Buy yours today!

Unit 6 Lesson 7

Pupil's Book

CD3 TRACK 18

PB page 67 Activity 2

A new blender
It's used for mixing food.
It's made of plastic.
It comes in a box.
It's grey.
It costs £200.
It's good.
Bob, Scotland

MixerTronic
Mix away today!
Do you love cooking?
Do you dream of exciting pizzas, juices and cakes?
The fantastic MixerTronic is for you!
There are six amazing colours.
It's got five fantastic speeds.
You can make delicious food, quickly and easily.

The best way to cook!
Top UK chef
Special offer!
Only £159!
Get yours today!

Unit 6 Lesson 8

Pupil's Book

CD3 TRACK 19

PB page 68 Activity 2

RoboGames

RoboGames is a very important robot competition. People come to California, in the USA, to compete in over 50 different competitions. There are firefighting robots, robots that play hockey and football, and even robots that do kung fu. Teams come from 19 different countries to compete for gold, silver and bronze medals.

The robots are very clever. Some can climb stairs, do martial arts, perform somersaults and do breakdancing. The robots don't just play games and do sports, though. They're carefully designed and made so that they can see, balance and find things on their own. Some of the robots can even get out of mazes! Not all of the robots are controlled by humans – most of them do it all on their own. They're amazing!

There are robot dogs, too. These amazing little machines can wag their tails and do tricks. The robot dogs play football together, too.

It can take a very long time to build a robot, and they can be very expensive to build. The robots are made of many different types of materials. Some are made of new materials and others are made of recycled materials.

Unit 6 Lesson 8

Activity Book

CD3 TRACK 20

AB page 65 Activity 1

1 What can Harry's robot do?
Girl: Hi, Harry. That's a fantastic robot!
Boy: Thanks! I made it myself.
Girl: Wow! That's amazing. What can it do?
Boy: It can do kung fu. It's going to be in a competition in half an hour.
Girl: Can I watch?
Boy: Yes, come with me.
Girl: Great! Thanks.
2 What's Daisy's robot made of?
Boy: Hi, Daisy. Is that your robot?
Girl: Yes, it is.
Boy: Cool! What's it made of?
Girl: It's made of recycled materials. It's made of plastic bottles and metal cans.
3 Which is Richard's favourite robot?
Girl: Hi, Richard. Did you go to RoboGames yesterday?
Boy: Yes, I did. It was great.
Girl: What did you see?
Boy: I saw robot cats, robot dragons and there was even a robot insect!
Girl: Which is your favourite?
Boy: Well, I liked the robot cat, but the robot insect is my favourite.
4 What can Sarah's robot do?
Boy: Hi, Sarah. Do you like my robot?
Girl: Yes, it's great! Can it play football?
Boy: Yes, it can. What can your robot do?
Girl: It can do somersaults. Look!

Unit 6
Video and 21st Century Skills

Activity Book

CD3 TRACK 21

AB page 67 Activity 1

1 This robot will change your life!
2 This is the most modern car in the world!
3 This skateboard is incredible!
4 Have amazing fun with this fantastic game.
5 Special offer! Buy today!

Unit 6
Video and 21st Century Skills

Activity Book

CD3 TRACK 22

AB page 67 Activity 2

Boy: I want to sell these old toys.
Girl: You can make an advert!
Boy: Great idea. Look! Here are some tips on how to make a powerful advert.
Girl: What's number 1?
Boy: Let me see … Tip number one is: Use *wow* words in your advert.
Girl: Like 'amazing' and 'fantastic'!
Boy: Tip number two is: Write an interesting slogan.
Girl: That's a good idea. What's next?
Boy: Tip number three is: Make sure you include the price.
Girl: I see … so people know how much it is. What's number four?
Boy: Tip number four is: Use true statements.
Girl: Of course! What's tip number five?
Boy: Tip number five is: Don't forget to say the name of your product.
Girl: Those are great tips. Let's sell those incredible toys!

My project 2 Lesson 1

Pupil's Book

CD3 TRACK 23

PB page 70 Activity 3

Four things that you can recycle are: batteries, tins, paper, bottles.
Three things that you can reuse are: plastic bags, cardboard boxes, glass jars.
Three things that you can turn off are: lights, taps, the computer.

Unit 7 Lesson 1

Pupil's Book

CD3 TRACK 24

PB page 72 Activity 2

library, airport, hotel, university, bowling alley, shopping centre, market, ice rink, art gallery, cinema, football stadium, adventure playground

Unit 7 Lesson 1

Pupil's Book

CD3 TRACK 25

PB page 72 Activity 3

***I go to the city* song**

I go to the city at the weekend
With my dad and mum.
I see lots of places, I do lots of things,
And I have lots of fun.

Where do you go?
I go to the football stadium.
What do you do there?
I watch a football match.

I go to the city at the weekend
With my dad and mum.
I see lots of places, I do lots of things,
And I have lots of fun.

Where do you go?
I go to the ice rink.
What do you do there?
I skate on the ice.

I go to the city at the weekend
With my dad and mum.
I see lots of places, I do lots of things,
And I have lots of fun.

Where do you go?
I go to the shopping centre.
What do you buy there?
I buy some football boots.

I go to the city at the weekend
With my dad and mum.
I see lots of places, I do lots of things,
And I have lots of fun.

Audioscript

Unit 7 Lesson 1

Pupil's Book

CD3 TRACK 26

PB page 72 Activity 3

Karaoke version: *I go to the city* song

Unit 7 Lesson 2

Pupil's Book

CD3 TRACK 27

PB page 73 Activity 1

Lily: What are you reading, Ravi?
Ravi: It's a story about the future.
Lily: Is it interesting?
Ravi: Yes, it is. It says that cities will be different in the future.
Lily: Really? Will there be ice rinks?
Ravi: Yes, there will. It says that there will be football stadiums, too, but there won't be any airports.
Lily: Wow! That sounds interesting. Can I read it after you?
Ravi: Of course.

Unit 7 Lesson 2

Pupil's Book

CD3 TRACK 28

PB page 73 Activity 3

Will there be ice rinks in the future?
Will there be libraries in the future?
Will there be hotels in the future?
Will there be universities in the future?

Unit 7 Lesson 3

Pupil's Book

CD3 TRACK 29

PB page 74 Activity 2

Sci-Fi City
Frame 1
Narrator: Josh, Lily and Ravi are watching a science fiction TV programme.
Lily: *Sci-Fi City* is my favourite TV programme.
Ravi: Yes, it's great. What do you think, Josh? Will there be hotels on the moon in the future?
Josh: No, I don't think so.
Frame 2
Narrator: Ravi is staying at the lighthouse tonight. He's asleep, but Josh is thinking about Sci-Fi City.
Josh: Ravi, do you think things will be different in the future?
Ravi: Zzzzzz.
Frame 3
Josh: What's happening?
Alien: Hello, Josh. Do you want to see what Sci-Fi City will be like in the future?
Josh: Wow! Yes, please.
Alien: Let's go to my spaceship!
Frame 4
Alien: In the future, all cars will be like this spaceship.
Josh: It's amazing! How does it work?
Alien: Here's the key. Just press GO.
Frame 5
Narrator: The spaceship travels to the future.
Alien: Look. Cities will be under the sea in the future.
Josh: Will there be shopping centres?
Alien: No, there won't. Computers will buy everything.
Frame 6
Narrator: The spaceship lands in Sci-Fi City.
Josh: Will there be robots in the future?
Alien: Yes, there will. Robots will do all the chores. Come on. It's time to go back to the present.
Frame 7
Narrator: The next morning, Josh tells Lily and Ravi about his adventure.
Josh: Last night, I went to the future in an alien spaceship. Things will be very different in the future.
Ravi: Don't be silly, Josh!
Lily: You watch too much TV!
Frame 8
Narrator: The children get ready to go out.
Ravi: Don't forget to lock the door.
Josh: Where's my key?
All: Oh!

Unit 7 Lesson 3

Activity Book

CD3 TRACK 30

AB page 72 Activity 2

Our Adventure Blog by Lily, Josh and Ravi
In this adventure, Josh travels to the future. We watch a science fiction programme on TV. It's late and Ravi goes to sleep, but Josh is thinking about Sci-Fi City. An alien visits Josh in his spaceship. He gives Josh the key to the spaceship. In the future, robots will do all the chores. The next morning, Josh tells us all about his adventure. We think Josh watches too much TV!

Unit 7 Lesson 4

Pupil's Book

CD3 TRACK 31

PB page 76 Activity 1

1 submarine
2 helicopter
3 hot-air balloon
4 motorbike
5 tram
6 underground

Unit 7 Lesson 4

Pupil's Book

CD3 TRACK 32

PB page 76 Activity 2

***In the future* song**
In the future, I think things will change.
I think it will be very different from today.

I think robots will drive,
And cars will fly,
And people will live on the moon.
Motorbikes will travel under the sea,
And children won't go to school.

In the future, I think things will change.
I think it will be very different from today.

I think trams will have wings,
And computers will sing,
And tables will walk and books will talk.
People won't listen to the radio,
And children won't go to school.

In the future, I think things will change.
I think it will be very different from today.

Unit 7 Lesson 4

Pupil's Book

CD3 TRACK 33

PB page 76 Activity 3

Motorbikes will travel under the sea in the future.
Cars won't have wings in the future.
Children will live on the moon in the future.
Submarines won't fly in the future.

Unit 7 Lesson 5

Pupil's Book

CD3 TRACK 34

PB page 77 Activity 1

Joy – oils – joints – Roy's – toy
Joy oils the joints on Roy's toy robot.
Joy oils the joints on Roy's toy robot.
Joy oils the joints on Roy's toy robot.

Unit 7 Lesson 5

Pupil's Book

CD3 TRACK 35

PB page 77 Activity 2

Girl: Hello. I'm doing a questionnaire about the future. Can I ask you some questions, please?
Boy: Yes, of course.
Girl: Thanks. What's your name?
Boy: It's Richard Thomas.
Girl: How do you spell that?
Boy: R-I-C-H-A-R-D T-H-O-M-A-S.
Girl: And how old are you?
Boy: I'm 11.
Girl: First question: What do you think submarines will be like in the future?
Boy: I think they will travel under the sea and I think they will fly, too.
Girl: Will submarines have wheels in the future?
Boy: No, they won't.
Girl: What do you think about helicopters?
Boy: I think helicopters will go to the moon in the future.
Girl: Really? Will helicopters travel under the sea?
Boy: Mmmm … No, they won't.
Girl: What about trams? Will they go to the moon in the future?
Boy: No, they won't. Trams will travel under the sea in the future.
Girl: Oh, I see ... Will trams have wheels in the future?
Boy: Yes, they will.
Girl: This is the last question. I'd like to ask you about hot-air balloons. Will hot-air balloons fly in the future?
Boy: Mmmm … No they won't. Ha ha!

Unit 7 Lesson 6

Pupil's Book

CD3 TRACK 36

PB page 78 Activity 2

Far away in time
Unusual machines will control the world.
There will be cities as tall as mountains.
Underground trains will fly.
Robots will do all the chores.
Everyone will have a computer.

Unit 7 Lesson 7

Pupil's Book

CD3 TRACK 37

PB page 79 Activity 2

High in the sky,
Over the mountains and
Trees.

Away, away,
In the sky.
Red, yellow, green and
Blue.
All the people below
Look
Like ants
On the ground.
Over cities and towns.
Never stop!

Unit 7 Lesson 8

Pupil's Book

CD3 TRACK 38

PB page 80 Activity 2

Transport in Hong Kong
Hong Kong is on the south coast of China. It's made up of islands, and it's got lots of hills, so there are many different ways of travelling around.
Junk boats
If you want to travel to different islands in Hong Kong, you can go on a tour on a junk boat. Junk boats are traditional Chinese fishing boats, which are now also used by tourists. They're made of bamboo. You can see junk boats floating in Victoria Harbour. One of the most popular boat rides is at sunset, when you can look at the beautiful scenery.
Trams
Double-decker trams travel through the streets of Hong Kong. They're very cheap. You can sit next to the window on the top deck to see great views of the city. You get on the tram at the back and you pay at the front when you get off. Make sure you have the right money!
Funicular railway
To get to the top of a big moutain in Hong Kong called The Peak, you can go on the Peak Tram. This is the steepest funicular railway in the world. This tram ride takes you to the top of the mountain in only seven minutes. From the tram, you can see all of Hong Kong below you. The view is incredible!
Sampans
Sampans are river boats. Many tourists go on 30-minute rides on sampans and explore the harbour. From the sampans, you can see the junk boats and houseboats, and even floating restaurants!

Unit 7 Lesson 8

Activity Book

CD3 TRACK 39

AB page 77 Activity 1

1
Girl: What shall we do today?
Boy: Let's go on a junk boat. It goes from Victoria Harbour.
Girl: Oh yes! That sounds like fun. What time does it go?
Boy: The best tour is at sunset.
Girl: What time is sunset?
Boy: At seven o'clock.
Girl: Great! And how long does it take?
Boy: It takes two hours.
Girl: OK, let's ask Mum and Dad.
2
Boy: Do you want to go on a sampan?
Girl: Where does it go from?
Boy: It goes from Aberdeen Harbour at 12 o'clock.
Girl: Great! How long does it take?
Boy: It takes half an hour.
Girl: Oh good. We'll be back for lunch then.
3
Girl: Let's go on the funicular railway.
Boy: OK. What time can we go?
Girl: The first one is at seven o'clock in the morning.
Boy: Oh! That's early.
Girl: Yes.
Boy: Where does it go from?
Girl: It goes from Garden Road Station.
Boy: Which station?
Girl: Garden Road Station.
Boy: Does it take a long time to get to the top?
Girl: No. It's very fast. It only takes seven minutes.
Boy: Wow!
4
Boy: Let's go on the tram.
Girl: OK. What time can we go?
Boy: Let's go at three o'clock.
Girl: Brilliant. Where can we catch it?
Boy: We can catch it from North Street.
Girl: From which street?
Boy: North Street.
Girl: How do you spell North?
Boy: N-O-R-T-H.
Girl: OK. And how long does it take?
Boy: It takes 40 minutes.

Unit 7

Video and 21st Century Skills

Activity Book

CD3 TRACK 40

AB page 79 Activity 1

1 People will live on Mars.
2 There won't be any schools in the future.
3 Robots will have wings.
4 There will be robots in every home.
5 Cars will do all the work.

Audioscript

Unit 7

Video and 21st Century Skills

Activity Book

CD3 TRACK 41

AB page 79 Activity 2

Boy: I need to do my homework. It's about making predictions.
Girl: Oh, that's difficult. Let me see if I can help you.
Boy: Great!
Girl: Look! Here are some tips that will help you.
Boy: What's tip number one?
Girl: Tip number one is: Ask yourself, 'What do you think the future will be like?'
Boy: OK. What's the next tip?
Girl: Tip number two is: Link what you know with new information.
Boy: That's a good idea. What else?
Girl: Tip number three is: Support your prediction with facts.
Boy: Got it. What's tip number four?
Girl: Tip number four is: Ask why will this happen?
Boy: What's the last tip?
Girl: Tip number five is: Use the expression, 'I think …'.
Boy: I'll try to do all that. Now, it's time to start my homework.

Unit 8 Lesson 1

Pupil's Book

CD3 TRACK 42

PB page 82 Activity 2

chef, hairdresser, driver, photographer, dentist, waiter, nurse, carpenter, mechanic, artist, lawyer, vet

Unit 8 Lesson 1

Pupil's Book

CD3 TRACK 43

PB page 82 Activity 3

***Who is it?* song**

Who fixes your car when it doesn't work?
A mechanic.

Who cooks your food in a restaurant?
A chef.

Who takes photos for a magazine?
A photographer.

Who brings your food in a restaurant?
A waiter.

Who helps your pet when it's ill?
A vet.

Who cuts your hair when it's too long?
A hairdresser.

Unit 8 Lesson 1

Pupil's Book

CD3 TRACK 44

PB page 82 Activity 3

Karaoke version: *Who is it?* song

Unit 8 Lesson 2

Pupil's Book

CD3 TRACK 45

PB page 83 Activity 1

Josh: What do you want to be when you're older, Lily?
Lily: I want to be a vet.
Josh: Do you have to go to university to be a vet?
Lily: Yes, you do. You have to like animals, too.
Josh: I want to be a carpenter when I'm older.
Lily: Why?
Josh: Because you don't have to wear a uniform.
Lily: Of course! You love wearing jeans.

Unit 8 Lesson 2

Pupil's Book

CD3 TRACK 46

PB page 83 Activity 3

Do they have to work very hard?
Do you have to wear a uniform?
Does she have to wear a helmet?
Does he have to go to university?

Unit 8 Lesson 3

Pupil's Book

CD3 TRACK 47

PB page 84 Activity 2

Bring a relative to school day

Frame 1
Narrator: Today, it's 'Bring a relative to school day'. Ravi, Josh and Lily are excited because their dads are coming to school.
Josh: Hi, Ravi. Is your dad coming to school today?
Ravi: Yes, he is. But he has to go to work first.
Frame 2
Narrator: The relatives are in the classroom. They're going to tell the children about their jobs.
Josh: Is your dad here now?
Ravi: No, he isn't. Oh dear. He's late.
Frame 3
Narrator: Amy's mum is first.
Teacher: I'd like to thank Amy's mum for coming today.
Amy: My mum is a chef.
Amy's mum: I have to wear a white uniform. I have to work at night and at the weekend.
Frame 4
Narrator: It's Lily and Josh's dad's turn now. Ravi is very worried. His dad is very late.
Lily: Our dad is a lighthouse keeper.
Josh: A lighthouse keeper is a person who looks after a lighthouse.
Dad: I have to clean the lamps every day.
Frame 5
Teacher: That's the last relative for today. Thank you for coming, everyone.
Ravi: Wait! Here's my dad.
Frame 6
Narrator: Ravi's dad arrives just in time.
Ravi: My dad is a vet. He works at the aquarium.
Ravi's dad: Sorry I'm late, everyone. One of the dolphins had a baby this morning.
Frame 7
Ravi's dad: Here are some photos.
Lily: It's beautiful! Can we go and see the baby dolphin?
Teacher: Yes, we can. Let's go!
Frame 8
Narrator: They all go to the aquarium.
Teacher: What do you want to be when you're older?
All: A vet.
Lily: Like Ravi's dad.

Unit 8 Lesson 3

Activity Book

CD3 TRACK 48

AB page 82 Activity 2

Our Adventure Blog by Lily, Josh and Ravi

In this adventure, we see a baby dolphin. We're very excited in the morning, because it's 'Bring a relative to school day'. Ravi is very worried because his dad is late. Amy's mum talks to us first. She's a chef. She has to wear a white uniform in her job. Our dad tells everyone about being a lighthouse keeper. Ravi's dad arrives just in time. He's a vet. He's got an important job at the aquarium. He shows us some photos and we go to the aquarium to see the new baby dolphin!

Unit 8 Lesson 4

Pupil's Book

CD4 TRACK 01

PB page 86 Activity 1

1 clinic
2 salon
3 garage
4 factory
5 workshop
6 office

Unit 8 Lesson 4

Pupil's Book

CD4 TRACK 02

PB page 86 Activity 2

***In my street* song**

A dentist is a person who works in a clinic.
She cleans, she brushes and she looks after your teeth.
A clinic is a place where a dentist works.
There's a dentist in my street.

A mechanic is a person who works in a garage.
He oils, he checks and he fixes your car.
A garage is a place where a mechanic works.
There's a mechanic in my street.

A hairdresser is a person who works in a salon.
He washes, he cuts and he dries your hair.
A salon is a place where a hairdresser works.
There's a hairdresser in my street.

A carpenter is a person who works in a workshop.
She saws and she builds things out of wood.
A workshop is a place where a carpenter works.
There's a carpenter in my street.

Unit 8 Lesson 4

Pupil's Book

CD4 TRACK 03

PB page 86 Activity 2

Karaoke version: *In my street* song

Unit 8 Lesson 4

Pupil's Book

CD4 TRACK 04

PB page 86 Activity 3

A hairdresser is a person who works in a salon.
A dentist is a person who works in a clinic.
A kitchen is a place where a chef works.
A garage is a place where a mechanic works.

Unit 8 Lesson 5

Pupil's Book

CD4 TRACK 05

PB page 87 Activity 1

driver – actor – sailor – baker
Dan the driver drives and Alice the actor acts. Sam the sailor sails and Bob the baker bakes.
Dan the driver drives and Alice the actor acts. Sam the sailor sails and Bob the baker bakes.
Dan the driver drives and Alice the actor acts. Sam the sailor sails and Bob the baker bakes.

Unit 8 Lesson 5

Pupil's Book

CD4 TRACK 06

PB page 87 Activity 2

1
Girl: It's a person who works in a garage.
Boy: Is it a lawyer?
Girl: No, it isn't a lawyer. A lawyer is a person who works in an office.
Boy: Oh yes, of course. Can you say it again, please?
Girl: Yes. It's a person who works in a garage.
Boy: I know! It's a mechanic.
2
Girl: It's a place where a carpenter works.
Boy: Is it a clinic?
Girl: No, it isn't. A clinic is a place where a vet works.
Boy: Oh yes, that's right.
Girl: It's a salon.
3
Boy: It's a person who works in a clinic.
Girl: Is it a chef?
Boy: No, it isn't. A chef is a person who works in a restaurant.
Girl: Does this person look after your teeth?
Boy: No, she doesn't. She looks after your pet.
Girl: I know! It's a vet.
4
Girl: It's a place where a lawyer works.
Boy: That's easy. It's an office.
5
Girl: It's a person who works in a salon.
Boy: I don't know. Is it a photographer?
Girl: No, it isn't a photographer. A photographer is a person who works in a studio.
Boy: Oh yes, of course. It's a dentist.

Unit 8 Lesson 6

Pupil's Book

CD4 TRACK 07

PB page 88 Activity 3

Have you got what it takes to go into space? Many of us dream of going into space when we're older. But life in space isn't easy. Have you got what it takes to be an astronaut?
You must work hard at school, because you have to go to university and study Science or Maths. Many astronauts have to know how to fly a plane, too.
There's a physical exam, so you have to be fit and healthy. Astronauts have to exercise a lot when they're in space to keep their muscles strong.
You have to be friendly and good at teamwork, because astronauts live and work together in a very small space.
Astronauts have to wear a space suit when they work outside the Space Station. It can take them over an hour to put on a space suit and they need a helper to put on all of the different parts in the right order. The suits are always made a little bit bigger, because astronauts grow taller when they're in space!
People from all over the world go to space. You have to speak English and Russian, so that you can talk to the other astronauts. You can learn Russian when you're training to be an astronaut, like Nicole Stott.
Nicole Stott was part of a team of six astronauts who lived on the International Space Station for 91 days. As part of her job, Nicole went on space walks to repair the Space Station. She also did experiments.
Are you still interested in becoming an astronaut? Make sure you study hard and keep fit and healthy. And one day, we will see you in space!

Audioscript

Unit 8 Lesson 7

Pupil's Book

CD4 TRACK 08

PB page 89 Activity 2

Man: Life in space
We wanted to find out what it's really like training to be an astronaut, and to know whether it's as exciting as it seems. We decided to interview Michelle. She's training to be an astronaut.
Man: Why do you want to be an astronaut?
Woman: I want to be an astronaut because I love flying and learning about the solar system.
Man: Who taught you to fly?
Woman: My father taught me to fly.
Man: What do you have to do in your astronaut training?
Woman: We have to learn about science for our mission. We have to learn how to eat and have a shower in space. It isn't easy!
Man: What do astronauts eat in space?
Woman: The food is good on the Space Station. There isn't much fresh food, but there's a machine that adds hot water to the food.
Man: How much exercise do you do?
Woman: I exercise for two hours every day. I have to be very fit and healthy.
Man: What do you wear in space?
Woman: In space, we wear our astronaut space suits. On the Space Station, we can wear our own clothes.
Man: What languages do you speak?
Woman: I speak English and I'm learning to speak Russian.
Man: When are you going to go into space?
Woman: I'm going to go into space next year. I'm very excited.
Man: Thank you for talking to us, Michelle.
Woman: You're welcome.

Unit 8 Lesson 8

Pupil's Book

CD4 TRACK 09

PB page 90 Activity 2

Lighthouse keepers
Lighthouses are very important for the safety of ships. They warn them to stay away from dangerous land and rocks, and they help sailors to know where they are. Each lighthouse has got its own special sequence of light flashes. It's very important that the lamps flash in the correct sequence, so that sailors know where they are.
There are lots of lighthouses all over the world, but not many have got lighthouse keepers now.
On Maatsuyker Island, near Tasmania, there were three lighthouse keepers who lived on the island with their families. They were the only people who lived on the island.
The lighthouse was built in 1891. In the past, the lamps used oil, but now they use solar power. The lighthouse has got three floors and a spiral staircase made of metal.
The lighthouse keepers checked the weather four times a day. They also cleaned the lamps. When a ship from Sweden crashed onto the rocks, the lighthouse keepers helped the six sailors get to the island safely.
The island is very remote and there aren't any houses or shops. The lighthouse keepers and their families received food every few months by boat. The bad weather made their job difficult, too. It rains most days on the island, and it's very windy. Life wasn't easy, but the lighthouse keepers always kept the lamps burning!

Unit 8 Lesson 8

Activity Book

CD4 TRACK 10

AB page 87 Activity 1

Boy: That's a lovely photo. What lighthouse is that?
Girl: It's Maatsuyker Lighthouse. It's on an island near Tasmania.
Boy: How far from Tasmania is it?
Girl: It's ten kilometres away.
Boy: It looks very tall. How tall is it?
Girl: It's 15 metres tall.
Boy: Wow! What's it like inside?
Girl: There are lots of stairs inside – it's got three floors.
Boy: What's it made of?
Girl: It's made of red bricks, but they painted it white.
Boy: The light is really big. How often does it flash?
Girl: It flashes every 30 seconds.
Boy: Wow! I'd love to go and see it.
Girl: Me too!

Unit 8
Video and 21st Century Skills

Activity Book

CD4 TRACK 11

AB page 89 Activity 1

1 You have to wear safety gloves.
2 You have to wear an oxygen tank.
3 You have to wear safety ear muffs.
4 You have to wear a safety helmet.
5 You have to wear safety glasses.
6 You have to wear a doctor's mask.

Unit 8
Video and 21st Century Skills

Activity Book

CD4 TRACK 12

AB page 89 Activity 2

Boy: My dad starts his new job tomorrow.
Girl: Really? What job is it?
Boy: He's an electrician.
Girl: Oh! That's dangerous!
Boy: Yes. He has to wear a lot of safety equipment. Look, here are the safety rules.
Girl: What's the first tip?
Boy: OK. Tip number one is: You have to wear safety boots.
Girl: That's very important.
Boy: Tip number two is: Don't forget your helmet. My dad's going to work on a big building site and he has to protect his head at all times.
Girl: What's tip number three?
Boy: Wear safety glasses to protect your eyes.
Girl: Oh yes! What's tip number four?
Boy: You have to wear thick gloves to protect your hands.
Girl: Right. And the last one?
Boy: Tip number five is: Wear your ear muffs if it's noisy.

Unit 9 Lesson 1

Pupil's Book

CD4 TRACK 13

PB page 92 Activity 2

France, Italy, India, Morocco, Russia, Germany, China, Japan, Mexico, Portugal, Brazil, Romania

Unit 9 Lesson 1

Pupil's Book

CD4 TRACK 14

PB page 92 Activity 3

***All around the world* song**
All around the world,
There are different countries.
You can go by plane,
Boat or train.
You can even go by car.

There's Brazil and there's Germany.
There's France and there's Italy.
What would you like to see?

All around the world,
There are different countries.
You can go by plane,
Boat or train.
You can even go by car.

There's Portugal and there's India.
There's Russia and there's Romania.
What would you like to see?

All around the world,
There are different countries.
You can go by plane,
Boat or train.
You can even go by car.

There's China and there's Mexico.
There's Japan and there's Morocco.
There are so many places to see.

All around the world,
There are different countries.
You can go by plane,
Boat or train.
You can even go by car.

Unit 9 Lesson 1

Pupil's Book

CD4 TRACK 15

PB page 92 Activity 3

Karaoke version: *All around the world* song

Unit 9 Lesson 2

Pupil's Book

CD4 TRACK 16

PB page 93 Activity 1

Josh: Have you ever been to another country, Grandad?
Grandad: Yes, I have. When I was young, I travelled all over the world.
Josh: Have you ever been to Italy?
Grandad: Yes, I have.
Josh: Lucky you! Have you ever been to China?
Grandad: No, I haven't, but I've been to Japan.
Josh: Great! Have you ever been to Mexico?
Grandad: Yes, I have. I went to Mexico when I finished university.
Josh: Wow! Have you ever been to Morocco?
Grandad: No, I haven't, but we're all going there for our summer holidays!

Unit 9 Lesson 2

Pupil's Book

CD4 TRACK 17

PB page 93 Activity 3

Have they ever been to Morocco?
Has he ever been to China?
Have you ever been to Italy?
Has she ever been to India?

Unit 9 Lesson 3

Pupil's Book

CD4 TRACK 18

PB page 94 Activity 2

The Moroccan adventure
Frame 1
Narrator: Lily and Josh are on holiday in Morocco with their family and Ravi.
Lily: Morocco is amazing! There are lots of things to do.
Ravi: Have you ever been to a Moroccan market?
Dad: No, I haven't.
Frame 2
Narrator: Everyone goes to the market.
Lily: Look at all the different fruit on this stall.
Ravi: Look! There are lots of herbs and spices.
Josh: Mmm! They smell delicious.
Frame 3
Narrator: Lily has a surprise in the market.
Lily: Look! There are some camels over there.
Josh: Can we ride on the camels, please?
Dad: OK. Let's go!
Frame 4
Narrator: Everyone gets on a camel.
Lily: Look. The camel trip goes to the oasis.
Josh: Have you ever been to an oasis?
Ravi: No, I haven't.
Frame 5
Narrator: They ride across the desert.
Ravi: My camel is very friendly.
Lily: My camel isn't very comfortable.
Josh: My camel is really noisy.
Frame 6
Narrator: They arrive at the oasis.
Josh: I'm hungry.
Lily: They've got dates. Have you ever eaten dates?
Josh: No, I haven't. Let's try them!
Frame 7
Narrator: Everyone has a nap in the shade. After a while …
Ravi: What's that terrible noise?
Lily: I think it's the camel.
Frame 8
Mum: It isn't a camel.
Lily: It's Josh. He's snoring!
Josh: What? Oh, sorry!

Unit 9 Lesson 3

Activity Book

CD4 TRACK 19

AB page 92 Activity 2

Our Adventure Blog by Lily, Josh and Ravi
In this adventure, we all go on holiday to Morocco. First, we go to a Moroccan market. It's fantastic. There are stalls with herbs and spices. They smell delicious! Josh wants to ride on a camel, so everyone goes to the oasis. Ravi's camel is very friendly, but Josh's camel is really noisy. Later at the oasis, we eat dates. We all sleep in the shade. Suddenly, there's a terrible noise. At first we think it's a camel, but it's Josh snoring!

Unit 9 Lesson 4

Pupil's Book

CD4 TRACK 20

PB page 96 Activity 1

1 eat sushi
2 take a photo
3 see a whale
4 play cricket
5 buy a souvenir
6 visit a monument

Unit 9 Lesson 4

Pupil's Book

CD4 TRACK 21

PB page 96 Activity 2

***Have you ever?* song**
Have you ever seen a whale
Swimming in the ocean?
Have you ever eaten sushi
In a Japanese restaurant?
I haven't seen a whale
And I haven't eaten sushi.
But when I'm older, I want to do it all!

Have you ever taken a photo
At the end of the day?
Have you ever bought a souvenir
Of your holiday?
I haven't taken a photo
And I haven't bought a souvenir.
But when I'm older, I want to do it all!

Have you ever played cricket
In the summer sun?
Have you ever visited a monument
And had a lot of fun?
I haven't played cricket
And I haven't visited a monument.
But when I'm older, I want to do it all!

Unit 9 Lesson 4

Pupil's Book

CD4 TRACK 22

PB page 96 Activity 3

Have they ever played cricket?
Has he ever bought a souvenir?
Has she ever seen a whale?
Have you ever taken a photo?

Audioscript

Unit 9 Lesson 5

Pupil's Book

CD4 TRACK 23

PB page 97 Activity 1

seven – heavy – Mexican – elephants – feather – bed
Seven heavy, Mexican elephants bounce on a feather bed.
Seven heavy, Mexican elephants bounce on a feather bed.
Seven heavy, Mexican elephants bounce on a feather bed.

Unit 9 Lesson 5

Pupil's Book

CD4 TRACK 24

PB page 97 Activity 2

Boy: Hello. Can I ask you some questions about your friends, please?
Girl: Yes, of course.
Boy: Thanks. Let's start with Katy. Has she ever taken a photo?
Girl: Katy hasn't got a camera.
Boy: OK. Katy hasn't taken a photo.
Girl: That's right.
Boy: Has Katy ever bought a souvenir?
Girl: Yes, she has. She bought a snow globe when she went to the aquarium last weekend.
Boy: And have Helen and Frank ever seen a whale?
Girl: Helen and Frank went to the USA on holiday last summer. They saw a lot of dolphins in an aquarium.
Boy: Helen and Frank have seen dolphins. Have they ever seen a whale?
Girl: No, they haven't.
Boy: Can I ask you about Sophia now?
Girl: Yes, you can. Sophia loves playing basketball. She plays every day.
Boy: Has Sophia ever played cricket?
Girl: No, she hasn't.
Boy: Sophia hasn't played cricket.
Boy: What about Oliver and Sarah?
Girl: Oliver and Sarah have played cricket. They played cricket when they went to England last year.
Boy: Have Oliver and Sarah ever visited a monument?
Girl: Yes, they have. They visited Big Ben and the Houses of Parliament in London. They took a lot of photos!
Boy: That's nice. Now, can you tell me about Holly?
Girl: Yes, of course.
Boy: Has Holly ever eaten sushi?
Girl: No, she hasn't. Her favourite food is cheese and mushroom pizza. She doesn't like fish.
Boy: Have Oliver and Sarah ever eaten sushi?
Girl: Yes, they have. They love sushi.

Unit 9 Lesson 6

Pupil's Book

CD4 TRACK 25

PB page 98 Activity 2

Italy
Come and have fun in Italy. From July to September, the climate is wonderful and warm.
There are beautiful beaches on the islands where you can relax or do water sports in summer. Italy is also great to visit in winter. You can go skiing in the high mountains in the north.
Have you ever seen an active volcano? There are three in the south of Italy. Be careful!
Italian food is the best in the world. Try delicious pizzas, pastas and hundreds of different flavours of ice cream. What's your favourite?
See the sights of Venice from a special boat called a gondola. Did you know that there aren't any cars in the centre of Venice? People travel by boat or on foot.
Relax in the capital city, Rome, and visit the world-famous monuments, including the Coliseum and the Roman ruins. It's a city full of history!
There are many more exciting places to see in Italy. You can take photos of the Leaning Tower of Pisa or go hiking in the Alps. You can see famous statues and paintings in Florence, like Michaelangelo's *David*. There's fun for all of the family in Italy!
Are you ready for an adventure? Italy is the place for you!

Unit 9 Lesson 7

Pupil's Book

CD4 TRACK 26

PB page 99 Activity 2

Mexico
Mexico is just south of the USA. Its fantastic climate makes it a great place to visit all year round. There's a lot to see and do. You can visit the historic monuments in Mexico City or you can relax on the beautiful beaches of Cancún. There's something for everyone in Mexico!
Ancient ruins
Explore Mexico's ancient history. Visit the ancient cities of Tulum and Chichén Itzá, and see the famous Maya monuments. Some of them are over 1500 years old.
Music
Have you ever listened to Mexican music? Come and see Mariachi bands. They're famous around the world.
Whale watching
There's lots of incredible wildlife in Mexico. Have you ever seen a whale jump out of the water? You can go on a boat trip to get closer to the magnificent whales. Don't forget your sun cream and your camera!
Food
Try guacamole, tacos and burritos. They're spicy and delicious!
What are you waiting for? Book your holiday to Mexico today!

Unit 9 Lesson 8

Pupil's Book

CD4 TRACK 27

PB page 100 Activity 2

What's England famous for?
England is famous for lots of different things. Most people know about the British royal family and have seen photos of Big Ben, but what else is England famous for?
Wimbledon
The most famous tennis tournament in the world takes place in London. Every year, tennis players come from all over the world to compete on the grass courts. People often eat strawberries with cream while they watch.
Rugby
Rugby is a team game. The ball is an oval shape and not round like a football. Rugby players can pick up the ball and run with it. They can also tackle each other. You have to pass the ball backwards in rugby!
Afternoon tea
Afternoon tea is not just a drink. It's a small meal. Traditionally, people have afternoon tea between four o'clock and six o'clock. They have tea or coffee, and a sandwich or a cake, too. If you have scones with cream and jam with your tea, then it's called a cream tea. It's delicious!
Double-decker buses
London's red double-decker buses are famous all over the world. Some of the buses are open top, so you can see all of the sights from the top deck.
Hamleys
Hamleys is the biggest toy shop in the world. Five million people visit it every year. It's got seven floors full of dolls, action figures, models, jigsaws, computer games and soft toys. You can even build your own teddy bear!

Unit 9 Lesson 8

Activity Book

CD4 TRACK 28

AB page 97 Activity 1

1 What did Jane eat at Wimbledon?
Boy: Hi, Jane. What's your favourite thing about England?
Girl: I love watching the tennis.
Boy: Have you ever been to Wimbledon?
Girl: Yes, I went with my parents last year.
Boy: What did you eat?
Girl: Strawberries and cream, of course!
2 Which is Vicky's teddy bear?
Boy: What did you do yesterday, Vicky?
Girl: We went to Hamleys toy shop.
Boy: Oh, brilliant. I'm going to go there tomorrow. Did you buy anything?
Girl: Yes, I made my own teddy bear!
Boy: What's it like?
Girl: It's big with small ears and it's wearing a T-shirt.
3 What did Peter have for tea?
Girl: Did you have afternoon tea yesterday?
Boy: Yes, I did. It was great.
Girl: What did you have?
Boy: I had a scone with jam and cream.
Girl: Did you drink tea?
Boy: No, I didn't. I had orange juice.
4 Which bus did Betty go on?
Boy: Where were you yesterday, Betty?
Girl: I went on a bus ride.
Boy: Was it a red double-decker bus?
Girl: Yes, it was.
Boy: Did you go to Covent Garden?
Girl: No, I didn't. It was the number 17 bus. I went to London Bridge.

Unit 9

Video and 21st Century Skills

Activity Book

CD4 TRACK 29

AB page 99 Activity 1

1 Let's use an online map.
2 Let's use an online encyclopedia.
3 Let's use a travel blog.
4 Let's use a travel website.

Unit 9

Video and 21st Century Skills

Activity Book

CD4 TRACK 30

AB page 99 Activity 2

Boy: Where are we going on holiday this year?
Mum: We're going to Portugal.
Boy: Great. Can we find out about it before we go?
Mum: Yes. First, we can use an online map to find the location.
Boy: Here it is. It's next to Spain.
Mum: Now, let's look for general information in an online encyclopedia.
Boy: Oh yes. Look! The flag is red and green and the capital city is Lisbon.
Mum: That's right.
Boy: What's next?
Mum: We can read what other people think in a travel blog.
Boy: This blog has got lots of photos. What activities can we do there?
Mum: We can find out about different activities we can do in an online tourist information centre.
Boy: What about hotels?
Mum: We can find information about hotels on an online travel website.
Boy: Like this one?
Mum: That's right.
Boy: We're going to have a great time!

My project 3 Lesson 1

Pupil's Book

CD4 TRACK 31

PB page 102 Activity 3

Things you can see and do are: arts and crafts, juggling, birds of prey show, pony rides, face painting, archery, jousting and a market.
Four things you can eat and drink are: chicken, burgers, juice and coffee.
Four services for visitors are: toilets, car park, cash machine and first aid.

Festivals: World Water Day

Pupil's Book

CD4 TRACK 32

PB page 104 Activity 1

People, plants and animals need water to live. Every day, we use water for drinking, washing, cooking and cleaning. Some places in the world don't have a lot of water. We can save water and help others. The 22nd March is World Water Day. Do you think it's important to save water?

Festivals: World Water Day

Pupil's Book

CD4 TRACK 33

PB page 104 Activity 2

Boy 1: I can turn off the tap when I brush my teeth.
Boy 2: I can use a watering can to water the plants.
Girl 1: I can have a shower instead of a bath.
Girl 2: I can use the washing machine when it's full.

Festivals:

International Peace Day

Pupil's Book

CD4 TRACK 34

PB page 105 Activity 3

Peace
Peace is important
All over the world.
Peace is for boys
And peace is for girls.

Peace is happiness,
Peace is love,
Peace is kindness
In the shape of a dove.

Peace is a smile.
Peace is a hug.
Peace is saying sorry
To someone you love.

Peace is for friends.
Peace is for family.
Peace is for everyone.
For you and for me.

Unit 1

Cambridge Exams Practice

Pupil's Book

CD4 TRACK 35

PB page 115 Activity 2

Look at these four pictures. One is different. The parrot is different. You can eat a sandwich, cheese and soup. A parrot is an animal.

Unit 2

Cambridge Exams Practice

Pupil's Book

CD4 TRACK 36

PB page 116 Activity 2

These pictures show a story. It's called 'The naughty panda'. Look at the pictures. Kelly is at the zoo. She's with her family. It's sunny.

Audioscript

Unit 2

Cambridge Exams Practice

Pupil's Book

CD4 TRACK 37

PB page 116 Activity 4

Kelly is at the zoo. She's with her family. It's sunny. Kelly can see lions, bears and kangaroos. Kelly and her family look at the pandas. The mother panda is sad. The baby panda looks at a butterfly. The baby panda goes out of the cage. Mum sees the baby panda. It's in Kelly's backpack. Kelly takes the baby panda back. The mother panda is happy now.

Unit 3

Cambridge Exams Practice

Pupil's Book

CD4 TRACK 38

PB page 117 Activity 2

Look at these pictures. They look the same, but some things are different. This man has got a beard and a moustache. But this man hasn't got a beard or a moustache.

Unit 4

Cambridge Exams Practice

Pupil's Book

CD4 TRACK 39

PB page 118 Activity 2

Examiner: Let's talk about transport. Which forms of transport do you use?
Pupil: I always go to school by car. When I go on holiday, I travel by train.
Examiner: Tell me about your favourite form of transport.
Pupil: My favourite form of transport is the helicopter.

Unit 5

Cambridge Exams Practice

Pupil's Book

CD4 TRACK 40

PB page 119 Activity 2

Look at these pictures. They look the same, but some things are different. These children are playing table tennis. But these children are having a picnic.

Unit 6

Cambridge Exams Practice

Pupil's Book

CD4 TRACK 41

PB page 120 Activity 2

These pictures show a story. It's called 'The rescue'. Look at the pictures. Holly is in the garden. She's playing with her cat. She feels happy.

Unit 6

Cambridge Exams Practice

Pupil's Book

CD4 TRACK 42

PB page 120 Activity 4

Holly is in the garden. She's playing with her cat. She feels happy. A dog runs into the garden. The cat is scared. The cat climbs up a tree. Holly feels worried. Holly's mother talks on the telephone. She calls the firefighters. A firefighter climbs the tree and rescues Holly's cat. Holly feels happy now. Her cat plays and Holly gives some food to the dog.

Unit 7

Cambridge Exams Practice

Pupil's Book

CD4 TRACK 43

PB page 121 Activity 2

Man: Richard and Betty like different activities. I don't know anything about Betty, but you do, so I'm going to ask you some questions. What's Betty's favourite activity?
Boy: Betty's favourite activity is ice skating.

Unit 8

Cambridge Exams Practice

Pupil's Book

CD4 TRACK 44

PB page 122 Activity 2

Examiner: What do you want to be when you're older?
Pupil: I want to be a mechanic.
Examiner: Why?
Pupil: Because I love fixing things and I don't want to wear a uniform.
Examiner: What does your mother do?
Pupil: My mother is a dentist. She works in a clinic.
Examiner: Where does your father work?
Pupil: My father works in a restaurant. He's a waiter.

Unit 9

Cambridge Exams Practice

Pupil's Book

CD4 TRACK 45

PB page 123 Activity 2

Look at these pictures. They look the same, but some things are different. Here, Mum is reading. But in this picture, Mum is listening to music, too.

Unit 1

Cambridge Exams Practice

Activity Book

CD4 TRACK 46

AB page 111 Activity 1

1 What ingredients do they need?
Woman: Would you like to help me?
Boy: Yes, please. What do I need to do?
Woman: Can you put some biscuits and some nuts in the bowl, please?
Boy: OK. And some raisins?
Woman: No. We don't need any raisins today.
2 Where's the butter?
Woman: Can you pass me the butter, please?
Boy: Where is it?
Woman: It's between the cheese and the jam.
Boy: Ah yes, I can see it. Here you are.
3 How much coconut do they need?
Woman: Can I have the coconut, please?
Boy: Yes. Do we need a lot of coconut?
Woman: No, just a little.

Unit 2

Cambridge Exams Practice

Activity Book

CD4 TRACK 47

AB page 112 Activity 1

1
Woman: Hello, would you like to colour this picture?
Boy: Yes, please.
Woman: Can you see the man next to the table?
Boy: Yes, I can.
Woman: Colour his hair brown.
Boy: OK.
2
Woman: Can you see the bag at the front of the picture?
Boy: Which bag?

Woman: The bag on the left.
Boy: The big one?
Woman: That's right. Colour it blue.
Boy: OK.
3
Woman: Can you see the other bag?
Boy: Yes. Shall I colour it?
Woman: No. Write the word 'tennis' on it.
Boy: OK.
4
Woman: Now, can you see the girls?
Boy: Yes. There are three girls standing behind the table.
Woman: That's right. Look at the girl on the right, the one with her hand on the table.
Boy: Yes. Shall I colour her hair?
Woman: No. Colour her T-shirt.
Boy: Can I colour it red?
Woman: Yes.
5
Woman: Now, look at the boys.
Boy: There are two boys.
Woman: Look at the tall boy
Boy: Yes. He's wearing a hat.
Woman: Yes. Colour the hat purple.
Boy: OK.

Unit 3

Cambridge Exams Practice

Activity Book

CD4 TRACK 48

AB page 113 Activity 1

1
Man: Hello, what are you doing?
Girl: I'm doing my homework. I'm writing about my trip to the museum.
Man: When did you go to the museum?
Girl: On Saturday.
Man: Last Saturday?
Girl: Yes, that's right.
2
Man: Where is the museum?
Girl: It's in Upton.
Man: How do you spell that?
Girl: U-P-T-O-N.
Man: Oh yes. I went to Upton Museum last year.
3
Man: Was it a school trip?
Girl: Yes. There were two classes.
Man: How many children were there altogether?
Girl: Forty-three.
4
Man: Did you walk to the museum?
Girl: No, it's too far to walk.
Man: Oh yes! Of course it is. How did you get there?
Girl: We went by bus.
5
Man: Did you see any statues?
Girl: No, there weren't any statues.
Man: What did you see then?
Girl: We saw dinosaurs!
6
Man: Did you go to the museum café?
Girl: Yes, we did. We drank some orange juice.
Man: Did you eat anything?
Girl: Yes. We all ate some fruit.

Unit 4

Cambridge Exams Practice

Activity Book

CD4 TRACK 49

AB page 114 Activity 1

1
Woman: Do you want to colour something?
Girl: Yes, please. Can I colour the teddy bear?
Woman: OK, what colour?
Girl: My favourite colour is red.
Woman: OK, you can colour the teddy bear red, then.
2
Woman: Now, would you like to write something for me?
Girl: OK.
Woman: Can you see the bag on the table?
Girl: Next to the plant?
Woman: That's right. Can you write the word 'sport' on it?
Girl: OK. I'm writing that now.
3
Woman: Can you see the two children on the floor?
Girl: Yes, I can. There are two girls sitting on a mat.
Woman: Look at the girl on the left. She's got long hair.
Girl: Shall I colour her T-shirt blue?
Woman: Yes, please.
4
Girl: What shall I colour now?
Woman: Can you see the balls? There are three on the shelf.
Girl: Shall I colour the smallest one?
Woman: No. Colour the biggest one. Colour it green.
5
Woman: Would you like to draw something now?
Girl: Yes, please. I like drawing.
Woman: Can you see the book?
Girl: The one on the bed?
Woman: Yes. Draw another one – but put it under the bed.
Girl: Alright, I'm doing that now.

Unit 5

Cambridge Exams Practice

Activity Book

CD4 TRACK 50

AB page 115 Activity 1

1
Boy: I took this photo on holiday last year. We went to the beach.
Woman: It's a lovely photo. Are these people your friends?
Boy: Yes. That's David in the sea. Look, he's windsurfing.
Woman: Is he the boy in the long shorts?
Boy: Yes, that's him.
2
Woman: And who is the girl next to the tree?
Boy: Is she throwing a ball?
Woman: Yes, that's right. She's got long hair and a ponytail.
Boy: That's Emma.
3
Woman: Who's the boy sitting on a towel?
Boy: Is he drinking water?
Woman: No, the other boy. He's eating a sandwich.
Boy: That's Richard. It was his birthday last week.
4
Boy: Can you see my friend William? He's at the café.

Unit 6

Cambridge Exams Practice

Activity Book

CD4 TRACK 51

AB page 116 Activity 1

Woman: Hello, Richard. Can I ask you a question?
Man: Yes, of course.
Woman: I'd like some information about the tennis club.
Man: OK. My son goes there every week. How can I help you?
Woman: Where is it? Is it far away?
Man: No, it isn't. It's near the museum.
Woman: That's great! And which days is the tennis club open?
Man: Well, it's open every day except Monday.
Woman: Oh. So it's closed on Monday?
Man: Yes, that's right.
Woman: And what time does it open in the morning?
Man: It opens at half past nine. And it closes every night at ten o'clock.
Woman: What's the name of the club?
Man: It's the Morton Tennis Club. That's M-O-R-T-O-N.
Woman: Thanks. And have you got the telephone number?
Man: Oh yes. Let me see. It's 916377.
Woman: Sorry could you repeat that, please?
Man: Yes, no problem. It's 916377.

Audioscript

Unit 8

Cambridge Exams Practice

Activity Book

CD4 TRACK 52

AB page 118 Activity 1

Man: Hi, Betty. Where did you go yesterday?
Woman: We went to the new shopping centre in the town.
Man: Did you buy anything nice?
Woman: Yes, we all bought one thing.
Man: What did you buy?
Woman: I bought a new belt. My favourite belt was very old, so I needed a new one.
Man: And what about Harry? Did he buy anything?
Woman: Harry lost his mobile phone last week in the park. He wanted a new one, but they were too expensive. In the end, he just bought a CD.
Man: What did Emma buy? I know she wanted some new shorts.
Woman: Yes, but she didn't like any of the shorts at the shopping centre, so she bought a T-shirt.
Man: What about Helen?
Woman: Helen is going camping with school next week, so she bought a camera to take lots of photos.

Videoscript

Unit 1 21st Century Video

PB page 17 Activities 1 and 2

Chloe: Hi everyone! I'm Chloe.
Mark: And I'm Mark. Welcome to Channel 21!
Chloe: It's a new school year. What did you do in the summer?
Mark: I went to New York with my family. I tried lots of delicious new food!
Chloe: Really? That's great! Now, let's watch a video about street food in New York.
Narrator: Street food is very popular in New York. You can find every different kind of food in the stands all around the city.
Narrator: Pretzel stands are very popular in America. These pretzels look delicious. They are warm, salty and big enough for a mid-morning snack.
Narrator: Here's a falafel sandwich. Falafel is made from chickpeas. You can add different ingredients to your sandwich. Tomatoes and lettuce are a great, healthy option.
Narrator: Not all the stalls serve savoury food. There are plenty of sweet foods to try as well, like these Belgian waffles. They're delicious with cream, strawberries or chocolate.
Narrator: You can try pancakes, too. These pancakes are delicious with different fruits like raspberries and blueberries. Try them for breakfast with butter or syrup.
Narrator: There are different types of ice cream sundaes as well, like this one with bananas, cherries and cream.
Chloe: Wow! The food looks amazing!
Mark: I'm hungry now. Why don't we make an ice cream sundae?
Chloe: What ingredients do we need?
Mark: We need some banana, some ice cream and some chopped nuts.
Chloe: Do we need chocolate chips?
Mark: Good idea.
Chloe: What do we need to do first?
Mark: I can add the banana and you add the ice cream. Now, I add the nuts and you add the chocolate chips. We make a great team!
Chloe: Working together makes things easy!
Mark: See you next time everyone!
Both: Bye.

Unit 2 21st Century Video

PB page 27 Activities 1 and 2

Chloe: Hi everyone!
Mark: Welcome back to Channel 21.
Chloe: Who's your hero?
Mark: My hero is my uncle. He's a firefighter. He's brave and strong and he saves people. Who's your hero?
Chloe: My hero is Rafa Nadal. I think he's a great tennis player. People say he's very kind, too.
Mark: Today's programme is about heroes.
Chloe: Let's watch it.
Narrator: Firefighters work as a team to rescue people and animals. They save trees and forests, too. Firefighters wear fireproof boots and jackets. They can get ready very quickly when the alarm sounds.
Narrator: This is Andy Murray. He's a tennis player. He started playing tennis when he was three years old. He won a gold medal in the 2012 Summer Olympic Games.
Narrator: Here's Emma Watson. She's an actress. She was born in 1990. She learnt to sing and dance at school. When she was 11, she acted in the first Harry Potter film.
Narrator: Doctors are heroes, too. They are kind and confident. They help young children in hospital. This doctor studied at medical school and then she went to work in the hospital.
Narrator: This is Adele. She writes songs and sings. She wrote her first song when she was 16 and she won an award when she was 20.
Chloe: That's really interesting. Heroes can be all different kinds of people.
Mark: Why don't we make a presentation about our heroes?
Chloe: My presentation is about Rafa Nadal.
Mark: You need to plan your ideas first. Do you have any photos for the presentation?
Chloe: Yes, I do. Look. This is when he won a trophy. And in this photo he's playing tennis.
Mark: You need some more information about his age and his job, too.
Chloe: OK! … He was born in Spain in 1986. And he won his first tennis tournament when he was eight!
Mark: Wow!
Chloe: Why don't you plan a presentation about your hero?
Mark: See you next time! Bye!

Unit 3 21st Century Video

PB page 37 Activities 1 and 2

Mark: Hello!
Chloe: Welcome back to Channel 21. Today's programme is about history.
Mark: Do you like history?
Chloe: Yes, I do. I love finding out about dinosaurs and people from the past.
Mark: Interesting! And how can we find out more about the past?
Chloe: Let's watch the video and see.
Narrator: This is the Natural History Museum in London. You can find out about dinosaurs, fossils, plants, insects, rocks and minerals here. It's fantastic!
Narrator: Dinosaurs lived millions of years ago. Some dinosaurs, like this one, were very big. They had long necks and sharp teeth.
Narrator: This dinosaur was a carnivore. It was very tall and it walked on its two back legs. It had a big head!
Narrator: A long time ago, Egyptian people used pictures to write. Each picture can be a letter or a word. They painted the symbols, animals and people on monuments and temples, like this one in Egypt.
Narrator: People painted in caves, too. They painted animals and sometimes hands. We can study these paintings to learn about how people lived then.
Narrator: Archaeologists uncover things left behind by people long ago. They dig very carefully and uncover buildings, tools and coins.

Mark: Wow! That's really interesting! Let's go to the Natural History Museum now.
Chloe: We can't go now. It's too far away. But there are virtual museums that we can look at online. Look! Why don't you look at a virtual museum?
Mark: You can learn a lot about the past!
Chloe: See you next time!
Mark: Bye!

Unit 4 21st Century Video

PB page 49 Activities 1 and 2

Chloe: Hello everyone!
Mark: Welcome back to Channel 21. Today's programme is about space. Do you know anything about space, Chloe?
Chloe: I know that there are planets and asteroids in the solar system.
Mark: That's a good start! Let's find out more about some of the planets by watching this video.
Narrator: All the planets in the solar system go around the Sun. The planets are different sizes. Some planets are made of gas and some are made of rock.
Narrator: We live on planet Earth. The Earth is the third planet from the Sun. When we look at the Earth from space, we can see the clouds in the atmosphere and the water and land below.
Narrator: This is Venus. It's the second planet from the Sun. It's the hottest and it's the brightest planet.
Narrator: Mars has got lots of high mountains. It's the fourth planet from the Sun and it's got the largest volcano in the solar system. People call it the red planet because it's covered with red rock and dust.
Narrator: Jupiter is the fifth planet from the Sun. It's the biggest and it's the heaviest planet. It's got three rings and lots of moons.
Narrator: Saturn has got the brightest rings in the solar system. It's the sixth planet from the Sun. The rings are made of ice and rock!
Chloe: What a great video! What's your favourite planet?
Mark: It's Mars because it's got the highest volcano. It's really cool!
Chloe: My favourite planet is Jupiter because it's the biggest. We can put the planets in order from the biggest to the smallest.
Mark: Great! Let's get started! The biggest is … Jupiter! Now Saturn, now Uranus, now Neptune.
Chloe: You can put the planets in order, too.
Mark: See you next time!
Both: Bye!

Unit 5 21st Century Video

PB page 59 Activities 1 and 2

Chloe: Hello everybody!
Mark: Welcome back to Channel 21.
Chloe: What do you usually do in your free time?
Mark: I like playing table tennis. What about you?
Chloe: I like making things.
Mark: What kind of things?
Chloe: I love making models from recycled materials.
Mark: Cool! Today's programme is about making your own fun.
Chloe: Let's see what new ideas we can get.
Narrator: Playing outside is great fun … and good for you! If it's sunny, you can go to the park and play on the slide with your friends.
Narrator: You can get creative by painting with chalk! This girl is painting a face in her garden patio. You can wash the chalk away when you finish.
Narrator: Cooking is a great free-time activity! These girls are making biscuits. You can cut out different shapes to make it more fun!
Narrator: If it's raining, you can stay indoors and use your imagination. These boys are building a city with straws.
Narrator: Making things with recycled materials is good fun, too. This boy made a robot costume. How fun!
Narrator: This girl is doing a science experiment. Don't forget to wear your safety glasses and tidy up when you finish!
Narrator: Playing sport is a great free-time activity. This boy is playing table tennis. If it's wet, you can play inside, too!
Narrator: If you learn to play a musical instrument, you can have a lot of fun. This boy is playing the guitar with his father.
Narrator: You can play your instrument with your friends, too. It's fun to be in a band!
Mark: All those activities are fun and easy to do.
Chloe: Yes! Why don't we form a band?
Mark: I can't play a musical instrument. I'd rather make a robot costume or … better a science experiment!
Chloe: OK. Let's get started!
Mark: There are lots of different ways to make your own fun. Why don't you try some?
Chloe: See you next time.
Mark: Bye!

Unit 6 21st Century Video

PB page 69 Activities 1 and 2

Chloe: Hi everyone!
Mark: Welcome back to Channel 21.
Chloe: Today's programme is about advertising.
Mark: Do you like adverts, Chloe?
Chloe: Yes, I do. A good advert can help sell your product.
Mark: Let's watch some adverts!
Narrator: Do you need a skateboard? Don't spend a lot of money. This one is almost new! It's cheap and great fun. Buy it today!
Narrator: Do you like playing with cars? These cars are made of metal and the wheels are made of rubber. There are three amazing colours! They are only £4!
Narrator: Do you like flying planes? This plane is for you! It's white and it's made of plastic. You can fly it in the park! You can fly it anywhere! Buy yours today!
Narrator: Are you tired of your old board games? Try this badminton game. The rackets are made of plastic and the numbers are made of wood. It's on special offer. Only £5!
Narrator: Look at these incredible chestnut men! They can be yours for only £2!
Narrator: It's made of wood! It's wind-powered! Is it a bird? Is it a plane? It's an amazing seagull windmill! Get yours today!
Chloe: Those adverts are really good.
Mark: I'd like to buy the badminton game …
Chloe: Let's make an advert for this robot. Get your robot today. It's amazingly shiny!
Mark: It's on special offer!
Chloe: Why don't you make an advert, too?
Mark: See you next time.
Both: Bye!

Unit 7 21st Century Video

PB page 81 Activities 1 and 2

Mark: Hi everyone!
Chloe: Welcome back to Channel 21.
Mark: Today's programme is about technology in the future.
Chloe: What do you think life will be like in the future?
Mark: I think we will all live on the moon. What do you think?
Chloe: I don't know! Let's watch the video and see.
Narrator: How will people travel in the future? Will there be cars? Will they fly?
Narrator: Some people think that cars won't need drivers. They will move on their own. We will control them with our watches like this one!
Narrator: Some people think that children won't go by car or bus in the future. They will wear rocket skates to get to school!
Narrator: Other people think that we will fly in the future. They think they will zoom around the clouds with the birds!
Narrator: Scientists think that drones will deliver all parcels and letters, so we won't need post offices or postal workers.
Narrator: Some people think that robots will do all the jobs in the future. Here we can see robots helping in a factory.
Narrator: Will cities be different in the future? A lot of people think that cities will be very different, like the city in this picture!

Videoscript

Mark: I think people will fly in the future. What do you think, Chloe?
Chloe: I think so, too! I think we will fly!
Mark: What about you? Do you think life will be different in the future?
Chloe: See you next time.
Mark: Bye!

Unit 8 21st Century Video

PB page 91 Activities 1 and 2

Chloe: Hi everyone!
Mark: Welcome back to Channel 21.
Chloe: Today's programme is about jobs.
Mark: What do you want to be when you grow up, Chloe?
Chloe: I want to be a vet. What about you?
Mark: I want to be a builder.
Chloe: Builders have to be careful!
Mark: That's right. They have to wear special safety clothes.
Chloe: Now, let's watch a video to find out more.
Narrator: Health and safety is very important at work. Builders have to wear helmets, gloves and special boots to protect their feet.
Narrator: Builders also have to wear special safety glasses. These are called goggles and they protect their eyes.
Narrator: Firefighters wear special clothes to protect them from the heat and the flames.
Narrator: Here is a firefighter checking his mask. He's got an oxygen tank, too. This helps him to breathe if he goes into a burning building.
Narrator: In this video we can see firefighters work together to put out the fire. Their equipment protects them from the flames and the smoke.
Narrator: Doctors have to be safe at work, too. They wear special overalls, masks and hats.
Narrator: Doctors have to wear gloves to protect themselves and their patients. In this video, they are helping each other to get ready for an operation.
Narrator: Scientists wear safety goggles, overalls and gloves, too. This equipment protects them from the chemicals they use in their experiments.
Mark: It's really important to be safe at work. Look! I've got some safety equipment with me! I've got a vest, safety goggles and a helmet.
Chloe: What do you want to be when you grow up? Will you need any safety equipment?
Mark: See you next time! Bye.

Unit 9 21st Century Video

PB page 101 Activities 1 and 2

Chloe: Hi everyone!
Mark: Welcome back to Channel 21.
Chloe: It's the end of the school year and it's our last programme today. I'm going on holiday tomorrow!
Mark: Really? Where are you going?
Chloe: I'm going to Morocco. I went there last year, too.
Mark: Did you take a lot of photos?
Chloe: We did. My mum made a lovely video, too.
Mark: Let's watch a video about Chloe's holiday.
Narrator: There are lots of places to visit in Morocco. This is the Todra Gorge in the Atlas Mountains. It's amazing!
Narrator: This is an old city in the Atlas Mountains, too. It's made of earth and wood and it's got walls around it.
Narrator: This mosque was built in the 12th century. It's in the city of Marrakesh. It's 77 metres tall. It's beautiful.
Narrator: Have you ever eaten Moroccan food? These are kebabs. You can eat them in restaurants or in food stalls in the market square. They're delicious!
Narrator: There are lots of different types of fruit in Morocco, too. Have you ever tasted figs? They're sweet and juicy on the inside.
Narrator: These are the sand dunes in the Sahara Desert. It gets really hot during the day, so you need to drink lots of water.
Narrator: You can ride on camels through the desert. It's fun! But don't forget to bring some warm clothes. It can get cold at night.
Narrator: In this city, a lot of the houses in the old quarter are painted blue. The streets are very narrow, too.
Narrator: Have you ever seen goats in a tree? These goats climb trees to find their food. They eat the nuts on the trees!
Mark: What a great adventure!
Chloe: I'm looking forward to going again and seeing new things. You can help me find out more about Morocco.
Mark: I'd love to. Shall we look for a map online?
Chloe: We can go online and investigate blogs and tourist websites to find out more information, too.
Mark: Have fun on your holiday!
Both: Bye!